McGraw Hill create™

Istituzioni di Economia e Marketing

Alberto Petroni
Università di Parma
Corso di Laurea in Ingegneria Gestionale

W0242224

Ulteriori risorse sono disponibili per docenti e studenti sul sito:
www.mheducation.it

McGraw-Hill Create:
ISBN: 978-13-076-3842-4

McGraw Hill create™

http://create.mheducation.com

Print: Producciones Digitales Pulmen, S.L.

ISBN-13: 9781307638424

Printed in Spain

0213456789 - 2524232221

INDICE

1 - Concetto di impresa 1
2.1 Che cos'è un'impresa? 1
2.2 Profili della gestione aziendale e organizzazione delle attività 10
2.3 Impresa e suoi interlocutori: la visione sociale 13

2 - La scienza economica e l'economia 21
1.1 L'interpretazione di cosa è economia attraverso tre esempi 22
1.2 La scarsità e gli usi alternativi delle risorse 26
1.3 Il ruolo del mercato 28
1.4 La scienza economica positiva e normativa 32
1.5 La micro e la macroeconomia 33

3 - La domanda, l'offerta e il mercato 37
3.1 Il mercato 37
3.2 La domanda, l'offerta e l'equilibrio del mercato 38
3.3 La rappresentazione dell'equilibrio, la spesa totale dei consumatori, il ricavo totale dl produttori e i surplus 40
3.4 Uno sguardo dietro la curva di domanda 43
3.5 Gli spostamenti della curva di domanda 44
3.6 Uno sguardo dietro la curva di offerta 47
3.7 Gli spostamenti della curva di offerta 48
3.8 I mercati liberi e i controlli sui prezzi 49
3.9 Come il mercato risolve il problema di "che cosa, come e per chi produrre" 52

4 - L'elasticità della domanda e dell'offerta 55
4.1 L'elasticità della domanda rispetto al prezzo 56
4.2 L'elasticità della domanda al prezzo, le variazioni del prezzo e le variazioni della spesa totale dei consumatori 60
4.3 Alcuni esempi di applicazione dell'elasticità della domanda al prezzo 63
4.4 L'elasticità della domanda al prezzo nel breve e nel lungo periodo 64
4.5 L'elasticità incrociata della domanda al prezzo 65
4.6 L'elasticità della domanda rispetto al reddito dei consumatori 65
4.7 La domanda e l'inflazione 69
4.8 L'elasticità dell'offerta 70
4.9 Chi paga realmente le imposte? 71

5 - Appendice 4A - I coefficienti di elasticità della domanda: un'esposizione algebrico-grafica 72

6 - Introduzione alla teoria dell'offerta 73
6.1 ìl settore e le strutture di mercato 74
6.2 La forma giuridico-organizzativa dell'impresa 75
6.3 Le rilevazioni contabili dell'impresa 75
6.4 Costo opportunità, costo contabile e massimizzazione del profitto 75
6.5 Il finanziamento e il controllo dell'impresa 77
6.6 La scelta del volume di produzione di un'impresa: una panoramica 78
6.7 Il costo marginale e il ricavo marginale 80
6.8 L'uguaglianza tra il costo e il ricavo marginale attraverso il confronto delle rispettive curve 84

7 - La teoria dell'offerta: tecnologia e costi 87
7.1 La funzione di produzione 88
7.2 I costi e la scelta della tecnica di produzione 89
7.3 I costi totali, medi e marginali di lungo periodo 91
7.4 Le economie e le diseconomie di scala 92
7.5 Il costo medio e il costo marginale 98
7.6 La scelta del volume ottimo di produzione dell'impresa nel lungo periodo 99
7.7 I costi di breve periodo e i rendimenti decrescenti dei fattori variabili 100
7.8 La scelta del volume ottimo di produzione dell'impresa nel breve periodo 105
7.9 La relazione tra i costi di breve e di lungo periodo 106

8 - Definizione del business 111
3.1 Definizione del business 111
3.2 Approcci teorici alla definizione del business 115
3.3 Un modello tridimensionale per la definizione del business 117
3.4 Ampiezza dell'attività in termini di gruppi di clienti, funzioni e modalità 118
3.5 Ridefinire il business 127

9 - I Business Model e la loro trasformazione: il quadro teorico e i fattori evolutivi 131
13.1 Definire il concetto di Business Model 131
13.2 Il Business Model Canvas 136
13.3 Considerazioni conclusive 149

10 - Analisi di settore 153
4.1 Analisi dei fattori esterni all'impresa: dal macroambiente all'ambiente settoriale 153
4.2 Analisi di settore: lo schema delle cinque forze competitive di Porter 157
4.3 Fattori critici di successo 169
4.4 Critiche al modello di Porter 170

11 - Catena del valore e vantaggio competitivo 175
5.1 Il dibattito teorico sulle determinanti dei risultati di impresa 175
5.2 Catena del valore 177
5.3 Sistema del valore 187
5.4 Creazione del vantaggio competitivo 190

12 - Strategia corporate 203
6.1 Che cos'è la pianificazione strategica 203
6.2 Il processo di pianificazione strategica 205
6.3 Le strategie aziendali 208
6.4 Il portafoglio di attività aziendali 211
6.5 L'analisi SWOT 219

13 - Il marketing 225
9.1 Il marketing come approccio alla gestione dell'impresa 225
9.2 Le problematiche di marketing di rilievo strategico 235
9.3 Le questioni più rilevanti nella gestione operativa di marketing 249

14 - Strategia di marketing 271
7.1 La relazione fra strategia aziendale e strategia di marketing 271
7.2 Gli obiettivi di marketing 273
7.3 La strategia di marketing 278
7.4 Il targeting 278
7.5 Il posizionamento 281
7.6 Progettare e realizzare il marketing mix 287
7.7 L'implementazione e il controllo della strategia di marketing 288

15 - Lo sviluppo del piano di marketing 297
14.1 La struttura di un piano di marketing 298
14.2 Le differenze fra piano di marketing e business plan 312

CREDITI

1. Concetto di impresa: *Chapter 2 from Economia e gestione delle imprese 2/ED by Baroncelli, Serio, 2020*
2. Capitolo 1: *Chapter from Economia Sesta/edizione by Begg, Vernasca, Fischer, Dornbusch, 2018*
3. Capitolo 3: *Chapter from Economia Sesta/edizione by Begg, Vernasca, Fischer, Dornbusch, 2018*
4. Capitolo 4: *Chapter from Economia Sesta/edizione by Begg, Vernasca, Fischer, Dornbusch, 2018*
5. Capitolo 6: *Chapter from Economia Sesta/edizione by Begg, Vernasca, Fischer, Dornbusch, 2018*
6. Capitolo 7: *Chapter from Economia Sesta/edizione by Begg, Vernasca, Fischer, Dornbusch, 2018*
7. Definizione del business: *Chapter 3 from Economia e gestione delle imprese 2/ED by Baroncelli, Serio, 2020*
8. I Business Model e la loro trasformazione: il quadro teorico e i fattori evolutivi: *Chapter 13 from Economia e gestione delle imprese 2/ED by Baroncelli, Serio, 2020*
9. Analisi di settore: *Chapter 4 from Economia e gestione delle imprese 2/ED by Baroncelli, Serio, 2020*
10. Catena del valore e vantaggio competitivo: *Chapter 5 from Economia e gestione delle imprese 2/ED by Baroncelli, Serio, 2020*
11. Strategia corporate: *Chapter 6 from Marketing 7/ed by peter, donnelly, pratesi, 2020*
12. Il marketing: *Chapter 9 from Economia e gestione delle imprese - Quinta edizione by Fontana, Caroli, 2017*
13. Strategia di marketing: *Chapter 7 from Marketing 7/ed by peter, donnelly, pratesi, 2020*
14. Lo sviluppo del piano di marketing: *Chapter 14 from Marketing 7/ed by peter, donnelly, pratesi, 2020*

Capitolo 2

Concetto di impresa

Il presente capitolo indaga il concetto di impresa, partendo dalla sua dimensione definitoria e dai fattori costitutivi per proseguire con le forme istituzionali e i modelli di governo. Le fattispecie analizzate sono tante, prevalentemente segmentate per funzioni, così come rappresentate in maniera ampia nella letteratura sul tema.
Il capitolo assume il concetto di impresa nella sua logica di sistema, formata da elementi interdipendenti, ognuno dedicato a una funzione specifica. La funzione sistemica permette anche di considerare l'impresa all'interno del suo ambiente di riferimento, con cui scambia opportunità e processi di creazione di valore. Per questo, il capitolo, in qualche maniera, contiene in sé una riflessione che funge da snodo critico nello sviluppo e nell'articolazione del presente volume; la riflessione di impresa proposta ricostruisce gli elementi costitutivi della sua morfologia e dei modi di gestione e organizzazione fondamentali, ma consente anche di legare, sul piano logico, l'impresa all'analisi del suo contesto ambientale, delle sue componenti (materiali e immateriali) interne, del suo sistema di relazioni e dei suoi articolati assetti organizzativi, che svilupperemo nei capitoli successivi.
È solo un sistema complesso, idiosincratico e cognitivo come l'impresa che può consentire tante chiavi di lettura distinte non solo a partire da discipline diverse (l'economia e il management, il diritto, la sociologia, la storia, la geografia), ma anche, all'interno di queste discipline, nell'ambito delle innumerevoli prospettive di indagine con le quali il concetto di impresa può essere approfondito.

Obiettivi di apprendimento

In questo capitolo discuteremo:

- la natura dell'impresa;
- le funzioni istituzionali dell'impresa e gli obiettivi dell'imprenditore;
- le forme d'impresa e l'assetto proprietario;
- la modalità di gestione e i modelli di organizzazione dell'impresa;
- gli attori e i portatori di interesse nell'impresa.

2.1 Che cos'è un'impresa?

L'impresa è un'istituzione economica, un sistema aperto e dinamico che organizza e utilizza risorse umane (lavoro manuale e intellettuale) e capitali (fisici e/o finanziari) collegati, sia tra loro sia con soggetti esterni, da relazioni orientate alla realizzazione di trasformazioni di tipo economico finalizzate all'ottenimento di prodotti e servizi e alla loro offerta sul mercato. In quanto tale, il sistema impresa opera in stretto collegamento con altri sistemi (il mercato e l'ambiente) con i quali deve interagire e dai quali dipendono in parte i suoi comportamenti.

Cercando di tracciare i confini del nostro oggetto di interesse, adottiamo innanzitutto la prospettiva giuridica per cercare di comprendere come la Legge italiana definisca un'impresa. Da questo punto di vista va sottolineato che il Codice Civile non ne offre una definizione specifica: questa deve essere desunta a partire dall'art. 2082 c.c. secondo cui "è imprenditore chi esercita professionalmente un'attività economica organizzata al fine della produzione e dello scambio di beni e servizi". Imprenditore è, dunque, colui che intraprende un'attività economica e organizza risorse al fine di produrre o scambiare

Azienda o impresa?
I termini azienda e impresa vengono spesso utilizzati come sinonimi; in realtà, l'azienda è lo strumento mediante il quale un imprenditore può realizzare le finalità di un'attività d'impresa intese come produzione o scambio di beni e servizi. Dal punto di vista giuridico, infatti, l'azienda è definita come il complesso di risorse organizzate dall'imprenditore per l'esercizio dell'attività economica. L'impresa invece è l'attività economica stessa, organizzata per la produzione e lo scambio di beni e servizi.

beni e servizi; da ciò, si può facilmente desumere che l'impresa è quell'insieme di risorse che, organizzate, consentono all'imprenditore di svolgere la propria attività economica. Spostando il focus della definizione dall'imprenditore all'**impresa** definiamo quest'ultima come *un'organizzazione economica che, mediante l'impiego di un complesso differenziato di risorse, svolge processi di acquisizione e di produzione di beni o servizi, da scambiare con entità esterne al fine di conseguire un reddito.* Il primo e fondamentale connotato dell'impresa è il contenuto economico della sua attività e dei suoi obiettivi. Infatti parliamo infatti di organizzazione economica laddove questa, per sopravvivere, ha la necessità di produrre un reddito (o meglio un risultato economico) positivo. Perché questo si verifichi è necessario che quanto ricavato dallo scambio dei beni o dei servizi con entità esterne sia superiore della quota di risorse investite per la loro produzione. Al centro dell'attività economica dell'impresa c'è, dunque, il processo di trasformazione delle sue risorse in prodotti e servizi atti al soddisfacimento dei bisogni umani, al fine di un conseguimento di reddito. A partire da questa definizione si possono desumere le componenti distintive dell'azienda, o, se così possiamo dire, i quattro angoli che, uniti, delimitano l'area della sua definizione:
- presenza di un'organizzazione;
- svolgimento di processi di produzione;
- relazione di scambio con entità esterne;
- finalità di produrre reddito.

2.1.1 L'impresa in ottica sistemica

I tratti distintivi che abbiamo evidenziato ci consentono di parlare dell'impresa in termini di sistema, perché formata da elementi interdipendenti, ciascuno deputato a svolgere una precisa funzione nell'ambito di un comune obiettivo finale. Un sistema è *costituito da un insieme di parti o organi, ciascuno dei quali è deputato a svolgere una determinata funzione per il raggiungimento di un comune risultato.* Le varie parti del sistema costituiscono un tutto organico: nel caso del sistema-impresa *a una specializzazione delle funzioni si accompagna una stretta coordinazione dell'attività nel suo complesso, secondo un disegno unitariamente rivolto al fine economico da conseguire.*

Venendo a una maggiore specificazione della definizione di impresa come sistema, possiamo considerarla come un sistema:
- aperto;
- socio-tecnico;
- cognitivo.

Ciascuna di queste definizioni è in grado di raccogliere le caratteristiche chiave di un'impresa, a partire da prospettive differenti che, integrate, ci offrono una visione completa.

L'impresa come sistema aperto

L'impresa è un sistema aperto perché, per sopravvivere, deve intrattenere continue relazioni di scambio con altre entità o sistemi esterni (Sciarelli, 2008). Più precisamente, queste relazioni possono presentarsi sotto forma di:
- input: approvvigionamento di risorse necessarie per l'alimentazione del sistema;
- output: cessione a terzi del prodotto ottenuto con il funzionamento del sistema.

Le entità con cui l'impresa intrattiene queste relazioni, siano approvvigionamenti o vendite, si collocano all'interno del suo ambito settoriale di riferimento, sulla cui definizione ci soffermeremo meglio nei capitoli successivi. In questa sede, invece, ci interessa sottolineare che la natura dei clienti, concorrenti e fornitori di un'impresa (vale a dire quegli attori con i quali l'impresa si relaziona costantemente) dipende proprio dal settore in cui questa opera. Inoltre, l'azienda in quanto sistema, oltre a relazionarsi con altre entità, si relaziona allo stesso modo con altri sistemi quali il mercato o il suo macroambiente (economico, culturale, demografico-sociale e politico-regolamentare). Anche in questo caso, ci sembra importante sottolineare che questi sistemi, più ampi, con le loro dinamiche, sono in grado di influenzare anche in maniera significativa i comportamenti e i risultati dell'impresa.

L'impresa come sistema socio-tecnico

L'impresa è un sistema sociale all'interno del quale operano risorse umane e tecniche (mezzi di produzione) scarse (caratterizzate, cioè, da una disponibilità limitata), organizzate e finalizzate al profitto. Il concetto di sistema socio-tecnico evidenzia come nell'azienda siano contemporaneamente presenti:

- un'organizzazione del lavoro relativa all'impiego del fattore umano (più rilevante);
- un'organizzazione tecnica costituita da impianti, attrezzature e tecnologie produttive (accessoria).

L'impresa come sistema cognitivo

Secondo questa prospettiva, la vera ricchezza dell'impresa non sarebbe costituita dal suo patrimonio materiale o tangibile (impianti, macchinari, attrezzature, fabbricati ecc.) ma dalle sue risorse immateriali o intangibili, connesse con:

- l'immagine positiva nei confronti dell'ambiente;
- l'avviamento di mercato;
- la capacità di produrre innovazioni.

Partendo dall'idea che un'impresa deve essere un centro di innovazioni e che queste ultime sono il prodotto dell'intelligenza e non quello delle macchine, si tende a definire l'impresa quale sistema di conoscenze atto a produrre nuova conoscenza (Rullani, 2004).

In questa chiave, la conoscenza presente in azienda deriva:

- direttamente da quelle conoscenze accumulate nelle routine organizzative mediante processi autopropulsivi di adeguamento delle procedure interne ai segnali lanciati dall'ambiente e trasmesse a coloro che fanno parte dell'organizzazione sulla base della logica del learning by doing (sapere incorporato);
- indirettamente dalla professionalità di coloro che operano all'interno dell'organizzazione (sapere degli individui che per essa lavorano).

L'impresa, definita come sistema cognitivo, ci porta a spostare l'attenzione dalle risorse materiali a quelle immateriali, come il know-how appunto, la capacità innovativa o la reputazione, che sono andate acquisendo sempre maggiore importanza nella letteratura e nelle pratiche di impresa negli ultimi anni; esse spiegano le potenzialità delle imprese nei processi di creazione di valore e soprattutto in determinati business. Pensiamo, per esempio, a quella che viene definita impresa virtuale: essa dispone al suo interno solo di risorse immateriali (capacità imprenditoriali, linguaggi, capacità di simulazione e di comunicazione) e scambia con l'esterno soltanto oggetti virtuali. Essa può essere anche definita impresa cava o leggera (*hollow company*), ma non può essere completamente vuota. È tuttavia importante non estremizzare questa visione ricordando che, anche laddove prevalgano gli elementi immateriali, l'impresa rimane un sistema complesso, all'interno del quale s'intrecciano elementi tangibili e intangibili, immobilizzazioni materiali e immateriali, mezzi tecnici e intelligenze, risorse finanziarie e umane, secondo un disegno finalizzato in ogni caso alla produzione e diffusione di valore.

Possiamo ricondurre le diverse specificazioni dell'impresa in un unico sguardo, quello dell'ottica sistemica secondo il quale:

- sotto il profilo strutturale, l'impresa è un sistema socio-tecnico di tipo aperto;
- sotto il profilo dinamico, l'impresa è un sistema di produzione e accumulazione di conoscenze.

2.1.2 Funzioni istituzionali dell'impresa e teorie sulle finalità imprenditoriali

Oltre all'ottica sistemica, è possibile procedere alla definizione dell'impresa a partire da altre due prospettive: le funzioni istituzionali e le finalità che si propone l'imprenditore (Sciarelli, 2008).

In base alle sue **funzioni istituzionali** (Sciarelli, 1999), l'azienda può definirsi come:

- organizzazione economica: l'impresa è un'organizzazione economica - definizione che riprende quanto abbiamo sottolineato in apertura - in quanto *il suo scopo è il soddisfacimento dei bisogni umani mediante l'utilizzo di risorse non disponibili in natura in misura illimitata.* L'organizzazione del lavoro, basata sul principio di divisione e di specializzazione del lavoro stesso, rende possibile un più razionale uso delle risorse, così da generare maggiori utilità per il sistema;
- sistema sociale: l'impresa è un sistema sociale in quanto si deve *agli sforzi dei gruppi sociali operanti al suo interno se essa crea e distribuisce ricchezza, rappresentando così uno strumento per il soddisfacimento delle necessità di chi vi opera.* L'impresa, per funzionare, ha bisogno di forza lavoro, di macchinari e di servizi, pertanto deve rivolgersi a lavoratori, finanziatori, fornitori ecc.;
- struttura patrimoniale: l'impresa è una struttura patrimoniale che aggrega un *insieme di beni organizzato e orientato allo svolgimento di processi produttivi.* La funzione di generare reddito che consenta di mantenere e sviluppare il patrimonio si persegue grazie all'impiego di due fattori: il capitale e la capacità imprenditoriale.

L'impresa può, dunque, svolgere una molteplicità di funzioni in rapporto al ruolo che assume all'interno del sistema socio-economico in cui si inserisce; le tre funzioni sopra descritte sono strettamente correlate tra loro: la capacità di produrre reddito nel lungo periodo (che dipende dalla disponibilità di risorse) consente all'impresa di adempiere alle sue finalità economiche e crea le condizioni per soddisfare i bisogni del sistema sociale nel quale è inserita.

In base alle finalità dell'organizzazione, le tre funzioni istituzionali possono assumere priorità diverse. Se si mette in primo piano la capacità di creare valore economico, la funzione dell'impresa che acquista maggiore rilievo è certamente la sua capacità di produrre reddito; se adottiamo invece una visione più ampia, la capacità di soddisfare i bisogni umani è, più in generale, la funzione prioritaria dell'impresa.

Un altro aspetto di grande rilevanza, che ci permette di adottare una prospettiva ulteriore nell'osservare il nostro oggetto di interesse, è quella che viene definita finalità imprenditoriale e che ci rimanda alla dottrina giuridica nella quale si parla degli obiettivi dell'impresa riferendosi, appunto, ai fini dell'imprenditore (Sciarelli 2008). L'impresa in sé, in quanto tale, non può avere degli obiettivi: i suoi scopi corrispondono a quelli di chi la governa ed essa stessa è l'espressione della volontà dell'imprenditore.

In questo senso, diversi sono gli scopi che questo può porsi nell'esercizio dell'impresa e molteplici sono le teorie che si rivolgono allo studio delle finalità imprenditoriali.

Massimizzazione del profitto nel lungo tempo

Secondo la teoria economica classica il profitto è il compenso che spetta all'imprenditore per l'organizzazione dei fattori produttivi. Altre teorie, però, considerano in modo differente il profitto: esso può essere visto come quota destinata a remunerare il rischio che si è assunto con l'attività aziendale, e quindi come premio per il capitale investito o, adottando la prospettiva del mercato, come risultato del conseguimento di una posizione di vantaggio competitivo rispetto ai concorrenti, e dunque sottoposto alle regole della concorrenza stessa. Queste definizioni non sono da considerarsi alternative quanto piuttosto complementari, come componenti di un'entità composta, quale è il profitto.

Quale profitto e a quale scopo?
Secondo la teoria della massimizzazione del profitto, i comportamenti imprenditoriali sono sempre orientati a questo obiettivo. Tuttavia, è bene ricordare che la misura del profitto e la sua destinazione sono fissati in maniera diversa nell'azienda privata o pubblica, profit o non profit, in un'economia aperta o chiusa.

Se ritorniamo alla definizione classica, questa richiama il processo di investimento, che è strettamente correlato al fine della redditività: secondo la **teoria della massimizzazione del profitto**, i comportamenti imprenditoriali sono orientati alla massimizzazione del risultato reddituale ottenibile dall'attività aziendale in base alle finalità di utilità individualistica. Tuttavia, questa prospettiva non tiene in considerazione alcune variabili importanti, prima su tutte il tempo. L'imprenditore, infatti, intende ottenere risultati positivi dalla propria attività nel lungo periodo: in questa prospettiva, l'obiettivo di massimizzazione del reddito potrebbe essere accantonato nel breve periodo, per esempio per consentire, attraverso una vendita a costi ribassati, di far conoscere il proprio prodotto a un numero maggiore di clienti.

Accantonare l'obiettivo di redditività massima nel breve periodo per riuscire a conseguire un profitto nel lungo periodo:

- assicura la remunerazione dei fattori produttivi;
- garantisce la sopravvivenza dell'organizzazione;
- consente la copertura del costo dei capitali investiti.

Sopravvivenza dell'impresa

Opposta alla teoria della massimizzazione del profitto è la **teoria della sopravvivenza sociale** (Drucker, 1954), sviluppata dagli economisti sociali, secondo i quali la sempre più frequente separazione tra proprietà e governo d'impresa comporta un ridisegno delle finalità della stessa gestione che è attuata dai dirigenti. Questi ultimi - diversamente dai proprietari nonché investitori del capitale iniziale - si preoccupano della sopravvivenza aziendale prima che della massimizzazione del profitto. Il profitto è interpretato come un mezzo per rafforzare la struttura patrimoniale dell'impresa e, coerentemente con questa visione, quelle attività che potrebbero risultare pericolose per la vita dell'organizzazione, pur massimizzando potenzialmente il livello del profitto, vengono evitate.

Il raggiungimento della massima sicurezza (Marris, 1964, 1972) deve essere misurato in termini di posizione occupata nel mercato, innovazioni, risorse fisiche, risorse finanziarie e redditività dell'impresa.

Creazione e diffusione del valore economico

La teoria del valore economico segna un passaggio importante: la finalità non è la redditività di breve periodo, bensì quella di far crescere il valore economico dell'impresa. Questo fine, che pure risponde agli obiettivi di tutti i portatori di interessi nell'impresa e non soltanto a quelli della proprietà o del management, non è tuttavia scevro da possibili conflitti di interesse[1]. L'attenzione degli imprenditori, in quest'ottica, è rivolta ad aumentare il valore delle quote della proprietà dell'azienda.

Sviluppo dimensionale dell'impresa

La **teoria dello sviluppo dimensionale** individua nella crescita del giro d'affari l'obiettivo primario dei dirigenti. L'espansione dell'impresa, inquadrata nella prospettiva della teoria dell'agenzia che abbiamo approfondito nel **Paragrafo 1.3**, può essere osservata da molteplici punti di vista: può essere finalizzata e determinare maggiore stabilità o prestigio o può essere, ancorché esistano evidenze di correlazione inversa tra indicatori di reddito e dimensione dell'impresa (Singh e Whittington,1968 e Storey *et al.*, 1987), un miglioramento economico. Inoltre, lo sviluppo dimensionale può tradursi in un rafforzamento della struttura organizzativa, nell'assunzione di maggiore potere contrattuale (Gale, 1972 e Porter, 1979) o ancora determinare a un aumento delle retribuzioni dei manager.

Massimizzazione "sociale" del profitto

La **teoria comportamentistica o dei limiti sociali alla massimizzazione del profitto** pone in rilievo l'aspetto conflittuale e collaborativo dell'organizzazione sociale. La massimizzazione del profitto incontra, infatti, due serie di vincoli:

- vincoli sociali (di natura interna ed esterna);
- vincoli di conoscenza.

La redditività deriva da accordi di cooperazione o dalla composizione di conflitti interni ed esterni. La sua misura non è mai liberamente determinabile dall'imprenditore. Il fine del massimo profitto diviene, così, il fine del massimo profitto condizionato.

1 Per un approfondimento delle tematiche relative al valore generato dall'impresa e ai conflitti tra i diversi portatori di interesse dell'impresa rimandiamo al **Paragrafo 1.4** e al **Capitolo 5** (in particolare, l'**Approfondimento 5.2**).

Ricavi	Profitto		Azionisti/ Proprietario
	Costi	Costi di lavoro	Lavoratori
		Costi di approvvigionamento	Fornitori
		Costi di finanziamento	Finanziatori
		Costi di distribuzione	Distributori
		Oneri fiscali	Pubblica amministrazione
		Costi di organizzazione	Lavoratori, Manager, Fornitori
		Costi di R&S	Lavoratori, Manager, Fornitori

Figura 2.1
Analisi dell'equazione aziendale del profitto in rapporto ai gruppi sociali.
Fonte: adattamento a cura degli Autori da Sciarelli, 2008).

La **Figura 2.1** mostra come si determina il profitto in rapporto ai gruppi sociali che vengono interessati di volta in volta.

Conseguimento del successo sociale

Secondo la **teoria del successo sociale**, l'obiettivo dell'imprenditore è il conseguimento del successo che consiste nei risultati conseguiti e nel ruolo sociale che tale affermazione produce nella comunità di riferimento. Il successo sociale è riconducibile a tre motivazioni principali ordinate come segue:
- reddito;
- posizione sociale;
- potere.

Nell'ambito della teoria del successo sociale le gratificazioni morali si accompagnano a quelle economiche e vengono considerate alla stessa stregua: ciò comporta un'attenzione sia agli equilibri economici sia a quelli etici. La presenza di interessi differenziati fa emergere l'esigenza di dirimere i conflitti che essi possono generare, di rendere tali interessi conciliabili o di determinare delle priorità tra i vari interessi. A questo proposito, l'etica aziendale può venire in soccorso ai decisori e sciogliere eventuali dilemmi morali, rappresentando quindi un fattore positivo che contribuisce a meglio definire la funzione aziendale.

Approfondimento 2.1 La *business ethics*

Con business ethics, o etica degli affari, si fa riferimento a un filone della letteratura organizzativa e manageriale che, dagli anni Settanta, si concentra sull'analisi della natura della moralità e sui possibili dilemmi di carattere etico, legati alle condotte d'impresa e manageriali. La business ethics inizia ad affermarsi negli Stati Uniti dal secondo dopoguerra, parallelamente ad alcuni importanti mutamenti sociali legati alla lotta per i diritti civili, al diffondersi di una cultura pacifista, alla crescente attenzione verso la tutela ambientale; si diffonde poi in Europa e più recentemente anche in Italia, dove è riconoscibile una tradizione teorica (Di Toro, 1993; Rusconi, 1997; Corno, 2002). Questo filone di studi mantiene una propria specificità rispetto a sviluppi più recenti della letteratura, focalizzati sulla dimensione etico-sociale del business; per chiarire meglio questa specificità Donaldson e Dunfee (1994) sottolineano che ciò che contraddistingue la business ethics è il tentativo, a partire da concetti empirici "che descrivono e spiegano condi-

zioni di fatto, quali la motivazione manageriale, le strutture del governo d'impresa e la prestazione finanziaria", di formulare "concetti normativi, ovvero delle idee, non necessariamente fondate sulle effettive pratiche e strutture aziendali, che gli esperti di etica definiscono prescrittive".
Riprendendo De George (1995) la business ethics di seconda generazione comprende quattro principali filoni di analisi:
- l'applicazione di principi etici alle pratiche d'impresa;
- la diffusione di termini morali (solitamente utilizzati in relazione all'azione individuale) alla descrizione e valutazione dell'operato di attori collettivi, come le imprese;
- l'analisi dei riferimenti etici di organizzazioni che operano all'interno di specifici contesti e sistemi economico-imprenditoriali;
- la valutazione, spinta dai processi di globalizzazione, delle implicazioni dell'agire d'impresa rispetto a temi quali la tutela dei diritti umani, la collaborazione con governi non democratici ecc.

Fonte: elaborazione a cura degli Autori da Monaci M., "La responsabilità sociale d'impresa: un cristallo dalle molte facce", in Caramazza M. et al., 2006, Management e responsabilità sociale, *Il Sole 24 Ore, Milano.*

2.1.3 Forme istituzionali d'impresa e assetto proprietario

Dopo aver approfondito la definizione di impresa, ci concentriamo sulle diverse forme istituzionali che questa organizzazione economica può assumere e sui diversi modelli per il suo governo.

Con forme istituzionali dell'impresa ci riferiamo a:
- impresa capitalistica;
- impresa manageriale;
- impresa cooperativa;
- impresa non profit;
- impresa post-manageriale.

La forma proprietaria e la scissione o meno tra la proprietà e il controllo consentono di operare una preliminare distinzione tra l'impresa capitalistica classica e l'impresa manageriale.

L'**impresa capitalistic**a è caratterizzata dalla presenza dell'imprenditore-capitalista, proprietario dei mezzi di produzione e gestore diretto dell'attività produttiva. L'**impresa manageriale** è gestita dal management: essa determina la scissione tra proprietà e controllo, oggetto nella teoria dell'impresa dell'attenzione della teoria dell'agenzia (**Paragrafo 1.3**). Sulla base di queste medesime variabili è possibile definire anche l'**impresa post-manageriale**: essa è caratterizzata dalla cogestione delle risorse e dalla diretta partecipazione di datori di lavoro e lavoratori ai risultati aziendali. Il modello di riferimento di questa forma istituzionale è la co-determinazione diffusa tra le imprese tedesche[2].

L'**impresa cooperativa** è finalizzata al conseguimento di uno scopo mutualistico. La funzione imprenditoriale spetta per definizione alla base sociale che conferisce compiti di natura gestionale all'organo amministrativo. A seconda del tipo di cooperativa la mutualità può essere interna (finalizzata al perseguimento del vantaggio per i soci) o esterna (finalizzata a conseguire obiettivi non solo per i soci, ma anche per la comunità).

---

2 La "Mitbestimmung" è stata introdotta nell'ordinamento societario tedesco nel 1951 con un referendum. Questa formula di co-gestione prevede che rappresentanti dei lavoratori - eletti da tutti i lavoratori, iscritti o meno al sindacato - partecipino agli organi di governo delle grandi e medie imprese. In particolare, è previsto un modello di governance duale che prevede un Consiglio Esecutivo (Vorstand) e un Consiglio di Sorveglianza (Aufsichtsrat). Nelle imprese con oltre 2000 dipendenti, i lavoratori eleggono metà dei rappresentanti del Consiglio di Sorveglianza (un terzo nelle imprese tra 500 e 2000 dipendenti). La restante metà e il Presidente sono eletti dall'Assemblea degli Azionisti. Per le delibere del Consiglio di Sorveglianza, in caso di parità, il voto del Presidente vale doppio.

Approfondimento 2.2 Capitalismo anglosassone vs. capitalismo renano?

Se allarghiamo lo sguardo oltre l'impresa, verso gli orizzonti del sistema economico nel quale questa opera quotidianamente, incontriamo le caratteristiche del modello capitalistico a oggi imperante. Le caratteristiche del modello economico vigente influenzano in maniera decisiva l'operato delle aziende chiamate ad adeguarsi alle regole del gioco. Riprendiamo il lavoro di una delle voci più autorevoli del movimento no-global americano, Michael Albert, che nel volume *Capitalismo contro capitalismo* (1993) ha delineato le caratteristiche di quelli che lui definisce due modelli di capitalismo contrapposti: anglosassone e renano. La sua riflessione può risultare utile a focalizzare l'attenzione su quanto le caratteristiche del sistema economico possano determinare modelli - in termini di modello proprietario e gestionale - e concezioni di impresa (per esempio il ruolo sociale che essa riveste) differenti. Albert sostiene che il modello anglosassone o neo-americano, che ha origine dalla rivoluzione conservatrice di Reagan, è fondato sul successo individuale e sulla rendita finanziaria a breve termine; d'altra parte il modello renano (tipico della Germania ma anche, con alcune varianti, dei Paesi del nord-Europa) si basa sulla valorizzazione del successo collettivo, sul consenso e sul successo sostenibile nel lungo periodo. I due modelli, più precisamente, si differenziano sia sotto il profilo macro che meso e micro-economico. Dal punto di vista macro-economico, la differenza chiave sta nel volume di spesa pubblica in rapporto al Pil, e dunque nella dimensione dello stato assistenziale (gli esempi più significativi riguardano i diversi volumi di spesa in pensioni e sanità pubblica). Sul piano meso-economico sono le strutture e il funzionamento del settore finanziario a essere contrapposte: nel modello anglosassone i mercati dei capitali sono molto più importanti, mentre nel modello renano (come anche nei Paesi latini) sono preponderanti i finanziamenti bancari. Infine, sul piano micro-economico, l'organizzazione stessa assume caratteristiche differenti: da un lato infatti abbiamo l'impresa che è esclusiva proprietà degli azionisti, da cui discende l'obiettivo primario di massimizzare il valore delle azioni; dall'altro, invece, l'impresa è prima di tutto un'istituzione pubblica che vuole soddisfare una pluralità di interessi: clienti, fornitori, dipendenti, azionisti e anche la comunità sociale nella quale opera.

Fonte: elaborazione a cura degli Autori da Albert M., Capitalismo contro capitalismo, *Il Mulino, 1993.*

L'**impresa non profit** amministra fiduciariamente i capitali forniti dai donatori-contributori per perseguire i fini sociali. In essa vige il vincolo della non distribuzione degli utili. Sebbene esista un soggetto amministratore, egli non ha il diritto di appropriarsi del profitto generato dalla gestione dell'impresa. In questa impresa non esiste un proprietario o una categoria di proprietari in senso proprio (Hansmann, 1987).

L'assetto proprietario è definito sulla base della combinazione di due variabili:
- la natura del soggetto imprenditoriale;
- il grado di controllo della proprietà.

Il soggetto imprenditoriale può essere di differente natura:
- imprenditore individuale;
- imprenditore familiare;
- imprenditore delegato, più frequentemente definito manager;
- imprenditore di gruppo: nell'ambito delle distinzioni tra le diverse nature imprenditoriali, assume particolare importanza il fenomeno dei gruppi aziendali perché, nel caso l'impresa sia parte di un gruppo, questa è legata alla struttura di governo del gruppo.

Il grado di controllo si differenzia nelle forme di:
- controllo assoluto;
- controllo familiare;
- controllo di coalizione;
- controllo a supervisione finanziaria;
- public company;

- controllo cooperativo;
- controllo statale.

Nelle **imprese a controllo assoluto o imprese padronali** vi è solamente un individuo, l'imprenditore, che prende le decisioni importanti per la vita societaria. Il capitale è suddiviso in maniera tale che risulti impossibile effettuare una scalata ai vertici degli organi aziendali: la maggioranza assoluta è detenuta da una persona fisica o da una società controllata da una persona fisica. Si tratta del modello di governance maggiormente utilizzato nel mondo dalle imprese di piccola dimensione e che in Italia ha avuto, unitamente al modello dell'impresa familiare, applicazione prevalente anche nelle imprese di maggiori dimensioni.

Il **controllo familiare** si attua quando una famiglia detiene il controllo sui diritti di proprietà dell'impresa. Adottando la definizione di Gallucci (1999) l'impresa familiare è "un'attività imprenditoriale in cui i portatori di capitale di rischio appartengono a una o più famiglie, collegate tra loro da vincoli di parentela o affinità, i cui membri esercitano altresì poteri di governo". Tale fenomeno è fortemente diffuso in Italia, dove le imprese familiari simili alla Amarelli (**Caso 2.1**) sono la maggioranza non solo tra le PMI, ma anche tra le imprese di dimensioni maggiori. Meglio di altre imprese Amarelli ha saputo gestire vari passaggi generazionali.

Impresa familiare
L'impresa familiare è caratterizzata dalla collaborazione dei familiari dell'imprenditore all'attività. Dal punto di vista giuridico, l'istituto dell'impresa familiare è disciplinato nell'art. 230 bis del codice civile. Secondo questo articolo si può parlare di impresa familiare quando il familiare presta la sua attività di lavoro in modo continuativo nell'impresa o nella famiglia.

Più in generale, il problema del passaggio di proprietà è la conseguenza ultima di una serie di altre problematiche tipiche delle imprese familiari che affondano le loro radici nella sovrapposizione istituzionale tra impresa, famiglia e patrimonio.

Le imprese a **controllo di coalizione** sono imprese senza maggioranza o di soggetti non legati da parentela e non imprese statali o finanziarie (Airoldi *et al.*, 1989). Si tratta di un modello di controllo simile a quello familiare, ma più complesso. In questo caso, il controllo può essere esercitato congiuntamente da molteplici proprietari - nessuno dei

Caso 2.1 Amarelli: impresa è famiglia e territorio

Fondata nel 1731 nella stessa contrada dove ancora oggi ha sede dalla famiglia Amarelli, che la controlla totalmente, l'impresa fa leva su un territorio naturalmente ricco di piante di liquirizia. Rossano, centro bizantino della Calabria, è il territorio che ha fornito le più favorevoli condizioni ambientali per estrarre il succo delle radici e avviare processi di trasformazione di questa pregiata materia per farla conoscere al grande pubblico.

Le imprese che vantano una storia di oltre 300 anni e radici familiari così forti come Amarelli non sono molte su scala mondiale; in questo caso non è inappropriato dire che la storia dell'azienda è la storia della famiglia Amarelli. Per raccontare questa storia e ribadire il legame con il proprio territorio, la famiglia ha aperto al pubblico il Museo della liquirizia Giorgio Amarelli, che ha ottenuto nel 2001 il Premio Gugghenheim Impresa & Cultura. Ancora, nel 2004 le Poste Italiane hanno riconosciuto l'unicità del Museo, dedicandogli un francobollo della serie *Il Patrimonio artistico e culturale italiano.*

La specificità del business familiare è uno dei fattori che, assieme alla capacità di mantenere il passo dell'innovazione tecnologica, ha probabilmente contribuito a farne il più noto produttore italiano di liquirizia con una diffusa fama e una forte presenza su scala globale.

Amarelli ha introdotto e migliorato nel corso del tempo i processi di coltivazione, raccolta e trasformazione della liquirizia, modificando l'impresa e i processi dai tempi agricoli e artigianali a quelli dell'innovazione tecnologica e della globalizzazione, per culminare oggi con la produzione e commercializzazione di liquirizia nelle forme e nei gusti più svariati (spezzata, favette, rombetti, senatori o assabesi e ancora naturale, alla lavanda o all'arancia, per citare soltanto parte della produzione dell'azienda), con un packaging al contempo sofisticato ma capace di comunicare i valori della famiglia e del territorio (le famose lattine da 20 e 40 gr. e le scatoline da 100 gr.). I prodotti Amarelli sono commercializzati attraverso agenti in tutta Europa, negli USA e in Canada, in Asia e in Australia.

Fonte: elaborazione a cura degli Autori da http://www.amarelli.it; http://www.museodellaliquirizia.it.

quali dispone della maggioranza dei diritti di voto - legati da patti di sindacato o da alleanze o affinità dovute a comuni interessi; in alternativa, il controllo può essere delegato a uno dei proprietari, sempre sulla base di patti. In questo caso la relazione familiare è sostituita da accordi espliciti o informali.

I passaggi di proprietà sono uno dei principali aspetti critici delle forme di governo a proprietà chiusa: le imprese a controllo padronale e quelle a controllo familiare o di coalizione. Queste forme di governance presentano tratti comuni legati ai seguenti aspetti:

- limitano le capacità di crescita;
- presentano un alto grado di rischiosità e un elevato costo del capitale;
- attraggono con difficoltà i manager professionali;
- tutelano scarsamente gli azionisti di minoranza;
- consentono una forte stabilità della proprietà, ma soffrono di particolari difficoltà nell'assicurare il passaggio generazionale.

Nelle imprese con **controllo a supervisione finanziaria** il controllo è separato dalla proprietà; le garanzie ai finanziatori, nel caso di proprietà diffusa, sono rappresentate dalla presenza tra i proprietari di uno o più soggetti istituzionali (banche, altri intermediari finanziari, fondazioni), i quali esercitano un'attività di supervisione del controllante.
Nelle **public company** il capitale sociale dell'azienda è suddiviso in un numero elevato di azioni, le quali sono quotate su mercati regolamentati. La proprietà dell'azienda è distribuita tra innumerevoli azionisti, pertanto l'assemblea ordinaria della società si limita a svolgere essenzialmente le funzioni formali attribuitele dalle varie legislazioni, mentre le decisioni sostanziali sono prese da uno staff di manager professionisti che di fatto detengono il controllo della società. Si tratta di un modello particolarmente diffuso nei Paesi dove il mercato dei capitali è più efficiente e sviluppato.
Il **controllo cooperativo** si ritrova quando un gruppo di soggetti costituisce e gestisce in comune (a scopo mutualistico) un'impresa caratterizzata da un'elevata attenzione alla posizione dei soci e alla loro partecipazione al governo della cooperativa. La presenza attiva del socio è funzione dell'interesse del socio alla prestazione mutualistica e pertanto sarà tendenzialmente più intensa se la prestazione mutualistica riguarda bisogni essenziali e che possono trovare soddisfazione solo attraverso la cooperativa.
Nelle imprese a **controllo statale** la proprietà è totalmente, o per la maggioranza, nelle mani dello Stato, mentre il controllo è esercitato dagli amministratori dell'azienda pubblica, che operano entro vincoli contrattuali fissati dalle autorità politiche. L'attività di supervisione è svolta da parte dell'autorità per tutelare gli interessi patrimoniali della proprietà.

2.2 Profili della gestione aziendale e organizzazione delle attività

Se fino a questo momento ci siamo concentrati sul conoscere l'impresa, come sistema complesso con le sue finalità, il nostro focus di attenzione si sposta, nelle parti che seguono, sui significati e i modi per il governo di questo sistema. Ci concentriamo, quindi, sulla gestione dell'impresa che, secondo una definizione "ampia", significa amministrare i vari fattori di produzione impiegati per il suo funzionamento e assicurarle la sopravvivenza e lo sviluppo. Secondo una definizione più ristretta, invece, gestire l'impresa comprende quel complesso di attività svolte dall'impresa per raggiungere le finalità dei soggetti coinvolti nella sua operatività: questa definizione considera sia gli aspetti di governo dell'impresa, sia gli aspetti operativi.

Possiamo, infatti, distinguere tra:

- sistema di governo: per il quale è fondamentale stabilire le norme comuni di funzionamento di un complesso articolato di risorse umane, tecniche e finanziarie;
- sistema operativo: che riguarda le modalità di esecuzione dell'insieme di operazioni proprie dell'attività aziendale e si compone della gestione caratteristica, finanziaria, patrimoniale e straordinaria.

Secondo entrambe le definizioni, la gestione aziendale comporta in ogni caso l'assunzione di decisioni di varia natura. Più precisamente queste possono essere classificate e ordinate gerarchicamente in:

- scelte strategiche, che definiscono gli obiettivi aziendali;
- scelte tattiche, che concernono la modalità d'impiego delle risorse;
- scelte operative, necessarie per procedere all'attuazione delle precedenti (Sciarelli, 2008).

L'ordine gerarchico è dovuto al fatto che dalla prima tipologia di scelte, quelle strategiche, dipendono le seconde, quelle tattiche, così come dalle prime due dipendono le scelte operative. Non è possibile, in questo senso, procedere a una scelta di carattere operativo se a monte non sono state prese decisioni strategiche e tattiche.
La strategia, infatti, definisce il contesto in cui opera l'impresa, ossia il confine tra l'organizzazione e i mercati con cui l'impresa entrerà in contatto, e dunque determina l'orientamento delle scelte di carattere più operativo.

Coerentemente con la distinzione fatta tra le tipologie di decisioni, la gestione aziendale (**Tabella 2.1**), secondo Sciarelli (2008), si articola in:

- gestione strategica: di tipo imprenditoriale, impostata su scelte di fondo riguardanti gli obiettivi e l'impiego delle risorse aziendali;
- gestione direzionale: riguarda il momento direttivo della gestione, ossia il passaggio dalle decisioni all'esecuzione. La gestione direzionale richiede un'apposita organizzazione (struttura direttiva) e un complesso di procedure (sistemi direttivi). Si articola nelle seguenti fasi:
  - programmazione;
  - organizzazione;
  - conduzione;
  - controllo;
- gestione operativa: riguarda il momento dell'attuazione delle operazioni necessarie per impiegare effettivamente le risorse al fine di perseguire gli obiettivi stabiliti.

Venendo all'attività vera e propria dell'impresa, questa si suddivide, secondo il principio di specializzazione operativa, per aree o funzioni aziendali, a cui corrispondono gruppi di responsabilità e di compiti.

Nell'impresa industriale l'attività può essere scissa in due sistemi:

- il sistema degli scambi o transazionale, che comprende tutte le funzioni coinvolte nella realizzazione del processo di scambio con entità esterne;
- il sistema di trasformazione, che comprende tutte le funzioni necessarie alla trasformazione delle risorse acquisite in prodotti, idonei al soddisfacimento di un determinato bisogno.

TABELLA 2.1 Articolazione della gestione d'impresa

Tipo di gestione	Oggetto
Strategica	• Strategie complessive • Strategie competitive • Strategie funzionali
Direzionale	• Funzione di organizzazione • Funzione di programmazione • Funzione di conduzione • Funzione di controllo
Operativa	• Ciclo di produzione • Ciclo di vendita • Ciclo finanziario • Ciclo logistico • Ciclo di ricerca e sviluppo

Fonte: adattamento a cura degli Autori da Sciarelli, 1999.

Caso 2.2 La parabola dei due orologiai

C'erano una volta due orologiai, Hora e Tempus, che costruivano orologi molto eleganti. Erano entrambi assai stimati e i loro telefoni squillavano continuamente; nuovi clienti li chiamavano senza sosta. Tuttavia Hora prosperava, mentre Tempus diventava sempre più povero, finché chiuse bottega.

Per quale motivo? Gli orologi che essi costruivano erano composti da circa mille parti. Tempus li costruiva in modo tale che se ne aveva uno parzialmente montato e doveva posarlo, per esempio per rispondere al telefono, immediatamente le componenti si disunivano ed era necessario ricominciare da capo il montaggio. Più i suoi orologi piacevano ai clienti, più questi telefonavano all'orologiaio e più difficile diventava per lui trovare il tempo per finire senza interruzioni un orologio.

Gli orologi che costruiva Hora non erano meno complicati di quelli di Tempus. Ma Hora li aveva progettati in modo tale da poter costruire dei sottoblocchi di circa dieci pezzi ciascuno. Dieci di questi sottoblocchi potevano essere uniti e formare dei sottoblocchi più grandi e un sistema di dieci di questi ultimi costituiva l'orologio completo. Quindi quando Hora doveva interrompere la costruzione di un orologio parzialmente montato, per rispondere al telefono, egli perdeva solo una piccola parte del suo lavoro e montava i suoi orologi in una frazione delle ore/uomo che invece occorrevano a Tempus.

Fonte: elaborazione a cura degli Autori da Simon H.A., 1969, 1973.

I due orologiai di Simon (**Caso 2.2**) ci aiutano ad approfondire il duplice aspetto della complessità che si trova all'interno delle imprese. Una complessità del processo di trasformazione riferibile all'elevato numero di parti di cui si compongono gli orologi (e le imprese), ma anche la complessità rappresentata dall'elevato numero di relazioni tra le parti del sistema e tra il sistema impresa e il sistema mercato, con cui l'impresa deve necessariamente interagire per sopravvivere e prosperare. Il successo di Hora e Tempus in ambito produttivo è inversamente correlato alla complessità della progettazione degli orologi che costruiscono: più complessa è la progettazione peggiori saranno i risultati conseguiti. La complessità di un processo (quello manifatturiero) determina dei vincoli e delle limitazioni tecnologiche che lo rendono più complicato, e come tale meno efficiente, e comporta conseguenze "catastrofiche" su altri processi (per esempio quello commerciale) altrettanto importanti per l'efficacia dell'impresa.

Nella conduzione di un'impresa l'equilibrio più difficile è quello che chiama simultaneamente a rispondere a esigenze di carattere operativo e alla necessità di innovare. Il far fronte a eventi che si manifestano con un carattere di emergenza assorbe il tempo dell'imprenditore e orienta le sue scelte, limitando d'altra parte lo spazio per l'innovazione. In condizioni di difficoltà, quando l'emergenza è all'ordine del giorno, la gestione diventa di carattere amministrativo rischiando di bloccare l'evoluzione continua dell'impresa, necessaria per un adeguamento alle mutevoli condizioni del mercato e dunque, in ultima analisi, mette in discussione la sua sopravvivenza nel lungo termine.

2.2.1 Ruoli di governo dell'impresa

La figura chiave dell'impresa è senza dubbio quella dell'imprenditore: questo è il soggetto economico che sostiene l'alea sui capitali investiti e dedica le sue capacità al fine di conseguire gli obiettivi dell'impresa. Secondo l'approccio imprenditoriale di Normann (1979), la formulazione delle strategie dell'impresa prende le mosse dalla vision dell'imprenditore che consiste nella capacità di sfruttare al massimo le opportunità dell'ambiente grazie alla definizione di una formula imprenditoriale. In questa prospettiva, in linea con quella della scuola austriaca, l'imprenditore e le sue caratteristiche personali determinano i destini dell'impresa.

Shumpeter (1912, 1942) collega la caratteristica dell'imprenditorialità a quella dell'innovazione e considera le capacità di concepire prodotti e processi nuovi e il profilo personale dell'imprenditore decisivi per determinare i risultati dell'impresa. In particolare, per Kirzner (1973) l'imprenditore è colui che possiede particolare perspicacia (*alertness*) nell'individuare e cogliere le opportunità di beneficio che altri avevano trascurato rendendo possibile la definizione di nuovi prodotti e di nuove soluzioni funzionali.

Con il termine **imprenditorialità** si definisce quindi l'attitudine ad assumere decisioni rischiose finalizzate all'innovazione dei comportamenti aziendali. L'imprenditore deve essere capace, dunque, di formulare valutazioni e prendere decisioni differenti da quelle che altri individui potrebbero assumere in circostanze simili. La **managerialità**, invece, è la capacità di sviluppare le decisioni suddette e di attuarle in modo razionale.

Il concetto di imprenditorialità si lega al profilo strategico o innovativo della gestione, mentre quello di managerialità si collega al processo di realizzazione delle strategie imprenditoriali. Un alto tasso di imprenditorialità contraddistingue le aziende più dinamiche e con veloci ritmi di innovazione nei prodotti, processi e impianti di produzione; un elevato tasso di managerialità caratterizza le imprese che gestiscono meglio le risorse disponibili, secondo processi di elevata razionalità decisionale.

Da un'altra prospettiva, secondo la dottrina anglosassone, la distinzione tra imprenditorialità e managerialità va fatta tenendo conto che la prima ha il fine di creare valore e la seconda ha il compito di impedire le perdite (Williamson, 1970). L'imprenditore è colui che programma le operazioni per ottenerne un maggior valore, il manager è, invece, colui che deve razionalizzare l'uso delle risorse ed evitare le perdite. La dottrina anglosassone distingue la funzione imprenditoriale (*entrepreneurial role*) da quella amministrativa (*administrative role*).

2.3 Impresa e suoi interlocutori: la visione sociale

Un'evoluzione fondamentale nella teoria d'impresa è segnata dal passaggio dalla visione imprenditoriale a quella sociale dell'impresa stessa. Secondo quest'ultima, un'impresa, per le molteplici funzioni che è chiamata a svolgere, non può essere vista esclusivamente come un'iniziativa imprenditoriale che persegue le finalità economiche dell'investitore proprietario. Essa deve integrare e contemperare finalità plurime, prime fra tutte quelle di rilevanza sociale.

Accogliendo questa visione dell'impresa, che sembra più in linea con quanto avviene realmente nel mondo degli affari, l'imprenditore è la figura predominante, ma egli svolge un'attività di coordinamento tra più soggetti - gli stakeholder (**Paragrafo 1.4**) - che, a vario titolo, svolgono un ruolo che condiziona ed è condizionato dall'attività dell'impresa.

A seconda della tipologia di attività svolta dall'impresa, dalle sue dimensioni e dalle condizioni del suo ambiente di riferimento, il numero e la natura degli stakeholder possono variare. Nonostante ciò, la loro gestione assume sempre un'importanza cruciale nell'ambito del generale andamento positivo dell'impresa; tale gestione passa innanzitutto da una fase di individuazione di quelli che possono essere definiti come portatori di interessi dell'impresa - nel significato appena descritto - e di quali siano questi loro interessi; l'impresa dovrebbe poi concentrarsi sulle eventuali opportunità o minacce che possono derivare dal rapporto con questi interlocutori, nonché sulle responsabilità che potrebbe avere nei loro confronti. Sulla base di questa analisi, l'azienda è in grado di concepire la strategia più adeguata per gestire i propri stakeholder.

Esemplare, da questo punto di vista, è il caso di Granarolo, che ha costruito la propria missione in funzione della soddisfazione dei diversi attori interni ed esterni che risultano, a vario titolo, essere portatori di interessi.

Caso 2.3 Granarolo: quando la responsabilità sociale dell'impresa chiama in causa la gestione degli stakeholder

Fondata negli anni Sessanta, Granarolo è una delle prime esperienze italiane di produttori attivi nella raccolta, trasformazione e commercializzazione del latte. Ripercorrendo brevemente la storia dell'azienda, il 1957 vede la fondazione del Consorzio Bolognese Produttori del Latte, ben presto noto a tutti come Granarolo. Nel 1972 la Granarolo e la cooperativa Felsinea Latte si uniscono per dare vita al primo consorzio unitario costituito in Italia, il Cerpl. Gli anni Settanta e Ottanta rappresentano decenni di crescita, con acquisizioni in tutto il Paese che culminano negli anni Novanta con la costituzione di una società per azioni, la Granarolo Spa, nella quale il consorzio trasferisce tutti gli asset industriali e commerciali. La storia seguente racconta la progressiva espansione dell'azienda, che trova alcuni snodi cruciali: tra gli altri, tra il 2000 e il 2002 Granarolo si aggiudica la gara per la privatizzazione della Centrale del Latte di Milano, nel 2004 il gruppo Yomo entra a far parte del gruppo Granarolo, nel 2005 l'ingresso di Banca Intesa nella compagine azionaria dell'azienda e nel 2011 la nascita di Granarolo Iberica SL, detenuta al 100% da Granarolo Spa per la commercializzazione di prodotti alimentari in Spagna. Attualmente l'attività del gruppo si articola su quattro aree: latte e panna, yogurt, caseari e diversificazione, che comprende gastronomia industriale, uova e dessert.

Il tema della sostenibilità sociale rappresenta un punto centrale per l'azienda, che lo definisce come la produzione di valore in cooperazione con gli altri attori del sistema sociale nel quale si inserisce. La produzione, lo scambio o il trasferimento di valore tra Granarolo e gli altri attori può avvenire soltanto in presenza di un sistema stabile di relazioni corrette, trasparenti e fiduciarie. Stante questa definizione dell'essere socialmente responsabili, emerge chiaramente la visione dell'azienda come sistema aperto, in continua relazione con una pluralità di attori che possiamo definire stakeholder. Ne deriva la centralità del tema dello stakeholder management, confermata dal processo di analisi, intrapreso dalla Direzione del gruppo e supportata dal Gruppo di Lavoro per il Bilancio di Sostenibilità, per l'individuazione degli stakeholder chiave per l'azienda.

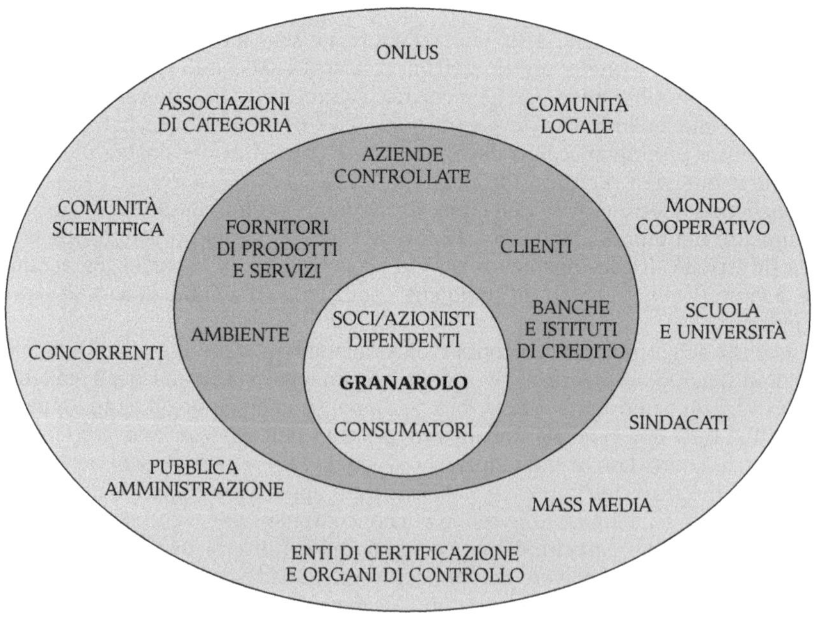

Mappa degli stakeholder di Granarolo.

La figura precedente riclassifica gli stakeholder individuati – e a ciascuno di essi assegna un valore ponderale – in funzione di due principali criteri:

- l'intensità della loro relazione con l'azienda (espressa dal livello di condizionamento che l'azienda è in grado di esercitare su di essi);
- la loro centralità nel business (individuabile, all'opposto, nel livello di condizionamento che essi sono in grado di esercitare sugli interessi aziendali).

Sulla base di questi criteri i portatori di interessi del gruppo, in ordine di importanza decrescente, sono:

- consumatori, soci/azionisti e dipendenti;
- fornitori di prodotti e servizi, aziende controllate, clienti, banche e istituti di credito, ambiente;
- onlus, comunità locale, mondo cooperativo, scuola e università, sindacati, mass media, enti di certificazione e organi di controllo, pubblica amministrazione, concorrenti, comunità scientifica e associazioni di categoria.

Lo stakeholder management si sviluppa attraverso differenti modalità, o indirizzi di politica, stabiliti con riferimento ai gruppi principali di stakeholder:

- politica per i consumatori: "costruire un rapporto di fiducia con il consumatore, offrendogli un'ampia gamma di prodotti sicuri e affidabili, grazie alla continua attenzione alla qualità delle materie prime utilizzate, all'autocontrollo esercitato in tutte le fasi del processo produttivo, all'impegno nella ricerca e sviluppo, al rapporto di partnership instaurato con i fornitori. Assicurare la disponibilità all'ascolto, attivandosi per la migliore risposta e garantendo una comunicazione completa, di facile comprensione e quanto più possibile personalizzata";
- politica per i clienti: "offrire al cliente prodotti di qualità e un servizio efficiente, affidabile e moderno. Rafforzare il rapporto fiduciario basato su dialogo, disponibilità e flessibilità";
- politica per il personale: "assicurare al personale informazione, formazione e pari opportunità di crescita professionale, valorizzando il contributo di ognuno per il consolidamento della cultura d'impresa. Offrire un ambiente di lavoro salubre, sicuro e funzionale";
- politica per i fornitori: "selezionare i fornitori con trasparenza, valutando standard qualitativi e correttezza professionale. Consolidare il rapporto attraverso le partnership, l'attenzione alla qualità e l'integrazione delle competenze. Stabilire e rispettare con tutti condizioni chiare, impegnandosi reciprocamente a rendere disponibili le necessarie informazioni";
- politica per la società e il territorio: "agire come un buon cittadino, contribuendo allo sviluppo del territorio dove si opera e stabilendo rapporti con i principali attori locali. Coordinare e razionalizzare gli interventi a sostegno della crescita socio-culturale del territorio, impegnandosi per la definizione di criteri di valutazione dei progetti e monitorando i risultati ottenuti";
- politica per la comunità finanziaria: "consolidare il rapporto di fiducia con la comunità finanziaria e gli azionisti, garantendo la massima trasparenza e tempestività nella trasmissione delle informazioni";
- politica per le imprese del gruppo: "aiutare le imprese del Gruppo a innovarsi, garantendo sinergie di investimento e condivisione di competenze. Assicurare una gestione efficiente proiettata allo sviluppo. Rafforzare l'immagine di gruppo attraverso il consolidamento della cultura comune e l'attuazione di politiche omogenee";
- politica per l'ambiente: "consolidare l'impegno a valutare, controllare e minimizzare gli impatti ambientali dei propri servizi, prodotti e processi, assicurando il miglioramento continuo e azioni dirette a prevenire l'inquinamento, anche con l'adozione di appositi sistemi di gestione. Diffondere i principi di politica ambientale attraverso strumenti di comunicazione, dialogo e sensibilizzazione verso azionisti, fornitori, dipendenti, clienti e consumatori".

Fonte: elaborazione a cura degli Autori da http://www.granarolo.it

Detto della presenza all'interno e all'esterno dell'impresa di vari interlocutori (gli stakeholder) che ne influenzano il comportamento, la **Figura 2.2** illustra in dettaglio gli interlocutori con i quali l'impresa intrattiene relazioni di informazione, scambio e rappresentanza.

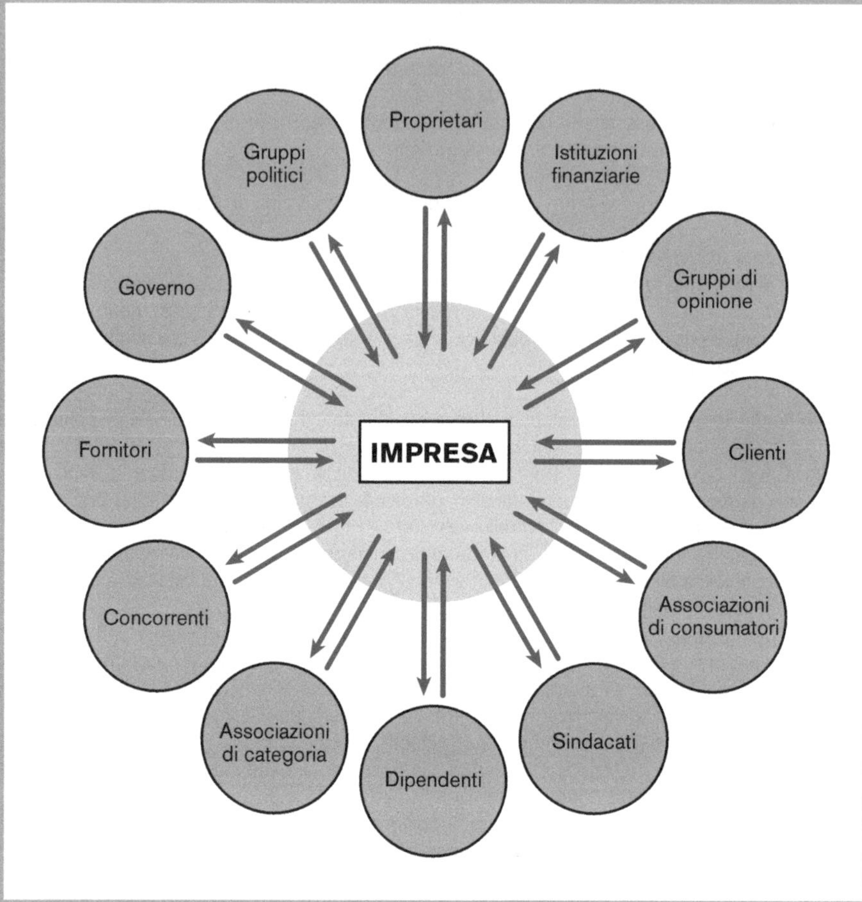

Figura 2.2
Gli interlocutori dell'impresa: gli stakeholder.
Fonte: adattamento a cura degli Autori da Sciarelli, 2008.

La loro individuazione e la valutazione dell'influenza che potrebbero esercitare sulla gestione dell'impresa può essere basata su questi criteri:

- la **forza**: il potere che detengono in ragione del ruolo che svolgono nella società;
- la **legittimazione**: il riconoscimento della funzione di rappresentanza di particolari interessi;
- l'**attualità** dell'interesse che difendono, da cui dipende il grado di urgenza della risposta che si attendono dall'azienda.

Gli interlocutori aziendali, secondo Sciarelli (1999) possono essere classificati in quattro gruppi:

- stakeholder amichevoli (*supportive*): da cui si può ottenere un sostegno all'attività dell'impresa;
- stakeholder avversari (*non supportive*): che generano ostacoli all'attività dell'impresa;
- stakeholder non orientati (*mixed blessing*): che, a seconda dei casi, assumono un atteggiamento positivo o negativo;
- stakeholder marginali: con un peso molto modesto.

Tenendo conto del peso rivestito e della propensione dei vari stakeholder nei confronti dell'impresa si può decidere di perseguire strategie di coinvolgimento, di collaborazione, di difesa o di monitoraggio (**Tabella 2.2**).

TABELLA 2.2 Tipologia di rapporti strategici con gli stakeholder

Possibilità di collaborazione impresa - stakeholder		Possibilità di minacce per l'impresa, provenienti dallo stakeholder: *Alte*	*Basse*
	Alta	STAKEHOLDER NON ORIENTATO Strategia COLLABORAZIONE	STAKEHOLDER AMICHEVOLE Strategia COINVOLGIMENTO
	Bassa	STAKEHOLDER AVVERSARIO Strategia DIFESA	STAKEHOLDER MARGINALE Strategia MONITORAGGIO

Fonte: adattamento a cura degli Autori da Sciarelli, 2008.

Approfondimento 2.3 Responsabilità sociale dell'impresa: le indicazioni dall'Europa

Osservare l'impresa tenendo in considerazione gli aspetti sociali e ambientali a essa correlati rimanda a uno dei temi che, dagli anni Sessanta e specialmente in tempi recenti, è oggetto di numerose ricerche e dibattiti nella letteratura e nelle pratiche manageriali: la responsabilità sociale dell'impresa (RSI) o Corporate Social Responsibility (CSR). Il riferimento principe adottato dai sostenitori della RSI è il pensiero di Freeman (1984); seguendo questa prospettiva, essere un'impresa socialmente responsabile significa, innanzitutto, agire tenendo conto non soltanto degli interessi economici dell'organizzazione, quanto piuttosto scegliere di rispondere congiuntamente alle aspettative economiche, ambientali e sociali di tutti i portatori di interesse, agendo anche oltre quelli che sono gli obblighi legalmente imposti in questo senso. L'attributo della volontarietà, che descrive la risposta dell'azienda alle aspettative dei diversi portatori di interesse, è sottolineato anche nella definizione di CSR che l'Unione Europea ha riportato nel "Libro Verde: promuovere un quadro europeo per la responsabilità sociale delle imprese" (Commissione Europea 18/7/2001) in cui la CSR è definita come "integrazione volontaria delle preoccupazioni sociali ed ecologiche delle imprese nelle loro operazioni commerciali e nei loro rapporti con le parti interessate".
Nuove indicazioni strategiche in ambito comunitario provengono dal documento presentato dalla Commissione Europea il 30 gennaio 2019 "Reflection paper towards a Sustainable Europe by 2030". L'impegno europeo sul fronte dello sviluppo sostenibile si pone in continuità con quanto sottoscritto dall'Assemblea Generale delle Nazioni Unite nel settembre 2015, in occasione dell'approvazione della "United Nation 2030 Agenda", in cui vengono definiti i 17 Sustainable Development Goals (SDGs). Insieme al "Paris Agreement on Climate Change", rappresentano l'impegno della comunità globale nel promuovere il benessere umano e proteggere l'ambiente, ponendosi obiettivi comuni e linee guida per raggiungerli.
L'Europa ricopre un ruolo centrale nella definizione dell'Agenda 2030, identificata come punto di riferimento per delineare gli impegni della comunità europea sul fronte della sostenibilità, focalizzati alla risoluzione di sfide quali lo sfruttamento delle risorse naturali, il rispetto della biodiversità, il controllo delle emissioni di gas serra, la parità di genere e l'uguaglianza sociale. Partendo dalla consapevolezza che la crescita economica è strettamente dipendente dalle risorse del pianeta, si sostiene la necessità di passare da un'economia lineare a un'economia circolare, con cui si riduce l'utilizzo di risorse vergini, permettendo alle aziende di abbassare i costi di approvvigionamento e di essere più sostenibili nei confronti dell'ambiente (si pensi per esempio alle possibilità di utilizzo di plastica riciclata). Muovendosi sempre sul fronte del rispetto ambientale, il documento della Commissione Europea presenta le opportunità legate all'utilizzo dell'energia pulita e ai settori industriali a essa correlati in cui le aziende dovrebbero investire, quali i trasporti green e le energie rinnovabili, ma anche tutto il filone della finanza sostenibile. Risulta pertanto centrale il ruolo delle aziende nella transizione sostenibile, raggiungibile tra-

mite l'inclusione delle istanze sociali, ambientali, etiche e i diritti umani all'interno delle diverse mission aziendali e delle strategie di crescita a esse connesse, operazione che gran parte delle imprese europee ha già intrapreso. Anche le normative si stanno muovendo in questa direzione, supportando tutti gli stakeholder delle aziende a comprendere l'importanza della dimensione non-finanziaria oltre che quella finanziaria; l'obiettivo comune dev'essere quello di massimizzare la creazione di valore condiviso per i proprietari, gli azionisti e tutte le parti interessate, educando a una nuova responsabilità delle imprese.

Fonte: adattamento degli Autori e di Caterina Rembado da "Reflection paper towards a sustainable Europe by 2030", European Commission, 2019.

Riepilogo

- L'impresa è un sistema aperto, socio-tecnico e cognitivo finalizzato alla produzione o allo scambio di beni o di servizi. Per raggiungere questi scopi l'impresa deve operare con vincoli di economicità. L'organizzazione dei fattori di produzione è affidata all'imprenditore.
- In base alle sue funzioni istituzionali, l'impresa è al tempo stesso:
  - organizzazione economica;
  - sistema sociale;
  - struttura patrimoniale.
- Le finalità imprenditoriali sono funzione del quadro teorico nel quale sono esaminate:
  - teoria della massimizzazione del profitto;
  - teoria della sopravvivenza aziendale;
  - teoria manageriale dello sviluppo dimensionale;
  - teoria della creazione e diffusione del valore;
  - teoria comportamentistica;
  - teoria del successo sociale.
- Le forme istituzionali dell'impresa sono le seguenti:
  - impresa capitalistica;
  - impresa manageriale;
  - impresa cooperativa;
  - impresa non profit;
  - impresa post-manageriale.
- Il controllo sulle imprese si esercita secondo varie modalità di controllo:
  - controllo assoluto;
  - controllo familiare;
  - controllo di coalizione;
  - controllo a supervisione finanziaria;
  - public company;
  - controllo cooperativo;
  - controllo statale.
- Secondo la teoria degli stakeholder l'impresa è un luogo di mediazione fra interessi talora contrastanti che ne influenzano il comportamento e le performance.

Domande di verifica

1. Quali sono i fattori critici nella definizione dell'impresa?
2. Quali sono le funzioni istituzionali dell'impresa?
3. Quali sono le finalità imprenditoriali?
4. Quali sono le forme istituzionali dell'impresa?
5. Quali sono gli assetti proprietari delle imprese?
6. Come si definiscono e chi sono i soggetti detti stakeholder dell'impresa?
7. Come si riclassificano gli stakeholder in base ai rapporti che stabiliscono con l'impresa?

Bibliografia

Airoldi G., Brunetti G., Coda V., *Lezioni di economia aziendale*, Il Mulino, Bologna 1989.

Albert M., *Capitalismo contro capitalismo*, Il Mulino, Bologna 1993.

Caramazza M., Carroli C., Monaci M., Pini F. M., *Management e Responsabilità Sociale*, Il Sole 24 Ore, Milano 2006.

Corno F., *L'etica nel governo dell'impresa: convergenza tra pensiero laico e dottrina sociale*, 2ª ed., Guerini, Milano 2002.

De George R., "Whistle Blowing" in Hoffman W., Frederick R. (a cura di) *Business Ethics. Reading and Cases in Corporate Morality*, 3ª ed., McGraw-Hill, New York 1995, pp. 283-290.

Di Toro P., *L'etica nella gestione dell'impresa*, Cedam, Padova 1993.

Donaldson T., Dunfee T.W., "Towards a United Conception of Business Ethics: Integrative Social Contracts Theory", *Academy of Management Review*, 19 (1994), pp. 252-284.

Drucker P.F., *The Practice of Management*, Harper and Row Publishers, New York 1954; tr. it. *Il potere dei dirigenti*, Etas libri, Milano 1967.

Freeman R.E., *Strategic Management, A Stakeholder Approach*, Pitman, 1984.

Freeman R.E., Rusconi G., Dorigatti M., *Teoria degli Stakeholder*, Franco Angeli, 2007.

Gale B.T., "Market share and rate of return", *Review of Economics and Statistics*, n. 54 (1972), pp. 412-423.

Gallucci C., "Crisi aziendale e governo della transizione imprenditoriale nelle imprese familiari", *Quaderno n. 9 del Dipartimento Impresa e*

Lavoro, Università degli Studi di Cassino (1999).

Hansmann H., *Economic theories of non-profit organization*, in Powell W.W. (a cura di), *The Nonprofit sector: A research handbook*, Yale University Press, New Haven, 1987, pp. 27-42.

Kirzner I., *Competition and Entrepreneurship*, University of Chicago Press, Chicago 1973; tr. it. *Concorrenza e Imprenditorialità*, Rubbettino, Soveria Mannelli 1997.

Marris R., *The Economic Theory of "Managerial" Capitalism*, Macmillan, London 1964; tr. it. Marris R., *La teoria economica del capitalismo manageriale*, Einaudi, Torino 1972.

Monaci M., "La responsabilità sociale d'impresa: un cristallo dalle molte facce", in Caramazza M. *et al.*, *Management e responsabilità sociale*, Il Sole 24 Ore, Milano 2006.

Normann R., *Management for Growth*, John Wiley & Sons, Chicester 1977; tr. it. *Le condizioni di sviluppo dell'impresa*, Etas Libri, Milano 1979.

Porter M.E., *How competitive forces shape strategy*, Harvard Business Review, 1979.

Sciarelli S., *Economia e gestione dell'impresa*, Cedam, Padova 1999.

Sciarelli S., *Elementi di economia e gestione delle imprese*, Cedam, Padova 2008.

Rossi F., *Strutture Proprietarie e benefici privati di controllo*, Aracne Editrice, Roma 2004.

Rullani E., *Economia della conoscenza. Creatività e valore nel capitalismo delle reti*, Carocci Editore, Milano 2004.

Rusconi G., *Etica e Impresa. Un'analisi economico-sociale*, CLUEB, Bologna 1997.

Schumpeter J.A., *Theorie der wirtschaftlichen Entwicklung*, München-Leipzig 1912; trad. it. *La teoria dello sviluppo economico*, Firenze 1971.

Schumpeter J.A., *Capitalism, socialism and democracy*, New York 1942; trad. it. *Capitalismo, socialismo e democrazia*, Milano 1964.

Simon H.A., *The Sciences of the Artificial*, MIT Press, Boston 1969. trad. it. *Le scienze dell'artificiale*, ISEDI, Milano 1973.

Singh A., Whittington G., *Growth, Profitability and Valuation*, D.A.E. Occasion paper 7, Cambridge University Press, Cambridge 1968.

Storey D.J., Keasey K., Watson R., Wynarczyk, *The Performance Of Small Firms: Profits, Jobs, And Failures*, Routledge, Londra 1987.

Williamson O.E., *Corporate control and business behavior*, Englewood Cliffs, N.J. 1970.

Ulteriori risorse disponibili sul sito web dedicato al volume

Capitolo 1
La scienza economica e l'economia

Obiettivi di apprendimento

Alla fine del capitolo, lo studente dovrebbe essere in grado di:

- comprendere che la scienza economica (o economia) studia il modo in cui le società risolvono il problema della scarsità delle risorse;
- comprendere i diversi meccanismi istituzionali attraverso i quali una società umana decide cosa, come e per chi produrre;
- discutere i punti di forza e di debolezza del mercato in quanto meccanismo istituzionale di allocazione e distribuzione di risorse scarse;
- sviluppare il concetto di costo opportunità;
- distinguere tra scienza economica positiva e normativa;
- presentare le differenti ipotesi semplificatrici utilizzate nello studio dei problemi microeconomici e macroeconomici.

Ogni società deve risolvere tre problemi fondamentali della vita quotidiana: quali beni e servizi produrre, come produrli e per chi produrli.

La **scienza economica** o **economia** studia i processi attraverso i quali le società contemporanee decidono che cosa, come e per chi produrre beni e servizi.

I beni sono oggetti utili o produttivi, come gli smartphone o l'acciaio. I servizi sono prestazioni – come un massaggio o un concerto dal vivo – consumate o utilizzate nel momento in cui vengono prodotte. In situazioni molto particolari, qualcuno dei tre problemi economici fondamentali – cosa, come e per chi produrre – neppure si pone. Fino all'arrivo di Venerdì, Robinson Crusoe poteva ignorare il problema per chi produrre. In generale, tuttavia, ogni collettività deve risolvere tutti e tre i problemi economici fondamentali.

La scienza economica è una delle scienze che studiano e spiegano il comportamento umano in un contesto sociale. L'oggetto di studio della scienza economica è il comportamento umano nella produzione, nello scambio e nell'uso di beni e servizi. Il problema economico di base di una società è come risolvere il conflitto tra bisogni sostanzialmente illimitati di beni e servizi e risorse scarse (lavoro, macchine, risorse naturali e così via) disponibili per la loro produzione. Affrontando i problemi relativi a cosa, come e per chi produrre, la scienza economica spiega in quale modo le risorse scarse di una società vengano distribuite tra usi alternativi.

Una **risorsa** è **scarsa** quando, a un prezzo pari a zero, la sua domanda eccede l'offerta. L'economia studia come le società contemporanee amministrano e allocano le risorse scarse.

Pur avendo per oggetto di studio il comportamento umano, l'economia è una scienza e non un'arte o una filosofia. La classificazione dell'economia tra le scienze sociali è giustificata dal metodo con cui gli economisti analizzano i problemi e non dall'oggetto dei loro studi. Gli economisti, infatti, sviluppano teorie del comportamento umano relativamente all'uso delle risorse scarse delle società umane e le sottopongono alla verifica della realtà empirica. Il Capitolo 2 presenta gli strumenti analitici utilizzati dagli economisti e spiega in che senso l'approccio analitico dell'indagine economica possa essere definito scientifico. Il ricorso al metodo scientifico di analisi non implica che la scienza economica ignori la dimensione individuale e umana; è, anzi, proprio la sensibilità per il comportamento quotidiano delle persone che consente agli economisti di focalizzare correttamente le proprie analisi.

Per un ulteriore approfondimento vedi sul sito web dedicato al volume il box

Approfondimento 1.1
L'importanza crescente dei servizi.
La terziarizzazione dell'economia italiana

1.1 • L'interpretazione di cosa è economia attraverso tre esempi

Comprendere che cosa sia e di che cosa si occupi la scienza economica attraverso le definizioni è come pretendere di imparare a nuotare leggendo un manuale di istruzioni. L'analisi formale di una scienza ha significato solo dopo aver acquisito qualche esperienza pratica di ciò che essa studia. In questo paragrafo vengono presentati tre esempi del modo in cui le società umane amministrano le loro risorse scarse. In ciascuno di essi, appare evidente l'importanza del problema "che cosa, come e per chi produrre".

La crisi dal 2007

La crisi che ha avuto avvio nel 2007 negli Stati Uniti viene considerata la peggiore dalla Grande Depressione del 1929. Molti sistemi economici sono entrati in recessione, periodo di tempo durante il quale la produzione di beni e servizi di un sistema economico (il c.d. Prodotto Interno Lordo) diminuisce. Le recessioni non sono inusuali e i sistemi economici affrontano ciclicamente la recessione e poi la crescita.

Soffermandoci sull'origine geografica di questa crisi, nella Figura 1.1 si può constatare come l'economia statunitense sia cresciuta e si sia contratta dalla fine della seconda guerra mondiale, anche se l'ampiezza di quest'ultima crisi non è paragonabile alle precedenti recessioni.

Dalla fine della seconda guerra mondiale il Governo statunitense ha promosso il grande "sogno" americano della proprietà immobiliare (cosa produrre). Per chi doveva produrre l'economia americana? Per coloro che volevano una cosa ben definita, una casa a Manhattan o nella più sperduta prateria americana. Come si doveva garantire la proprietà immobiliare? Anche concedendo prestiti subprime, cioè i prestiti – poiché a lungo termine, i mutui – concessi alle persone che desiderano acquistare una casa ma che non hanno un elevato standard di affidabilità nel mercato del credito. Sono, infatti, caratterizzati da una probabilità relati-

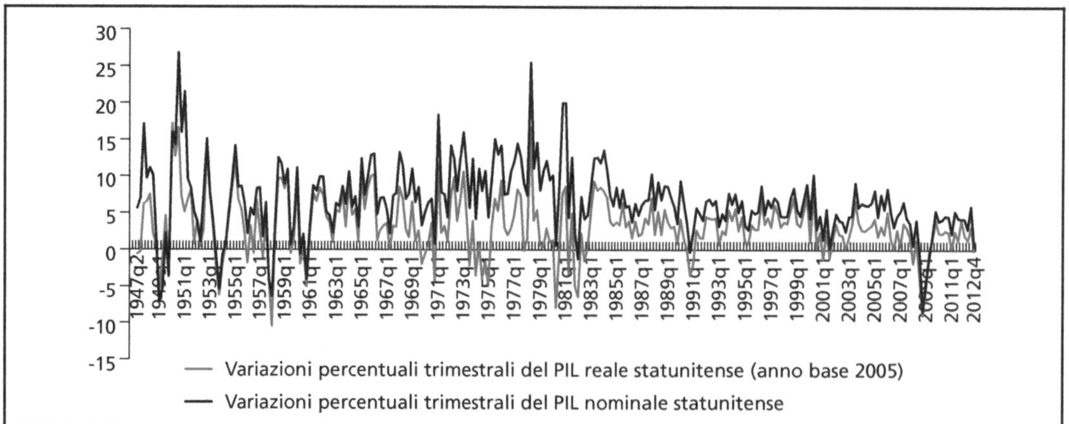

Figura 1.1 Il tasso di crescita del Prodotto Interno Lordo nominale e reale degli Stati Uniti
Variazioni trimestrali 1947-2012 (anno base: 2005).
Fonte: www.bea.gov.

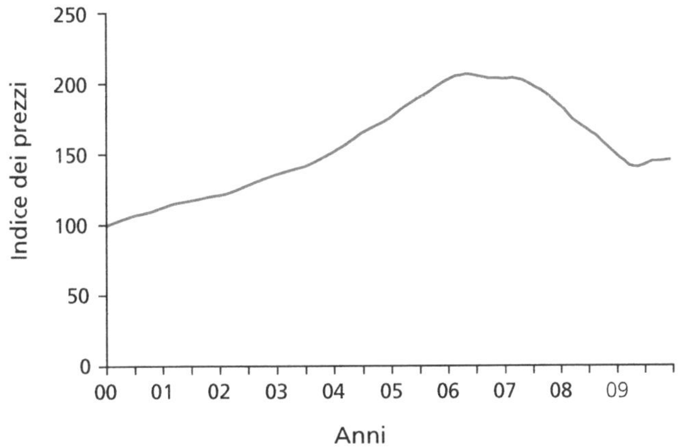

Figura 1.2 L'indice dei prezzi del mercato immobiliare degli Stati Uniti
Dati mensili, 2000-2009.
Fonte: www.fhfa.gov.

vamente alta che le somme ricevute in prestito non vengano restituite.

La crisi finanziaria è, di fatto, iniziata da un "sogno" che l'offerta immobiliare e finanziaria statunitense doveva garantire. Perché prestare denaro a queste persone? Prima del 2007 il prezzo degli immobili statunitensi stava costantemente crescendo come si può constatare dalla Figura 1.2.

Con un prezzo degli immobili in crescita, il rischio di perdita sul credito concesso ai sub-primer era limitato. Se questi erano insolventi, il prestatore di denaro - il sistema creditizio e finanziario statunitense specializzato nei mutui immobiliari - poteva rivendere l'immobile a un prezzo elevato. Per rendere i sub-prime più redditizi, il sistema finanziario incominciò ad aggregare queste formule di prestito in pacchetti obbligazionari da rivendere ad altre imprese finanziarie, creando un ulteriore mercato.

Il mercato dei sub-prime negli Stati Uniti è relativamente piccolo, circa il 10% del mercato dei mutui ipotecari. Come può un così piccolo mercato generare un così grande effetto? Dopo il 2002 il mercato obbligazionario legato ai mutui immobiliari è cresciuto considerevolmente, ma è anche del tutto "evaporato" nel 2008 (Figura 1.3).

Quando i sub-primer non furono più capaci di pagare, le vendite all'asta degli immobili aumentarono con effetti drammatici sul prezzo delle case. Sempre più case approdarono al mercato e il boom dei prezzi immobiliari si arrestò per poi trasformarsi in un forte calo.

I mutui sub-prime incominciarono a perdere valore con la diminuzione dell'indice dei prezzi delle case e gli investitori che detenevano obbligazioni garantite da tali mutui incominciarono a registrare pesanti perdite. Alla fine del 2007 molte banche annunciarono perdite per 60 miliardi di dollari generate dal segno negativo alla riga contabile "mutui sub-prime".

Nonostante la crisi sia iniziata negli Stati Uniti, poiché le istituzioni e gli operatori finanziari di tutto il mondo sono oggi connessi attraverso i mercati borsistici e tutta una serie di accordi e partnership, si è rapidamente diffusa. I Governi di diversi paesi hanno, allora, approvato piani di salvataggio delle banche e degli operatori finanziari. Sarebbe stato troppo pericoloso per l'economia mondiale che questi collassassero.

Queste perdite si trasformarono nel cosiddetto *credit crunch*, la riduzione del credito: le banche incominciarono a non prestare e si mostrarono diffidenti anche al prestito interbancario. Il credito divenne una risorsa scarsa. La riduzione del credito ha, di conseguenza, peggiorato la situazione.

Molte imprese speravano di trovare nel credito la possibilità di far sopravvivere le loro attività. A fronte di un credito modesto o quasi inesistente, molte imprese hanno chiuso, la disoccupazione è aumentata, la fiducia dei consumatori è diminuita, con un aumento considerevole del risparmio e una contrazione drastica dei consumi.

Per molte economie la recessione è iniziata alla fine del 2007, ma la crisi non ha riguardato solo le banche. Gli Stati che hanno salvato il sistema creditizio hanno visto il debito pubblico - la somma di tutti i deficit o disavanzi pubblici cumulati negli

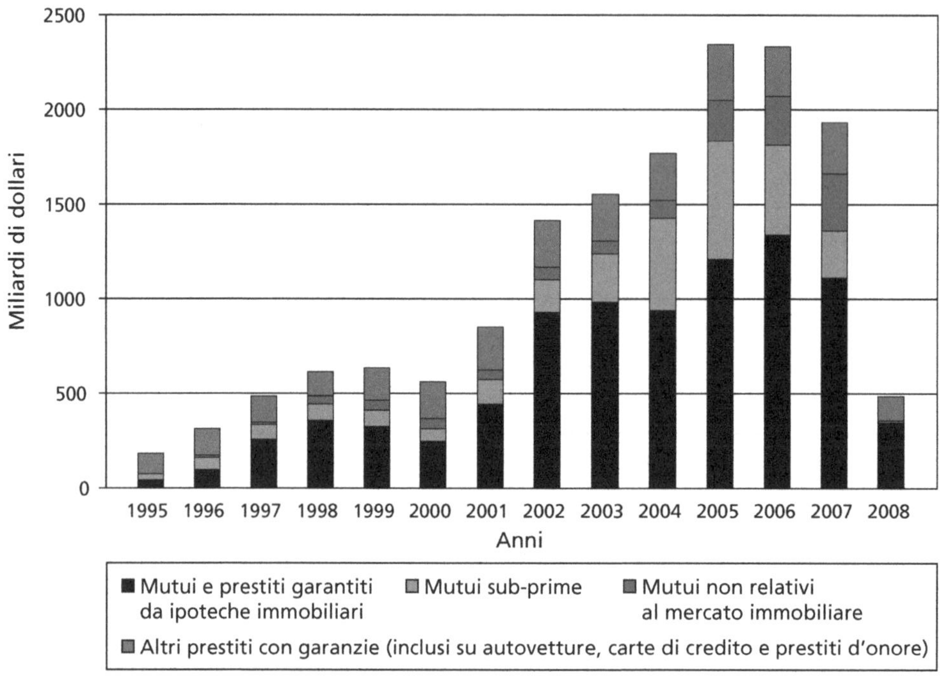

Figura 1.3 L'emissione obbligazionaria garantita a livello mondiale (miliardi di dollari)
Fonte: Banca d'Inghilterra.

anni - esplodere quando ancora non fossero già sopra il 100% del PIL. La recessione si è trasformata nel collasso del sistema pubblico, sempre più obbligato alla "spending review" (revisione della spesa) e al "retrenchment" (revisione e contrazione del proprio ruolo nell'economia).

Cercando di rispondere alle tre domande, dopo che la crisi è scoppiata, la recessione ha sicuramente causato un rallentamento della produzione in tanti settori, come il settore immobiliare, prima di tutto, ma anche il settore automobilistico, talora sostenuto con politiche di incentivi pubblici. Insomma, crollata la produzione, sono crollati i consumi.

Guardando al "come", la crisi ha determinato una riallocazione delle risorse. In particolare, il fattore produttivo *lavoro* ha subito pesanti ripercussioni. La disoccupazione è cresciuta, trovare un lavoro è difficile e determinati profili professionali sono tutti da rivedere perché non hanno più mercato.

Infine, cercando di rispondere alla domanda "per chi", banche e intermediari finanziari hanno registrato perdite elevate, così come gli investitori nel mercato borsistico. La ricchezza mondiale si è trasferita a nuovi ricchi e, purtroppo, la povertà è aumentata.

Gli shock del prezzo del petrolio

Il petrolio fornisce combustibile per il riscaldamento, il trasporto e gli impianti industriali ed è una risorsa essenziale per il settore petrolchimico e per le industrie che realizzano prodotti per le famiglie, come gli utensili in plastica e i capi di abbigliamento in poliestere.

Fino al 1973, il consumo mondiale di petrolio - disponibile in abbondanza e a prezzi bassi - è cresciuto in modo continuo e rilevante. Nel biennio 1973-1974, con il blocco del canale di Suez in seguito al conflitto tra Israele ed Egitto, vi è stato un cambiamento improvviso. Alcuni fra i principali Paesi produttori di petrolio hanno costituito l'OPEC - Organization of Petroleum Exporting Countries (www.opec.org) - che, attraverso la fissazione di quote produttive dei suoi aderenti, ha ristretto l'offerta mondiale di petrolio in modo da triplicarne il prezzo. Poiché nel breve periodo l'uso del petrolio si è ridotto in misura mo-

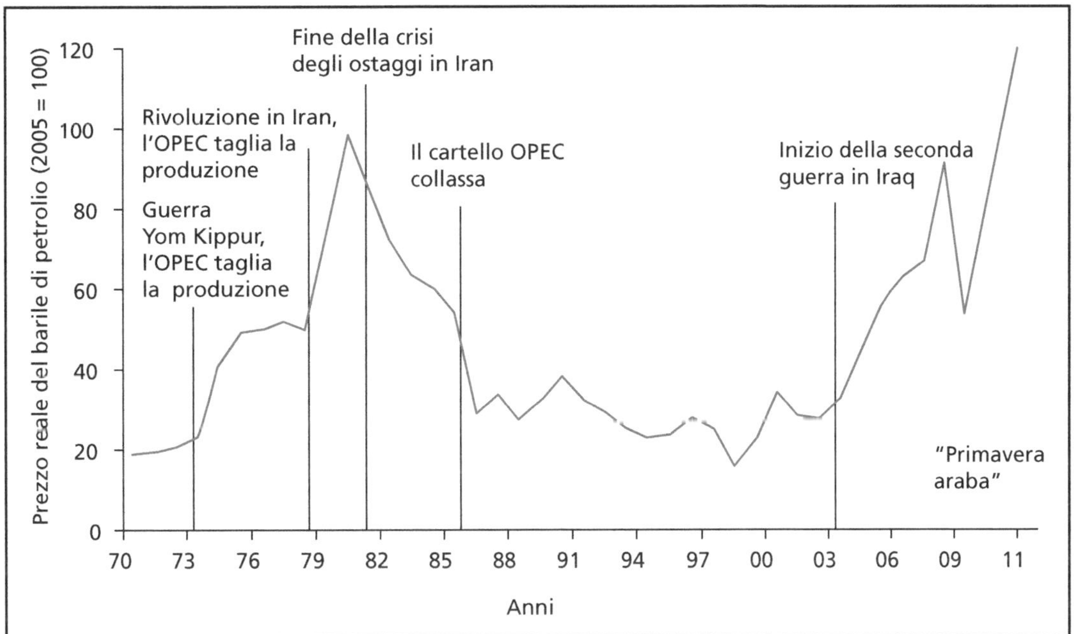

Figura 1.4 Il prezzo reale del petrolio,1970-2011 (in dollari USA)
Fonte: IMF, *International Financial Statistics.*

desta, data l'assenza di sostituti stretti che garantissero le stesse qualità materiche funzionali alla produzione in tanti e così diversi settori e data l'incapacità di una veloce sostituzione qualora i sostituti vi fossero, la contrazione dell'offerta è risultata molto profittevole per i Paesi aderenti all'OPEC, che hanno registrato rilevanti aumenti dei ricavi da esportazione.

La Figura 1.4 mostra l'andamento del prezzo reale - ovvero corretto in base al tasso di inflazione - del petrolio nel periodo 1970-2011. Il prezzo del petrolio è triplicato nel periodo 1973-1974 ed è raddoppiato nel biennio 1979-1980. Poi è calato sino alla metà degli anni Novanta. I mercati hanno trovato una soluzione alle restrizioni produttive che l'OPEC ha indotto. Con il tempo i consumatori hanno incominciato a consumare meno petrolio e, parallelamente, i produttori non-OPEC sono riusciti a vendere di più, indebolendo così la leadership OPEC. A partire dal 2001 - in coincidenza con l'attacco terroristico alle torri gemelle di New York e, successivamente, con l'intervento degli Stati Uniti e del Regno Unito in Iraq - il prezzo del petrolio ha di nuovo raggiunto i livelli del periodo 1973-1974. Questi spettacolari aumenti sono noti come *shock del prezzo del petrolio*.

Nel 2006 il prezzo del greggio è salito a 64,3 dollari al barile (53,4 nel 2005). Dal 2003 l'aumento delle quotazioni è stato del 140% circa in termini nominali, del 130% in termini reali.[1] Nel 2004 sia il Governo statunitense sia l'Unione Europea hanno più volte esortato l'OPEC ad aumentare l'offerta. Nella seconda metà del 2006, in particolare, l'allentamento delle tensioni internazionali e la debolezza della domanda nelle principali economie avanzate, anche in ragione di condizioni climatiche eccezionalmente miti nell'emisfero settentrionale, hanno favorito una temporanea discesa dei prezzi, fino a livelli vicini ai 50 dollari. Tuttavia, dal gennaio 2007 il prezzo è tornato inesorabilmente a crescere. A metà del 2007 l'Arabia Saudita ha ridotto la produzione e gli altri membri dell'OPEC si sono allineati su tale decisione. La produzione OPEC è diminuita di 1 milione di barili al giorno rispetto all'anno precedente. Nello stesso periodo la domanda è aumentata del medesimo ammontare. Gli esperti hanno incominciato a temere una quotazione di 95 dollari al barile a fronte della determinazione OPEC a non incrementare la produzione.

The Economist del 21 luglio 2007 riporta che "l'OPEC non avrebbe alcun incentivo a uccidere la gallina dalle uova d'oro".

La crescita di economie come Cina e India, fortemente bisognose di materie prime, continua ad

[1] Si spiegherà nel prossimo capitolo la differenza tra prezzi nominali e prezzi reali.

alimentare gli shock. La crisi contemporanea non rende, però, immuni tali economie così che il prezzo del barile si fa altalenante, quasi 100 dollari nel 2008, poco più di 60 nel 2009 e circa 80 nel 2010. La crisi ha amplificato le variazioni, anche a seguito dei conflitti interni agli Stati africani mediterranei come la Libia sull'onda della cosiddetta "primavera araba". Il prolungarsi dell'instabilità negli Stati africani mediterranei, le nuove tecniche di estrazione statunitensi, le innovazioni di prodotto e di processo che tendono a limitare l'impiego di derivati del petrolio sono solo alcuni dei fenomeni che dal 2011 determinano continue oscillazioni del prezzo.

Nel lungo periodo, l'alto prezzo del petrolio induce gli utilizzatori a ridurre l'impiego ricorrendo ad altre fonti di energia o materie prime e i Paesi non aderenti all'OPEC – come il Regno Unito e la Russia – ad accrescere l'offerta. Queste reazioni, provocate dalle variazioni dei prezzi, sono un esempio del modo in cui le società umane risolvono i tre fondamentali problemi del "che cosa, come e per chi produrre".

Si consideri, innanzitutto, "come" l'organizzazione economica di una società umana produce beni e servizi. Allorché il prezzo del petrolio aumenta in modo rilevante, le imprese tendono a ridurre l'utilizzo di prodotti derivati dal petrolio. Le imprese chimiche sviluppano sostituti artificiali dei semilavorati derivati dal petrolio, le compagnie aeree acquistano e utilizzano aeromobili che consumano meno combustibile, o combustibili alternativi. Un aumento del prezzo del petrolio stimola l'organizzazione economica a produrre beni e servizi con un minore utilizzo di petrolio.

Qual è l'influenza dell'aumento del prezzo del petrolio sul "che cosa" debba essere prodotto? Imprese e famiglie riducono l'uso di prodotti basati sul petrolio che sono diventati più dispendiosi. Le famiglie privilegiano impianti di riscaldamento alimentati a gas, si attengono alle regole virtuose del risparmio energetico limitando i consumi in determinati orari e acquistano automobili di minore cilindrata. I pendolari si organizzano in gruppi per utilizzare una sola automobile o si spostano verso destinazioni più vicine alla loro residenza. L'alto prezzo del petrolio non solo riduce la domanda di beni e servizi collegati al petrolio, ma incoraggia altresì i consumatori ad acquistare sostituti. L'accresciuta domanda di sostituti dei beni e servizi basati sul petrolio fa aumentare i prezzi di questi ultimi e stimola la loro produzione. I progettisti disegnano automobili più piccole, gli architetti usano l'energia solare e i laboratori di ricerca sviluppano sostituti del petrolio nella produzione chimica.

Anche il problema del "per chi" produrre ha una chiara risposta nell'esempio in questione. Il ricavo dell'OPEC derivante dalla vendita del petrolio è salito da 35 miliardi di dollari nel 1973 a circa 300 miliardi nel 1980. Gran parte del maggior ricavo è stata spesa nell'acquisto di beni prodotti nei Paesi dell'Occidente industrializzato. In contrasto, i Paesi importatori di petrolio sono stati costretti a cedere una quota maggiore della propria produzione in cambio del petrolio importato. In termini reali, l'aumento del prezzo del petrolio ha aumentato il potere d'acquisto dell'OPEC e ridotto il potere d'acquisto di Paesi importatori di petrolio, come la Germania, il Giappone e l'Italia. Il sistema economico mondiale è stato quindi indotto a produrre più per l'OPEC e meno per Germania, Giappone e Italia.

La Figura 1.4 mostra, inoltre, la rilevante caduta del prezzo del petrolio dal 1982 al 1985. Il potere monopolistico dell'OPEC si è ridotto in seguito all'accresciuta offerta di petrolio da parte di altri Paesi e alla sua sostituzione con altre fonti di energia da parte degli utilizzatori. Tuttavia, l'OPEC – a partire dal 1999 – ha ritrovato coesione tra i suoi aderenti e, attraverso tagli o aumenti dell'offerta, sembra nuovamente essere in grado di influire efficacemente sul prezzo mondiale del petrolio.

Gli shock del prezzo del petrolio provocati dall'OPEC sono un buon esempio del modo in cui le società umane allocano le loro risorse scarse tra usi alternativi. Il prezzo del petrolio riflette la scarsità relativa di questa fondamentale risorsa, scarsità in gran parte provocata dalle decisioni dell'OPEC.

La distribuzione del reddito

Questo paragrafo è consultabile sul sito web dedicato al volume

1.2 • La scarsità e gli usi alternativi delle risorse

Si supponga che un'economia (ovvero, il sistema economico di una società) disponga di quattro lavoratori in grado di produrre cibo o spettacoli cinematografici.

La Tabella 1.1 mostra le quantità massime producibili di ognuno dei due prodotti con l'impiego totale ed efficiente dei lavoratori disponibili. La combinazione producibile di cibo e spettacoli cinematografici dipende dal modo in cui i lavoratori sono allocati tra le due attività. In ognuna di queste, al crescere del numero di lavoratori impiegati aumenta la quantità totale di prodotto ottenibile.

Tabella 1.1 Le possibilità produttive

Cibo		Spettacoli cinematografici	
Lavoratori	Produzione	Lavoratori	Produzione
4	25	0	0
3	22	1	9
2	17	2	17
1	10	3	24
0	0	4	30

La produzione in ciascuna delle due attività è condizionata dalla **legge dei rendimenti decrescenti**: ogni lavoratore addizionale fa aumentare la produzione totale di un ammontare minore di quello prodotto dai precedenti lavoratori addizionali.

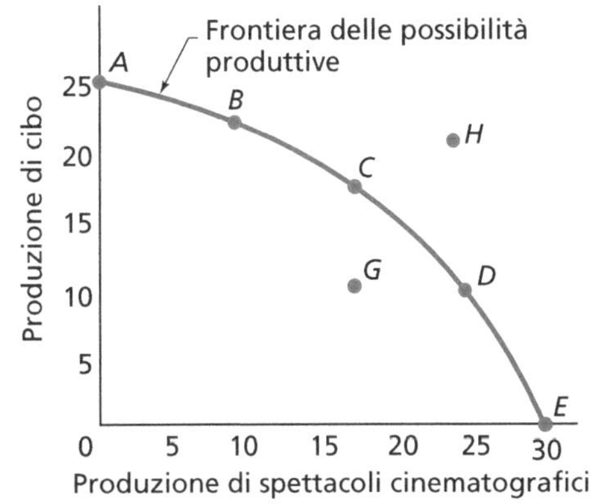

Figura 1.5 La frontiera delle possibilità produttive La frontiera mostra le combinazioni che il sistema economico è in grado di produrre efficientemente attraverso l'impiego di tutte le risorse disponibili. La pendenza della frontiera esprime il rapporto o tasso di scambio tra i due prodotti. Punti al di sopra della frontiera rappresentano combinazioni producibili con un ammontare di risorse superiore a quello disponibile. Punti al di sotto della frontiera rappresentano combinazioni inefficienti: infatti, utilizzando più efficientemente le risorse disponibili, il sistema può aumentare la produzione avvicinandosi alla frontiera.

Che cosa determina l'operare della legge dei rendimenti decrescenti? Si è implicitamente ipotizzato che i lavoratori impiegati nell'industria cinematografica abbiano a disposizione una dotazione fissa di cineprese, studi per le riprese e altre attrezzature. Il primo lavoratore ha a sua disposizione l'intera dotazione di attrezzature; l'impiego di un secondo e di altri lavoratori addizionali nell'industria cinematografica riduce la quantità di attrezzature disponibili per addetto. Quindi, la produzione per lavoratore nell'industria cinematografica diminuisce al crescere del numero totale di lavoratori occupati. Entrambe le attività produttive ipotizzate sono soggette alla legge dei rendimenti decrescenti del lavoro al crescere dei lavoratori occupati.

Trasferendo lavoratori da un'attività produttiva all'altra, l'economia può accrescere la produzione di un bene, ma solo attraverso il sacrificio della produzione dell'altro. Vi è un rapporto o tasso di scambio (*trade-off*) tra produzione di cibo e produzione di spettacoli cinematografici.

La Figura 1.5 rappresenta le massime combinazioni di cibo e spettacoli cinematografici che il sistema economico è in grado di produrre. Il punto *A* corrisponde alla prima riga della Tabella 1.1, dove si ipotizza che la produzione di cibo sia di 25 unità e quella di spettacoli cinematografici sia nulla. I punti *B*, *C*, *D* ed *E* corrispondono alle altre righe della Tabella 1.1. La curva che unisce i punti da *A* a *E* nella Figura 1.5 è la *frontiera delle possibilità produttive*.

La **frontiera delle possibilità produttive** è una curva che rappresenta – per ogni livello di produzione di un bene – la massima quantità di un altro bene che un sistema economico è in grado di produrre.

La particolare forma della frontiera – ossia la sua concavità verso l'origine degli assi – è dovuta all'operare della legge dei rendimenti decrescenti. Ogni spostamento lungo la frontiera – da *A* a *B* a *C* e così via – implica il trasferimento di un lavoratore dalla produzione di cibo a quella di spettacoli cinematografici. Ogni trasferimento riduce la produzione per addetto nell'industria cinematografica ma accresce la produzione per addetto nell'industria del cibo. Ogni trasferimento di lavoro comporta un incremento via via minore nella produzione di spettacoli cinematografici e un sacrificio crescente di produzione di cibo.

Il **costo opportunità marginale** di un bene o servizio è la quantità di altri beni o servizi a cui si deve rinunciare per produrre un'unità addizionale del primo.

Nella Figura 1.5, si consideri inizialmente il punto *A*, corrispondente alla produzione di 25 unità di cibo e zero unità di spettacoli cinematografici. Passando da *A* a *B*, si producono 9 unità di spettacoli cinematografici ma si sacrifica la produzione di 3 unità di cibo. Perciò, la rinuncia a 3 unità di cibo è necessaria se si vogliono riallocare le risorse disponibili alla produzione delle prime 9 unità di spettacoli cinematografici. La pendenza della frontiera, in un determinato punto, ovvero per una determinata combinazione produttiva, esprime il costo opportunità (marginale) di un bene in termini di sacrificio dell'altro.

Per comprendere la ragione per cui la curva è una frontiera, si consideri il punto *G* nella Figura 1.5: in questa situazione, la società sta producendo 10 unità di cibo e 17 unità di spettacoli cinematografici. *G* è una combinazione produttiva realizzabile: la Tabella 1.1 indica che la produzione della combinazione *G* richiede l'impiego di un lavoratore nell'industria del cibo e di due lavoratori nell'industria cinematografica. Occupando tre soli lavoratori, la società non utilizza tutte le sue risorse perché il quarto lavoratore disponibile non è occupato. *G* non è un punto della frontiera delle possibilità produttive della società perché è possibile produrre una maggior quantità di un bene senza sacrificare la produzione dell'altro. Impiegando il quarto lavoratore disoccupato nella produzione di cibo, si potrebbe realizzare la combinazione produttiva *C* contraddistinta da 7 unità addizionali di cibo a parità di produzione di spettacoli cinematografici. Impiegando invece il quarto lavoratore disoccupato nella produzione cinematografica, si potrebbe conseguire la combinazione *D*, con la produzione di 7 unità addizionali di spettacoli cinematografici e nessun sacrificio di cibo.

La frontiera delle possibilità produttive rappresenta le combinazioni produttive *efficienti* che un sistema economico può realizzare.

L'**efficienza produttiva** implica che l'aumento della produzione di un bene (o servizio) può essere realizzato solo con il sacrificio della produzione di altri beni (o servizi).

Punti come *G* - che si trovano al di sotto della frontiera - sono inefficienti perché la società sta sprecando risorse. L'aumento della produzione di un bene può essere realizzato senza ridurre la produzione dell'altro. Punti come *H* - al di sopra della frontiera delle possibilità produttive - sono combinazioni produttive non realizzabili. Sarebbe conveniente disporre di più cibo e più spettacoli cinematografici ma, data la quantità di lavoro (ovvero di risorse) disponibile, è impossibile produrre la combinazione in questione. La scarsità di risorse limita le possibilità di scelta della società alle combinazioni produttive che si trovano sulla frontiera o all'interno della frontiera delle possibilità produttive. La società deve accettare il fatto che le sue risorse sono scarse e decidere come allocarle tra usi produttivi alternativi.

Poiché i consumatori desiderano cibo e film, la società (attraverso le forme organizzative di cui si dota) dovrebbe mirare a produrli efficientemente e quindi scegliere una tra le combinazioni produttive che si trovano sulla frontiera delle possibilità produttive. Così facendo, decide "che cosa" produrre, ma anche "come" produrre. La Tabella 1.1 mostra quanti lavoratori - quindi, quante risorse scarse - debbano essere impiegati nelle due attività produttive per realizzare ogni combinazione produttiva di frontiera. Per il momento, il modello è troppo semplificato per risolvere il problema del "per chi produrre". Infatti, occorrono altre informazioni (per esempio, le preferenze della società per i due beni in questione) in aggiunta a quelle deducibili dalla frontiera delle possibilità produttive.

Nel confronto internazionale, una società potrebbe avere un vantaggio nella produzione di un bene piuttosto che nella produzione di un altro.

Un individuo o una società ha un **vantaggio comparato** quando la produzione di un bene o servizio è caratterizzata da un costo opportunità inferiore rispetto ad altrui produzione.

Si rinvia al Capitolo 29 per ogni utile aggiornamento e approfondimento del tema del vantaggio comparato.

Come dovrebbe scegliere una società umana la combinazione produttiva da realizzare tra quelle della sua frontiera delle possibilità produttive? Una possibilità è che sia il Governo a decidere e quindi a determinare l'allocazione delle risorse scarse. Tuttavia, nella maggior parte delle società economicamente progredite, è il funzionamento dei mercati che determina "che cosa, come e per chi produrre" i beni e i servizi e, quindi, l'allocazione delle scarse risorse disponibili.

1.3 • Il ruolo del mercato

I mercati sono istituzioni che mettono in relazione acquirenti e venditori di beni e servizi. In taluni casi - come in un mercato locale della frutta -, acquirenti e venditori si incontrano fisicamente. In altri casi - come nei mercati azionari -, le relazioni e le transazioni si realizzano attraverso una rete di computer. Tralasciando i dettagli, si può proporre una definizione generale del concetto di mercato.

Un **mercato** è un processo attraverso il quale le decisioni delle famiglie circa il consumo di beni e servizi diversi, delle imprese circa che cosa e come produrre e vendere e dei lavoratori circa quanto e per chi lavorare sono rese compatibili attraverso aggiustamenti di prezzi.

I prezzi dei beni e dei servizi (come il cibo e gli spettacoli cinematografici) e delle risorse (come il lavoro, gli impianti e la terra coltivabile) si modificano continuamente in modo da garantire che le risorse scarse siano impiegate per produrre i beni e i servizi che la società richiede.

Gran parte della scienza economica è dedicata allo studio del modo in cui i mercati e i prezzi consentono alle società umane di risolvere i fondamentali problemi del "che cosa, come e per chi produrre". Si supponga di voler consumare un hamburger per pranzo. Che cos'ha a che fare questo desiderio con mercati e prezzi? La vostra scelta del fast food dipende dalla rapidità, qualità e dispendiosità del servizio. Dato il vostro bisogno di cibo e il vostro vincolo di bilancio, il basso prezzo degli hamburger vi suggerisce il modo più conveniente per soddisfare il vostro appetito. Potreste preferire una bistecca se non fosse per il fatto che il suo prezzo è significativamente più alto. Il prezzo delle bistecche è così alto – rispetto a quello degli hamburger – che la società risolve il problema del "che cosa e per chi produrre" a favore degli hamburger e di chi li preferisce.

Si osservi ora la questione dal punto di vista del venditore. Il proprietario del fast food continua la sua attività perché – dato il prezzo della carne per hamburger, dell'affitto dei locali e del lavoro – ritiene possibile vendere hamburger con un certo profitto. Se gli affitti dei locali fossero più alti, sarebbe più profittevole vendere hamburger in un quartiere meno caro o riconvertire il fast food in un ristorante che offra pranzi per manager e funzionari ad alto reddito. Lo studente che si occupa della cassa lavora part time nel fast food perché il salario ricevuto gli consente di continuare gli studi. A un salario inferiore, lo studente potrebbe non trovare conveniente lavorare. D'altro lato, il lavoro alla cassa non è qualificato e vi sono molti studenti disposti a svolgere la stessa mansione: per questo, il proprietario del fast food può permettersi di offrire un salario modesto.

Sono quindi i prezzi a indirizzare la decisione di consumare hamburger, la decisione del ristoratore di offrire hamburger e la decisione dello studente di accettare il lavoro offerto dal ristoratore. La società nel suo complesso destina risorse (carne, edifici e lavoro) alla produzione di hamburger attraverso il sistema dei prezzi. Se nessuno richiedesse hamburger, il gestore del fast food non sarebbe in grado di vendere pasti a base di hamburger a un prezzo sufficiente per coprire i costi di gestione e le scarse risorse della società non verrebbero destinate alla produzione di hamburger. È la domanda di hamburger da parte dei consumatori che indirizza le risorse alla produzione di hamburger. Tuttavia, se i bovini contraessero un morbo pericoloso per l'uomo, i consumatori rinuncerebbero agli hamburger in favore dei sandwich al prosciutto di maiale, il cui prezzo salirebbe. La maggior richiesta di prosciutto di maiale da parte del settore dei ristoranti e dei fast food farebbe aumentare il prezzo della carne di maiale e diminuire il prezzo della carne bovina. Questo aggiustamento di prezzi incentiverebbe una riallocazione delle risorse naturali dagli allevamenti bovini agli allevamenti suini. Durante la prima crisi della "mucca pazza" – esplosa nel mese di giugno del 1996 –, il prezzo della carne di maiale aumentò del 30% mentre il prezzo della carne bovina diminuì. Questo evento costituì un formidabile incentivo alla riallocazione delle risorse.

Per un ulteriore approfondimento vedi sul sito web dedicato al volume il box

Approfondimento 1.2 Non di solo mercato! Antichità e quotidianità dell'asta

L'economia dirigistica

Per illustrare il ruolo dei mercati e dei prezzi, ci si può chiedere in quale modo potrebbe essere realizzata l'allocazione delle scarse risorse di una società umana in assenza di mercati. Un esempio di tale organizzazione economica è la cosiddetta economia dirigistica.

In una **economia dirigistica**, la decisione circa "che cosa, come e per chi produrre" è presa da un'autorità – per esempio, da un ufficio governativo di pianificazione – che impone dettagliati criteri di comportamento a famiglie, imprese e lavoratori.

La pianificazione è un'attività molto complessa e non si conoscono esempi di società umane nelle quali l'allocazione delle risorse venga realizzata attraverso un'organizzazione economica completamente dirigistica. In molte nazioni – come la Cina, Cuba e i Paesi che costituivano l'Unione delle Repubbliche Socialiste Sovietiche (URSS) – si è fatto ampio ricorso a misure di organizzazione economica dirigistica basata su un'autorità pubblica di pianificazione centralizzata. In questa forma di organizzazione economica, lo Stato detiene la proprietà degli stabilimenti produttivi e delle risorse naturali e, attraverso l'attività di pianificazione, assume le più importanti decisioni in merito ai consumi delle famiglie, ai beni e ai servizi da produrre e alle persone che devono lavorare.

Per un ulteriore approfondimento vedi sul sito web dedicato al volume il box

Approfondimento 1.3 L'economia del baratto in tempo di crisi

Applicazione 1.1 Alla ricerca di un posto in corsia!

Il problema della dimensione della spesa sanitaria e di come è strutturato il sistema sanitario è all'ordine del giorno di molte agende nazionali e internazionali. Il sistema pubblico e quello privato sono oggetto di continuo confronto.

La spesa pubblica per il sistema sanitario britannico è cresciuta in termini reali del 60% rispetto al 1990. Tuttavia, la maggior parte della popolazione britannica ha la sensazione che la spesa pubblica sanitaria stia diminuendo. In effetti, la popolazione britannica sta vivendo sempre più a lungo. È prevista la crescita della popolazione ultrasessantacinquenne dal 23% nel 1980 al 31% nel 2030.

Anche la popolazione italiana sta inesorabilmente invecchiando e l'*industria sociale*, sia dell'assistenza sanitaria sia dell'assistenza in generale, sta crescendo come si evince dalla figura seguente.

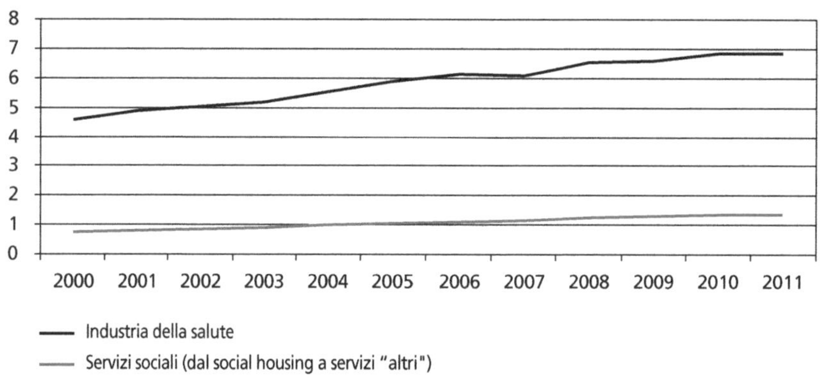

Il valore aggiunto dell'*industria sociale* italiana, 2001-2011 (a prezzi correnti, in miliardi di euro)
Fonte: OCSE Statistics.

La Mano Invisibile

I mercati nei quali non vi è intervento del Governo o di altre autorità sono detti **mercati liberi**.

La **Mano Invisibile** è l'azione del libero mercato che, attraverso i prezzi, spinge gli individui, orientati al perseguimento di interessi privati, a compiere scelte economiche efficienti per la società.

In un libero mercato, gli individui perseguono i propri interessi senza direttive o interferenze imposte da qualche autorità. L'intuizione che un tale sistema di organizzazione economica possa risolvere efficientemente i problemi sociali relativi a "che cosa, come e per chi produrre" è una delle più antiche elaborazioni della teoria economica, risalendo ad Adam Smith, il famoso economista scozzese il cui libro *La ricchezza delle nazioni* (1776) è considerato un classico della scienza economica. Smith intuì che individui orientati al perseguimento dell'interesse personale sarebbero stati guidati, da una sorta di "Mano Invisibile", a prendere decisioni altresì nell'interesse della società nel suo complesso.

Se una persona - in un sistema di libero mercato - desidera arricchirsi, deve darsi da fare e inventare un nuovo bene o servizio, per esempio, un innovativo software per la navigazione satellitare. Benché motivata dall'interesse personale, questa persona agisce anche nell'interesse della società perché crea nuove opportunità di lavoro. Se il nuovo prodotto ha successo, la persona in questione diviene milionaria e sposta verso l'alto la frontiera sociale delle possibilità produttive: con le stesse risorse è, infatti, possibile produrre beni migliori o in maggiore quantità. Smith intuì che il perseguimento dell'interesse privato può - senza alcun indirizzo autoritativo - produrre un'allocazione delle risorse sensibile all'interesse sociale.

È soprattutto la spesa sanitaria a crescere con evidente costanza, a testimoniare anche stili di vita come la sedentarietà o *le aberrazioni* nei regimi alimentari che possono ulteriormente aggravare le voci di spesa di questo terziario pubblico e privato.

La spesa sanitaria sta crescendo un po' più velocemente del reddito nazionale, ma con l'allungamento delle aspettative di vita necessita di una forte accelerazione.

Si ritorna al solito problema della scarsità. Il razionamento delle risorse può essere realizzato attraverso il mercato - delle polizze assicurative per l'assistenza sanitaria - o attraverso il ruolo attivo del Governo e delle strutture sanitarie pubbliche, con i capitoli di bilancio pubblico e i sistemi dei ticket o delle prestazioni sanitarie a tariffe "non commerciali" o di mercato.

Un migliore trattamento sanitario comporta costi opportunità. Un maggiore numero di infermieri e dottori può implicare sacrifici nel sistema dell'istruzione non medicale, nell'offerta culturale e in altre produzioni le cui risorse devono essere dirottate al migliore funzionamento degli ospedali.

Le attività di assistenza trovano nelle organizzazioni non-profit un supporto essenziale e la rilevazione ISTAT tra novembre 2016 e aprile 2017 fornisce un +23,4% rispetto al censimento 2011 per il settore dell'assistenza sociale e della protezione civile.

Domande Le soluzioni sono disponibili sul sito web dedicato al volume

a. Pensate che un secolo fa la salute fosse un bene per cui le risorse fossero razionate? Perché sì? Perché no?
b. Nel momento in cui un servizio sanitario nazionale rende gratuita la prestazione sanitaria, ciò implica che chiunque possa godere di "quanta cura" desidera? Se no, qual è la ratio di un sistema sanitario nazionale?
c. Dal 2000 al 2007 la spesa sanitaria pro capite italiana è aumentata annualmente in termini reali dell'1,9%, un tasso di crescita inferiore alla media OCSE del 3,7%. Lo Stato Italiano potrebbe limitare il suo impegno finanziario nel sistema sanitario nazionale? Argomentare la risposta aggiornando anche con i dati consultabili al link www.oecd.org/health/healthdata.

La notevole intuizione di Adam Smith è stata lungamente studiata e sviluppata dai moderni economisti. Negli ultimi capitoli vengono analizzate in dettaglio le condizioni che consentono alla Mano Invisibile di operare efficientemente. In talune circostanze, il meccanismo della Mano Invisibile si rivela inefficiente e si giustifica quindi un intervento pubblico correttivo.

L'economia mista

In un sistema economico basato sul libero mercato, gli individui perseguono l'interesse personale senza alcun condizionamento governativo. In un'economia dirigistica, vi è uno spazio ristretto per la libertà economica individuale poiché gran parte delle decisioni è presa centralmente dall'autorità pubblica. Tra questi due estremi si colloca l'economia mista.

In una **economia mista**, il Governo e il settore privato interagiscono nella soluzione dei problemi economici fondamentali. Il Governo controlla una quota significativa della produzione nazionale attraverso il prelievo fiscale, la politica dei trasferimenti alle imprese e alle famiglie e la fornitura di servizi come la difesa nazionale e la polizia. Esso condiziona altresì gli individui nel perseguimento dell'interesse privato.

La maggior parte dei sistemi economici contemporanei è costituita da economie miste, benché alcuni siano più vicini alle economie dirigistiche e altri alle economie di libero mercato. La Figura 1.6 illustra questo aspetto. Anche l'organizzazione economica di Cuba consente ai consumatori ormai ampia libertà nelle decisioni di acquisto. D'altro canto, nazioni come gli Stati Uniti d'America - che si dichiarano paladini entusiasti dell'economia di libero mercato - si contraddistinguono per livelli rilevanti di intervento pubblico nella fornitura di beni e servizi pubblici pur nell'attuale congiuntura di revisione e taglio della spesa da parte del go-

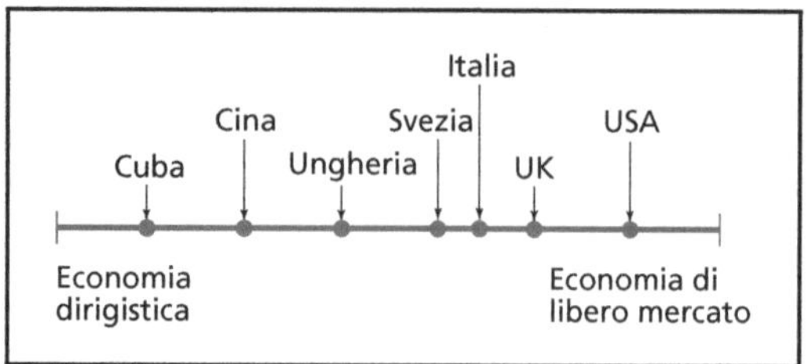

Figura 1.6 L'orientamento al mercato delle economie nazionali
Il ruolo del mercato nell'allocazione delle risorse differisce sensibilmente da Paese a Paese. Nell'economia dirigistica, le risorse sono allocate da un'autorità pubblica centrale. Nell'economia di libero mercato, non vi è alcun intervento pubblico di regolamentazione del consumo, della produzione e dello scambio di beni e servizi. Tra queste due forme estreme di organizzazione economica, si colloca l'economia mista, in cui le forze di mercato svolgono un ruolo rilevante ma l'intervento pubblico è pervasivo.

verno federale, nella ridistribuzione del reddito attraverso imposte e trasferimenti e nella regolamentazione dei mercati.

1.4 • La scienza economica positiva e normativa

Nello studio della scienza economica, è importante distinguere tra aspetti positivi e normativi.

La **scienza economica positiva** offre spiegazioni oggettive e scientifiche in merito al funzionamento di un sistema economico.

L'economia positiva tratta l'argomento dei processi attraverso i quali la società umana assume decisioni circa il consumo, la produzione e lo scambio dei beni e dei servizi. Lo scopo di queste analisi è duplice: soddisfare la curiosità scientifica in merito al funzionamento dell'organizzazione economica delle società umane e disporre di qualche base conoscitiva per predirne le reazioni a cambiamenti esogeni. L'analisi normativa ha finalità differenti.

La **scienza economica normativa** propone criteri basati su giudizi di valore personali.

Nelle analisi positive, l'economista aspira ad agire con il distacco dello scienziato. Indipendentemente dalle sue convinzioni politiche e dai suoi giudizi di valore, l'economista dovrebbe preoccuparsi soprattutto di capire come funziona il sistema economico reale.

Si faccia l'esempio di una proposizione di economia positiva: "economisti aventi differenti opinioni politiche concordano sul fatto che, quando un Governo stabilisce un'imposta su un bene, il prezzo di quest'ultimo aumenta". Del tutto distinta da questa proposizione è la questione normativa circa la desiderabilità dell'imposta, la sua progressività o proporzionalità e dell'aumento del prezzo.

Molte proposizioni economiche positive analoghe a quella appena citata raccolgono ampio consenso tra gli economisti. Evidentemente, nella scienza economica - come in ogni altra scienza - esistono questioni irrisolte in merito alle quali vi è disaccordo. Queste aree di disaccordo si trovano sulla frontiera della ricerca economica. La ricerca in atto risolverà alcune di tali questioni ma altre, nuove, si presenteranno e saranno oggetto di ulteriore ricerca.

Benché un approccio di ricerca serio e approfondito possa - in linea di principio - dare una risposta ai più importanti problemi che si pongono all'economia positiva, nessuna analoga aspettativa si può avanzare in merito alla soluzione di punti di disaccordo in tema di economia normativa. Quest'ultima è basata su giudizi di valore personali e non sulla ricerca di leggi oggettive. La proposizione seguente combina aspetti di economia positiva e normativa: "gli anziani sostengono spese mediche molto elevate e il Governo deve sostenere, anche solo parzialmente, la loro spesa sanitaria". La prima parte della proposizione - l'affermazione che le persone anziane sostengono spese mediche relativamente elevate - è un principio di economia positiva. Si tratta, infatti, di un'affermazione che descrive un fenomeno reale e che può essere verificata o falsificata attraverso un'indagine empirica. In termini generali, la prima parte della proposizione sembra corretta. La seconda parte - ovvero la raccomandazione di un intervento di sostegno del Governo - non può essere verificata o falsificata attraverso una ricerca empirica rigorosa. Essa rappresenta semplicemente un'affermazione basata su un giudizio di valore soggettivo. Molti potrebbero condividere il giudizio di valore sottostante, ma altri potrebbero ragionevolmente non essere d'accordo e, per esempio, ritenere prioritaria la destinazione delle scarse risorse sociali alla tutela dell'ambiente.

La teoria economica non può essere legittimamente usata per dimostrare che la prima affermazione normativa è corretta, mentre la seconda è falsa. Tutto dipende dalle preferenze o priorità avvertite dagli individui o da chi ha la responsabilità delle scelte sociali. È invece possibile utilizzare la teoria economica positiva per chiarire le implicazioni delle due alternative di intervento del Governo. L'economia positiva può essere impiegata per definire il menu di opzioni tra le quali la società deve alla fine realizzare le proprie scelte normative.

Molti economisti propongono punti di vista di carattere normativo e qualche economista si comporta da acceso sostenitore di particolari raccomandazioni normative. Tuttavia, il ruolo dell'economista in quanto propugnatore delle scelte economiche che la società dovrebbe compiere deve essere distinto dal ruolo dell'economista in quanto esperto delle conseguenze delle scelte economiche. In questo secondo ruolo, l'economista offre un'analisi professionalmente valida secondo i principi dell'economia positiva. Tuttavia, in un sistema democratico gli economisti - in quanto scienziati sociali - non hanno il monopolio della competenza sui giudizi di valore. L'economista scrupoloso distingue chiaramente il suo ruolo di studioso esperto di valutazioni positive da quello di privato cittadino coinvolto - con i suoi giudizi di valore - nella valutazione delle scelte sociali di particolare importanza normativa.

1.5 ● La micro e la macroeconomia

Molti economisti si specializzano in particolari campi dell'indagine economica. L'economia del lavoro si occupa di problemi del mercato del lavoro. L'economia urbana si occupa dei problemi delle città: l'uso del territorio, i trasporti, la congestione e l'alloggio delle famiglie. Non è, tuttavia, necessario classificare i settori di studio della scienza economica in base alla specifica area di vita economica nella quale si devono risolvere i fondamentali problemi del "che cosa, come e per chi produrre"; esse possono essere classificate in base all'approccio analitico utilizzato. La divisione tra approccio microeconomico e macroeconomico è trasversale a tutti i campi di indagine dell'economia.

La **microeconomia** propone una trattazione dettagliata delle decisioni individuali in merito a beni particolari.

Per esempio, è possibile indagare le ragioni per le quali le famiglie preferiscono le automobili alle biciclette e i produttori decidono di produrre automobili o biciclette. Si può quindi aggregare il comportamento di tutte le famiglie e le imprese per analizzare l'acquisto e la produzione totale di automobili. Nell'ambito di un'economia di mercato, ci si può occupare del mercato delle automobili. Confrontando questo mercato con quello delle biciclette, è possibile spiegare il prezzo relativo e la produzione dei due beni. La sofisticata branca della teoria microeconomica denominata *teoria dell'equilibrio economico generale* estende questo approccio fino alle sue logiche conclusioni: studia simultaneamente i mercati di tutti i beni e servizi. Da questo tipo di analisi ci si attende di poter spiegare il meccanismo complessivo che determina il consumo, la produzione e lo scambio in un sistema economico nel suo complesso, in un dato istante.

Non si è lontani dal vero nel pensare che questo tipo di analisi sia molto complesso. Per molti aspetti, l'analisi risulta così complessa che si perde ogni traccia del fenomeno reale a cui si era interessati. Il compito interessante della scienza economica - un compito che richiede l'inserimento di una dimensione artistica nella ricerca economica - è quello di inventare giudiziose semplificazioni che rendano l'analisi gestibile senza distorcere troppo la realtà. È sotto questo aspetto che micro- e macroeconomisti procedono lungo strade differenti. I microeconomisti tendono a proporre un'analisi particolareggiata di un aspetto del comportamento economico ma, per garantire la semplicità delle analisi, ignorano le interazioni con il resto del sistema economico. Un'analisi microeconomica dei salari dei minatori porrebbe l'accento sulle caratteristiche dei minatori e sulle possibilità di pagamento dei proprietari delle miniere. Essa trascurerebbe in larga misura la catena di effetti indiretti che un aumento dei salari dei minatori potrebbe provocare nel resto del sistema economico.

Per esempio, i lavoratori dell'industria automobilistica potrebbero sfruttare il precedente dell'aumento salariale dei minatori per ottenere salari più alti, così da poter pagare affitti di abitazioni più grandi che richiedono più carbone per il funzionamento degli impianti di riscaldamento. Quando l'analisi microeconomica trascura questi effetti indiretti, indotti da un evento in un settore o mercato del sistema economico, può essere definita "analisi parziale".

In taluni casi, gli effetti indiretti di un evento economico in un particolare settore o mercato possono essere poco rilevanti, cosicché si giustifica lo svolgimento di un'analisi dettagliata limitata a quel particolare segmento del sistema economico. In altre circostanze, gli effetti indiretti sono talmente importanti da non poter essere trascurati e l'analisi deve essere fondata su una diversa ipotesi semplificatrice.

La **macroeconomia** pone l'accento sulle interazioni di eventi particolari con il sistema economico nel suo complesso. Essa volutamente semplifica gli aspetti dell'analisi che riguardano i comportamenti individuali al fine di consentire un'analisi gestibile delle interazioni a livello di intero sistema economico.

Per esempio, i macroeconomisti normalmente non si occupano della scomposizione dei beni di consumo in categorie come le automobili, le biciclette, i televisori e i computer. Essi sono soliti considerarli come un aggregato unico, perché sono più interessati all'analisi dell'interazione tra spesa totale delle famiglie per beni di consumo e spesa delle imprese per macchine e immobili.

Poiché i concetti macroeconomici si riferiscono al sistema economico nel suo complesso, trovano più spazio nelle trasmissioni televisive e nei giornali rispetto ai concetti microeconomici, che interessano solo specifici gruppi all'interno della società. Per dare un'idea dei fondamenti dell'analisi macroeconomica, è opportuno definire tre concetti spesso utilizzati dai mezzi di comunicazione di massa.

Il **Prodotto Interno Lordo (PIL)** è il valore di tutti i beni e servizi finali prodotti in un sistema economico in un dato periodo di tempo, per esempio in un anno.

Il PIL è la misura fondamentale della produzione totale di beni e servizi realizzata in un'economia. Il PNL, Prodotto Nazionale Lordo, calcola la produzione di uno Stato tenendo conto della nazionalità delle risorse. Esso misura la produzione di tutti i fattori produttivi nazionali ovunque essi siano, entro i confini o fuori dai confini dello Stato.

Come già accennato nel paragrafo relativo alla crisi finanziaria del 2007, la produzione europea (anche quella mondiale nel suo complesso) ha incominciato a diminuire con l'inizio della recessione. Ciò si può constatare nella Figura 1.7. A crisi ormai conclamata, il PIL italiano e quello europeo - a 27 Paesi membri - decrescono inesorabilmente. Il post-crisi incide sul PIL europeo in ragione di diversità di debito pubblico e privato, possibilità produttive, indici di povertà e Brexit.

Il **livello generale dei prezzi** è un indicatore del livello medio dei prezzi dei beni e dei servizi in un sistema economico.

Non vi è alcuna ragione per la quale i prezzi di beni diversi debbano cambiare nella stessa direzione e misura. Il livello generale dei prezzi esprime il cambiamento medio dei prezzi. Quando questo indice aumenta, il sistema economico a cui si riferisce è soggetto all'inflazione. Nel 2007 l'inflazione stava incominciando a salire. Dopo il *credit crunch*, l'inflazione è diventata negativa, cioè deflazione, in taluni sistemi economici. Oggi molte economie sono caratterizzate da una discreta ripresa che si caratterizza anche per il ritorno dell'inflazione.

Il **tasso di disoccupazione** è la percentuale di forza lavoro senza occupazione.

La forza lavoro è composta dalle persone in età lavorativa che, in linea di principio, sono disposte a lavorare dove esistano accettabili occasioni di lavoro. Coloro che, pur essendo in età lavorativa, non hanno

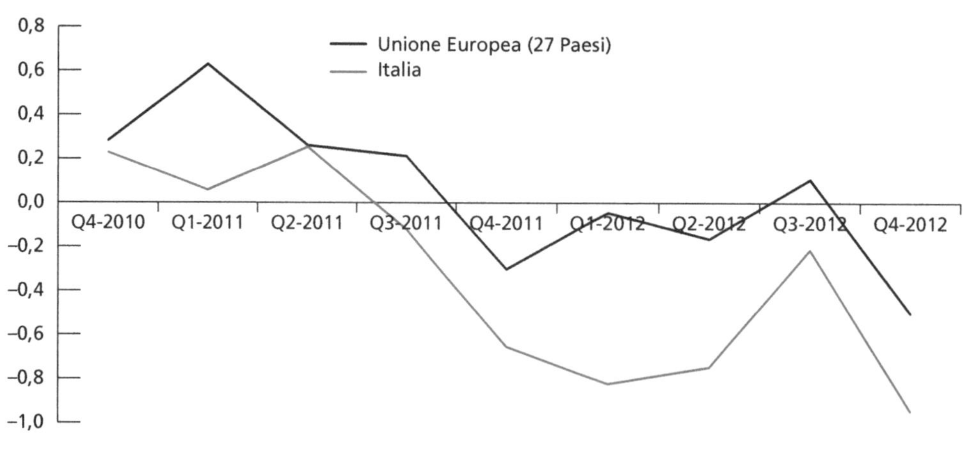

Figura 1.7 Il PIL reale, Prodotto Interno Lordo, di Italia e Europa a 27 (variazioni trimestrali 2010-2012)
Fonte: OCSE Statistics.

intenzione di cercare lavoro, non fanno parte della forza lavoro e non sono considerati disoccupati.

I macroeconomisti aspirano a spiegare quali interazioni all'interno dei sistemi economici possano causare fenomeni come l'inflazione o la disoccupazione e se le politiche pubbliche siano in grado di contrastarli.

Per un ulteriore approfondimento vedi sul sito web dedicato al volume il box

Approfondimento 1.4
Chi raccoglierà lo scettro degli Stati "sovrani"?

Riepilogo

- L'**economia** analizza "cosa, come e per chi" la società produce. Il problema centrale è quello di conciliare le infinite domande di chi manifesta un bisogno con le limitate capacità di soddisfazione di queste domande.
- La **frontiera delle possibilità produttive** mostra la quantità massima che può essere prodotta di un bene, dato il livello di produzione di un altro bene. Mostra il rapporto di scambio tra due produzioni con il quale una società deve confrontarsi poiché le risorse sono scarse e i punti al di sopra della frontiera non sono raggiungibili. È inefficiente produrre al di sotto della frontiera.
- Il **costo opportunità** di un bene corrisponde alla quantità di altri beni che si deve sacrificare per un'unità addizionale del bene considerato. Rappresenta la pendenza della frontiera delle possibilità produttive.
- Se taluni sistemi economici hanno minori costi opportunità nella produzione di un bene rispetto ad altri, godono di un **vantaggio comparato**. Produrre i beni i cui costi opportunità sono inferiori, può determinare vantaggi nel commercio (internazionale).
- Il **mercato** rappresenta il metodo di allocazione più diffuso delle risorse, tramite aggiustamenti nei prezzi indotti dal comportamento di produttori e consumatori.
- In un'**economia dirigistica** le decisioni circa "cosa, come e per chi produrre" sono prese da un ufficio di pianificazione. Nessuna economia si affida unicamente al dirigismo.
- Un'economia di **libero mercato** non subisce interventi governativi. Le risorse sono allocate dai mercati nei quali gli individui perseguono obiettivi egoistici. Secondo Adam Smith la **Mano Invisibile** è efficiente.
- In un'**economia mista** ci si affida prevalentemente al mercato ma con l'intervento del Governo. Il livello ottimale di tale intervento è oggetto di eterno dibattito.
- L'**economia positiva** studia come funziona un sistema economico. L'**economia normativa** suggerisce cosa bisognerebbe fare per migliorare le condizioni di un sistema economico. I due ambiti di analisi devono essere tenuti separati. L'economia normativa, in particolare, include valutazioni soggettive.
- La **microeconomia** analizza nel dettaglio le attività economiche. La **macroeconomia** si occupa dei fenomeni economici nel loro complesso, semplificando rispetto alle valutazioni individuali.

Capitolo 3
La domanda, l'offerta e il mercato

Obiettivi di apprendimento

Alla fine del capitolo, lo studente dovrebbe essere in grado di:

- mostrare come un mercato renda compatibili domanda e offerta, attraverso la variazione del prezzo;
- individuare graficamente e spiegare cosa significhino prezzo, quantità di equilibrio di un mercato, spesa totale dei consumatori e ricavo totale dei produttori, surplus dei consumatori e dei produttori;
- definire le cause principali degli spostamenti delle curve di domanda e di offerta;
- distinguere i mercati liberi e i mercati con prezzi regolamentati;
- comprendere il modo in cui il funzionamento dei mercati risolve il fondamentale problema di "che cosa, come e per chi produrre".

Ogni società *deve* risolvere in qualche modo i problemi relativi al "che cosa, come e per chi produrre". Le società si affidano principalmente ai mercati e ai prezzi per allocare le risorse scarse tra usi alternativi.

L'analisi del funzionamento dei mercati è molto generale. Può essere applicata al mercato delle automobili, dei servizi di taglio e acconciatura dei capelli o delle prestazioni dei calciatori. In ogni caso, la quantità prodotta e scambiata e il prezzo di vendita sono determinati dall'interazione tra *domanda* degli acquirenti o consumatori e *offerta* dei venditori o produttori.

3.1 ● Il mercato

Un **mercato** è un sistema di strumenti istituzionali (mezzi di pagamento, contratti, organismi di risoluzione delle controversie ecc.) e di infrastrutture (mezzi di comunicazione, rete logistica e distributiva ecc.) che consentono ad acquirenti e venditori di entrare in contatto al fine di realizzare scambi regolari e ricorrenti di beni o servizi.

Taluni mercati - come quelli rionali specializzati nella vendita di frutta e verdura - sono organizzati in modo da consentire l'incontro fisico di acquirenti e venditori. Altri mercati - come quelli borsistici per la compravendita di titoli finanziari - operano attraverso intermediari (agenti, società di intermediazione mobiliare, banche) che realizzano transazioni per mandato dei clienti. Il commercio elettronico si svolge grazie a Internet. Nei supermercati, i venditori scelgono l'assortimento e il prezzo dei prodotti da offrire in vendita e lasciano agli acquirenti la decisione circa che cosa e quanto acquistare. Nelle aste, i venditori assumono un ruolo passivo e affidano a un banditore il compito di sollecitare la competizione tra gli acquirenti.

Benché apparentemente assai diversi, tutti questi mercati svolgono un'identica funzione economica: determinano i prezzi in corrispondenza dei quali la disponibilità all'acquisto dei compratori uguaglia la disponibilità alla vendita degli offerenti. Prezzo e volume degli scambi non possono essere considerati separatamente. Determinando il prezzo di una Rolls-Royce a un livello venti volte superiore a quello di una piccola Fiat, il mercato delle automobili realizza altresì un volume di produzione e vendite di Fiat di piccola cilindrata molto maggiore di quello di Rolls-Royce. I prezzi indirizzano le scelte sociali relative a "che cosa, come e per chi produrre".

Per approfondire la comprensione di questo processo allocativo, è necessario disporre di un modello di funzionamento di un tipico mercato. I caratteri essenziali di questo modello di mercato sono il comportamento degli acquirenti (la domanda) e quello dei venditori (l'offerta). Per capire il funzionamento di un mercato, occorre analizzare l'interazione di questi due comportamenti.

3.2 • La domanda, l'offerta e l'equilibrio del mercato

La **domanda** è la relazione inversa tra la quantità di un bene o servizio che gli acquirenti sono disposti ad acquistare e il prezzo del bene o servizio.

La domanda, dunque, non indica una particolare quantità richiesta dagli acquirenti di un bene (per esempio, 6000 barrette di cioccolato) ma una relazione che definisce la quantità di un bene (barrette di cioccolato) che gli acquirenti sono disposti a comprare a ogni possibile prezzo.

La prima colonna della Tabella 3.1 rappresenta un insieme di possibili prezzi di una barretta di cioccolato. La seconda colonna mostra le quantità di barrette domandate in corrispondenza di ciascun prezzo. Anche se il cioccolato fosse regalato, i consumatori ne domanderebbero una quantità finita: consumare troppo cioccolato potrebbe nuocere alla salute! A parità di altre condizioni, quando il prezzo delle barrette di cioccolato aumenta, la quantità domandata diminuisce. La tabella ipotizza che, a un prezzo di 0,50 euro, nessuno sia più disposto ad acquistare barrette di cioccolato. Considerate congiuntamente, le colonne (1) e (2) della Tabella 3.1 rappresentano la relazione tra quantità domandata e prezzo delle barrette di cioccolato, quindi la domanda di cioccolato in funzione del suo prezzo.

Tabella 3.1 La domanda e l'offerta di barrette di cioccolato

(1) Prezzo (euro per barretta)	(2) Quantità domandata (migliaia di barrette)	(3) Quantità offerta (migliaia di barrette)
0,00	200	0
0,10	160	0
0,20	120	40
0,30	80	80
0,40	40	120
0,50	0	160

L'**offerta** è la relazione diretta tra la quantità di un bene o servizio che i venditori sono disposti a vendere e il prezzo del bene o servizio.

L'offerta non indica quindi una data quantità, ma una relazione che definisce – a ogni ipotetico valore del prezzo – la quantità di un bene o servizio che i suoi venditori sono disposti a vendere. La colonna (3) della Tabella 3.1 rappresenta i valori della quantità offerta dai venditori in corrispondenza di vari livelli del prezzo delle barrette di cioccolato. Produrre barrette di cioccolato implica il sostenimento di costi. Nell'esempio proposto dalla Tabella 3.1, solo a partire dal prezzo di 0,20 euro i venditori trovano conveniente vendere il prodotto. A partire da questo prezzo minimo accettabile per i venditori, ogni aumento del prezzo del cioccolato in barrette è collegato a un aumento della quantità offerta. Le due colonne (1) e (3) rappresentano – in forma di tabella – la funzione di offerta delle barrette di cioccolato.

È importante rilevare la distinzione tra *domanda* e *quantità domandata*. La domanda descrive il comportamento intenzionale o effettivo degli acquirenti a ogni valore del prezzo. A un dato prezzo corrisponde un definito valore della quantità domandata. L'espressione "quantità domandata" ha significato solo in riferimento a un particolare prezzo. Analoga distinzione deve essere compiuta tra *offerta* e *quantità offerta*.

Nel linguaggio quotidiano, si è soliti dire che, se la domanda di biglietti per una partita di calcio eccede l'offerta di biglietti, alcuni tifosi resteranno inevitabilmente fuori dallo stadio. Un economista è più preciso. Dice infatti che, al prezzo fissato per i biglietti, la quantità domandata eccede la quantità offerta. Un aumento del prezzo dei biglietti ridurrebbe la quantità domandata e potrebbe addirittura lasciare qualche posto vuoto nello stadio. Non vi è stato alcun cambiamento nella domanda di biglietti per la partita di calcio, ovvero nella relazione che descrive il numero di persone che intendono assistere alla partita a ogni possibile prezzo dei biglietti. Semplicemente, la quantità domandata è cambiata in seguito al cambiamento del prezzo.

La *scheda di domanda* e la *scheda di offerta* – ossia, le tabelle che definiscono la relazione tra prezzo e quantità domandata e offerta – sono basate sull'ipotesi a parità di altre condizioni. La domanda di biglietti della partita di calcio presuppone che sia stata presa la decisione se diffondere o meno la partita attraverso la televisione. In caso di diffusione televisiva, la quantità di biglietti domandata dai tifosi sarebbe minore – a ogni ipotetico prezzo degli stessi – rispetto al caso in cui la partita non venisse diffusa dalla televisione. Per comprendere come funziona un mercato, è necessario spiegare perché domanda e offerta sono quelle che sono. Per esempio, chiedersi se la partita di calcio è trasmessa per televisione ovvero se la capienza dello stadio in cui si svolge è stata ampliata per l'occasione.

Ciò chiarito, è possibile analizzare il modo in cui le variazioni del prezzo inducono all'equilibrio la quantità domandata e la quantità offerta.

Si consideri di nuovo il mercato delle barrette di cioccolato descritto nella Tabella 3.1. A parità di altre condizioni, *la quantità domandata è tanto maggiore quanto più il prezzo è basso, mentre la quantità offerta è tanto maggiore quanto più il prezzo è elevato*. L'ipotesi a parità di altre condizioni che sta alla base della domanda di barrette di cioccolato dovrebbe essere modificata se, per esempio, l'associazione dei dentisti realizzasse una campagna pubblicitaria contro il consumo di cioccolato in quanto possibile causa di malattie dentali o se il reddito spendibile delle famiglie venisse ridotto da un aumento delle imposte. Ciascuno di questi eventi abbasserebbe la domanda di cioccolato in barrette, diminuendo la quantità domandata a ogni ipotetico livello del prezzo. D'altro canto, una riduzione del prezzo del cacao o un miglioramento nella tecnica di confezionamento delle barrette modificherebbe l'ipotesi a parità di altre condizioni su cui si regge l'offerta di barrette di cioccolato. Entrambi questi eventi causerebbero un aumento dell'offerta di barrette di cioccolato, ossia un incremento della quantità offerta a ogni ipotetico livello del prezzo.

Il prezzo di equilibrio del mercato

Si ipotizzi, per il momento, che valga l'ipotesi "a parità di altre condizioni" sia per la domanda sia per l'offerta. È allora possibile considerare congiuntamente il comportamento degli acquirenti e dei venditori per spiegare il funzionamento del mercato delle barrette di cioccolato. A un prezzo particolarmente basso, la quantità domandata eccede la quantità offerta, mentre a un prezzo significativamente elevato si verifica esattamente il contrario. A un certo prezzo intermedio, è possibile che la quantità domandata e la quantità offerta siano uguali: questo prezzo, se esiste, è detto *prezzo di equilibrio del mercato*.

Il **prezzo di equilibrio del mercato** è quel prezzo in corrispondenza del quale la quantità domandata dagli acquirenti eguaglia la quantità offerta dai venditori.

La Tabella 3.1 indica che il prezzo di equilibrio del mercato è 0,30 euro, in corrispondenza del quale sia la quantità domandata sia la quantità offerta sono pari a 80 000 barrette. Questa quantità è detta *quantità di equilibrio del mercato*. A prezzi inferiori a 0,30 euro, la quantità domandata eccede la quantità offerta e qualche acquirente resterà senza barrette di cioccolato. Questa situazione è detta *eccesso di domanda*. Ovviamente, l'espressione "eccesso di domanda" costituisce un'abbreviazione di quella – più complessa ma più corretta – che afferma l'esistenza di un eccesso della quantità domandata sulla quantità offerta, al prezzo corrente di mercato. All'opposto, a ogni prezzo superiore a 0,30 euro, è la quantità offerta che eccede la quantità domandata. Ai venditori rimangono scorte indesiderate di prodotto non venduto. In questa situazione, si parla di *eccesso di offerta* per intendere sinteticamente che la quantità offerta – al prezzo corrente sul mercato – eccede la quantità domandata. Solo al prezzo di equilibrio di 0,30 euro il mercato è stabile e gli agenti economici sono in grado di acquistare o vendere ciò che desiderano.

Si ha un **eccesso di offerta** quando la quantità offerta eccede la quantità domandata al prezzo corrente di mercato. Si ha, al contrario, un **eccesso di domanda** quando la quantità domandata eccede la quantità offerta al prezzo corrente di mercato.

Il mercato tende automaticamente all'equilibrio? Se sì, come si realizza questo processo? Si supponga che, inizialmente, il prezzo delle barrette di cioccolato sia di 0,50 euro, ovvero superiore al prezzo di equilibrio. I venditori vorrebbero vendere 160 000 unità di prodotto, ma nessun acquirente è disposto ad acquistare a quel prezzo. I venditori devono quindi abbassare il prezzo. La riduzione del prezzo a 0,40 euro ha due effetti: aumenta la quantità domandata a 40 000 unità e riduce la quantità offerta a 120 000 unità. Entrambi questi effetti riducono l'eccesso di offerta. Il processo di riduzione del prezzo continuerà fino al raggiungimento del prezzo di equilibrio di 0,30 euro e all'annullamento dell'eccesso di offerta. A quest'ultimo prezzo, il mercato è stabile.

Quando il prezzo è inferiore al prezzo di equilibrio, il processo di aggiustamento opera in senso opposto. A un prezzo di 0,20 euro, la quantità domandata è di 120 000 unità di prodotto, ma la quantità offerta è di sole 40 000 unità. I venditori devono ricorrere alle scorte per far fronte all'eccesso di domanda e si rendono conto di poter chiedere e realizzare prezzi più alti. Questo incentivo all'aumento del prezzo opera fino al raggiungimento del prezzo di equilibrio e alla scomparsa dell'eccesso di domanda. Quando ciò accade, il mercato è di nuovo stabile.

In ogni particolare istante, è del tutto possibile che il prezzo corrente sul mercato sia diverso dal prezzo di equilibrio. In queste situazioni, vi è un eccesso di domanda o di offerta a seconda che il prezzo sia inferiore o superiore al prezzo di equilibrio, e questo divario tra domanda degli acquirenti e offerta dei venditori (o viceversa) rappresenta un incentivo al cambiamento del prezzo verso il livello di equilibrio del mercato. In questo senso, si può affermare che il mercato si autoregola.

Più avanti verranno discussi alcuni problemi essenziali per capire se e con quale rapidità il meccanismo di autoregolazione del mercato sia in grado di funzionare.

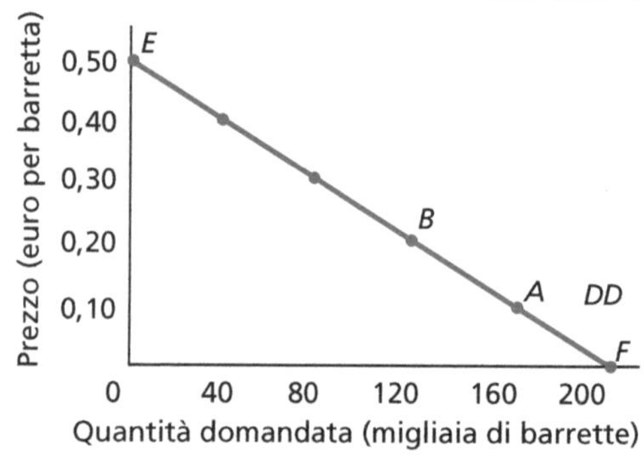

Figura 3.1 La domanda (*DD*) delle barrette di cioccolato La curva di domanda rappresenta la relazione tra prezzo e quantità domandata di un bene o servizio, a parità di altre condizioni. Il grafico rappresenta le combinazioni di prezzo e quantità domandata riportate nelle prime due colonne della Tabella 3.1. La relazione tra prezzo e quantità domandata è lineare e inversa (o negativa).

3.3 • La rappresentazione dell'equilibrio, la spesa totale dei consumatori, il ricavo totale di produttori e i surplus

La Tabella 3.1 presenta le funzioni di domanda e di offerta delle barrette di cioccolato in forma tabellare e consente di determinare il prezzo e la quantità di equilibrio del mercato del bene in questione. Lo stesso problema può essere convenientemente affrontato e risolto in forma grafica.

La **curva di domanda** rappresenta la relazione tra prezzo e quantità **domandata** di un bene o servizio, a parità di altre condizioni.

Nella Figura 3.1 il prezzo delle barrette di cioccolato è misurato sull'asse verticale, mentre la quantità domandata è misurata sull'asse orizzontale.

In questa ipotesi, la retta di domanda rappresenta i dati delle due prime colonne della Tabella 3.1. Il punto *A* rappresenta la quantità domandata (160 000 unità di prodotto) al prezzo di 0,10 euro. Il punto *B* rappresenta la combinazione tra il prezzo di 0,20 euro e la quantità domandata corrispondente a 120 000 unità e così via. Una volta rappresentati i punti corrispondenti alle diverse combinazioni di prezzo e quantità domandata riportate nelle colonne (1) e (2) della Tabella 3.1, si può interpolare tra gli stessi una curva e ottenere così la corrispondente domanda. Nell'esempio ipotizzato, la *curva* di domanda è, appunto, una retta inclinata negativamente: al diminuire del prezzo, la quantità domandata aumenta e viceversa. Ciò conferma che la domanda è una relazione inversa.

La **curva di offerta** rappresenta la relazione tra prezzo e quantità offerta di un bene o servizio, a parità di altre condizioni.

Nella Figura 3.2 sono rappresentate le combinazioni di prezzo e quantità offerta elencate nelle colonne (1) e (3) della Tabella 3.1 e la *curva* che le interpola. Per quanto riguarda l'offerta, la rappresentazione corrisponde a una retta - o funzione lineare - inclinata positivamente. Ciò conferma che l'offerta è una relazione diretta.

Nella Figura 3.3 sono rappresentate sia la curva di domanda (*DD*) sia la curva di offerta (*SS*) delle barrette di cioccolato.

È ora possibile riesaminare graficamente il processo attraverso il quale eccessi di domanda e/o eccessi di offerta portano automaticamente il mercato all'equilibrio.

A un prezzo di mercato inferiore al prezzo di equilibrio, la distanza orizzontale tra la curva di offerta e la curva di domanda rappresenta l'eccesso di domanda corrispondente al prezzo corrente considerato. Per esempio, al prezzo di 0,20 euro,

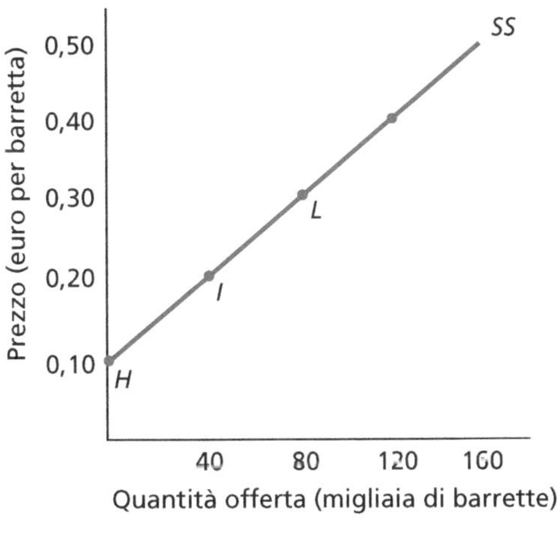

Figura 3.2 L'offerta (*SS*) delle barrette di cioccolato La curva di offerta rappresenta la relazione tra prezzo e quantità di un bene o servizio offerta dai venditori, a parità di altre condizioni. Il grafico rappresenta le combinazioni di prezzo e quantità offerta riportate nelle colonne (1) e (3) della Tabella 3.1. La relazione tra prezzo e quantità offerta è lineare e diretta.

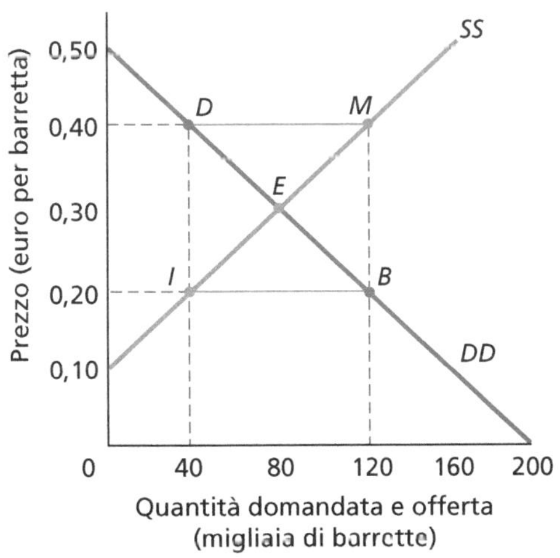

Figura 3.3 Il mercato delle barrette di cioccolato Il mercato è in equilibrio al prezzo di 0,30 euro. A un prezzo inferiore - come 0,20 euro -, vi è un eccesso di domanda pari a *IB*. A un prezzo superiore - come 0,40 euro -, vi è un eccesso di offerta pari a *DM*.

la quantità offerta è di 40 000 unità, la quantità domandata è di 120 000 unità e il segmento *IB* rappresenta l'eccesso di domanda di 80 000 unità. Per contro, a un prezzo superiore al prezzo di equilibrio, nel mercato vi è un eccesso di offerta. Al prezzo di 0,40 euro, la quantità domandata è di 40 000 unità, la quantità offerta è di 120 000 unità e la distanza orizzontale *DM* rappresenta l'eccesso di offerta di 80 000 unità.

A un prezzo corrente sul mercato di 0,40 euro, i venditori sono disposti a vendere 120 000 unità di prodotto, ma gli acquirenti sono disposti ad acquistarne solo 40 000. Quando le disponibilità di venditori e acquirenti non coincidono, quale delle due categorie di agenti economici vede frustrate le proprie intenzioni? La partecipazione degli agenti economici a un mercato - in qualità di venditori e acquirenti - è del tutto volontaria. Gli acquirenti non sono *obbligati* ad acquistare e i venditori non sono *obbligati* a vendere. Quando un mercato non è in equilibrio, la quantità scambiata è determinata dalla *minore* delle due disponibilità all'acquisto e alla vendita. Al prezzo di 0,40 euro, la quantità effettivamente scambiata è di 40 000 unità, corrispondente alla quantità domandata a quel prezzo, e non 120 000 unità che è la quantità che i venditori sarebbero disposti a vendere. Analogamente, a un prezzo di 0,20 euro, la quantità scambiata è di 40 000 unità ed è determinata dalla disponibilità dei venditori, non da quella degli acquirenti.

Graficamente, l'equilibrio del mercato è determinato dall'intersezione della curva di domanda *DD* e della curva di offerta *SS*. Nella Figura 3.3, l'equilibrio si realizza a un prezzo di 0,30 euro, a cui corrisponde un volume di transazioni pari a 80 000 unità. A ogni altro prezzo, la quantità scambiata è pari alla minore tra la quantità domandata e la quantità offerta. È ora possibile riconsiderare la *determinazione del prezzo* nel mercato delle barrette di cioccolato. La Figura 3.3 indica che vi è un eccesso di offerta a ogni prezzo superiore a 0,30 euro. I venditori reagiscono a questa situazione riducendo il prezzo. Solo quando il prezzo è stato ridotto fino al livello di 0,30 euro l'eccesso di offerta scompare. L'equilibrio del mercato è rappresentato dal punto *E*. Per contro, a un prezzo inferiore a 0,30 euro, il mercato registra un eccesso di domanda che provoca un progressivo aumento del prezzo delle barrette di cioccolato poiché i consumatori in eccesso sono disposti a pagare di più pur di assicurarsi le barrette di cioccolato, cosicché si avrà una conseguente, graduale riduzione dell'eccesso di domanda fino all'annullamento di quest'ultimo al raggiungimento dell'equilibrio rappresentato dal punto *E*. Quando il mercato è in equilibrio, acquirenti e venditori sono in grado di realizzare le proprie intenzioni di acquisto e vendita e non vi è alcun incentivo al cambiamento del prezzo e quindi della quantità scambiata.

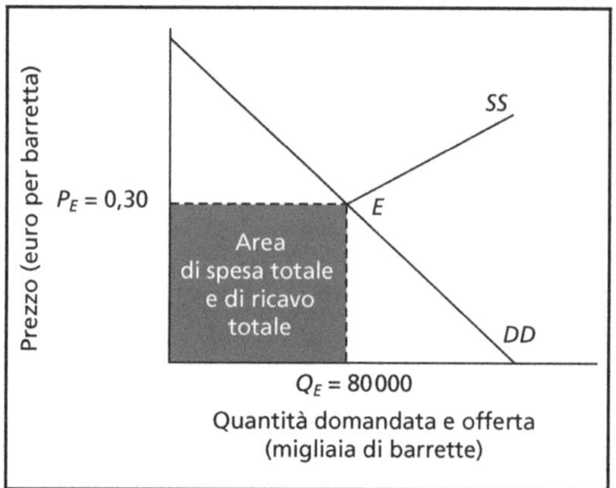

Figura 3.4 La spesa totale degli acquirenti e il ricavo totale dei produttori L'area azzurra rappresenta la spesa totale e il ricavo totale nella condizione di equilibrio.

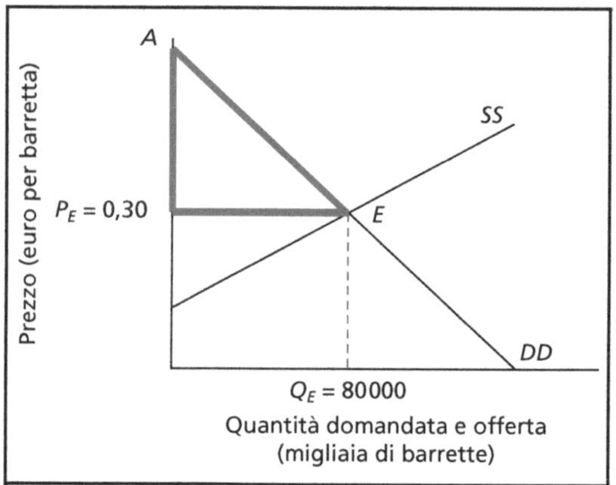

Figura 3.5 Il surplus dei consumatori nella condizione di equilibrio del mercato AP_EE rappresenta il surplus dei consumatori.

Nel punto di equilibrio del mercato è possibile riconoscere in maniera molto intuitiva che la spesa totale dei consumatori è pari a euro 0,30 × 80 000 barrette. Quindi, 24 000 euro è la spesa totale dei consumatori e rappresenta anche il ricavo totale dei produttori di barrette.

Nel punto di equilibrio la **spesa totale dei consumatori** e il **ricavo totale dei produttori** coincidono e sono pari al prodotto del prezzo di equilibrio per la quantità di equilibrio.

Nella Figura 3.4 è evidenziata graficamente in azzurro l'area corrispondente sia alla spesa sia al ricavo.

In corrispondenza della quantità pari a 40 000 barrette i consumatori sarebbero disposti a spendere 0,40 euro per barretta. In equilibrio la spesa per barretta è pari a soli 0,30 euro per tutte le barrette acquistabili tra 0 e 80 000. Nella condizione di equilibrio i consumatori risparmiano rispetto al prezzo misurabile sulla curva di domanda, prezzo che sono teoricamente disposti a pagare. L'area compresa tra la curva - in questo caso, retta - di domanda e il livello del prezzo di equilibrio $P_E = 0{,}30$ euro rappresenta una mancata spesa, ovvero l'eccesso di beneficio dei consumatori rispetto alla spesa totale effettivamente sostenuta per l'acquisto della quantità di equilibrio. Nei prossimi capitoli si avrà occasione di approfondire questo concetto che va sotto il nome di *surplus dei consumatori*.

Nella Figura 3.5 il perimetro del surplus dei consumatori è AP_EE.

I produttori sarebbero disposti a offrire 40 000 barrette a 0,20 euro l'una. Nella condizione di equilibrio, tuttavia, vendono una quantità complessiva di 80 000 barrette, ciascuna a 0,30 euro. L'area compresa tra il livello del prezzo di equilibrio e la curva - in questa ipotesi, retta - di offerta rappresenta un guadagno aggiuntivo rispetto ai prezzi minimi di offerta (ovvero misurabili sull'offerta). Quest'area viene detta *surplus dei produttori* ovvero eccesso di ricavo rispetto al ricavo ottenibile dalla vendita di ciascuna unità - delle 80 000 - ai prezzi esattamente misurabili sulla curva (retta) di offerta.

Nella Figura 3.6 è evidenziato in azzurro il perimetro del surplus dei produttori, P_EEB.

Nell'equlibrio E, il surplus del mercato è la somma del surplus dei consumatori e di quello dei produttori, $AP_E + P_EEB$.

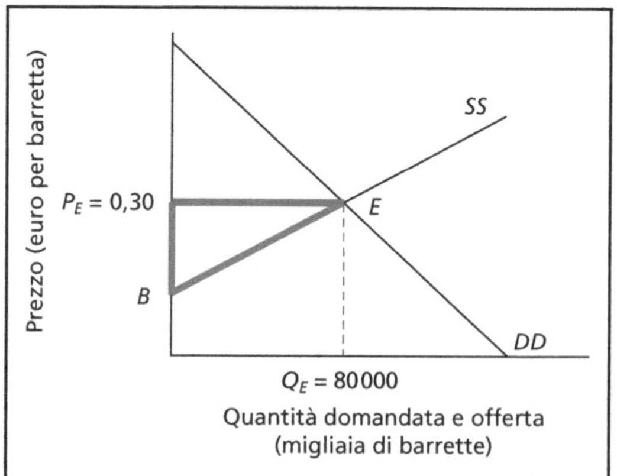

Figura 3.6 Il surplus dei produttori nella condizione di equilibrio del mercato P_EEB rappresenta il surplus dei produttori.

3.4 • Uno sguardo dietro la curva di domanda

La curva di domanda rappresenta la relazione tra prezzo e quantità domandata di un bene o servizio, *a parità di altre condizioni*. Quali sono le "altre condizioni" rilevanti? Le altre condizioni rilevanti, rispetto alla domanda di un bene o servizio, possono essere raggruppate in tre categorie: il prezzo di beni o servizi correlati, il reddito degli acquirenti e i gusti o le preferenze di questi ultimi.

Il prezzo dei beni correlati

Nel Capitolo 2, si è discusso della domanda di corse in metropolitana. Qualunque sia il prezzo della corsa in metropolitana, un aumento del prezzo della corsa in autobus o del prezzo del petrolio provoca un aumento della domanda di trasporto in metropolitana. Un percorso urbano può essere realizzato con mezzi di trasporto diversi: autobus e automobili private sono *sostituti* della metropolitana.

D'altro canto, petrolio (e suoi derivati) e automobile sono beni complementari o *complementi*, poiché non è possibile usare la seconda senza il primo. Un aumento del prezzo del petrolio tende a ridurre la domanda di automobili.

Un aumento del prezzo di un bene o servizio aumenta la domanda di **sostituti**, ma riduce la domanda di **complementi** del bene o servizio in questione.

L'esistenza di relazioni di sostituibilità e complementarietà tra i beni e i servizi influenza la domanda di questi ultimi. Il cioccolato in barrette ha molti sostituti, come i dolciumi, in genere, e le barrette di gelatina di frutta, in particolare. Un aumento del prezzo di questi prodotti provoca un aumento della domanda di cioccolato in barre, quale che sia il prezzo di quest'ultimo, in quanto i consumatori reagiscono sostituendo il consumo di altri dolci con il consumo di cioccolato. Se, d'altra parte, i consumatori acquistano le barrette di cioccolato per mangiarle al cinema, gli spettacoli cinematografici in sala sono un complemento del cioccolato in barre. Quindi, un aumento del prezzo degli spettacoli nelle sale cinematografiche riduce la domanda di barre di cioccolato perché un minor numero di spettatori affolla i cinema. Non è tuttavia facile identificare molti beni collegati al cioccolato mediante relazioni di complementarietà. La complementarietà nel consumo dei beni costituisce infatti un carattere molto specifico e riguarda casi particolari, come i CD e i lettori di CD, il caffè e il latte, le scarpe e i lacci da scarpe e così via. Molto più facile da individuare (in quanto più frequentemente riscontrabile nella realtà quotidiana) è invece la relazione di sostituibilità tra i beni e i servizi.

Il reddito degli acquirenti

Il reddito degli acquirenti è la seconda categoria di "altre condizioni rilevanti" che influenzano la domanda di un bene o servizio. Quando aumenta il reddito dei consumatori, aumenta la domanda di molti beni e servizi destinati al consumo. Normalmente, infatti, i consumatori reagiscono a un aumento del loro reddito aumentando il consumo di beni e servizi. Vi sono, tuttavia, delle eccezioni a questa regola.

I **beni normali** sono caratterizzati da aumenti di domanda dovuti ad aumenti del reddito degli acquirenti. I **beni inferiori** sono caratterizzati da una domanda che diminuisce al crescere del reddito degli acquirenti.

Come indica il nome, i beni normali costituiscono la grande maggioranza di beni e servizi. I beni inferiori sono tipicamente beni o servizi poco dispendiosi e/o di bassa qualità, come la carne dei quarti anteriori, il pane normale e le agende cartacee per i "business-men" contemporanei, tutti prodotti che i consumatori tendono a sostituire con beni e servizi più cari e/o di qualità più elevata allorché il loro reddito aumenta.

Per un ulteriore approfondimento vedi sul sito web dedicato al volume il box
Approfondimento 3.1
Se potessi avere mille lire al mese!

Le preferenze

La terza categoria di condizioni ipotizzate costanti nel definire una relazione tra prezzo e quantità domandata di un bene o servizio è costituita dai gusti o dalle preferenze degli acquirenti. Tali fattori sono in parte determinati da abitudini e atteggiamenti sociali, ma soprattutto dalla pubblicità manifesta od occulta. La moda della minigonna ha indubbiamente ridotto la domanda di tessuti e filati. L'enfatizzazione della forma fisica e della salute da parte dei mezzi di comunicazione di massa ha sicuramente accresciuto la domanda di attrezzature e abbigliamento sportivi, abbonamenti a palestre e alimenti per sportivi e ridotto la domanda di dolciumi, burro e sigarette.

3.5 ● Gli spostamenti della curva di domanda

È ora possibile distinguere tra movimenti *lungo* una data curva di domanda e spostamenti *della* curva di domanda. Nella Figura 3.1, è rappresentata la curva di domanda delle barrette di cioccolato essendo dati il prezzo dei beni correlati, il reddito e i gusti degli acquirenti. I movimenti lungo la curva di domanda isolano gli effetti di cambiamenti del prezzo del cioccolato in barre sulla quantità domandata di quest'ultimo, a parità di altre condizioni. Variazioni in ognuno dei fattori rilevanti ipotizzati costanti cambiano la domanda di barrette di cioccolato.

La Tabella 3.2 illustra l'effetto di un aumento del prezzo di un sostituto del cioccolato in barrette - per esempio, il gelato confezionato - che induce i consumatori a richiedere più cioccolato e meno gelato. A ogni dato prezzo delle barrette di cioccolato, un aumento del prezzo del gelato confezionato induce i consumatori a sostituire quest'ultimo con il cioccolato, la cui quantità domandata aumenta.

Nella Figura 3.7 si nota come un aumento del prezzo del gelato provochi uno spostamento verso destra, quindi un aumento, della curva di domanda del cioccolato.

Il cambiamento del prezzo del gelato confezionato non ha effetti sull'offerta di barrette di cioccolato: a ogni ipotetico prezzo di queste ultime, i venditori sono disposti a offrire la stessa quantità di prima.

Lo spostamento verso destra della curva di domanda - ovvero, l'aumento della domanda - modifica il prezzo e la quantità di equilibrio nel mercato del cioccolato in barrette. Il punto di equilibrio cambia da E a E'. Il nuovo prezzo di equilibrio è 0,40 euro e la nuova quantità di equilibrio è pari a 120 000 unità di prodotto.

Tabella 3.2 Il prezzo del gelato confezionato e la domanda di barrette di cioccolato

	Quantità domandata di barrette di cioccolato (migliaia di barrette)	
Prezzo delle barrette di cioccolato (euro per barretta)	**Prezzo basso del gelato confezionato**	**Prezzo alto del gelato confezionato**
0,00	200	280
0,10	160	240
0,20	120	200
0,30	80	160
0,40	40	120
0,50	0	80

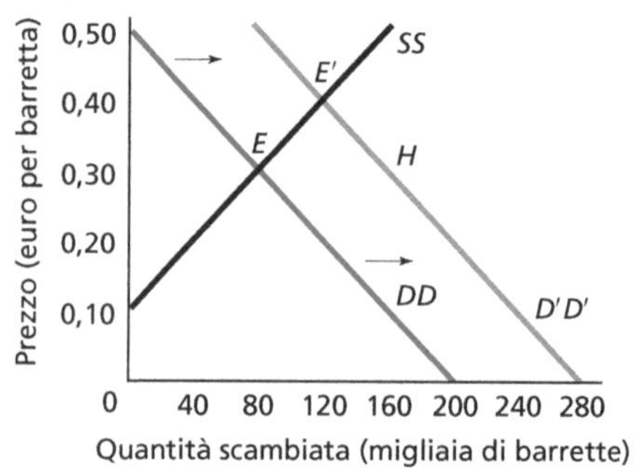

Figura 3.7 L'effetto di un aumento del prezzo del gelato confezionato sul mercato delle barrette di cioccolato A un basso prezzo dei gelati confezionati, la domanda di barrette di cioccolato è *DD* e il mercato si trova in equilibrio nel punto *E*. Un aumento del prezzo dei gelati sposta la domanda di barrette di cioccolato in *D'D'*. Al precedente prezzo di equilibrio di 0,30 euro, vi è ora un eccesso di domanda pari a *EH* che provoca un aumento del prezzo fino alla nuova situazione di equilibrio *E'*, nella quale il prezzo è 0,40 euro.

Uno sguardo alla Figura 3.7 consente altresì di descrivere il passaggio dall'equilibrio E al nuovo equilibrio del mercato E'. Quando aumenta il prezzo dei gelati confezionati, la curva di domanda del cioccolato in barrette si sposta da *DD* a *D'D'*. Fintanto che il prezzo delle barrette di cioccolato rimane al livello di 0,30 euro, nel mercato vi è un eccesso di domanda pari a *EH*, ossia alla differenza tra le 160 000 unità domandate e le 80 000 offerte. Questo eccesso di domanda spinge verso l'alto il prezzo delle barrette di cioccolato, che raggiunge gradualmente il nuovo livello di equilibrio di 0,40 euro: questo progressivo aumento del prezzo riduce la quantità domandata da 160 000 a 120 000 unità di prodotto e incentiva l'aumento della quantità offerta da 80 000 a 120 000 unità.

Da questo esempio si deducono due considerazioni generali. In primo luogo, si evince che la quantità domandata di un bene o servizio dipende da quattro variabili fondamentali: il suo prezzo, il prezzo di beni o servizi correlati (sostituti o complementi), il reddito e i gusti degli acquirenti. In un grafico a due variabili, è possibile rappresentare la relazione tra quantità domandata e ognuna di queste variabili considerando le altre (tre) come costanti. Se si sceglie di rappresentare - attraverso la curva di domanda - la relazione tra quantità domandata di un bene (nell'esempio, le barrette di

Approfondimento 3.2 L'effetto "mucca pazza" sul mercato della carne

Per la prima volta nel 1996 e di nuovo nel 2000, il timore di contrarre il cosiddetto "morbo della mucca pazza" - diffuso e amplificato dai mass media fino al punto di diventare una forma di psicosi collettiva - ha esercitato effetti dirompenti sui mercati della carne. L'uso del metodo di analisi di statica comparata applicato al modello di mercato consente di descrivere le rilevanti conseguenze di questo fenomeno socio-mediatico.

Nella figura sottostante, sono rappresentati i mercati interdipendenti - in quanto relativi a prodotti sostitutivi - della carne bovina e della carne di maiale. Prima che si diffondesse la psicosi della mucca pazza, i due mercati si trovavano in equilibrio nella situazione E_0, con il prezzo della carne bovina (P_0^B) sensibilmente maggiore di quello della carne di maiale (P_0^M), in seguito alla maggiore domanda e costosità della prima. La diffusione del timore di contrarre il morbo della mucca pazza ha provocato un sensibile e imprevisto calo della domanda di carne bovina da DD^B a $D'D'^B$ e un aumento altrettanto imprevisto e rilevante della domanda di carne di maiale da DD^M a $D'D'^M$.

L'effetto prevedibile di questo "shock dei gusti" dei consumatori è consistito in un sensibile calo delle vendite e, soprattutto, del prezzo della carne bovina, nonché in un altrettanto rilevante aumento delle vendite e del prezzo della carne di maiale. Durante la prima crisi della mucca pazza, nel Regno Unito le vendite di carne bovina crollarono del 50% e il prezzo della carne di maiale aumentò di circa il 40%.

Si rilevi che, almeno nel breve periodo, lo shock della domanda di carne dovuto al timore del morbo della mucca pazza si riflette soprattutto nelle variazioni di prezzo dei prodotti interessati. Infatti, l'offerta di carne rappresentata dalle curve *SS* nella figura è poco reattiva alle variazioni di prezzo a causa della rigidità del processo produttivo basato sull'allevamento di bestiame, il cui ciclo di crescita è solo parzialmente modificabile.

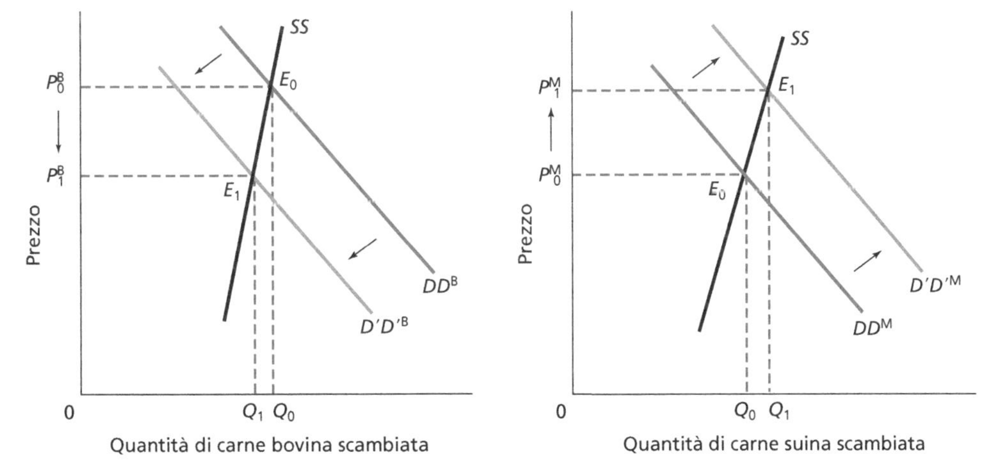

cioccolato) e prezzo di quest'ultimo, le altre tre variabili che determinano la quantità domandata sono necessariamente ipotizzate come date. Ogni loro cambiamento sposta quindi la curva di domanda.

Per quale ragione la teoria elementare del mercato enfatizza la relazione tra quantità domandata di un bene e prezzo di quest'ultimo? Essenzialmente, perché la teoria intende spiegare come funziona un mercato e, come si è detto, il meccanismo di mercato opera attraverso gli aggiustamenti del prezzo. Il prezzo dei beni o servizi correlati, il reddito e i gusti degli acquirenti sono in gran parte determinati esogenamente rispetto al mercato oggetto di analisi. Nel caso particolare, concentrando l'analisi sul prezzo del cioccolato in barrette, è stato possibile spiegare il funzionamento del meccanismo di autoregolazione - ossia, l'aggiustamento del prezzo - attraverso il quale il mercato reagisce a un eccesso di domanda e/o a un eccesso di offerta, ristabilendo l'equilibrio.

In secondo luogo, l'esempio proposto illustra il metodo di analisi chiamato di *statica comparata*.

Nell'**analisi di statica comparata** si ipotizza il cambiamento di una delle variabili assunte come date e se ne esaminano gli effetti sull'equilibrio del mercato.

L'analisi è comparativa perché confronta il vecchio e il nuovo equilibrio ed è statica perché confronta solo le due successive condizioni di equilibrio. In ogni condizione di equilibrio, prezzo e quantità scambiata sono stabili. L'analisi di statica comparata non si occupa del processo dinamico attraverso il quale il sistema economico nel complesso o un suo segmento (un mercato) passa da un equilibrio a un altro, ma si limita a identificare e confrontare la situazione di partenza e quella di arrivo.

La Figura 3.7 può essere altresì utilizzata per analizzare l'effetto sul mercato di un cambiamento in una delle variabili, ipotizzate costanti, che provoca una riduzione della domanda. Se la domanda è inizialmente *D'D'* e il mercato si trova nella situazione di equilibrio *E'*, si possono verificare eventi esogeni che riducono la domanda fino a *DD*. Tali eventi possono essere la riduzione del prezzo di un bene sostituto, la contrazione del reddito degli acquirenti o un cambiamento dei gusti sfavorevole per il bene in questione. Quando la curva di domanda si riduce a *DD*, gli acquirenti sono disponibili ad acquistare – a ogni possibile livello del prezzo – una minore quantità del bene e si costituisce un nuovo equilibrio nella posizione *E*. Infatti, al prezzo iniziale di 0,40 euro, si registra un eccesso di offerta che spinge gradualmente il prezzo al ribasso fino al nuovo livello di equilibrio di 0,30 euro. Una riduzione della domanda provoca quindi una riduzione sia del prezzo sia della quantità di equilibrio del mercato.

Per un ulteriore approfondimento vedi sul sito web dedicato al volume il box
Approfondimento 3.3
Il Papa e il prezzo del pesce

Applicazione 3.1 Un'importante distinzione: spostamenti *lungo* una curva e *di* una curva

Nel linguaggio quotidiano, si è soliti parlare genericamente di aumento o diminuzione della domanda come sinonimi di aumento o diminuzione della quantità domandata. Nel linguaggio rigoroso della teoria economica, la distinzione tra variazioni della domanda e variazioni della quantità domandata è molto importante. Graficamente, nel primo caso si verifica, per qualche causa diversa dalla variazione del prezzo del bene, uno spostamento della curva di domanda; nel secondo, la variazione del prezzo provoca uno spostamento lungo la curva di domanda.

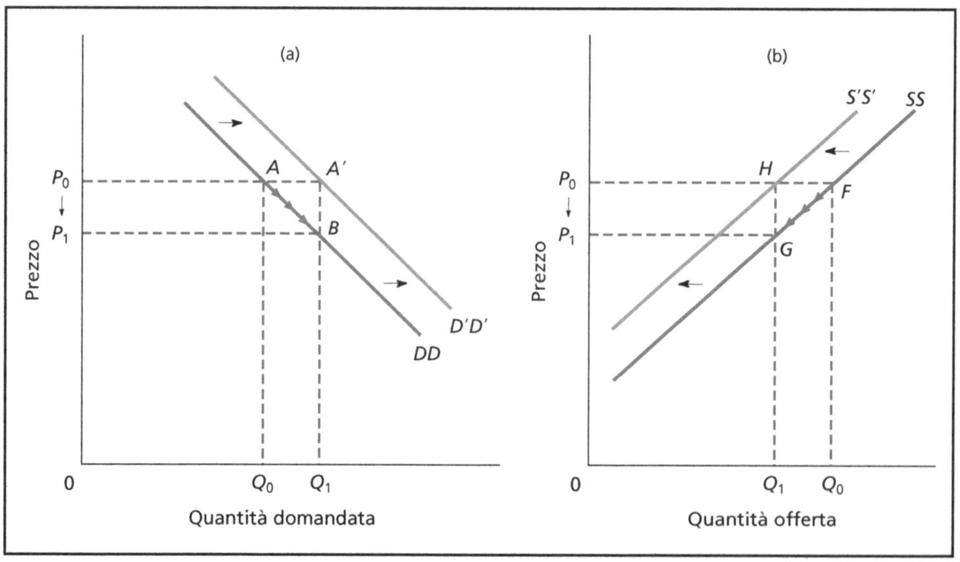

3.6 • Uno sguardo dietro la curva di offerta

Prima di analizzare le cause degli spostamenti della curva di offerta, è opportuno definire più dettagliatamente il motivo per cui un aumento del prezzo di un bene aumenta l'offerta di quest'ultimo, a parità di altre condizioni. Quando il prezzo delle barrette di cioccolato è basso, solo i produttori più efficienti e con costi più bassi sono in grado di realizzare profitti. Al crescere del prezzo, anche produttori meno efficienti, quindi con costi più elevati, sono in grado di realizzare profitti e diventano perciò disponibili a vendere. Inoltre, le imprese esistenti possono espandere la produzione attraverso il lavoro straordinario o l'acquisto di impianti specializzati che non sarebbero convenienti in presenza di un basso prezzo di vendita del prodotto. In generale, un aumento del prezzo è un incentivo per le imprese ad accrescere la produzione. A parità di altre condizioni, le curve di offerta mostrano normalmente un andamento crescente rispetto al prezzo del prodotto offerto.

In analogia a quanto osservato per la curva di domanda, è possibile identificare tre categorie di variabili - diverse dal prezzo del prodotto venduto - che influenzano l'offerta e sono ipotizzate come costanti nel definire la curva di offerta. Queste variabili sono la tecnologia di cui possono disporre i produttori, i prezzi dei fattori di produzione (lavoro, impianti, energia, materie prime) e la regolamentazione pubblica. Un cambiamento di ognuna di queste variabili sposta la curva di offerta di un bene o servizio, modificando la disponibilità dei venditori a venderlo quale che sia il prezzo corrente sul mercato.

La tecnologia

Una funzione e una curva di offerta si riferiscono a una data *tecnologia*. La disponibilità di una tec-

Logicamente, le due situazioni sono sostanzialmente diverse. Spostamenti della curva di domanda di un bene - nel grafico (a) della figura, da *DD* a *D'D'* - rappresentano cambiamenti nel comportamento dei consumatori dovuti a fattori diversi dal prezzo del bene (come il prezzo di beni sostituti o complementari, il reddito e i gusti degli acquirenti) e che causano a loro volta cambiamenti del prezzo e delle quantità di equilibrio. Spostamenti lungo la curva di domanda di un bene - nel grafico (a) della figura, da *A* a *B* - rappresentano, invece, reazioni dei consumatori a cambiamenti del prezzo corrente sul mercato, dovuti, per esempio, a spostamenti dell'offerta.

Analogamente, occorre distinguere tra significato, cause ed effetti di uno spostamento della curva di offerta e di uno spostamento lungo la curva di offerta di un bene o servizio. La riduzione dell'offerta - rappresentata nel grafico (b) della figura dallo spostamento da *SS* a *S'S'* - è dovuta a cause come l'abbandono (per vincoli imposti alle imprese) di tecnologie efficienti ma inquinanti o l'aumento dei prezzi dei fattori produttivi, che provocano un aumento del prezzo di equilibrio nel mercato. La riduzione della quantità offerta - da *F* a *G* nel grafico (b) della figura - è invece dovuta alla reazione dei venditori a una riduzione del prezzo di mercato.

L'ipotesi "a parità di altre condizioni" - sulla quale si basa ogni data curva di domanda e di offerta - consente di non dimenticare il fatto che il prezzo di un bene o servizio è solo una delle variabili che determinano la quantità domandata e offerta. Quando una delle "altre condizioni" cambia, la curva si sposta.

Domande Le soluzioni sono disponibili sul sito web dedicato al volume

Classificate le seguenti cause come spostamenti della domanda o dell'offerta.

a. Nuove relazioni commerciali tra Europa e Cina determinano la diminuzione dei salari dei lavoratori europei non specializzati.

b. Le medesime relazioni fanno aumentare il prezzo del carbone europeo.

c. Il governo metropolitano (l'amministrazione di una grande città) introduce una tassa sui parcheggi e/o sull'ingresso in determinate aree metropolitane.

nologia più efficiente sposta verso destra e verso il basso la curva di offerta di un bene o servizio, ossia consente ai produttori di offrire una quantità maggiore a ogni possibile livello del prezzo. Un miglioramento nella tecnologia di lavorazione del cacao permette, a parità di costo totale, di produrre una maggiore quantità di cioccolato e quindi di ridurre il costo medio e marginale di una barretta (dell'ultima barretta prodotta, per quanto riguarda il costo marginale). Un più efficiente sistema di trasporto e di conservazione dei frutti della pianta del cacao riduce la quantità di materia prima avariata. Il progresso tecnologico consente alle imprese di offrire una maggiore quantità di prodotto a ogni livello del prezzo corrente sul mercato.

In quanto determinante dell'offerta, la tecnologia deve essere intesa in senso molto ampio, includendo non solo la qualità degli impianti, ma in generale la conoscenza disponibile in merito ai metodi di produzione.

In agricoltura, lo sviluppo di sementi a elevata resistenza ad agenti patogeni o di attrezzature per le previsioni meteorologiche rappresenta un progresso della tecnologia intesa in senso ampio, che consente ai produttori di migliorare l'efficienza delle semine e dei raccolti. Con "progresso tecnologico" si deve perciò intendere ogni conoscenza che permette di ottenere più (o migliore) prodotto dalle risorse disponibili. Utilizzando i concetti e la terminologia introdotti nel Capitolo 1, il progresso tecnologico può essere indicato come l'insieme delle cause che determinano uno spostamento verso l'alto della frontiera delle possibilità produttive.

I prezzi dei fattori produttivi

Una funzione di offerta presuppone altresì un dato livello dei *prezzi delle risorse utilizzate come fattori produttivi*. Una riduzione dei prezzi dei fattori produttivi (per esempio, dei salari e del prezzo dell'energia) incentiva le imprese a offrire una maggiore quantità di prodotto a ogni livello di prezzo corrente sul mercato; quindi, sposta la curva di offerta verso destra. Un aumento dei prezzi dei fattori produttivi sposta invece la curva di offerta verso sinistra. Per esempio, se una gelata distrugge gran parte del raccolto di cacao, la conseguente scarsità della materia prima fa aumentare il costo di produzione del cioccolato e i produttori di barrette di cioccolato, a ogni prezzo corrente sul mercato, offriranno una minore quantità.

La regolamentazione pubblica

Discutendo della tecnologia, si è fatto riferimento solo al progresso tecnologico. Una volta scoperta, una tecnologia più efficiente diviene patrimonio disponibile - a un costo più o meno elevato - per i produttori. Tuttavia, la *regolamentazione pubblica dell'attività produttiva* può, talvolta, essere causa di abbandono di una tecnologia efficiente e quindi di contrazione - ovvero, di spostamento verso sinistra - della curva di offerta di un prodotto. L'introduzione di regole di sicurezza più rigide impedisce ai produttori di cioccolato l'uso di metodi a elevata produttività in quanto pericolosi per la salute dei lavoratori. L'obbligo di attrezzature antinquinamento accresce il costo di produzione di un'automobile, mentre il rispetto di vincoli ambientali aumenta i costi di estrazione delle risorse minerarie. Ogniqualvolta la regolamentazione pubblica impedisce ai produttori l'uso di metodi di produzione più efficienti e meno costosi, il suo effetto è una contrazione dell'offerta dei prodotti interessati.

3.7 • Gli spostamenti della curva di offerta

Nel definire e rappresentare l'offerta di un bene o servizio in funzione del prezzo di quest'ultimo, si ipotizzano come costanti la tecnologia, i prezzi dei fattori produttivi e la regolamentazione pubblica dell'attività produttiva. Che cosa accade all'offerta e al mercato di un bene o servizio quando una o più di una di queste variabili ipotizzate costanti subisce un cambiamento? Se, per esempio, il Governo aumenta la rigidità delle norme di sicurezza relative all'attività produttiva, i costi di produzione delle imprese aumentano e quindi la curva di offerta di un prodotto interessato a questo intervento legislativo si sposta verso sinistra: nella Figura 3.8, la curva di offerta si sposta da SS a $S'S'$.

L'equilibrio del mercato cambia, di conseguenza, da E a E'. Una contrazione dell'offerta provoca quindi un aumento del prezzo e una riduzione della quantità di equilibrio del mercato. Al contrario, un aumento dell'offerta può essere analizzato considerando che la curva di offerta sia inizialmente $S'S'$ con il mercato in equilibrio nella situazione E'. Un cambiamento in una o più di una delle variabili esogenamente date (per esempio, una riduzione dei prezzi dei fattori produttivi), che provochi un aumento dell'offerta, sposta la curva di offerta da $S'S'$ a SS e l'equilibrio del mercato nella posizione di E. Quindi, un aumento dell'offerta pro-

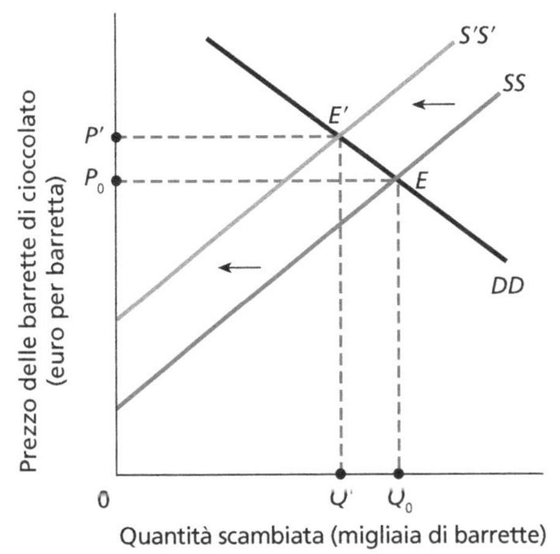

Figura 3.8 L'effetto di una riduzione dell'offerta sul mercato delle barrette di cioccolato Una riduzione dell'offerta sposta la curva di offerta da *SS* a *S'S'*. L'equilibrio del mercato cambia da *E* a *E'*: il prezzo aumenta da P_0 a P' e la quantità scambiata si riduce da Q_0 a Q'.

voca una riduzione del prezzo di equilibrio e un aumento della quantità scambiata nel mercato.

3.8 ● I mercati liberi e i controlli sui prezzi

In un **mercato libero e concorrenziale**, il prezzo è determinato esclusivamente dalla domanda e dall'offerta.

L'intervento pubblico può influire sulla domanda e/o sull'offerta di un bene o servizio in un mercato. Nei mercati liberi o non regolamentati, non vi è intervento pubblico diretto per il controllo dei prezzi. Se i prezzi sono flessibili, in un libero mercato la pressione dell'eccesso di offerta e dell'eccesso di domanda guidano il prezzo verso il livello di equilibrio. Se tuttavia vi è un controllo del prezzo da parte di un'autorità, il mercato non è libero.

I **controlli sui prezzi** sono regolamenti o leggi imposti dalla pubblica amministrazione o da altre autorità che impediscono l'aggiustamento dei prezzi che spinge i mercati verso l'equilibrio.

I controlli sui prezzi possono essere ricondotti a due categorie: la fissazione dei prezzi minimi e la fissazione dei prezzi massimi.

La *fissazione di un prezzo massimo* rende illegale la vendita da parte degli offerenti di un bene o servizio a un prezzo superiore al massimo fissato per legge o regolamento. Questo tipo di controllo sui prezzi viene di solito introdotto per impedire che la scarsità di un bene o servizio provochi un eccessivo aumento del suo prezzo. Un sensibile aumento del prezzo costituisce lo strumento con il quale un mercato libero raziona i beni o servizi disponibili in quantità limitata. Benché l'alto livello del prezzo costituisca - attraverso la riduzione della quantità domandata - una possibile soluzione del problema allocativo di una risorsa scarsa, esso può rappresentare una soluzione iniqua, secondo i giudizi di valore prevalenti nella società. Per esempio, prezzi elevati di prodotti alimentari come il pane e il latte possono essere causa di difficoltà economiche per le famiglie a basso reddito. Dovendo fronteggiare - per cause belliche o per calamità naturali - una eccezionale scarsità di prodotti alimentari, un Governo può ritenere opportuno imporre prezzi massimi ai prodotti alimentari di interesse sociale per garantire ai meno abbienti adeguati livelli di consumo.

Nella Figura 3.9, è rappresentato il mercato di un bene alimentare (per esempio, il latte).

L'offerta del bene è - a causa di un evento eccezionale (una guerra o un'epidemia bovina) - par-

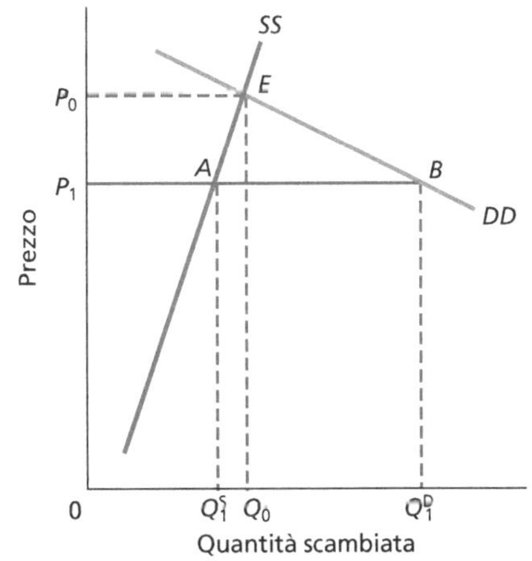

Figura 3.9 Gli effetti di un prezzo massimo L'equilibrio di libero mercato porta a un elevato prezzo di equilibrio P_0, che risolve - sia pure in modo socialmente iniquo - il problema dell'allocazione della scarsa disponibilità di latte. La fissazione di un prezzo massimo legale P_1 minore di P_0 - se effettivamente imposta - realizza il contenimento del prezzo, ma crea un eccesso di domanda pari ad *AB*. Questo eccesso di domanda incentiva la nascita di un mercato illegale o mercato nero del bene e/o l'adozione di procedure di razionamento amministrativo della scarsa quantità Q_1^S offerta.

ticolarmente scarsa rispetto al fabbisogno; di conseguenza il prezzo che tende a formarsi in condizioni di libero mercato è particolarmente elevato (P_0). Anziché affidare al libero mercato l'allocazione del bene, il Governo interviene imponendo un prezzo massimo legale (P_1) inferiore a quello di equilibrio di mercato (P_0).[1]

Se il Governo è in grado di controllare efficacemente il rispetto del prezzo massimo legale, la quantità scambiata è Q_1^S e vi è un eccesso di domanda pari ad *AB*. La fissazione del prezzo massimo provoca una scarsità dell'offerta rispetto alla domanda, impedendo al prezzo di salire fino al raggiungimento del livello di equilibrio. La fissazione e il rispetto del prezzo massimo P_1 consentono ad alcuni consumatori di acquistare il bene (il latte) a un prezzo effettivamente più basso di quello che si sarebbe altrimenti formato in condizioni di libero mercato. Tuttavia, la regolamentazione riduce la quantità offerta da Q_0 a Q_1^S e crea un eccesso di domanda pari ad *AB*: la scarsità del prodotto richiede l'adozione di qualche forma di razionamento del prodotto in grado di stabilire quali consumatori debbano avere la priorità nell'assegnazione della scarsa quantità messa in vendita. Il sistema di razionamento del prodotto può essere altamente arbitrario. Per esempio, può essere attuato lasciando che siano i venditori a decidere discrezionalmente a chi vendere, al prezzo legale, la limitata quantità offerta. In questo caso, verranno favoriti non i meno abbienti, ma gli amici dei venditori o coloro che, saltando la coda davanti ai negozi, sono disposti a pagare prezzi molto più alti di quello legale. Nasce, così, un *mercato nero* o illegale. Dopotutto, la fissazione di un prezzo massimo legale può non essere a vantaggio dei consumatori più poveri! Per questa ragione, l'imposizione di un prezzo massimo richiede l'adozione di un sistema di razionamento basato su criteri amministrativi (per esempio, quote pro capite o per famiglia) in grado di assicurare una distribuzione basata su criteri di equità, anziché di disponibilità a pagare.

Quando questo tipo di controllo sui prezzi viene mantenuto a lungo, può avere altre ripercussioni negative. In molte città e nazioni, le autorità e/o i Governi hanno imposto controlli - in generale, sotto forma di fissazione di prezzi massimi - sui canoni di locazione che i proprietari di alloggi per uso abitativo possono richiedere agli affittuari. Questo tipo d'intervento - pur finalizzato a garantire un alloggio non troppo dispendioso ai meno abbienti - può avere a lungo termine effetti perversi. La Figura 3.10 mostra la situazione iniziale del mercato degli alloggi in locazione.

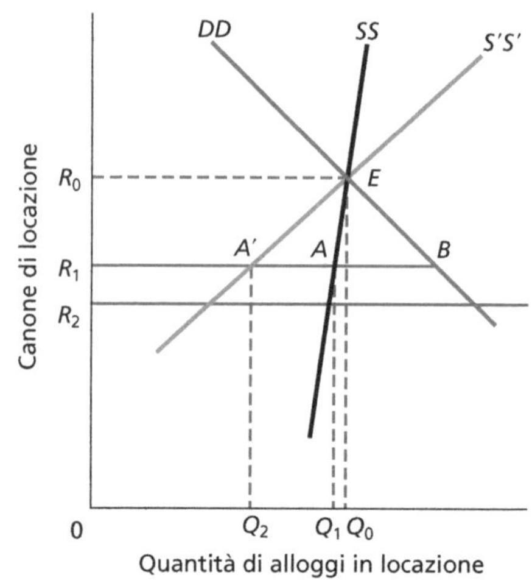

Figura 3.10 Gli effetti della fissazione di un canone massimo di locazione degli alloggi per uso abitativo In assenza di controllo sui prezzi, il mercato degli alloggi in locazione è libero e raggiunge l'equilibrio a un canone R_0. Se un'autorità impone un canone massimo pari a R_1, a breve termine la quantità di alloggi offerti in affitto diminuisce di poco, da Q_0 a Q_1. A lungo termine, l'offerta di alloggi in locazione (*SS*) diventa più reattiva al canone di affitto: la curva di offerta diviene quindi *S'S'*. In questa situazione, il controllo del canone riduce sensibilmente la quantità di alloggi offerti in affitto (Q_2).

La curva di offerta *SS* è poco reattiva al prezzo (canone di locazione) in quanto i proprietari di alloggi non possono - a breve termine - cambiare la destinazione d'uso degli immobili. Quindi, l'imposizione di un canone massimo legale di locazione (R_1) significativamente più basso di quello di equilibrio del mercato (R_0) riduce di poco la quantità di alloggi offerti in locazione (da Q_0 a Q_1).

A lungo termine, tuttavia, i proprietari di alloggi sono in grado di modificare la destinazione d'uso dei loro immobili, offrendoli ad altri affittuari (per esempio, professionisti o società che richiedono uffici per la loro attività). La curva di offerta di alloggi in affitto per uso abitativo diviene quindi più reattiva al canone di locazione e assume la configurazione *S'S'*. In questa situazione, l'imposizione del canone massimo legale R_1 provoca una rilevante contrazione degli alloggi offerti in loca-

---

[1] Si rilevi che la fissazione di un prezzo massimo uguale al prezzo di equilibrio P_0 sarebbe ininfluente. Il mercato raggiungerebbe infatti l'equilibrio al prezzo P_0, che sarebbe considerato legale o ammissibile.

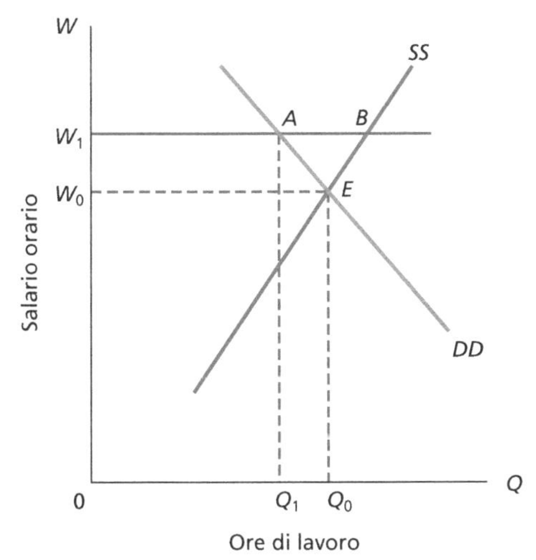

Figura 3.11 La fissazione di un salario minimo sul mercato del lavoro L'equilibrio di libero mercato è nel punto *E*. L'imposizione di un salario minimo (W_1), superiore al salario di equilibrio (W_0), aumenta il salario per coloro che conservano l'occupazione, ma riduce la quantità di ore di lavoro acquistate dalle imprese da Q_0 a Q_1 e provoca un eccesso di offerta (*AB*) di prestazioni lavorative.

zione a scopo abitativo, la cui quantità si riduce a Q_2. La scarsità di alloggi in affitto aumenta da *AB* ad *A'B*, rendendo più difficile il reperimento di abitazioni per i meno abbienti e più probabile la nascita di un mercato illegale.

Mentre la fissazione di un prezzo massimo ha come obiettivo la riduzione del prezzo per gli acquirenti, la *fissazione di un prezzo minimo* ha come scopo l'aumento del prezzo a favore dei venditori.[2] Un esempio di fissazione di un prezzo minimo è l'imposizione di un salario minimo nel mercato del lavoro. La Figura 3.11 rappresenta la domanda e l'offerta di lavoro in un libero mercato dei servizi lavorativi.

L'equilibrio del mercato è rappresentato dal punto *E*, a cui corrisponde un salario W_0 e una quantità di servizi lavorativi (ore di lavoro) acquistati dalle imprese Q_0.

La fissazione di un salario minimo uguale o inferiore a W_0 non avrebbe alcuna conseguenza per il mercato. Se invece il Governo impone un salario minimo W_1 maggiore di W_0, le imprese riducono la quantità domandata di (ore di) lavoro da Q_0 a Q_1 e nel mercato si verifica un eccesso di offerta di lavoro pari ad *AB*. I lavoratori fortunati che conservano l'occupazione beneficiano di un salario orario maggiore, ma altri, meno fortunati, perdono l'occupazione o non riescono a lavorare le ore che vorrebbero.

In molte nazioni, i Governi nazionali o sovranazionali (come la Commissione dell'Unione Europea) impongono prezzi minimi per i prodotti agricoli. La Figura 3.12 descrive le conseguenze della fissazione di un prezzo minimo (P_1) per un prodotto come il latte.

L'imposizione di un prezzo minimo P_1 maggiore di quello di equilibrio del libero mercato P_0 provoca un eccesso di offerta pari ad *AB*. In assenza di ulteriori interventi, la quantità di latte venduta sarebbe quella corrispondente alla minore tra le due disponibilità all'acquisto e alla vendita degli agenti economici, ossia Q_1.

Tuttavia, il Governo che ha imposto il prezzo minimo P_1 – se vuole rendere efficace il suo intervento a favore dei produttori – deve altresì acquistare l'eccesso di offerta che ha provocato, in modo da consentire sia ai consumatori sia ai produttori di realizzare i propri progetti di acquisto e vendita. Il Governo dell'Unione Europea, che ha attuato interventi di questo tipo nel quadro della

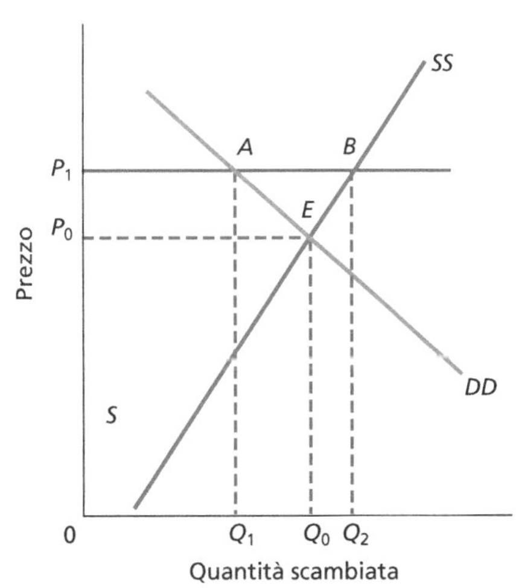

Figura 3.12 La fissazione di un prezzo minimo per un prodotto agro-alimentare (il latte) La fissazione di un prezzo minimo $P_1 > P_0$ aumenta la produzione fino a Q_2 ma la quantità domandata è solo Q_1. L'eccesso di offerta (*AB*) deve essere acquistato dal Governo che ha imposto P_1.

[2] Ovviamente, la fissazione di un prezzo minimo ha conseguenze nel mercato se si tratta di un prezzo che risulti superiore al prezzo di equilibrio e che venga garantito ai venditori.

Politica Agricola Comunitaria, è stato in effetti costretto ad acquistare ogni anno rilevanti eccessi di offerta di prodotti agricoli che rimarrebbero altrimenti invenduti. Da qui è nato il discusso fenomeno delle "eccedenze agricole".

Per un ulteriore approfondimento vedi sul sito web dedicato al volume il box

Approfondimento 3.4 L'imposizione di prezzi massimi per l'energia elettrica: il caso della California

3.9 • Come il mercato risolve il problema di "che cosa, come e per chi produrre"

Il libero mercato costituisce uno dei metodi di coordinamento economico ai quali una società umana può ricorrere per risolvere i fondamentali problemi relativi a "che cosa, come e per chi produrre". In questo capitolo è stata avviata l'analisi del modo in cui il mercato amministra le risorse scarse di una società, allocandole tra usi alternativi.

Lo strumento attraverso il quale il mercato determina la decisione inerente alla quantità da pro-

Approfondimento 3.5 Altro che prezzi minimi! L'agricoltura italiana di qualità certificata

Secondo Coldiretti, il numero delle imprese agricole gestite da under 30 è cresciuto del 4,2% nel secondo semestre del 2012 e il numero degli occupati nell'agricoltura italiana è salito del 6,2%. L'agricoltura è anche riscoperta di antiche colture e pratiche per un *ritorno ai campi* che non è modaiolo!

Se l'agricoltura italiana era una volta ancorata ai mono-tematismi delle quote e dei prezzi minimi, oggi *la riscossa* sta nel biologico, nell'unicità di alcune coltivazioni (e dei rispettivi territori) e nell'efficace *branding* riconosciuto a livello europeo e mondiale, a difesa dell'integrità di una filiera, unica per le stesse coordinate geografiche della penisola.

L'Italia è al primo posto in Europa per numero di aziende biologiche, pari a 48 269 nel 2011. Secondo i dati più recenti, il settore interessa quasi 70mila aziende (Sistema d'informazione nazionale sull'agricoltura biologica, 2017).

La certificazione della qualità può comportare un aumento dei costi[3] della produzione agricola e quindi determinare una contrazione dell'offerta (*SS'*) ma la *capacità segnaletica* del brand-certificato, volto a promuovere il connubio prodotto certificato-genuinità-salute, può aumentare la domanda (*DD'*) a favore di un equilibrio *E'* che genera, per le imprese italiane, un maggiore ricavo totale (area dal perimetro azzurro) che in *E* (area dal perimetro tratteggiato).

[3] Si tratta del cosiddetto costo della *segnalazione* delle imprese di qualità che intendono distinguersi dalle imprese che non possono/intendono garantire la qualità. Per una spiegazione articolata della cosiddetta teoria della segnalazione si legga in Gambaro M., Ricciardi C., *Economia dell'informazione e della comunicazione*, Laterza, Bari, 2006.

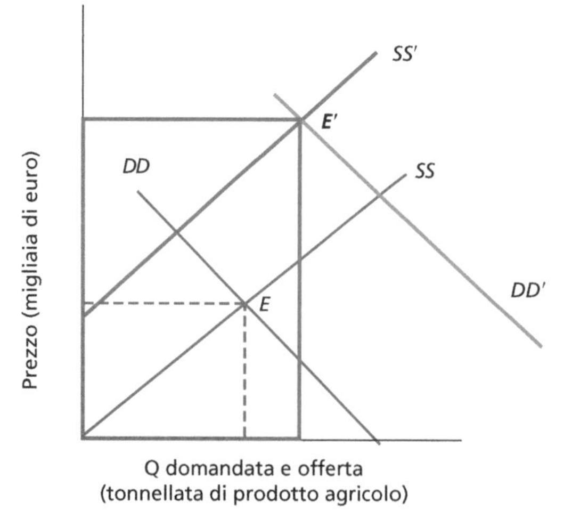

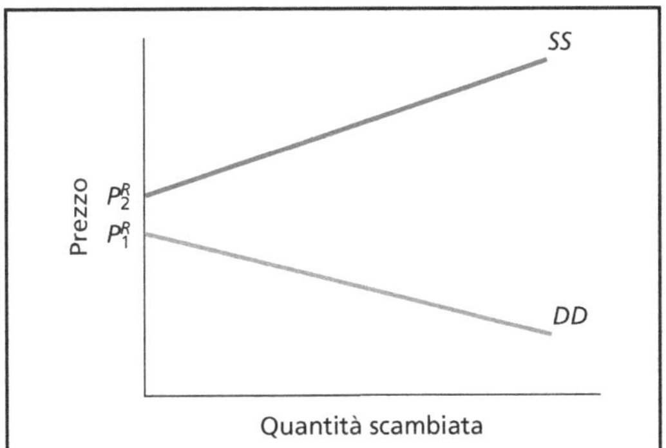

Figura 3.13 Un bene che il mercato non incentiva a produrre Anche il prezzo P_1^R - il prezzo massimo che gli acquirenti sono disposti a pagare (il c.d. *prezzo di riserva degli acquirenti*) - è insufficiente a compensare P_2^R, il prezzo minimo al quale i venditori trovano conveniente vendere (il c.d. *prezzo di riserva dei venditori*).

durre di un bene o servizio è il prezzo di equilibrio. A parità di altre condizioni, quanto maggiore è la domanda di un bene o servizio, tanto maggiore è il suo prezzo di mercato e quindi la convenienza a produrlo. Attraverso il prezzo, il mercato risolve anche il problema inerente ai soggetti verso i quali la produzione è destinata. Un bene o servizio viene prodotto per tutti quei consumatori o acquirenti disposti a pagare almeno il suo prezzo di equilibrio sul mercato. Il mercato stabilisce altresì che i soggetti che scelgono di offrire il proprio bene o servizio siano tutti coloro che trovano conveniente vendere il prodotto al prezzo di equilibrio corrente. Più avanti, si affronterà la questione del modo in cui il mercato risolve il problema del "come" produrre.

Ovviamente, il mercato decide anche quali beni o servizi *non* debbano essere prodotti. Al di là dei beni liberamente e gratuitamente offerti dalla natura, la maggior parte dei beni deve essere prodotta dall'uomo e implica costi. Gli individui si impegnano a realizzare costose attività produttive solo se vengono ripagati. La curva di offerta indica il prezzo minimo che occorre pagare ai produttori di un bene o servizio per indurli a produrre e vendere. La Figura 3.13 mostra un esempio di un bene che il mercato non incentiva a produrre.

Il prezzo massimo che gli acquirenti sono disposti a pagare o *prezzo di riserva degli acquirenti* (P_1^R) è insufficiente a incentivare i produttori a produrre e vendere: infatti, il prezzo minimo di vendita o *prezzo di riserva dei venditori* è P_2^R, superiore a P_1^R.

Il modo in cui il mercato risolve i problemi economici fondamentali relativi a "che cosa, come e per chi produrre" può non essere socialmente accettabile. Il libero mercato *non* garantisce cibo sufficiente per tutti gli affamati e cure adeguate per tutti gli ammalati. Esso assicura cibo e cure mediche a coloro che sono disposti a (e *in grado di*) pagare almeno il prezzo di equilibrio di questi beni e servizi. Una società può decidere di adottare il giudizio di valore secondo cui tutti i suoi cittadini devono disporre di una quantità minima adeguata di cibo e servizi sanitari, superiore a quella garantita dal libero mercato. Una società può altresì adottare il giudizio di valore secondo cui la pornografia è da proibire, anche se molte persone sono disposte a pagare per acquistarla. Poche società contemporanee si affidano completamente al libero mercato per decidere "che cosa e per chi produrre". I Governi intervengono diffusamente per modificare le soluzioni di libero mercato a questi tre problemi, utilizzando un'ampia gamma di strumenti come i controlli sui prezzi, la regolamentazione delle transazioni, la tassazione e i trasferimenti alle famiglie (come le indennità di disoccupazione) e alle imprese (come i contributi a fondo perduto).

Riepilogo

- La **domanda** è la relazione inversa che esiste tra quantità consumata e prezzo. A parità di altre condizioni, la diminuzione del prezzo determina una maggiore quantità consumata. La domanda è una funzione decrescente.
- L'**offerta** è la relazione diretta che esiste tra quantità offerta e prezzo. A parità di altre condizioni, l'aumento del prezzo determina una maggiore quantità offerta. L'offerta è una funzione crescente.
- Il **mercato è in equilibrio** quando la quantità domandata eguaglia quella offerta al prezzo di equilibrio. Le curve di domanda e offerta si intersecano. Per un prezzo inferiore a quello di equilibrio vi è un **eccesso di quantità domandata**, che induce un aumento del prezzo. Per un prezzo superiore a quello di equilibrio vi è un **eccesso di quantità offerta**, che induce una diminuzione del prezzo. Il **libero mercato** tende naturalmente e tendenzialmente all'equilibrio poiché si *auto-corregge*.
- Lungo una data funzione di domanda che mette in relazione prezzo e quantità consumata di un bene, l'espressione "a parità di altre condizioni" o "***ceteris paribus***" si riferisce al prezzo di altri beni, al reddito e ai gusti.

- L'aumento del prezzo di un **bene sostituto** (o la diminuzione del prezzo di un **bene complementare**) aumenta la domanda, così come un aumento del reddito se il bene è un **bene normale**. Per un bene **inferiore**, l'aumento del reddito determina, invece, una diminuzione della domanda.
- Lungo una data funzione di offerta che mette in relazione prezzo e quantità offerta, ***ceteris paribus*** si riferisce alla tecnologia, al prezzo degli input e alla regolamentazione pubblica. Un miglioramento delle tecnologie e una riduzione dei prezzi degli input determinano un aumento dell'offerta.
- A parità di offerta, uno spostamento verso destra della domanda determina un aumento sia del prezzo che della quantità di equilibrio. Viceversa, uno spostamento verso sinistra della domanda. A parità di domanda, uno spostamento verso destra dell'offerta determina un aumento della quantità di equilibrio e una riduzione del prezzo di equilibrio. Uno spostamento verso sinistra dell'offerta determina una riduzione della quantità di equilibrio e un incremento del prezzo di equilibrio.
- Il **surplus** in equilibrio di mercato corrisponde alla somma del surplus (o rendita) dei consumatori tra la domanda di mercato e il prezzo di equilibrio e del surplus dei produttori tra l'offerta di mercato e il prezzo di equilibrio.
- Per essere efficace, un **prezzo massimo** deve essere imposto al di sotto del prezzo di equilibrio. Determina un eccesso di quantità domandata che solo l'Autorità può risolvere. Per essere efficace, un **prezzo minimo** deve essere imposto al di sopra del prezzo di equilibrio. Determina un eccesso di quantità offerta salvo che l'Autorità acquisti tale eccesso.

Capitolo 4
L'elasticità della domanda e dell'offerta

Obiettivi di apprendimento

Alla fine del capitolo, lo studente dovrebbe essere in grado di:

- definire i concetti e le misure della reattività della domanda e dell'offerta;
- definire e utilizzare le misure dell'elasticità della domanda rispetto al prezzo per prevedere l'effetto di una variazione del prezzo sui ricavi di un'impresa;
- dimostrare perché un cattivo raccolto sia - per gli agricoltori o per gli speculatori del mercato agricolo - preferibile a un raccolto abbondante;
- spiegare il cosiddetto "errore di composizione";
- collegare l'elasticità incrociata della domanda alla misurazione della complementarietà e sostituibilità tra i beni;
- utilizzare l'elasticità della domanda al reddito per definire i beni inferiori, normali e di lusso;
- definire le misure dell'elasticità dell'offerta;
- spiegare l'influenza dell'elasticità della domanda e dell'offerta sull'incidenza delle imposte.

Nel Capitolo 3, la funzione e la curva di domanda sono state utilizzate per mostrare l'influenza del prezzo di un bene sulla quantità domandata. Si è altresì spiegato che cambiamenti del reddito degli acquirenti o del prezzo di beni correlati spostano la curva e modificano la funzione di domanda di un bene, ossia modificano la quantità che gli acquirenti sono disposti a comprare a ogni possibile livello del prezzo. In questo capitolo, tali effetti vengono analizzati con maggiore precisione.

A questo scopo, la teoria economica fa ricorso al concetto di elasticità della domanda rispetto al prezzo per misurare la reattività della quantità domandata di un bene o servizio alle variazioni del suo prezzo. La conoscenza dell'*elasticità della domanda rispetto al prezzo* è un'informazione determinante per la soluzione di molti problemi economici, come quello della fissazione del prezzo della corsa in metropolitana presentato nel Capitolo 2.

Se l'amministratore delegato di una società che gestisce un club di calcio professionistico deve definire, all'inizio della stagione agonistica, il prezzo del biglietto per assistere alla partita nello stadio di casa, non può fare a meno di chiedersi quale sia la reattività della domanda di spettacoli calcistici offerti dal suo club rispetto al prezzo. Si supponga che l'obiettivo dell'amministratore del club calcistico sia il perseguimento, nella stagione, del massimo ricavo dalla vendita dei biglietti, in modo da poter ingaggiare qualche buon giocatore. Qual è la politica dei prezzi che il club dovrebbe attuare? Ridurre il prezzo del biglietto in modo da riempire lo stadio o elevare il prezzo con il rischio di lasciare spazi vuoti nelle tribune?

La risposta a tali quesiti dipende dalla reattività della quantità domandata di biglietti alla variazione del loro prezzo. Se la quantità domandata di biglietti per assistere alla partita nello stadio è poco reattiva al prezzo del biglietto, la riduzione di quest'ultimo provoca una riduzione dell'incasso. Se invece una modesta riduzione del prezzo del biglietto provoca un rilevante aumento del numero di possibili spettatori, la decisione di abbassare il prezzo fa aumentare i ricavi del club: l'aumento della quantità venduta di biglietti sovracompensa la riduzione del prezzo del biglietto. Senza un'adeguata conoscenza dell'elasticità della domanda di biglietti per lo stadio, l'amministratore del club non è in grado di prendere una decisione coerente con l'obiettivo di massimizzare l'incasso.

La domanda di biglietti per assistere a incontri di football nello stadio dipende altresì dal prezzo dei beni o servizi correlati, come le corse automobilistiche, gli spettacoli cinematografici o altri servizi d'intrattenimento offerti in contemporanea allo svolgimento delle partite di calcio. L'*elasticità incrociata della domanda rispetto al prezzo* misura la reattività della quantità domandata di un bene o servizio a variazioni del prezzo di altri beni o servizi.

La domanda di spettacoli calcistici allo stadio è inoltre determinata dal reddito spendibile delle famiglie e, in particolare, dei tifosi. Se questi ultimi dispongono di maggior reddito, possono acquistare più biglietti per lo stadio a ogni possibile prezzo. L'*elasticità della domanda rispetto al reddito* misura la reattività della quantità domandata di un bene o servizio a cambiamenti del reddito spendibile degli acquirenti. I beni o servizi caratterizzati da un'elevata elasticità della domanda rispetto al reddito dei consumatori prospettano – in un'economia in crescita – possibilità di espansione delle vendite molto più rilevanti di quelle ascrivibili a beni o servizi con una modesta elasticità della domanda al reddito. Quindi, investitori e imprenditori sono particolarmente interessati a conoscere l'elasticità della domanda rispetto al reddito di diversi beni e servizi.

Tabella 4.1 La domanda di biglietti per le partite di calcio

Prezzo del biglietto (euro)	Quantità domandata di biglietti (migliaia)	Coefficiente di elasticità domanda-prezzo (valore assoluto)
12,50	0	∞
10,00	20	4
7,50	40	1,5
5,00	60	0,67
2,50	80	0,25
0	100	0

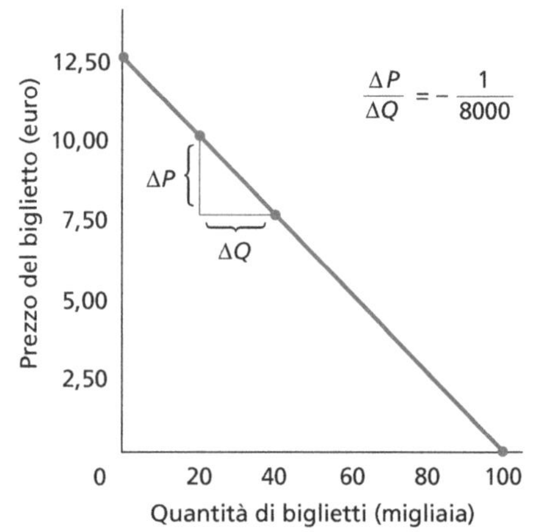

Figura 4.1 La curva di domanda di biglietti per le partite di calcio Dati i prezzi dei beni e dei servizi correlati e dato il reddito dei consumatori, un aumento del prezzo del biglietto riduce la quantità domandata di biglietti.

4.1 • L'elasticità della domanda rispetto al prezzo

La pendenza negativa della curva di domanda esprime una relazione inversa tra quantità domandata di un bene o servizio e prezzo di quest'ultimo. In molti casi, è tuttavia indispensabile sapere di quanto aumenta la richiesta di un bene o servizio in seguito a una data riduzione del suo prezzo. La Tabella 4.1 rappresenta un'ipotetica relazione tra prezzo dei biglietti delle partite di calcio e quantità domandata di questi ultimi, a parità di altre condizioni. La Figura 4.1 rappresenta invece la curva di domanda – che, nel caso ipotizzato, è una retta – corrispondente alla funzione sintetizzata nella Tabella 4.1.

Come si può misurare la reattività della quantità domandata di biglietti alle variazioni del loro prezzo? Una misura adeguata, a prima vista, sembra essere il rapporto tra la variazione della quantità domandata (ΔQ) e la variazione del prezzo che l'ha provocata (ΔP), ossia un coefficiente numerico che rappresenta l'inverso della pendenza della curva di domanda.[1] Nell'esempio della Tabella 4.1 e della Figura 4.1, il rapporto tra ΔP e ΔQ è pari a $-1/8000$ (cioè $2{,}5/20\,000 = 25/200\,000 = 5/40\,000$): in altri

[1] La pendenza della curva di domanda è data dal rapporto $\Delta P/\Delta Q$. Vedi la Figura 4.1.

termini, una diminuzione di 1 euro dei biglietti provoca un aumento di 8000 unità nei biglietti venduti. Tuttavia, questa misura della reattività della quantità domandata di un bene a variazioni del suo prezzo ha il grande difetto di essere condizionata dalle dimensioni delle variazioni e dalle unità di misura delle variabili. Per esempio, la variazione di 1 euro nel prezzo di un bene costituisce una rilevante variazione se il prezzo assoluto del bene è 10 euro, ma rappresenta una variazione irrisoria se il prezzo del bene è 10 000 euro. Quindi, utilizzando come misura della reattività della quantità domandata al prezzo il rapporto $\Delta Q/\Delta P$, sarebbe difficile confrontare la reattività al prezzo della domanda di biglietti per le partite di calcio con la reattività al prezzo della domanda di automobili.

Per poter fare confronti tra beni diversi, e altresì per evitare i problemi derivanti dalla diversità delle unità di misura e dall'arbitrarietà delle variazioni da considerare, è necessario ricorrere a una misura della reattività della quantità domandata al prezzo di un bene basata su variazioni percentuali.

L'elasticità della domanda di un bene o servizio rispetto al suo prezzo si misura attraverso un coefficiente numerico calcolato come rapporto tra la variazione percentuale della quantità domandata e la variazione percentuale del prezzo che l'ha provocata.[2]

In termini generali, il calcolo e l'interpretazione del coefficiente che misura l'elasticità o reattività della quantità domandata di un bene rispetto al suo prezzo – spesso, sinteticamente definita elasticità della domanda al prezzo – sono abbastanza semplici.

Se, per esempio, si verifica che un aumento dell'1% nel prezzo di un bene provoca una riduzione del 2% nella sua quantità domandata, il coefficiente di elasticità della domanda al prezzo risulta essere −2. Se, invece, a un aumento del 4% del prezzo corrisponde una riduzione del 2% nella quantità domandata, il coefficiente di elasticità della domanda al prezzo è −0,5. Il valore negativo del coefficiente è la conseguenza della relazione inversa tra prezzo e quantità domandata di un bene, ovvero della pendenza negativa della curva di domanda. In effetti, molti economisti preferiscono misurare e interpretare il coefficiente che misura l'elasticità della domanda al prezzo come un numero puro, prescindendo quindi dal suo segno e considerandolo in valore assoluto.[3]

Infatti, il segno negativo del coefficiente esprime semplicemente l'operare della *legge della domanda*, secondo la quale, a parità di altre condizioni, un aumento del prezzo di un bene provoca una riduzione della sua quantità domandata e viceversa. Invece, come si vedrà, è il valore assoluto del coefficiente a qualificare come *elastica* o *inelastica* la domanda di un bene.

È a questo punto possibile calcolare il coefficiente di elasticità della domanda di biglietti per le partite di calcio rispetto al prezzo di questi ultimi, partendo dai dati della Tabella 4.1.

Il valore (assoluto) del coefficiente di elasticità della domanda al prezzo, riportato nella terza colonna della Tabella 4.1, è calcolato come rapporto tra la variazione percentuale della quantità domandata e la variazione percentuale del prezzo che l'ha provocata, prescindendo dal segno delle variazioni. Per esempio, in corrispondenza del prezzo di 12,50 euro e della relativa quantità domandata pari a 0, il coefficiente di elasticità della domanda al prezzo è infinito. Questo valore (assoluto) è il risultato del seguente calcolo: una diminuzione del prezzo da 12,50 euro a 10,00 euro, ossia del 20%, provoca un aumento percentuale della quantità domandata pari a infinito [(20 000 − 0)/0]. Per definizione, il rapporto tra un numero finito e zero tende a infinito. Con lo stesso procedimento, partendo dal prezzo di 10,00 euro e dalla corrispondente quantità domandata di 20 000 biglietti e considerando una riduzione del prezzo a 7,5 euro, si ottiene un valore assoluto del coefficiente di elasticità della domanda al prezzo pari a 4 e così via. Difatti:

$$\left|\frac{\Delta Q}{\Delta P}\cdot\frac{P}{Q}\right| = \left|8000\cdot\frac{7{,}5}{40000}\right| = |1{,}5|$$

Quanto più elevato è il valore (assoluto) del coefficiente di elasticità della domanda al prezzo, tanto più elastica o reattiva al prezzo è la domanda.

---

[2] Quindi, il coefficiente che misura, con approssimazione accettabile, la reattività della quantità domandata rispetto al prezzo è dato dalla seguente relazione:

$$\frac{\text{variazione \% di } Q}{\text{variazione \% di } P} = \frac{\Delta Q/Q\cdot 100}{\Delta P/P\cdot 100} = \frac{\Delta Q}{\Delta P}\cdot\frac{P}{Q}$$

Per una definizione più precisa del coefficiente di elasticità della quantità domandata rispetto al prezzo, si rinvia all'Appendice 4A e all'appendice matematica consultabili sul sito web dedicato al volume.

[3] In questo caso, il coefficiente è dato dalla relazione:

$$\left|\frac{\text{variazione \% di } Q}{\text{variazione \% di } P}\right| = \left|\frac{\Delta Q}{\Delta P}\cdot\frac{P}{Q}\right|$$

Quanto più basso è il valore (assoluto) del coefficiente di elasticità della domanda al prezzo, tanto più inelastica o rigida al prezzo è la domanda. Se il coefficiente è uguale a zero, la domanda è anelastica o assolutamente rigida al prezzo.

È importante rilevare dall'esempio proposto che, benché la curva di domanda dei biglietti per le partite di calcio sia una retta con pendenza costante e negativa,[4] il valore del coefficiente di elasticità della domanda al prezzo varia da punto a punto. Più precisamente, è pari a infinito in corrispondenza del prezzo di riserva degli acquirenti e diminuisce continuamente di valore (assoluto) fino ad annullarsi in corrispondenza di un prezzo nullo. Questa caratteristica di una curva di domanda lineare e inclinata negativamente è del tutto generale[5] e merita di essere ricordata (Figura 4.2).

In effetti, la variazione del valore (assoluto) del coefficiente di elasticità della domanda al prezzo – e, in particolare, il suo aumento al crescere del prezzo – è caratteristica anche delle curve di domanda non lineari e inclinate negativamente. Vi sono, tuttavia, casi molto particolari e intuitivi nei quali le curve di domanda hanno un valore costante del coefficiente di elasticità della domanda al prezzo. Queste curve sono dette *isoelastiche* e alcuni semplici casi sono rappresentati nella Figura 4.3.

[4] Come indicato nella nota 1, la pendenza della curva di domanda rappresentata nella Figura 4.1 è $\Delta P/\Delta Q$, ovvero $-1/8000 = -0{,}000125$.

[5] Per una dimostrazione, si rinvia all'Appendice 4A e all'appendice matematica consultabili sul sito web dedicato al volume.

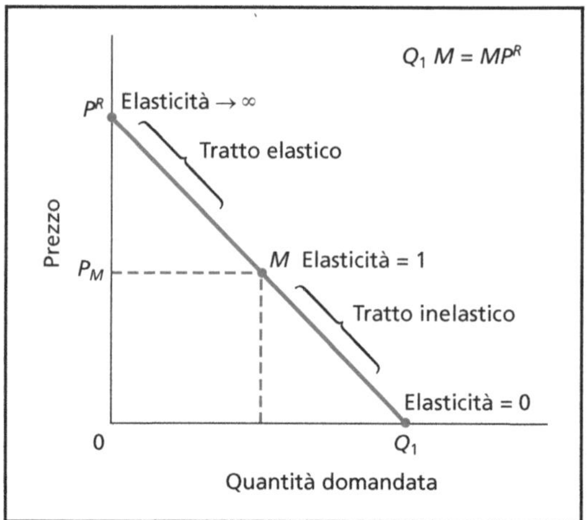

Figura 4.2 L'elasticità della domanda al prezzo varia da punto a punto di una curva di domanda lineare e inclinata negativamente Il coefficiente di elasticità domanda-prezzo è ∞ in corrispondenza del prezzo di riserva degli acquirenti P^R e diminuisce fino ad annullarsi in corrispondenza di un prezzo $P = 0$. È uguale a 1 al prezzo P_M corrispondente al punto medio di Q_1P^R.

La domanda elastica e inelastica

Benché normalmente il valore del coefficiente di elasticità della domanda al prezzo cambi da punto a punto lungo una curva di domanda, il valore (assoluto) unitario del coefficiente rappresenta un'importante linea di demarcazione per qualificare la reattività della domanda di un bene a variazioni del suo prezzo.

La domanda di un bene o servizio viene definita **elastica** quando il coefficiente di elasticità domanda-prezzo è in valore as-

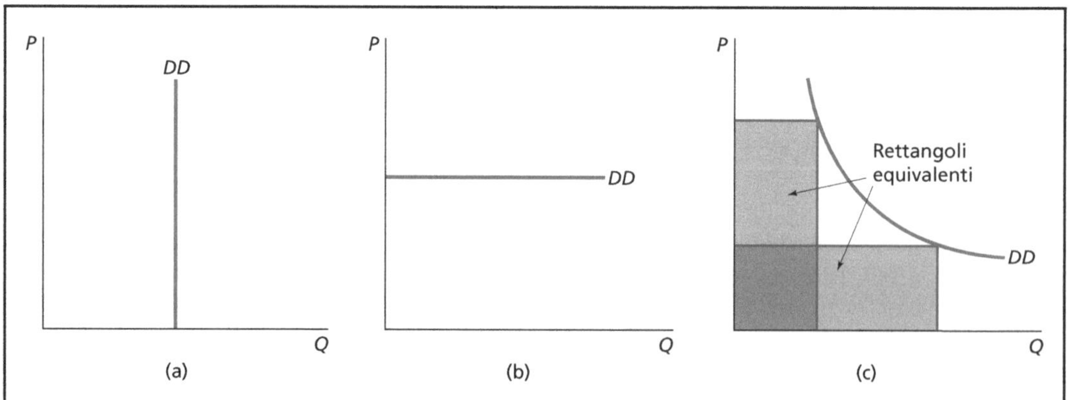

Figura 4.3 Alcuni casi intuitivi di curve di domanda isoelastiche La domanda (a) è anelastica in ogni punto. La domanda (b) è infinitamente elastica in ogni punto. La domanda (c) è un ramo di iperbole rettangolare o equilatera: il coefficiente di elasticità domanda-prezzo è unitario in ogni punto.

soluto maggiore di uno. È invece definita **inelastica** o **rigida** se il valore assoluto del coefficiente di elasticità domanda-prezzo è minore di uno, ma maggiore di zero. Una domanda è **anelastica** o **assolutamente rigida** se il coefficiente di elasticità domanda-prezzo è pari a zero.

Dal momento che, di norma, il valore del coefficiente di elasticità della domanda rispetto al prezzo varia lungo una curva di domanda, occorre chiedersi se sia corretto parlare di "domanda elastica" e "domanda rigida" come fanno spesso gli economisti e i mass media. Per esempio, è ricorrente l'affermazione che la domanda di petrolio e quella di prodotti agroalimentari sono inelastiche al prezzo, mentre la domanda di vacanze all'estero e quella di prodotti per l'igiene della casa sono elastiche al prezzo. Queste affermazioni sono corrette e hanno significato nella misura in cui, implicitamente, si riferiscono a tratti della curva di domanda corrispondenti a intervalli di prezzi non troppo ampi e nei quali il coefficiente di elasticità non varia in modo rilevante.

Nel Paragrafo 4.2 si vedrà che una data riduzione del prezzo di vendita ha effetti diversi sui ricavi dei venditori, a seconda che la domanda sia elastica o inelastica al prezzo: solo nel primo caso, i ricavi aumentano. Come si è affermato in precedenza, la conoscenza della reattività della domanda al prezzo è un'informazione di fondamentale importanza per le imprese.

Le determinanti dell'elasticità della domanda al prezzo

Che cosa determina il valore del coefficiente di elasticità domanda-prezzo? In definitiva, la determinante di fondo dell'elasticità o inelasticità della domanda è costituita dai gusti e dalle preferenze degli acquirenti. Se in un certo contesto sociale, possedere un televisore a cristalli liquidi o fare una vacanza ai tropici rappresentano obblighi sociali, la domanda di questi beni e servizi è inelastica al loro prezzo. Se in un diverso contesto sociale gli stessi beni e servizi sono considerati consumi frivoli o adirittura pacchiani, le corrispondenti domande tendono a essere elastiche al prezzo. Psicologi e sociologi possono avere molto di più da dire, in merito ai gusti e alle preferenze dei consumatori, degli economisti.

Tuttavia, l'indagine economica indica che una fondamentale determinante dell'elasticità della domanda al prezzo di un bene o servizio è la possibilità dei consumatori di sostituire quest'ultimo con altri che svolgano sostanzialmente le medesime funzioni. Si considerino due esempi di questo fenomeno. Se aumenta dell'1% il prezzo di tutte le marche di sigarette, è probabile che la quantità domandata di sigarette di tutte le marche si riduca in percentuale minore (per esempio, dello 0,5%): si può quindi concludere che, in riferimento ai prezzi correnti, la domanda di sigarette di tutte le marche sia inelastica al prezzo.

Se, invece, si considera il caso di un aumento dell'1% del prezzo di una particolare marca di sigarette a parità del prezzo delle altre marche, è verosimile che si verifichi una riduzione percentualmente maggiore (per esempio, del 10%) della quantità domandata di sigarette della marca il cui prezzo di vendita è aumentato. I consumatori hanno infatti la possibilità di passare ad altre marche di sigarette. La domanda di sigarette di una particolare marca è quindi più elastica al prezzo della domanda di sigarette in genere, perché, per la specifica marca, i consumatori dispongono di più sostituti. L'esempio suggerisce una regola generale. Quanto più specificamente è definito un bene o servizio, tanto più elastica risulta essere la sua domanda a variazioni del prezzo.

Alcune misure empiriche dell'elasticità domanda-prezzo

A illustrazione del concetto e della misurazione teorica della reattività della domanda a variazioni del prezzo, la Tabella 4.2 presenta alcune stime empiriche dell'elasticità della domanda al prezzo di beni e servizi diversi.

La Tabella 4.2 sembra confermare la regola generale secondo la quale la domanda di ampie categorie di beni – come i combustibili, gli alimentari e i beni durevoli di consumo – tende a essere inelastica. La spiegazione più verosimile di questa rigidità è che i consumatori non sono disposti a modificare radicalmente la struttura della loro spesa per consumi.

Per contrasto, il campo di variazione dei coefficienti di elasticità domanda-prezzo è molto più ampio in relazione a categorie di beni e servizi definite in modo più specifico. Tuttavia, anche in questa prospettiva, taluni beni – come i prodotti caseari – hanno una domanda molto inelastica, mentre servizi con molti sostituti stretti – come gli spettacoli teatrali, il catering o il trasporto dei taxi – hanno una domanda significativamente elastica al prezzo.

Gli effetti dell'elasticità della domanda al prezzo

L'elasticità della domanda al prezzo determina la dimensione dell'incremento di prezzo necessario per eliminare un eccesso di domanda o della ridu-

Tabella 4.2 Le stime empiriche del coefficiente di elasticità domanda-prezzo nel Regno Unito

(1) Beni e servizi (categorie generali)	Coefficiente di elasticità	(2) Beni e servizi (categorie specifiche)	Coefficiente di elasticità
Combustibili ed elettricità	0,52	Pane e cereali	0,40
Alimentari	0,56	Servizi di intrattenimento	1,40
Bevande alcoliche	1,73	Prodotti d'importazione	1,63
Abbigliamento	0,62	Servizi di catering	2,61
Servizi alla persona	0,72	Birra	0,20
Pesce	0,80		

Fonte: Muellbauer J., *Economic Journal*, settembre 1997; Deaton A., *European Economic Review*, 1975; Blundell R., Pashardes P. e Weber G. (1993), "What do we learn about consumer demand patterns from micro data?", *American Economic Review*, 83 (3): 570-597; *National Food Survey* 2000.

Approfondimento 4.1 L'elasticità della domanda al prezzo dei *prodotti bio* in Italia

Sono state calcolate le elasticità della domanda al prezzo di *prodotti bio* in Italia. Nel 2009 - dati Ismea-Nielsen - la domanda risultava particolarmente elastica per categorie di prodotti come gli ortofrutticoli (8,2), prodotti dietetici (2,5), prodotti per l'infanzia (12,2), salumi (2,7), uova (11,1), zucchero, caffè e tè (9,8). Si noti come per il caffè (non bio) nel Paragrafo 4.3 si può leggere, dalle indagini più consolidate, che la domanda è inelastica e ciò determina un aumento dei ricavi dei produttori/speculatori che limitano o contraggono l'offerta di mercato.

Alcuni prodotti che, non-bio, sono di domanda inelastica, diventano di domanda elastica nel momento in cui si consideri il trend dei consumi bio. Ciò può dipendere da gusti e preferenze o dalla facile reperibilità di sostituti, comunque garantiti nella loro qualità "bio" o tra bio e non-bio, per un consumatore molto razionale, cioè estremamente attento alla selezione delle informazioni disponibili (etichette, certificazioni, indagini sui regimi alimentari ecc.).

Sta di fatto che, in base ai coefficienti prima elencati, una diminuzione del prezzo dei prodotti per l'infanzia, per esempio del 10%, potrebbe determinare un aumento della quantità domandata del 122%! Si tratterebbe di una leva in grado di attivare una forte competizione tra i produttori per le mamme italiane che, si sa, sono sempre *supermamme razionali*!

zione di prezzo necessaria per eliminare un eccesso di offerta. Una causa importante di eccessi di domanda o eccessi di offerta in un mercato è rappresentata dai cambiamenti dell'offerta dovuti a fattori esogeni al mercato. L'alternanza imprevedibile di cattivi e abbondanti raccolti è caratteristica di molti mercati agricoli. Data l'inelasticità della domanda di molti prodotti agricoli che – come il latte, il grano o il caffè – non hanno sostituti stretti, un cattivo raccolto o un calo improvviso di produzione provoca rilevanti aumenti del prezzo. Al contrario, raccolti abbondanti provocano rilevanti riduzioni dei prezzi. Quando la domanda è inelastica al prezzo, fluttuazioni dell'offerta causano ampie oscillazioni del prezzo e modeste variazioni della quantità scambiata.

Questo aspetto è illustrato dalla Figura 4.4. In un mercato agricolo, la curva di offerta oscilla tra la posizione *SS*, in caso di cattivo raccolto, e la posizione *S′S′*, in caso di raccolto abbondante. Se la domanda è inelastica (*DD*), il prezzo di equilibrio del mercato subisce ampie oscillazioni (da P_0 a P_1 e viceversa), mentre la quantità scambiata varia di poco (da Q_0 a Q_1 e viceversa). Se invece la domanda è elastica al prezzo (*D′D′*), le variazioni di prezzo provocate dalla stessa fluttuazione dell'offerta sono molto minori (da P_0 a P' e viceversa), mentre le oscillazioni delle quantità scambiate sono ben più rilevanti (da Q_0 a Q' e viceversa).

La conoscenza dell'elasticità della domanda aiuta a capire perché alcuni mercati sono caratterizzati da ampie oscillazioni di prezzo e altri da ampie oscillazioni del volume degli scambi.

4.2 • L'elasticità della domanda al prezzo, le variazioni del prezzo e le variazioni della spesa totale dei consumatori

Come già appreso nel Capitolo 3, a parità di altre condizioni, la funzione e la curva di domanda con-

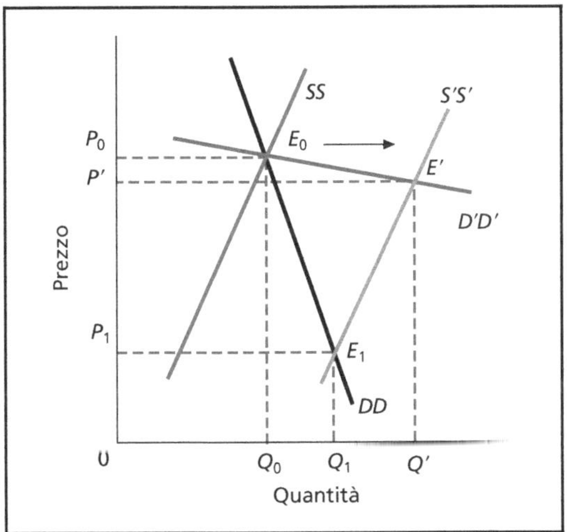

Figura 4.4 Gli effetti delle variazioni dell'offerta dipendono dall'elasticità della domanda al prezzo Un dato aumento dell'offerta da *SS* a *S'S'* provoca effetti diversi sull'equilibrio di mercato a seconda della reattività della domanda al prezzo. Se la domanda è inelastica (*DD*), l'aumento dell'offerta provoca una rilevante oscillazione (da P_0 a P_1) del prezzo e una piccola variazione della quantità scambiata (da Q_0 a Q_1). Accade il contrario se la domanda è elastica (*D'D'*).

sentono di calcolare, a ogni prezzo, la spesa che i consumatori sono disposti a sostenere per l'acquisto di un bene o servizio. La spesa dei consumatori di un bene o servizio è semplicemente il prezzo che devono pagare moltiplicato per la quantità che, a quel prezzo, sono disposti ad acquistare. Ci si propone, ora, di mostrare la rilevanza dell'elasticità della domanda al prezzo rispetto alla relazione tra prezzo di un bene e spesa che gli acquirenti devono sostenere per acquistarlo.

La Figura 4.5 mostra come cambia la spesa totale degli acquirenti al cambiare del prezzo di un bene in diverse situazioni di elasticità della domanda al prezzo.

Nella situazione (a), la riduzione del prezzo da P_A a P_B fa variare la spesa totale degli acquirenti da OP_AAQ_A a OP_BBQ_B: la superficie del secondo rettangolo è evidentemente maggiore di quella del primo rettangolo. Infatti, la spesa degli acquirenti diminuisce, per effetto della riduzione del prezzo, dell'area contrassegnata dal segno meno, ma aumenta dell'area contrassegnata dal segno più, la cui superficie è maggiore. La riduzione del prezzo si verifica infatti nel tratto elastico della domanda, vicino al prezzo di riserva degli acquirenti: in questa situazione, una piccola riduzione percentuale del prezzo provoca un aumento percentuale molto più ampio della quantità domandata e la spesa degli acquirenti aumenta.

Nella situazione (b), l'identica riduzione del prezzo da P_A a P_B si realizza nel tratto inelastico della curva di domanda. Benché la riduzione di prezzo faccia aumentare la quantità domandata, questo incremento è percentualmente troppo piccolo per provocare un aumento della spesa degli acquirenti: infatti, il risparmio di spesa di questi

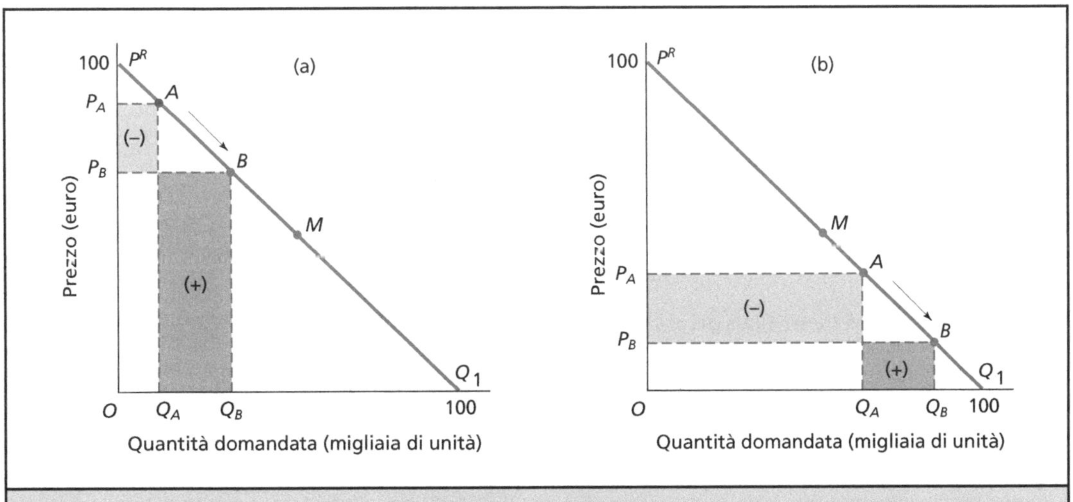

Figura 4.5 Gli effetti dei cambiamenti dei prezzi sulla spesa dei consumatori dipendono dall'elasticità della domanda La riduzione del prezzo da P_A a P_B fa aumentare la spesa totale degli acquirenti da OP_AAQ_A a OP_BBQ_B se la domanda è elastica, come nel caso (a). La stessa riduzione del prezzo fa diminuire la spesa degli acquirenti se la domanda è inelastica, come nel caso (b). Se la variazione di prezzo avvenisse in corrispondenza di un'elasticità unitaria - come nel punto medio *M* della domanda rappresentata - la spesa totale degli acquirenti resterebbe invariata.

Approfondimento 4.2 Il prezzo dell'iPhone e l'elasticità della domanda

L'iPhone da 8 GB è stato lanciato da Apple nel mercato statunitense nel giugno 2007. Il prezzo di lancio era di 599 dollari. Ai primi di settembre dello stesso anno la Apple ha annunciato una riduzione del prezzo dell'iPhone da 8 GB del 33%, da 599 dollari a 399 dollari. Perché una tale riduzione del prezzo appena due mesi dopo il lancio?

Si può sostenere che Apple abbia sovrastimato la domanda. Pochi consumatori avrebbero manifestato la disponibilità ad acquistarlo a 599 dollari. Una riduzione del prezzo era, dunque, giustificata. In realtà, questa ipotesi è poco plausibile. La domanda era elevata con inverosimili code di fronte ai negozi Apple.

Si può sostenere che Apple abbia registrato economie di scala nella produzione dell'iPhone, beneficiando di una sostenuta riduzione dei costi medi di produzione. Anche questa ipotesi è poco plausibile. Secondo la società iSupply che si occupa di ricerche di mercato, il costo per produrre un iPhone da 8 GB era di 280,83 dollari sia al momento del lancio sia nel settembre 2007.

La spiegazione più plausibile sta nell'elasticità della domanda. L'iPhone è un bene di lusso che presenta pochi diretti sostituti. Ciò implicherebbe una scarsa elasticità della domanda. Nello stabilire un prezzo, Apple desidererebbe stimare l'elasticità della domanda prossima all'unità. L'elasticità non è però tale. Secondo alcuni studi, la domanda dell'iPhone presenta un'elasticità compresa tra 3 e 5. Una riduzione del prezzo dell'iPhone, quando questa è ancora elastica (nel tratto elastico), determina, quindi, un aumento dei ricavi totali di Apple. Leggendo i dati di vendita si può verificare questa ipotesi. Nei primi tre mesi dal lancio dell'iPhone Apple aveva venduto 270 000 iPhone al prezzo prevalente di 599 dollari. Da ottobre a dicembre Apple aveva venduto 1 119 000 iPhone a un prezzo pari a 399 dollari. L'elasticità della domanda è stata stimata pari a −3,06. Una riduzione dell'1% del prezzo determinerebbe un aumento della quantità domandata del 3%.

Ovviamente, la riduzione del prezzo ha deluso gli acquirenti che hanno pagato 599 dollari. Un buono sconto di 100 dollari da spendersi nei negozi Apple li ha parzialmente compensati.

ultimi, contrassegnato dal segno meno nella Figura 4.5(b), è molto maggiore dell'incremento di spesa, contrassegnato dal segno più.

Nel caso in cui la riduzione del prezzo avvenga in corrispondenza di un'elasticità unitaria – come nel punto medio *M* della curva di domanda della Figura 4.5 tanto (a) quanto (b) – la spesa totale degli acquirenti rimane ovviamente la stessa. Questi risultati sono sintetizzati nella Tabella 4.3.

A questo punto, sulla scorta dei concetti fin qui esposti, si torni all'esempio della società che gestisce un club calcistico e che si trova a dover stabilire il livello del prezzo del biglietto al quale può ottenere il massimo ricavo in relazione agli spettatori presenti allo stadio.

Tabella 4.3 La relazione tra variazione del prezzo, elasticità della domanda al prezzo e spesa degli acquirenti

	Elasticità domanda-prezzo/domanda		
Variazione del prezzo	Elastica (coeff. >1)	Con elasticità unitaria (coeff. = 1)	Inelastica (coeff. <1)
Aumento del prezzo	Riduzione della spesa	Spesa invariata	Aumento della spesa
Riduzione del prezzo	Aumento della spesa	Spesa invariata	Riduzione della spesa

La Tabella 4.4 ripresenta i dati della Tabella 4.1 alla quale è stata aggiunta opportunamente la riga per il prezzo di 6,25 euro e una quarta colonna nella quale sono stati calcolati, in corrispondenza di ogni ipotetico prezzo del biglietto, i valori della spesa totale sostenuta dagli spettatori, che rappresenta altresì il ricavo del club.

Partendo dal prezzo di riserva degli spettatori (12,50 euro), successive riduzioni del prezzo del biglietto, fino al valore di 6,25 euro, fanno aumentare la spesa degli spettatori da zero fino a

Tabella 4.4 Il prezzo del biglietto, l'elasticità della domanda e i ricavi della società di calcio

(1) Prezzo del biglietto (euro)	(2) Quantità domandata di biglietti (migliaia)	(3) Coefficiente di elasticità domanda-prezzo (valore assoluto)	(4) Spesa totale spettatori (migliaia di euro)
12,50	0	∞	0
10,00	20	4	200
7,50	40	1,5	300
6,25	50	1	312,5
5,00	60	0,67	300
2,50	80	0,25	200
0	100	0	0

312,5 migliaia di euro. Ulteriori riduzioni di prezzo, per esempio, a 5 e 2,5 euro, fanno invece diminuire la spesa complessiva degli spettatori. Quando il prezzo è pari a 6,25 euro, la domanda di biglietti per assistere alla partita di calcio ha un'elasticità al prezzo pari a 1.

Questa constatazione consente di giungere a una conclusione di validità generale. La spesa degli acquirenti e quindi il ricavo totale dei venditori di un bene o servizio hanno il massimo valore in corrispondenza del prezzo e della quantità domandata che identificano il punto della curva di domanda con elasticità unitaria al prezzo.

È ora possibile consigliare la scelta del prezzo all'amministratore delegato del club calcistico: il prezzo del biglietto che consente di ottenere il massimo ricavo in relazione agli spettatori presenti allo stadio è 6,25 euro, che corrisponde al punto medio della retta di domanda.

4.3 • Alcuni esempi di applicazione dell'elasticità della domanda al prezzo

La gelata del caffè

Il Brasile produce un'imponente quantità di caffè: la sua produzione costituisce un'ampia quota dell'offerta mondiale di questo prodotto agricolo. Nel 1994, una terribile gelata distrusse o danneggiò le piantagioni di caffè in Brasile, provocando un disastroso raccolto nel 1995. La rivista *The Economist* (www.economist.com) anticipò – nel numero del 30 luglio 1994 – la previsione che il raccolto di caffè nel 1995 non sarebbe stato pari ai 26,5 milioni di sacchi previsti, bensì solo di 15,7 milioni. Prevedendo questa scarsità di offerta di caffè nel 1995, gli speculatori accaparrarono caffè già nel 1994, contribuendo quindi ad accentuarne la scarsità sul mercato nell'anno successivo.

La Tabella 4.5 mostra l'effetto di questo evento sul prezzo del caffè e sulle esportazioni di caffè del Brasile nel periodo 1993-1995. La prima riga indica che, anche depurato del tasso d'inflazione, il prezzo del caffè espresso in dollari statunitensi raddoppiò nel periodo considerato. La seconda e la terza riga rappresentano, rispettivamente, un indice delle esportazioni e del ricavo reale delle esportazioni di caffè brasiliano. Quest'ultimo raddoppiò già nel 1994, prima che si verificassero gli effetti della gelata, in seguito all'accaparramento speculativo di caffè. Il confronto tra il 1993 e il 1995 è ancora più interessante: il ricavo derivante dalle esportazioni brasiliane di caffè aumentò malgrado il disastroso raccolto.

Benché a livello di ragionamento teorico si possa ritenere che il caffè abbia molti sostituti (il tè, alcune bibite a base di cola, la cioccolata), la domanda di caffè è di fatto inelastica al prezzo. Questo esempio sottolinea l'importanza dei gusti dei consumatori. Se i consumatori, per abitudine e gusto, rifiutano di abbandonare il consumo di caffè, è inutile sottolineare nella pubblicità che una tazza di tè o un bicchiere di Coca-Cola contengono la stessa quantità di caffeina di una tazzina di caffè. Questa informazione non è sufficiente a convincere i consumatori della sostituibilità del caffè con altre bevande.

Tabella 4.5 Il prezzo del caffè e le esportazioni di caffè brasiliano, 1993-1995

	1993	1994	1995
Prezzo del caffè[1] (dollari USA per libbra)	0,9	2,0	2,1
Volume di esportazioni (numero indice: 1990 = 100)	113	102	85
Ricavo reale dall'export	102	204	179

[1] Prezzi in dollari USA del 1995.
Fonte: IMF, *International Financial Statistics*.

Gli agricoltori e i cattivi raccolti

L'esempio del mercato del caffè come prodotto agricolo illustra un fenomeno generale. Quando la domanda di un prodotto agricolo è inelastica, i produttori ottengono ricavi maggiori da un cattivo raccolto piuttosto che da un raccolto abbondante. È sufficiente riconsiderare la Figura 4.4 per concludere che, se la domanda è inelastica (*DD*), una contrazione dell'offerta (da *S'S'* a *SS*) provoca un rilevante aumento del prezzo e una piccola contrazione della quantità venduta e, quindi, un aumento del ricavo dei venditori. Non è certo sorprendente la constatazione empirica che beni agricoli come il caffè, il grano o il latte abbiano una domanda inelastica. Questi prodotti costituiscono la componente essenziale della dieta alimentare di gran parte delle famiglie e le abitudini alimentari cambiano molto lentamente, anche se i prezzi dei prodotti su cui si basano variano in continuazione.

Se i cattivi raccolti fanno aumentare i redditi (ovvero, i ricavi) degli agricoltori mentre i raccolti abbondanti li fanno diminuire, ci si potrebbe chiedere perché gli agricoltori non costituiscano associazioni o cartelli come l'OPEC per restringere l'offerta dei loro prodotti. Si discuterà più avanti delle difficoltà organizzative di accordi tra produttori per la restrizione dell'offerta.

In presenza di una domanda inelastica, i venditori, nel loro insieme, traggono vantaggio da una riduzione dell'offerta. Tuttavia, se un solo agricoltore fosse colpito da un cattivo raccolto mentre tutti gli altri realizzassero raccolti abbondanti, si avrebbe un effetto irrilevante sull'offerta complessiva del prodotto sul mercato. Il prezzo di mercato del prodotto non sarebbe in alcun modo influenzato dal cattivo raccolto dell'agricoltore sfortunato che si troverebbe nell'infelice situazione di vendere una quantità minore di quella preventivata al (basso) prezzo che si sarebbe formato anche in assenza del suo ridotto raccolto. Questa considerazione evidenzia un importante principio della teoria economica: l'*errore di composizione*.

L'**errore di composizione** consiste nel pensare che ciò che vale per un individuo valga per tutti gli individui considerati come insieme e viceversa.

La domanda di grano per un singolo produttore è molto elastica al prezzo perché i consumatori possono facilmente rivolgersi per l'acquisto a molti altri produttori dello stesso prodotto: la domanda di grano per l'insieme dei produttori è invece inelastica.

4.4 • L'elasticità della domanda al prezzo nel breve e nel lungo periodo

L'elasticità della domanda al prezzo si modifica allorché gli acquirenti hanno la possibilità di modificare degli elementi (abitudini, informazioni, dotazioni di beni complementari ecc.) che vincolano la loro capacità di reagire a variazioni dei prezzi dei beni.

Il drammatico e improvviso aumento del prezzo del petrolio del periodo 1973-1974 colse di sorpresa molte famiglie che possedevano automobili o usavano impianti di riscaldamento alimentati con derivati del petrolio e forse poco efficienti in termini di consumo di carburante. Nel breve periodo, queste famiglie furono in grado di reagire solo modificando il loro stile di vita, usando meno l'automobile o riscaldando meno l'abitazione, ovvero progettando di sostituire, non appena possibile, le automobili e gli impianti di riscaldamento con modelli più piccoli e/o alimentati da combustibili (come il gas metano) non derivati dal petrolio. La domanda di petrolio è, per queste ragioni, inelastica nel breve periodo. Nel lungo periodo, gli acquirenti – nell'esempio, del petrolio – furono in grado di cambiare le abitudini di consumo e le dotazioni di beni complementari (automobili, impianti di riscaldamento). In questo diverso orizzonte, essi reagirono all'aumento del prezzo di un bene in modo molto più significativo di quanto non fossero stati in grado di fare nell'immediato.

Gli acquirenti di servizi di trasporto sono poco reattivi nel breve periodo ma, nel lungo, valutano le alternative di tragitto e di mezzo e possono, perciò, rivelare una discreta reattività. In un'analisi britannica[6] sulla domanda di viaggi in metropolitana e di viaggi in autobus, l'elasticità della domanda di servizi di trasporto in autobus al prezzo del biglietto è stata calcolata pari a 0,43 nel breve periodo e 1,25 nel lungo, mentre per la metropolitana 0,31 nel breve e 0,57 nel lungo periodo.

Nei mercati di telefonia mobile, nel quale si susseguono offerte combinate, eterogenee (per i servizi inclusi) e di breve durata, talora a discapito del consumatore che crede nella durabilità di taluni regimi tariffari, l'elasticità della domanda è maggiore nel lungo periodo che nel breve. Le stime britanniche per l'elasticità della domanda di telefonia mobile sono pari a 0,78 nel breve periodo e 1,04 nel lungo. Nell'area euro l'elasticità della domanda di servizi di telefonia mobile è stata misurata in un range tra lo 0,2 e lo 0,9.[7]

L'elasticità della domanda al prezzo è normalmente minore nel breve periodo che nel lungo periodo, allorché gli acquirenti sono in grado di reagire all'aumento del prezzo di un bene o di un servizio sostituendolo con altri. Anche se i fumatori incalliti non possono reagire a un sensibile aumento del prezzo delle sigarette, può accadere che, nel lungo periodo, un minor numero di giovani, disincentivati dall'elevato costo del fumo, inizi a fumare, cosicché gradualmente il numero dei fumatori si riduca.

Quanto è "lungo" il lungo periodo? Il tempo necessario per consentire agli agenti economici il completo aggiustamento a un cambiamento dei prezzi. La "lunghezza" del lungo periodo dipende dal tipo di aggiustamento che gli acquirenti desiderano realizzare. La reazione dei consumatori a un cambiamento del prezzo del cioccolato può richiedere un periodo di adattamento di pochi mesi, ma il completo adattamento a cambiamenti dei prezzi del petrolio o di prodotti che danno dipen-

---

[6] Wardman M., Shires J., "Review of Fare Elasticities in Great Britain", *ITS working paper*, 2003.

[7] Alpetkin A., Levine P. and N. Rickman, "Estimating Spectrum Demand for the Cellular Services in the UK", *Working paper*, University of Surrey, 2007. Grzybowski, L., "The Competitiveness of Mobile Telecommunications Industry across the European Union", *Discussion Paper*, Munich Graduate School of Economics, July 2004.

denza (come l'alcol, le sigarette o la droga) può richiedere molti anni.

4.5 • L'elasticità incrociata della domanda al prezzo

L'elasticità diretta della domanda rispetto al prezzo misura la reattività degli acquirenti di un bene a variazioni del suo prezzo, a parità di altre determinanti della disponibilità all'acquisto. Occorre ora affrontare il problema della misurazione della reattività della quantità domandata di un bene rispetto a variabili diverse dal suo prezzo: per esempio, il prezzo di beni correlati e il reddito degli acquirenti.

Per misurare la reattività della domanda di un bene o servizio *i* a variazioni del prezzo di un altro bene o servizio *j* – a parità di altre determinanti della quantità domandata – si ricorre al calcolo di un coefficiente detto *coefficiente di elasticità incrociata domanda-prezzo*.

Il coefficiente di **elasticità incrociata della domanda** del bene *i* rispetto al prezzo del bene *j* si calcola attraverso il rapporto tra la variazione percentuale della quantità domandata di *i* e una piccola variazione percentuale del prezzo di *j*.

Il coefficiente di elasticità incrociata domanda-prezzo può avere segno positivo o negativo. È positivo se una variazione positiva (negativa) del prezzo del bene *j* provoca una variazione positiva (negativa) della quantità domandata del bene *i*. La concordanza dei segni delle due variazioni determina un segno positivo del coefficiente, che si verifica se *i* e *j* sono beni sostituti come il caffè e il tè. Il coefficiente ha segno negativo – ossia, i segni delle due variazioni sono discordi – quando il bene *i* e il bene *j* sono complementari. Un aumento del prezzo del petrolio provoca una riduzione della quantità domandata di automobili perché petrolio e automobili sono tipici complementi: quindi, il coefficiente di elasticità incrociata della domanda di automobili rispetto al prezzo del petrolio è negativo.

La Tabella 4.6 presenta le stime del coefficiente di elasticità incrociata domanda-prezzo per alcune coppie di beni e servizi relative al Regno Unito.

La diagonale della Tabella 4.6 mostra i coefficienti di elasticità diretta domanda-prezzo relativi ai beni alimentari, ai prodotti di abbigliamento e ai trasporti. Gli altri valori della tabella rappresentano le stime dei coefficienti di elasticità incrociata domanda-prezzo di ognuna delle categorie di beni rispetto alle altre due. Per esempio, la prima riga

Tabella 4.6 Le stime dell'elasticità diretta e incrociata della domanda al prezzo nel Regno Unito

	Beni alimentari	Prodotti di abbigliamento	Servizi di trasporto
Beni alimentari	0,4	0	0,1
Prodotti di abbigliamento	0,1	0,5	-0,1
Servizi di trasporto	0,3	-0,1	0,5

Fonte: R. Blundell et al., "What do we learn about consumer demand patterns from micro data?", *American Economic Review*, 1993.

della Tabella 4.6 presenta, nell'ordine, il coefficiente di elasticità diretta della domanda di beni alimentari e i coefficienti di elasticità incrociata della domanda di beni alimentari rispetto al prezzo dei prodotti di abbigliamento e rispetto al prezzo dei servizi di trasporto. Dalle stime presentate risulta che, per i consumatori del Regno Unito, trasporti e abbigliamento sono complementi, mentre trasporti e alimentari sono sostituti. In generale, tuttavia, i coefficienti indicano che la quantità domandata delle tre categorie di beni e servizi è più reattiva ai cambiamenti dei propri prezzi che ai cambiamenti dei prezzi degli altri beni.

4.6 • L'elasticità della domanda rispetto al reddito dei consumatori

Ipotizzando che il prezzo di un bene e i prezzi dei beni correlati siano costanti, si può misurare anche la reattività della quantità domandata di un bene a cambiamenti nel reddito degli acquirenti.

Normalmente, un aumento del reddito degli acquirenti tende a far aumentare la quantità domandata dei beni e dei servizi che compongono i panieri di acquisto. Tuttavia, gli incrementi di quantità domandata, dovuti a incrementi del reddito, non sono identici per tutti i beni e servizi. La composizione dei panieri di consumo cambia al crescere del reddito e questo cambiamento può essere rilevato attraverso le modificazioni delle quote di bilancio di specifici tipi o categorie di beni e servizi nella spesa dei consumatori.

La **quota di bilancio** di un bene (o di una categoria di beni) è il peso percentuale di questo bene (o categoria di beni) nella spesa totale dei consumatori.

La Tabella 4.7 presenta la spesa e la quota di bilancio delle famiglie italiane per grandi categorie di beni e servizi. Questi sono anni di crisi e ripresa

Tabella 4.7 La spesa degli italiani a prezzi costanti (2010, anno base) in milioni di eurro dal 2009 al 2016

Categorie di beni e servizi	2009	2010	2011	2012	2013	2014	2015	2016
Cibo e bevande non alcoliche	142 025	142 162	141 063	135 462	132 200	132 151	133 568	134 800
Cibo	130 997	131 340	130 490	125 342	122 377	122 301	123 386	124 378
Bevande non alcoliche	11 029	10 822	10 574	10 120	9825	9852	10 179	10 418
Bevande alcoliche e tabacchi	40 335	39 139	39 749	39 267	38 051	38 090	38 170	37 783
Vestiario e calzature	62 463	64 965	66 768	61 514	59 957	60 907	62 093	62 404
Abitazione, acqua, elettricità, gas e altri combustibili	219 850	222 130	222 806	221 846	221 624	217 519	220 457	223 165
Arredi, accessori, elettrodomestici e apparecchi per la casa; manutenzione ordinaria della casa	64 856	67 617	67 506	62 072	59 333	59 543	60 838	61 007
Sanità	30 968	30 954	31 674	29 741	29 271	29 829	31 184	30 899
Trasporti	124 253	120 385	115 378	105 890	101 268	102 045	106 789	112 344
Comunicazioni	26 071	27 146	27 316	27 660	27 098	27 424	28 455	28 262
Ricreazione e cultura	67 340	70 590	71 992	67 928	63 444	64 012	66 687	67 427
Apparecchiature audio-visive, fotografiche, divulgative	8007	8806	9419	9290	9079	9861	10 853	11 184
Altri beni durevoli a uso ricreativo e culturale	3073	3121	3071	2454	2254	2126	2246	1946
Altri oggetti/articoli a uso ricreativo, giardini e animali domestici	12 217	13 010	13 156	12 803	11 604	11 757	12 221	12 508
Servizi ricreativi e culturali	27 237	28 559	29 552	28 475	26 971	26 920	27 779	27 943
Giornali, libri e cancelleria	11 493	11 724	11 348	9735	8722	8425	8482	8632
Pacchetti vacanze	5333	5371	5447	5216	4923	5186	5539	5717
Istruzione	9704	9821	9839	9685	9264	9161	9137	9170
Ristoranti e Hotel	91 766	92 635	93 404	92 419	91 104	92 076	94 317	97 070
Servizi di alloggio	21 366	22 061	22 865	22 378	22 054	22 349	23 295	23 951
Altri beni e servizi	91 593	95 501	96 639	93 810	92 256	94 839	96 038	97 458

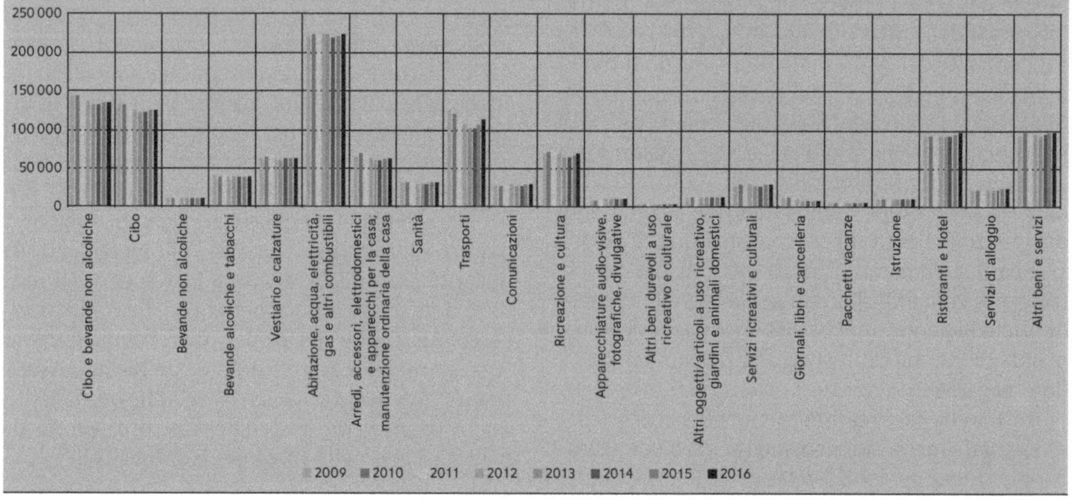

Fonte: OCSE Statistics.

durante i quali gli italiani non rinunciano ai fondamentali generi alimentari o all'abitazione con tutte le spese che ne conseguono, spese condizionate dai trend inflazionistici relativi a petrolio, benzina e altri combustibili. Questi trend inflazionistici hanno impatto anche sulla spesa per il "Trasporto", per il quale la domanda è inelastica. Gli italiani non rinunciano, tuttavia, alla spesa turistica se si considera che "Ristoranti e Hotel" costituiscono la quarta quota di bilancio.

La Tabella 4.7 segnala aumenti di spesa ai prezzi costanti (con anno base il 2010) in un periodo in cui i redditi degli italiani sono diminuiti o rimasti pressoché inalterati. L'influenza delle variazioni di reddito sulla domanda di beni può essere misurata attraverso il *coefficiente di elasticità della domanda rispetto al reddito*.

Il coefficiente di **elasticità della domanda** di un bene o servizio **rispetto al reddito** degli acquirenti si calcola attraverso il rapporto tra la variazione percentuale della quantità domandata del bene o servizio e la corrispondente variazione percentuale del reddito che l'ha provocata.

Il calcolo di questo coefficiente si basa ovviamente sull'ipotesi che le altre variabili (come il prezzo del bene o servizio e i prezzi di altri beni o servizi correlati) siano costanti. Esso serve a distinguere – come anticipato nel Capitolo 3 – i beni *normali*, la cui domanda aumenta al crescere del reddito, dai beni *inferiori*, la cui domanda diminuisce al crescere del reddito.

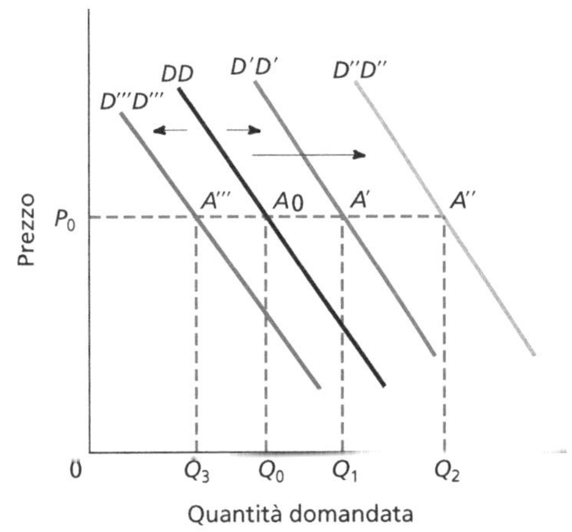

Figura 4.6 Spostamenti della curva di domanda ed elasticità domanda-reddito A un dato livello iniziale del reddito pro capite degli acquirenti, la domanda del bene è *DD* e, al prezzo P_0, la quantità domandata è Q_0. Un dato aumento del reddito pro capite (per esempio, dell'1%) può spostare la curva di domanda del bene verso destra (a *D'D'* o *D''D''*) o, in casi particolari, verso sinistra (a *D'''D'''*). Nei primi due casi, il bene ha un'elasticità domanda-reddito positiva ed è chiamato "normale". Nel terzo caso, il bene ha un'elasticità domanda-reddito negativa ed è chiamato "inferiore".

I beni necessari, di lusso e inferiori

Quando il reddito degli acquirenti di un bene (o servizio) aumenta, la curva di domanda del bene (o servizio) si sposta. Nella Figura 4.6 sono rappresentate tre differenti ipotesi circa lo spostamento della domanda di un bene (o servizio) in seguito all'aumento del reddito degli acquirenti.

La prima ipotesi è che, in seguito a un dato aumento percentuale del reddito pro capite degli acquirenti, la curva di domanda del bene (o servizio) si sposti solo di poco verso destra (da *DD* a *D'D'*), cosicché l'aumento di quantità domandata (da Q_0 a Q_1) rappresenti una variazione percentuale inferiore a quella del reddito che l'ha provocata. Un bene o servizio con questa caratteristica è detto *bene necessario*.

Un **bene necessario** ha un'elasticità domanda-reddito positiva, ma minore di uno.

La seconda ipotesi è che – sempre in seguito allo stesso aumento percentuale del reddito degli acquirenti – la curva di domanda del bene (o servizio) si sposti verso destra da *DD* a *D''D''*, ossia in modo così rilevante che l'aumento di quantità domandata (da Q_0 a Q_2) rappresenti una variazione percentuale superiore a quella del reddito che l'ha provocata. In questo caso, il bene o servizio è definibile come *bene di lusso* o *superiore*.

Un **bene di lusso (o superiore)** ha un'elasticità domanda-reddito positiva e maggiore di uno.

I beni necessari e i beni di lusso – che hanno in comune un'elasticità della domanda rispetto al reddito positiva – rientrano nella più ampia categoria dei beni normali.

Nella terza ipotesi rappresentata nella Figura 4.6, la curva di domanda del bene (o servizio), in seguito a un dato aumento percentuale del reddito degli acquirenti, si sposta verso sinistra da *DD* a *D'''D'''*. In questa situazione, il bene o servizio è un tipico *bene inferiore* o *povero*.

Un **bene inferiore (o povero)** ha un'elasticità domanda-reddito negativa.

Questa classificazione consente di comprendere la ragione per cui, al crescere del reddito dei consumatori e delle famiglie, le quote di bilancio dei singoli beni o categorie di beni cambiano anche se i prezzi rimangono inalterati. Al crescere del reddito, la quota di bilancio e la spesa totale delle famiglie per i beni inferiori diminuiscono. Reddito e, quindi, bilanci familiari più alti sono associati a minori quantità domandate di beni inferiori, a prezzi costanti. Al contrario, la spesa complessiva e la quota di bilancio dei beni di lusso tendono ad aumentare al crescere del reddito pro capite degli acquirenti. Se, per esempio, il coefficiente di elasticità domanda-reddito di un bene di lusso è +2, un aumento del reddito medio dei consumatori dell'1% fa aumentare la quantità domandata del bene del 2%. Ne consegue che sia la spesa totale sia la quota di bilancio destinata al bene aumentano. Un aumento del reddito degli acquirenti riduce invece la quota di bilancio, ma aumenta la spesa totale per un bene necessario. Se, per esempio, quest'ultimo ha un coefficiente di elasticità domanda-reddito pari a +0,5, un aumento del reddito pro capite degli acquirenti dell'1% ne fa aumentare la quantità solo dello 0,5%: quindi, la spesa per il bene necessario aumenta, ma la sua quota percentuale sul bilancio dei consumatori si riduce.

I beni inferiori sono considerati dai consumatori beni di bassa qualità o, comunque, sostituibili da beni di qualità più elevata benché più dispendiosi. I consumatori a basso reddito tendono quindi a soddisfare i propri bisogni acquistando beni inferiori come la carne bovina dei quarti anteriori o le camicie di nylon e altri tessuti sintetici. Al crescere del loro reddito, i consumatori passano all'acquisto della più dispendiosa carne dei quarti posteriori o di più costose camicie di seta o cotone. L'aumento del reddito provoca quindi un declino assoluto nella domanda e nella spesa per carne di tagli meno pregiati e camicie di tessuto sintetico.

I beni di lusso sono tendenzialmente considerati dai consumatori beni di alta qualità o ad alto contenuto dimostrativo o d'immagine, per i quali non esistono sostituti in senso stretto. Un'automobile di marca prestigiosa (Porsche, Ferrari, Mercedes) o una vacanza in luoghi esotici (la Polinesia o le isole Galapagos) sono probabili esempi di beni di lusso. I beni necessari sono beni normali con ca-

Applicazione 4.1 La domanda di festival

Lo scenario culturale italiano è sempre più ricco di festival che rappresentano il riconoscimento dell'importanza dei patrimoni *intangibili*, ovvero della riscoperta delle tradizioni e degli eventi che fanno la grande e la piccola storia di città e borghi. Accanto a festival della letteratura, della scienza, della filosofia, della enogastronomia, ogni disciplina o *genio* italiano cattura un pubblico interessato a una gamma di eventi che non sono solo la mostra o lo spettacolo dal vivo, bensì **una somma o un pacchetto di manifestazioni culturali che includono un variegato "Made in Italy"**.

Tutte le maggiori indagini empiriche riconoscono che la domanda di festival è elastica al reddito e inelastica al prezzo complessivo di una destinazione turistica. I turisti tendono a percepire il prezzo del biglietto di ingresso alle manifestazioni culturali come una delle tante spese relative alla visita di una destinazione turistica. Un aumento del prezzo del biglietto non ha impatto sulla domanda della destinazione festivaliera. Ciò induce i manager dei festival ad applicare periodicamente piccole variazioni di prezzo in aumento che sono recepite come sopportabilissime da parte dei consumatori. Ciò ha forti implicazioni anche sulle strategie di *fundraising* (raccolta fondi) e finanziamento dell'organizzazione di festival: spesso i manager preferiscono far leva sul prezzo dei biglietti che ricorrere a bandi culturali delle amministrazioni territoriali, non sempre *così burocraticamente accessibili.*

Fonte: Frey B., "The Rise and Fall of Festivals. Reflections on the Salzburg Festival", *Working Paper Series of the Institute for Empirical Research in Economics*, Università di Zurigo, giugno 2000; Thaler R., "Mental Accounting and consumer choice", *Marketing Science*, 1985.

Domande Le soluzioni sono disponibili sul sito web dedicato al volume

a. Se "l'Italia è tutta un festival", che implicazioni si possono dedurre in termini di flussi turistici internazionali che si riferiscono alla capacità di spesa di non italiani? Nel 2000 le presenze di italiani nelle città d'arte erano pari a 36 092 000 (46% del totale) e quelle degli stranieri erano di 42 376 000 (54%). Nel 2009 gli italiani registrano presenze per 37 715 000 (41,4%) e gli stranieri per 53 318 000 (58,6%). Le presenze non sono assolutamente in calo e tra i paesi cosiddetti *new comers* dei BRIC (Brasile, Russia, India e Cina) spicca il favore dei russi. Ha senso che i manager di eventi italiani studino le serie storiche sul reddito degli italiani e dei non italiani?

b. Quali sono i media che possono stimolare, oggi e in futuro, il consumo di manifestazioni ed eventi?

ratteristiche intermedie tra i due precedenti estremi. La Tabella 4.7 sembra indicare che, per le famiglie italiane, le abitazioni in genere siano dei beni necessari. Per contro, molti servizi – in particolare, i servizi sanitari – sembrano possedere i caratteri dei beni di lusso. I giornali, i libri e agli articoli di cancelleria sembrano possedere, per le famiglie italiane, i caratteri dei beni inferiori. La spesa reale e la quota di bilancio di questi beni tendono a diminuire al crescere del reddito familiare, sostituiti da altri media di comunicazione. Occorre tuttavia notare che queste considerazioni si riferiscono ad ampie ed eterogenee categorie di beni e servizi, all'interno delle quali si trovano verosimilmente specifici beni o marche di beni appartenenti all'intera gamma di tipologie definite dalla teoria economica (beni di lusso, beni necessari, beni inferiori).

La Tabella 4.8 presenta un quadro sintetico delle tipologie di beni e servizi classificati in base al criterio dell'elasticità domanda-reddito, ossia della reattività della domanda a variazioni del reddito degli acquirenti, a parità dei prezzi di tutti i beni. La tabella mostra inoltre gli effetti di una variazione del reddito degli acquirenti sulla quantità domandata e sulle quote di bilancio dei beni. Lo studente dovrebbe altresì esercitarsi a dedurre gli effetti di una riduzione del reddito sulla quantità domandata e sulle quote di bilancio, per le diverse tipologie di beni.

L'importanza dell'elasticità domanda-reddito

La conoscenza dell'elasticità domanda-reddito dei beni o servizi è un'informazione essenziale per prevedere i cambiamenti nella composizione della domanda dei consumatori quando l'economia è in crescita e le famiglie vedono aumentare il reddito disponibile.

Si ipotizzi che l'economia italiana abbia la prospettiva di una crescita annua del PIL pari al 3% nei prossimi anni. Questa prospettiva di crescita macroeconomica ha implicazioni diverse per imprese e settori che offrono beni e servizi caratterizzati da differenti valori dell'elasticità della domanda rispetto al reddito. Se il vino sfuso di bassa qualità e il pane comune sono considerati dai consumatori beni inferiori, mentre gli smartphone e il pullover di lana cachemire sono considerati beni di lusso, l'aumento del PIL e del reddito nazionale provocherà, in prospettiva, una riduzione della domanda di vino sfuso e pane comune e un aumento della domanda di smartphone e pullover di cachemire. Queste previsioni influenzano le decisioni delle imprese dei settori interessati in merito agli investimenti in nuovi impianti e le previsioni del Governo circa il gettito delle imposte derivanti dalla produzione o vendita dei singoli beni e servizi.

Queste considerazioni non riguardano solo i cambiamenti della struttura della domanda per beni e servizi di consumo all'interno di economie nazionali o sovranazionali, come l'Unione Europea, ma anche i cambiamenti della composizione della domanda mondiale. Alla crescita economica dei Paesi in sviluppo inizialmente si accompagna, infatti, l'aumento della domanda di beni necessari (come gli elettrodomestici, le motociclette, i televisori) e successivamente della domanda di beni di lusso (come le automobili e gli orologi di marca e così via).

4.7 • La domanda e l'inflazione

I coefficienti di elasticità della domanda misurano la reattività di quest'ultima a variazioni di tre fattori: il prezzo di un bene o servizio, i prezzi di altri beni correlati e il reddito degli acquirenti. Nel Capitolo 2, è stata proposta la distinzione tra variabili e grandezze *nominali*, misurate ai prezzi correnti, e variabili *reali*, misurate a prezzi costanti e quindi depurate dall'inflazione. Gran parte dei dati presentati in questo capitolo sono espressi in termini reali.

A conclusione di questo capitolo, occorre esaminare l'effetto dell'inflazione sulla domanda.

Si ipotizzi che – per effetto dell'inflazione – tutte le variabili nominali raddoppino: aumentano

Tabella 4.8 **La tavola sinottica degli effetti di un incremento dell'1% del reddito degli acquirenti per differenti tipi di beni**

Tipo di beni	Elasticità domanda-reddito	Variazione della quantità domandata	Variazione della quota di bilancio	Esempi
Normali:	Positiva	Aumenta		
di lusso	Maggiore di 1	Aumenta più dell'1%	Aumenta	Servizi di comunicazione
necessari	Compresa tra 0 e 1	Aumenta meno dell'1%	Diminuisce	Alimentari
Inferiori	Negativa	Diminuisce	Diminuisce o aumenta	Vino sfuso, pane comune

quindi del 100% tutti i prezzi dei beni e servizi, ma altresì i salari, le rendite, gli interessi e i dividendi pagati ai proprietari dei fattori di produzione. I panieri di beni e servizi acquistati prima dell'inizio del processo inflazionistico possono essere ancora acquistati. I prezzi sono raddoppiati, ma anche i redditi sono raddoppiati. Se il prezzo della carne è raddoppiato, lo è anche il prezzo del pane: il prezzo relativo dei due beni è quindi rimasto inalterato. In termini reali, non è cambiato nulla. Se gli agenti economici non sono soggetti a illusione monetaria, la domanda di beni e servizi non si modifica in seguito a un aumento nominale di tutti i prezzi e i redditi.

Come si concilia questa conclusione con il concetto di reattività (o elasticità) della domanda a variazioni dei prezzi? Occorre ricordare che ogni coefficiente di elasticità della domanda misura la reazione della quantità domandata di un bene o servizio rispetto a una sola variabile, a parità di tutte le altre. Quando cambiano simultaneamente tutti i prezzi e i redditi, la definizione e la corretta misurazione di coefficienti di elasticità implicano l'impossibilità di analizzare separatamente l'effetto di ogni variabile incidente sulla quantità domandata. Occorre infatti decomporre l'effetto complessivo sulla quantità domandata di un bene in tre componenti: l'effetto attribuibile alla variazione del suo prezzo, l'effetto attribuibile a cambiamenti sui prezzi di altri beni e l'effetto riconducibile alle variazioni del reddito degli acquirenti. Quando tutte le variabili cambiano simultaneamente della stessa percentuale, la somma dei tre effetti è nulla.

4.8 • L'elasticità dell'offerta

La misurazione della reattività dell'offerta di un bene o di un servizio alle variazioni del suo prezzo può essere effettuata attraverso il calcolo di un coefficiente di elasticità simile a quello utilizzato per misurare la reattività della domanda.

L'**elasticità dell'offerta** di un bene o di un servizio rispetto al suo prezzo si misura attraverso un coefficiente calcolato come rapporto tra la variazione percentuale della quantità offerta e la (piccola) variazione percentuale del prezzo che l'ha provocata.[8]

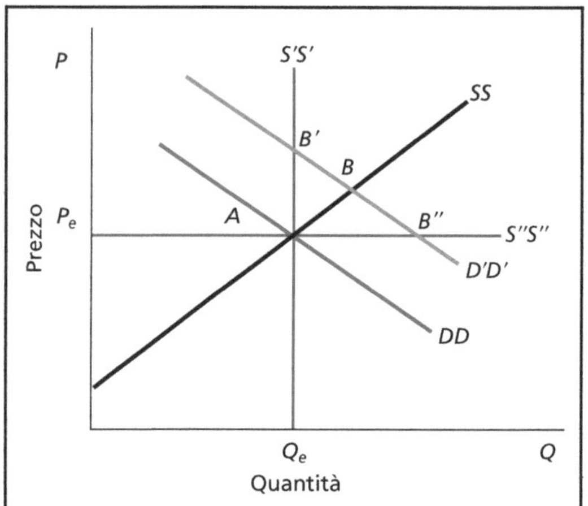

Figura 4.7 Curve di offerta con differente elasticità al prezzo

Poiché la relazione tra quantità offerta e prezzo di un bene o di un servizio è diretta o positiva, il coefficiente di elasticità dell'offerta al prezzo è normalmente di segno positivo. Quanto più elastica al prezzo è l'offerta di un bene o di un servizio, tanto maggiore è la variazione percentuale della quantità offerta provocata da una piccola variazione percentuale del prezzo.

La Figura 4.7 rappresenta una tipica curva di offerta *SS* con un'elasticità al prezzo positiva e maggiore di 1. Quando la curva di offerta è lineare, crescente e con un'intercetta positiva sull'asse del prezzo, il valore dell'elasticità varia da punto a punto, ma è sempre positivo e maggiore di 1. La curva *SS* rappresenta quindi un'offerta elastica e reattiva al prezzo.[9]

La Figura 4.7 mostra altresì due casi estremi di elasticità dell'offerta. La retta verticale *S'S'* rappresenta una curva di offerta con elasticità nulla in ogni punto. Quale che sia il livello iniziale del prezzo, una variazione percentuale del prezzo non provoca nessuna variazione della quantità offerta, che rimane al livello Q_e. La curva di offerta rappresentata dalla retta orizzontale *S''S''* è invece infinitamente elastica al prezzo. Anche una piccolissima diminuzione percentuale del prezzo al di sotto del livello P_e provoca una rilevante contrazione della quantità offerta, che si annulla. Per contro, un piccolissimo aumento del prezzo provoca un incremento tendenzialmente infinito della quantità offerta.

---

[8] Il coefficiente di elasticità dell'offerta rispetto al prezzo è quindi calcolato attraverso la relazione:

$$\frac{\text{variazione \% di } Q}{\text{variazione \% di } P} = \frac{\Delta Q/Q \cdot 100}{\Delta P/P \cdot 100} = \frac{\Delta Q}{\Delta P} \cdot \frac{P}{Q}$$

[9] Lo studente interessato a comprendere il collegamento tra forma della curva di offerta ed elasticità può leggere l'Appendice 4A consultabile sul sito web dedicato al volume.

L'elasticità dell'offerta determina gli effetti sul prezzo e sulla quantità di equilibrio di un mercato concorrenziale provocati da un cambiamento della domanda. Nella Figura 4.7 è rappresentato un aumento della domanda da *DD* a *D′D′*. A parità di equilibrio iniziale *A*, l'aumento della domanda da *DD* a *D′D′* provoca un cambiamento dell'equilibrio di mercato, che diventa *B′*, *B* o *B″* a seconda dell'elasticità dell'offerta. Quanto più rigida è l'offerta, tanto più rilevante è l'aumento di prezzo provocato da un dato aumento di domanda. Nel caso di offerta anelastica *S′S′*, l'aumento di domanda provoca esclusivamente un aumento del prezzo pari ad *AB′*. Nel caso di offerta infinitamente elastica *S″S″*, l'aumento della domanda provoca solo un aumento di quantità scambiata.

Occorre precisare quali siano i fattori che determinano la reattività dell'offerta alle variazioni di prezzo. In genere, si può affermare che, per la maggior parte dei prodotti, l'offerta di lungo periodo è più elastica dell'offerta di breve periodo. A breve termine, le imprese hanno vincoli di capacità produttiva e solo a lungo termine possono espandere o ridurre la capacità produttiva acquisendo nuovi impianti o vendendo gli impianti sul mercato dei fattori produttivi di seconda mano. Solo nel lungo periodo è altresì possibile che si verifichi una variazione nel numero di imprese che operano in un settore. Nel breve periodo, le imprese possono variare la produzione e l'offerta in relazione ai cambiamenti del prezzo di vendita, variando il tasso di utilizzazione degli impianti di cui dispongono, l'orario di lavoro dei dipendenti e l'occupazione di lavoratori a tempo parziale.

Per alcuni tipi di beni e servizi, l'offerta di breve periodo è anelastica al prezzo. L'offerta di pesce fresco pescato in mare e messo in vendita in un mercato ittico e l'offerta di alloggi in locazione in una città sono esempi di un bene e di un servizio che a breve termine, per le caratteristiche del prodotto e dei processi produttivi, presentano un'offerta sostanzialmente inelastica. Eventuali aumenti della domanda provocano solo aumenti del prezzo.

4.9 • Chi paga realmente le imposte?

Questo paragrafo è consultabile sul sito web dedicato al volume

Riepilogo

- Se non altrimenti specificato, l'**elasticità della domanda** di un bene si riferisce alla reattività della quantità domandata alle variazioni del prezzo dello stesso bene, a parità del prezzo di altri beni e del reddito.
- Prescindendo dal segno che è sempre negativo, la **domanda è elastica** se la sua elasticità al prezzo è superiore a 1. Variazioni negative del prezzo determinano un incremento più che proporzionale della spesa totale. La **domanda è inelastica** se l'elasticità è compresa tra 0 e 1. Variazioni negative del prezzo riducono la spesa totale.
- L'elasticità della domanda dipende da quanto tempo i consumatori impiegano ad adattarsi alle variazioni di prezzo. Nel breve periodo, le possibilità di sostituzione sono limitate. L'elasticità della domanda aumenta con il protrarsi del tempo e della capacità di adattamento alle variazioni di prezzo. Il tempo di adattamento varia da bene a bene.
- L'**elasticità della domanda incrociata al prezzo di un altro bene** misura la reattività della quantità domandata di un bene alle variazioni del prezzo di un altro bene. Se il coefficiente è positivo, i due beni sono **sostituti**. Se il coefficiente è negativo, i due beni sono **complementari**.
- L'**elasticità della domanda incrociata al reddito** misura la reattività della quantità domandata di un bene alle variazioni del reddito, supposti costanti i prezzi di tutti i beni.
- I **beni inferiori** sono caratterizzati da un'elasticità della domanda incrociata al reddito negativa. A un reddito maggiore, la quantità domandata del bene diminuisce. I **beni di lusso** presentano un'elasticità della domanda incrociata al reddito maggiore di 1. A un reddito maggiore, la quantità consumata di tali beni aumenta più che proporzionalmente.
- Beni che non sono inferiori sono detti **normali** e presentano un'elasticità della domanda incrociata al reddito positiva. Beni normali che non sono di lusso sono detti **necessari** e presentano un'elasticità della domanda incrociata al reddito inferiore all'unità ma sempre superiore a 0.
- Nell'esaminare sistemi economici che presentano elevati tassi d'inflazione, è sempre meglio riferirsi a prezzi e redditi reali.
- L'**elasticità dell'offerta** misura la variazione percentuale della quantità offerta in ragione dell'aumento dell'1% (piccolo o modesto) del prezzo del bene. Poiché la pendenza della curva di offerta è positiva, l'elasticità dell'offerta è positiva.
- Il **carico dell'imposta** si riferisce a chi sostiene effettivamente il suo onere . Poiché le imposte inducono variazioni nel prezzo e nella quantità di equilibrio di un mercato, i governi devono stare molto attenti nel valutare chi esattamente sostenga il maggior onere tributario.
- Per **specifiche imposte**, le pendenze della domanda e dell'offerta sono rilevanti. Per le **imposte ad valorem**, l'elasticità della domanda e quella dell'offerta sono rilevanti. In ogni caso, chi risulta meno sensibile alle variazioni di prezzo, sosterrà il maggior carico dell'imposta.

Appendice **4A**

I coefficienti di elasticità della domanda: un'esposizione algebrico-grafica

Il testo è consultabile sul sito web dedicato al volume

Capitolo 6

Introduzione alla teoria dell'offerta

Obiettivi di apprendimento

Alla fine del capitolo, lo studente dovrebbe essere in grado di:

- distinguere tra settore e mercato;
- comprendere le differenti forme giuridiche che consentono di acquisire la proprietà e/o il controllo di un'impresa;
- distinguere tra le variabili stock e le variabili flusso;
- definire i concetti di ricavo, costo, profitto e flusso di liquidità di un'impresa;
- interpretare il bilancio di un'impresa attraverso i flussi monetari relativi a un anno o gli stock riferiti a una data definita;
- individuare i criteri economici e contabili di calcolo dei costi e del profitto;
- discutere l'ipotesi che identifica nella massimizzazione del profitto economico l'obiettivo dell'impresa,
- spiegare il collegamento tra scelta del prezzo e/o del livello di produzione e costi e ricavi marginali.

Dopo aver analizzato la domanda, in questo capitolo si affronta la teoria dell'offerta. Come decidono le imprese il volume di produzione e di offerta sul mercato? È differente la modalità decisionale a seconda che ci si riferisca a una grande impresa, leader di un settore, o a tante piccole imprese che offrono piccoli volumi di un bene omogeneo? Una teoria generale dell'offerta è in grado di rappresentare il comportamento di un'ampia varietà di produttori, dalla grande impresa - come Google o Microsoft - con decine di unità produttive e centinaia di migliaia di dipendenti all'impresa individuale costituita da un piccolo imprenditore-artigiano che produce e vende gelati in un chiosco?

Per ogni livello di produzione o output, un'impresa deve essere in grado di valutare il *costo* e il *ricavo*. Il costo di produzione di un definito volume di output dipende dalla tecnologia - che si riferisce a come i fattori produttivi vengono combinati - e dai prezzi ai quali i fattori produttivi possono essere acquistati. Il ricavo derivante dalla vendita di un definito volume di produzione dipende dalla domanda che l'impresa può soddisfare. La domanda determina il prezzo al quale è possibile vendere un dato volume di prodotto e quindi il ricavo ottenibile dall'impresa.

Il *profitto* è la differenza tra ricavo e costo totale. L'ipotesi-base della teoria dell'offerta è che l'impresa abbia come obiettivo l'ottenimento del massimo profitto, cioè la differenza massima tra ricavo totale e costo totale.

Confrontando i ricavi e i costi totali associati a ogni possibile volume di produzione e vendita, l'impresa può scegliere il livello di produzione che le garantisce il massimo profitto.

Per comprendere come i ricavi e i costi influenzino la decisione dell'impresa circa la produzione da realizzare e, se possibile, il prezzo di vendita, è necessario introdurre i fondamentali concetti di *costo marginale* e *ricavo marginale*.

6.1 ● Il settore e le strutture di mercato

Un settore è l'insieme delle imprese che producono uno stesso prodotto e che quindi operano come offerenti in uno stesso mercato. La produzione di un settore è la somma delle produzioni delle imprese che lo compongono. Differenti settori sono composti da imprese differenti per numero e/o dimensione. In Italia, i servizi di trasporto ferroviario sono tuttora prodotti e offerti da una grande impresa controllata dal Governo e poche imprese concessionarie del servizio. Nel settore agricolo e alberghiero, esistono invece centinaia di migliaia di piccole imprese a conduzione familiare.

Perché alcuni settori, che rappresentano e determinano l'offerta nei rispettivi mercati di sbocco, sono composti da una o poche imprese, mentre altri sono costituiti da numerose e piccole imprese? Perché in alcuni mercati i prezzi e i prodotti sono uniformi, mentre in altri sono ampiamente differenziati? Questi problemi riguardano la più generale questione della struttura dei mercati e dei settori produttivi.

La **struttura di un mercato** è l'insieme dei caratteri della domanda e dell'offerta del mercato, caratteri che influenzano il comportamento dei consumatori e le performance dei venditori.

Fino agli anni '30 del XX secolo, la scienza economica classificava le strutture e le forme del mercato in base al numero e alla dimensione dei venditori e degli acquirenti. Monopolio, monopolio bilaterale, oligopolio identificavano mercati con un unico (grande) offerente e molti (piccoli) acquirenti, un unico offerente e un unico acquirente e pochi venditori. La moderna teoria dei mercati e dei settori propone una classificazione delle strutture del mercato basata sui caratteri strutturali della domanda e dell'offerta, caratteri che non sono il solo numero ed alla sola dimensione di acquirenti e venditori. La Tabella 6.1 classifica i caratteri tipici delle strutture di mercato analizzate nel volume.

I caratteri strutturali rilevanti di un mercato possono essere identificati nelle condizioni di entrata e di uscita, nel grado di concentrazione della domanda e dell'offerta, nella differenziazione o differenziabilità del prodotto e nel grado di trasparenza informativa. In base alla classificazione proposta nella Tabella 6.1, le strutture di mercato sono riconducibili a tipologie comprese tra la concorrenza perfetta e il monopolio perfetto, che rappresentano le due forme estreme. Le tipologie intermedie – dalla concorrenza monopolistica al monopolio imperfetto – sono genericamente definite di concorrenza imperfetta.

Il **mercato di concorrenza perfetta** è caratterizzato da assoluta libertà di entrata e di uscita, frammentazione della domanda e dell'offerta tra molti piccoli acquirenti e venditori, omogeneità (assenza di differenziazione) del bene o servizio scambiato e perfetta trasparenza.

Il **mercato di monopolio perfetto** è invece caratterizzato da insormontabili barriere all'entrata di nuovi concorrenti e assoluta libertà di uscita, concentrazione dell'offerta in un'unica impresa e frammentazione della domanda, assenza di sostituti del bene o servizio offerto e perfetta trasparenza.

Concorrenza perfetta e monopolio perfetto sono quindi strutture o forme di mercato del tutto teoriche, analizzate dalla scienza economica in quanto poli di riferimento per valutare l'efficienza di strutture di mercato imperfette e intermedie comprese tra questi due estremi e più vicine ai mercati reali. Gli idealtipi di mercati di concorrenza perfetta e monopolio perfetto sono molto diversi dagli stereotipi di concorrenza e monopolio proposti dai mezzi d'informazione. Nel linguaggio corrente, si parla di elevata concorrenza anche in riferimento a settori o mercati – come quelli delle automobili o dei servizi di trasporto aereo – nei quali poche imprese competono per acquisire quote di mercato attraverso una politica di prezzi aggressivi e di differenziazione dell'offerta. Il mercato di perfetta concorrenza della teoria economica è invece basato non solo sulla frammentazione e omogeneità (agli occhi degli acquirenti) dell'offerta ma anche sulla perfetta contendi-

Tabella 6.1 La classificazione delle strutture di mercato

Strutture (forme) di mercato	Caratteri strutturali					
	Barriere		Concentrazione		Differenziazione del prodotto	Trasparenza
	Entrate	Uscite	Domanda	Offerta		
Concorrenza perfetta	Nulle	Nulle	Irrilevante	Irrilevante	Nulla	Perfetta
Concorrenza monopolistica	Significative	Nulle	Irrilevante	Irrilevante	Rilevante	Elevata
Oligopolio	Rilevanti	Significative	Irrilevante	Elevata	Irrilevante	Imperfetta
Monopolio perfetto	Assolute	Nulle	Irrilevante	Assoluta	Assoluta	Perfetta

bilità – facilità sia nell'ingresso sia nell'uscita – del mercato e sulla sua trasparenza. Ogni agente economico operante in un mercato di concorrenza perfetta è quindi consapevole dell'irrilevanza delle sue decisioni rispetto al prezzo e alla quantità scambiata e considera il prezzo di equilibrio del mercato come un dato indipendente dalle sue scelte. In un mercato di perfetta concorrenza, le imprese non competono attraverso il prezzo, ma subiscono il prezzo che si forma sul mercato attraverso l'interazione fra domanda e offerta e competono attraverso la quantità.

Anche il monopolio perfetto rappresenta una struttura di mercato altamente astratta e teorica. Infatti, non presuppone solo che l'offerta sia concentrata in un'unica impresa, ma altresì che quest'ultima sia protetta da barriere (giuridiche, tecnologiche ed economiche) insormontabili per nuovi e potenziali concorrenti e che il suo prodotto non abbia alcun sostituto. Una situazione di questo genere è altamente improbabile o addirittura impossibile da riscontrare. Anche i più noti monopoli oggi presenti nell'economia mondiale sono situazioni sostanzialmente lontane dal monopolio perfetto, soprattutto per la presenza di prodotti sostituti, spesso differenziati (prodotti e offerte in versioni differenti), e il timore di ingresso nel mercato di nuovi concorrenti. In tali situazioni il monopolista può essere leader di mercato, ma la sua leadership può essere minacciata da nuovi concorrenti.

6.2 • La forma giuridico-organizzativa dell'impresa

Questo paragrafo è consultabile sul sito web dedicato al volume

Per un ulteriore approfondimento vedi sul sito web dedicato al volume il box

Approfondimento 6.1
Recessione e profitti delle imprese italiane

6.3 • Le rilevazioni contabili dell'impresa

Questo paragrafo è consultabile sul sito web dedicato al volume

Per un ulteriore approfondimento vedi sul sito web dedicato al volume il box

Approfondimento 6.2
Non di solo profitto!

Per un ulteriore approfondimento vedi sul sito web dedicato al volume il box

Applicazione 6.1
L'anatomia di una crisi. Il caso Northen Rock

6.4 • Costo opportunità, costo contabile e massimizzazione del profitto

Il conto profitti e perdite e lo stato patrimoniale di una società di capitali rappresentano due utili indicatori dell'attività e dei risultati economici di un'impresa. Economisti e contabili utilizzano talvolta criteri diversi per misurare i costi e i profitti delle imprese. Mentre il contabile è interessato alla misurazione dei ricavi e dei pagamenti effettivi di un'impresa, l'economista ha come obiettivo il ruolo di costi e profitti nel determinare il volume di produzione delle imprese. A questo fine, i criteri contabili possono essere fuorvianti sotto due aspetti.

In primo luogo, gli economisti definiscono il costo d'uso di una risorsa non come il pagamento effettivamente sostenuto per la sua acquisizione, ma attraverso il suo costo opportunità.

Il **costo opportunità** dell'uso di una risorsa è la stima o il valore (rendimento) del migliore impiego alternativo.

Per comprendere il concetto di *costo opportunità* dell'uso di una risorsa e la ragione per la quale il costo opportunità costituisce il criterio economicamente più corretto di misurazione dei costi, si considerino due esempi.

Ogni individuo impegnato a lavorare in un'impresa di sua proprietà dovrebbe valutare il costo delle prestazioni lavorative svolte nella sua impresa. L'imprenditore proprietario e amministratore di una società individuale potrebbe disporre, alla fine di un anno, di un profitto contabile di 20 000 euro. Questa valutazione trascura tuttavia il costo opportunità del lavoro che l'imprenditore svolge come amministratore nella sua impresa, ossia il massimo salario che avrebbe potuto percepire lavorando in un'altra impresa. Se questo salario fosse di 25 000 euro, il profitto economico che l'imprenditore trae dalla sua impresa sarebbe negativo per un ammontare di 5000 euro, pur in presenza di un profitto contabile positivo di 20 000 euro. Per spiegare come il mercato incentivi gli individui a svolgere le attività più convenienti per loro e per la collettività, occorre misurare i costi attraverso il criterio economico del costo opportunità e non attraverso il criterio contabile dei pagamenti monetari effettivamente sostenuti.

Anche il costo del capitale deve essere valutato ricorrendo al criterio del costo opportunità. Nel calcolo del profitto contabile di un'impresa non viene attribuito alcun costo al capitale finanziario apportato dal proprietario anziché preso a prestito sul mercato finanziario. Il capitale finanziario apportato dal proprietario dell'impresa avrebbe potuto essere utilizzato altrimenti, per esempio per acquistare titoli di credito di una banca o per acquistare azioni di un'altra impresa. Il costo opportunità del capitale finanziario, ossia la remunerazione ottenibile dal miglior impiego alternativo, è incluso tra i costi economici dell'impresa, ma non tra i costi contabili.

Il profitto economico eventualmente risultante dopo la deduzione dai ricavi di un'impresa di tutti i costi opportunità delle risorse impiegate è detto extra-profitto.

L'**extra-profitto** di un'impresa è il profitto economico che il proprietario e/o i proprietari ricavano in eccedenza dal rendimento che avrebbero potuto ottenere con un impiego alternativo delle proprie risorse.

Sono gli extra-profitti, e non i profitti contabili, a indicare la convenienza all'allocazione di risorse in un'impresa e quindi a incentivare la riallocazione delle risorse tra imprese diverse.

La teoria economica ipotizza che le decisioni delle imprese circa la produzione e l'offerta siano finalizzate all'ottenimento del *massimo profitto*.

Taluni economisti e manager contestano l'ipotesi che la massimizzazione del profitto sia l'unico obiettivo delle imprese. Si è presentata la situazione di un imprenditore proprietario e amministratore di un'impresa che realizza un profitto contabile di 20 000 euro all'anno, rinunciando a un salario di 25 000 euro presso un'altra impresa.

Questa situazione può essere intesa come risultato di un calcolo di convenienza economica da parte dell'imprenditore: la rinuncia a 5000 euro addizionali può, infatti, costituire il valore che l'imprenditore attribuisce alla sua indipendenza. In questo caso, l'obiettivo dell'impresa non è la massimizzazione del profitto economico, ma la massimizzazione dell'utilità del proprietario.

La proprietà e il controllo dell'impresa

Una fondata ragione per contestare l'ipotesi secondo la quale le imprese perseguono la massimizzazione del profitto è la separazione tra proprietà e gestione (controllo) che caratterizza soprattutto le grandi società di capitali. Una grande società di capitali è gestita da un consiglio di amministrazione e da un team di manager stipendiati che ne attua le decisioni. Benché gli azionisti abbiano la possibilità, in occasione dell'assemblea generale che si tiene annualmente, di sostituire i consiglieri di amministrazione e i manager, questo evento si verifica molto raramente. Amministratori e manager sono, in genere, persone esperte di gestione e informate circa i mercati e l'impresa: è difficile per gli azionisti, anche in caso di risultati economici insoddisfacenti o negativi, trovare altri amministratori e/o manager in grado di migliorare la profittabilità dell'impresa.

Questa situazione è chiamata dagli economisti *separazione tra la proprietà e il controllo dell'impresa*. Benché gli azionisti (ovvero, i proprietari dell'impresa) aspirino a ottenere il massimo profitto, gli amministratori (ovvero, i controllori dell'impresa) perseguono obiettivi diversi dal profitto. Infatti, le remunerazioni di amministratori e manager sono di solito collegate alla dimensione e alla crescita dell'impresa, cosicché essi perseguono questi obiettivi piuttosto che il profitto. Si possono così spiegare le ingenti risorse destinate alla pubblicità e all'espansione delle vendite anche quando l'effetto sul profitto è irrilevante o addirittura negativo.

Vi sono tuttavia due buone ragioni per ritenere che l'ipotesi di perseguimento del massimo profitto costituisca un utile punto di partenza per l'elaborazione di una teoria dell'offerta.

Anche se gli azionisti non sono in grado di valutare se i profitti realizzati da un'impresa siano i massimi conseguibili, l'esistenza di altre imprese di successo nello stesso settore rappresenta un importante parametro di riferimento. Quindi, se i profitti dell'impresa sono inferiori a quelli delle imprese concorrenti di successo, il prezzo delle sue azioni tende a essere relativamente basso. Questa situazione incentiva la scalata della proprietà da parte di qualche impresa concorrente e la sostituzione degli amministratori e manager con altri più attenti al profitto.

In alternativa, gli azionisti, consapevoli della discrezionalità gestionale di cui dispongono i manager, possono incentivare il management a perseguire i loro interessi, conferendogli una quota azionaria piccola rispetto al totale delle azioni, ma rilevante rispetto alla remunerazione dei manager.

Per queste ragioni, l'ipotesi secondo la quale le imprese hanno come obiettivi la massimizzazione del profitto è più robusta di quanto non appaia a prima vista. Prima di utilizzare questa ipotesi per elaborare la teoria dell'offerta, è opportuno definire sinteticamente le relazioni tra imprese e mondo finanziario.

Per un ulteriore approfondimento vedi sul sito web dedicato al volume il box
Approfondimento 6.3
La produttività delle aziende italiane in tempo di crisi

Per un ulteriore approfondimento vedi sul sito web dedicato al volume il box
Approfondimento 6.4
Cultura della marca e marca della cultura

6.5 ● Il finanziamento e il controllo dell'impresa

La **finanza aziendale** si occupa del reperimento di capitale finanziario da parte delle imprese attraverso fonti o canali diversi, come il profitto non distribuito a proprietari e azionisti, l'emissione di nuove azioni e/o obbligazioni, l'accensione di prestiti.

L'importanza e il costo delle fonti di finanziamento delle imprese differiscono da Paese a Paese. Negli Stati Uniti e nel Regno Unito, il finanziamento delle imprese è prevalentemente esterno, ovvero è basato sull'emissione e vendita di azioni e obbligazioni sul mercato finanziario nel quale si realizzano, altresì, quotidianamente rilevanti transazioni di titoli finanziari già collocati. In Giappone e nell'Unione Europea (in particolare, in Italia, Francia e Germania), il principale canale di finanziamento delle imprese è ancora (malgrado la forte interdipendenza delle economie a livello globale) interno, ovvero è rappresentato da apporti di azionisti e soci e, soprattutto, da finanziamenti a lungo termine da parte di intermediari finanziari che nominano propri rappresentanti nei consigli di amministrazione delle imprese finanziate.

La principale differenza tra i due sistemi di finanziamento delle imprese non consiste nella facilità e nel costo dell'accesso al capitale finanziario, ma nel grado di controllo che i finanziatori esercitano sulla gestione delle imprese.

Il **controllo dell'impresa** è esercitato dal soggetto individuale o collettivo che assume le decisioni strategiche in differenti situazioni ambientali.

Nel sistema di finanziamento interno, i rappresentanti delle istituzioni finanziarie che siedono nei consigli di amministrazione delle imprese possono influire sulla politica aziendale e sulla sostituzione dei manager in caso di risultati insoddisfacenti. Nel sistema di finanziamento esterno delle imprese, le banche e le altre istituzioni finanziarie svolgono un ruolo molto meno significativo nella gestione delle imprese: l'influenza più rilevante è esercitata dal mercato finanziario. Nel caso in cui le imprese non facciano fronte al pagamento dell'interesse sul debito, i creditori possono costringere l'impresa al fallimento o alla gestione controllata, con sostituzione degli amministratori. Nel caso in cui le imprese siano quotate in Borsa o abbiano azioni distribuite tra il pubblico, vi è invece la possibilità di scalate azionarie per acquisirne il controllo. Il mercato finanziario svolge altresì il ruolo di mercato del controllo societario.

Le scalate societarie: un bene o un male?

Alcuni economisti vedono nelle scalate ostili un'importante forza vitale per l'ottenimento di una maggiore efficienza. Nelle grandi società di capitali con azionariato diffuso (*public companies*), la separazione tra proprietà e controllo dell'impresa solleva un problema di relazione tra un principale (la proprietà) e un agente (il management). Il management può, quindi, agire nel proprio interesse anziché in quello degli azionisti. Il timore di scalate ostili può costituire un deterrente contro l'allontanamento dei manager dall'obiettivo di massimizzazione del profitto che rappresenta l'interesse degli azionisti.

Un **principale** (la proprietà dell'impresa) può delegare le decisioni a un **agente** (il management). Se per il principale è costoso controllare l'attività dell'agente, quest'ultimo possiede un vantaggio informativo sulla propria condotta gestionale e sulle performance aziendali che può indurre comportamenti opportunistici. Si configura quindi un **problema principale-agente**.

Il timore di una scalata ostile può costituire un deterrente per quei manager che possono tendere ad allontanarsi dall'obiettivo della massimizzazione del profitto, come invece richiesto dagli azionisti. Un management non particolarmente attivo porta a bassi profitti, all'abbassamento del valore delle azioni e, di conseguenza, a maggiori opportunità di scalate ostili dell'impresa a prezzi più bassi di quelli attesi. Questa minaccia costituisce uno strumento per far fronte al problema principale-agente.

Tuttavia, il timore di scalate ostili alla proprietà dell'impresa può minare l'autonomia e l'autorità gestionale del management. Se quest'ultimo persegue un progetto di riorganizzazione dell'impresa per renderla più competitiva, nella fase di realizzazione del progetto i profitti dell'impresa possono diminuire significativamente. Questo temporaneo calo della redditività dell'impresa può incentivare una scalata azionaria ostile al management e agli

altri dipendenti. Questi sono quindi molto cauti nel rivedere l'organigramma dell'impresa.
Le scalate ostili non sempre hanno successo perché l'azionista principale può rifiutare l'offerta del compratore. Un esempio è il tentativo di Microsoft nei confronti di Yahoo!. Il primo febbraio 2008 Microsoft ha fatto un'offerta pubblica di acquisto di Yahoo!. L'offerta è stata rifiutata il 10 febbraio e il 3 maggio Microsoft ha ritirato definitivamente l'offerta.

6.6 • La scelta del volume di produzione di un'impresa: una panoramica

Si consideri, per esempio, un'impresa che produce animali di stoffa. La produzione di questo semplice manufatto può essere realizzata con tecniche differenti, diverse versioni (la riproduzione artefatta del piccolo orsetto o la credibile e soffice ricostruzione dell'animale polare), possono essere proposte a un pubblico di consumatori eterogenei, bambini e adulti che potrebbero fidelizzarsi a una specifica linea di produzione o casa produttrice che potrebbe diventare leader del mercato. Alcune tecniche impiegano molto lavoro e poche macchine, altre invece richiedono molte macchine e poco lavoro. L'impresa deve tuttavia conoscere, oltre alle tecniche disponibili, anche il salario da corrispondere a lavoratori specializzati nella produzione di animali di stoffa e il canone di locazione delle attrezzature necessarie. Infine, l'impresa deve altresì conoscere la domanda prevedibile del suo prodotto, ossia la quantità di prodotto che può vendere a ogni possibile prezzo.

Il problema dell'impresa è la scelta della quantità di prodotto che le prospetta il massimo profitto. La variazione del volume di produzione incide sia sui costi di produzione sia sui ricavi derivanti dalla sua vendita. In ragione di quello che può essere l'andamento della domanda del mercato e in ragione di quella che può essere la struttura del mercato in cui opera l'impresa (Tabella 6.1), i costi di produzione e ricavi di vendita interagiscono nel determinare il volume di produzione e di offerta che garantisce all'impresa il massimo profitto.

Il costo totale minimo per ogni volume di produzione realizzabile

Se un'impresa ha come obiettivo la massimizzazione del profitto, deve produrre la quantità di output che ha deciso di offrire sul mercato al minimo costo totale. Perciò, un'impresa che mira a massimizzare il profitto deve conoscere il costo totale minimo al quale può produrre ogni possibile volume di produzione e di offerta: questa informazione dipende dalle tecniche produttive disponibili e dai prezzi dei fattori produttivi.

Tabella 6.2 I costi totali minimi per ogni livello di produzione

Volume di produzione (unità per settimana)	Costi totali (euro per settimana)
0	10
1	25
2	36
3	44
4	51
5	59
6	69
7	81
8	95
9	111
10	129

La Tabella 6.2 mostra il costo totale minimo al quale è possibile realizzare ogni volume di produzione. La tabella indica che l'impresa deve sostenere un costo di 10 euro anche se non produce. È il costo fisso (ossia, indipendente dal volume di produzione effettivamente realizzato) a cui l'impresa deve comunque far fronte per essere sul mercato: l'affitto dei locali in cui opera, l'abbonamento al servizio rete e così via. In aggiunta a questo costo fisso, l'impresa sostiene costi che variano al variare del volume di produzione: questi costi variabili crescono al crescere della produzione e rappresentano la somma dei costi opportunità di tutte le risorse utilizzate per la produzione (lavoro degli operai, materie prime, energia elettrica e così via).

Le informazioni della Tabella 6.2 sono rappresentate graficamente nella Figura 6.1: la curva ottenuta è detta *curva del costo totale di produzione* del bene in questione - gli animali di stoffa - e indica, per ogni realizzabile volume di produzione, il costo totale minimo al quale è tecnicamente possibile realizzare la produzione; per ipotesi, anche considerando tutti i possibili costi opportunità. Ovviamente, l'andamento della curva del costo totale di produzione di un bene o servizio è sempre crescente. Tuttavia la sua pendenza positiva è, in genere, variabile. A bassi livelli di produzione, per esempio 3 o 4 unità per settimana, il costo totale aumenta relativamente poco al crescere della quantità prodotta. Invece, a elevati livelli di produzione, per esempio 9 o 10 unità settimanali, il costo totale

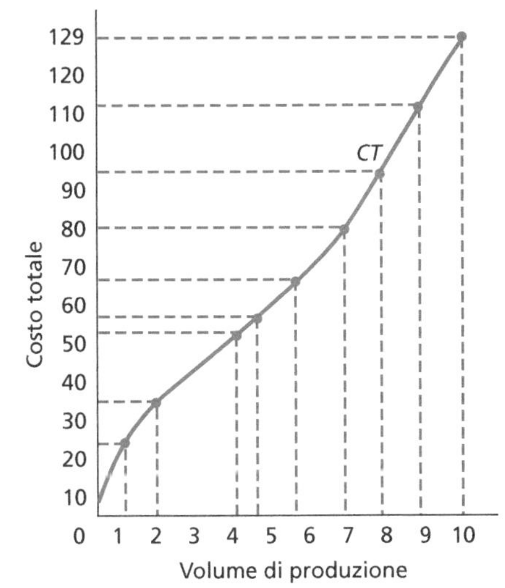

Figura 6.1 La curva del costo totale di produzione La curva del costo totale di produzione di un bene o servizio rappresenta, per ogni ipotetico volume di produzione, il costo totale minimo al quale è tecnicamente possibile produrre.

aumenta sensibilmente al crescere del volume di produzione. In questa situazione, infatti, l'impresa deve pagare salari straordinari ai dipendenti per indurli a lavorare di sabato e/o di domenica.

Il ricavo totale

Le informazioni relative ai costi non sono tuttavia sufficienti per valutare i profitti realizzabili. L'impresa deve conoscere anche i ricavi ottenibili dalla vendita: le informazioni sui ricavi di vendita si deducono dalla funzione di domanda del bene che l'impresa offre sul mercato.

Le prime due colonne della Tabella 6.3 sintetizzano la domanda che l'impresa fronteggia, una tipica domanda decrescente. La quantità domandata è funzione inversa del prezzo. Gli animali di stoffa sono richiesti da un pubblico eterogeneo che manifesta una divera disponibilità a spendere. L'impresa offerente cerca di soddisfare l'intera domanda che il mercato o la nicchia di mercato (il gruppo di consumatori dagli specifici gusti) manifesta (si approfondirà nei Capitoli 8 e 9 come questa situazione possa corrispondere alla struttura di un mercato di concorrenza imperfetta). A un prezzo di 21 euro, l'impresa può vendere un'unità di prodotto. Al diminuire del prezzo di vendita, la quantità di animali di stoffa che l'impresa può vendere aumenta: la domanda di animali di stoffa è inversamente collegata al prezzo. La colonna (3) della Tabella 6.3 rappresenta i diversi valori del ricavo totale che l'impresa può realizzare dalla vendita di animali di stoffa. Il ricavo totale è ottenuto moltiplicando il prezzo di vendita della colonna (2) per la quantità domandata della colonna (1).

Tabella 6.3 Ricavi, costi e profitti totali dell'impresa (in euro)

(1) Quantità prodotta (n. unità/ settimana)	(2) Prezzo	(3) Ricavo totale	(4) Costo totale	(5) Profitto totale
0	-	0	10	-10
1	21	21	25	-4
2	20	40	36	4
3	19	57	44	13
4	18	72	51	21
5	17	85	59	26
6	16	96	69	27
7	15	105	81	24
8	14	112	95	17
9	13	117	111	6
10	12	120	129	-9

Il profitto totale

La colonna (4) della Tabella 6.3 mostra il costo totale minimo di produzione di ogni livello di output, già presentato nella Tabella 6.2.

L'ultima colonna della Tabella 6.3 rappresenta il profitto totale ottenibile dall'impresa in corrispondenza di ogni volume di produzione e vendita. In corrispondenza di bassi livelli di produzione e vendita, il profitto totale ottenibile dall'impresa è negativo: il costo totale supera infatti il ricavo totale. Anche in corrispondenza di livelli di produzione uguali o superiori a 10 unità settimanali il profitto totale è negativo. Per volumi di produzione e vendita compresi tra 2 e 9 unità settimanali l'impresa può realizzare profitti positivi: il massimo profitto ottenibile è di 27 euro per settimana, in corrispondenza di 6 unità prodotte e vendute.

Se l'impresa mira a ottenere il massimo profitto totale, deve quindi decidere di produrre 6 unità settimanali e venderle al prezzo di 16 euro ciascuna. I suoi costi totali, ottenuti calcolando i costi opportunità di tutte le risorse utilizzate per la produzione, sono pari a 69 euro e i ricavi derivanti dalla vendita ammontano a 96 euro. La ricerca del massimo profitto economico non coincide con quella del massimo ricavo. Producendo e vendendo 10 unità di prodotto alla settimana, l'impresa avrebbe un ricavo di 120 euro, ma il costo totale di produzione sarebbe di 129 euro, così che il profitto sarebbe negativo e corrisponderebbe a una perdita di 9 euro. Produrre e vendere animali di stoffa al di là delle 6 unità settimanali fa aumentare sensibilmente i costi e incrementa di poco i ricavi.

In sintesi, l'impresa calcola il livello di profitto totale associato a ogni possibile volume di produzione e vendita. Per far questo, è necessario calcolare sia i ricavi ottenibili dalle vendite sia i costi da sostenere per la produzione. Il volume di produzione corrispondente al massimo profitto totale è quello che l'impresa decide di realizzare e vendere. La Figura 6.2 illustra graficamente la determinazione del volume di produzione che prospetta all'impresa - i cui costi e ricavi sono presentati nella Tabella 6.3 - il massimo profitto.

Per un ulteriore approfondimento vedi sul sito web dedicato al volume il box

Approfondimento 6.6
Che cos'è un'impresa?

6.7 ● Il costo marginale e il ricavo marginale

Il problema della determinazione del volume di produzione e vendita che prospetta all'impresa il massimo profitto può essere risolto con un approccio diverso. Si può ipotizzare che l'impresa decida unità per unità la convenienza a produrre e vendere. I dati della Tabella 6.3 possono essere presentati in modo diverso, così da poter valutare il costo e il ricavo di ogni unità eventualmente prodotta e venduta.

Questo approccio, che analizza l'effetto della produzione di ogni unità addizionale sul profitto dell'impresa, è incentrato sul calcolo del costo marginale e del ricavo marginale.[1]

Il **costo marginale** è la variazione del costo totale conseguente alla produzione di una unità addizionale di prodotto. Il **ricavo marginale** è la variazione del ricavo totale conseguente alla produzione e alla vendita di una unità addizionale di prodotto.[2]

Nella Tabella 6.4 sono presentati i valori del costo marginale (*MC*) e del ricavo marginale (*MR*) di ogni unità eventualmente prodotta e venduta

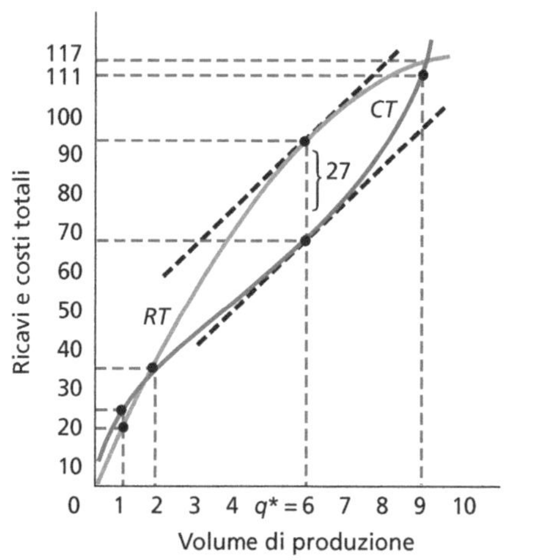

Figura 6.2 Le determinazione del volume di produzione che massimizza il profitto dell'impresa: l'approccio ricavi e costi totali Il volume di produzione che massimizza il profitto totale è 6, dove la differenza tra ricavo totale (96 euro) e costo totale (69 euro) è massima.

Tabella 6.4 Costi e ricavi totali e marginali dell'impresa (in euro)

(1) Quantità prodotta (n. unità/settimana)	(2) Costo totale	(3) Costo marginale	(4) Ricavo totale	(5) Ricavo marginale
0	10	-	0	-
1	25	15	21	21
2	36	11	40	19
3	44	8	57	17
4	51	7	72	15
5	59	8	85	13
6	69	10	96	11
7	81	12	105	9
8	95	14	112	7
9	111	16	117	5
10	129	18	120	3

[1] In effetti, il calcolo e, come si vedrà, l'uguaglianza del costo marginale e del ricavo marginale sono una condizione necessaria che l'impresa deve soddisfare se ha come obiettivo la massimizzazione del profitto totale. Vedi la nota 6. (*N.d.C.*)

[2] In termini formali, il costo marginale (*MC*) è dato dalla derivata del costo totale rispetto alla quantità prodotta ($dCT/dq \cong \Delta CT/\Delta q$) e il ricavo marginale (*MR*) è dato dalla derivata del ricavo totale rispetto alla quantità venduta ($dRT/dq \cong \Delta RT/\Delta q$). Per ogni approfondimento analitico, si rinvia all'Appendice matematica disponibile sul sito web dedicato al volume. (*N.d.C.*)

dall'impresa, sulla base dei costi e ricavi totali ipotizzati nella precedente Tabella 6.3.

Il costo marginale

Il costo marginale della prima unità prodotta è 15 euro. Infatti, se l'impresa aumenta la produzione da 0 a 1 unità di prodotto, il suo costo totale aumenta da 10 a 25 euro. Con analogo procedimento si può calcolare il costo marginale della seconda unità prodotta: la produzione di questa unità addizionale fa aumentare il costo totale da 25 a 36 euro, quindi il suo costo marginale è di 11 euro. Il costo marginale delle altre unità è calcolato allo stesso modo.

L'andamento del costo marginale al variare della quantità prodotta, secondo l'ipotesi presentata nella Tabella 6.4, è rappresentato nella Figura 6.3 (b) ed è collegato all'andamento del costo totale, da cui deriva, rappresentato nella Figura 6.3 (a).

Il costo marginale di produzione, nell'ipotesi presentata, è elevato per le prime unità prodotte, diminuisce fino a 7 euro in corrispondenza della quarta unità prodotta e aumenta per le unità successive.

Perché il costo marginale di produzione ha questo andamento a U, ossia è inizialmente elevato, diminuisce fino a un valore minimo e poi cresce? Il suo andamento dipende da quello del costo totale e, quindi, dalle condizioni tecniche in cui si realizza la produzione (di animali di stoffa) e dai prezzi delle risorse necessarie per la produzione. A bassi livelli di produzione l'impresa deve acquistare, per ogni unità addizionale di produzione, risorse variabili (lavoro, materie prime) che beneficiano del capitale fisso disponibile (immobili e attrezzature) e la cui produttività è crescente. Quando la produzione raggiunge un livello corrispondente alla piena ed efficiente utilizzazione delle risorse (capitale) fisse disponibili, ogni unità addizionale di produzione richiede un'acquisizione di quantità crescenti di risorse variabili la cui produttività è via via minore.

Come si vedrà più avanti, l'andamento del costo marginale di produzione dipende strettamente dall'andamento del costo totale e quest'ultimo a sua volta dalla tecnica di produzione utilizzata dall'impresa.

Il ricavo marginale

Le colonne (4) e (5) della Tabella 6.4 mostrano i valori del ricavo totale e del ricavo marginale in corrispondenza di ogni unità addizionale prodotta e venduta dall'impresa. Se l'impresa aumenta la produzione e le vendite da 0 a 1 unità, il suo ricavo totale passa da 0 a 21 euro: quindi, 21 euro è il ricavo marginale della prima unità di prodotto. Un incremento della produzione e delle vendite da 7 a 8 unità fa aumentare il ricavo totale dell'impresa da 105 a 112 euro: quindi, il ricavo marginale dell'ottava unità è di 7 euro. Il ricavo totale e quello marginale dell'impresa dipendono dalla funzione di domanda del prodotto che l'impresa cerca di soddisfare nella sua interezza. Si ricordi che tale domanda è funzione inversa del prezzo e interpreta la disponibilità a spendere della domanda di tutto il mercato.

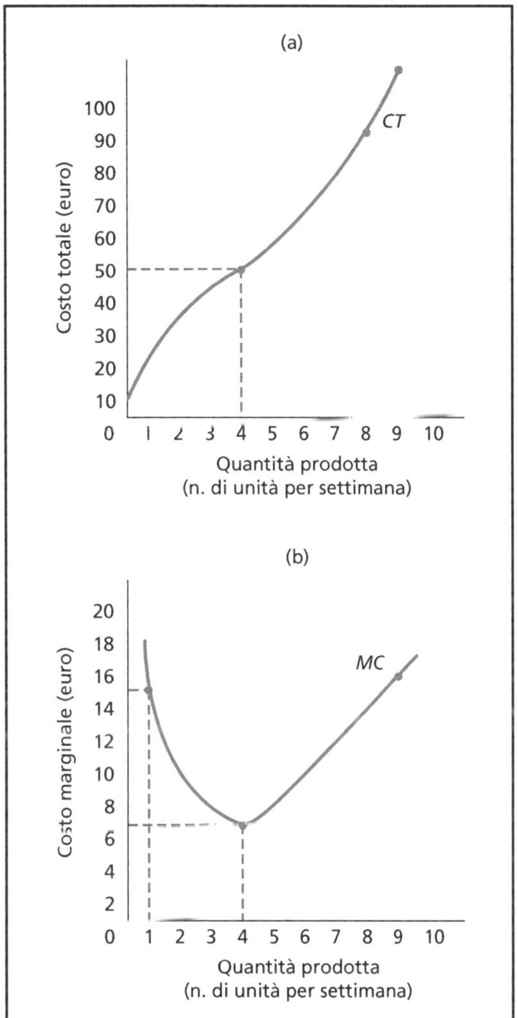

Figura 6.3 Le curve di costo totale e marginale dell'impresa La curva del costo totale (*CT*) rappresenta il costo totale minimo di produzione a ogni possibile livello di produzione. Al crescere della quantità prodotta, il costo totale aumenta necessariamente. Il costo marginale (*MC*) è alto per le prime unità prodotte e diminuisce fino alla quarta unità prodotta, per poi aumentare continuamente.

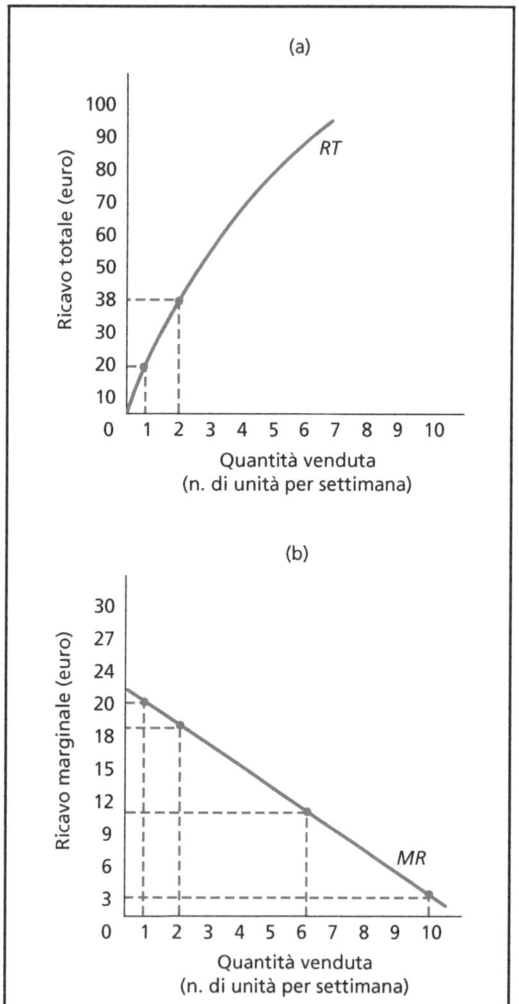

Figura 6.4 Le curve di ricavo totale e marginale dell'impresa Il ricavo totale (*RT*) dell'impresa, nelle condizioni di domanda ipotizzate, cresce al crescere della quantità venduta. Il ricavo marginale (*MR*) di ogni unità addizionale è via via minore. Poiché l'impresa, per vendere un'unità in più, deve ridurre il prezzo, il ricavo marginale decresce al crescere del volume di vendite.

La Figura 6.4 rappresenta l'andamento del ricavo totale e del ricavo marginale dell'impresa, secondo l'ipotesi della Tabella 6.4.

Il ricavo marginale è continuamente decrescente e può persino diventare negativo in corrispondenza di elevati livelli di vendite. Se, per esempio, l'impresa potesse vendere 11 unità di prodotto a un prezzo unitario di 10 euro, con un ricavo totale di 110 euro, il ricavo marginale dell'undicesima unità venduta sarebbe negativo e pari a −10 euro: infatti, l'aumento delle vendite da 10 a 11 unità farebbe diminuire il ricavo totale dell'impresa da 120 a 110 euro.

Per comprendere come e perché il ricavo marginale vari al variare della quantità venduta e possa persino essere negativo, è necessario distinguere i due effetti esercitati sul ricavo totale dalla vendita di una unità addizionale. Si consideri la seguente definizione:

(1) **ricavo marginale:** aumento di ricavo totale derivante dalla produzione e dalla vendita di 1 unità addizionale.

Dalla definizione (1) consegue che:

(2) **ricavo marginale**: prezzo al quale è venduta l'ultima unità prodotta diminuito del minore ricavo derivante dalla vendita delle altre unità (inframarginali) a un prezzo inferiore.[3]

Se, come ipotizzato nella Tabella 6.3, la curva di domanda dell'impresa è rappresentativa di tutto il mercato ed è inclinata negativamente, per vendere un'unità in più occorre ridurre il prezzo sulle altre unità inframarginali. Questa *perdita di ricavo* sulle altre unità fa sì che il ricavo addizionale ottenibile dalla vendita di un'unità in più sia minore del prezzo al quale quest'ultima viene venduta. Nella Tabella 6.3 si vede che l'impresa può vendere 5 unità di prodotto a un prezzo unitario di 17 euro. Per aumentare le vendite a 6 unità, l'impresa deve vendere a un prezzo di 16 euro sia la sesta unità sia le cinque che poteva vendere a 17 euro. Quindi, il ricavo marginale della sesta unità è pari al prezzo di 16 euro a cui vende quest'ultima, meno i 5 euro di minore ricavo sulle cinque unità inframarginali: ossia 11 euro.

Il ricavo marginale decresce continuamente per due ragioni. In primo luogo, perché – essendo la curva di domanda dell'impresa inclinata negativamente – ogni unità addizionale può essere venduta solo a un prezzo più basso di quello al quale potevano essere vendute le unità precedenti. In secondo luogo, perché le successive riduzioni di prezzo necessarie per vendere unità addizionali di prodotto riducono in modo sempre più rilevante il ricavo totale ottenibile dalle unità inframarginali.

Quando la curva di domanda dell'impresa è inclinata negativamente, il ricavo marginale otte-

[3] In termini formali, la definizione (2) può essere riscritta nella forma:

$$(2') \quad MR(Q_0) = P_0 - \frac{\Delta P}{\Delta Q} \cdot Q_0$$

La (2′) è di significato intuitivo. Il ricavo marginale corrispondente all'ultima unità della quantità (Q_0) venduta è uguale al prezzo (P_0) di vendita dell'unità addizionale, diminuito del minore ricavo derivante dalla riduzione del prezzo ($\Delta P/\Delta Q$) sull'intera quantità. (*N.d.C.*)

nibile da ogni unità addizionale venduta ha due caratteristiche:

a) tende a diminuire al crescere della quantità venduta;
b) è inferiore al prezzo di vendita dell'ultima unità a causa della perdita di ricavo sulle altre unità.

L'andamento del ricavo marginale dipende dalla domanda dell'impresa.

Per gli animali di stoffa l'impresa, leader del mercato, cerca di soddisfare la domanda di acquirenti che esprimono preferenze per versioni differenti e più o meno raffinate di peluche.

Può succedere che una piccola impresa, che venda il suo prodotto in un grande mercato, possa essere in grado di aumentare la quantità venduta senza ridurre il prezzo, ma vendendo al prezzo di equilibrio corrente sul mercato. Per esempio, l'offerta di un singolo produttore di grano può essere irrilevante rispetto all'offerta totale di grano sul mercato mondiale. Benché la curva di domanda di grano relativa all'intero mercato sia inclinata negativamente rispetto al prezzo, per il singolo venditore la curva di domanda è una retta orizzontale a un livello corrispondente al prezzo di equilibrio del grano nel mercato mondiale: infatti, a questo prezzo il singolo venditore può vendere quantità addizionali di grano senza dover ridurre il prezzo. In questa situazione, la perdita di ricavo sulle unità inframarginali è nulla e il ricavo marginale coincide con il prezzo.

La determinazione del volume di produzione che massimizza il profitto dell'impresa attraverso il confronto tra il costo e il ricavo marginale

Nella Tabella 6.5, il confronto tra costo e ricavo marginale consente di determinare il volume di produzione e di vendite che massimizza il profitto totale dell'impresa.

Se il ricavo marginale è maggiore del costo marginale, la produzione e la vendita di un'unità addizionale accresce il profitto: quindi, l'impresa ha convenienza a decidere di produrla e venderla. L'ultima colonna della Tabella 6.5 mostra che l'impresa ha, secondo questo calcolo di convenienza, motivo di espandere la produzione e la vendita fino alla sesta unità.

Perché l'impresa non ha convenienza a produrre e vendere la settima unità? Il ricavo marginale della settima unità è di 9 euro, mentre il suo costo marginale di produzione è di 12 euro: la sua produzione e vendita farebbero, quindi, diminuire il profitto di 3 euro e l'impresa, se mira al massimo profitto totale, non ha convenienza a realizzarla.

Tabella 6.5 Il confronto tra costi e ricavi marginali determina la quantità di prodotto che massimizza il profitto (valori in euro)

Quantità prodotta (n. unità/ settimana)	Ricavo marginale	Costo marginale	Differenza tra ricavo e costo marginale	Scelta dell'impresa circa la produzione
0	0	0	0	Aumentare
1	21	15	6	Aumentare
2	19	11	8	Aumentare
3	17	8	9	Aumentare
4	15	7	8	Aumentare
5	13	8	5	Aumentare
6	11	10	1	
7	9	12	-3	Diminuire
8	7	14	-7	Diminuire
9	5	16	-11	Diminuire
10	3	18	-15	Diminuire

Per la stessa ragione, l'impresa non ha convenienza a produrre le altre unità addizionali corrispondenti a livelli di output maggiori di 6 unità. Se il costo marginale supera il ricavo marginale, l'impresa ha convenienza a ridurre la produzione perché così facendo incrementa il suo profitto complessivo. La quantità ottima da produrre e vendere è quindi determinata dall'uguaglianza tra costo marginale e ricavo marginale.[4]

La determinazione del volume ottimale di produzione e offerta dell'impresa può quindi essere risolta con due approcci diversi che danno lo stesso risultato. Gli aziendalisti e i contabili privilegiano in genere il calcolo basato sul confronto tra ricavi e costi totali nel conto profitti e perdite. Gli economisti utilizzano più frequentemente il calcolo marginalistico perché costituisce un utile quadro di riferimento teorico per analizzare le scelte ottimali di imprese e consumatori.

L'analisi marginalistica delle scelte economiche deve, tuttavia, essere subordinata a un'importante verifica. Ragionando sulle conseguenze di piccole (o adirittura, infinitesime) variazioni, si

[4] In generale, l'uguaglianza tra costo marginale e ricavo marginale è condizione necessaria ma non sufficiente per ottenere il massimo profitto totale. Perché l'impresa abbia la garanzia del massimo profitto, occorre che, oltre all'uguaglianza tra costo e ricavo marginale, sia soddisfatta una seconda condizione: la derivata del ricavo marginale rispetto alla quantità venduta sia minore della derivata del costo marginale rispetto alla quantità prodotta. Se, invece, si verifica il contrario, l'uguaglianza tra costo e ricavo marginale garantisce il minimo profitto.

può trascurare il fatto che molte scelte pongono l'alternativa tra tutto o niente. Si supponga, per esempio, che l'impresa del precedente esempio decida di produrre 6 unità di prodotto in base al confronto tra costo e ricavo marginale. Se tuttavia l'impresa in questione sostiene elevati costi fissi (per esempio, deve pagare un consistente compenso a un manager), l'uguaglianza tra costi e ricavi marginali non le garantisce l'ottenimento di un profitto positivo, ma solo che il livello di produzione realizzato sia il migliore tra quelli possibili. In presenza di costi fissi, l'impresa potrebbe avere convenienza a non produrre, sopportando una perdita pari ai costi fissi, perché così facendo il suo bilancio avrebbe una perdita minore di quella conseguente a una produzione che soddisfa il criterio di uguaglianza tra costo e ricavo marginale. Questo problema verrà analizzato con maggiore precisione nel prossimo capitolo.

6.8 • L'uguaglianza tra il costo e il ricavo marginale attraverso il confronto delle rispettive curve

Ipotizzando che la quantità prodotta e venduta possa variare in modo continuo, è possibile determinare il volume ottimo di produzione e vendita dell'impresa (ossia, quello che le consente di ottenere il massimo profitto totale) attraverso il confronto delle curve che rappresentano l'andamento del costo e del ricavo marginale.

La Figura 6.5 presenta l'andamento, nelle ipotesi prima avanzate, del costo marginale (*MC*) e del ricavo marginale (*MR*) dell'impresa.

Il volume di produzione e di vendita ottimale per l'impresa è Q^*, in corrispondenza dell'uguaglianza tra costo e ricavo marginale, oltre che di un ricavo marginale decrescente e di un costo marginale crescente.[5] Volumi di produzione inferiori a Q^*, come Q_1, sono caratterizzati da un ricavo marginale maggiore del costo marginale: in questa situazione, l'impresa ha convenienza ad aumentare la produzione e le vendite perché così facendo accresce il profitto (o riduce le perdite). In corrispondenza di volumi di produzione e di vendita superiori a Q^*, come Q_2, il costo marginale eccede il ricavo marginale e l'impresa ha convenienza a ridurre la produzione. In corrispondenza di Q^*, l'impresa deve verificare la convenienza a produrre: il

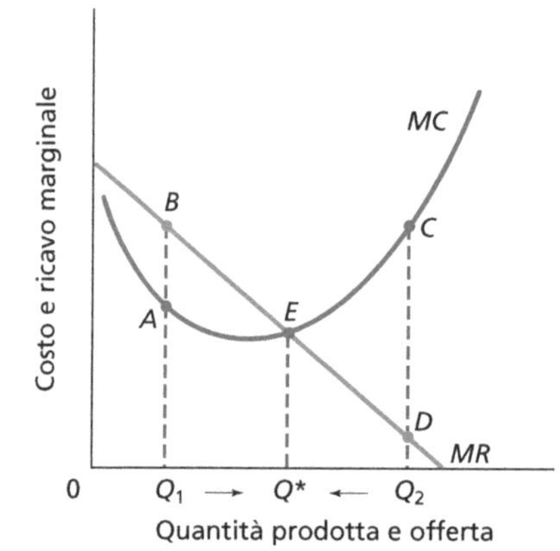

Figura 6.5 La determinazione della produzione ottimale dell'impresa attraverso le curve del costo marginale e del ricavo marginale La produzione ottimale per l'impresa - e, quindi, la quantità da offrire sul mercato - è Q^*, in corrispondenza dell'uguaglianza tra costo marginale (*MC*) e ricavo marginale (*MR*) oltre che di un ricavo marginale con pendenza negativa e un costo marginale crescente. Se, producendo e vendendo Q^*, l'impresa, in seguito alla presenza di costi fissi, ha profitti negativi ovvero perdite di bilancio, occorre valutare la convenienza a chiudere la produzione, ovvero non produrre.

prezzo al quale vende deve essere maggiore del costo medio variabile di produzione, ovvero il costo per unità di prodotto dei fattori variabili della produzione, condizione questa che verrà abbondamentemente discussa nel prossimo capitolo. Può, peraltro, accadere che, producendo o vendendo Q^*, l'impresa abbia un profitto negativo a causa dei costi fissi. In questa situazione, occorre valutare la convenienza, in termini di minimizzazione delle perdite, di una chiusura della produzione.

La Tabella 6.6 riassume le condizioni che determinano la quantità di prodotto che l'impresa, mirante alla massimizzazione del profitto, ha convenienza a offrire sul mercato.

Gli effetti sull'offerta di un cambiamento nei costi di produzione

Se l'impresa si trova a dover fronteggiare un aumento del prezzo di una materia prima essenziale per il suo prodotto, il costo marginale corrispondente a ogni ipotetico livello di produzione subisce un aumento e, quindi, la curva del costo marginale si sposta verso l'alto. Nella Figura 6.6, questo evento sposta la curva del costo marginale di produzione dell'impresa da *MC* a *MC′*.

[5] Se così non fosse, l'impresa otterrebbe non il massimo ma il minimo profitto totale. Vedi la nota 7. (*N.d.C.*)

Tabella 6.6 Le condizioni che garantiscono la massimizzazione del profitto nella scelta del volume di offerta

Condizioni marginalistiche			
(1)	(2)	Decisione	Verifica
$MR > MC$	...	Aumentare la produzione	
$MR = MC$	$\frac{dMR}{dQ} < \frac{dMC}{dQ}$	Produzione ottimale se...	... il profitto è positivo, altrimenti occorre valutare la convenienza a non produrre
$MR = MC$	$\frac{dMR}{dQ} > \frac{dMC}{dQ}$	Non produrre: le perdite sono massime	
$MR < MC$	...	Ridurre la produzione	

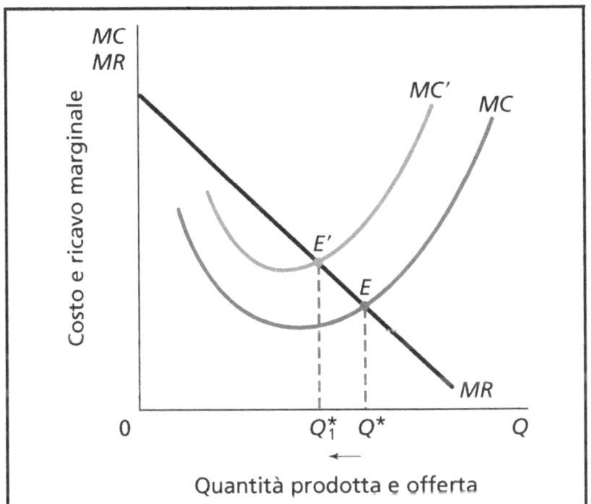

Figura 6.6 Un aumento del costo marginale riduce la quantità offerta dall'impresa Un aumento del costo del lavoro o del costo di una materia prima essenziale aumenta il costo marginale di produzione da *MC* a *MC'*. L'impresa, che mira alla massimizzazione del profitto, riduce la produzione e la quantità offerta da Q^* a Q_1^*.

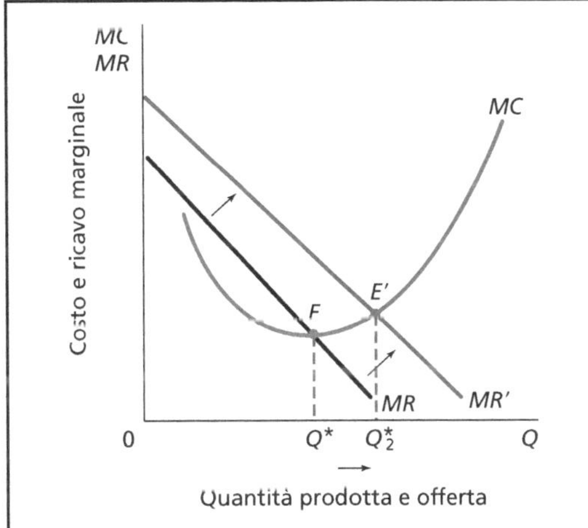

Figura 6.7 Un aumento della domanda relativa al prodotto dell'impresa aumenta la quantità offerta Un aumento della domanda del prodotto offerto dall'impresa fa aumentare il prezzo e il ricavo marginale ottenibile da ogni unità venduta da *MR* a *MR'*. L'impresa reagisce al cambiamento aumentando la quantità prodotta e offerta da Q^* a Q_2^*.

Ristabilendo l'uguaglianza tra costo e ricavo marginale, l'impresa decide quindi di produrre la quantità Q_1^*. Un aumento del costo marginale riduce la quantità offerta da un'impresa che abbia come obiettivo la massimizzazione del profitto.

Gli effetti sull'offerta di un cambiamento della domanda dell'impresa

Se si verifica un aumento della domanda dell'impresa, il ricavo marginale ottenibile dalla vendita del suo prodotto aumenta. A ogni livello di produzione e vendita, il prezzo e il ricavo marginale sono maggiori di prima. Nella Figura 6.7, l'aumento della domanda per il prodotto dell'impresa provoca uno spostamento verso l'alto della curva del ricavo marginale da *MR* a *MR'*, incentivando l'impresa ad aumentare la produzione da Q^* a Q_2^*. Un aumento della domanda induce quindi l'impresa che mira al massimo profitto a espandere la quantità offerta.

Le imprese conoscono il costo e il ricavo marginale?

A questo punto, si può legittimamente avanzare il dubbio che le imprese, nel mondo reale degli affari, conoscano il costo e il ricavo marginale corrispondenti a diversi, ipotetici livelli di produzione. Per scegliere il volume di produzione e di offerta che corrisponde all'uguaglianza tra costo e ricavo marginale, l'impresa deve infatti affrontare sofisticate e costose misurazioni contabili.

Tuttavia, la verifica empirica o sperimentale di questo comportamento da parte delle imprese non è rilevante ai fini della valutazione teorica del modello di offerta prima esposto. Se, per caso o per scelta consapevole, il responsabile di un'impresa riesce effettivamente a gestire l'offerta in modo da conseguire il massimo profitto realizzabile, il costo e il ricavo marginale sono necessariamente uguali. L'analisi formale della teoria dell'offerta propone il comportamento razionale da parte dei responsabili dell'impresa, manager o imprenditori che siano, che consente di sopravvivere alla competizione nel mondo reale.

In questo capitolo è stata proposta una panoramica delle condizioni di costo e di ricavo che influiscono sulle scelte di offerta dell'impresa. Benché i successivi capitoli affrontino più dettagliatamente questo problema, lo studente dispone già, a questo punto, delle basi teoriche necessarie per capire quali siano le determinanti del comportamento di offerta delle imprese. Le imprese scelgono il volume di produzione e di offerta che prospetta il massimo profitto totale, quindi quello che corrisponde all'uguaglianza tra costo e ricavo marginale. La scelta del volume di produzione non può prescindere da considerazioni che riguardino il settore e la struttura di mercato. Queste riflessioni si approfondiranno nei Capitoli 8 e 9.

Riepilogo

- La **teoria dell'offerta** spiega quanto output le imprese riescono a produrre e garantire al mercato.
- Esistono **tre tipi d'impresa: individuale, società di persone e società di capitali**. Spesso, ma non sempre, la dimensione cresce al crescere del numero di persone coinvolte. Le società di capitali sono, in genere, le più grandi.
- Le società di capitali sono di proprietà degli azionisti ma sono gestite dai consigli di amministrazione.
- Gli azionisti hanno una **responsabilità limitata**. I soci delle società di persone e gli imprenditori individuali sono personalmente e illimitatamente responsabili.
- Il **ricavo** è ciò che l'impresa ottiene dalla vendita di un bene e di un servizio. I **costi** sono le spese nelle quali incorre l'impresa che produce il bene o il servizio. I **profitti** sono la differenza positiva tra ricavi e costi.
- I costi dovrebbero includere anche i **costi opportunità** di tutte le risorse impiegate nella produzione di un bene o servizio. Il costo opportunità è il rendimento che un input può garantire nel migliore impiego alternativo. La contabilità di un'azienda dovrebbe cioè tener conto del tempo e delle energie dell'imprenditore, in termini di rendimenti nei possibili impieghi alternativi. Un'analisi simile potrebbe essere fatta anche in ragione degli impieghi alternativi del capitale finanziario utilizzato per lo scopo imprenditoriale. L'**extra-profitto** o profitto economico eccede tutti questi costi: quelli contabili e quelli misurati come benefici o rendimenti monetari da impieghi alternativi.
- Le imprese hanno come scopo di **massimizzare il profitto**. Le imprese che registrano perdite scompaiono progressivamente dal settore e dal mercato.
- La massimizzazione del profitto implica la **minimizzazione dei costi totali**.
- La scelta del volume ottimo di produzione dipende dall'analisi del costo marginale e del ricavo marginale. Il **costo marginale** è la variazione del costo totale in ragione di un'unità addizionale di prodotto. Il **ricavo marginale** è la variazione del ricavo totale in ragione di un'unità addizionale di prodotto venduta. **Il profitto è massimo per quel volume di produzione per il quale il costo marginale eguaglia il ricavo marginale.**
- A parità di ricavo marginale, un aumento del costo marginale riduce il volume ottimo di produzione. A parità di costo marginale uno spostamento verso destra del ricavo marginale aumenta il volume ottimo di produzione.
- Il costo marginale e il ricavo marginale sono uno strumento interpretativo che gli economisti utilizzano per argomentare come le imprese massimizzano i loro profitti. La verifica empirica e sperimentale di questo approccio teorico non è ovvia, ma l'approccio interpretativo rimane sempre corretto.

Capitolo 7
La teoria dell'offerta: tecnologia e costi

Obiettivi di apprendimento

Alla fine del capitolo, lo studente dovrebbe essere in grado di:

- definire il concetto di funzione di produzione e il suo collegamento con l'efficienza produttiva;
- distinguere tra tecnologia e tecnica di produzione;
- mostrare che la scelta della tecnica di produzione da parte di un'impresa è influenzata dal prezzo dei fattori produttivi;
- individuare il costo totale, medio e marginale di produzione in condizioni tecniche di breve e di lungo periodo;
- collegare i rendimenti di scala all'andamento dei costi medi di produzione;
- distinguere tra fattori fissi e fattori variabili e spiegare la legge dei rendimenti decrescenti;
- spiegare i criteri di scelta del livello ottimale di produzione da parte di un'impresa.

Nel Capitolo 6 sono stati presentati i fondamenti della teoria dell'offerta. Le imprese che tendono a massimizzare il profitto scelgono il volume di produzione che corrisponde all'uguaglianza tra costo e ricavo marginale. Se, in queste condizioni, il profitto economico è positivo, l'impresa ha convenienza a produrre. Se invece il profitto è negativo, l'impresa deve valutare se la sospensione dell'attività produttiva non consenta di ridurre le perdite.

In questo capitolo si propone la distinzione tra scelta del volume di produzione di un'impresa in condizioni tecnico-produttive di breve periodo e di lungo periodo. Nessuna impresa rimane in un mercato se ha l'aspettativa di subire perdite per un periodo indefinito.

Il capitolo spiega come e perché i costi di produzione abbiano andamenti differenti quando l'impresa opera in condizioni tecniche di breve periodo, in presenza di significativi vincoli nell'organizzazione produttiva, e quando opera in condizioni tecniche di lungo periodo, ovvero senza ostacoli tecnici a un completo adattamento dell'organizzazione produttiva a cambiamenti della domanda e/o dei prezzi dei fattori. In concreto, verranno analizzate le curve del costo totale, medio e marginale di produzione in condizioni di breve e di lungo periodo.

La Figura 7.1 sintetizza il contenuto di questo capitolo, che è focalizzato sulla tecnologia e sui costi di produzione. Lo studente deve familiarizzare con numerosi concetti e andamenti dei costi. Può quindi essere utile un continuo ritorno alla Figura 7.1. L'analisi si basa sulla funzione di produzione dell'impresa. Si metterà poi l'accento sull'ipotesi di fattori produttivi tutti variabili per ragionare in termini di costi di produzione tutti variabili. Il cosiddetto lungo periodo sarà la condizione entro la quale si definirà e rappresenterà il volume ottimo di produzione dell'impresa, facendo tesoro di quanto già descritto nel Capitolo 6 con riferimento alle strutture di mercato e alle ipotesi di leadership competitiva. La seconda par-

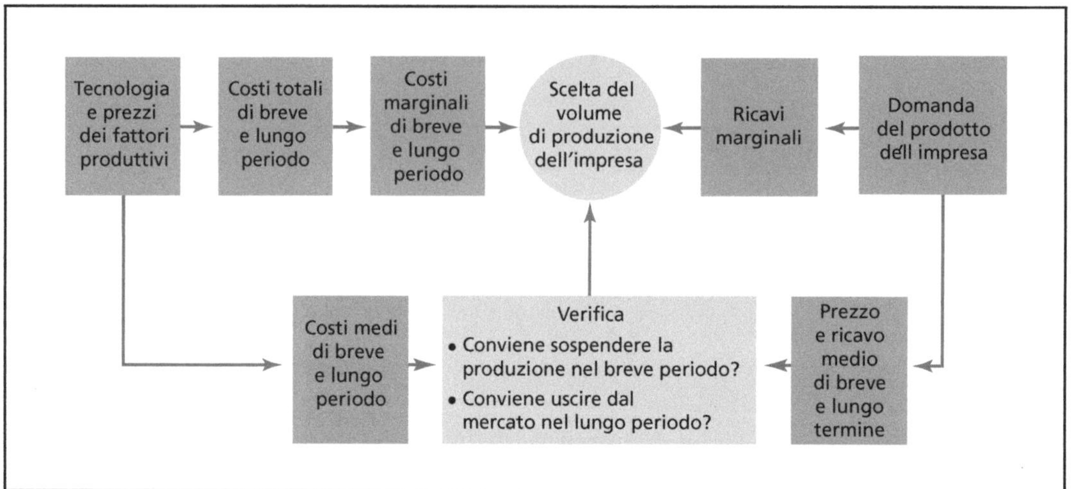

Figura 7.1 Una sintesi della teoria dell'offerta La teoria dell'offerta presentata nel Capitolo 6 viene estesa in due direzioni. In primo luogo, la decisione dell'impresa circa il volume di produzione viene analizzata separatamente nel breve e nel lungo periodo. In secondo luogo, viene approfondita l'analisi delle determinanti dei costi di produzione, con particolare riguardo alla tecnologia e ai prezzi dei fattori produttivi.

te del capitolo verrà dedicata, invece, al breve periodo, ovvero all'ipotesi per la quale almeno un fattore produttivo è fisso. Anche in questa ipotesi si definirà e rappresenterà il volume ottimo di produzione di un'impresa che, realisticamente, operi in un mercato di concorrenza imperfetta.

7.1 ● La funzione di produzione

Un **fattore di produzione** (o input) è un bene o servizio utilizzato per l'ottenimento di un prodotto (od output).

I fattori di produzione possono essere costituiti da servizi lavorativi, informazioni, impianti, edifici, materie prime ed energia. I fattori produttivi necessari per l'ottenimento di un prodotto dipendono dalla tecnologia. Per esempio, l'individuazione degli input necessari per produrre animali di stoffa o lettori di DVD è un problema quasi del tutto esterno all'indagine economica; è piuttosto campo di indagine dell'ingegneria. L'economista considera come un dato esogeno l'insieme dei fattori produttivi tecnicamente necessari per ottenere un prodotto, anche se concentra l'attenzione sull'assenza di sprechi, ovvero sull'insieme dei fattori che soddisfano il criterio dell'efficienza produttiva. Lo strumento analitico utilizzato a questo riguardo dalla teoria economica è la funzione di produzione.

La **funzione di produzione** è una relazione che definisce la massima quantità di prodotto tecnicamente ottenibile con ogni dato insieme o combinazione di fattori produttivi.[1]

La funzione di produzione sintetizza le possibilità tecnicamente efficienti di combinare fattori produttivi per l'ottenimento di un determinato prodotto. Una combinazione di fattori produttivi è tecnicamente inefficiente se, per la produzione di un dato volume, esiste un'altra combinazione che utilizza una minore quantità di almeno un input a parità d'impiego degli altri tecnicamente necessari. Per esempio, la combinazione *A*, composta da 2 ore di

---

[1] In termini formali, la funzione di produzione è una relazione del tipo

$$\underset{\max}{Q_i} = f(f_i) \qquad (1)$$

dove $\underset{\max}{Q_i}$ è la quantità massima di un prodotto *i* ottenibile con l'impiego dei fattori produttivi f_j, con $j = 1, 2, \ldots n$. Per esempio, la funzione di produzione di pasti in una mensa può essere espressa dalla relazione

$$\underset{\max}{Q_i} \text{ pasti} = f(L,K) = 2L \cdot K \qquad (2)$$

dove *L* è la quantità di ore di lavoro alla settimana e *K* è la quantità di alimenti precotti. Per ogni ulteriore approfondimento sulla funzione di produzione si rinvia all'appendice matematica disponibile sul sito web dedicato al volume.

Tabella 7.1 La funzione di produzione indica le massime quantità di un prodotto ottenibili con date quantità di fattori

Q (quantità di prodotto: unità per settimana)	*K* (capitale: n. di macchine*)	*L* (lavoro: n. di lavoratori*)
100	4	4
100	2	6
106	2	7
200	4	12

* Macchine e lavoratori sono disponibili per 40 ore settimanali.

lavoro e 1 ora di tempo/macchina, consente di produrre un pupazzo di peluche. Lo stesso pupazzo può essere ottenuto dalla combinazione *B*, composta da 2 ore di lavoro e 2 ore di tempo/macchina. Quest'ultima combinazione di fattori produttivi non è tecnicamente efficiente e non è inclusa tra le combinazioni espresse dalla funzione di produzione.

La Tabella 7.1 rappresenta le combinazioni tecnicamente efficienti di capitale (macchine) e lavoro (addetti) disponibili per l'ottenimento di diversi volumi di produzione di un determinato bene (pupazzi di peluche).

Le prime due righe della Tabella 7.1 rappresentano due differenti combinazioni efficienti di capitale e lavoro che la tecnologia mette a disposizione per produrre 100 unità di prodotto: la prima richiede l'impiego di 4 macchine e 4 lavoratori e la seconda richiede 2 macchine e 6 lavoratori. La terza riga mostra l'effetto dell'aggiunta di un lavoratore alla seconda combinazione di fattori. La produzione totale aumenta di 6 unità di prodotto. La quarta riga, se confrontata con la seconda, mostra un'importante caratteristica della particolare funzione di produzione rappresentata nella Tabella 7.1. Il raddoppio della quantità di entrambi i fattori produttivi consente di raddoppiare la produzione. È possibile che, in altri casi, questa caratteristica della funzione di produzione non si verifichi. Può, per esempio, accadere che un raddoppio della quantità utilizzata di tutti i fattori produttivi consenta di accrescere la produzione di tre volte.

La Tabella 7.1 potrebbe essere ampliata includendo altre combinazioni tecnicamente efficienti di capitale e lavoro. Com'è possibile definire, attraverso l'identificazione delle combinazioni di fattori produttivi tecnicamente efficienti, la funzione di produzione relativa ai pupazzi di peluche? In parte, attraverso le valutazioni di ingegneri e di tecnici dell'organizzazione produttiva e, in parte, attraverso la sperimentazione di differenti soluzioni tecniche.

La **funzione di produzione** è l'insieme di tutte le combinazioni tecnicamente efficienti per realizzare un determinato prodotto. Essa rappresenta quindi una **tecnologia** produttiva. Le combinazioni tecnicamente efficienti caratterizzate da uno stesso rapporto di utilizzo dei fattori identificano una **tecnica** di produzione.[2]

Per gli economisti, il *progresso tecnico* è un'invenzione o una forma di organizzazione produttiva che consente di ottenere uno stesso volume di produzione con un minore impiego di uno o più fattori produttivi, a parità d'impiego di altri. Cambiando l'insieme delle combinazioni tecnicamente efficienti per produrre un bene o servizio, il progresso tecnico cambia la funzione di produzione relativa al bene o servizio. Inizialmente, si ipotizza che la tecnologia, e quindi la funzione di produzione, relativa al bene considerato (i pupazzi di peluche) sia data. Una volta elaborata la teoria dell'offerta del bene per una data tecnologia, sarà possibile analizzare l'impatto del progresso tecnico sulla scelta del volume di produzione da parte dell'impresa.

7.2 ● I costi e la scelta della tecnica di produzione

Nel Capitolo 6 si è mostrato come il volume di produzione che garantisce all'impresa il massimo profitto possa essere definito attraverso il confronto tra costo e ricavo marginale di produzione, facendo riferimento a un'impresa che cerchi di soddisfare la domanda decrescente di un mercato, nel quale cerca di esercitare una determinata leadership che dipende dalla sua funzione di produzione e quindi dalla struttura dei suoi costi. Ora è necessario analizzare più in dettaglio le determinanti del costo totale e del costo marginale di produzione di un bene o servizio.

La scelta della tecnica che minimizza i costi

La funzione di produzione collega quantità di fattori produttivi a volumi massimi di produzione. I costi sono espressi in moneta. Per passare da valutazioni di *efficienza tecnica* (espresse dalla funzione di produzione) a valutazioni di *efficienza economica*

[2] Quindi, le combinazioni di capitale e lavoro rappresentate dalla seconda e quarta riga della Tabella 7.1 definiscono una tecnica di produzione caratterizzata da un rapporto capitale/lavoro pari a 1 macchina per 3 lavoratori.

mica (espresse dall'andamento dei costi), occorre considerare i prezzi dei fattori di produzione.

Si supponga di volere identificare la combinazione di fattori meno costosa per produrre 100 unità di prodotto (pupazzi di peluche). Si ipotizzi che vi siano solo due tecniche efficienti - identificate come "tecnica A" e "tecnica B" - che consentono di produrre 100 unità di prodotto. I prezzi di affitto delle macchine e di acquisizione dei servizi lavorativi sono rispettivamente 320 euro e 300 euro per settimana lavorativa. Disponendo di queste informazioni, è possibile costruire la Tabella 7.2 che presenta gli elementi di valutazione economica necessari per scegliere la più conveniente tra la tecnica A e la tecnica B.

La Tabella 7.2 indica che la realizzazione delle 100 unità di prodotto con la tecnica A implica un costo totale settimanale di 2480 euro, mentre il ricorso alla tecnica B comporta un costo totale settimanale di produzione pari a 2440 euro. L'impresa ha quindi convenienza a scegliere la tecnica B che le consente di produrre le ipotizzate 100 unità di prodotto con il costo totale minimo di 2440 euro per settimana. La tecnica B è quella *economicamente efficiente*, in quanto consente di produrre il volume scelto o ipotizzato di prodotto con il minimo costo totale.

L'intensità dei fattori di produzione

Una tecnica di produzione caratterizzata da un elevato rapporto tra capitale e lavoro utilizzato è detta *ad alta intensità di capitale*. Per contro, una tecnica di produzione caratterizzata da un elevato rapporto tra lavoro e capitale è detta *ad alta intensità di lavoro*. Nella Tabella 7.2, la tecnica B è ad alta intensità di lavoro in quanto è contraddistinta da un rapporto tra lavoro e capitale utilizzati nella produzione pari a $6/2 = 3$, ovvero 3 lavoratori per 1 macchina.

Il prezzo relativo dei fattori e la scelta della tecnica

Dati i prezzi dei due fattori di produzione ipotizzati nella Tabella 7.2, la tecnica economicamente efficiente, tra le due ipotizzate, è quella ad alta intensità di lavoro, ovvero la tecnica B. Si supponga ora che il prezzo del lavoro (il salario settimanale) aumenti da 300 a 340 euro per settimana e che il prezzo del capitale (il canone di affitto settimanale delle macchine) rimanga inalterato. Ne consegue un aumento del prezzo relativo del lavoro rispetto al capitale: prima dell'aumento, il prezzo relativo era 300/320, dopo l'aumento del salario settimanale è 340/320.

Quali sono le conseguenze di questo aumento del prezzo relativo dei due fattori di produzione sui costi totali e sulla tecnica economicamente efficiente? La Tabella 7.3 presenta i nuovi valori dei costi totali di produzione in corrispondenza del nuovo prezzo relativo dei due fattori. Poiché entrambe le tecniche di produzione impiegano lavoro, la prima conseguenza dell'aumento del prezzo del lavoro è un aumento del costo totale di produzione del volume ipotizzato di output (100 unità di prodotto per settimana). Questa conclusione vale per ogni altro volume di produzione. Quindi, si può concludere che un aumento del prezzo di un fattore di produzione tecnicamente necessario per ottenere un prodotto provochi uno spostamento verso l'alto, quindi un aumento, della curva di costo totale.

Tabella 7.2 La scelta della tecnica di produzione economicamente efficiente

	K	L	P_K (prezzo di K: euro per settimana)	P_L (prezzo di L: euro per settimana)	TC_K (costo totale di K)	TC_L (costo totale di L)	TC (costo totale di produzione)
Tecnica A	4	4	320	300	1280	1200	2480
Tecnica B	2	6	320	300	640	1800	2440

Tabella 7.3 L'effetto di un aumento del prezzo del lavoro sulla tecnica economicamente efficiente

	K	L	P_K (prezzo di K: euro per settimana)	P_L (prezzo di L: euro per settimana)	TC_K (costo totale di K)	TC_L (costo totale di L)	TC (costo totale di produzione)
Tecnica A	4	4	320	340	1280	1360	2640
Tecnica B	2	6	320	340	640	2040	2680

Non meno importante è l'effetto dell'aumento del prezzo relativo del lavoro rispetto al capitale sulla scelta della tecnica più conveniente. Nell'esempio presentato nella Tabella 7.3, l'aumento del prezzo relativo del lavoro induce l'impresa a passare alla tecnica A (caratterizzata da una più elevata intensità di capitale).

7.3 ● I costi totali, medi e marginali di lungo periodo

Di fronte a un aumento della domanda e quindi del ricavo ottenibile dalla vendita del prodotto, l'impresa ha convenienza a espandere la produzione. Tuttavia, l'espansione della produzione può incontrare ostacoli e richiedere cambiamenti nell'organizzazione dell'impresa. A breve termine, l'impresa può, per esempio, ricorrere al lavoro straordinario. A lungo termine, può peraltro essere conveniente assumere nuovi lavoratori, ampliare lo stock di macchine o attivare nuovi contratti con i fornitori di prodotti intermedi.

Il **lungo periodo** è il tempo necessario per consentire all'impresa di modificare tutti gli input in reazione a cambiamenti esogeni.

Nel **breve periodo** l'impresa può modificare solo alcuni fattori di produzione in reazione a cambiamenti esogeni.

Nel lungo periodo, l'impresa può modificare la dimensione degli immobili e degli impianti, assumere o licenziare lavoratori, cambiare la tecnica di produzione e rinegoziare le condizioni contrattuali con i fornitori. Ciò può essere sintomo di quella leadership competitiva che la può far primeggiare nel mercato.

In condizioni di breve periodo, può essere possibile, per esempio, modificare l'orario giornaliero o settimanale di lavoro dei dipendenti. La variazione del numero degli addetti alla produzione può, invece, richiedere tempi relativamente lunghi. Possono essere addirittura necessari alcuni anni prima che sia progettato, costruito e reso operativo un nuovo stabilimento.

I costi totali e marginali di lungo periodo

I costi di lungo periodo di un'impresa sono i costi di produzione relativi a una situazione tecnico-produttiva e a un orizzonte temporale nei quali l'impresa è in grado di realizzare cambiamenti di tutti i fattori utilizzati nella tecnica di produzione.

Tabella 7.4 I costi di lungo periodo

(1) *Q* (n. unità per settimana)	(2) *LTC* (costi totali: euro per settimana)	(3) *LMC* (costi marginali: euro per settimana)	(4) *LAC* (costi medi: euro per settimana)
0	0	-	-
1	30	30	30
2	54	24	27
3	74	20	24,67
4	91	17	22,75
5	107	16	21,40
6	126	19	21,00
7	149	23	21,29
8	176	27	22,00
9	207	31	23,00
10	243	36	24,30

Il **costo totale di lungo periodo (*LTC*)** è il costo minimo di produzione corrispondente a ogni ipotetica quantità di prodotto nell'ipotesi in cui l'impresa possa modificare tutti i fattori e scelga, per ogni volume di produzione, la tecnica e la combinazione di fattori economicamente efficienti.

La Tabella 7.4 e la Figura 7.2 presentano un tipico andamento dei costi totali di lungo periodo di produzione di un bene. Il valore (euro per settimana) del costo totale di produzione rappresentato è il minimo costo totale a cui è possibile produrre ogni

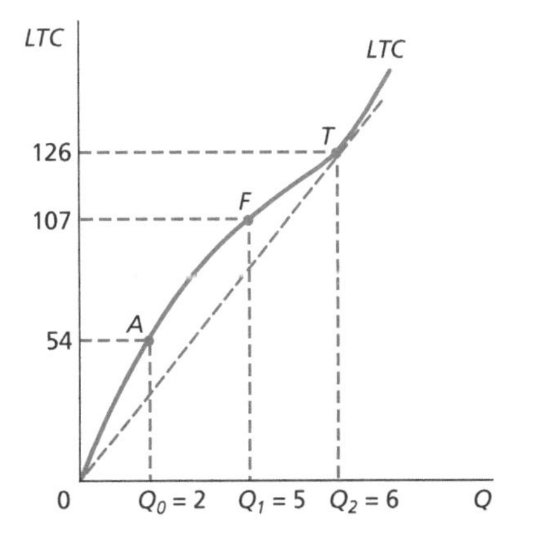

Figura 7.2 La curva del costo totale di lungo periodo
La curva del costo totale di lungo periodo indica, per ogni possibile quantità prodotta, il costo totale minimo di produzione che l'impresa sostiene se sceglie la tecnica e la combinazione di fattori efficiente.

corrispondente volume di produzione scegliendo la tecnica e la combinazione di fattori più efficiente per quel volume. Poiché nel lungo periodo è possibile uscire dal mercato, in corrispondenza di una produzione nulla il costo totale è pari a zero.

La terza colonna della Tabella 7.4 rappresenta l'andamento del costo marginale di lungo periodo (*LMC*) conseguente ai valori ipotizzati di *LTC*.

Il **costo marginale di lungo periodo (*LMC*)** è la variazione del costo totale di lungo periodo (*LTC*) conseguente a un incremento della produzione di un'unità.[3]

Al crescere della quantità prodotta, *LTC* cresce necessariamente. L'aumento permanente della produzione, ovvero l'aumento della capacità produttiva, implica, infatti, l'utilizzo di maggiori quantità di fattori produttivi e quindi l'aumento dei costi. Tuttavia, al crescere della produzione (e, nel lungo periodo, della dimensione dell'impresa), i costi totali possono aumentare in modo più o meno rilevante a seconda che la tecnologia favorisca la grande o la piccola dimensione dell'impresa. È infatti possibile che la tecnologia favorisca la grande dimensione d'impresa, consentendo di produrre grandi volumi a costi medi minori di quelli realizzabili con piccole dimensioni. D'altro canto, è del tutto possibile che, oltre determinate dimensioni, i costi medi di produzione crescano in modo significativo.

I costi medi di lungo periodo

Per analizzare vantaggi o svantaggi della grande e della piccola dimensione d'impresa, è opportuno considerare l'andamento del costo medio o costo unitario di produzione in condizioni di lungo periodo (*LAC*).

Il **costo medio di lungo periodo (*LAC*)** di produzione di un bene o servizio è il rapporto tra costo totale e quantità prodotta in condizioni di lungo periodo.

Come si deduce dalla Tabella 7.4, l'andamento dei costi marginali (*LMC*) e dei costi medi (*LAC*) di lungo periodo dipende da quello dei costi totali di lungo periodo (*LTC*). La Figura 7.3 mostra alcuni tipici collegamenti tra costi totali e costi medi e marginali di lungo periodo.

I dati relativi all'ipotesi della Tabella 7.4 sono rappresentati nella Figura 7.3 (a). Dato l'andamento cubico[4] del costo totale di lungo periodo rappresentato nella figura, le conseguenti curve di costo medio (*LAC*) e marginale (*LMC*) hanno una tipica *forma a U*.[5] Al cambiare della forma della curva del costo totale cambia, di conseguenza, la forma delle curve di costo medio e marginale. Nelle due ipotesi rappresentate nelle Figure 7.3 (b) e (c), la forma di *LTC* determina altre due tipiche configurazioni, a *forma di catino* e *orizzontale*, delle curve di costo medio e marginale.

Per spiegare le cause e il significato della forma della curva del costo medio di lungo periodo, occorre analizzare il fenomeno delle economie e diseconomie di scala.

7.4 ● Le economie e le diseconomie di scala

La produzione in condizioni di lungo periodo di un bene o servizio è caratterizzata da **economie di scala** quando, al crescere della quantità prodotta, il costo medio di lungo periodo diminuisce. Se invece, al crescere della quantità prodotta, il costo medio di lungo periodo aumenta, la produzione del bene o servizio è contraddistinta da **diseconomie di scala**. Se al variare della produzione il costo medio di lungo periodo rimane costante, la produzione si può definire caratterizzata da rendimenti costanti di scala.

In tutte queste definizioni, la parola "scala" è sinonimo di *dimensione della capacità produttiva* o *dimensione del processo produttivo* espressa in termini di quantità prodotta.

---

[3] In termini formali, poiché $LTC = f(Q)$,

$$LMC = \frac{dLTC}{dQ} \simeq \frac{\Delta LTC}{\Delta Q}$$

[4] L'andamento della Figura 7.3 (a) è detto *cubico* poiché è la rappresentazione grafica della seguente funzione di terzo grado:

$$LTC = aQ - bQ^2 + cQ^3 \qquad (3)$$

[5] La *forma a U* delle due curve di costo medio e costo marginale corrispondenti alla forma cubica della curva di costo totale di lungo periodo discende dal fatto che

$$LAC = \frac{LTC}{Q} = a - bQ + cQ^2 \qquad (4)$$

e

$$LMC = \frac{dLTC}{dQ} = a - 2bQ + 3cQ^2 \qquad (5)$$

Le relazioni (4) e (5) sono due parabole.

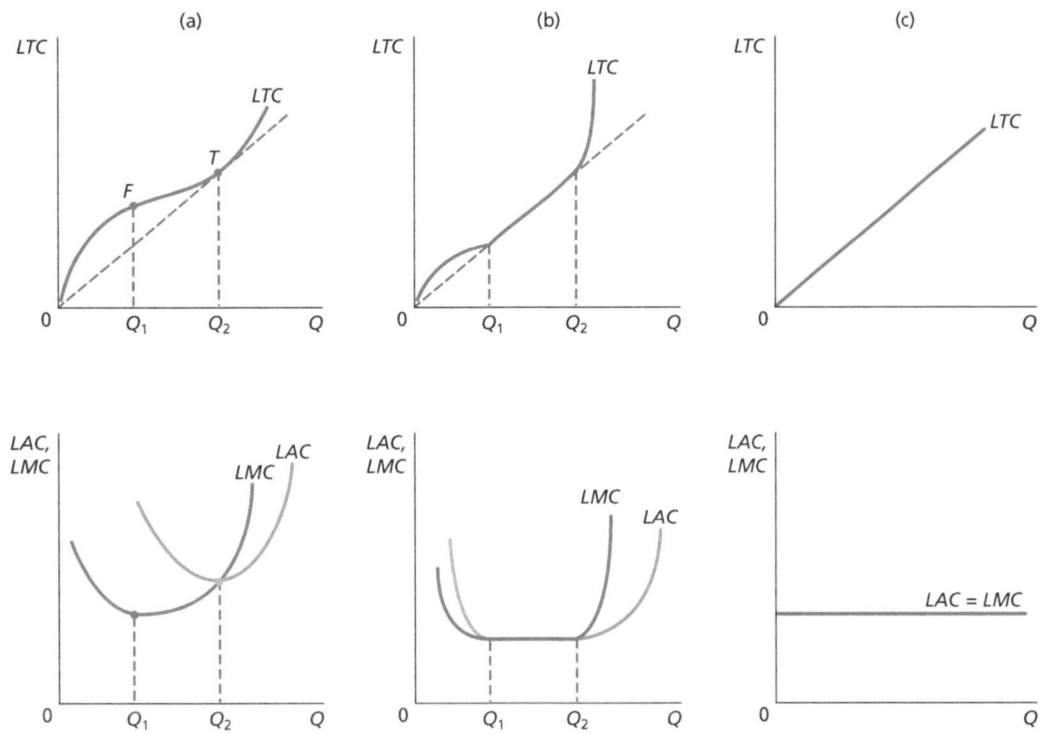

Figura 7.3 Il collegamento tra costo totale (*LTC*), costo medio (*LAC*) e costo marginale (*LMC*) di lungo periodo L'andamento, comunque crescente, dei costi totali (*LTC*) determina l'andamento dei costi medi (*LAC*) e marginali (*LMC*). Il grafico (a) rappresenta i dati della Tabella 7.4.

La Figura 7.4 illustra le tre situazioni prima definite.

I processi reali di produzione non sono tuttavia, di norma, caratterizzati da continue e indefinite economie o diseconomie di scala ovvero da rendimenti costanti di scala per qualunque dimensione della produzione. A eccezione di casi particolari, le forme più tipiche della curva di costo medio di lungo periodo sono quelle a U e quelle a catino delle Figure 7.3 (a) e (b).

L'andamento a forma di U è tipico di una produzione caratterizzata da economie di scala fino a

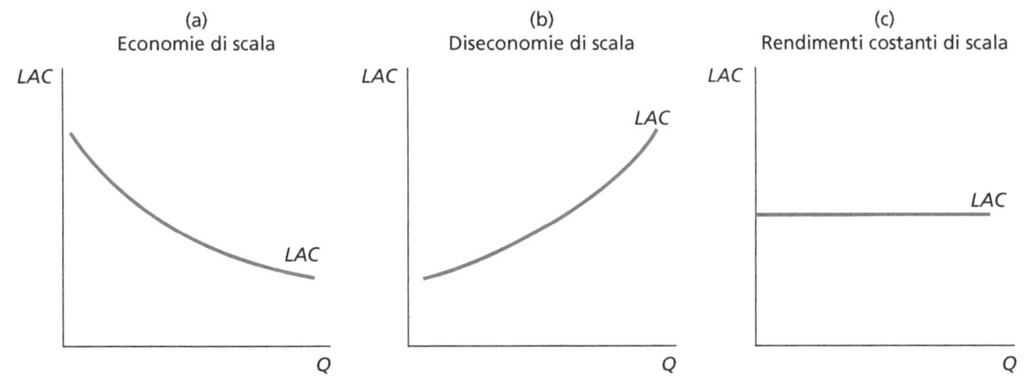

Figura 7.4 Le economie, le diseconomie e i rendimenti costanti di scala I rendimenti di scala determinano la forma della curva del costo medio di produzione di lungo periodo.

Q_2 e da diseconomie di scala una volta superata la dimensione Q_2. La dimensione della capacità produttiva corrispondente al minimo costo medio di lungo periodo - ovvero, Q_2 nella Figura 7.3 (a) - è detta *scala efficiente di produzione* (*ES*) del bene o servizio. La forma a catino della Figura 7.3 (b) indica invece l'esistenza di rendimenti costanti di scala tra Q_1 e Q_2, che rappresentano rispettivamente la *scala minima* e la *scala massima efficiente* di produzione del bene o servizio.

Da che cosa dipende la forma della curva del costo medio di lungo periodo? Le curve dei costi di produzione sono basate sull'ipotesi che i prezzi dei fattori di produzione siano dati. Quindi, cambiamenti del costo medio dovuti a variazioni della dimensione produttiva - ovvero, spostamenti lungo la curva *LAC* - non possono essere attribuiti a cambiamenti dei prezzi dei fattori produttivi. Questi ultimi provocano spostamenti delle curve dei costi. La relazione tra costo medio e dimensione della scala di produzione dev'essere spiegata da caratteri della funzione di produzione che collega le quantità fisiche di fattori produttivi e di prodotto. La forma delle curve di costo dipende sostanzialmente dalla tecnologia produttiva.

Le economie di scala

Vi sono tre possibili cause di economie di scala. La prima causa è rappresentata dall'*indivisibilità* di alcuni fattori del processo produttivo. Per operare sul mercato, quindi per produrre, un'impresa deve disporre di una quantità minima di fattori indivisibili, indipendentemente dal suo volume di produzione e di offerta: per esempio, deve disporre di un impianto, di un manager, di un abbonamento telefonico e così via. Non è possibile acquisire mezzo impianto, mezzo manager o mezzo abbonamento telefonico perché si intende operare a modesti livelli di produzione. La necessità di acquisire risorse indivisibili implica il sostenimento di costi fissi che non variano, entro livelli di produzione compatibili con la capacità produttiva dei fattori indivisibili, al variare della produzione. Finché l'aumento della produzione non richiede un secondo impianto, un secondo manager o un secondo abbonamento telefonico, al crescere del volume di produzione i costi fissi dei fattori indivisibili si ripartiscono su un volume crescente di unità prodotte riducendo il costo medio e provocando il fenomeno delle economie di scala. Quando tuttavia l'impresa si espande oltre la capacità produttiva dei fattori indivisibili disponibili, ha la necessità di acquisire nuove risorse indivisibili, cosicché i costi medi aumentano e le economie di scala si esauriscono.

La seconda causa delle economie di scala è la *specializzazione* o, per usare la terminologia di Adam Smith, la *divisione del lavoro* all'interno dell'impresa. Un artigiano-imprenditore deve svolgere tutte le attività richieste dal processo produttivo di un bene. Allorché l'impresa espande la sua dimensione, diviene tecnicamente possibile ed economicamente conveniente organizzare il processo produttivo assegnando a diversi lavoratori o gruppi di lavoratori un compito specialistico nel quale acquisiscono esperienza ed efficienza. Ne *La ricchezza delle nazioni* (1776), Adam Smith, per spiegare gli effetti positivi della divisione del lavoro, propone l'esempio della fabbricazione degli spilli. Un artigiano che svolga tutte le fasi della produzione potrebbe forse arrivare a produrre venti spilli al giorno. Basando l'organizzazione del lavoro sulla divisione e specializzazione dei compiti - alcuni lavoratori si occupano della fusione, altri della formatura dei fili di ferro e così via - Adam Smith arriva a stimare che la produzione giornaliera di spilli possa arrivare a 4800 unità. Le economie di scala derivanti dalla specializzazione sono molto rilevanti. Una moderna applicazione dei vantaggi di costo derivanti dalla specializzazione e divisione del lavoro è l'organizzazione del lavoro per linee di assemblaggio o isole di lavorazione tipiche dell'industria automobilistica.

La terza causa delle economie di scala è collegata ai vantaggi derivanti dall'impiego di particolari impianti. L'ingegneria meccanica propone la *regola dei due terzi* che riguarda molti stabilimenti e impianti industriali: il costo di costruzione di uno stabilimento o di un impianto aumenta solo di due terzi rispetto all'aumento della capacità produttiva. Spesso questa regola ha una base di natura fisica. I serbatoi del petrolio o i silos per la conservazione dei cereali hanno la forma di cilindri: il loro costo è collegato alla superficie mentre la loro capacità produttiva è collegata al volume e il rapporto tra superficie e volume di un cilindro è circa pari a due terzi.

Si pensi, molto semplicemente, a un magazzino merci che abbia la forma di un parallelepipedo. La superficie è costituita da sei facce. Raddoppiare il volume in altezza significa aumentare di soli due terzi le facce del parallelepipedo. Il pavimento costituirà la base del nuovo volume radddoppiato e il tetto del primo magazzino, prima del raddoppio del volume, sarà *spostato* a tetto del secondo, il cui volume è raddoppiato. Quindi, riutilizzando pavimento e tetto del primo magazzino, il volume raddoppia per la neo-costruzione di sole quattro facce.

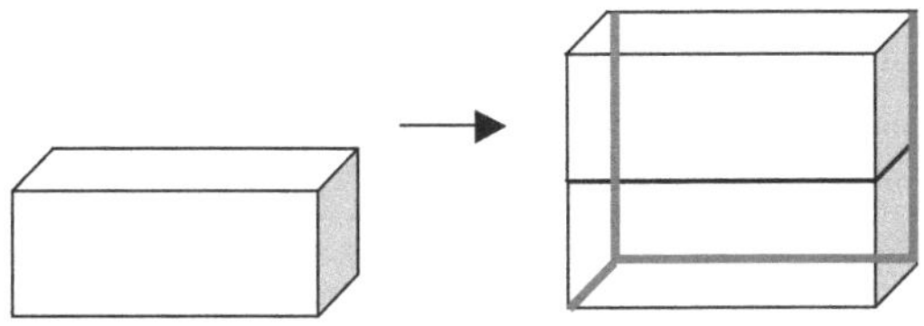

Anche gli impianti tecnicamente sofisticati e costosi, come una linea di assemblaggio o di verniciatura robotizzata, hanno spesso caratteri di indivisibilità. Non è, quindi, conveniente utilizzarli per la produzione di poche unità di prodotto. Per contro, il loro impiego è conveniente, in termini di costi medi, per la realizzazione di grandi volumi di produzione sui quali si distribuisce il loro elevato costo fisso di acquisizione e installazione.

Le diseconomie di scala

Dato l'operare diffuso di cause che producono economie di scala, come si spiega l'andamento a forma di U tipico della curva di costo medio di lungo periodo ipotizzato dalla teoria economica? Occorre innanzitutto rilevare che la seconda e la terza causa di economie di scala, ossia la specializzazione del lavoro e la regola dei due terzi, riguardano prevalentemente la produzione manifatturiera. Non sembrano invece riguardare molti servizi, come la ristorazione e il turismo.

La principale causa di diseconomie di scala è costituita dai crescenti costi di controllo e coordinamento che accompagnano la crescita della dimensione e della complessità organizzativa dell'impresa. Le grandi imprese richiedono imponenti strutture e staff manageriali: aumentano, infatti, i livelli e la complessità dell'organizzazione burocratica e l'esigenza di coordinamento. La principale causa di aumento dei costi medi nelle grandi imprese è rappresentata dalle *diseconomie manageriali di scala.*

Una seconda fonte di diseconomie di scala è rappresentata dalla *dimensione territoriale o geografica dell'attività dell'impresa.* Al crescere della dimensione dell'impresa, aumenta la dimensione geografica del suo mercato e quindi l'incidenza dei costi di trasporto dei prodotti verso i mercati di sbocco. Per limitare i costi di trasporto, l'impresa può articolarsi in più stabilimenti localizzati in prossimità dei singoli mercati nazionali o regionali. Ma, così facendo, si aggrava il problema e il costo del coordinamento manageriale.

La forma della curva del costo medio di lungo periodo dipende, quindi, dalla persistenza delle economie di scala al crescere della capacità produttiva e dall'operare delle diseconomie di scala allorché la capacità produttiva supera la scala massima efficiente di produzione. L'operare di queste due forze varia grandemente da un settore produttivo a un altro e, quindi, la forma della curva di costo medio di produzione di lungo periodo è una questione di rilevanza più empirica che teorica.

L'evidenza empirica circa le economie e le diseconomie di scala

L'acquisizione di evidenza empirica in merito alla forma della curva di costo medio di lungo periodo può essere realizzata attraverso l'analisi dei risultati di indagini ingegneristiche e/o di economia industriale sui costi di produzione nei più svariati settori produttivi. Ben più difficile è l'acquisizione di evidenza sulle diseconomie manageriali, dal momento che pressoché tutte le ricerche empiriche focalizzano l'attenzione sui costi diretti di produzione relativi a differenti dimensioni d'impresa. Ignorando le diseconomie manageriali, queste indagini sovrastimano quindi la rilevanza delle economie di scala.

La Figura 7.5 sintetizza l'andamento dei costi medi di produzione per imprese di diverse dimensioni nel settore del cemento negli Stati Uniti e nel settore della birra e dell'energia elettrica nel Regno Unito. In due dei tre settori il costo medio decresce continuamente al crescere della produzione. Anche a grandi dimensioni produttive, le forze che provocano economie di scala sembrano prevalere su quelle che provocano diseconomie di scala. Molte indagini su diversi settori dell'industria manifatturiera sembrano confermare l'andamento decrescente del costo medio di produzione di questi beni.[6] Per le imprese che operano in questi settori, il tipico andamento della curva di costo medio di lungo periodo è quello rappresentato nella Figura 7.5 (a). A piccole dimensioni della capacità produttiva, il costo medio decresce sensibilmente al crescere della capacità. Man mano che la dimensione della capacità produttiva aumenta, le economie di scala diventano sempre meno rilevanti.

Gli economisti hanno cercato di misurare la *scala minima efficiente di produzione* (*MES*) di diversi beni, ovvero la dimensione della capacità

---

[6] Vedi F.M. Scherer, D. Ross, *Industrial Market Structure and Economic Performance,* 3ª ed., Houghton Mifflin, 1990.

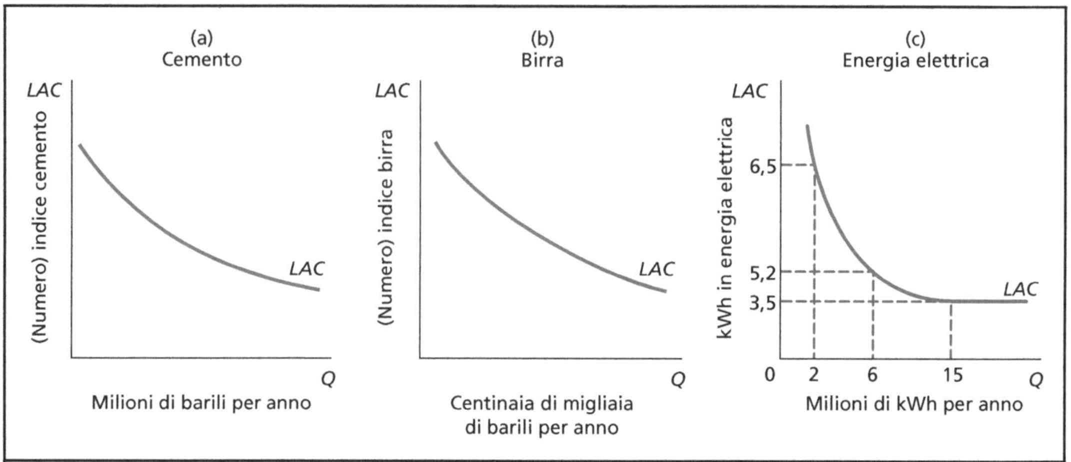

Figura 7.5 Stime empiriche del costo medio di lungo periodo
Fonte: McBride M.E., The Nature and Source of Economies of Scale in Cement Production, *Southern Economic Journal*, luglio 1981, pp. 105-15; Pratten C.F., *Economies of Scale in Manufaturing Industry*, Cambridge University Press, 1971, p. 75.

Tabella 7.5 Le economie di scala e la scala minima efficiente in alcuni settori industriali del Regno Unito e degli Stati Uniti

Settori	Indice delle economie di scala*	Scala minima efficiente UK	Scala minima efficiente USA
Cemento	26	6	2
Acciaio	11	15	3
Bottiglie di vetro	11	9	2
Strumenti di misurazione	8	4	1
Tessuti	7	2	1
Frigoriferi	6	83	14
Raffinazione del petrolio	5	12	2
Vernici	4	10	1
Sigarette	2	30	6
Scarpe	2	<1	<1

* Vedi la nota 7.
Fonte: Scherer F.M. et al., *The Economics of Multiplant Operation*, Harvard University Press, 1975.

produttiva a partire dalla quale le economie di scala divengono irrilevanti e il costo medio di produzione è minimo.

La Tabella 7.5 presenta alcune stime delle economie di scala e della scala minima efficiente (*MES*) di produzione in differenti settori del Regno Unito e degli Stati Uniti. La prima colonna di dati misura in percentuale lo svantaggio, in termini di maggiore costo medio, di un'impresa con una scala produttiva pari a un terzo della scala minima efficiente di produzione.[7]

Per esempio, i dati della prima colonna indicano che, nell'industria del cemento, un'impresa con una scala produttiva sottodimensionata a un terzo di quella minima efficiente produce con un costo medio superiore del 26% a quello minimo del settore.

Nel settore delle calzature, il sottodimensionamento a un terzo della scala efficiente minima di produzione comporta un costo medio maggiore solo dell'1,5% del costo medio minimo del settore. Queste indicazioni forniscono, quindi, un parametro di riferimento per valutare l'importanza delle economie di scala nei diversi settori: nel settore del cemento le economie di scala sono rilevanti, mentre nell'industria delle calzature la loro rilevanza è molto minore.

La seconda e la terza colonna di dati della Tabella 7.5 presentano stime della scala minima efficiente di produzione in diversi settori. La *MES* è espressa come percentuale della produzione totale del settore. Poiché nel Regno Unito e negli Stati Uniti le imprese dispongono sostanzialmente della stessa tecnologia, le differenze tra la seconda e la terza colonna riflettono soprattutto la diffe-

[7] La prima colonna di dati della Tabella 7.5 misura quindi le economie di scala attraverso un semplice indice del tipo

$$I_{ES} = \frac{AC(1/3\,MES) - AC(MES)}{AC(MES)} \cdot 100$$

rente dimensione della produzione totale dei settori nei due Paesi considerati, piuttosto che differenti dimensioni della scala minima efficiente di produzione delle imprese del Regno Unito e degli Stati Uniti. A questo riguardo, la Tabella 7.5 indica significative differenze di scala minima efficiente di produzione tra i settori. Per esempio, nel settore dei frigoriferi un'impresa con una capacità produttiva pari alla scala minima efficiente è in grado di produrre più dell'83% dell'output complessivo del settore nel Regno Unito e del 14% della produzione settoriale negli Stati Uniti. Nel settore delle calzature, un'impresa efficientemente dimensionata produce meno dell'1% – ovvero, tra lo 0,6% e lo 0,2% del prodotto totale del settore in entrambi i Paesi.

Questi dati empirici indicano che le economie di scala e la dimensione relativa della scala minima efficiente di produzione differiscono ampiamente da settore a settore.

In alcuni settori manifatturieri – come l'industria del cemento, dell'acciaio, delle automobili e degli aeromobili – le economie di scala sono molto rilevanti. Le imprese che operano in questi settori possono sostenere i rilevanti costi fissi di ricerca e sviluppo di nuovi modelli di prodotto e/o di impianti robotizzati solo se hanno grandi dimensioni. Tuttavia, in Paesi e contesti sovranazionali, come gli Stati Uniti e l'Unione Europea, la pur rilevante dimensione della scala minima efficiente di un'impresa individuale rappresenta una piccola percentuale della dimensione complessiva del settore. In piccole dimensioni nazionali, come quelle del Regno Unito o dell'Italia, la scala minima efficiente di produzione di una singola impresa rappresenta, invece, una quota percentuale importante della produzione in alcuni settori. I dati della Tabella 7.5 indicano che, nel Regno Unito, un unico produttore efficientemente dimensionato sarebbe in grado di realizzare da solo quasi l'intera produzione del settore. Quindi, la presenza di più imprese nel settore implica l'impossibilità per queste ultime di produrre al minimo costo medio.

La stessa Tabella 7.5 indica, inoltre, che vi sono molti settori anche nell'industria manifatturiera, come quello delle calzature e quello tessile, nei quali le economie di scala sono poco rilevanti e la scala minima efficiente di produzione è piccola rispetto alla dimensione del mercato. In questi settori, la curva del costo medio di produzione di lungo periodo (*LAC*) non ha la configurazione a forma di U della Figura 7.3 (b) o quella continuamente decrescente della Figura 7.4 (a): l'andamento più verosimile è quello orizzontale della Figura 7.5 (c) con un tratto iniziale decrescente, ossia una *forma a L*.

Infine, l'evidenza empirica sembra indicare che in numerosi settori non manifatturieri, come quelli dei servizi alle imprese e alle famiglie, le condizioni di costo siano tipicamente rappresentate da curve di costo medio di lungo periodo a forma di U con modeste economie di scala e una piccola scala efficiente di produzione. Come si vedrà nel Capitolo 9, queste particolari configurazioni dei costi medi di lungo periodo rappresentano un importante carattere strutturale delle forme di mercato.

Le stime empiriche proposte nella Tabella 7.5 e nella Figura 7.5 riguardavano settori e tecnologie tradizionali, antecedenti l'innovazione delle tecnologie dell'informazione e l'accelerazione della globalizzazione dei mercati. I dati di riferimento risalgono a quarant'anni fa e molta acqua è passata sotto i ponti. Il progresso tecnico dei servizi di trasporto ha ridotto drasticamente i costi di distribuzione delle merci. La diffusione e lo sviluppo della tecnologia dell'informazione e della comunicazione ha consentito di gestire, senza incorrere in diseconomie di coordinamento, società le cui attività sono localizzate su scala mondiale. Le imprese che offrono servizi di logistica e di consegna a domicilio, come GLS e Amazon, operano quindi a livello internazionale e la loro attività è minacciata più dalla diffusione di virus informatici che dagli scioperi di autisti e piloti.

La **globalizzazione** è la crescente integrazione di mercati locali e nazionali tradizionalmente separati da barriere strutturali.

In parte, la globalizzazione è la conseguenza di politiche nazionali o internazionali di abbattimento o riduzione degli ostacoli alla libera circolazione delle merci e dei capitali. Ma è soprattutto l'effetto delle riduzioni di costo causate dal progresso tecnico. La nuova tecnologia dell'informazione e i cambiamenti tecnico-organizzativi nei trasporti ampliano la dimensione dei mercati e riducono le diseconomie manageriali di scala. La scala efficiente di produzione di molti servizi è quindi sensibilmente aumentata negli ultimi anni. Imprese globali come Microsoft, Nike, Shell e Samsung operano con successo in molte nazioni. Le economie di scala consentono loro di superare i confini nazionali.

Le stime presentate nella Tabella 7.5 sono altresì obsolete in quanto la scala efficiente di produzione è riferita alla dimensione nazionale del settore o del mercato. Questo riferimento è corretto se le imprese producono solo o prevalentemente per i mercati nazionali, ma sovrastima il peso della scala efficiente se le imprese operano su scala internazionale o addirittura mondiale, soprattutto quando, in tempi di crisi, le imprese cercano di razionalizzare gli organigrammi e contenere il costo del lavoro.

A questo punto è possibile analizzare la scelta del volume ottimo di produzione di un'impresa i cui costi medi presentano la tipica configurazione a forma di U. Successivamente, si affronta il problema dell'influenza di rilevanti economie di scala sulle scelte produttive dell'impresa. Nel Capitolo 9 - che propone un'analisi della struttura di differenti tipi di mercato e settore - si evidenzia l'importante ruolo della forma della curva del costo medio di lungo periodo nel determinare la dimensione delle imprese e la concentrazione dell'offerta.

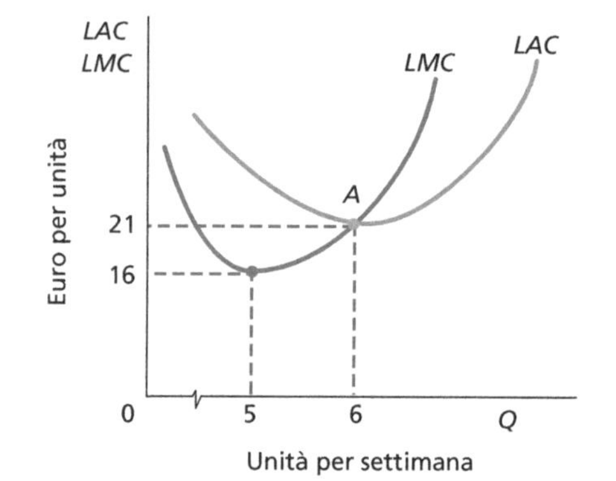

Figura 7.6 La tipica forma a U della curva del costo medio e marginale La relazione tra costo medio e costo marginale è di natura matematica. Quando il costo marginale è minore del costo medio, quest'ultimo decresce e viceversa. Se il costo marginale è costante, esso coincide con il costo medio. Se *LMC* e *LAC* hanno la tipica forma a U, si intersecano in corrispondenza del punto di minimo di *LAC*.

7.5 ● Il costo medio e il costo marginale

Nella Tabella 7.4, il costo medio (*LAC*) e il costo marginale (*LMC*) di lungo periodo sono calcolati partendo dai dati relativi al costo totale di lungo periodo (*LTC*). È ora necessario analizzare in dettaglio il collegamento tra costo medio e costo marginale.

Le ultime due colonne della Tabella 7.4 sono rappresentate nella Figura 7.6, in modo da ottenere le corrispondenti curve di costo medio (*LAC*) e costo marginale (*LMC*) nel caso in cui la prima abbia la tipica configurazione a forma di U.

A ogni ipotetico livello di produzione, il costo medio è calcolato dividendo il costo totale per la quantità prodotta. Il costo marginale viene calcolato attraverso la variazione del costo totale conseguente a una variazione unitaria (o, più rigorosamente, infinitesima) della quantità prodotta.

Dalla Tabella 7.4 emergono due rilevanti caratteristiche del collegamento tra costo medio e costo marginale.

1. Quando il costo marginale (*LMC*) è inferiore al costo medio (*LAC*), il costo medio è decrescente e viceversa.

Approfondimento 7.1 *International Touring Exhibitions*, una reale causa di economie di scala?

Con la contemporanea crisi, i musei italiani (e non solo) *scoprono* che potrebbe essere efficiente far circolare le opere d'arte, condividendo i costi di una mostra con istituzioni internazionali e incrementando la durata e la localizzazione delle *exhibitions* entro i confini nazionali e al di fuori dei confini nazionali.

Come a dire che il costo indivisibile di una mostra potrebbe essere suddiviso tra più artefici e aumentandone le coordinate spazio-temporali.

In realtà, i costi di trasporto e di assicurazione sono aumentati e stanno accelerando anche in ragione di quelle che sono le restrittive regole di trasporto "ad arte" delle opere d'arte. È innegabile che suddividere i costi di un'unica mostra con almeno altre due istituzioni possa consentire economie nel costo pubblicitario ed editoriale, ma il coordinamento dello stesso editing potrebbe generare altri costi. Non è escluso che appaiano essenziali anche i pareri di tre curatori, se tre sono le istituzioni che *mettono assieme* le loro collezioni. Come a dire che i curatori di tutte e tre le istituzioni o che lavorano per le tre istituzioni un parere desiderano esprimerlo!

Insomma rare sono le componenti fungibili o standardizzabili di eventi culturali-creativi. Le componenti di originalità, come la curatela, difficilmente saranno causa di economie di scala. Altre componenti come i costi assicurativi, a unica contrattazione per tutte le opere, in blocchi diversi proponibili a diverse e ripetute *touring exhibitions*, potrebbero generare economie.

Nota: Per un'interessante analisi, Rebecca Amsellem (2013): International Touring Exhibitions: Toward a Profitable Business Model for Exhibitions?, *The Journal of Arts Management, Law, and Society*, 43:1, 36-57.

2. Quando il costo marginale (*LMC*) è uguale al costo medio, quest'ultimo è al suo valore minimo.

Questi due collegamenti tra costo medio e costo marginale hanno validità generale. La relazione tra una variabile media e una marginale – sia essa il costo di produzione o i goal realizzati da un calciatore – è di natura logico-matematica. Un calciatore che ha realizzato 3 goal in 3 partite ha un media realizzativa di 1 goal per partita. Se realizza 2 goal nella quarta partita, la sua media realizzativa sale a 1,25 goal per partita. Se i goal marginali (2 nella quarta partita) superano i goal medi (1 per ognuna delle tre partite precedenti), questi ultimi aumentano (da 1 a 1,25). La stessa relazione vale ovviamente per i costi di produzione. Quando il costo marginale di un'unità addizionale di prodotto eccede il costo medio delle unità precedenti, il costo medio aumenta e viceversa. Se il costo marginale dell'unità addizionale è uguale al costo medio delle unità precedenti, il costo medio non cambia. Queste semplici considerazioni giustificano la caratteristica 1 del collegamento tra costo medio e marginale.

La caratteristica 2 è una conseguenza della 1. Nella Figura 7.6, le curve *LAC* e *LMC* si intersecano nel punto minimo *A* della prima. A sinistra di *A*, il costo marginale (*LMC*) è minore del costo medio (*LAC*), e di conseguenza quest'ultimo è decrescente. A destra di *A*, il costo marginale (*LMC*) è maggiore del costo medio (*LAC*), e quindi quest'ultimo necessariamente aumenta. In *A* i due costi sono uguali.

Tabella 7.6 La relazione tra costo maginale e costo medio

	MC < *AC*	*MC* = *AC*	*MC* > *AC*
AC è:	Decrescente	Costante e minimo	Crescente

La relazione tra costo medio e costo marginale è, come detto, di natura logico-matematica. Nella Figura 7.6, è rappresentata in riferimento ai costi medi e marginali di lungo periodo. La stessa relazione vale ovviamente anche per i costi medi e marginali di breve periodo che verranno analizzati nel Paragrafo 7.7.

Se la configurazione della curva del costo medio è a forma di U, la corrispondente configurazione della curva del costo marginale è anch'essa a forma di U e le due curve s'intersecano nel punto di valore minimo della curva del costo medio.

La Tabella 7.6 sintetizza queste importanti relazioni tra costo medio e costo marginale. Il collegamento tra i due costi vale sia per i costi di lungo periodo sia per quelli di breve periodo.

7.6 • La scelta del volume ottimo di produzione dell'impresa nel lungo periodo

È ora possibile analizzare la scelta del volume ottimo di produzione da parte di un'impresa che opera con un orizzonte di lungo periodo.

Approfondimento 7.2 Internet e le economie di scala

La rivoluzione della tecnologia dell'informazione e della comunicazione sta producendo rilevanti effetti economici.

I prodotti informativi – come i libri, i film, la musica registrata e i programmi di notizie – hanno elevati costi fissi di produzione, ma la loro diffusione attraverso le reti digitali (come Internet) non ha sostanziali vincoli di capacità produttiva e può essere utilizzata a costi marginali pressoché nulli. Quindi, la diffusione di informazioni e prodotti informativi attraverso le reti digitali beneficia di economie di scala pressoché illimitate e l'aumento del numero di clienti collegati alla rete non fa aumentare significativamente i costi variabili di diffusione.

EMI, una leggenda del settore musicale, è nata nel 1931. Gli studi di Abbey Road londinesi hanno ospitato giganti come i Beatles. Con il passare del tempo EMI si è ritirata dal business della produzione di dischi e CD. Nel 2007 ha annunciato di voler vendere tracce di alta qualità esclusivamente online nell'iTunes Store. Per un prezzo di 99 centesimi di sterlina, ogni traccia era priva di restrizioni alla distribuzione e alla copiatura. Tracce di bassa qualità sarebbero, invece, costate 79 centesimi di sterlina.

Coprendo i costi attraverso le inserzioni pubblicitarie, le imprese digitali possono fornire servizi e beni a milioni di clienti.

In definitiva, la tecnologia dell'informazione ha consentito di gestire grandi imprese riducendo le diseconomie manageriali di scala. Amazon e Microsoft hanno quote di mercato rilevanti nei loro settori di attività (rispettivamente, nell'e-commerce, nei sistemi

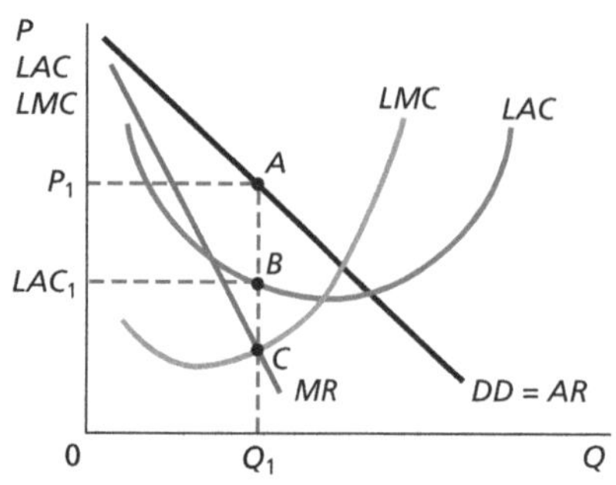

Figura 7.7 La scelta della produzione ottima nel lungo periodo Nel lungo periodo, l'impresa, se tende al massimo profitto, sceglie di produrre Q_1, in corrispondenza del quale $LMC = MR$ e $dLMC/dQ > dMR/dQ$. Se il prezzo P_1 corrispondente a Q_1 è $\geq LAC_1$, l'impresa rimane nel mercato. Se $P_1 < LAC_1$, l'impresa esce dal mercato.

La Figura 7.7 illustra l'andamento delle curve di costo medio (*LAC*) e marginale (*LMC*) di lungo periodo di un'impresa. Nella figura è altresì rappresentato l'andamento del ricavo marginale (*MR*) e del ricavo medio (*AR*) che l'impresa può ottenere dalla vendita di un prodotto in un mercato imperfettamente concorrenziale, dove fronteggia una domanda *DD* che rappresenta anche il suo ricavo medio *AR*.

Come si è mostrato nel Capitolo 6, il volume di produzione che garantisce all'impresa il massimo profitto è quello corrispondente all'uguaglianza tra costo marginale e ricavo marginale, in presenza di una pendenza della curva del costo marginale maggiore di quella del ricavo marginale. Nella Figura 7.7, queste condizioni sono soddisfatte in corrispondenza del volume di produzione Q_1. Occorre ora verificare se, producendo e vendendo Q_1, l'impresa sia in grado di ottenere un profitto economico positivo. Infatti, in presenza di perdite (ovvero, di un profitto economico negativo) e in una prospettiva di lungo periodo, l'impresa ha convenienza a uscire dal mercato.

Il profitto totale dell'impresa è dato dal profitto per unità prodotta moltiplicato per il numero totale di unità prodotte. Quindi, il profitto economico totale dell'impresa è positivo solo se il profitto per unità prodotta è positivo. Il profitto per unità prodotta è semplicemente dato dalla differenza tra il ricavo medio o prezzo unitario che l'impresa ottiene dalla vendita del prodotto e il costo medio. Quindi, per valutare la convenienza dell'impresa a restare nel mercato e a produrre la quantità Q_1 nel lungo periodo, occorre verificare se, in corrispondenza di Q_1, il prezzo di vendita ecceda il costo medio. Nella situazione rappresentata nella Figura 7.7, la quantità Q_1 può essere venduta al prezzo P_1 superiore al costo medio LAC_1: l'impresa può, quindi, realizzare un profitto unitario positivo pari a $P_1 - LAC_1$, equivalente alla distanza *AB*, e rimanere nel mercato.

Si rilevi che il criterio di definizione della scelta ottimale dell'impresa nel lungo periodo è articolato in due stadi. Anzitutto, occorre identificare il volume di produzione che soddisfa le condizioni marginalistiche di massimizzazione del profitto ($LMC = MR$ e $dLMC/dQ > dMR/dQ$). Successivamente, occorre verificare se, in corrispondenza del volume di produzione identificato come ottimo, sia soddisfatta la condizione secondo la quale il prezzo o ricavo medio di vendita supera il costo medio ($P > LAC$). Se questa seconda condizione non è soddisfatta, l'impresa ha convenienza, in una prospettiva di lungo periodo, a uscire dal mercato.

7.7 ● I costi di breve periodo e i rendimenti decrescenti dei fattori variabili

In condizioni di breve periodo, un'impresa non è in grado di adattarsi completamente a cambiamenti esogeni (di domanda, di tecnologia, di prezzi dei fattori produttivi e così via). Nel breve periodo, l'impresa è vincolata da uno o più fattori fissi di produzione.

Un **fattore fisso di produzione** è una risorsa tecnicamente necessaria per l'ottenimento di un prodotto e la cui quantità disponibile è data. Un **fattore variabile di produzione** è una risorsa disponibile in quantità adattabile al volume di produzione da realizzare.

In condizioni di breve periodo, un'impresa dispone di fattori produttivi variabili e di uno o più fattori produttivi fissi. La dimensione temporale del breve periodo dipende, quindi, dalla tecnologia e varia da settore a settore. Nell'industria elettrica, il breve periodo ha la durata di alcuni anni, ovvero del tempo pluriennale necessario per costruire e avviare una nuova centrale elettrica. Nel settore della ristorazione, il breve periodo può avere la durata di pochi mesi, ovvero del tempo necessario per affittare, arredare e attrezzare i locali per lo svolgimento dell'attività.

Il vincolo dei fattori fissi di produzione, che caratterizza il breve periodo, ha due rilevanti implicazioni. In primo luogo, comporta la necessità di sostenere costi fissi.

I **costi fissi** sono costi che non dipendono dal volume di produzione che l'impresa decide di realizzare, ma dalla quantità di fattori fissi di cui l'impresa dispone. I **costi variabili** sono invece costi che dipendono dal volume di produzione.

I costi fissi devono quindi essere sostenuti anche se l'impresa decide di sospendere la produzione. Se, per esempio, il fattore fisso di un'impresa è rappresentato dallo stabilimento di proprietà in cui realizza la produzione, il costo fisso corrispondente è rappresentato dal deprezzamento dell'immobile e degli impianti e dagli interessi da pagare comunque sul capitale finanziario preso a prestito per il suo acquisto.

In secondo luogo, a causa del vincolo dei fattori fissi, l'impresa che opera in condizioni di breve periodo non è in grado di riorganizzare flessibilmente la produzione in risposta a cambiamenti esogeni. In generale, i costi di breve periodo sono maggiori dei costi di lungo periodo. Occorre ora analizzare le determinanti e l'andamento dei costi di breve periodo.

I costi fissi e i costi variabili

La Tabella 7.7 presenta un esempio di possibile configurazione dei costi di breve periodo di un'impresa.

La colonna (2) e la colonna (3) rappresentano, rispettivamente, i valori dei costi fissi (*SFC*) e dei costi variabili (*SVC*) totali dell'impresa nel breve periodo. La loro somma dà i costi totali di breve periodo (*STC*) riportati nella colonna (4). La variazione del costo totale di breve periodo (*STC*), ovvero del solo costo variabile (*SVC*), in seguito all'incremento di un'unità prodotta dà il costo marginale di breve periodo (*SMC*) presentato nella colonna (5).

Tabella 7.7 I costi di breve periodo

(1) *Q* (quantità prodotta)	(2) *SFC* (costo totale fisso di breve periodo)	(3) *SVC* (costo totale variabile di breve periodo)	(4) *STC* (costo totale di breve periodo)	(5) *SMC* (costo marginale di breve periodo)
0	30	0	30	-
1	30	22	52	22
2	30	38	68	16
3	30	48	78	10
4	30	61	91	13
5	30	79	109	18
6	30	102	132	23
7	30	131	161	29
8	30	166	196	35
9	30	207	237	41
10	30	255	285	48

Si possono quindi definire le seguenti relazioni:

$$\underset{\text{(costi totali di breve periodo)}}{STC} \equiv \underset{\text{(costi fissi totali di breve periodo)}}{SFC} + \underset{\text{(costi variabili totali di breve periodo)}}{SVC} \quad (6)$$

$$\underset{\text{(costo marginale di breve periodo)}}{SMC} = \frac{dSTC}{dQ} \cong \frac{\Delta STC}{\Delta Q} \quad (7)$$

I costi fissi, variabili e totali di breve periodo di produzione di un bene o servizio sono tipicamente rappresentabili attraverso le curve tracciate nella Figura 7.8 (a).

La curva dei costi fissi totali (*SFC*) indica che l'ammontare di questi costi (pari a 30 nella Tabella 7.7) non varia al variare del volume di produzione. L'andamento crescente della curva dei costi variabili totali (*SVC*) determina la forma e l'andamento sia della curva dei costi totali (*STC*) sia del costo marginale di breve periodo (*SMC*). Come si vede dall'esempio della Tabella 7.7 e dalla corrispondente Figura 7.8 (b), la curva del costo marginale di breve periodo (*SMC*) ha la stessa tipica forma a U di quella del costo marginale di lungo periodo (*LMC*). Tuttavia, la forma della curva *SMC* dipende da cause del tutto diverse da quelle che determinano l'andamento dei costi di lungo periodo.

Nel lungo periodo, l'impresa è in grado di variare tutti i fattori produttivi. Al crescere del volume di produzione, può diventare conveniente installare una sofisticata linea di assemblaggio che consenta di ridurre significativamente il costo medio di produzione. Allorché, tuttavia, cominciano a operare le diseconomie di scala, i costi marginali cominciano a crescere in modo significativo e fanno aumentare i costi medi.

Nel breve periodo, l'esistenza di un fattore fisso, per esempio il capitale (gli impianti), fa sì che l'impresa, per aumentare la produzione, debba necessariamente accrescere l'impiego dei fattori variabili, per esempio, i lavoratori addetti agli impianti. In questa situazione ipotizzata, si può spiegare intuitivamente quale sia la causa del particolare andamento del costo marginale di breve periodo.

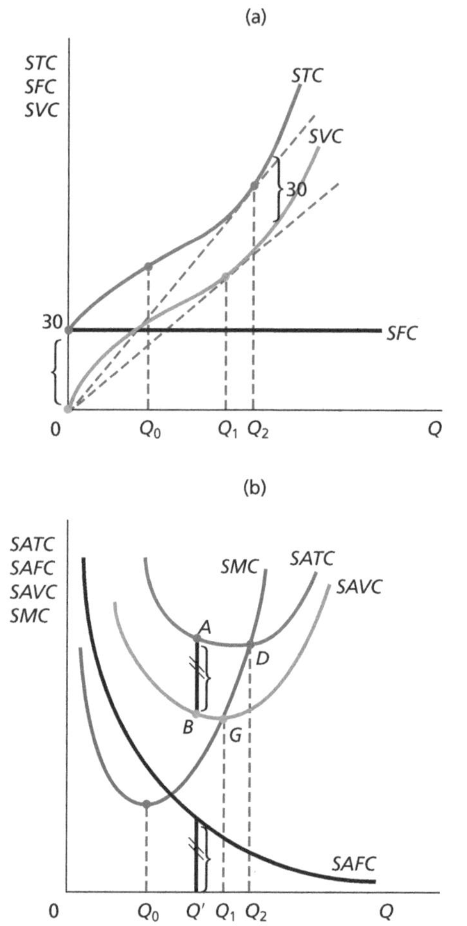

Figura 7.8 Le curve dei costi totali, fissi e variabili di breve periodo Nel grafico (b) il costo marginale *SMC* è minimo per Q_0, il costo medio variabile *SAVC* è minimo per Q_1, il costo medio totale *SATC* è minimo per Q_2. Nel grafico (a) la distanza tra *STC* e *SVC* rappresenta il costo fisso totale *SFC*. Questo costo non varia al variare della quantità prodotta. È, per ipotesi, 30. Nel grafico (b) la distanza tra *SATC* e *SAVC* è il costo medio fisso, *SAFC*. Questo costo è diverso per ciascuna *Q* misurabile sull'asse orizzontale. Per esempio, è $\overline{AB}$ per Q'.

La produttività marginale decrescente di un fattore variabile (il lavoro)

La Tabella 7.8 mostra la variazione di produzione realizzabile attraverso incrementi successivi di un fattore variabile (il lavoro) impiegato con una quantità fissa di un altro fattore tecnicamente necessario (il capitale). Senza lavoratori non è possibile produrre. Il primo lavoratore fa aumentare la produzione di 0,8 unità, il secondo lavoratore di 1 unità e così via.

Tabella 7.8 Il prodotto totale e marginale di un fattore variabile (il lavoro) utilizzato con uno o più fattori fissi

L (n. di lavoratori per settimana)	*Q* (n. di unità di prodotto per settimana)	MP_L (n. di unità addizionali di prodotto per settimana)
1	0,8	0,8
2	1,8	1,0
3	3,1	1,3
4	4,3	1,2
5	5,4	1,1
6	6,3	0,9
7	7,0	0,7
8	7,5	0,5
9	7,8	0,3

Il **prodotto marginale (*MP*)**, ovvero la **produttività marginale di un fattore variabile** (per esempio, il lavoro), è la variazione di prodotto totale ottenuta in seguito all'utilizzo di un'unità addizionale del fattore variabile, a parità di utilizzo di tutti gli altri fattori tecnicamente necessari (per esempio, il capitale fisico).

Quindi, la produttività marginale della prima unità addizionale di lavoro è pari a 0,8 unità di prodotto, mentre la produttività della terza unità addizionale di lavoro è pari a 1,3 unità di prodotto. Fintantoché il livello di produzione e di impiego del fattore variabile (lavoro) non esauriscono la capacità produttiva del fattore fisso (il capitale), la produttività marginale del fattore variabile aumenta. Se, per esempio, il fattore fisso è costituito da tre macchine che richiedono un addetto, l'aumento dei lavoratori fino a tre unità è accompagnato da incrementi crescenti di produzione.

La produttività marginale del quarto lavoratore è tuttavia modesta. Con tre macchine disponibili, il quarto lavoratore può produrre solo quando un altro è a riposo. Ancora minore sarà la produttività marginale del quinto lavoratore e così via.

Una volta raggiunta la quantità di fattore variabile (lavoratori) che consente di utilizzare pienamente ed efficientemente il fattore fisso (le macchine disponibili), la produttività marginale del fattore variabile decresce continuamente al crescere della quantità utilizzata di quest'ultimo. In questa situazione, tipica delle produzioni che si svolgono in condizioni tecniche di breve periodo, gli economisti affermano che operi la legge dei rendimenti decrescenti dei fattori variabili.

La **legge dei rendimenti decrescenti** afferma che la produttività marginale di un fattore variabile, utilizzato in quantità crescente in combinazione con uno o più fattori fissi, tende a diminuire continuamente allorché si superi la piena ed efficiente utilizzazione dei fattori fissi disponibili.

La legge dei rendimenti decrescenti dei fattori variabili è di natura tecnologica. L'aggiunta di lavoratori addetti a una quantità fissa di macchine consente di realizzare incrementi di produzione via via minori. Nell'esempio precedente delle tre macchine disponibili e della necessità di un addetto per macchina, l'aggiunta di un nono lavoratore agli otto precedenti dà un incremento irrilevante alla produzione: il nono lavoratore può solo contribuire ad assistere i lavoratori addetti al funzionamento delle macchine su due turni giornalieri portando loro bibite e caffè.

La Figura 7.9 presenta graficamente i dati della Tabella 7.8 e quindi illustra sinteticamente l'operare della legge dei rendimenti decrescenti.

Al crescere della quantità impiegata del fattore variabile lavoro, la produzione totale aumenta, ma i suoi incrementi sono via via minori man mano che la quantità di lavoro si allontana da quella che consente un'efficiente utilizzazione del fattore fisso disponibile. Come si vede dalla Figura 7.9 (b), la produttività marginale del lavoro (MP_L) cresce fino a L_1 per poi decrescere continuamente. Ovviamente, se fossero il capitale il fattore variabile e il lavoro il fattore fisso, la legge dei rendimenti decrescenti riguarderebbe la produttività marginale del capitale.

Prima di analizzare l'influenza della legge dei rendimenti decrescenti dei fattori variabili sui costi marginali di breve periodo, occorre rilevare che il concetto di produttività marginale utilizzato dalla teoria economica non coincide con quello di produttività (per esempio, del lavoro) proposto dai mezzi d'informazione e talvolta recepito dai contratti collettivi. La produttività del lavoro è infatti correntemente intesa come prodotto medio per lavoratore, ossia come rapporto tra produzione totale e quantità complessiva di lavoratori impiegati. Quando opera la legge dei rendimenti decrescenti del lavoro, la produttività marginale del lavoro decresce, all'aumentare della quantità di lavoro impiegato, più sensibilmente del prodotto medio del lavoro. Come nel caso della relazione tra costo medio e costo marginale, il collegamento tra produttività marginale e prodotto medio è matematicamente determinato. Se lo studente ha difficoltà a comprendere questo collegamento, può utilmente calcolare il prodotto medio del lavoro aggiungendo una quarta colonna alla Tabella 7.8.

Infine, è necessario distinguere, come al solito, tra significato e cause di uno spostamento *lungo la* curva e *della* curva della produttività marginale di un fattore produttivo. Se aumenta la quantità di fattori fissi, la curva della produttività marginale di un fattore variabile si sposta verso l'alto. Se i lavoratori dell'esempio precedente avessero a disposizione 6 macchine anziché le 3 ipotizzate, ogni lavoratore addizionale potrebbe in generale essere in grado di realizzare maggiori incrementi di produzione e la legge dei rendimenti decrescenti comincerebbe a operare a partire da 6 lavoratori, anziché da 3.

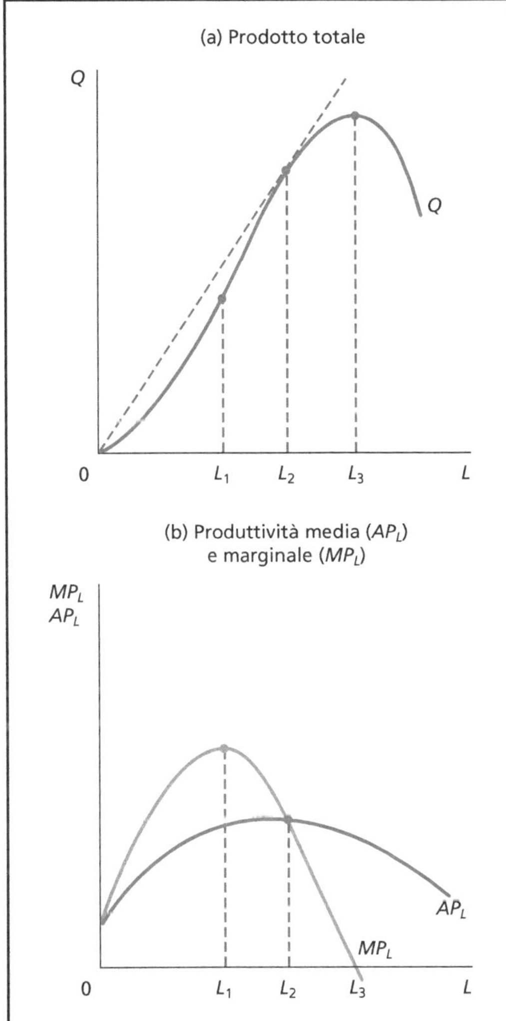

Figura 7.9 Il prodotto totale e la produttività decrescente di un fattore variabile (il lavoro) La produzione totale aumenta al crescere della quantità utilizzata di fattore variabile (lavoro) fino alla quantità L_3. La produttività marginale del fattore variabile (lavoro) aumenta fino a L_1, per poi decrescere continuamente. In corrispondenza di L_1 lavoratori, tutti i fattori fissi disponibili (le macchine) sono pienamente utilizzati.

Per un ulteriore approfondimento vedi sul sito web dedicato al volume il box

Approfondimento 7.3
Morbi, croci e delizie

I costi marginali di breve periodo

La Tabella 7.7 e la Figura 7.8 mostrano che, al crescere della quantità prodotta in condizioni tecniche di breve periodo, i costi marginali prima decrescono e poi crescono continuamente. Ogni lavoratore addizionale riceve lo stesso salario dei lavoratori occupati in precedenza.

Se la produttività marginale del lavoro è crescente, ogni lavoratore addizionale contribuisce a incrementare la produzione in misura più rilevante dei lavoratori precedentemente impiegati. Quindi il costo addizionale di un'unità in più di prodotto, ovvero il costo marginale di breve periodo (*SMC*), è decrescente fintantoché la produttività marginale del lavoro è crescente.

Il **costo marginale di breve periodo (*SMC*)** è l'incremento di costo totale conseguente alla produzione di un'unità addizionale di un prodotto in condizioni tecniche di breve periodo, ovvero in presenza di uno o più fattori produttivi fissi.

Quando nella produzione di un bene comincia a operare la legge dei rendimenti decrescenti dei fattori variabili, il costo marginale di breve periodo comincia a crescere. Occorrono, infatti, quantità crescenti dei fattori variabili per produrre unità addizionali di prodotto. La forma delle curve del costo totale e marginale di breve periodo è determinata dall'andamento delle curve di prodotto totale e marginale dei fattori variabili rappresentati nella Figura 7.9 che, a loro volta, dipendono dalla tecnologia disponibile per l'impresa.

I costi medi di breve periodo

La Tabella 7.9 presenta i costi medi di breve periodo corrispondenti ai costi totali di breve periodo della Tabella 7.7.

Il **costo medio fisso di breve periodo (*SAFC*)** esprime il costo per unità di prodotto dei fattori fissi ed è calcolato dividendo il costo fisso totale (*SFC*) per la quantità prodotta. Il **costo medio variabile di breve periodo (*SAVC*)** rappresenta il costo per unità di prodotto dei fattori variabili ed è calcolato dividendo il costo variabile totale (*SVC*) per la quantità prodotta. Il **costo medio totale di breve periodo (*SATC*)** indica il costo per unità di prodotto dei fattori fissi e variabili: quindi, è ottenuto dividendo il costo totale di breve periodo (*STC*) per la quantità prodotta.

Si possono definire le seguenti ovvie relazioni:

$$\underset{\text{(costo medio \textit{totale} di breve periodo)}}{SATC} \equiv \underset{\text{(costo medio fisso di breve periodo)}}{SAFC} + \underset{\text{(costo medio variabile di breve periodo)}}{SAVC} \quad (8)$$

Ogni valore numerico della Tabella 7.9 è stato calcolato dividendo il corrispondente valore della Tabella 7.7 per il numero di unità prodotte. Nella Tabella 7.9 sono stati altresì riportati i valori del costo marginale calcolati nella Tabella 7.7. La Figura 7.8

Tabella 7.9 I costi medi di produzione nel breve periodo

(1) *Q* (n. di unità per settimana)	(2) *SAFC* (costo medio fisso di breve periodo)	(3) *SAVC* (costo medio variabile di breve periodo)	(4) *SATC* (costo medio totale di breve periodo)	(5) *SMC* (costo marginale di breve periodo)
0	-	-	-	-
1	30,00	22,00	52,00	22
2	15,00	19,00	34,00	16
3	10,00	16,00	26,00	10
4	7,50	15,25	22,75	13
5	6,00	15,80	21,80	18
6	5,00	17,00	22,00	23
7	4,29	18,71	23,00	29
8	3,75	20,75	24,50	35
9	3,33	23,00	26,33	41
10	3,00	25,50	28,50	48

(b) presenta le curve dei tre costi medi di breve periodo corrispondenti ai dati della Tabella 7.9.

Il collegamento matematico tra una variabile media e una marginale, già definito in riferimento alla relazione tra costo medio e costo marginale di lungo periodo, spiega la ragione per cui la curva *SMC* interseca dal basso la curva *SATC* nel punto *D* del valore minimo di quest'ultima. Per volumi di produzione a sinistra di *D*, il costo marginale è inferiore al costo medio e quindi quest'ultimo decresce. Il contrario avviene per volumi di produzione a destra del punto *D*.

I costi variabili sono, per l'Equazione (6), la differenza tra i costi totali e i costi fissi. Poiché i costi fissi non cambiano al variare della produzione, i costi marginali dipendono esclusivamente dall'andamento dei costi variabili. Quindi, l'andamento delle curve *SAVC* e *SMC* riflette il solito collegamento tra una variabile media e una marginale: la curva *SMC* interseca dal basso la curva *SAVC* nel punto *G* del valore minimo di quest'ultima.

L'andamento della curva del costo medio fisso (*SAFC*) è continuamente decrescente al crescere della quantità prodotta.[8] La ragione di questa configurazione è che *SAFC* è uguale a SFC/Q. Il numeratore del rapporto SFC/Q, ovvero l'ammontare dei costi fissi, non cambia al cambiare di Q: se, quindi, la quantità prodotta Q aumenta, i costi fissi si ripartiscono su un numero crescente di unità prodotte e il costo fisso per unità tende, di conseguenza, a diminuire. La curva del costo medio variabile (*SAVC*) ha il tipico andamento a forma di U a causa del già spiegato andamento del costo marginale di breve periodo che riflette la variazione della produttività marginale dei fattori variabili. Poiché, in base all'Equazione (8), $SATC \equiv SAFC + SAVC$, la curva del costo medio totale (*SATC*) è semplicemente la somma verticale, per ogni quantità prodotta, delle curve di costo medio fisso (*SAFC*) e costo medio variabile (*SAVC*). In altri termini, la distanza verticale, in corrispondenza di ogni volume di produzione Q, tra *SATC* e *SAVC* è pari al costo medio fisso (*SAFC*) corrispondente a quel volume di prodotto.

A questo punto, ogni studente diligente e ragionevole si pone due domande. Com'è possibile ricordare tutte queste curve e le spiegazioni della loro forma? A che cosa servono? Per rispondere alla prima domanda, lo studente può fare riferimento alla precedente Figura 7.1 che propone tre fondamentali concetti di costo: il costo totale, il costo medio e il costo marginale. Dal costo totale si derivano logicamente e matematicamente gli altri costi che sono stati esaminati. Inoltre, occorre ricordare la distinzione tra produzione di lungo e di breve periodo: nel primo caso, tutti i costi sono variabili; nel secondo, occorre distinguere i costi fissi da quelli variabili.

La seconda domanda è più importante. Le definizioni e le rappresentazioni dei costi prima esposte non servono a esercitare la mente, ma sono necessarie per analizzare la scelta del volume di produzione da parte di un'impresa.

7.8 • La scelta del volume ottimo di produzione dell'impresa nel breve periodo

La Figura 7.10 illustra la scelta del volume di produzione di un'impresa che miri alla massimizzazione del profitto economico e operi in condizioni di breve periodo in un mercato di concorrenza non perfetta.

Per ottenere il massimo profitto, l'impresa deve in primo luogo scegliere il volume di produzione Q_1 in corrispondenza del quale il costo marginale di breve periodo (*SMC*) uguaglia il ricavo marginale (*MR*) e in presenza di una curva del costo marginale con pendenza maggiore di quella del ricavo marginale.

In secondo luogo, l'impresa deve valutare la convenienza a produrre o a sospendere ("chiudere") la produzione. Occorre, a questo riguardo, ricordare che l'impresa, operando con fattori fissi, deve comunque sostenere i costi fissi anche se sospende o chiude la produzione nel breve periodo. Se, scegliendo Q_1, l'impresa ha profitti positivi, la chiusura della produzione non è conveniente. Se, invece, pur scegliendo Q_1 l'impresa ha profitti negativi, è necessario valutare la convenienza di una eventuale chiusura della produzione.

Se il prezzo P_1 di vendita di Q_1 fosse minore del costo medio variabile (*SAVC*) corrispondente a Q_1, l'impresa avrebbe convenienza a sospendere (o chiudere) la produzione, ovvero a produrre una quantità nulla. In questo caso, infatti, i suoi ricavi totali non le consentirebbero di coprire neppure i costi variabili e avrebbe quindi una perdita pari ai costi fissi più la parte di costi variabili non coperta dai ricavi. Sospendendo (o chiudendo) la produzione, l'impresa sopporterebbe una perdita minore, pari ai soli costi fissi. Perciò l'impresa produce Q_1 se i ricavi di vendita superano o almeno uguagliano i costi variabili, anche se così facendo ha

[8] Poiché, per definizione, $SAFC = SFC/Q$, con *SFC* costante, la curva che rappresenta il costo medio fisso è il ramo positivo di un'iperbole equilatera la cui equazione è $y \cdot x = k$. Nel caso in questione, $y = SAFC$, $x = Q$ e $SFC = k$.

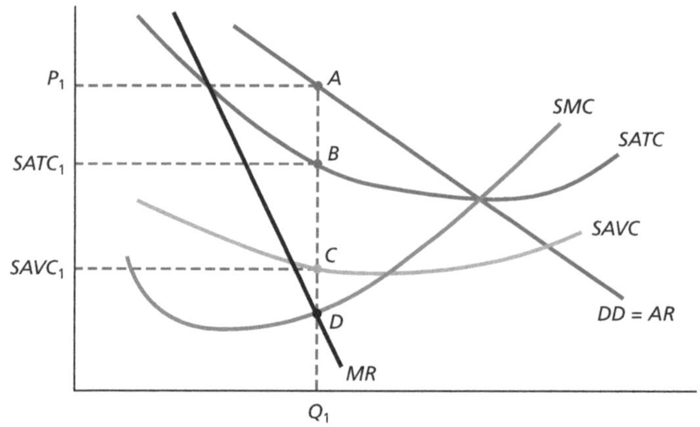

Figura 7.10 La scelta del volume ottimo di produzione dell'impresa nel breve periodo Nel breve periodo, l'impresa, che ha come obiettivo il massimo profitto, sceglie di produrre Q_1, in corrispondenza del quale $SMC = MR$ e $dSMC/dQ > dMR/dQ$. Se, in corrispondenza di Q_1, il prezzo P_1 di vendita è maggiore di $SATC_1$, l'impresa ottiene un profitto positivo. Se il prezzo P_1 è compreso tra $SATC_1$ e $SAVC_1$, l'impresa produce in perdita, ma ha comunque convenienza a produrre perché così facendo minimizza le perdite. Se $P_1 < SAVC_1$, l'impresa ha convenienza a sospendere, ovvero chiudere la produzione, sostenendo una perdita pari ai costi fissi.

delle perdite. Questa situazione si verifica se il prezzo P_1 di vendita di Q_1 supera o almeno uguaglia il costo medio variabile (*SAVC*). In caso contrario, l'impresa chiude la produzione, ovvero produce una quantità nulla.

La **decisione produttiva ottimale di un'impresa che opera in condizioni di breve periodo in un mercato imperfettamente concorrenziale** è quella di produrre la quantità in cui il costo marginale di breve periodo (*SMC*) uguaglia il ricavo marginale (*MR*) e in corrispondenza della quale la curva *SMC* ha pendenza maggiore della curva *MR*, purché il prezzo di vendita sia almeno pari al costo medio variabile (*SAVC*). Se il prezzo di vendita è invece minore di *SAVC*, l'impresa ha convenienza a non produrre.

La Tabella 7.10 riassume i criteri di scelta ottimale del volume di produzione di un'impresa nel breve e nel lungo periodo. Tali criteri si vedranno essere comuni a un'impresa che opera tanto in un mercato di perfetta concorrenza quanto in un mercato di imperfetta concorrenza, con alcune peculiarità per quanto concerne il ricavo medio e marginale di produzione. L'Applicazione 7.1 pone all'attenzione dello studente i due criteri di convenienza economica che sottendono la decisione razionale di un'impresa in merito alla produzione.

Tabella 7.10 Le decisioni ottimali dell'impresa circa la produzione

	Condizioni marginalistiche	Verifica della convenienza a produrre
Breve periodo	Scegliere Q_1 in modo che: 1) $MR = SMC$ 2) $dSMC/dQ > dMR/dQ$	Se $P_1 \geq SAVC_1$ produrre Q_1 Se $P_1 < SAVC_1$ chiudere la produzione
Lungo periodo	Scegliere Q_1 in modo che: 1) $MR = LMC$ 2) $dLMC/dQ > dMR/dQ$	Se $P_1 \geq LAC_1$ produrre Q_1 Se $P_1 < LAC_1$, uscire dal mercato

7.9 ● La relazione tra i costi di breve e di lungo periodo

Un'impresa che operi con costi fissi e costi variabili ha convenienza a produrre e a restare sul mercato anche se sostiene delle perdite, purché il prezzo di vendita del suo prodotto le consenta di coprire, almeno, i costi variabili. Nel lungo periodo, invece, l'impresa rimane nel mercato solo se copre tutti i suoi costi. In questo paragrafo si analizza il modo in cui un'impresa può ridurre i suoi costi nel lungo periodo trasformando perdite di breve periodo in profitti di lungo periodo.

La Figura 7.11 mostra una tipica curva di costo medio di lungo periodo (*LAC*) a forma di U. In corrispondenza di ogni punto della curva *LAC*, l'impresa produce un determinato volume di produzione al minimo costo medio e totale. Per passare da un punto a un altro lungo la curva *LAC*, l'impresa deve poter variare tutti i fattori produttivi tecnica-

Applicazione 7.1 Condizioni marginalistiche e costi affondati

La teoria dell'offerta illustra due principi di scelta razionale che s'incontrano frequentemente in economia e in altri aspetti della vita.

Il primo è il *principio marginalistico*. Una scelta è ottimale se non può essere migliorata attraverso piccoli cambiamenti. Nella scelta del volume di produzione, l'impresa razionale analizza l'effetto sul profitto di variazioni mg di quantità prodotta. Se queste variazioni prospettano aumenti di profitto, l'impresa le realizza, in caso opposto mantiene inalterato il volume di produzione iniziale nella certezza che questo le garantisce il massimo profitto. Per decidere razionalmente quante ore dedicare allo studio della teoria economica, uno studente dovrebbe valutare il costo e il beneficio marginale di ogni ora addizionale di studio. Se il beneficio marginale atteso supera il costo marginale, è conveniente studiare un'ora in più. Allorché l'ultima ora dedicata allo studio ha un costo marginale uguale al beneficio marginale atteso, non è più conveniente dedicare ore addizionali allo studio.

È tuttavia necessario valutare la scelta nel suo complesso. L'impresa, per esempio, non deve limitarsi a confrontare il costo marginale e il ricavo marginale di un'unità addizionale di prodotto. Deve altresì valutare se sia conveniente produrre oppure chiudere la produzione.

Allo stesso modo, uno studente razionale non deve limitarsi a decidere, secondo il principio marginalistico, il numero ottimale di ore di studio da dedicare all'economia ma deve altresì, prima e soprattutto, valutare se sia conveniente studiare l'economia piuttosto che il diritto o la sociologia o dedicarsi al tempo libero.

Il secondo principio è quello secondo cui *i costi irrecuperabili sono irrecuperabili*. Se un individuo o un'organizzazione ha sostenuto costi che non dipendono dalle scelte attuali, tali scelte devono essere fatte senza alcuna considerazione dei costi pregressi. Le scelte future non devono essere influenzate dai costi passati e irrecuperabili. Nel decidere quanto produrre in condizioni di breve periodo, l'impresa razionale trascura i costi fissi che devono comunque essere sostenuti. La scelta della quantità ottima di produzione deve essere basata solo sui costi marginali, ossia sui costi variabili che dipendono dalla decisione attuale circa il volume di produzione. Analogamente, se uno studente è già arrivato a leggere il settimo capitolo di questo volume, la decisione di leggere o non leggere il resto del manuale dovrebbe essere influenzata solo dai costi e dai benefici attesi dalla lettura dei capitoli addizionali.

L'errore dei costi irrecuperabili consiste nel farsi influenzare dalle decisioni passate e immodificabili nel prendere decisioni sul futuro. Può sembrare uno spreco abbandonare un progetto nel quale siano state investite molte risorse. I giocatori di poker chiamano questo comportamento "continuare a scommettere su una carta perdente". Se uno studente, giunto a questo punto del manuale, non è convinto della convenienza di continuare a leggere gli altri capitoli, non deve continuare a causa della fatica già dedicata alla lettura dei primi sette capitoli. Il passato deve essere considerato passato!

Domande — Le soluzioni sono disponibili sul sito web dedicato al volume

a. Un'impresa prevede un ciclo di vita di due anni. Nel primo anno può valutare l'acquisto di uno speciale fattore produttivo che non avrà alcuna utilità per altre imprese e non avrà possibilità di rivendita. Tuttavia, tale fattore produttivo consentirà all'impresa di sopravvivere il primo e il secondo anno di vita. Giunta al secondo anno di vita, il costo del fattore produttivo speciale deve essere incluso nel costo marginale dell'impresa? Nel primo anno di vita, il medesimo costo dovrebbe essere incluso nel costo marginale?

b. I costi affondati possono costituire un'insormontabile barriera all'entrata in un settore (si è già introdotto il concetto di barriera all'entrata all'inizio del Capitolo 6). In che cosa possono consistere i costi irrecuperabili e, quindi, le barriere all'ingresso nel settore per un produttore di diamanti o un produttore di farmaci?

mente necessari, inclusi quelli che sono fissi in condizioni tecniche di breve periodo.

Si ipotizzi, per convenienza analitica, che, in condizioni di breve periodo, il fattore fisso sia rappresentato dalla dimensione (capacità produttiva) dell'impianto di cui l'impresa dispone. Quindi, ogni punto della curva *LAC* corrisponde a una data dimensione (capacità produttiva) dell'impianto tecnicamente necessario per produrre. Data la dimensione dell'impianto, è possibile definire l'andamento

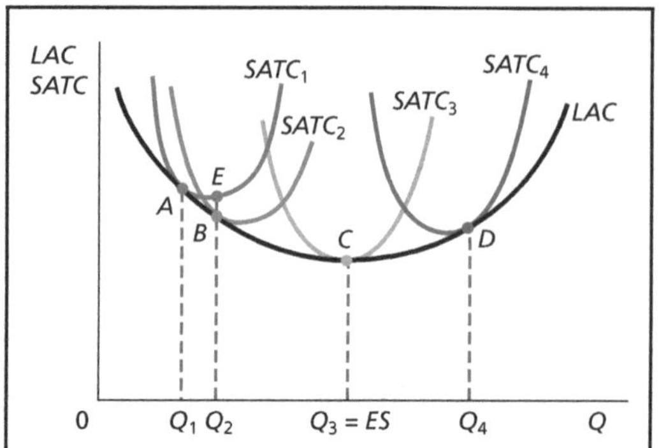

Figura 7.11 La relazione tra costi medi di breve e di lungo periodo La dimensione dell'impianto è il fattore fisso di produzione nel breve periodo. A ogni dimensione dell'impianto corrisponde una curva *SATC*. Nel lungo periodo, la dimensione dell'impianto è variabile. La curva del costo medio di lungo periodo (*LAC*) rappresenta quindi i costi minimi di produzione di un dato output con dimensioni variabili dell'impianto e di tutti gli altri fattori produttivi.

del costo medio totale di breve periodo (*SATC*) corrispondente a quell'impianto. Quindi, la curva $SATC_1$ corrisponde all'impianto di dimensione *A* sulla curva *LAC*, la curva $SATC_2$ corrisponde all'impianto di dimensione *B* e così via.

In queste ipotesi, la curva *LAC* rappresenta i costi medi minimi di produzione di un bene o servizio corrispondenti a ogni possibile dimensione dell'impianto e quindi in condizioni di variabilità di tutti i fattori produttivi. Per esempio, il punto *B* sulla curva *LAC* rappresenta il costo medio di produzione della quantità Q_2. Produrre Q_2 utilizzando l'impianto non efficiente - per esempio, quello corrispondente alla curva $SATC_1$ - implica un costo medio maggiore di *B*, rappresentato dal punto *E*. La produzione più efficiente per l'impianto corrispondente alla curva $SATC_1$ è Q_1. Ogni curva di costo medio di breve periodo, come $SATC_1$, corrisponde, quindi, a costi medi superiori a quello minimo rappresentato da *LAC* tranne che in corrispondenza del volume di produzione per il quale l'impianto è efficiente.

Nel caso in cui la curva *LAC* sia a forma di U, l'impianto corrispondente al punto di minimo della curva - nella Figura 7.11, l'impianto caratterizzato dalla curva $SATC_3$ - determina la scala efficiente (*ES*) di produzione del bene, ovvero la dimensione dell'impresa che consente di produrre al minimo costo medio pari a *C* nella Figura 7.11.

Stando così le cose, un'impresa che, nel breve periodo, operi con un impianto sottodimensionato rispetto alla scala efficiente di produzione può, nel lungo periodo, ridurre i costi medi sovradimensionando l'impianto. Allo stesso modo, nel lungo periodo, un'impresa sovradimensionata, come quella che opera con l'impianto corrispondente a $SATC_4$, può abbassare i costi medi riducendo la dimensione dell'impianto.

Un'impresa, quindi, che registra perdite di bilancio in seguito al calo della domanda può ricostituire condizioni di profitto positivo variando, ovvero ristrutturando, la sua scala di produzione in funzione delle nuove condizioni di mercato.

Riepilogo

- Il presente capitolo discute le decisioni dell'impresa nel lungo e nel breve periodo. Nel **lungo periodo** l'impresa può variare tutti i fattori produttivi a disposizione. Nel **breve periodo**, taluni fattori sono fissi. La lunghezza del breve periodo dipende dal tipo di settore produttivo.
- La **funzione di produzione** mostra il massimo output producibile dati i fattori produttivi a disposizione. I fattori produttivi o input possono essere macchinari, risorse naturali, lavoro e ogni altro fattore che contribuisce all'ottenimento dell'output. La funzione di produzione riassume tutte le possibilità tecniche di produzione.
- La **curva del costo totale** è derivata dalla funzione di produzione, per quelli che sono i salari e i prezzi di tutti i fattori produttivi.
- Il **costo totale di lungo periodo** è il costo minimo totale che l'impresa sostiene quando tutti gli input sono variabili. Se il prezzo relativo di un fattore di produzione aumenta, l'impresa sostituisce questo fattore con altri il cui prezzo relativo è invariato o inferiore.
- Il **costo medio** è il costo totale diviso per la quantità. La curva del costo medio di lungo periodo (*LAC*) dipende da quella del costo totale di lungo periodo.
- **Il *LAC* ha un tipico andamento a U.** Al crescere della quantità prodotta, il costo medio diminuisce per la indivisibilità della produzione, la specializzazione dei fattori produttivi e le regole ingegneristiche come la regola dei 2/3. Questo andamento è tipico delle economie di scala. A destra del punto minimo del *LAC*, l'andamento crescente della curva è tipico delle diseconomie di scala.
- Molti settori manifatturieri sono caratterizzati da **economie di scala**.
- Quando il **costo marginale** - il costo di una unità (minima quantità) addizionale di prodotto - è inferiore al costo medio, il costo medio è destinato a diminuire. Quando il costo mar-

ginale è superiore al costo medio, il costo medio è destinato ad aumentare. Costo medio e costo marginale si eguagliano nel minimo del costo medio.

- Nel lungo periodo l'impresa produce quella quantità ottimale per la quale il costo marginale di lungo periodo eguaglia il ricavo marginale, purché il prezzo di vendita sia superiore al costo medio di lungo periodo di quella quantità. Se il prezzo è inferiore al costo medio di lungo periodo, l'impresa esce dal mercato.
- Nel breve periodo l'impresa non può variare alcuni dei fattori produttivi impiegati. Anche per una produzione pari a zero, deve sostenere un costo totale fisso pari a *SFC*. Il costo relativo ai fattori variabili di produzione è, invece, *SVC*. Il costo totale di produzione *STC* è, quindi, la somma di *SFC* e *SVC*.
- Il **costo medio di produzione di breve periodo (*SATC*)** è pari al costo totale di breve periodo diviso per la quantità. Tale costo è anche uguale alla **somma del costo medio fisso (*SAFC*) e del costo medio variabile (*SAVC*)**. Il costo medio totale è a forma di U. Il tratto decrescente del costo medio di breve periodo dipende da un costo medio fisso decrescente, costo che viene ripartito su una crescente quantità di prodotto e dal costo medio variabile, anch'esso decrescente. Il costo medio continua a diminuire anche quando il costo medio variabile incomincia a crescere, ma ciò fintanto che il crescere del costo medio variabile non annulla la diminuzione del costo medio fisso, ripartito su una quantità via via crescente.
- Il **costo marginale di breve periodo** riflette la variazione del prodotto marginale del fattore produttivo variabile, gli altri fattori produttivi supposti costanti. Se il capitale è un input fisso, quantità via via crescenti di lavoro determinano aumenti dell'output. Quando l'aggiunta di addizionali ore di lavoro determina un prodotto marginale decrescente, il costo marginale è destinato ad aumentare.
- Il costo marginale attraversa il minimo del costo medio totale e del costo medio variabile.
- Nel breve periodo l'impresa produce la quantità ottimale per la quale il costo marginale di breve periodo è uguale al ricavo marginale, purché il prezzo sia superiore al costo medio variabile di produzione. Nel breve periodo l'impresa continua a produrre anche quando incorre in una perdita pari ai costi fissi. Chiude se non copre, anche parzialmente, il costo variabile di produzione.
- Il costo medio di lungo periodo è sempre al di sotto della curva di costo medio di breve periodo eccetto nel punto nel quale coincidono. La curva di costo medio di lungo periodo rappresenta i costi minimi di produzione di un dato output per dimensioni variabili dell'impianto e di tutti gli altri fattori variabili di produzione.

Capitolo 3

Definizione del business

La definizione delle attività nelle quali l'impresa opera o intenderebbe operare, ossia la definizione del business, è il punto di partenza del processo di formulazione della strategia e permette di individuare i fattori critici di successo (interni ed esterni all'impresa) che consentono alle imprese di sopravvivere o di eccellere.
La definizione del business, intesa come delimitazione del perimetro all'interno del quale operano le imprese che possiamo considerare effettivamente in concorrenza tra loro, permette di individuare e dare senso al concetto di quota di mercato delle imprese e di mettere a fuoco il concetto di segmentazione; consente poi di definire meglio le strategie competitive e di introdurre con maggiore consapevolezza eventuali misure di contrasto a posizioni dominanti che potrebbero danneggiare la dinamica competitiva auspicata.
In questo capitolo affrontiamo il tema della definizione del business adottando un modello di riferimento, quello elaborato da Derek Abell, che utilizzeremo anche per approfondire dei concetti che affronteremo nei capitoli successivi: l'analisi competitiva, il concetto di vantaggio competitivo e l'evoluzione delle tecniche analitiche indotte dalla revisione del concetto di vantaggio competitivo.
Si tratta quindi di un passaggio fondamentale tanto nella prospettiva teorica che individua nell'impresa l'unità di analisi fondamentale, quanto in quella che focalizza l'attenzione sul mercato.

Obiettivi di apprendimento

In questo capitolo discuteremo:
- perché e come definire il business nel quale si opera;
- quali sono le scelte strategiche che necessitano una chiara definizione del business;
- come valutare le implicazioni operative della definizione di business elaborata.

3.1 Definizione del business

"Ogni impresa deve avere una concezione del proprio settore industriale. Esiste sempre una maniera giusta di gestire un business coerentemente con la realtà e i fatti specifici del settore... a patto di riuscire a individuarla."

Questa frase di Alfred Sloan, ex presidente della General Motors, uno dei dirigenti entrati nel mito del mondo degli affari americano, ci introduce a un nuovo argomento: quello della definizione del business.

L'importanza di una chiara definizione del business ai fini dell'elaborazione delle strategie è stata ampiamente riconosciuta dalla letteratura (Abell e Hammond, 1979; Levitt,1965; Tilles, 1969). La definizione del business rappresenta il primo passo per l'elaborazione dell'impianto strategico complessivo dell'impresa e costituisce spesso il presupposto per valutare la sua capacità di generare valore (Abell, 1980). Considerata la strategia come capacità dell'impresa di collegare le proprie competenze distintive con l'ambiente di riferimento (Grant, 1996), una prima valutazione riguarda l'opportunità di scegliere o meno se operare in un determinato business. La scelta del business nel quale competere è dunque la prima delle scelte strategiche che un'impresa è chiamata a compiere.

La questione della definizione del business non è critica soltanto in fase di start up, ma anche in tutti quei momenti della vita dell'impresa nei quali si rendono necessarie delle modifiche ai comportamenti e alle decisioni strategiche e operative. Rientrano in queste categorie, per esempio la ridefinizione del proprio posizionamento, l'attivazione di nuovi clienti, l'aggiunta di nuovi prodotti o l'eliminazione di prodotti esistenti. Il management è chiamato a concentrarsi sulla definizione del business ogni qualvolta decida di entrare in un nuovo mercato, diversificando il portafoglio di attività, o colga l'esigenza di ridefinire i confini del proprio mercato.

Caso 3.1 Fratelli Carli SpA

L'attività della Fratelli Carli SpA ha origine nel 1911 e si caratterizza subito per la scelta della vendita diretta e della consegna a domicilio dei propri prodotti. Tutto nasce a seguito di un'annata di raccolto eccezionale, che pone a Giovanni Carli il problema di vendere la produzione in eccesso dell'oliveto di famiglia, in località Costa Rossa, a Oneglia (ora Imperia): è allora che ha per la prima volta l'idea di vendere l'olio non ai negozianti, ma consegnandolo personalmente a singole famiglie, con le quali instaurare un rapporto di fiducia. Giovanni capisce subito che con questi clienti diretti è fondamentale mantenere rapporti costanti: per incontrarli, percorre personalmente in bicicletta le strade della Liguria e del basso Piemonte e approfitta della tipografia di famiglia per realizzare le prime lettere e spedire i primi inviti per procurarsi nuovi clienti. Tutti gli ordini vengono recapitati direttamente a domicilio. Il sistema per ordinarli è rimasto invariato dall'anno della fondazione, ma si è modificato operativamente. Seguendo l'evoluzione delle tecnologie di spedizione e comunicazione l'impresa ha ridefinito il proprio business nel corso del tempo e all'originaria cartolina postale si sono via via aggiunti altri mezzi di comunicazione, promozione e vendita come il telefono e Internet.
Il modello di business della Fratelli Carli è di per sé il frutto di una ridefinizione intelligente di una serie di competenze e di attività di cui disponeva il fondatore Giovanni, come racconta il figlio Carlo nel libro *Storie di ordinaria grandezza - Commercio, turismo e servizi: il terziario italiano raccontato dai suoi protagonisti* edito da Alinari-Il Sole 24 Ore (2010): *"Nel lontano 1911 mise insieme una tipografia, un'azienda agricola, un frantoio, una breve esperienza come mediatore, e ne tirò fuori una cosa completamente nuova. Un'intuizione felicissima la sua se, dopo aver attraversato guerre e traversie, distruzioni e ricostruzioni, mantiene ancora una sua attualità".* A quei tempi infatti l'olio si vendeva per lo più sfuso a livello locale "[...] *il padre* [del sig. Giovanni], *aveva degli uliveti, un frantoio (oltre ad aver acquistato nel 1908 una tipografia della cui utilità parleremo più avanti). Perché non saltare ogni intermediazione e portare l'olio paterno direttamente al consumatore? Inforcata la bicicletta (sì, proprio la bicicletta: la motocicletta sarebbe arrivata solo dopo, con i primi soldi guadagnati) prese a battere le campagne dell'Astigiano, del Cuneese e dell'Albese proponendo l'olio di famiglia. Parlo di campagne non a caso, essendo soprattutto nei primi decenni il nostro commercio equamente diviso, 50 e 50, tra campagna e città. Un dato solo apparentemente sorprendente, dal momento che le damigiane con le quali rifornivamo allora i nostri clienti erano più facilmente 'gestibili' in una fattoria che in un appartamento di città".*
Questa formula fa della Fratelli Carli un'impresa che richiede competenze logistiche ancor più che competenze manifatturiere nella trasformazione di prodotti alimentari.
Un'altra ridefinizione del business avviene passando da un'offerta monoprodotto (quella dell'olio del primo raccolto) all'offerta di un'ampia gamma di oli, che comprendono l'Olio di Oliva Tradizionale e gli Extra Vergini Delicato, Fruttato e DOP, a cui si sono successivamente affiancati i prodotti gastronomici de La Grande Tavola: filetti di acciuga, tonno e ventresca, i sottolio e i condimenti, le olive e gli aceti, fino ai vini e ai saponi. Inoltre, con il marchio Mediterranea, Fratelli Carli offre oggi anche una linea completa di prodotti di bellezza, soluzioni cosmetiche naturali per viso e corpo, make up e solari, uomo e bimbi, oltre a profumi e cosmetici bio.
"Per un'azienda come la nostra, che basa da sempre la sua strategia di vendita sul contatto diretto" spiega Carlo Carli (figlio di Gianfranco, nipote del fondatore e figlio del cav. Carlo Carli, tutt'oggi presidente della società), direttore Divisione Alimentare di Fratelli Carli, rappresentante della 4ª generazione della famiglia *"poter realizzare campagne il più possibile mirate è essenziale. Se i clienti che acquistano in modo più o meno regolare sono circa un milione, quelli che sono venuti in contatto con il mondo Carli almeno una volta, e di cui abbiamo l'anagrafica nel nostro database, sono almeno il doppio".*

Da azienda agricola monoprodotto, che utilizzava il canale delle vendite per corrispondenza facendo sinergia con la tipografia di famiglia, oggi l'impresa è diventata un attore che sfrutta la propria capacità di gestire le vendite online e le consegne a domicilio a partire da un patrimonio di clienti fidelizzati, a cui vengono proposti sia prodotti alimentari che prodotti cosmetici.
Questo significa passare da una clientela costituita per lo più da persone con un reddito medio-alto, di età superiore ai 55 anni (come sono i clienti di Carli dell'alimentare), a una clientela affine sul piano reddituale, ma costituita da signore che si collocano per lo più in una fascia d'età che va dai 45 ai 55 anni.
Un'ultima ridefinizione del business è quella che vede l'internazionalizzazione delle vendite in Francia, Austria, Svizzera, Germania, Regno Unito e USA, volta a rispondere a una progressiva saturazione del mercato, ma che comporta novità sia in termini di posizionamento e comunicazione dei prodotti, sia in termini logistici.
A tutt'oggi il fatturato, pari a oltre 150 milioni di euro, si concentra (per circa il 70% delle vendite in Italia e per il 30% delle vendite all'estero) sull'olio; seguono i prodotti alimentari Grande Tavola e residualmente (seppur con oltre 340 referenze) i prodotti cosmetici.

Fonte: elaborazione degli Autori da Rete imprese Italia "Storia d'impresa - Carlo Carli - Fratelli Carli Imperia" in Storie di ordinaria grandezza - Commercio, turismo e servizi: il terziario italiano raccontato dai suoi protagonisti, *edito da Alinari-il Sole 24 Ore, 2010, e dai siti internet: www.carli.com.*

Il problema della ridefinizione del business si pone, di solito, nel momento in cui emergono delle difficoltà che spingono le imprese a reagire a una situazione di crisi annunciata o conclamata. Tuttavia, l'esperienza di alcune imprese segnala che è possibile creare un'innovazione di valore, che consiste nel realizzare l'innovazione attraverso migliori combinazioni in termini di utilità per la clientela, di prezzo e di costo. Queste imprese sono state in grado di anticipare la necessità di cambiamento e porsi in modo proattivo per ridefinire il business, staccandosi dal contesto nel quale si concentrava maggiormente la concorrenza. Per farlo, secondo Chan Kim e Mauborgne (2005), occorre analizzare i settori alternativi, i diversi gruppi strategici,[1] i gruppi di acquirenti, l'offerta di prodotti e servizi complementari, i fattori che possono guidare più efficacemente i processi d'acquisto dei clienti, i condizionamenti esercitati dalle tendenze esterne al business.[2]

Una volta che il business è stato (ri)definito, emergono le questioni di carattere strategico che discendono da questa scelta: quali sono gli obiettivi coerenti con questa (nuova) definizione? Quali sono le risorse interne da attivare per raggiungere questi obiettivi?

Come facilmente intuibile, individuare i confini del business ha implicazioni sostanziali anche dal punto di vista organizzativo, in quanto richiede la progettazione dell'assetto organizzativo più adeguato per competere in un determinato business.

Trattiamo il tema della definizione del business affrontando una serie di questioni sul piano dell'analisi teorica e su quello della pratica manageriale; questo approccio ci aiuta a capire come rispondere in modo esauriente rispettivamente alle domande: quali sono i confini del business e in quale/quali business opera la mia impresa?

---

1 I gruppi strategici sono insiemi omogenei di imprese dello stesso business che perseguono opzioni strategiche simili.

2 Chan Kim e Mauborgne propongono una Strategia Oceano Blu, che consiste nel ridefinire i confini del mercato sottraendosi all'Oceano Rosso, nel quale si confronta la gran parte dei concorrenti. "*Ciò che ha distinto i vincitori dai perdenti nella creazione di un nuovo Oceano Blu è stato il loro approccio strategico. Le aziende intrappolate nell'Oceano Rosso hanno seguito un approccio tradizionale, cercando freneticamente di battere la concorrenza ricavandosi una posizione difendibile nell'ambito dello status quo del settore* [dove operano]. [...]
Quelle che hanno dato vita a un nuovo Oceano Blu non hanno usato i concorrenti come benchmark [metodologia basata sul confronto sistematico che permette alle aziende che lo applicano di confrontarsi con le migliori o quelle con cui si trovano in più diretta concorrenza]. *Piuttosto, hanno seguito una diversa logica strategica* [... la:] *value innovation*, l'Innovazione di Valore". (*Ibid.*, p. 13). Alla Strategia Blue Ocean e all'evoluzione delle tecniche analitiche è dedicato il **Capitolo 7**.

La teoria economico-industriale e la teoria manageriale (soprattutto nell'ambito del marketing e della strategia) hanno dato grande importanza all'individuazione del settore e ricercato delle modalità condivise di definizione delle attività economiche. L'Industrial Organization (IO)[3] ha utilizzato il concetto di settore come unità di analisi per studiare le performance delle imprese (Bain, 1972; Mason, 1939). La tesi di riferimento era la seguente: le caratteristiche strutturali di un settore (le tecnologie, i capitali e le condizioni dell'offerta e le barriere all'entrata) delimitano la gamma delle opzioni strategiche praticabili dalle imprese e conseguentemente determinano un'elevata, se non una completa, omogeneità tra le imprese che operano in quel settore. Porter (1976) considera questo approccio troppo semplificativo poiché trascura l'esistenza di aggregati di imprese che si collocano trasversalmente tra i settori. Porter (*Ibid.*) ritiene che l'unità di analisi più adeguata sia il gruppo strategico che opera all'interno di un ambito competitivo, che non coincide necessariamente con i confini del settore.[4]

Nella teoria manageriale la concettualizzazione della definizione dell'ampiezza del business e la definizione dello specifico ambito competitivo delle imprese procedono di pari passo. Nell'elaborare la loro strategia a livello di business[5] le imprese devono decidere se sia più opportuno concentrare l'attività su un ristretto numero di clienti, di canali, di prodotti o se far coincidere il proprio ambito competitivo con l'insieme del business.

Un ultimo punto di natura teorica su cui vorremmo stimolare il lettore riguarda i processi di cambiamento all'interno del business. La dinamica del business, il processo di ridefinizione dei suoi confini e delle sue caratteristiche, avviene dall'esterno, trainata da evoluzioni prevalentemente tecnologiche o regolamentari, o avviene dall'interno, in relazione al modo in cui i membri del settore o coloro che si considerano tali reagiscono in seguito a cambiamenti introdotti da alcuni attori. La teoria economica dei mercati propende per un'evoluzione trainata prevalentemente da fattori esterni, mentre altre prospettive teoriche, la "Resource based view" (Barney, 1986 e 1991; Wernerfelt, 1984; Peteraf, 1993) e la sociologia economica (in particolare White, 1981) interpretano il mercato come il risultato della rappresentazione che di esso hanno le imprese in relazione ai comportamenti degli attori che ritengono ne facciano parte e vedono il cambiamento e la ridefinizione del business come il risultato dell'azione di coloro che vi partecipano.

Approfondimento 3.1 **Ambiti di applicazione del concetto di business**

Capire il proprio business è il presupposto fondamentale per prendere delle decisioni, per capire chi sono i concorrenti, per valutare l'adeguatezza e la coerenza delle risorse dell'impresa, per elaborare una strategia. La definizione del business sarà il punto di partenza per sviluppare l'analisi esterna, che approfondiremo nel **Capitolo 4**, soprattutto attraverso il modello di Porter basato sulle cinque forze competitive, l'analisi interna (di

---

3 Si tratta del filone della teoria economica che ha postulato la relazione struttura-condotta-performance.

4 *"Definire il settore non è però lo stesso di determinare l'area di affari dove l'impresa vuole operare (il suo 'business'). Proprio perché il settore è definito in modo ampio, non è detto che l'impresa voglia competere in modo altrettanto ampio. [...] Separare la definizione di settore e di area d'affari ('business') dell'impresa permette di eliminare l'inutile confusione che sorge nel tracciare rigidi confini di settore"* (Porter, 1982, p. 39).

5 Si distinguono convenzionalmente (Grant, 1991) tre livelli di strategie:
- quelle a livello funzionale (o di progetto) che sono sviluppate al livello di funzione e hanno propri obiettivi e finalità, auspicabilmente coerenti con quelli elaborati a livello di business o di gruppo;
- quelle a livello di business rappresentano il fulcro dell'impianto strategico complessivo e definiscono il comportamento competitivo dell'impresa all'interno del settore o di un mercato specifico per conseguire il vantaggio competitivo e rispondono alla domanda "come dobbiamo competere?". In questo ambito si esercita la strategia competitiva che secondo Porter (1980) mira a determinare un vantaggio competitivo rispetto agli avversari;
- quelle a livello di corporate (o di gruppo) che definiscono i settori e i segmenti di mercato nei quali competere e le scelte di allocazione delle risorse tra le diverse unità di business, secondo il grado di attrattività che sono in grado di esprimere e rispondono alla domanda: "quali sono i settori in cui dobbiamo operare?".

cui ci occupiamo nel **Capitolo 6**), che deve valutare l'adeguatezza delle risorse e delle competenze dell'impresa per operare in un determinato contesto ambientale e la riflessione sulle strategie che puntano a superare il concetto di competizione basato sulla definizione tradizionale dei business, per puntare (come approfondiremo nel **Capitolo 7**) a mercati nuovi perché di nuova concezione o perché basati su modelli di business innovativi. Ma anche passando dalla prospettiva strategica a quella economico-industriale, e più in particolare a quella utilizzata per la regolamentazione dei mercati dal diritto comunitario in materia di concorrenza, il punto di riferimento rimane il concetto di business, che costituisce lo strumento per individuare e definire l'ambito nel quale le imprese sono in concorrenza tra loro. In particolare, la Commissione Europea ha elaborato il concetto di "mercato rilevante" che comporta una definizione univoca utile alla vigilanza sulle violazioni alle regole della concorrenza.
Il "mercato rilevante" combina il mercato del prodotto e il mercato geografico, definiti come segue:

- il mercato del prodotto rilevante comprende tutti i prodotti e/o servizi che sono considerati intercambiabili o sostituibili dal consumatore, in ragione delle caratteristiche dei prodotti, dei loro prezzi e dell'uso al quale sono destinati;
- il mercato geografico rilevante comprende l'area in cui le imprese interessate forniscono o acquistano prodotti o servizi, nella quale le condizioni di concorrenza sono sufficientemente omogenee.

Questo concetto trova, in ambito aziendale, un approccio molto simile a quello proposto da Abell (1980) che descriveremo nel corso di questo capitolo.

3.2 Approcci teorici alla definizione del business

La definizione dell'ambito nel quale le singole imprese vogliono e/o scelgono di competere non coincide necessariamente con la definizione di un determinato business che possa fare da riferimento, in modo più oggettivo e universale, per le imprese che condividono i medesimi elementi di aggregazione (per esempio: le tecnologie, i canali distributivi, le materie prime, la clientela, i mercati geografici ecc.). L'individuazione di confini definiti del business è un'esigenza intrinseca alla prospettiva teorica basata sull'analisi strutturale: in assenza di confini definiti del business viene meno la possibilità di qualificarne le caratteristiche strutturali, in primis la numerosità, e le caratteristiche dei concorrenti. La definizione del business rimane un'esigenza "cognitiva", "analitica" e "normativo-regolamentaria" estremamente importante, anche al di fuori della prospettiva teorica basata sull'analisi strutturale. Sul piano cognitivo un riferimento comune sulle caratteristiche del business favorisce la comprensione, da parte delle imprese, delle variabili critiche da un punto di vista strategico e operativo; i dati e le analisi disponibili sul business sono maggiormente affidabili laddove le imprese definiscano il business in modo convergente; infine, la regolamentazione delle politiche industriali all'interno di un settore richiede una definizione condivisa e il meno possibile discrezionale, per trovare un'efficace applicazione.

Quindi, dopo aver brevemente accennato agli elementi alla base della strategia, torniamo alle questioni esposte all'inizio del capitolo e, in particolare, analizziamo gli sviluppi della teoria manageriale che possono aiutarci a concettualizzare la definizione del business. Attraverso l'applicazione di un modello per la definizione del business individueremo e definiremo alcuni concetti che, successivamente, ci aiuteranno a utilizzare il modello a supporto del processo decisionale oltre che a fini meramente classificatori.

Si possono individuare due prevalenti approcci alla definizione del business (Day, 1997):

- una prospettiva incentrata sui prodotti o servizi di cui si compone (*supply-side definition*);
- un approccio che fonda la definizione sui mercati serviti (*demand-side definition*).

Le due prospettive sono strettamente interrelate anche se non sempre vengono analizzate insieme. Vediamo dunque, più precisamente, come si caratterizzano queste due prospettive.

Supply-side definition

L'approccio incentrato su l'offerta si concentra innanzitutto sull'identificazione del gruppo di concorrenti che potrebbero soddisfare i bisogni di un certo gruppo di clienti, condividendo una tecnologia e delle infrastrutture in buona parte comuni. Successivamente si tratta di individuare l'ampiezza geografica del mercato (regionale, nazionale, globale) e i concorrenti intesi come coloro attualmente presenti nel mercato o i potenziali entranti (che dispongono delle capacità necessarie per accedervi) (Day, 1990).

Per tracciare i confini dell'arena competitiva, questa prospettiva cerca discontinuità significative nei modelli di business.[6] Queste discontinuità generano barriere che proteggono i prezzi e i profitti nel mercato di un prodotto, dai concorrenti che si trovano al di fuori di quel mercato. Quando i confini sono definiti in modo corretto, la redditività relativa dei concorrenti di un mercato può essere confrontata in modo significativo.

Questo approccio, che pur presenta una serie di vantaggi per la facilità di applicazione, alla base dei sistemi di classificazione delle attività economiche americano ed europeo (SIC Standard Industrial Classification o NACE Nomenclature Générale des Activités Economiques), è stato criticato per il grado di arbitrarietà e di soggettività che presenta (Curran and Goodfellow, 1989).

Demand-side definition

Nella prospettiva orientata al cliente, in primo piano sono poste le esigenze e le richieste di quest'ultimo. L'approccio si basa su due fondamentali assunti. Innanzitutto le persone sono alla ricerca dei benefici che i prodotti possono apportare loro, e non dei prodotti in sé. Secondariamente, i clienti valutano le alternative a loro disposizione dal punto di vista dei contesti d'uso con i quali hanno una certa esperienza o dal punto di vista delle specifiche applicazioni che stanno ricercando. È il requisito di utilizzo che determina i benefici che verranno ricercati. Dunque, la sostituibilità del prodotto implica che il suo scopo o la sua applicazione, più che le sue caratteristiche, divengano temi chiave nel valutare le diverse alternative.

I metodi di definizione che assumono una prospettiva *customer-oriented* come quella sopra illustrata, possono essere classificati sulla base dell'utilizzo di dati comportamentali o discrezionali.

I metodi comportamentali si basano sulla deduzione dell'effettiva sostituibilità del prodotto a partire dal comportamento del cliente. Offrono una buona indicazione della scelta che effettivamente il cliente opera, ma non necessariamente di quanto potrebbe fare in condizioni differenti. Sono, dunque, metodi piuttosto efficaci per lo studio di mercati relativamente stabili.

Nei metodi discrezionali, i dati primari sono raccolti seguendo le percezioni di sostituibilità tra prodotti dell'acquirente, e la struttura del mercato è costruita di conseguenza.

Onde evitare definizioni che non tengano in considerazione tutti gli elementi chiave, è bene integrare le due prospettive incentrate sull'offerta e sulla domanda. Diversamente, le esigenze e i bisogni dei clienti che potrebbero generare nuovi segmenti di mercato verrebbero trascurate o le possibili minacce competitive provenienti da tecnologie alternative che possano soddisfare il medesimo bisogno non sarebbero tenute in considerazione.

---

6 Il Modello di Business è il modo in cui l'impresa sviluppa il proprio business e realizza valore per gli azionisti, per gli altri stakeholder (i dipendenti, i fornitori, gli intermediari commerciali e distributivi ecc.) e per gli utilizzatori dei prodotti.
Definire un modello di business (come approfondiremo ulteriormente nei **Capitoli 7** e **13**) comporta definire i prodotti e i servizi, le soluzioni tecnologiche, i benefici potenziali per i vari attori coinvolti, le risorse e le relazioni critiche e le fonti di creazione del valore.
Incrociando le relazioni tra acquirenti e offerenti si distingue solitamente tra quattro modelli principali: "Business to Business", "Business to Consumer", "Consumer to Business" e "Consumer to Consumer".

Approfondimento 3.2 Marketing Myopia

Levitt (1975) mette in guardia dal rischio di *marketing myopia* portando ad esempio il caso delle imprese del trasporto ferroviario: queste, qualora si considerassero nel business del trasporto su rotaia anziché in quello del trasporto, rischierebbero, con un approccio orientato al prodotto piuttosto che al cliente, di farsi sottrarre clienti da altre imprese del trasporto.
Per ottenere una definizione davvero esauriente e completa del business è dunque fondamentale che esso sia definito nei termini della sua strategia "prodotto-mercato", piuttosto che nei termini dei prodotti o dei mercati serviti, considerati a se stanti.

3.3 Un modello tridimensionale per la definizione del business

Lo schema per la definizione del business di seguito illustrare è quello sviluppato da Abell (1980): si descrivono i business (i settori), cioè gli ambiti nei quali si svolgono le attività, utilizzando un modello tridimensionale che sostituisce quello bidimensionale prodotto-mercato, in precedenza largamente diffuso nella teoria e nella pratica di marketing. I criteri utilizzati da Abell per definire il business appaiono ragionevolmente oggettivi e il modello che ne deriva viene riconosciuto come particolarmente efficace per identificare i gruppi strategici nel business (Frazier e Howell, 1983).

Le tre dimensioni selezionate da Abell sono comuni ai diversi business; questo rende il modello facile e di applicabilità universale, ma comporta inevitabilmente qualche semplificazione in quanto i fattori di omogeneità più significativi per individuare le imprese concorrenti possono essere anche molto diversi in relazione al settore esaminato.

Secondo Abell, il business può definirsi secondo tre dimensioni che individuano degli elementi di omogeneità tra le imprese:

- gruppi di clienti serviti (gruppi clienti);
- bisogni da soddisfare (funzioni svolte per i clienti);
- tecnologie utilizzate (modalità alternative).

I **gruppi di clienti** sono le categorie di clienti interessate a una determinata attività. Per individuare i gruppi di clienti si deve rispondere alla domanda:

- **CHI deve essere servito?**

Definire i gruppi di clienti significa, dunque, identificare a chi l'impresa, attraverso le proprie attività, offre i propri prodotti o servizi.

Le **funzioni svolte** per i clienti identificano i bisogni dei clienti che vengono soddisfatti attraverso i beni o servizi prodotti. Per individuare le funzioni svolte per i clienti si deve rispondere alla domanda:

- **CHE COSA desiderano i clienti?**

Le **modalità alternative** sono i diversi modi con cui vengono svolte le funzioni per i clienti, ovvero tutte le possibili modalità con cui possono essere svolte le funzioni per soddisfare i bisogni dei clienti. Per individuare le modalità si deve rispondere alla domanda:

- **COME sono soddisfatti i bisogni dei clienti?**

Gruppi di clienti da servire, funzioni da svolgere (nella prospettiva della domanda) e tecnologie alternative da impiegare (nella prospettiva dell'offerta) rappresentano le dimensioni che, a loro volta descritte attraverso una serie di fattori specifici, consentono di individuare il business.

Come mostra il grafico rappresentato nella **Figura 3.1**, sugli assi X, Y e Z vengono riportati gli elementi chiave per la descrizione delle tre componenti del business. Dall'incrocio di questi elementi è possibile ritagliare la "porzione di spazio" che identificherà il nostro business.

Tecnologie o modalità?
La terza dimensione individuata da Abell per definire il business è quella delle "tecnologie utilizzate", una scelta che deriva probabilmente dal momento storico nel quale lo schema è stato sviluppato: gli anni '80. Si tratta infatti di un'epoca di grande sviluppo tecnico; inoltre, oltre ad avere una formazione tecnica, la ricerca di Abell si concentra prevalentemente sulla leadership nei settori a elevata intensità tecnologica. Ci sembra tuttavia che il termine più appropriato, in italiano, per rendere la natura di questo criterio e per precisarne l'applicabilità a qualsiasi settore, quale che sia la sua valenza tecnologica, sia "modalità alternative".

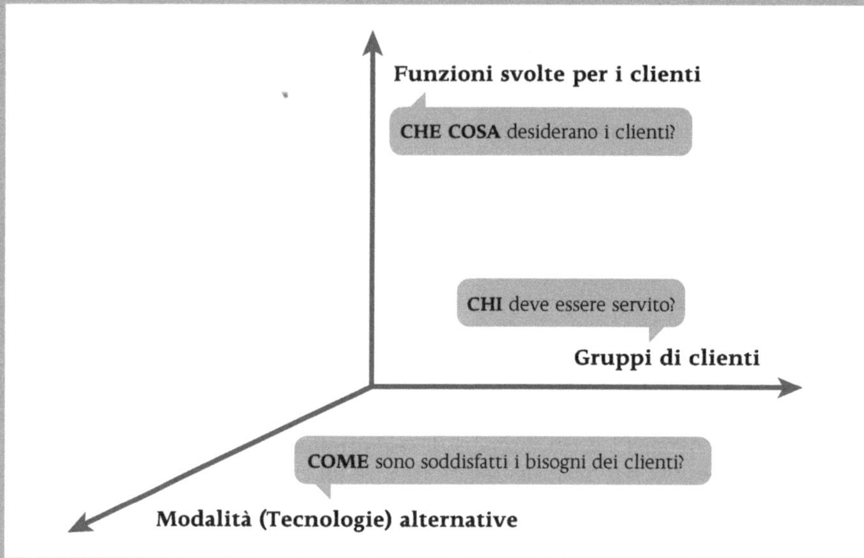

Figura 3.1
Le dimensioni per la definizione del business.
Fonte: adattamento degli Autori da Abell, 1986.

Il modello descritto consente di elaborare più concetti che, spesso usati come sinonimi nel linguaggio comune, identificano qui entità differenti che possono essere utilizzate operativamente in contesti e per finalità analitiche distinte. Si tratta dei concetti di prodotto, business, settore e mercato che presenteremo in questo capitolo. Fino ad allora parleremo genericamente di attività da definire attraverso il modello di Abell.

3.4 Ampiezza dell'attività in termini di gruppi di clienti, funzioni e modalità

L'ampiezza dell'attività può essere definita andando ad analizzare ciascuna delle tre variabili.

I gruppi di clienti

L'individuazione dei gruppi di clienti più rilevanti per la definizione di una specifica attività può essere facilitata esaminando sistematicamente una serie di fattori che aiutano a definirne il profilo.

I fattori di seguito elencati sono forniti a titolo esemplificativo, ma possono essere una guida utile a individuare i gruppi di clienti, indipendentemente dalla specificità dell'attività che si sta analizzando e dal nostro grado di conoscenza, più o meno approfondito, dell'attività da definire. Come intuibile dalla struttura della **Tabella 3.1**, una prima importante distinzione, che consente di mettere più chiaramente a fuoco le caratteristiche dei clienti, è quella tra i fattori che si applicano per attività che si rivolgono a consumatori finali (B2C), rispetto ad attività che hanno come clienti imprese di altri business (B2B).

I criteri più significativi per definire una determinata attività, possono non esserlo affatto per un'altra.

Se prendiamo a titolo esemplificativo l'ambito editoriale, il fattore demografico "genere" può in alcuni casi essere estremamente rilevante per identificare i gruppi di clienti. Si pensi per esempio all'editoria di romanzi di narrativa: la distinzione tra un pubblico femminile e uno maschile è fondamentale se ci si occupa di romanzi "rosa", piuttosto che di fantascienza. Lo stesso fattore invece è assolutamente irrilevante se si ha a che fare con l'editoria di manualistica scolastica o scientifica.

TABELLA 3.1 Fattori utili per la definizione dei gruppi di clienti

Fattori	Consumatori finali (B2C)	Altre imprese (B2B)
Geografici	Regione, clima, densità, dimensioni, centro abitato.	Profilo paese, caratteristiche climatiche, infrastrutture.
Demografici	Età, genere, dimensioni della famiglia.	Settori industriali, dimensione e numerosità dei clienti, nazionalità dei clienti.
Socio-economici/strutturali	Reddito, educazione, occupazione, classe sociale.	Grado di maturità del settore del cliente: crescita, stabilità, declino; concentrazione della domanda.
Psicologici, psicografici (stili di vita)/stili gestionali	Personalità: atteggiamenti verso una data realtà (es.: pulizia della casa, pulizia personale, moda ecc.).	Processo di acquisto (burocratico, semplice, complesso), accentramento/decentramento delle decisioni di acquisto.
Comportamenti di acquisto, consumo e utilizzo	Grado di utilizzo dei prodotti/servizi (forte, medio, basso), benefici ricercati (status, economie, comfort ecc.), grado di fedeltà alla marca, grado di fedeltà al canale distributivo.	Grado di utilizzo dei prodotti/servizi (forte, medio, basso), incidenza sui costi complessivi del cliente, beneficio ricercato (prezzo, servizio, qualità ecc.), grado di fedeltà al fornitore, approccio sistematico/approccio parziale.
Sensibilità alle variabili prezzo, servizio del marketing mix	Sensibilità elevata nei confronti di: pubblicità, qualità, promozione vendite.	Sensibilità nei confronti di: prezzo, servizio, pubblicità, qualità, promozione vendite.

GfK, uno dei principali istituti di ricerche di mercato al mondo, ha elaborato, dal 1975, una segmentazione della popolazione italiana in stili di vita rivolta soprattutto alle aziende che operano nell'ambito dei beni di consumo e dei media, consentendo di individuare e stimare dimensionalmente i principali gruppi di clienti. In altri settori questo tipo di segmentazione è metodologicamente impossibile o non affidabile.

Stabilire il grado di frequenza d'acquisto-consumo di un prodotto di largo consumo o di un prodotto industriale può essere utile per capire quali sono i principali gruppi di clienti e distinguerli da singoli casi che non possono essere considerati economicamente rilevanti. Per esempio, in base a quanto riferisce il quotidiano inglese Daily Mail[7] Darren Jones, un signore inglese di 38 anni, ha sviluppato una sorta di dipendenza estrema dalla Coca Light, di cui consuma 18 lattine al giorno ossia 42 litri nell'arco della settimana, spendendo circa 3000 sterline l'anno. Si tratta qui di un caso decisamente anomalo e di un comportamento individuale che non aiuta a inquadrare i gruppi di clienti più significativi per il consumo di Coca Light.

Funzioni svolte per i clienti

Individuare le funzioni svolte per i clienti richiede che ci si interroghi su quali sono i bisogni e le esigenze della clientela da soddisfare. Pertanto questa dimensione richiede una valutazione complessiva dei principali:

- bisogni che l'uso del prodotto/servizio soddisfa;
- vantaggi derivanti dall'uso del prodotto;
- utilizzi del prodotto/servizio da parte del cliente.

7 http://www.dailymail.co.uk/health/article-2065222/Diet-Coke-addiction-Darren-Jones-admits-problem-downing-18-cans-A-DAY.html

Le funzioni svolte per i clienti devono essere concettualmente ben distinte sia dalle tecnologie, ossia dalle modalità con cui le funzioni sono realizzate, sia dai benefici che i clienti possono percepire come determinanti nel processo di scelta. Per meglio chiarire la questione si pensi, a proposito di lettori di musica digitale, rispettivamente: come funzione all'"ascolto di musica per svago", come modalità/tecnologia attraverso la quale soddisfare la funzione all'"ascolto di musica tramite lettore mp3", come possibili attributi allo "spazio di archiviazione, al design del lettore/diffusore, alla qualità del suono".

Più ristretto è il numero di funzioni più è facile identificare la tecnologia che soddisfa quelle funzioni con riferimento al gruppo di clienti.

Se le funzioni identificate sono più di una è possibile che siano tra loro complementari, simili o disgiunte:

- complementari: due funzioni si definiscono complementari quando una comporta anche lo svolgimento di un'altra. In questo caso, funzioni differenti ma complementari possono anche essere svolte da uno stesso prodotto o da un "sistema integrato" di prodotti. Per esempio, come ricorda Abell (1986), la funzione di carico merci è complementare alla funzione di scarico: il carico di una merce su un camion implica che quella merce verrà poi scaricata;
- simili: due funzioni possono essere molto simili tra loro e dunque trovare soddisfazione attraverso lo stesso prodotto. La campagna sul marchio di yogurt Activia (Danone), "La tua pancia sorride", rivolta al pubblico femminile, punta decisamente a enfatizzare due funzioni simili: la nutrizione sana e gli effetti estetici sul girovita;
- disgiunte: quest'ultimo caso si riferisce a quelle situazioni in cui un gruppo di clienti presenti bisogni da soddisfare in nessun modo collegati tra loro. Lo stesso gruppo di clienti può essere, quindi, segmentato in diverse funzioni, consentendo una migliore soddisfazione. Patek Philippe è uno dei marchi più prestigiosi nell'orologeria di lusso, le sue campagne pubblicitarie[8] tendono a enfatizzare una serie di aspetti che richiamano l'esclusività ("Something truly precious holds its beauty forever") e il valore nel tempo ("You never actually own a Patek Philippe. You merely look after it for the next generation"). Si tratta di funzioni che sono oggettivamente disgiunte, ma in questo caso decisamente più significative, rispetto alla funzione primaria di ogni orologio che è quella di cronometro.

Modalità alternative

Le "modalità" rappresentano i diversi modi possibili per rispondere alle esigenze dei clienti.

Questa dimensione richiede una valutazione complessiva delle principali:

- soluzioni tecniche utilizzate per la fruizione del prodotto/servizio;
- tecnologie utilizzate per la realizzazione del prodotto/servizio.

Questa dimensione è per sua natura dinamica: alcune modalità tendono a essere sostituite nel tempo da altre più efficaci (come vedremo in modo più approfondito al **Capitolo 13**), o si può modificare la loro capacità di soddisfare i bisogni dei diversi gruppi di clienti. Talvolta due modalità possono coesistere come alternative possibili in risposta a diverse esigenze del cliente.

Per esempio, l'evoluzione delle tecnologie per la riproduzione della musica è stata estremamente rapida nel corso degli ultimi anni, ma i dati relativi al mercato britannico riportati dal Guardian[9] segnalavano una ripresa, già dal 2007, delle vendite di 45 giri in vinile che avevano raggiunto 1 milione di sterline l'anno. Certo si tratta di cifre molto lontane dai tempi in cui (nel 1979) il solo singolo *Bright Eyes* di Art Garfunkel realizzava questo importo e in cui le vendite complessive di 45 giri raggiungevano gli 89 milioni di sterline. I dati rilevati sul mercato britannico segnalavano comunque, su un periodo di cinque anni, un aumento delle vendite di 45 giri in vinile di oltre cinque volte, pur in presenza di un mercato ormai dominato dai lettori di musica digitale[10].

---

8 http://www.patek.com/contents/default/en/advertisingcampaign.html

9 http://www.guardian.co.uk/business/2007/jul/16/musicnews.music

10 L'evoluzione delle tecnologie per la riproduzione della musica è ulteriormente documentata ai **Capitoli 13** e **14**.

Per individuare adeguatamente le modalità occorre capire il punto di vista del cliente e non valutare esclusivamente le potenzialità tecniche. Per esempio, Luciano Petullà e Davide Borrelli, in un libretto di agevole lettura pubblicato nel 2007[11], indagano sui motivi del "fallimento" del videofonino, passando in rassegna la nuova generazione di tecnologie per la telefonia mobile. Il passaggio all'UMTS ha rappresentato una "rivoluzione" nelle tecnologie di telecomunicazione, ma l'applicazione che ha consentito la videochiamata è stata dal punto di vista commerciale scarsamente apprezzata dal cliente.

3.4.1 Applicazione del modello di Abell alla definizione delle attività

Il modello di Abell consente di superare l'indeterminatezza che il riferimento ad aggregati di attività troppo ampi, ancorché talora concepiti in una logica di sostituibilità del prodotto-servizio, inevitabilmente comporta.

Nel linguaggio comune si fa spesso riferimento ai comparti dell'alimentare, del trasporto, della moda, che costituiscono dei macroaggregati di attività che, tuttavia, in termini operativi non sono di alcuna utilità.

Se facciamo l'esercizio di applicare il modello di Abell alle attività di trasporto (**Figura 3.2**) ci accorgiamo facilmente che le alternative, su tutti gli assi, sono talmente ampie che si finisce per includere una moltitudine di business per lo più completamente slegati gli uni dagli altri.

A questo punto, è evidente che per disporre di elementi utili sul piano operativo è necessario individuare aggregati di attività molto più circoscritti.

Utilizzando il modello di Abell (1980) si possono individuare quattro concetti: il prodotto, il business, il settore e il mercato.

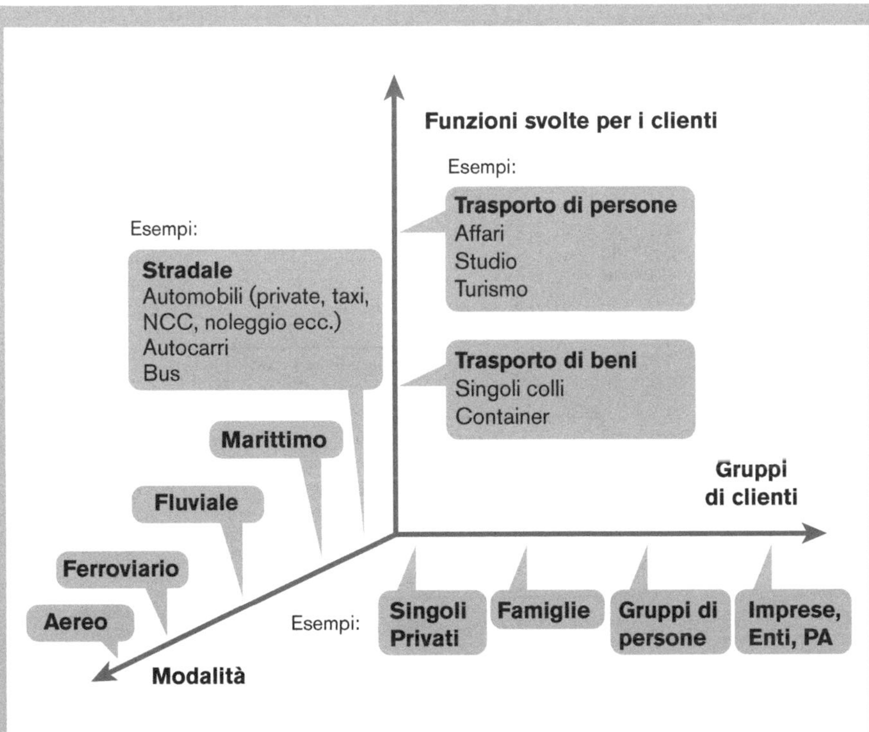

Figura 3.2
Le attività di trasporto.
Fonte: adattamento degli Autori da Abell, 1986.

11 Luciano Petullà e Davide Borrelli, *Il videofonino. Genesi e orizzonti del telefono con le immagini*, Meltemi 2007.

Prodotto
Il prodotto va considerato come la manifestazione fisica dell'applicazione di una determinata modalità per il soddisfacimento di un certo bisogno, per un gruppo di clienti.

Il **prodotto** risulta dall'applicazione di una determinata modalità (tecnologia), al soddisfacimento di un determinato bisogno, per un determinato gruppo di clienti.

Si tratta del concetto più semplice tra quelli trattati a partire dal modello di Abell e su cui si elaborano le politiche e si organizzano le attività di marketing. Un esempio di prodotto può essere illustrato dalla **Figura 3.3**, che rappresenta il "Concerto di Capodanno a Vienna"[12]. Si tratta di un concerto della prestigiosa orchestra dei Wiener Philarmoniker, basato sulle musiche di Johan Strauss e dei suoi contemporanei, che si tiene ogni anno la mattina di Capodanno nella Golden Hall della Musikverein di Vienna.

Il primo di questi concerti si tenne il 1° gennaio del 1939 in uno dei periodi più bui della storia contemporanea austriaca. Da allora il concerto è noto in tutto il mondo e, attraverso la televisione, raggiunge circa 40 milioni di spettatori in oltre 90 Paesi.

Il prodotto di cui vogliamo parlare non è però quello della trasmissione televisiva del concerto, ma piuttosto il concerto dal vivo che si tiene in una delle sale con la migliore acustica al mondo, nella quale dal 1981 l'allestimento è curato con i fiori (un tempo provenienti da Sanremo, ora allestiti dai Vienna City Gardens) e che dispone di 1744 posti a sedere e 300 in piedi.

I biglietti per assistere al concerto vengono venduti esclusivamente tramite internet estraendo a sorte coloro che da tutto il mondo si sono iscritti al sito dei Wiener Philarmoniker tra il 2 e il 23 gennaio. Il prezzo dei biglietti attualmente è compreso tra € 35 e € 1200. I sorteggiati possono acquistare solo due biglietti: per questo, e per il fascino romantico di Vienna, il gruppo di clienti di riferimento è costituito da coppie in vacanza. Si tratta certo di amanti della musica e del repertorio classico di questo concerto, ma la funzione svolta per i clienti è qui soprattutto quella di partecipare a un evento irripetibile in un contesto esclusivo, che può essere assicurato solo (in termini di modalità) dalla combinazione delle competenze artistiche dei Wiener Philarmoniker e dalla magia della sala della Musikverein di Vienna.

Si tratta quindi del prodotto di punta che assicura prestigio e notorietà ai Wiener Philarmoniker, consentendo tra l'altro di sostenere altri prodotti, in particolare la vendita dei diritti per la diffusione radiotelevisiva del concerto e le altre attività che occupano uno spazio più ampio del modello tridimensionale di Abell e introducono al concetto di business.

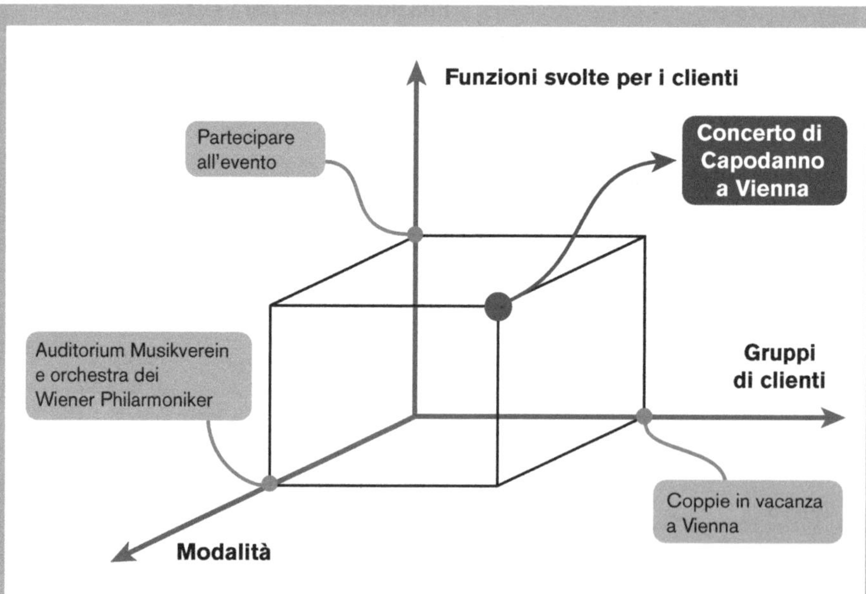

Figura 3.3
Il concetto di prodotto.
Fonte: adattamento degli Autori da Abell, 1986.

12 Il sito internet del Concerto di Capodanno dei Wiener Philarmoniker: http://www.wienerphilharmoniker.at/index.php?set_language=en&cccpage=newyearsconcert

Il **business** viene definito come una selezione di alcuni gruppi di clienti e di funzioni svolte per i clienti, basate su una modalità.

A sua volta l'impresa sceglierà il business nel quale intende operare rispondendo a queste domande:

- tra i potenziali gruppi di clienti, a chi mi rivolgo?
- tra le potenziali funzioni, quali soddisfo?
- tra le potenziali modalità, cosa sono capace di fare?

Business
Il business è costituito dalla porzione di spazio delimitata scegliendo alcuni gruppi di clienti e alcune funzioni svolte per i clienti, data una determinata modalità.

La **Figura 3.4** mostra un esempio di business rappresentato dai "parchi divertimento", riferito ai parchi a tema, che potrebbero essere rappresentati da Disneyland. I gruppi di clienti prevalenti sono le famiglie e i gruppi di turisti (B2C) e le aziende (B2B). Le funzioni svolte per i clienti riguardano la ricerca di intrattenimento, il desiderio di entrare per un giorno nel "mondo di sogno" dei bambini o, per gli adulti, il desiderio di ritrovare i personaggi fantastici dell'infanzia. Infine, da non trascurare, la possibilità, per le imprese, di comunicare nei confronti dei propri clienti o dipendenti realizzando anche formule di intrattenimento su misura. Le "modalità" dei parchi a tema sono complesse e richiedono elevati investimenti da associare a competenze articolate e non banali in ambito artistico, tecnico-organizzativo (sicurezza, logistica, manutenzione, pulizie ecc.) e infrastrutturale (strutture ricettive, ristorazione, animazione e baby-sitting ecc.).

Il business è definito, con riferimento a ciascuna delle tre dimensioni, in base all'ampiezza (*scope*) e alla differenziazione.

Possono per esempio variare la natura tematica del parco e il grado di differenziazione dell'offerta, che richiedono modalità (tecnologie) differenti; possono variare i gruppi di clienti (per esempio i parchi decisamente orientati ai bambini o quelli che si rivolgono a un pubblico adulto), così come possono variare i bisogni da soddisfare.

Il concetto di business riveste un ruolo centrale nel modello di Abell: è inteso tanto per delimitare l'ambito nel quale si determina la dinamica competitiva, quanto per definire le strategie della singola impresa. Questo sarà il concetto che ci guiderà anche nelle sezioni successive del volume.

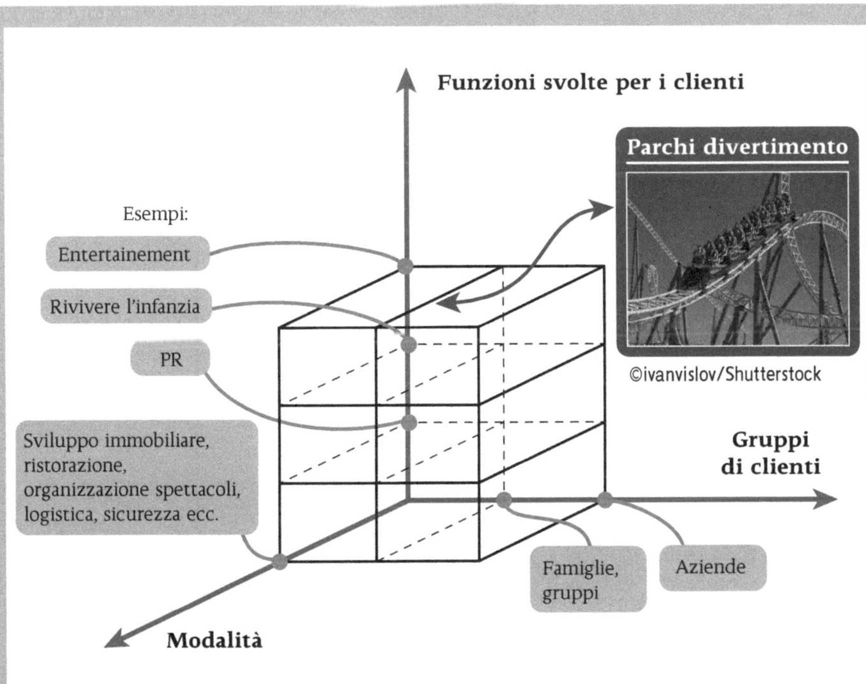

Figura 3.4
Il business dei parchi divertimento.
Fonte: adattamento degli Autori da Abell, 1986.

La Divisione Europea della International Association of Amusement Parks and Attractions (IAAPA) ha svolto uno studio su 320 parchi divertimenti in 19 paesi, rilevando che, nel 2011, i parchi divertimento europei contavano più di 150 milioni di visitatori e generavano 50 000 posti di lavoro e un fatturato totale di 8,6 miliardi di euro. Questi dati si riferiscono all'insieme dei business che condividono la stessa modalità e riguardano quindi un ulteriore concetto, quello di settore, che per l'appunto è quello più comunemente utilizzato a fini statistici (nomenclature industriali, dati sul commercio internazionale ecc.).

Settore
Il settore (industria) è costituito dallo spazio delimitato individuando tutti i gruppi di clienti e tutte le funzioni svolte per i clienti, data una determinata modalità.

Nel modello di Abell il concetto di **settore** è definito come un aggregato di più business basati generalmente su una sola modalità (tecnologia). È costituito da tutte le imprese che utilizzano la medesima modalità, indipendentemente dai bisogni che soddisfano e dai gruppi di clienti coinvolti.

Questo concetto si basa su una definizione dell'offerta che si rivela però poco utile per orientare le strategie delle imprese, dal momento che include bisogni e gruppi di clienti che possono essere molto eterogenei.

Il settore raffigurato nella **Figura 3.5** è quello che si è venuto a creare in seguito alla convergenza della telefonia fissa e della telefonia mobile descritta nel **Caso 3.2**.

Come mostra la figura, le dimensioni "funzioni svolte per i clienti" e i "gruppi di clienti" includono tutte le possibili fattispecie che si ritrovano nei business basati su queste tecnologie.

Caso 3.2 La convergenza dei settori della telefonia fissa e della telefonia mobile

Sin dal 2004, a livello internazionale, il numero dei cellulari aveva oltrepassato quello dei telefoni fissi. Da allora il numero dei cellulari ha continuato a crescere rapidamente, ma soprattutto si è avviato un progressivo declino della telefonia fissa a livello mondiale (con la riduzione dei ricavi derivanti dai servizi vocali e dalla trasmissione dati, con la diffusione del-

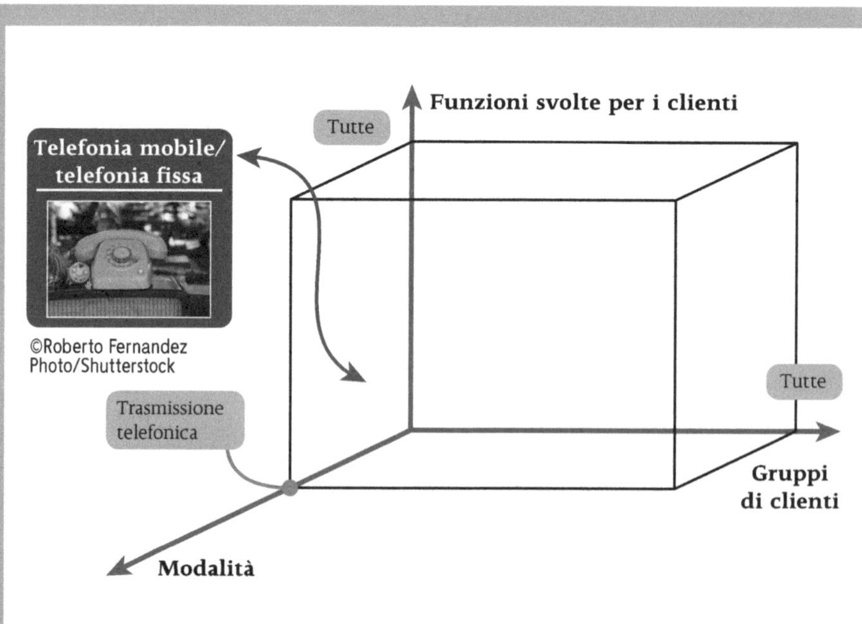

Figura 3.5
Il settore della telefonia.
Fonte: adattamento degli Autori da Abell, 1986.

la banda larga e dei servizi a valore aggiunto sia su rete fissa che su rete mobile). Anche in Europa, negli ultimi cinque anni, l'abbandono del telefono fisso per passare definitivamente al cellulare è diventato sempre più frequente e si stima che circa il 21% degli utenti abbia abbandonato il telefono fisso.
Mentre i telefoni fissi sono rimasti pressoché immutati nel corso degli ultimi decenni, i cellulari hanno subito una costante evoluzione e, oltre ai vantaggi legati alla disponibilità dei numeri di telefono salvati sulla rubrica elettronica, consentono l'invio di messaggi e sempre maggiori funzionalità.
Tuttavia anche i telefoni fissi presentano alcuni vantaggi, primo fra tutti quello dei costi, ma anche quello della chiarezza della comunicazione e dell'affidabilità della connessione.
Da qui l'idea, emersa sin dai primi anni 2000 nelle maggiori imprese di telecomunicazione a livello internazionale, di pensare a una convergenza tra telefonia mobile e telefonia fissa.
L'adozione del protocollo IP, unitamente alle spinte provenienti dai vendor dell'IT, ha rafforzato ulteriormente questa tendenza verso la convergenza.
A livello aziendale il processo di convergenza si è rafforzato con l'integrazione tra attività mobili e attività di rete fissa da parte di numerosi operatori (per esempio, in Europa: Telecom Italia, France Télécom e Deutsche Telekom) e con fusioni e acquisizioni soprattutto tra operatori di rete fissa e mobile.
Più recentemente la trasformazione delle reti tradizionali in reti di nuova generazione (Next Generation Network) che ha consentito sia l'abbattimento dei costi di gestione della rete, sia una più ampia gamma di servizi e di qualità più elevata rispetto alle reti tradizionali, è stata anche alla base di nuove proposte commerciali, ossia di offerte di tipo *triple play*, comprendenti servizi di telefonia fissa, accesso a Internet a banda larga e contenuti televisivi su protocollo IP (IPTV), e di tipo *quadruple play*, che estendono l'offerta ai servizi integrati fisso-mobile.
Il processo di convergenza fisso-mobile trasforma il settore delle telecomunicazioni perché crea economie di scala e margini più elevati che i servizi tradizionali non riescono più a garantire, ma potrà determinare grandi ripercussioni anche nei business dei media e dei contenuti, che a loro volta determinano una crescente pressione verso la convergenza, dato che veicolare i contenuti video con sufficienti livelli di qualità anche su reti di telecomunicazione richiede elevati valori di banda garantita, non sempre, ad oggi, disponibile.

I percorsi verso la convergenza seguiti dai vari attori sono i seguenti:

- gli operatori integrati di rete fissa tendono a inserire l'offerta di servizi convergenti all'interno della propria catena del valore, cercando di raggiungere il massimo livello di sinergia con i servizi VoIP e con quelli a banda larga, al fine di difendere la propria posizione sul mercato;
- gli operatori mobili indirizzano la domanda di servizi convergenti tramite soluzioni tariffarie (tra le prime in Italia quelle di Vodafone e Telecom Italia) volte alla sostituzione del traffico fisso con quello mobile. Inoltre, la consapevolezza che la crescita delle quote di mercato mobile con servizi tradizionali sia ormai prossima alla saturazione, spinge gli operatori mobili (in attesa di un'adeguata tecnologia per la fruizione di contenuti in mobilità), verso politiche di integrazione fisso-mobile, acquisendo licenze di telefonia fissa, o stipulando accordi per completare l'offerta con servizi a banda larga.

L'evoluzione delle tecnologie e della regolamentazione (in Italia l'AGCM - Autorità Generale per la Concorrenza e il Mercato - si è a lungo occupata della questione ed è stata quindi applicata una modifica delle regole che, dal 2008, ha consentito a Tim di presentare offerte di convergenza fisso-mobile simili rispetto a quelle già introdotte da Vodafone e da Fastweb) determina una convergenza tra i settori della telefonia fissa e della telefonia mobile che in passato si configuravano decisamente come settori distinti.

Fonte: elaborazione degli Autori da Economist "The marriage of two phones" 23 settembre 2004 e "The march of the mobiles" 23 settembre 2004; dall' indagine conoscitiva dell'AGCOM sui processi di integrazione tra servizi di rete fissa e di rete mobile (di cui alla delibera n. 324/06/CONS); dall'analisi del Mercato n. 1 "accesso e raccolta delle chiamate nelle reti telefoniche mobili" (avviato con delibera n. 168/07/CONS del 19 aprile 2007); dall'analisi del Mercato 16: "terminazione di chiamate vocali su singole reti mobili" (avviato con delibera n. 342/07/CONS del 28 giugno 2007).

Mercato
Il mercato è costituito dallo spazio delimitato individuando tutti i gruppi di clienti e tutte le funzioni svolte, data una determinata modalità.

Il quarto concetto definito da Abell è quello di mercato. Il **mercato** è dato dall'insieme di alcune funzioni svolte per alcuni gruppi di clienti attraverso tutte le modalità alternative disponibili.

Il concetto di mercato è quello più comunemente utilizzato per regolamentare le dinamiche competitive[13]; certamente porre i confini in un ambito piuttosto che in un altro ha delle conseguenze molto importanti sul grado di libertà degli attori economici.

A questo proposito si pensi alle grandi trasformazioni intervenute nel mercato televisivo (dalla televisione satellitare, al Digitale terrestre, all'IPTV) a seguito delle innovazioni tecnologiche, del grado di sostituzione delle tecnologie con infrastrutture o servizi già esistenti e in considerazione delle possibilità di replicabilità dei contenuti da parte di altri operatori, delle forme di accessibilità in chiaro o "on demand". In base alla definizione di mercato adottata si modificheranno radicalmente i confini dell'analisi competitiva, le quote di mercato dei diversi attori, le posizioni competitive dei diversi attori.

L'attività rappresentata nella **Figura 3.6** è la formazione manageriale post-universitaria, un mercato che, oltre alle modalità tradizionali della formazione presenziale in aula, prevede la formazione a distanza. I tempi pionerisitici della formazione a distanza (FAD) risalgono agli inizi del secolo scorso. Allora, si utilizzava il canale comunicativo postale e il valore economico di questa modalità rispetto a quello della formazione tradizionale era molto modesto. La FAD si è sviluppata di pari passo con l'evoluzione delle tecnologie della comunicazione, con esperienze formative basate sui media radiofonici e televisivi. Successivamente, si è affermato il cd-rom come prodotto con finalità autoformative, ma l'interazione limitata uomo-macchina, la scarsa flessibilità e dinamicità (il corso su cd-rom è di fatto un evento statico), l'impossibilità di accedere a fonti informative remote, rendono questo strumento non completamente idoneo a supportare pienamente le componenti di un sistema FAD. La formula dell'e-learning, in forma *blended* (che prevede l'alternanza di momenti formativi gestiti a distanza e momenti in presenza con l'utilizzo di soluzioni diverse di erogazione) o in forma

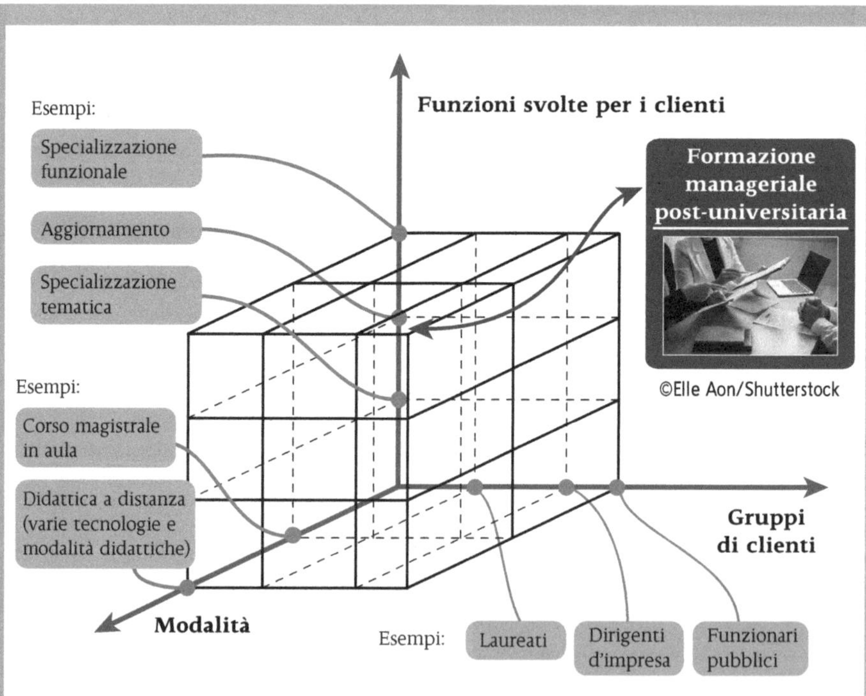

Figura 3.6
Il mercato della formazione manageriale post-universitaria.
Fonte: adattamento degli Autori da Abell, 1986.

13 In questo ambito si parla di "mercato rilevante".

"web community" (che prevede il superamento progressivo dell'aggregato "classe" tradizionale e la costituzione di un nuovo soggetto di apprendimento collettivo, oltre alla possibilità di trasferire i contenuti in modo sincrono o asincrono rispetto all'intervento del formatore) ha avuto un forte sviluppo soprattutto con l'avvento delle nuove tecnologie e la diffusione della banda larga, che consente connessioni ad alta velocità.

3.4.2 Differenziazione del business rispetto a segmenti e concorrenti

Il termine differenziazione può avere due significati:

1. la differenziazione rispetto ai segmenti sta a indicare la misura in cui l'impresa tratta differentemente i diversi segmenti della propria attività;
2. la differenziazione rispetto ai concorrenti indica, invece, in che misura l'offerta di due o più concorrenti su uno stesso segmento sia differente.

Le scelte di differenziazione possono riguardare ciascuna delle tre variabili del modello di Abell e possono essere messe in pratica cambiando le caratteristiche di un prodotto o la strategia di marketing a esso associata. Per quanto riguarda i gruppi di clienti, una scelta di differenziazione può riguardare entrambi gli aspetti e dunque una variazione sia nelle caratteristiche del prodotto che nella strategia di marketing; nella differenziazione rispetto alle funzioni svolte c'è generalmente una variazione nelle caratteristiche del prodotto e può esserci o meno una variazione nella strategia di marketing; infine, nella differenziazione rispetto alle tecnologie varierà certamente il prodotto, ma può anche non variare la politica di marketing.

Il concetto di differenziazione proposto da Abell identifica di fatto una segmentazione strategica che determina un'articolazione dell'offerta in relazione ai diversi sottoinsiemi che si possono individuare all'interno del business.

3.5 Ridefinire il business

Come accennato nel primo paragrafo del capitolo, è importante considerare i cambiamenti di definizione del business ed è possibile farlo adottando il medesimo schema tridimensionale sopra illustrato. Secondo la prospettiva bidimensionale il cambiamento nella definizione del business può avvenire attraverso due alternative: la vendita di prodotti già esistenti su nuovi mercati o lo sviluppo di nuovi prodotti da vendersi sui mercati già presidiati.

Seguendo lo schema tridimensionale di Abell, invece, si giunge a sette differenti modalità possibili per ridefinire il business (**Tabella 3.2**).

TABELLA 3.2 Ampiezza (e differenziazione) rispetto a gruppi di clienti, funzioni svolte e tecnologia

Strategia	Gruppi di clienti	Funzioni svolte	Tecnologia
1	Invariata	Invariata	Diversa
2	Invariata	Diversa	Invariata
3	Diversa	Invariata	Invariata
4	Invariata	Diversa	Diversa
5	Diversa	Diversa	Invariata
6	Diversa	Invariata	Diversa
7	Diversa	Diversa	Diversa

Può essere interessante cercare di comprendere se vi siano delle modalità di ridefinizione del business, in qualche modo consolidate. A questo proposito illustriamo alcune possibili ricorrenze legate ad alcune fasi tipiche della vita di un'impresa. Un'impresa innovativa che, pioneristicamente, sviluppa un nuovo settore, generalmente definisce il proprio business in modo ristretto rispetto a tutte e tre le dimensioni dei gruppi clienti, delle funzioni svolte e delle modalità. In seguito, i nuovi entranti, per differenziarsi, ampliano la propria definizione, sia perché svolgono già funzioni correlate per i clienti, sia perché vendono a gruppi di clienti correlati, ma anche perché vendono prodotti basati su tecnologie alternative. In un terzo momento, l'impresa prima entrata nel settore reagisce alla concorrenza sia imitandola, sia differenziando a sua volta, in modo originale, la propria attività (Abell 1986).

Un'influenza fondamentale nelle scelte di ridefinizione del business è esercitata dall'attrattività di determinati segmenti di gruppi di clienti, di funzioni svolte e di modalità. I business che vogliano essere innovativi rincorreranno sempre nuovi segmenti attrattivi e dunque saranno costantemente chiamati a ridefinire il proprio perimetro. Tuttavia, l'attrattività di un segmento, considerata di per sé, non è un criterio sufficiente per ridefinire il business: considerare unicamente questo elemento non consente di valutare l'effetto complessivo che la definizione del business ha sui risultati dell'impresa.

La scelta della definizione più opportuna del business, coerentemente con le circostanze nelle quali si trovi l'impresa, è influenzata in modo significativo da una serie di fattori e in particolare da:
- il comportamento dei clienti;
- le risorse necessarie;
- l'andamento dei costi;
- le caratteristiche dell'impresa.

Consideriamo ciascuno di questi quattro fattori.

Comportamento dei clienti

Per quanto concerne il comportamento dei clienti, ci sono in particolare tre elementi che giocano un ruolo chiave nella definizione del business:
- la sensitività al prezzo;
- la propensione all'acquisto di una gamma completa o di un "sistema";
- la misura della differenziazione delle esigenze dei clienti.

La *sensitività al prezzo* determina la misura in cui l'impresa può ottenere un effettivo vantaggio di mercato da economie di costo: vantaggi di costo si possono conseguire quando un'impresa che svolga un'attività definita in modo ampio (rispetto a una o tutte e tre le variabili) può utilizzare risorse simili e se al variare del volume di produzione i costi variano in modo sensibile. Le economie di costo generano un vantaggio di mercato quando il prezzo influenza la scelta di un prodotto da parte del cliente. Al contrario, se il cliente si dimostra più sensibile a vantaggi diversi dal prezzo - per esempio la qualità del servizio post-vendita - una definizione ampia può essere meno adeguata di una definizione concentrata su precisi segmenti, che consenta di soddisfare appieno le esigenze di quegli specifici gruppi di clienti.

La *propensione all'acquisto di una gamma completa di prodotti complementari o di un "sistema"* ha un'influenza diretta sulla scelta di definire in modo ampio il proprio business rispetto alle funzioni svolte. Un cliente che necessiti di acquistare un "sistema" integrato di prodotti potrebbe preferire rivolgersi a un unico fornitore piuttosto che acquistare le diverse componenti da fornitori diversi e poi assemblarle successivamente. In questo caso una definizione ampia del business rispetto alle funzioni svolte sarebbe preferibile a una concentrata su una sola funzione e consentirebbe una maggiore attrattività.

Infine, un elevato *grado di differenziazione delle esigenze dei clienti* rende preferibile una strategia differenziata di business rispetto alle caratteristiche dei prodotti e alle scelte di marketing.

Risorse necessarie

Si intendono per risorse necessarie per competere in un determinato business quelle riferite alla produzione, al marketing, alla vendita, alla distribuzione, alla progettazione, alla R&S e all'assistenza tecnica. Il grado di differenziazione delle risorse può crescere con l'aumento della differenziazione del prodotto o del marketing per soddisfare esigenze diversificate dei clienti. Questo deve essere valutato con riferimento a ciascuna delle tre variabili: gruppi di clienti, funzioni e modalità. Infatti, può verificarsi il caso in cui per diversi gruppi di clienti varino molto le strategie di marketing e l'assistenza tecnica che potrebbero, al contrario, non variare affatto nel caso di un certo numero di prodotti che svolgano funzioni differenti.

Andamento dei costi

Per valutare l'influenza che l'andamento dei costi determina sulle scelte di definizione più opportune del business, bisogna inizialmente considerare le condizioni nelle quali è possibile realizzare l'efficienza:

- nel caso in cui ci sia un certo grado di similarità tra le risorse necessarie per i gruppi clienti, per le funzioni svolte e per le modalità applicate;
- nel caso in cui i volumi di produzione siano piuttosto elevati.

In realtà, non è sufficiente considerare la similarità tra le risorse. È necessario considerare gli andamenti costo/volume per ciascuna delle risorse rispetto a ciascuna delle tre dimensioni, perché le relazioni tra costi e volumi, per ciascuna risorsa, possono essere determinate da:

- l'incidenza relativa dei costi fissi e variabili per la risorsa considerata;
- gli effetti di esperienza o di apprendimento congiunti, ovvero riferiti al volume di produzione nel suo complesso o relativo a due o più gruppi di clienti, funzioni o modalità (Abell 1986).

Caratteristiche dell'impresa

Anche le caratteristiche dell'impresa influenzano l'esito che una certa definizione del business potrebbe avere sui risultati. Prendiamo in considerazione una caratteristica fondamentale: la dimensione dell'organizzazione.

Un'impresa di grandi dimensioni può ottenere risultati migliori a partire da una definizione ampia della propria attività rispetto a ognuna delle tre dimensioni, anche se il grado di differenziazione delle risorse fosse elevato. Al contrario, una piccola impresa, in funzione delle conoscenze di cui dispone, potrebbe essere costretta a concentrarsi su un determinato gruppo di clienti, su una specifica funzione e a scegliere una sola modalità.

Riepilogo

- Definire il business è utile per comprenderne l'ampiezza, il grado di omogeneità, i segmenti esistenti e le loro caratteristiche e per chiarire le scelte di posizionamento strategico dell'impresa.
- Le domande che bisognerebbe porsi per definire il business sono le seguenti:
  - Chi sono i nostri clienti?
    - Quali sono i fattori attraverso i quali individuarli?
    - Su quali clienti concentriamo la nostra offerta?
  - Quali sono i benefici che la nostra offerta presenta alla luce dei bisogni della clientela?
    - Quali gli autentici benefici che la nostra offerta apporta ai clienti?
  - Qual è la formula che la nostra impresa ha messo a punto per rispondere ai bisogni dei propri clienti?
    - Quali sono le tecnologie da presidiare per operare con successo nel nostro business?
    - Attraverso quali soluzioni la nostra impresa è in grado di creare valore per i propri clienti?
- Il modello di Abell si applica a tutti i business ed è basato su tre dimensioni (i gruppi di clienti, le funzioni servite per il clienti e le modalità alternative) che consentono di definire quattro concetti (prodotto, business, settore e mercato) utilizzabili in ambiti e per fini diversi.

Domande di verifica

1. Perché la definizione del business può essere considerata la prima fase del processo di formulazione della strategia?
2. Quali sono gli approcci teorici e quali le finalità nella definizione del business?
3. Quali sono le dimensioni utilizzate nel modello di Abell per definire le attività?
4. In cosa consistono e in cosa differiscono i concetti di prodotto, business, settore e mercato?
5. In cosa consiste la ridefinizione del business e quando può essere considerata necessaria?

Bibliografia

Abell D.F., *Defining the business. The starting point of strategic planning,* Prentice Hall, Englewood Cliffs, NJ 1980; tr. it. *Business e scelte aziendali,* IPSOA Scuola d'Impresa, Milano 1986.

Abell D.F., Hammond J., *Strategic Marketing Planning,* Prentice Hall, Englewood Cliffs, NJ 1979.

Bain J.S., *Essays on price theory and industrial organization,* Little-Brown, Boston 1972.

Barney J.B., "Organizational Culture: Can It Be a Source of Sustained Competitive Advantage?", *Academy of Management Review,* n. 11 (1986), pp. 656-665.

Barney J.B., "Firm Resources and Sustained Competitive Advantage", *Journal of Management,* n. 17 (1991), pp. 99-120.

Chan Kim W., Mauborgne R., *Strategia oceano blu Vincere senza competere,* ETAS, Milano 2005.

Curran J.G.M., Goodfellow J.H., "Theoretical and practical issues in the determination of market boundaries", *European Journal of Marketing,* n. 24 (1) (1989), pp. 16-28.

Day G.S., *Market-driven strategy,* Free Press, New York 1990.

Day G.S., "Assessing competitive arenas: who are your competitors?", pp. 23-47, in Day G.S., Reibstein D.J. (Eds.), *Wharton on dynamic competitive strategy,* John Wiley & Sons Inc., New York 1997.

Frazier G.L., Howell R.D., "Business Definition and Performance", *Journal of Marketing,* vol. 47, n. 2 (1983), pp. 59-67.

Grant R.B., *Contemporary Strategic Analysis,* Basic Blackwell, Oxford 1991; tr. it. *L'Analisi strategica per le decisioni aziendali. Concetti, tecniche, applicazioni,* Il Mulino, Bologna 1999 (ed edizioni successive).

Levitt T., "Marketing Myopia", *Harvard Business Review,* n. 43 (1965), pp. 26-44, 173-181.

Mason E.S., "Price and Production Policies of Large-Scale Enterprise", *The American Economic Review,* Vol. 29, n. 1 (1939), Supplement *Papers and Proceedings of the Fifty-first Annual Meeting of the American Economic Association* (1939), pp. 61-74.

Peteraf M.A., "The Cornerstones of Competitive advantage: A resource based view", *Strategic management Journal,* n. 14 (1993), pp. 179-191.

Porter M.E., *Interbrand Choice, Strategy, and Bilateral Market Power,* Harvard University Press, Cambridge 1976.

Porter M.E., *Competitive strategy,* The Free Press, New York 1980; tr. it. *La strategia competitiva,* Tipografia Compositori, Bologna 1982.

Tilles S., *Making strategy explicit,* in Ansoff H.I., ed. Business Strategy, Penguin Books, New York 1969.

Wernerfelt B., "A Resource based View of the Firm", *Strategic Management Journal,* n. 5 (1984), pp. 171-180.

White H.C., "Where do Markets Come From?", *The American Journal of Sociology,* vol. 87, n. 3 (1981), pp. 517-547.

Ulteriori risorse disponibili sul sito web dedicato al volume

Capitolo 13

I Business Model e la loro trasformazione: il quadro teorico e i fattori evolutivi

Il concetto di Business Model è largamente impiegato nella letteratura di management, ma soprattutto è ormai diventato una parola d'ordine nel vocabolario delle pratiche manageriali. Ciononostante al suo diffuso utilizzo si accompagnano frequentemente delle critiche che sottolineano il significato troppo vago del concetto e la mancanza di consenso sia sulla sua definizione sia sull'individuazione dei fattori che lo caratterizzano.
La necessità di avere un quadro di riferimento sintetico che aiuti a "circoscrivere" la complessità dei fattori che determinano ciò che crea valore per un'organizzazione e per i suoi clienti ha tuttavia sancito, nel corso degli anni, un successo inaspettato e crescente di questo impianto concettuale. La sua principale caratteristica è quella di analizzare il potenziale dell'impresa e inserirlo nel suo contesto competitivo di riferimento, nel suo specifico mercato di riferimento.
I grandi driver del cambiamento, la dinamica tecnologica, l'evoluzione della globalizzazione e della sostenibilità impongono alle imprese il ripensamento del loro modo di essere e di agire. In altre parole la comprensione, da parte delle imprese, delle nuove determinanti della creazione di valore fornisce al management la possibilità di identificare chiaramente le attività dell'impresa, di valorizzare le risorse chiave che creano valore, di individuare i target di mercato e le partnership funzionali al raggiungimento degli obiettivi.

Obiettivi di apprendimento

In questo capitolo discuteremo:
- cosa si intende per Business Model in letteratura;
- perché si parla di Business Model Innovation;
- cos'è il Business Model Canvas e quali sono le sue componenti.

13.1 Definire il concetto di Business Model

Ogni impresa è caratterizzata da uno specifico modello di business, cioè, della formula tramite la quale l'impresa genera valore per i clienti e per se stessa.

La chiave del successo di un'impresa sta nella sua capacità di rispondere chiaramente alle seguenti domande: "Chi è il nostro cliente e a cosa della nostra offerta, attribuisce valore?"; "In che modo questo valore può essere creato a un costo adeguato?"; "Come possiamo appropriarci del valore creato e monetizzarlo?". Le imprese di successo hanno adottato dei modelli di business che hanno consentito loro di soddisfare le esigenze dei clienti a un costo e a un prezzo competitivi, riuscendo a formulare un'offerta generatrice di valore, replicabile nel tempo ed estendibile a più mercati. Nel corso del tempo molte imprese hanno modificato i propri modelli per adattarsi ai cambiamenti dell'ambiente esterno e alle richieste del mercato.

Nella letteratura economica non si trova nessun riferimento al concetto di "business model" e altrettanto sporadici sono i riferimenti nella letteratura economico-aziendale (Teece, 2010). Il concetto vero e proprio di Business Model si afferma con l'avvento di Internet a metà degli anni Novanta e, da allora, il cambiamento del modello di business viene spesso associato all'introduzione di nuove tecnologie. Da questo momento in poi gli articoli che richiamano in maniera diffusa e diversificata il concetto di Business Model sia nella letteratura scientifica sia in quella sulle pratiche di management sono stati numerosi (Ghaziani e Ventresca, 2005; Zott *et al.*, 2011).

La letteratura manageriale, tuttavia, non concorda su un'unica definizione del concetto di "business model". Il Business Model è stato indicato come: una *dichiarazione* (Stewart e Zhao, 2000), una *descrizione* (Applegate, 2000; Weill e Vitale, 2001), una *rappresentazione* (Morris *et al.*, 2005; Shafer *et al.*, 2005), un'*architettura* (Dubosson-Torbay *et al.*, 2002; Timmers, 1998), uno *strumento o un modello concettuale* (Osterwalder, 2004; Osterwalder *et al.*, 2005; George e Bock, 2009), un *modello strutturale* (*structural template*) (Amit e Zott, 2001), un *metodo* (Afuah e Tucci, 2001), una *struttura (framework)* (Afuah, 2004), un *modello* (*pattern*) (Brousseau e Penard, 2006) e un *insieme* (set) (Seelos e Mair, 2007).

Ancor più sorprendentemente, segnalano Zott *et al.* (2011), più di un terzo delle oltre cento pubblicazioni esaminate nel loro studio utilizza il concetto di Business Model senza definirlo e dandone implicitamente la definizione come scontata.

Il concetto di Business Model è stato impiegato in letteratura principalmente nel tentativo di affrontare o spiegare tre temi (Zott *et al.*, 2011): (1) l'e-business e l'uso *dell'information technology* nelle organizzazioni; (2) le questioni strategiche, come la creazione di valore, il vantaggio competitivo e le performance aziendali; e (3) la gestione dell'innovazione e della tecnologia.

Quello riconducibile alle questioni strategiche in generale e anche ai fini degli obiettivi didattici di questa pubblicazione, è il tema più rilevante per illustrare le relazioni tra il concetto di Business Model e i comportamenti delle imprese e introdurre alcune delle tecniche utilizzate dal management per identificare i modelli di business delle imprese.

Le definizioni di Business Model riconducibili alla strategia d'impresa ricercano la correlazione tra il modello di business e gli elementi che lo costituiscono, quali la catena del valore, la *value proposition*, le relazioni con i clienti, i canali, i segmenti di consumatori, la struttura dei costi e i flussi di ricavi. Particolare rilevanza assume la *value proposition*, intesa come descrizione dei beni o servizi che un'impresa offre e dei motivi per cui questi sono attraenti per i clienti e i consumatori.

Cosa non è un Business Model

A causa dell'assenza di una definizione univoca comunemente accettata, gli studiosi di strategia d'impresa si sono preoccupati di determinare cosa non è un business model:

- non è un meccanismo lineare per la creazione di valore, da fornitore a cliente, poiché ricomprende anche le relazioni tra attori differenti rispetto a quelli della supply chain tradizionale;
- non è assimilabile, per esempio, al posizionamento dell'impresa basato sulla differenziazione o la leadership di costo.
- diverge dalla strategia aziendale, non descrivendo, tra l'altro, le aree di business in cui l'impresa è attiva;
- non riguarda le questioni dell'organizzazione interna dell'impresa (per esempio, il controllo dei meccanismi operativi o il sistema di incentivi).

La teoria manageriale più recente definisce infatti il Business Model come la "logica di un'organizzazione relativamente a come crea e cattura il valore del cliente" (Teece, 2010; Osterwalder, 2012) e può essere sinteticamente rappresentato da un insieme di elementi correlati che riguardano il cliente, la proposta di valore e le dimensioni organizzative ed economiche.

In questo capitolo definiamo il Business Model come la descrizione delle modalità attraverso le quali un'impresa crea valore e delle modalità attraverso le quali l'impresa si appropria del valore e lo mantiene nel tempo.

Ed è proprio l'attenzione a come ci si appropria del valore a come ci si appropria del valore il concetto di business model: non è importante solo cosa si sta cercando di offrire a un cliente, ma come si ha intenzione di farlo pagare per ciò che gli si offre o come si ha intenzione di convincere altri clienti a pagare per questa offerta, generando un processo di crescita.

Concettualmente, i modelli di business fondamentali sono di quattro tipi, tre dei quali sono relativamente nuovi, e fanno in buona misura leva sulle tecnologie digitali che hanno permesso alle imprese di interagire con i clienti in modo più efficace e innovativo prevedendo un sistema di relazioni (più o meno articolato) tra gli attori del modello, mentre uno è quello classico lineare.

- Il primo e il secondo sono modelli diadici che implicano una relazione tra due attori o gruppi di attori: l'impresa e il cliente oppure l'impresa e il fornitore o partner. Il terzo e il quarto sono basati su relazioni triadiche o multidiadiche che implicano l'attivazione, da parte dell'impresa, di due o più distinti gruppi di attori.
- Il primo, il più tradizionale, è il Business Model basato sull'offerta di prodotti. L'impresa mette un prodotto sul mercato, il cliente lo compra, lo paga, ne entra in possesso e lo utilizza.

- Il secondo è un modello di business basato sull'offerta di soluzioni. Due imprese lavorano assieme e creano qualcosa di efficace, mutualmente utile e generatore di valore.
- Il terzo è il modello di business del matchmaking. Il caso Airbnb lo esemplifica perfettamente. Il cliente non acquista un soggiorno da Airbnb. La piattaforma Airbnb intermedia una relazione che si stabilisce tra il proprietario dell'alloggio e chi lo utilizzerà per un determinato soggiorno.

Approfondimento 13.1 I modelli di business basati sulle relazioni

I modelli di business che creano valore attraverso l'agevolazione degli scambi tra due o più individui o gruppi indipendenti (solitamente consumatori e produttori di un determinato valore) attivano tre diversi tipi di relazione (Bonchek e Choudary, 2013).

- Il *Toolbox* crea relazioni facilitando il collegamento di più soggetti alla piattaforma. Per esempio, Apple fornisce agli sviluppatori il sistema operativo e le librerie di codici sottostanti; YouTube fornisce l'infrastruttura di hosting ai creatori di contenuti; Wikipedia fornisce agli autori gli strumenti per collaborare allo sviluppo di un argomento.
- Il *Magnete* esercita una sorta di gravità che attrae i partecipanti verso la piattaforma (per esempio, eBay o Expedia). Per il buon funzionamento delle piattaforme su cui avvengono le transazioni commerciali è necessario che sia i venditori sia gli acquirenti raggiungano una determinata massa critica. Pertanto i costruttori delle piattaforme devono progettare un sistema di incentivi, di valutazione della qualità e affidabilità degli operatori e dei modelli di prezzo funzionali a questo obiettivo. Devono inoltre far leva sui social media per far leva sull'effetto rete per crescere rapidamente.
- Il *Matchmaker* favorisce la proposta di valore creando collegamenti tra venditori e acquirenti. La generazione e la gestione dei dati sono al centro del modello Matchmaking e lo distinguono dagli altri. Il Matchmaker acquisisce dati dettagliati sugli utilizzatori della piattaforma e li sfrutta per facilitare le connessioni tra le parti. Per esempio, Google ha sviluppato logaritmi che abbinano l'offerta e la domanda di contenuti online; eBay abbina gli acquirenti potenziali a determinati prodotti considerati pertinenti in base ai profili degli utenti elaborati.

- L'ultimo è il modello di business multilaterale. Nel settore della musica, un esempio del modello di business multilaterale è Shazam. Si tratta di un'app gratuita con cui gli utenti di smartphone possono identificare musica e programmi TV. I contenuti sono gratuiti per gli utenti e i ricavi per la piattaforma sono generati dalla pubblicità pagata dagli inserzionisti.

Questi quattro tipi di modelli di business attuati in modo esclusivo, combinati o messi a punto secondo formule derivate da uno di questi, si ritrovano in qualsiasi settore.

La motivazione principale per cui ci si occupa diffusamente di Business Model è da ricondurre alle opportunità che questo strumento ci offre per esplicitare delle questioni centrali a livello strategico, ossia i fattori che determinano la creazione di valore e il vantaggio competitivo.

Creazione di valore

Con il passaggio a un'economia digitale sono emerse nuove forme di creazione del valore; il collegamento in rete, infatti, ha portato l'impresa a generare valore in modo innovativo attraverso una "piattaforma" di scambio con clienti e fornitori. Questa ridefinizione riflette la necessità di individuare un nuovo modello di business con cui tale valore può essere generato e di definire un nuovo concetto di filiera (una nuova unità di analisi) non più esclusivamente verticale. Grazie alla digitalizzazione alcune imprese possono creare valore tramite il matchmaking, altre attivando relazioni multilaterali. Il valore viene quindi creato sia dal lato dell'offerta sia dal lato della domanda.

Amit e Zott (2001) osservano che il nucleo della creazione del valore, e quindi l'unità di analisi appropriata, supera i confini dell'impresa e dell'industria in cui questa opera.

Non è più possibile utilizzare uno schema isolato per rispondere alle domande sulla creazione di valore, ma devono essere inclusi fornitori, partner, canali distributivi e tutte le alleanze che espandono le risorse dell'impresa.

Performance aziendale

Abbastanza ricorrente anche il tema della "performance aziendale". La riflessione verte sul legame tra progettazione del modello di business e performance dell'impresa, cioè il potenziale di creazione di valore ottenuto grazie alla progettazione del modello e all'abilità dell'impresa di appropriarsi di quel valore.

Vantaggio competitivo

Il modello di business può essere una fonte di vantaggio competitivo che si differenzia dal posizionamento sul mercato dei prodotti dell'impresa (Christensen, 2001). Il soddisfacimento dei bisogni del consumatore e il perseguimento di strategie prodotto-mercato possono essere ottenuti dalle imprese con modelli di business diversi; la progettazione del modello e la strategia tuttavia non si sostituiscono ma sono complementari.

Approfondimento 13.2 Definizioni di Business Model

Timmers, 1998

Il Business Model è "un'architettura dei prodotti, dei servizi e del flusso di informazioni, inclusa la descrizione dei diversi attori del business e dei loro ruoli; una descrizione delle fonti dei ricavi".

Hamel, 2000

Il Business Model può essere definito come "un'idea di business messa in pratica". Tale idea si compone di quattro elementi:

1. la strategia core, ossia la missione, gli obiettivi dell'impresa e gli elementi per i quali la sua offerta si differenzia dalle altre;
2. le risorse strategiche, ossia competenze, conoscenze, abilità, asset e processi;
3. la rete del valore caratterizzata da relazioni esterne con stakeholders di vario tipo come fornitori e partner che con collegamenti sinergici contribuiscono alla creazione di valore da parte dell'impresa;
4. l'interfaccia cliente finalizzata alla gestione dei rapporti con i clienti con l'obiettivo di dare informazioni e supporto, definire strutturalmente i prezzi dei prodotti e servizi in modo da permettere all'impresa di dare concretezza al valore generato.

Amit e Zott, 2001; Zott e Amit, 2010

Il Business Model raffigura "il contenuto, la struttura e la gestione delle transazioni progettata per creare valore attraverso lo sfruttamento delle opportunità di business" (2001: 511). Dal momento che le transazioni connettono le attività, gli autori hanno ulteriormente sviluppato questa definizione per concettualizzare il modello di business di un'impresa come "un sistema di attività interdipendenti che trascendono l'impresa focale ed estendono i suoi confini" (2010: 216).

Magretta, 2002

I modelli di business sono "storie che illustrano come lavorano le imprese. Un buon Business Model risponde alle vecchie domande di Peter Drucker: chi sono i consumatori? Cosa crea il valore per i consumatori? Risponde anche alle questioni su cui ogni manager dovrebbe interrogarsi: come facciamo ricavi in questo business? Qual è la logica economica sottostante che spiega come forniamo valore ai nostri consumatori a un prezzo appropriato?".

Morris *et al.*, 2005
Un Business Model è "una rappresentazione sintetica di come un insieme correlato di variabili decisionali nelle aree di strategia d'impresa, architettura dell'impresa e la sua economia vengono indirizzate alla creazione di un vantaggio competitivo sostenibile in mercati definiti".

Johnson *et al.*, 2008
I Business Model "consistono in quattro elementi a incastro, che, presi insieme, creano e forniscono valore". Questi sono: valore aggiunto, formula del profitto, risorse e processi chiave.

Tecee, 2010
Un Business Model "articola la logica, i dati e altre evidenze che supportano il valore aggiunto per i consumatori e una struttura valida per ricavi e costi per l'impresa che fornisce quel valore".

13.1.1 Modelli di Business e strategia: relazioni e differenze

Il concetto di modello di business e quello di strategia potrebbero essere oggetto di confusione, dal momento che entrambi coinvolgono l'attività dell'impresa e il suo orientamento verso determinati obiettivi. Tuttavia il Business Model, in quanto modello, esprime una demarcazione ontologica dalla più ampia prospettiva della strategia d'impresa (Baden-Fuller e Morgan, 2010).

Da un lato il modello di business, che si pone la finalità di descrivere il modo in cui l'impresa opera per creare e catturare valore, è composto essenzialmente da due categorie di elementi: le scelte formulate dal management e le conseguenze di tali scelte. Per esemplificare, un'eventuale scelta di modificare le politiche di prezzo può avere conseguenze sui volumi di vendita che, a loro volta, influenzano le economie di scala.

Dall'altro lato, la strategia viene definita come un piano d'azione volto al raggiungimento degli obiettivi dell'impresa. Partendo dall'osservazione dell'ambiente competitivo e delle sue mutazioni, la strategia si propone di definire il posizionamento dell'impresa, con conseguenti influenze sul modello di business (Casadeus Masanell e Ricart, 2010).

La differenza sostanziale tra i due concetti emerge con particolare enfasi nel momento in cui, al manifestarsi di particolari contingenze, il piano strategico d'azione richiede una o più modifiche del modello di business.

Queste possono nascere per esempio dalle azioni dei concorrenti, come l'ingresso di un nuovo competitor sul mercato. Nel caso in cui questo avvenga l'impresa si affiderà a un ipotetico Business Model A; nel caso in cui l'ingresso del concorrente non avvenga si farà riferimento a un Business Model B. Il modello di business è, quindi, il riflesso della strategia realizzata. Tuttavia, mentre ogni organizzazione possiede un business model, non è detto che ognuna di queste abbia un piano d'azione articolato, una strategia per le diverse contingenze e scenari che potrebbero presentarsi[1].

13.1.2 Business Model Innovation

Un elemento chiave della progettazione di un modello di business è comprendere come generare/catturare valore da un'innovazione. Per sfruttare il potenziale commerciale delle innovazioni tecnologiche è indispensabile accompagnarne l'introduzione con l'elaborazione di un nuovo modello di business. Per esempio, l'automazione produttiva crea le condizioni per l'introduzione dei prodotti di massa. Ma l'innovazione del modello di business può avvenire anche in assenza dell'introduzione di nuove tecnologie, si pensi alle soluzioni just in time adottate da Toyota nella gestione della produzione e della supply chain.

1 In realtà Lindgren (2018) propone l'approccio "Multi Business Model" che consiste in un concetto di Business Model plurimo, in base al quale le imprese dovrebbero sistematicamente sviluppare più modelli di business: quello elaborato a partire dal contesto contingente e altri da attivare in funzione dell'evoluzione degli scenari.

Ogni sforzo relativo allo sviluppo di un nuovo prodotto o servizio deve essere strettamente legato allo sviluppo di un modello che ne definisca le modalità di ingresso sul mercato e modalità attraverso le quali catturare valore. Innovare un Business Model significa innovare tutta la logica di creazione e distribuzione di valore dell'impresa.

Le precedenti indicazioni dimostrano come l'innovazione di prodotto al giorno d'oggi non sia più sufficiente per garantire successo all'impresa. Da uno studio del Boston Consulting Group è emerso che innovare il modello di business rende sette volte di più rispetto a un'innovazione apportata esclusivamente ai processi o ai prodotti. Può accadere che alcuni modelli di business, dopo una prima fase di corretto funzionamento in cui l'impresa ottiene risultati positivi, perdano di efficacia e non siano più profittevoli come in precedenza. Un contesto fortemente mutevole, caratterizzato da frequenti e repentini cambiamenti, richiede alle imprese di essere molto flessibili e di avere una grande capacità di adattamento (Doz e Konosen, 2010). Le imprese che riescono a vincere sul mercato sono quelle che sono state in grado di ripensare e innovare le logiche con cui creano e offrono valore ai propri clienti, ossia quelle che sono state capaci di innovare il proprio modello di business.

Innovare il Business Model è come aggiornare il sistema operativo del computer, diventa prioritario quando:

- sopraggiungono nuove minacce dall'esterno (i virus nel caso del PC, dei nuovi competitor nel caso dell'impresa);
- nascono dei bisogni che necessitano di un supporto differente (dei nuovi applicativi nel caso del PC, dei nuovi possibili clienti nel caso dell'impresa);
- il sistema è sovraccarico e le operazioni sono lente e poco fluide (le prestazioni ridotte nel caso del PC, una marginalità ridotta nel caso dell'impresa).

Ne risulta che innovare il modello di business è un'operazione necessaria nel tempo per non rischiare di diventare obsoleti e perdere la propria competitività.

13.2 Il Business Model Canvas

A partire dalla metà degli anni Novanta, la riflessione sui Business Model converge in uno strumento, il Business Model Canvas (BMC), ideato da Alexander Osterwalder e Yves Pigneur (2010), in collaborazione con 470 professionisti da 45 paesi, al fine di supportare manager o imprenditori nella progettazione e innovazione del Business Model di un'impresa. L'intenzione degli autori era di fornire "un linguaggio condiviso che consentisse di descrivere e trattare in modo semplice il modello di business per creare nuove alternative strategiche", in risposta alla mutevolezza del mercato. Oggi Il Canvas è diventato uno strumento condiviso nelle pratiche manageriali.

Questo strumento introduce diverse novità: la prima è che si propone come "manuale pratico ed efficace per ispirare chi deve creare o innovare un modello di business"; una seconda caratteristica è che la stesura ha visto la collaborazione di diverse imprese, ulteriore conferma della dimensione pratica che esprime dell'interesse del mondo delle imprese nel suo utilizzo.

Il Business Model Canvas definisce il Business Model attraverso immagini o elementi visuali quali "mappe" o grafici che rappresentano con chiarezza e immediatezza la struttura, le caratteristiche e il funzionamento di un'impresa. Nella pratica è uno schema analitico che unisce nove elementi costitutivi di base rappresentati sotto forma di blocchi (*building blocks*), che mostrano la logica con cui l'impresa intende generare ricchezza. I nove elementi declinano i quattro fattori che caratterizzano il modo in cui l'impresa opera in un determinato business: l'offerta, la clientela, le risorse materiali (infrastrutture, strumenti), le risorse finanziarie.

Alcuni contributi hanno evidenziato un'analisi critica del BMC[2] considerato statico in quanto incapace di catturare i cambiamenti nella strategia o l'evoluzione del modello (Sinkovics et al., 2014). Altri limiti del modello consisterebbero nell'eccessiva focalizzazione sull'impresa a scapito dell'attenzione al suo ambiente, sia che si tratti della strut-

2 Per tutti si veda Ching e Fauvel, 2013.

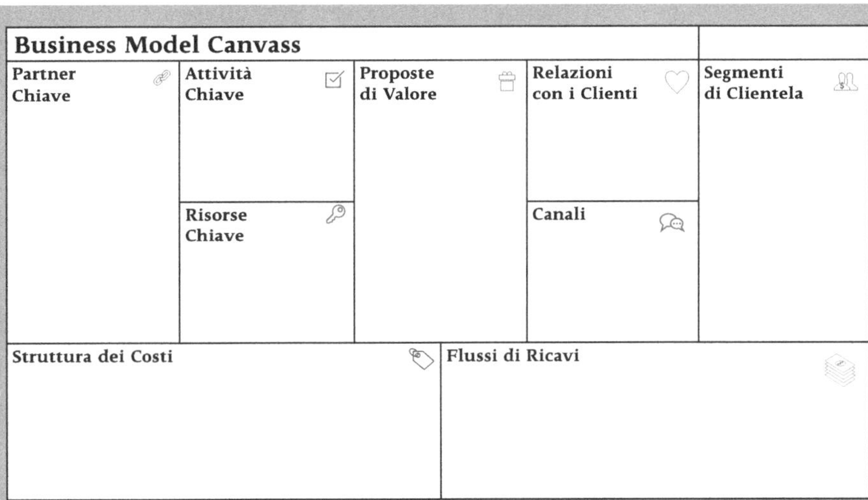

Figura 13.1 Il Business Model Canvas.
Fonte: elaborazione degli Autori da Osterwalder A., Pigneur Y. Creare Modelli di Business, 2012.

tura del settore (Searle e White, 2013) o del ruolo degli stakeholder come la società e l'ambiente naturale (Bocken *et al.*, 2015; Sparviero, 2019).

Di seguito, nella **Figura 13.1**, si illustrano sinteticamente i nove elementi costitutivi del Business Model Canvas.

1. **Segmenti di clientela (SGC)**
   Un'organizzazione si rivolge a uno o a più segmenti di clientela rappresentativi del nucleo principale di un modello di business.
   Questo primo blocco descrive la clientela dell'impresa. In pratica questa classificazione consente di identificare le caratteristiche di ogni gruppo di clienti sulla base delle esigenze e dei comportamenti che essi manifestano. La dimensione e le caratteristiche di tali segmenti aiutano l'impresa a identificare meglio i segmenti ai quali intende rivolgersi. Per poter essere classificati come segmenti distinti, i gruppi di clienti vengono analizzati in base alle seguenti caratteristiche:
   - i bisogni che esprimono e che richiedono o giustificano un'offerta specifica da parte dell'impresa;
   - gli interessi per aspetti specifici dell'offerta a cui i clienti attribuiscono particolare valore e che guidano le loro scelte di acquisto;
   - i diversi canali distributivi attraverso i quali i clienti possono essere raggiunti;
   - i diversi tipi di relazione che è necessario stabilire o che l'impresa ha sviluppato con i segmenti di clientela;
   - i diversi livelli di redditività dei segmenti di clientela.

   Tra i tipi di clientela si possono individuare:
   - il *mercato di massa*, un unico grande gruppo di clienti con bisogni e interessi simili: è tipicamente la clientela a cui si rivolgono le catene della grande distribuzione;
   - il *mercato di nicchia*, in cui si riconoscono, per esempio, i produttori di componenti (OEM Original Equipment Manufacturer) per le auto che si rivolgono a una clientela molto specializzata come: quella dei costruttori di auto;
   - il *mercato segmentato* che si presenta laddove la clientela presenta problemi ed esigenze simili, ma che divergono per alcuni aspetti specifici: per esempio, le fasce di prezzo, le caratteristiche del prodotto, l'importanza dei marchi, le esigenze di servizio;
   - le *piattaforme multi-sided*, composte da segmenti di clientela affiliati e interdipendenti per i quali l'impresa crea valore permettendo o creando interazioni dirette. Rientrano in questa categoria le imprese che offrono carte di credito. Affinché il modello di business funzioni è necessario che si attivi un'interazione tra i consumatori, titolari di carte e una base di commercianti che ne accettano l'utilizzo per

il pagamento di prestazioni. Ulteriori esempi di piattaforme multi-sided sono costituiti dai siti per la ricerca di lavoro (che necessitano l'interazione tra persone che cercano lavoro e imprese che lo offrono) o dai motori di ricerca (che prevedono l'interazione tra inserzionisti e utenti).

2. **Le proposte di valore- il valore offerto (VO)**

Un'organizzazione cerca di risolvere i problemi dei clienti e di soddisfarne le esigenze elaborando una proposta che esprime un valore offerto.

Il secondo blocco rappresenta l'insieme dei prodotti e dei servizi che creano valore per uno specifico segmento di clientela. In altre parole, esprime il valore, i prodotti e i servizi erogati identificandoli in base ai clienti. L'impresa offre uno specifico mix di elementi che risponde alle esigenze di quel segmento e che si distingue da quello offerto dai concorrenti presenti sul mercato. Questi elementi possono essere di tipo qualitativo e riguardare:

- la novità, intesa come risposta a necessità nuove da parte della clientela;
- la performance, la qualità dei prodotti o servizi dal punto di vista delle loro prestazioni;
- la personalizzazione dell'offerta, creata rispettando le esigenze dei diversi clienti;
- l'originalità dei prodotti rispecchiata dal loro design;
- il marchio identificativo che guida il cliente all'acquisto generando fedeltà e comunicando affidabilità o esclusività.

Dal punto di vista quantitativo si individuano invece:

- il prezzo, su cui l'impresa può far leva (si pensi alle compagnie di volo low cost, che hanno adottato un modello basato sulle basse tariffe);
- la riduzione dei rischi legati all'acquisto di un prodotto (si pensi al mercato delle auto usate).

3. **I canali (CA)**

Il valore offerto viene presentato ai clienti attraverso canali di comunicazione, distribuzione e vendita, fattori imprescindibili per il successo del business.

Il terzo blocco rappresenta l'insieme dei canali (comunicazione, distribuzione, reti di vendita ecc.) attraverso i quali l'erogazione del servizio, delineato dalla proposta di valore, arriva al cliente.

Le funzioni di questi canali sono:

- accrescere la consapevolezza dei clienti sui prodotti e i servizi offerti dall'impresa;
- rendere chiara la valutazione del valore offerto;
- guidare i clienti nell'acquisto di prodotti e servizi specifici;
- presentare il valore offerto;
- fornire un supporto post vendita.

I canali di vendita possono essere diretti, come la vendita sul web, o indiretti, quando prevedono la presenza di uno o più intermediari (in base alla lunghezza del canale) prima di arrivare al cliente finale.

4. **Le relazioni con i clienti (RLC)**

Le relazioni con i clienti sono stabilite e mantenute con ciascun segmento di clientela.

Il quarto blocco si focalizza sul modus operandi dell'impresa, prendendo come riferimento le interazioni con il cliente e la gestione di queste relazioni guidate dal tentativo dell'impresa di acquisire clienti nuovi, fidelizzarli e incrementare le vendite. Queste relazioni possono appartenere a diverse categorie.

- *Assistenza personale*: la relazione è basata sull'interazione umana. L'addetto ai rapporti con la clientela supporta il processo di vendita o di post vendita in loco attraverso un call-center o attraverso piattaforme elettroniche di relazione col cliente.
- *Assistenza personale dedicata*: si può riscontrare per esempio nel settore del private banking in cui consulenti finanziari si dedicano a un solo cliente ad alto valore.

- *Self-service*: il rapporto con il cliente è garantito tramite una relazione indiretta, nello specifico predisponendo una struttura che gli consente di avere a disposizione tutti gli strumenti per ottenere da solo il prodotto o il servizio.
- *Servizi automatici*: si tratta di una forma evoluta di self-service diffusa in molti settori. L'impresa si relaziona con il cliente attraverso processi automatizzati con i quali il cliente stesso viene riconosciuto in base alle sue caratteristiche anagrafiche e di acquisto. Ne è un esempio il caso dei profili personali online di accesso ai servizi bancari che consentono al cliente di compiere tutte le operazioni che in passato venivano effettuate esclusivamente allo sportello.
- *Community*: si attiva laddove l'impresa coinvolge gruppi di utenti che si confrontano sui prodotti offerti, creando identità condivisa e riconoscimento in un gruppo. Da questo tipo di relazione emergono informazioni interessanti su cui l'impresa può lavorare per migliorare la propria offerta e garantire il soddisfacimento delle aspettative dei suoi clienti.
- *Co-creazione*: la relazione, in questo caso, supera il tradizionale rapporto cliente-fornitore, portando i due attori a collaborare per creare valore. In sostanza, il cliente partecipa attivamente portando dei contributi che vanno a modificare la proposta di valore dell'impresa. Si tratta di un tipo di relazione particolarmente importante nei business che utilizzano Internet: basti pensare al meccanismo delle recensioni Amazon. Anche nel settore dei beni di largo consumo si moltiplicano gli esempi di relazioni basate sulla co-creazione: Activia, un marchio di yogurt del gruppo Danone, ha dato la possibilità ai clienti di scegliere tramite Facebook i nuovi gusti preferiti da mettere in produzione; i vasetti di yogurt presentavano il logo di Facebook sulla confezione a indicare che erano stati scelti dai clienti.

5. **Flussi di ricavi (FR)**

   I flussi di ricavi esprimono come e attraverso quali politiche di prezzo, il modello di business consente all'impresa di creare valore e mantenerlo nel tempo.

   Il quinto blocco considera tutte le possibili fonti di entrata originate dai diversi clienti, opportunamente classificati per prezzo e modalità di pagamento, entrambi caratteristiche fondamentali per regolare i flussi finanziari e rendere il modello di business funzionante e l'attività sostenibile.

   I diversi segmenti di clientela, definiti in base alle loro possibilità economiche, ossia i gruppi di clienti che sono disposti meno a pagare un prezzo più o meno elevato per un determinato prodotto o servizio.

   Quanto alle modalità di pagamento, esistono due flussi di ricavi nel modello di business:
   1. ricavi per transazioni regolate con pagamenti in un'unica soluzione da parte dei clienti;
   2. ricavi derivati da pagamenti ricorrenti e/o periodici a fronte del bene offerto e per l'offerta di servizi post vendita. Si tratta in questo caso di affitti o abbonamenti.

   Tali ricavi possono trovare origine in diverse fonti:
   - vendita di beni;
   - canone d'uso;
   - quote di iscrizione;
   - prestito/noleggio/leasing/affitto;
   - licenze;
   - commissioni di intermediazione;
   - pubblicità.

   Ogni flusso di ricavi può essere individuato attraverso diversi meccanismi di definizione dei prezzi, fissi o dinamici. Si riporta in seguito una tabella descrittiva delle due modalità (**Tabella 13.1**).

6. **Risorse chiave (RSC)**

   Le risorse chiave sono quei beni necessari per offrire e distribuire i prodotti.

   Il sesto blocco si focalizza su un aspetto chiave del modello di business: ossia quali sono le risorse attraverso le quali l'impresa può creare valore, acquisire mercati nuovi,

TABELLA 13.1 Meccanismi di definizione dei prezzi

Listino prezzi fisso I prezzi predefiniti si basano su componenti statiche		**Determinazione dei prezzi dinamica** I prezzi cambiano in base alle condizioni del mercato	
Tipologie di prodotto	Prezzi fissi per singoli prodotti, servizi o altre proposte di bene offerto	*Trattativa (contrattazione)*	Il prezzo viene negoziato fra due o più partner in base al potere di negoziazione e/o alle capacità di negoziazione
Caratteristiche del prodotto	Il prezzo dipende dalla qualità o dalle caratteristiche del bene offerto	*Gestione della redditività*	Il prezzo dipende dall'offerta disponibile e dal momento dell'acquisto (di solito si usa per risorse non immagazzinabili come le stanze d'albergo o i posti sugli aerei)
Caratteristiche del segmento	Il prezzo dipende dal tipo e dalle caratteristiche di un segmento di clientela	*Mercato in tempo reale*	Il prezzo è stabilito dinamicamente sulla base della domanda e dell'offerta
Volume degli ordini	Il prezzo varia in funzione della quantità acquistata	*Aste*	Il prezzo è determinato dal risultato di offerte competitive

Fonte: elaborazione degli Autori da Osterwalder A., Pigneur Y. Creare Modelli di Business, 2012.

stabilire e mantenere relazioni di alta qualità con i segmenti di clienti e, di riflesso, assicurarsi dei ricavi.

Tali risorse possono essere di proprietà dell'impresa, noleggiate o acquisite da partner strategici.
Si possono distinguere diverse tipologie di risorse chiave.

- *Fisiche*: comprendono beni come gli impianti di produzione, i veicoli, i macchinari, i punti vendita e le reti di distribuzione; più in generale si tratta di ciò di cui bisogna disporre per produrre o vendere un determinato prodotto/servizio.
- *Finanziarie*: comprendono le diverse disponibilità finanziarie come contanti, linee di credito o stock option che permettono all'impresa di attuare il proprio modello di business.
- *Intellettuali*: includono i marchi, le conoscenze, i brevetti, i copyright, le partnership e i database dei clienti.
- *Umane*: sono fondamentali in tutti settori e in particolare nel campo dei servizi (si pensi, per esempio, alle industrie creative e a quelle ad alta intensità di conoscenza). In questi ambiti le persone che operano nelle imprese diventano determinanti per l'attuazione di determinati modelli di business.

7. **Attività chiave (AC)**

Le attività sono gli strumenti su cui l'impresa fa leva per raggiungere i propri obiettivi, utilizzando le risorse chiave.
Il settimo blocco rappresenta l'insieme delle attività indispensabili per creare il valore offerto, raggiungere i mercati, mantenere le relazioni con i clienti e ottenere ricavi e pertanto sono differenti per ogni modello di business.
Le attività chiave possono essere così distinte.

1. La *produzione* che include tutte le attività relative alla progettazione, la creazione e la distribuzione di prodotti. Si tratta dell'attività dominante nelle imprese manifatturiere.
2. Le attività di *problem solving* che riguardano la creazione di nuove soluzioni per i problemi dei singoli clienti. Sono tipiche delle società di consulenza e delle azien-

de sanitarie e prevedono attività caratteristiche di sviluppo delle conoscenze e di formazione continua.
3. Le attività che prevedono una *piattaforma o rete* come risorsa chiave. In particolare le imprese che operano su Internet non possono prescindere dalla rete per gestire le transazioni e le relazioni con il cliente.

8. **Partner chiave (PC)**
Alcune attività dell'impresa sono date in outsourcing e alcune risorse sono acquisite all'interno dell'impresa.
L'ottavo blocco identifica la rete di relazioni (alleanze e partnership) con gli attori (fornitori, intermediari, istituzioni ecc.) necessari al funzionamento del modello di business.
L'obiettivo è quello di evidenziare tutte quelle relazioni chiave da instaurare per conseguire dei vantaggi competitivi (per esempio: economie di scala, riduzione dei rischi, strategie di marketing e servizi).
Questo blocco sta diventando sempre più importante per le imprese che creano progettualmente alleanze per ottimizzare i propri modelli, ridurre i rischi e acquisire risorse. Si possono distinguere tre tipi di partnership:
1. alleanze strategiche fra imprese non-concorrenti ossia attori (fornitori o distributori) che si collocano a monte o a valle del business dell'impresa;
2. alleanze strategiche fra concorrenti (competizione collaborativa);
3. relazioni con stakeholder chiave per il business dell'impresa.

Alla base della scelta di creare alleanze e partnership risiedono tre motivazioni:
1. la possibilità di ottimizzare l'allocazione delle risorse su determinate attività dell'impresa o di ridurre i costi grazie all'outsourcing di componenti o lavorazioni da attori che possono beneficiare di elevate economie di scala, ottenendo la riduzione dei costi tramite l'outsourcing e la condivisione di infrastrutture;
2. ridurre il rischio e l'incertezza in un ambiente competitivo, costituendo alleanze strategiche con imprese concorrenti;
3. acquisire particolari competenze, risorse e attività da altre imprese che possono mettere a disposizione le loro competenze esclusive e la loro specializzazione.

9. **Struttura dei costi (STC)**
Il modello di business configura una determinata struttura dei costi.
Il nono blocco è rappresentato da tutti i costi variabili e fissi sopportati dall'azienda per acquisire le risorse, eseguire le attività e coinvolgere potenziali partner.
La struttura dei costi deriva quasi direttamente dalla struttura dei blocchi relativi alle Attività Chiave, ai Partner Chiave e alle Risorse Chiave.
Una definizione di tale struttura permette all'impresa di identificare quali e quanti costi l'impresa dovrà sostenere per portare avanti un determinato modello di business.
La struttura dei costi si caratterizza in base ai seguenti fattori:
- *Costi fissi* che rimangono invariati indipendentemente dal volume delle attività svolte. Ne sono un esempio gli stipendi dei dipendenti, gli affitti, il costo delle strutture di produzione e commercializzazione.
- *Costi variabili* che variano in base al volume delle attività svolte.
- *Economie di scala* che determinano minori costi unitari in funzione dei volumi delle attività svolte.
- *Economie di scopo* che determinano minori costi grazie alla condivisione di risorse e di attività che discendono dall'ampliamento delle aree di business dell'impresa.

In sintesi potremmo dire che i primi quattro blocchi consentono di pianificare la strategia dell'impresa per quanto attiene all'ambito competitivo, ai canali distributivi e ai fattori specifici su cui si costruisce il valore dell'offerta.

I successivi blocchi invece si focalizzano da un lato su aspetti che riguardano l'organizzazione dell'impresa, i suoi meccanismi operativi, il suo sistema di relazioni, la scelta dei fornitori e degli intermediari e le modalità di gestione delle risorse, dall'altro su aspetti di natura economico-finanziaria, su come viene redatto il budget all'interno del business plan.

I nove blocchi che costituiscono il BMC descrivono come si crea valore e come lo si cattura e pertanto identificano i fattori alla base del funzionamento e della gestione dell'impresa.

13.2.1 Tre esempi di BMC

Inditex

Dalla sua fondazione nel 1985, Inditex S.A. (Industria de Diseño Textil Sociedad Anónima), multinazionale spagnola attiva nel settore dell'abbigliamento e della moda, ha avuto un'espansione rapida e globale. L'origine del gruppo risale al 1963 quando il fondatore Amancio Ortega crea, a La Coruña nel nord-ovest della Spagna, Confecciones GOA, un modesto laboratorio che produce abiti e vestaglie trapuntate per conto terzi. In dieci anni, la forza lavoro cresce fino a 500 addetti. Dopo dodici anni Amancio Ortega apre il primo negozio Zara a La Coruña nelle cui vicinanze operano GOA e Samlor, le aziende che realizzano i prodotti commercializzati da Zara. Nel 1983 Zara si espande a livello nazionale dove è presente con 9 punti vendita.

Nel 1988 inizia il processo di internazionalizzazione con l'apertura in Portogallo del primo negozio all'estero. L'anno dopo Zara apre il primo negozio negli Stati Uniti per poi sviluppare un rapido processo di internazionalizzazione.

Il gruppo Inditex gestisce oltre 7486 negozi in 96 mercati e una presenza commerciale in 2002 mercati attraverso la piattaforma online. La maggior parte dei punti vendita sono di proprietà. La società opera con i seguenti marchi.

- Zara: è il marchio principale della catena. Copre stili molto diversi, dall'abbigliamento di tutti i giorni, più casual, a quello più serio o formale, compresi gli abiti da cerimonia. Si tratta di prodotti moda per donne o uomo e bambino.
- Zara Home: è specializzata in articoli e accessori per la casa.
- Bershka: lo stile dei negozi Bershka è giovane e informale, con un'immagine legata alla musica, alle tendenze degli adolescenti e alle nuove tecnologie per il pubblico femminile e maschile tra i 13 e i 25 anni.
- Stradivarius: è rivolto al pubblico femminile giovane, tra i 20 e i 35 anni.
- Pull and Bear: abbigliamento casual per giovani tra i 13 e i 25 anni. Inizialmente si trattava di un marchio solo maschile, in un secondo momento è stata inserita anche la collezione femminile.
- Massimo Dutti: abbigliamento e accessori di fascia alta, maschile e femminile.
- Oysho: biancheria intima da donna. È uno dei marchi del gruppo Inditex che cresce di più grazie anche alla strategia di vendita online adottata dall'azienda.
- Uterqüe: specializzata in accessori di alta qualità.
- Tempe: è l'azienda calzaturiera del gruppo Inditex. Le calzature sono progettate e distribuite per tutti i marchi dal centro di Elche (Alicante) che serve tutti i mercati del gruppo.
- Lefties: catena spagnola di negozi di moda (a basso costo) che lavora per linee donna, uomo e bambino. Nata nel 1999, ha 127 negozi e dal 2014 opera al di fuori della Spagna.

Il modello di business di Zara consente di ridurre il divario tra le logiche delle imprese di creazione della moda e le aspettative del cliente. Zara avvicina i clienti ai prodotti che desiderano, offrendo beni a un prezzo accessibile. Zara ha inoltre sviluppato una straordinaria capacità nel raccogliere il feedback dai clienti, analizzare i dati di vendita in tempo reale e progettare cicli di produzione brevi. I rilevanti investimenti nelle soluzioni di logistica più avanzate consentono di soddisfare le esigenze dei clienti, rinnovando l'assortimento dei negozi due volte a settimana.

Le motivazioni alla base della formidabile espansione di Zara si possono ritrovare più dettagliatamente nell'analisi del modello di business creato dall'impresa e descritto nella **Figura 13.2**.

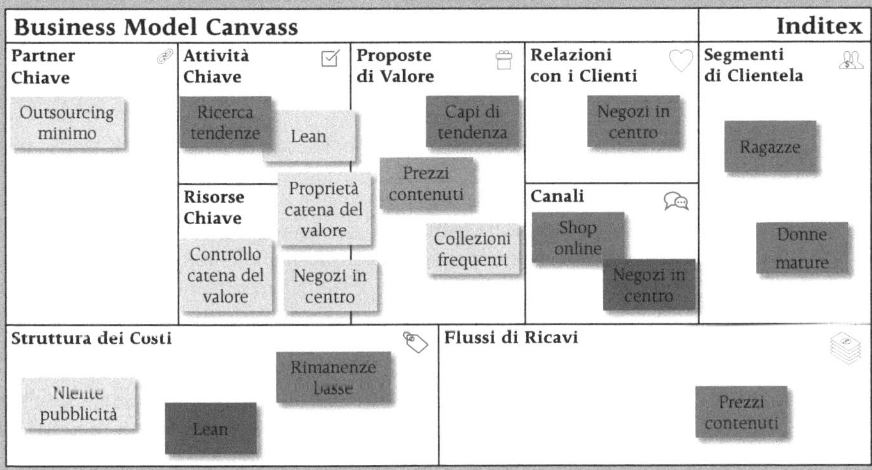

Figura 13.2 Il Business Model Canvas di Inditex. *Fonte: elaborazione degli Autori da hugowiz.it, 2014.*

Segmenti di Clientela. Il modello di business di Zara si rivolge al mercato di massa. I principali clienti sono le donne, ma l'offerta si è progressivamente allargata anche alla clientela maschile.

Valore offerto. Inditex offre una vasta gamma di prodotti attraverso i numerosi marchi in portafoglio: Zara, Massimo Dutti, Bershka, Stradivarius, Oysho, Uterqüe, Pull and Bear. Questi marchi hanno in comune un'offerta di prodotti di **tendenza**, le numerose collezioni che vengono rinnovate molto rapidamente e i prezzi convenienti.

Canali. Inditex sfrutta due canali principali: i punti vendita e il canale online che è relativamente recente (2007).

Relazione con i Clienti. Il principale mezzo di relazione con il cliente è il punto vendita mono marca. I punti vendita seguono il format del singolo marchio e sono uno strumento per fare politiche di branding e di **pubblicità**, dal momento che le campagne di marketing tradizionali sono praticamente assenti. I negozi di Inditex si trovano nel centro delle grandi città del mondo. Oggi la relazione è anche online attraverso la piattaforma proprietaria di e-commerce.

Flusso di Ricavi. Inditex genera ricavi vendendo i propri prodotti a prezzi **competitivi.**

Risorse Chiave. Le risorse chiave di Inditex sono due: i punti vendita di proprietà e gli impianti di produzione e logistica di prossimità.

Attività Chiave. Le attività chiave sono tra loro legate; da un lato, Inditex è abile a scoprire le tendenze, dall'altro è veloce nel creare, produrre e consegnare capi di abbigliamento sempre rinnovati. Il modello di produzione è quello di tipo **Lean**.

Partner Chiave. Inditex tende a mantenere uno stretto controllo sulla propria catena di produzione. L'outsourcing a cui ricorre è sensibilmente inferiore rispetto ai concorrenti e i partner chiave si collocano in aree geograficamente vicine all'impresa. In particolare il 57% delle fabbriche che operano per il gruppo Inditex si trova in prossimità della sede di Arteixo (La Coruña, Spagna). Inditex lavora con 1866 fornitori e 7235 fabbriche in tutto il mondo.

Struttura dei costi. I costi di pubblicità sono nulli, quelli di produzione sono relativamente bassi grazie alla produzione realizzata secondo il modello Lean. Non sono presenti grandi rimanenze di magazzino e non si fa ricorso a stilisti esterni in quanto il design viene realizzato internamente.

Questo modello ha consentito al gruppo Inditex di realizzare ottimi risultati economico finanziari tra il 2014 e il 2018:

- le vendite sono passate da 18,117 a 26,145 milioni di euro (+44,3%);
- i profitti netti da 2,510 a 3,448 milioni di euro (+37,3%);

Lean Production (Produzione snella)

Concepita presso gli stabilimenti Toyota a partire dagli anni Cinquanta, venne studiata e codificata solo nei primi anni Novanta dagli esperti statunitensi Womack e Jones. La Lean Production è costituita da cinque principi di base:

1. definisco il valore;
2. elimino gli sprechi;
3. creo il flusso;
4. faccio "tirare" il valore dal cliente;
5. miglioro continuamente.

- Tramite la Lean production è possibile ottenere:
- riduzione dei tempi di consegna e aumento della puntualità;
- aumento dell'efficienza e della produttività delle risorse;
- diminuzione dei costi di lavorazione;
- aumento dei livelli di qualità;
- incremento della flessibilità alle variazioni del mix;
- riduzione delle scorte intermedie e finali.

- la liquidità netta da 4,010 a 6,705 milioni di euro (+67,2%).

Le vendite online che nel 2017, quando sono state avviate, hanno rappresentato il 10% delle vendite totali, nel 2018 hanno raggiunto il 12%.

Apple

Apple, impresa statunitense che produce sistemi operativi, computer e dispositivi multimediali, basa il proprio modello di business sull'innovazione ma anche su vari altri elementi che rendono particolarmente interessante la sua analisi.

- *Innovazione*. I prodotti che Apple ha introdotto sul mercato hanno spesso rappresentato una rivoluzione del settore e contribuito a trasformare le abitudini di consumo e anche di vita e di socializzazione delle persone. Questa capacità innovativa ha consentito ad Apple di superare ogni tipo di concorrenza e conquistare, in passato, una forte leadership tecnologica basata su soluzioni di alta qualità attraverso l'abbinamento software e hardware.
- *Design*. Un aspetto identitario di Apple, più volte sottolineato dal suo fondatore Steve Jobs, è stato quello di porre un'attenzione particolare al design dei propri prodotti che dovevano apparire accattivanti non solo per le prestazioni tecnologiche ma anche per gli aspetti estetici. Anche questa è stata una sorta di rivoluzione nel settore introdotta da dei prodotti dell'elettronica e dell'informatica che in precedenza avevano sempre trascurato questo aspetto.
- *Marchio/status*. Possedere un prodotto Apple è divenuto uno status symbol, un segno di appartenenza a una cerchia di intenditori del settore, amanti dell'ultima frontiera dell'innovazione, della bellezza e del design. Il brand di Cupertino è una delle poche aziende al mondo a non avere semplici clienti, bensì fan. Apple è riuscita a costruire negli anni un meccanismo di identificazione dei clienti con l'impresa e una "tribù" di fan tra i più appassionati rispetto a quelli di qualsiasi altro prodotto e di ogni tempo. Questi clienti vengono chiamati anche "Fanboy".
- *Convenienza/usabilità*. I prodotti Apple sono di facile fruizione, dalle elevate prestazioni e di uso gradevole. Le tecnologie mobili sono un aspetto ormai fondamentale per le imprese e i prodotti Apple che sono progettati pensando non solo agli utenti privati, ma anche alle imprese e ai professionisti che usano il computer per realizzare attività di grafica, video making o **design**. Inoltre, iPhone, iPad e Mac sono nati per funzionare insieme in perfetta sintonia e compatibilità.
- *Selezione dei partner*. Apple collabora con i leader mondiali dei servizi alle imprese (per esempio: Accenture, Cisco, SAP, IBM, Deloitte, GE, Salesforce). Queste partnership oltre a quella storica con Intel per quanto riguarda l'hardware consentono a chi utilizza iPhone, iPad e Mac di meglio definire la strategia mobile, di ottenere assistenza per lo sviluppo di app o consulenza nell'integrazione di sistemi di back-end e nella configurazione di servizi di rete aziendali.

Non si compra un computer, si acquista un Mac. Non si compra un lettore MP3, si acquista un iPod. Non si compra uno smartphone, si acquista un iPhone.

Questo è il risultato di una leadership incontrastata in oltre un ventennio in un settore ad altissima dinamica tecnologica.

Nel 2001 Apple lanciò il suo lettore multimediale portatile iPod. Questo dispositivo fu concepito insieme al software iTunes, per consentire agli utenti di connettersi all'AppleStore e scaricare musica e altri contenuti fruibili attraverso i diversi device: inizialmente il lettore multimediale e il computer, dal 2010 attraverso l'iPad e più recentemente attraverso l'iWatch.

Con questa potente combinazione Apple si è garantita una posizione dominante sul mercato dei lettori e dei contenuti multimediali riuscendo a superare concorrenti, come Diamond Multimedia, uno dei pionieri a portare sul mercato i lettori multimediali con grande successo, ma soprattutto trasformando l'industria della musica dalla produzione alla fruizione.

Il successo di Apple è riconducibile a un nuovo modello di business elaborato integrando un insieme di servizi con una piattaforma di offerta che di fatto ha creato valore per il cliente consentendogli di cercare, comprare e ascoltare musica digitale con facilità.

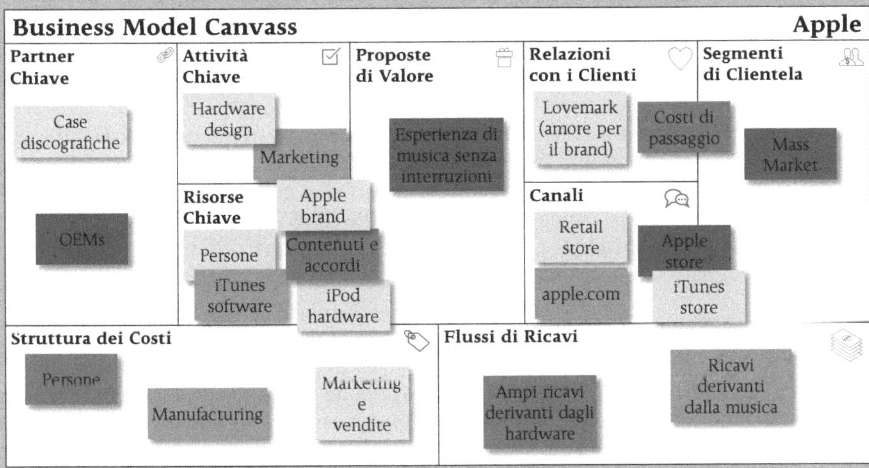

Figura 13.3
Il Business Model Canvas di Apple nel business della musica.
Fonte: elaborazione degli Autori da https://www.businessmodelcanvas.it/.

Osservando il Business Model Canvas della Apple (illustrato dalla **Figura 13.3**) si può notare che la sua forza risiede nello stretto legame tra i suoi blocchi strategici.

Però per rendere possibile la rivoluzione realizzata nel settore musicale, Apple ha dovuto concludere accordi con i principali produttori discografici (i Partner Chiave) per creare cosi la più ampia libreria musicale online del mondo.

Creando e facendo comunicare dispositivi e software musicali (iPod e iTunes), le Risorse Chiave di questo modello di business, Apple è riuscita a offrire ai Clienti di tutto il mondo un'inedita Proposta di Valore legata alla possibilità, per il cliente, di cercare, acquistare e ascoltare musica digitale, un servizio musicale senza interruzioni (*seamless*).

I Flussi di Ricavi generati da questo modello di business per le vendite di iPod toccarono il record di 4 Md.US$ nel quarto trimestre 2007. L'iPod è stato un vero e proprio fenomeno culturale che ha salvato l'immagine e le casse di Apple. Per ogni iPod acqui-

TABELLA 13.2 Ricavi netti di Apple Inc. (in Md.US$)

Ricavi netti per area d'affari	2019	variazione	2018	variazione	2017
iPhone (1)	142,381	-14%	164,888	18%	139,337
Mac (1)	25,740	2%	25,198	-1%	25,569
iPad (1)	21,280	16%	18,380	-2%	18,802
Dispositivi indossabili, prodotti per la casa e accessori (1)(2)	24,482	41%	17,381	36%	12,826
Services (3)	46,291	16%	39,748	22%	32,700
Ricavi netti totali	260,174	-2%	265,595	16%	229,234

Fonte: elaborazione degli Autori dal Bilancio Apple Inc. Esercizio 2018-19.

(1) I ricavi netti includono l'ammortamento del valore differito dei diritti di aggiornamento di software non specificato, che sono raggruppati nel prezzo di vendita del prodotto di riferimento.
(2) I ricavi netti di dispositivi indossabili, prodotti per la casa e accessori comprendono le vendite di AirPods, Apple TV, Apple Watch, prodotti Beats, HomePod, iPod touch e accessori di marca Apple e di terze parti.
(3) I ricavi netti da servizi includono le vendite dai negozi Apple di contenuti digitali e dai servizi di streaming dell'azienda, AppleCare, licenze e altri servizi. I ricavi netti da servizi includono anche l'ammortamento del valore differito di Maps, Siri e servizi iCloud gratuiti, che sono raggruppati nel prezzo di vendita di alcuni prodotti.

stato Apple realizzava un utile superiore al 30%, inoltre questa soluzione permetteva di generare ulteriori flussi di ricavi dalle transazioni sullo store online per l'acquisto di musica. L'iPod ha anche gettato le basi per il progetto iPhone e per le altre attività sviluppate successivamente da Apple, tanto che dal 2005 al 2007 Apple è stata definita "l'azienda iPod".

La **Tabella 13.2** presenta la ripartizione delle vendite di Apple negli ultimi tre anni. L'area di business che presenta la crescita più sostenuta è quella dei dispositivi indossabili ("Wearable" che include anche gli auricolari AirPods) nell'ambito dei quali le vendite di iWatch hanno progressivamente sostituito quelle di iPod. Nel 2018, Apple Watch ha generato ricavi per 4,2 Md.US$ nel quarto trimestre superando il record storico di iPod del 2007. Nel quarto trimestre del 2019 l'Apple Watch ha raggiunto i 5,2 MdUS$.

FC Barcelona

Il calcio è ormai una grande industria che vale la pena di essere studiata: ma è anche un eccellente laboratorio per studiare i modelli di business di maggiore successo che possono ispirare la gestione sia dei club calcistici sia di imprese che operano in altri business (in particolare nei settori dello spettacolo e della cultura).

Nel 1905 William McGregor, "Padre fondatore" della Football League, dichiarò "Football is big business". Allora questa poteva apparire un'affermazione azzardata, ma dagli anni Novanta in poi la crescita economica dell'industria del calcio è stata tumultuosa. Secondo una stima del 2018 il valore dell'industria del calcio in Europa era di 25,5 miliardi di euro, la crescita del settore dalla seconda metà degli anni Novanta in poi aumenta in misura superiore al PIL europeo[3].

Il FC Barcelona è una delle squadre di calcio più prestigiose al mondo e uno dei quattro club spagnoli a non essere una *Sociedad Anónima Deportiva* ma una società senza scopo di lucro formata da diverse migliaia di soci. Dalla sua fondazione nel 1899, il club ha avuto una ricca storia di successi sportivi alternati a periodi ricorrenti di instabilità finanziaria, che tuttavia pare superata dall'andamento economico-finanziario (oltre che sportivo) degli ultimi anni.

Il club rivendica un profilo di unicità espresso dal motto "Più che un club" ("Més que un club") che utilizzò il 17 gennaio 1968 l'allora presidente Narcís de Carreras per esprimere come il Barça fosse una parte importante della storia di Barcellona e della Catalogna.

Il FC Barcelona è il secondo maggiore club calcistico europeo (e quindi del mondo) per valore (si veda la **Figura 13.4**), il suo stadio di proprietà, il Camp Nou, è il più grande stadio di calcio d'Europa (circa 99 000 posti) e il club vanta il maggior numero di tifosi tra i club europei.

Il modello di business del FC Barcelona presenta delle specificità riassunte dal Business Model Canvas illustrato nella **Figura 13.5**.

Un elemento che caratterizza la Proposta di Valore del FC Barcelona è rappresentato dai successi sportivi, dallo spettacolo assicurato dai suoi campioni e dal suo stile di gioco ("il tiki taka"), caratterizzato da un possesso di palla quasi sempre superiore a quello dell'avversario, ma anche da una tipologia di scambio che uno studio (Gyarmati *et al.*,2014) documenta, in base all'analisi di oltre un milione di passaggi, come peculiare rispetto allo stile di gioco delle novantotto squadre dei cinque maggiori campionati europei.

Un altro fattore che caratterizza il Barcelona è costituito dalla Relazione con i Clienti che il club riesce a stabilire contando, oltre che sui tifosi locali, sulla capacità di attrarre tifosi nel resto della Spagna, anche nelle città sedi dei club suoi tradizionali rivali, e nel resto del mondo. Gli elementi identitari dell'orgoglio catalano o della simpatia verso le aspirazioni federaliste o autonomiste che il club ha sempre apertamente sostenuto hanno rafforzato il legame con i tifosi anche oltre la dimensione sportiva.

---

3 Stime dell'Osservatorio in Sports & Stadia Management del centro di ricerca ICRIM dell'Università Cattolica del Sacro Cuore (https://www.icrim.eu/football-management/).

Lo stadio Camp Nou costituisce poi una Risorsa Chiave per le entrate che genera sia in occasione delle partite (oltre 65 milioni di euro l'anno) sia per gli eventi che ospita (l'hospitality genera circa 20 milioni di euro l'anno) e per le visite che hanno luogo

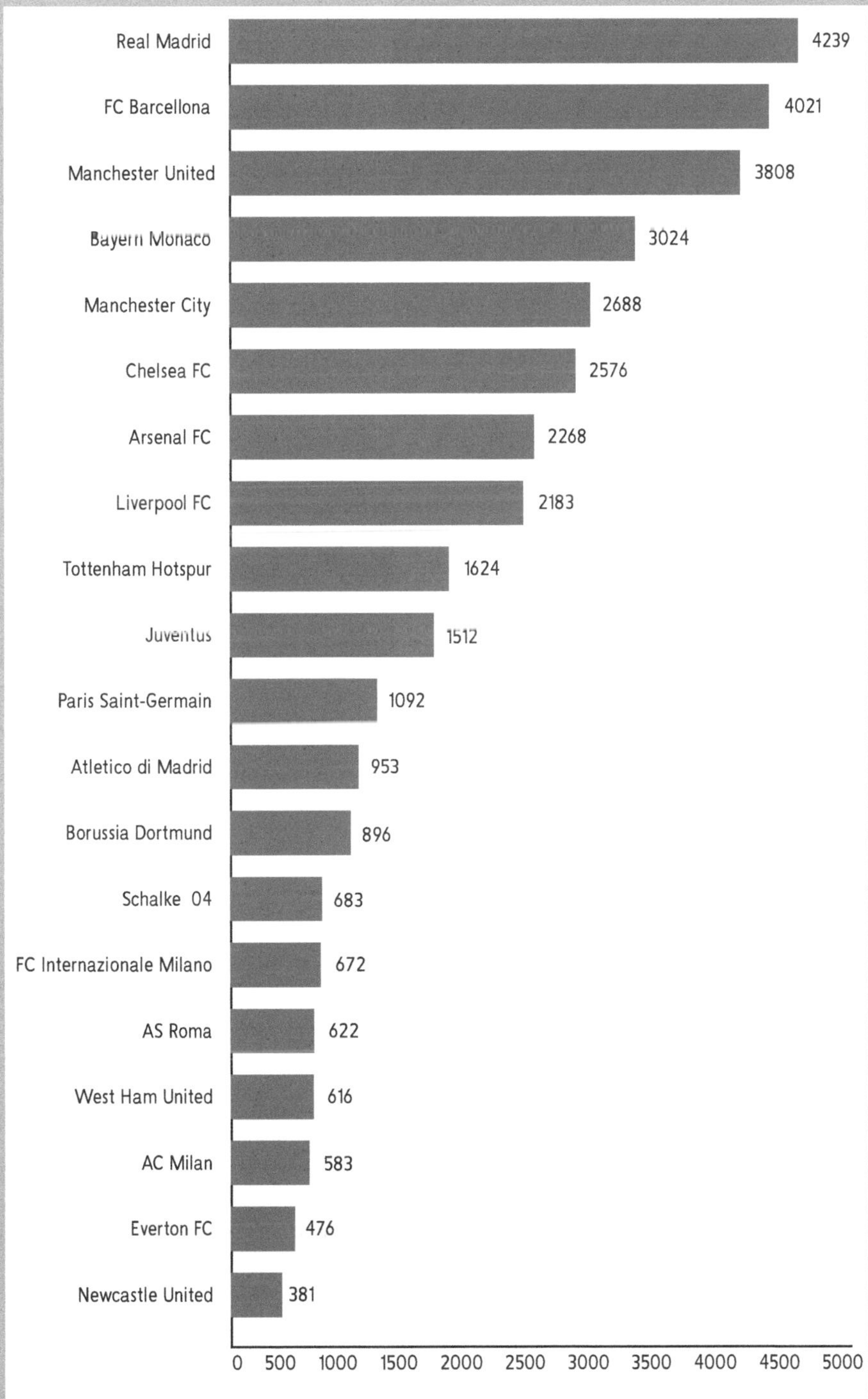

Figura 13.4
I Club calcistici europei di maggior valore nel 2019 (in Md. US$).
Fonte: Statista.com Maggio, 2019.

Business Model Canvass — **FC Barcelona**

Partner Chiave
- Federazioni nazionali e internazionali
- Lega nazionale
- Sponsor
- Media
- Membri del FC ("socis")

Attività Chiave
- Risultati sportivi
- Compravendita calciatori di primo piano a livello internazionale
- Stile di gioco

Risorse Chiave
- Calciatori e tecnici
- Vivaio giovani giocatori ("cantera")
- Stadio e Museo
- Academy e Innovation Lab
- Aree destinate a eventi
- Risorse finanziarie

Proposte di Valore
- Produrre uno spettacolo appassionante, di qualità
- Superare i rivali sportivi
- Qualificarsi per le competizioni internazionali
- Conquistare risultati sportivi
- Guidate dai risultati sportivi

Relazioni con i Clienti
- Guidate dai risultati sportivi
- Guidate dai valori sportivi del club e dei suoi giocatori
- Dimensione socio-politica

Canali
- TV, radio, giornali, Internet
- Corporate TV (Barca TV)
- Punti vendita ufficiali (all'interno o all'esterno dello stadio)

Segmenti di Clientela
- Tifosi locali, nazionali e internazionali
- Tutte le fasce di età
- Livello di coinvolgimento e fidelizzazione

Struttura dei Costi
- Costo del personale sportivo e tecnico
- Costo dei fattori della produzione non sportivi o amministrativi
- Ammortamento dei diritti di utilizzo di atleti e tecnici
- Costo del personale non sportivo e amministrativo
- Ammortamento del costo delle infrastrutture

Flussi di Ricavi
- Diritti televisivi
- Merchandising
- Premi per i risultati sportivi
- Attività B2B
- Biglietti e abbonamenti
- Altri ricavi "Matchday"
- Sponsorizzazioni

Figura 13.5
Il Business Model Canvas di FC Barcelona.
Fonte: Osservatorio in Sports & Stadia Management del centro di ricerca ICRIM dell'Università Cattolica del Sacro Cuore (https://www.icrim.eu/football-management/).

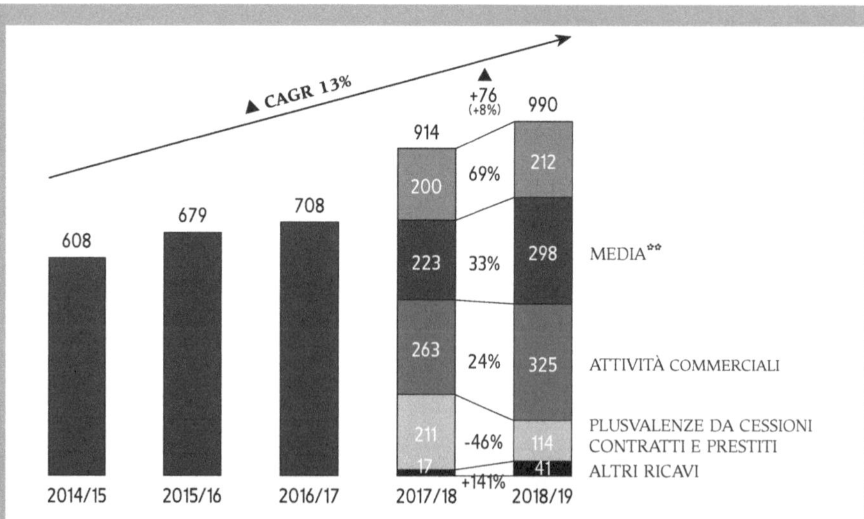

* Include le quote dall'azionariato popolare *del club.*
** Include diritti televisivi e proventi UEFA.

Figura 13.6
L'innovazione nella creazione di valore alla base delle strategie Blue Ocean.
Fonte: elaborazione dell'Osservatorio in Sports & Stadia Management del centro di ricerca ICRIM dell'Università Cattolica del Sacro Cuore su dati tratti dall'Annual Report 2017-18 di FC Barcelona.

quotidianamente[4], ma anche per il contributo che fornisce alimentando l'immagine e la leggendarietà del club.

Molto importante è anche la cura che il club presta alla gestione dei canali di commercializzazione e comunicazione sia per quanto riguarda i diritti televisivi dalle reti nazionali e internazionali sia per il ruolo che svolge Barça TV nell'alimentare di contenuti i social media e nel mantenere una stretta relazione con i tifosi e gli appassionati.

La **Figura 13.6** illustra l'evoluzione dei ricavi con il CAGR (*Compound Annual Growth Rate*) o tasso annuo di crescita composto, che cresce del 13% tra il 2014-2015 e il 2018-2019 e la ripartizione dei ricavi tra le principali fonti di entrata. Questo trend esprime sia la capacità del club di generare risorse sia quali siano le diverse fonti di entrata che caratterizzano il modello di business della società.

13.3 Considerazioni conclusive

Il successo del Business Model Canvas deriva sicuramente dalla sua diffusione all'interno delle imprese. Si tratta di uno strumento chiave per l'analisi della strategia imprenditoriale che ben rappresenta la relazione tra il comportamento dell'impresa e il suo ambiente di riferimento. Nonostante una certa prudenza da parte dell'accademia nel legittimare scientificamente sia il concetto di Business Model che quello di BMC a causa della difficoltà, già ricordata, di individuare una definizione chiara e condivisa della loro natura e dei fattori che li caratterizzano, sia il concetto di Business Model sia quello di BMC forniscono un contributo utile alla pratiche manageriali perché aiutano a chiarire meglio gli aspetti chiave dell'implementazione delle strategie e a rendere meglio comunicabili e intellegibili obiettivi e attività critiche dell'impresa.

Il Business Model Canvas, in conclusione introduce una serie di chiavi di lettura che arricchiscono le prospettive attraverso cui analizzare le dinamiche di impresa.

In primo luogo, favorisce, a livello cognitivo, la comprensione e la comunicazione del modello di business all'interno e all'esterno dell'impresa. Questa accresciuta visibilità su ciò che l'impresa è o intende essere è di per per sé un elemento che ne accresce il potenziale di differenziazione e quindi contribuisce a creare o rafforzare un vantaggio competitivo[5].

In secondo luogo, il BMC afferma il superamento del concetto di prodotto: il Canvas importa e valorizza le dimensioni intangibili, ponendo il sistema delle relazioni al centro dei processi di creazione del valore delle imprese.

In terzo luogo, l'importanza attribuita all'ambiente esterno: il Canvas pone l'impresa al centro della sua analisi, la proietta, seppur ancora in maniera timida, nel contesto esterno e ne enfatizza i fattori produttori di valore.

Per ultimo, ma non certamente per rilevanza, l'importanza attribuita alla digital transformation: il Canvas si è posto come lo strumento per comprendere e capire il potenziale "disruptive" della digital transformation e il suo contributo ai processi di creazione di valore. La diffusione delle tecnologie digitali impone una rapida trasformazione dei modelli di business. In questo senso il Canvas delinea le direttrici su cui si stanno muovendo, in maniera talvolta consapevole e talaltra inconsapevole, le imprese e pone l'enfasi sulle dimensioni del futuro, descrivendo e valorizzando gli aspetti innovativi di cui queste tecnologie sono portatrici nel sistema delle imprese.

4 I ricavi medi delle ultime tre stagioni relativi alle visite allo stadio hanno raggiunto un valore annuo tra i 52 e i 55 milioni di euro circa, di cui circa 45 milioni di euro solo dalle visite di due milioni di persone l'anno. Il Camp Nou contende alla Sagrada Familia il primato di monumento più visitato di Barcellona.

5 Uno studio condotto attraverso il programma di ricerca Business Model Zoo della Cass Business School-City University London ha rivelato che due terzi delle imprese esaminate non ha esplicitato alcun modello di business.

Riepilogo

- Gli studiosi non concordano su un'unica definizione di Business Model, che rappresenta alternativamente uno strumento, un'architettura o una struttura con cui viene descritta l'impresa.
- Le imprese di successo sono quelle che sono riuscite a innovare i propri modelli di business in seguito ai cambiamenti dell'ambiente esterno e a continuare a creare valore per sé stesse e per i propri clienti grazie a tale innovazione.
- Attraverso la descrizione del Business Model si offre agli stakeholder il modello che rappresenta l'essenza fondamentale dell'impresa relativamente a uno specifico business.
- Il Business Model Canvas è uno schema utile alle imprese per ordinare graficamente e meglio comunicare gli elementi del proprio business attraverso fattori chiave, quali i segmenti di clientela, il valore offerto, i canali, le relazioni dei clienti, i flussi di ricavi, le risorse chiave, le attività chiave, le partnership e la struttura dei costi.

Domande di verifica

1. A che cosa serve definire un modello di business?
2. Quali sono le motivazioni che spingono un'impresa a innovare il proprio modello di business?
3. Qual è il ruolo delle partnership all'interno di un modello di business?
4. Individua le risorse chiave nel modello di business di un'agenzia viaggi tradizionale attraverso la redazione del Canvas.

Bibliografia

Afuah, A. (2004). *Business models: A strategic management approach.* New York: Irwin/McGraw-Hill.

Afuah, A., Tucci, C. L. (2001). *Internet business models and strategies: Text and cases.* New York: McGraw-Hill.

Amit, R., Zott, C. (2001). "Value creation in e-business". *Strategic Management Journal,* (22: 493-520.

Applegate, L. M. (2000). *E-business models: Making sense of the internet business landscape.* In G. Dickson G. DeSanctis (Eds.), Information technology and the future enterprise: New models for managers: 49-101. Englewood Cliffs, NJ: Prentice-Hall.

Baden-Fuller, C., Morgan, M. (2010). Business models. *Long Range Planning.* 43(2-3), pp. 156-171.

Bocken, N.M.P., Rana, P., Short, S.W. (2015). "Value mapping for sustainable business thinking". *Journal of Industrial and Production Engineering.* 32 (1): 67–81.

Bonchek, M., Choudary S.P. (2013) "Three Elements of a Successful Platform Strategy", *Harvard Business Review,* 13 gennaio 2013.

Brousseau, E., Penard, T. (2006). "The economics of digital business models: A framework for analyzing the economics of platforms". *Review of Network Economics,* 6(2): 81-110.

Casadeus-Masanell R., Ricart E.J., "From Strategy to Business Models and onto Tactics", *Long Range Planning* 43 (2010), pp. 195-215.

Chesbrough H., "Business Model Innovation: Opportunities and Barriers", *Long Range Planning* 43 (2010), pp. 354-363.

Ching, H.Y., Fauvel, C. (2013) "Criticisms, Variations and Experiences with Business Model Canvas", *European Journal of Agriculture and Forestry Research* Vol.1. No.2, pp. 26-37.

Christensen, C. M. (2001). "The past and future of competitive advantage". *MIT Sloan Management Review,* 42 (2): 105-109.

Doz Y.L., Kosonen M., (2010) "Embedding Strategic Agility", *Long Range Planning,* 43 pp. 370-383.

Dubosson-Torbay, M., Osterwalder, A., Pigneur, Y. (2002). "E-Business Model design, classification, and measurements". *Thunderbird International Business Review,* 44(1): 5-23.

Fielt E. (2013) "Conceptualising Business Models: Definitions, Frameworks and Classifications", *Journal of Business Models,* 1 (1) pp. 85-105.

George, G., Bock, A. (2009). *The Business Model in practice and its implications for entrepreneurship research.* Working paper, Imperial College, London.

Ghaziani, A., Ventresca, M. J. (2005). *Keywords and cultural change: Frame analysis of Business Model public talk 1975-2000.* Sociological Forum, 20: 523-559.

Gyarmati, L., Kwak, H., Rodriguez, P. (2014). *Searching for a Unique Style in Soccer.* Working Paper presentato KDD Workshop on Large-Scale Sports Analytics 1 Sett. 2014 (consultabile su https://arxiv.org/pdf/1409.0308v1.pdf).

Hamel G., (2000) *Leading the revolution,* Harvard Business School Press, Boston.

Johnson, M. W., Christensen, C. C., Kagermann, H. (2008). "Reinventing your business model". *Harvard Business Review,* 86(12): 50-59.

Lindgren, P. (2018). *The Multi Business Model Innovation Approach,* River Publisher, pp. 1-244, ISBN 978-87-93609-65-5.

Magretta, J. (2002). "Why business models matter". *Harvard Business Review,* 80(5): 86-92.

Morris, M., Schindehutte, M., Allen, J. (2005). "The entrepreneur's business model: Toward a unified perspective". *Journal of Business Research,* 58: 726-35.

Osterwalder, A. (2004). *The Business Model ontology—A proposition in a design science approach.* Dissertation 173, University of Lausanne, Switzerland.

Osterwalder, A., Pigneur, Y., Tucci, C. L. (2005). *Clarifying business models: Origins, present and future of the concept.* Communications of the Association for Information Science (CAIS), 16: 1-25.

Osterwalder A., Pigneur Y. (2010), *Business Model Generation: A Handbook for Visionaries, Game Changers and Challengers,* John Wiley & Sons, Hoboken. Edizione italiana *Creare modelli di business,* Edizioni FAG, Milano (2012).

Ovans A., (2015) "What is a Business Model?", *Harvard Business Review.*

Searle, N., White, G. (2013). "Business Models". In Towse, R., Handke, C. (eds.). *Handbook on the Digital Creative Economy.* Cheltenham, UK and Northampton, MA, USA: Edward Elgar Publishing: 45-56.

Seelos, C., Mair, J. (2007). "Profitable business models and market creation in the context of deep poverty: A strategic view". *Academy of Management Perspectives*, 21: 49-63.

Shafer, S. M., Smith, H. J., Linder, J. (2005). "The power of business models". *Business Horizons*, 48: 199-207.

Sinkovics, N., Sinkovics, R.R.; Yamin, M. (2014). "The Role of Social Value Creation in Business Model Formulation at the Bottom of the Pyramid - Implications for MNEs?". *International Business Review. 23* (4): 692-707.

Sparviero, S. (2019) "The Case for a Socially Oriented Business Model Canvas: The Social Enterprise Model Canvas", *Journal of Social Entrepreneurship*, 10:2, 232-251.

Teece, D. J. (2010). "Business models, business strategy and innovation". *Long Range Planning*, 43: 172-194.

Timmers, P. (1998). "Business models for electronic markets". *Electronic Markets*, 8(2): 3-8.

Weill, P., Vitale, M. R. (2001). *Place to space: Migrating to e-business models*. Boston: Harvard Business School Press

Zott, C., Amit, R. (2010). "Designing your future business model: An activity system perspective". *Long Range Planning*, 43: 216-226.

Zott C., Amit R.H, massa I. (2011)., "The Business Model: Recent Developments and Future Research", *Journal of Management*, vol. 3, n. 4, luglio 2011.

Capitolo 4

Analisi di settore

Il presente capitolo è dedicato all'analisi del settore effettuata attraverso il modello elaborato da Porter (che si colloca nel filone dell'Io, Industrial Organization).
Nella prospettiva dell'Io i fattori esterni condizionano le scelte delle imprese e i loro risultati. In altre parole la struttura del settore detterebbe i comportamenti delle imprese che, a loro volta, ne influenzerebbero i risultati.
Il modello di Porter, costituisce ancora oggi un passaggio fondamentale negli studi sull'impresa, perché attribuisce all'impresa stessa la possibilità di influenzare i propri risultati al di là dei vincoli della struttura del settore.
In particolare, questo modello ha il merito di superare l'assioma di un numero elevato di concorrenti tra di loro omogenei, affrancandosi dalla logica della "one best way", e di spostare il focus della strategia su elementi legati al business che consentono a ciascuna impresa di adottare i comportamenti più adeguati leggendo le dinamiche rappresentate dai fattori, propri del modello di "concorrenza allargata", che contribuiscono a determinare l'intensità competitiva.
È un modello che guarda alle imprese e non alla politica pubblica, che suggerisce di individuare nella ricerca del valore (per Porter *compete to be unique*), e non nella competizione tra rivali esistenti (la sindrome del *compete to be the best*) il fine ultimo della strategia.
Infine, si tratta di un modello che indica, a tratti in modo fin troppo prescrittivo, e per questo non scevro dalle critiche, i comportamenti che consentono a un'impresa di prevalere sui propri concorrenti, razionalizzando e guidando così le scelte delle imprese.

Obiettivi di apprendimento

In questo capitolo discuteremo:

- quali sono i fattori che caratterizzano un settore e come questi fattori influenzano concorrenza e redditività;
- quali sono i principali modelli per l'analisi di settore e come si applicano;
- come selezionare le informazioni strategiche rilevanti per l'impresa;
- come effettuare scelte strategiche e operative alla luce del quadro competitivo.

4.1 Analisi dei fattori esterni all'impresa: dal macroambiente all'ambiente settoriale

La scelta da parte delle imprese sul settore nel quale svolgere la propria attività e su quali comportamenti adottare nell'ambito di queste attività, oltre che sull'articolazione delle loro strutture organizzative e dei loro processi interni, sono indubbiamente influenzate dai fattori ambientali.

In questo capitolo concentriamo la nostra attenzione sull'analisi dell'**ambiente esterno d'impresa** e, in particolare, sull'ambiente settoriale che influenza più direttamente i risultati dell'impresa.

Prima di focalizzarci sull'analisi di settore (nella terminologia di Porter, ossia sul concetto di business che abbiamo descritto con il modello di Abell trattato nel capitolo precedente) e della concorrenza all'interno del settore, partiamo da un'analisi a livello

Ambiente esterno d'impresa
L'ambiente esterno d'impresa comprende tutte quelle variabili esterne all'impresa (macroambientali, microambientali e specifiche del business) che ne influenzano gli andamenti e dunque le decisioni gestionali.

macro, per poi procedere all'osservazione di come avviene lo scambio e di come si crea valore nell'interazione tra le imprese del settore e i loro clienti a valle e i loro fornitori a monte. Queste indicazioni, che contribuiscono a definire la capacità di generare profitti da parte delle imprese, si completano con la valutazione dell'intensità della concorrenza tra le imprese che competono in un determinato business.

Seguendo questa logica, possiamo innanzitutto distinguere i tre livelli ambientali:

- il macroambiente, nel quale si determinano effetti che impattano sul settore;
- l'ambiente settoriale dell'impresa, nel quale si sviluppa la concorrenza allargata;
- il settore specifico, nel quale si sviluppa la concorrenza tra le imprese che producono beni che sono tra di loro intercambiabili.

Macroambiente
L'ambito macroambientale ricomprende tutti i fattori economici, sociali, politici, regolamentari, tecnologici e determinati dall'ambiente naturale che possono impattare sull'andamento del settore.

Il **macroambiente** viene ricostruito attraverso l'analisi sui fattori demografici, economici, legali, politico-istituzionali, sociologici, tecnologici e di fattori determinati dall'ambiente naturale nel quale si svolgono le attività di un'impresa. In questo ambiente, l'impresa può cogliere delle opportunità, ma anche essere sottoposta a dei vincoli rispetto allo sviluppo della propria attività (**Figura 4.1**).

Si pensi a quello che succede quando l'economia nazionale o quella internazionale entrano in una fase di recessione, oppure quando delle turbolenze a livello politico interessano uno o più Paesi o quando la legislazione impone standard tecnologici o controlli alla produzione di rifiuti e di inquinanti di qualche settore industriale. Sarà facile convenire che questi eventi hanno automaticamente un impatto sull'attività delle

Approfondimento 4.1 I fattori strutturali alla base delle performance dei settori: la prospettiva dell'*Industrial Organization* (IO)

La chiave per formulare e implementare le strategie delle imprese sta nel coniugare le caratteristiche delle imprese stesse all'ambiente nel quale si trovano a operare. Poiché i fattori ambientali sono numerosi e articolati, includendo sia elementi di natura economica, sociale e tecnologica, sia elementi caratteristici dei business cui le imprese fanno riferimento, è a questi fattori che una prospettiva teorica, quella dell'Industrial Organization (IO) ha fatto prevalentemente riferimento. Si tratta del cosiddetto paradigma "Struttura-Comportamenti-Risultato Economico" (S-C-P: Structure-Conduct-Performance) che trae origine da quella che fu denominata la "Harvard School" (Mason, 1955; Bain, 1951 e 1956). La performance delle imprese consolidate, in questa prospettiva, sarebbe determinata essenzialmente dalla struttura del settore che ne condiziona i comportamenti strategici (Conduct). All'inizio degli anni Ottanta, Scherer (1980) arricchisce il paradigma S-C-P indicando una serie di fattori che influenzano la struttura del settore (l'elasticità della domanda e le economie di scala, il numero dei compratori e dei venditori, il grado di differenziazione dei prodotti e dei servizi, l'esistenza di barriere all'entrata o di condizioni dettate dalla tecnologia) o che contraddistinguono la strategia d'impresa, influenzandone i risultati (per esempio le politiche di prezzo, d'investimento, i rapporti con i fornitori, gli accordi tra imprese e i diversi elementi del marketing mix). Sarà però soprattutto Porter a sviluppare un modello che, pur inserendosi nella stessa prospettiva del paradigma S-C-P, ne propone un'evoluzione. I fattori essenziali su cui si basa questo modello sono i seguenti: la strategia può proporsi di modificare la struttura del settore e influenzare le forze competitive, le imprese possono sfruttare discontinuità competitive del settore, la performance delle imprese non è determinata solo dalle caratteristiche del settore, ma dalle scelte strategiche dell'impresa stessa (strategie di base). Studi successivi hanno poi approfondito, con risultati controversi, l'importanza relativa dei fattori legati alle variabili "esterne", riconducibili ai settori, rispetto a quelle "interne", riferibili alle singole aree d'affari e alle singole imprese, sui risultati delle imprese stesse (Schmanlensee, 1985; Rumelt, 1991; MacGahan e Porter, 1997 e 2002).

Il paradigma S-C-P ha inoltre ricevuto molte critiche che si concentrano sulla natura endogena di molte variabili esplicative (vale a dire, determinate contemporaneamente alla redditività del settore e quindi non studiabili come relazione causa-effetto) e sulla critica al focus sull'industria che il paradigma propone come unità d'osservazione facendo così perdere importanti differenze tra le singole imprese. (Stigler, 1968; Demsetz, 1973 e 1974).

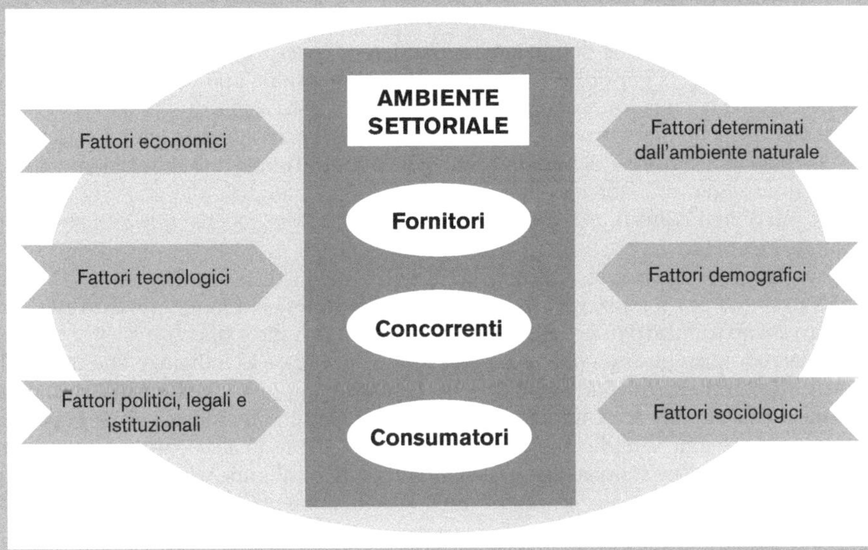

Figura 4.1
Il macroambiente.

Approfondimento 4.2 L'evoluzione dei metodi di analisi macroambientale

L'analisi PEST (che sta per Politica, Economica, Sociale, e Tecnologica) è una metodologia che si basa su alcune variabili che riescono a descrivere le caratteristiche di tipo socio-economico-tecnologico (e più recentemente anche ecologico e regolamentare) esistenti nell'ambiente in cui opera l'azienda, al fine di individuare quali variabili possono essere rilevanti nel processo decisionale aziendale, nelle scelte strategiche e operative dell'azienda.
L'origine di queste analisi si ritrova nel lavoro di Francis J. Aguilar (1967) che sviluppò uno strumento e una tecnica per il monitoraggio dei fattori macroambientali che possono influenzare il settore di riferimento.
Successivamente Arnold Brown riorganizzò questo modello per l'Institute of Life Insurance negli USA ridenominandolo "STEP" (o Strategic Trend Evaluation Process) poi a sua volta ridenominato analisi STEPE (Social, Technical, Economic, Political, and Ecological).
Nel 1980, diversi autori (Fahey, Narayanan, Morrison, Renfro, Boucher, Mecca e Porter) arricchirono il modello analitico chiamandolo: PEST (Political, Economic, Social, Technical), PESTLE (Political, Economic, Sociological, Technological, Environmental, Labor) e STEEPLE (Social/Demographic, Technological, Economic, Environmental, Political, Legal, Ethical) o STEEPLED, con l'aggiunta di fattori demografici e legati all'istruzione.
Il modello PEST (e le sue molteplici formule derivate STEER, STEEP, DESTEP, STEP, STEEPLED, PESTE, PESTEL) va considerato come una parte delle analisi esterne da effettuare nell'ambito di un'analisi strategica e fornisce una panoramica di alcuni dei diversi macrofattori che l'impresa deve prendere in considerazione. Si tratta di un utile strumento strategico per interpretare la crescita o il declino del mercato, la posizione competitiva delle imprese, il potenziale e le traiettorie di sviluppo delle operazioni.
La crescente importanza dei fattori ambientali o ecologici nel primo decennio del XXI secolo, ha incoraggiato e dato luogo all'uso diffuso di una versione aggiornata del quadro PEST, detto anche STEER (analisi sistematica socio-culturale, tecnologica, economica, ecologica, e di regolamentazione).

persone e delle imprese. Analogamente sarà facile osservare che l'evoluzione di questi fattori determina effetti diversi a seconda dei settori di riferimento. La bassa natalità e l'invecchiamento della popolazione costituiscono una minaccia per i settori che realizzano beni e servizi per l'infanzia, mentre sono un'opportunità per chi opera nel settore dei servizi alla persona per gli anziani o nel settore dei farmaci geriatrici. Con l'acuirsi delle tendenze di globalizzazione dei mercati, è sempre più importante adottare una prospettiva di ampio respiro nella definizione dell'ambiente macro: oggi nessuna impresa, per quanto operi su scala nazionale e o sia di piccole dimensioni, può considerarsi immune dall'evoluzione del quadro economico e politico globale. La soglia di attenzione nei confronti di dinamiche di respiro globale varia al variare del grado di apertura internazionale o globale di ogni settore e di ogni impresa. Pur tuttavia, la fitta rete di relazioni che si è andata intessendo tra le forze politiche ed economiche mondiali è in grado di generare effetti, più o meno diretti, per la maggioranza delle imprese, piccole o grandi che siano, ovunque esse si trovino.

Nella **Tabella 4.1** abbiamo indicato una lista (non esaustiva) di fattori che contribuiscono a caratterizzare il macroambiente esterno all'impresa e dunque possono avere un impatto sui settori d'attività e sulle imprese che vi si trovano a operare.

Pur avendo sottolineato come sia importante considerare le influenze che un ampio spettro di fattori esterni può esercitare sui risultati d'impresa, perché l'analisi dell'ambiente sia davvero efficace è importante distinguere i fattori che sono di vitale importanza da quelli che sono semplicemente rilevanti (Grant, 1991). In altre parole è importante giungere ad analizzare il nucleo centrale dell'ambiente di riferimento: l'ambito settoriale, perché questo influenza ancora più di quello macroambientale i comportamenti e i risultati delle imprese.

Per comprendere quali sono le variabili che costituiscono l'ambito settoriale è necessario prendere in considerazione il processo di creazione di valore, perché è a partire dalle attività che generano valore per l'impresa che si possono identificare gli attori chiave del settore. Per creare profitto un'impresa deve generare valore per i propri clienti; all'origine del processo che consente di generare valore per i clienti c'è l'acquisto di beni e servizi dai fornitori; la capacità di generare profitti creando valore per i clienti a partire

TABELLA 4.1 Il macroambiente

Fattori rilevanti	
Demografici	• Popolazione (numerosità) • Distribuzione per classi d'età • Distribuzione geografica • Composizione etnica • Redditi (livello medio e distribuzione)
Economici	• Tasso di inflazione • Tassi d'interesse • Andamento del PIL • Saldo e composizione della bilancia commerciale
Sociologici	• Livello di istruzione medio • Stili di vita prevalenti • Sensibilità ambientale • Comportamenti d'acquisto-consumo prevalenti
Politici, legali e istituzionali	• Grado di stabilità istituzionale • Livello di regolamentazione • Politiche di bilancio • Politiche fiscali • Politiche e normativa antitrust • Legislazione sul lavoro • Legislazione inquinamento/riciclaggio
Tecnologici	• Politiche sull'innovazione • Esistenza di incentivi alla ricerca • Ruolo dell'Università
Fattori determinati dall'ambiente naturale	• Clima • Morfologia dei territori/habitat • Risorse estrattive • Risorse floro-faunistiche

dalla trasformazione dei beni e servizi acquistati dai fornitori è poi influenzata dal grado di concorrenza tra le imprese che competono per le stesse opportunità di creazione di valore e dalla gestione delle attività distributive e commerciali (Grant, 1991). Ne deduciamo che è il complesso delle relazioni che l'impresa tesse con i propri fornitori, clienti e concorrenti a costituire l'insieme dei fattori esterni di vitale importanza per i suoi risultati, dunque il suo **ambito settoriale**.

Ambito settoriale
L'ambito settoriale si compone dell'insieme di relazioni che l'impresa stringe con i propri clienti (intermediari e finali), con i fornitori e con i concorrenti.

La redditività di un settore coincide, in altri termini, con la capacità di un'impresa di generare profitti all'interno, appunto, di un determinato ambito settoriale. Questa dipende dalle diverse condizioni che vanno determinandosi in riferimento ai fattori cui abbiamo appena accennato, ovvero dal prezzo che i clienti sono disposti a pagare per il prodotto/servizio offerto dall'impresa e che a sua volta è influenzato dall'intensità della concorrenza da parte di altre imprese che offrono il medesimo prodotto/servizio. Inoltre, il surplus che l'impresa ottiene oltre ai costi di produzione è altresì influenzato dal potere contrattuale dei fornitori e dei soggetti della distribuzione. L'analisi di settore è data dall'analisi congiunta di queste condizioni, che consentono di comprenderne il potenziale di redditività perché questo, appunto, è determinato dalla struttura del settore stesso.

Le caratteristiche strutturali sono le seguenti.

- Dimensioni del settore (in termini di valore cumulato delle vendite delle imprese del settore). Un settore di dimensioni ampie offre opportunità, ma al tempo stesso può attirare molti concorrenti.
- Tasso di crescita del settore. Un settore a elevata crescita (misurata in termini di evoluzione del volume delle vendite nel tempo) non comporta necessariamente una maggiore attrattività, ma certo orienta i comportamenti delle imprese rivali che inseguono le possibilità di crescita sostenendo investimenti.
- Grado di apertura internazionale del settore. È dato dall'incidenza dell'interscambio di un settore in un determinato mercato rispetto al volume delle vendite totali di quel settore su un determinato mercato. L'interscambio può essere espresso come:
  - la somma delle importazioni e delle esportazioni (X + M/Vendite totali);
  - la somma delle importazioni e delle esportazioni divisa per due (X + M : 2)/Vendite totali);
  - ciascuna delle due grandezze (importazioni ed esportazioni) prese singolarmente in rapporto alle vendite totali.
- Grado di regolamentazione del settore da parte delle autorità amministrative pubbliche.
- Livello tecnologico e dinamiche dell'innovazione.
- Ruolo svolto dai prodotti e servizi complementari. Non è infrequente il caso di settori i cui prodotti necessitano l'impiego di prodotti e/o servizi provenienti dal altri settori.

Lo specifico assetto strutturale di un settore è determinato, secondo Porter (2008), dall'effetto congiunto delle forze competitive di cui parleremo nel prossimo paragrafo.

4.2 Analisi di settore: lo schema delle cinque forze competitive di Porter

Quanto conta la definizione del business ai fini della comprensione del comportamento delle imprese e della valutazione delle aspettative di redditività di un settore? Guardando ai dati empirici sulle perfomance relative delle imprese che operano in settori diversi ci si accorge che le differenze settoriali sono importanti e tendono a persistere nel tempo. Se si osservano i dati settoriali come quelli della produzione di pneumatici o di acciaio si constata che la competizione tende a essere più elevata di quanto non avvenga in settori quali la produzione di petrolio o di soft drink; di conseguenza nel medio-lungo termine la redditività media nei primi settori è inferiore a quella dei secondi.

La conoscenza dei fattori che determinano l'intensità competitiva costituisce la premessa per effettuare le scelte strategiche delle imprese. Questi fattori rivelano i punti di forza e di debolezza delle imprese e suggeriscono le scelte di posizionamento, chiarendo gli ambiti nei quali le tendenze evolutive del settore sono più favorevoli in termini di minacce e opportunità. Infine, la comprensione di questi fattori può guidare eventuali scelte di diversificazione delle imprese.

Avendo precisato i termini nei quali ora parliamo di settore e le ragioni per le quali è importante analizzare l'ambito settoriale, per quanto possibile in termini quantitativi (Porter, 2008), illustriamo in questo paragrafo uno dei modelli più diffusi per l'analisi di settore, sviluppato da Michael Porter (1979, 1980): lo schema delle cinque forze competitive. Lo schema ha avuto grande successo perché, come illustreremo meglio in seguito, ha compiuto un passo oltre i modelli che lo avevano preceduto, allargando la prospettiva di analisi del contesto competitivo al di là delle variabili costituite dai concorrenti diretti e dalle caratteristiche strutturali ulteriori del settore, per includere fattori altrettanto rilevanti ai fini della determinazione dell'intensità competitiva.

L'intensità competitiva e i livelli di redditività (misurata come valore medio del ritorno sugli investimenti delle imprese) di un settore (ci riferiamo qui indifferentemente ad attività manifatturiere o a servizi) dipendono secondo Michael Porter dall'interazione di cinque forze competitive, tre delle quali si articolano a livello orizzontale:

- la minaccia competitiva di nuovi entranti;
- la minaccia dei prodotti sostitutivi;
- la concorrenza di produttori già consolidati all'interno di un business.

Due forze competitive si articolano a livello verticale:

- il potere contrattuale dei fornitori;
- il potere contrattuale degli acquirenti.

Concorrenza allargata
"È la potenza congiunta delle cinque forze competitive a determinare la capacità delle aziende di guadagnare tassi di profitti sugli investimenti, superiori in media al costo del capitale" (Porter, 1985).

La forza relativa delle cinque forze competitive e le loro caratteristiche determinano la redditività potenziale del settore nella misura in cui ognuna di esse condiziona tanto i prezzi quanto i costi del settore (**Figura 4.2**).

Come accennavamo, tradizionalmente, prima del contributo di Porter, per studiare il contesto competitivo le imprese si concentravano sui loro concorrenti diretti. Porter introduce invece il concetto di **concorrenza allargata** per indicare come la posizione competitiva delle imprese in un determinato business sia influenzata dalla presenza di altri attori che l'impresa non può trascurare.

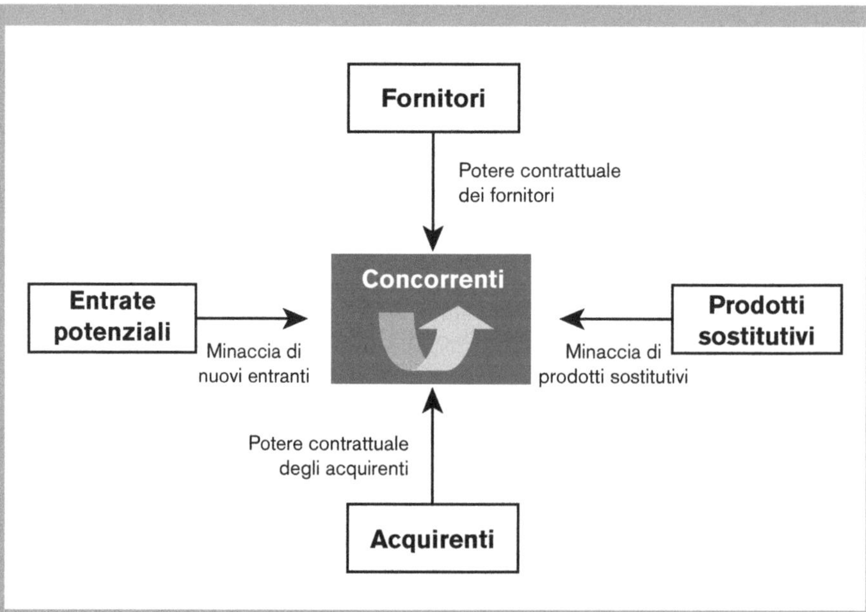

Figura 4.2
Il modello delle cinque forze competitive di Porter.

Questi attori sono i seguenti:

- le imprese concorrenti;
- i potenziali nuovi entranti;
- i prodotti sostitutivi (e le imprese che li propongono);
- i fornitori;
- i clienti.

Analizziamo ora, in dettaglio, le forze competitive identificate da Porter, perché è l'analisi congiunta di queste ultime che determina, appunto, l'intensità competitiva di un settore, dato fondamentale per orientare la strategia competitiva delle imprese.

4.2.1 Concorrenza di produttori già consolidati all'interno di un business

A partire dalla definizione del business che abbiamo analizzato nel **Capitolo 3**, è possibile individuare un ambito competitivo nel quale operano una o più imprese. Queste imprese sono in concorrenza tra loro per una più favorevole posizione di mercato e in ultima analisi per conseguire redditività. L'intensità della concorrenza è sostanzialmente il fattore che influenza maggiormente la redditività di un settore. La concorrenza tra queste imprese è spesso basata sul prezzo, sulle politiche promozionali, sull'innovazione di prodotto o su altre iniziative che consentano di presentare al mercato degli elementi di unicità nella loro offerta.

I fattori che influenzano il grado di **rivalità tra le imprese concorrenti** sono quelli indicati nella figura sottostante e, malgrado quello che si potrebbe desumere ascoltando le dichiarazioni di alcuni manager, non dipende né dal caso né dalla buona o cattiva sorte. Ci sono settori che presentano migliori opportunità di altri in relazione alle loro caratteristiche economiche e all'evoluzione dei fattori che ne determinano la situazione competitiva.

Effetti della rivalità tra le imprese del settore
Se la rivalità è elevata, la redditività del settore si contrae perché i prezzi diminuiscono mentre i costi aumentano.

Le imprese rivali, che condividono uno stesso settore – quello che, nella terminologia adottata da Abell (1980), di cui abbiamo dato conto del **Capitolo 3**, abbiamo chiamato "business" - cercano di massimizzare il valore generato adattandosi attraverso una serie di comportamenti (politiche di prezzo, innovazioni di prodotto, azioni promozionali ecc.) influenzati dai fattori, indicati nella **Figura 4.3**, che determinano il grado di rivalità nel settore.

Proviamo a considerarli a uno a uno, evidenziando gli effetti che determinano sull'intensità competitiva all'interno del business.

- Numerosità dei concorrenti (grado di concentrazione) e/o omogeneità (in termini di risorse disponibili)
- Tasso di sviluppo del settore (rapporto tra capacità produttiva e domanda)
- Rilevanza dei costi fissi o di magazzinaggio
- Grado di differenziazione
- Dimensionamento della capacità produttiva
- Grado di diversità dei concorrenti
- Priorità strategiche attribuite al business
- Rilevanza delle barriere all'uscita

Figura 4.3
I fattori che determinano la rivalità tra i concorrenti.

Grado di concentrazione

Se l'ambito competitivo è "popolato" da molte imprese di dimensioni e risorse analoghe c'è da attendersi un'elevata intensità competitiva. In un contesto di questo tipo, alcune imprese sono indotte a pensare che le loro azioni non saranno notate dai concorrenti, mentre di solito la manovra di un concorrente sul prezzo o sul prodotto viene rapidamente individuata dai concorrenti e ingenera una catena di azioni e risposte che aumentano l'intensità della concorrenza. Un altro fattore che accentua l'intensità competitiva si riscontra quando, in un determinato ambito competitivo, le imprese hanno dimensioni, risorse e potere di mercato analoghi: questo le metterà nella condizione di rispondere con decisione a ogni azione dei concorrenti.

Andamento della domanda del settore

Quando la crescita di un settore è rallentata e la domanda è stagnante o addirittura quando si verifica una contrazione delle vendite, l'intensità competitiva di quel settore aumenta. Qualsiasi incremento di quota eventualmente conseguito da uno dei concorrenti si riflette automaticamente in una riduzione delle vendite di almeno qualcuno degli altri concorrenti. La protezione delle rispettive quote di mercato può innescare battaglie di prezzo che si traducono in una riduzione generalizzata della redditività.

Struttura dei costi, economie di scala e dimensioni del magazzino

Se in un contesto competitivo l'incidenza dei costi fissi è elevata, se le economie di scala sono elevate e se è necessario operare con un magazzino di dimensioni considerevoli (soprattutto laddove si operi con merci deperibili), le imprese competono aggressivamente per la quota di mercato e per l'aumento dei volumi di vendita e per aumentarli sono fortemente tentate di ridurre i prezzi. Le conseguenze sull'intensità competitiva sono rilevanti, come si può notare in settori quali quello della produzione della carta, dell'alluminio o dell'ortofrutta; in presenza di fasi di congiuntura sfavorevole la redditività delle imprese si contrae fortemente.

Differenziazione dei prodotti

Nei business in cui operano numerose imprese che hanno saputo differenziare i loro prodotti/servizi l'intensità competitiva è inferiore rispetto a quei business dove i prodotti/servizi dei concorrenti sono percepiti come indifferenziati dal mercato. In questi casi le decisioni di acquisto sono essenzialmente orientate dal prezzo.

Diversità tra le imprese e priorità strategiche attribuite al business

I concorrenti che operano in un determinato ambito competitivo possono avere provenienze settoriali o geografiche molto diverse, come possono avere stili gestionali diversi. O ancora diversa può essere l'importanza che attribuiscono all'attività che esercitano in quel determinato ambito competitivo. Si può trattare di imprese familiari mono-business o di grandi multinazionali diversificate. Questi fattori di diversità tra le imprese amplificano l'intensità competitiva del settore poiché rendono meno agevole identificare comuni regole del gioco competitivo. Gli obiettivi delle imprese possono differire ed è meno agevole identificare interessi comuni da difendere all'interno del settore. Le politiche cooperative risultano inesistenti, mentre prevale la concorrenza.

Barriere all'uscita

In alcuni business le imprese continuano a competere anche in presenza di una redditività assai debole o addirittura negativa. Quello che spiega la permanenza di queste imprese all'interno del settore è un complesso di fattori che ne rendono difficile l'uscita. Quando questi fattori, che vanno sotto il nome di barriere all'uscita, sono difficili da superare, la concorrenza all'interno del business s'intensifica. Le barriere all'uscita possono essere ricondotte essenzialmente a cinque fattori:

1. la presenza di immobilizzazioni molto specializzate e quindi difficilmente liquidabili;
2. gli alti costi di uscita dal settore dovuti in particolare alla legislazione sul lavoro;

3. la presenza di elevate interrelazioni con altri business nei quali le imprese operano e che desiderano mantenere;
4. i fattori psico-emozionali che si contrappongono alle valutazioni esclusivamente economiche legate alla decisione di abbandonare il business;
5. le pressioni governative o sociali che si determinano per le conseguenze che l'abbandono di un'attività, in particolare sull'occupazione, può provocare.

4.2.2 Minaccia competitiva di nuovi entranti

I potenziali entranti sono imprese neocostituite o provenienti da altri business che si vanno ad aggiungere alle imprese già operanti all'interno di un determinato ambito competitivo, così da modificarne la struttura. Queste imprese introducono capacità produttiva addizionale, maggiori risorse in misura spesso assai significativa e aumentano il numero dei concorrenti diretti che competono per accaparrarsi parte della clientela. A meno che la domanda del settore non sia in crescita, queste nuove entrate produrranno un effetto di riduzione dei prezzi e ridurranno le quote di mercato di alcune delle imprese esistenti. Inoltre, le imprese esistenti saranno spinte ad aumentare i loro investimenti per rendere più costoso e quindi meno agevole e appetibile l'ingresso nel settore.

Effetti della minaccia competitiva di nuovi entranti nel settore
Se la minaccia di nuovi entranti è elevata, la redditività del settore si contrae perché i prezzi diminuiscono mentre i costi aumentano.

I fattori da cui dipende la rilevanza della **minaccia rappresentata da potenziali nuovi entranti** sono quelli indicati nella **Figura 4.4**.

I fattori che possono ostacolare l'ingresso di nuove imprese in un business (rappresentati nella figura all'interno di un'ellisse) sono per lo più riconducili a quelle che vengono definite barriere all'entrata. Proviamo a considerarle una a una, evidenziando gli effetti che determinano sulle entrate potenziali di altre imprese.

Economie di scala

Il costo unitario di produzione si riduce all'aumentare delle quantità prodotte in un determinato periodo, per esempio un esercizio. Questo è l'effetto noto come "economie di scala", che si può applicare, a seconda dei settori, oltre che sulla produzione, sul marketing, sulla ricerca, sulla distribuzione, sui servizi. Se le economie di scala necessarie per operare in un settore sono particolarmente elevate, i potenziali entranti, che presumibilmente avranno all'inizio quote di mercato limitate, devono mettere in conto lo svantaggio di costo (talvolta significativo) che dovrebbero sopportare nei confronti delle imprese consolidate. Quindi, tanto più elevate saranno le economie di scala, tanto meno rilevante sarà la minaccia di nuove entrate nel settore. Nonostante le economie di scala restino un fattore assai importante in molti settori, come per esempio quello automo-

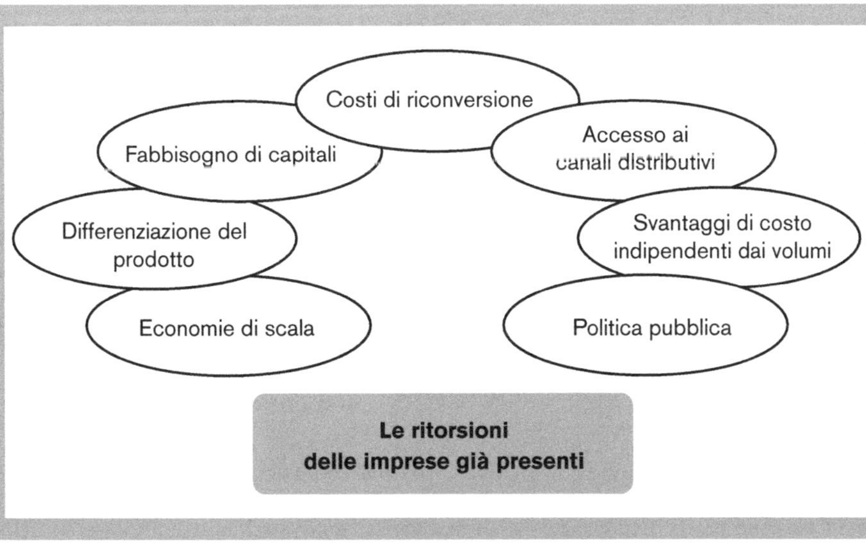

Figura 4.4
Le barriere all'entrata.

bilistico o quello del trasporto aereo, la crescente rilevanza della personalizzazione dei prodotti/servizi che caratterizza molti settori e l'introduzione di soluzioni tecnologiche innovative che la rendono sempre più agevole hanno parzialmente ridotto la loro rilevanza come barriere all'entrata.

Differenziazione del prodotto

Le imprese consolidate dedicano spesso gran parte delle loro risorse a differenziare il proprio prodotto/servizio, talvolta anche solo sul piano della notorietà dei loro marchi. L'effetto che si aspettano di ottenere è quello di far sì che i loro prodotti siano percepiti come unici dal mercato. Questo renderà più difficoltoso e costoso l'ingresso di nuove imprese, a cui spesso non rimarrà che cercare di competere offrendo prezzi particolarmente contenuti che, presumibilmente, determineranno una redditività bassa se non addirittura negativa. Questa è probabilmente la barriera all'entrata più importante in molti settori del largo consumo (soft drink, cosmetica, abbigliamento ecc.).

Fabbisogno di capitali

In alcuni settori il fabbisogno di capitali investiti in impianti, macchinari, magazzino, attività di marketing o altri fattori critici per l'attività, come gli investimenti iniziali in ricerca, è particolarmente elevato. Altri settori richiedono la capacità di finanziare il credito al consumo, il magazzino o semplicemente comportano perdite iniziali che dovranno essere assorbite con una capacità di finanziamento. Conseguentemente si riduce il numero delle imprese che, pur essendo potenzialmente interessate a entrare in questi settori, dispone delle risorse necessarie.

Costi di riconversione

Le imprese che sono più probabilmente interessate ad accedere a un determinato settore sono quelle che provengono da altri settori nei quali le tecnologie, i canali distributivi, le materie prime, i modelli di marketing sono simili a quelli prevalenti nel settore obiettivo della diversificazione.

Tanto minori saranno i costi (detti di riconversione) richiesti per adattare l'attività originaria alle esigenze di quella del settore al quale si vuole accedere, tanto più agevole sarà l'ingresso per queste imprese e più basse queste barriere all'entrata.

Accesso ai canali distributivi

Il potenziale entrante in un determinato business deve innanzitutto assicurare la commercializzazione dei propri prodotti. In molti settori le relazioni esistenti tra le imprese consolidate e i distributori sono talmente salde da rendere improbabile o molto oneroso l'ingresso di nuove imprese. Soprattutto in settori come quello dei prodotti alimentari deperibili, in cui esiste una capacità limitata di esposizione sugli scaffali dei negozi alimentari o dei supermercati, le possibilità di accesso alla distribuzione per i nuovi entranti sono assai limitate e, laddove conquistabili, richiedono elevatissimi investimenti in campagne di promozione e di merchandising.

Svantaggi di costo indipendenti dai volumi

In alcuni settori le imprese consolidate beneficiano di vantaggi di costo che non sono riproducibili dai nuovi entranti potenziali. Si tratta di tecnologie esclusive, di vantaggi di localizzazione, di condizioni di accesso alle materie prime, di sussidi governativi o più in generale di quei vantaggi di costo che sono noti come economie di esperienza e che sono riconducibili all'apprendimento che le imprese consolidate hanno saputo tradurre in vantaggi pratici nel corso del tempo.

Politica pubblica

Disporre di una concessione governativa è spesso la condizione necessaria per operare in un determinato settore. Più in generale i settori il cui accesso risulta fortemente regolamentato sono protetti, in virtù della normativa, dall'ingresso di nuove imprese. In alcuni casi le barriere istituzionali e legali possono tradursi in aggravi di costo (per esempio un dazio da pagare per accedere a un certo mercato); altre volte si traducono nell'impossibilità legale di operare in mancanza di autorizzazioni (per esempio: settore bancario, commercio al dettaglio, alcuni servizi professionali).

Caso 4.1 La lotta all'obesità minaccia i soft drink. Un caso di regolamentazione che influenza la competizione

La città di New York agisce in favore della salute dei propri cittadini proponendo un provvedimento che ha un forte impatto sul settore *beverage*. L'amministrazione Bloomberg ha proposto infatti l'introduzione del divieto di vendita di soda e altre bibite zuccherate in formati superiori alle 16 once - mezzo litro circa - nei ristoranti, nei teatri e nelle sale cinematografiche nonché da parte dei venditori ambulanti. Il divieto non riguarderebbe invece tutte le bibite dietetiche, i succhi di frutta e le bevande alcoliche.

Come accennato, l'intento di tale provvedimento è quello di rispondere in modo concreto al problema dell'obesità diffusa in America, i cui costi sul sistema sanitario erano stimati dai Centres for Disease Control in 147 milioni di dollari nel 2008. L'obesità colpisce più della metà dei cittadini di New York e, come dichiara Bloomberg, è un pericolo rilevante per la salute che viene spesso denunciato senza che alle dichiarazioni di sdegno corrispondano azioni concrete. Quanto proposto segue la scia di una serie di provvedimenti piuttosto aggressivi in materia, già entrati in vigore - tra gli altri il divieto di fumo in parchi e ristoranti, il divieto di utilizzare/distribuire nei ristoranti alimenti contenenti grassi insaturi o la richiesta alle catene di fastfood di indicare di fianco alle proposte del menù il contenuto calorico.

Come facilmente intuibile, la proposta ha provocato le vibranti proteste di numerosi rappresentanti del settore beverage. Un portavoce della New York City Beverage Association, parte dell'industria nazionale dei soft drink, ha dichiarato che spesso il dipartimento per la salute ha preso di mira i produttori di soft drink attraverso provvedimenti inutili che spostano l'attenzione dal duro percorso che sarebbe necessario intraprendere per combattere sovrappeso e obesità.

Il divieto comporterà una serie di conseguenze per numerose attività, dalla ristorazione all'entertainment, chiamate ad adeguare la propria offerta alle nuove norme: pensiamo semplicemente alle più comuni catene di fastfood, che dovranno rimettere mano ai propri menù, oppure alle sale cinematografiche, che non potranno più offrire ai propri spettatori il classico cestello di popcorn accompagnato da un altrettanto generoso bicchiere di cola.

Tuttavia viene fatto notare che altri settori non sono interessati dalle nuove norme "salutistiche": la GDO potrà continuare a vendere bottiglie di soda da due litri a 0,99 US$. I latticini e gli alcolici sono esclusi dal provvedimento, quindi sarà ancora possibile acquistare una birra da 24 once o un frappé al cioccolato da 1600 calorie allo Yankee Stadium o generose confezioni di gelato nelle catene specializzate. Rimane peraltro la possibilità di acquistare qualsiasi quantità delle bibite vietate seppur in confezioni più piccole, con un possibile impatto sia sul settore del packaging sia sulla filiera dello smaltimento dei rifiuti.

La "Nanny" (Tata) Bloomberg, come ironicamente è stato soprannominato il primo cittadino, nel preoccuparsi per la salute dei newyorkesi mette alla prova la capacità delle aziende del settore di adeguarsi alle nuove regole del gioco. Ristoranti, sale cinematografiche, teatri e venditori ambulanti dovranno ripensare la propria offerta cercando di ridurre al minimo i costi del cambiamento e di confermare la propria capacità di soddisfare i bisogni dei clienti.

L'intervento di Bloomberg, sostengono i detrattori, si basa sul sillogismo che spesso ha guidato le decisioni di regolamentazione negli Stati Uniti: qualcosa va fatto a proposito di X (in questo caso l'obesità), Y (in questo caso un provvedimento che gli stessi promotori riconoscono inefficace) è qualcosa, quindi Y va fatto. Lo stesso sillogismo a suo tempo giustificò il proibizionismo, il diverso trattamento penale per i consumatori di crack e di cocaina in polvere o la procedura, "fondamentale" per la tutela della sicurezza, che impone ai viaggiatori del trasporto aereo di togliere le scarpe per superare i varchi di controllo e accedere ai voli.

In conclusione, l'intervento pubblico può alterare significativamente la struttura di un settore e determinare conseguenze anche imprevedibili sulle dinamiche della concorrenza allargata.

Fonte: elaborazione degli Autori da Grynbaum M. M., New York Plans to Ban Sale of Big Sizes of Sugary Drinks, *The New York Times, 30 maggio 2012 e da Lexington,* In Stick or carrot?, *The Economist, 9 giugno 2012.*

In alcuni settori è possibile prevedere che l'ingresso di nuove imprese provochi una serie di ritorsioni da parte delle imprese consolidate tali da scoraggiare gli entranti potenziali. Queste ritorsioni si potrebbero tradurre in drastici tagli dei prezzi, in manovre di diversificazione da parte delle imprese consolidate nei business nei quali operano i nuovi entranti ecc. Gli effetti di queste possibili ritorsioni sono quindi analoghi a quelli costituiti dalle barriere all'entrata. È possibile stimare la probabilità e la pericolosità delle ritorsioni a partire dai messaggi inviati al mercato dalle imprese operanti nel settore, dalla storia del settore e dalla frequenza di reazioni già attuate in passato da queste imprese, dall'importanza che tale settore riveste nell'ambito della loro attività e dall'entità delle risorse che possono realisticamente mettere in campo le imprese consolidate per contrastare i nuovi entranti.

La minaccia competitiva di nuovi entranti si modifica in relazione ai cambiamenti che possono riscontrarsi sulle barriere all'entrata e in relazione a trasformazioni intervenute in segmenti importanti di un settore, che possono determinare conseguenze sulle barriere all'entrata dell'intero settore.

Approfondimento 4.3 La manovra di rafforzamento dell'identità e dell'esclusività di alcuni produttori di vini di qualità innalza le barriere all'entrata del settore

Questo manifesto nasce in seguito alla constatazione che buona parte dei vini attualmente prodotti nel mondo sono standardizzati, cioè ottenuti con tecniche agronomiche ed enologiche che mortificano l'impronta del vitigno, l'incidenza del territorio e la personalità del produttore.
La standardizzazione sta generando vini simili in ogni angolo del pianeta, appiattiti nei caratteri organolettici e incapaci di sfidare il tempo.
Secondo questo manifesto, per ottenere un grande vino, a ogni produttore occorrono tre doti basilari, riassumibili nelle 3 A.

- A come Agricoltori
  Soltanto chi coltiva direttamente il vigneto può instaurare un rapporto corretto tra uomo e vite, e ottenere un'uva sana e matura esclusivamente con interventi agronomici naturali.
- A come Artigiani
  Occorrono metodi e capacità "artigianali" per attuare un processo produttivo viticolo ed enologico che non modifichi la struttura originaria dell'uva, e non alteri quella del vino.
- A come Artisti
  Solamente la sensibilità "artistica" di un produttore, rispettoso del proprio lavoro e delle proprie idee, può dar vita a un grande vino nel quale vengano esaltati i caratteri del territorio e del vitigno.

Da queste considerazioni iniziali si ricava un decalogo, le cui regole devono essere rispettate da chi voglia produrre vini Triple A.

Il decalogo dei vini Triple A
I vini Triple A possono nascere solo:

- da produttori agricoltori che coltivano i vigneti senza utilizzare sostanze chimiche di sintesi rispettando la vite e i suoi cicli naturali;
- da uve raccolte a maturazione piena;
- da uve perfettamente sane;
- da uve dove il tempo tra la vendemmia e la pressatura è minimo;
- da mosti ai quali non venga aggiunta né anidride solforosa né altri additivi;
- utilizzando lieviti autoctoni ed escludendo i lieviti selezionati;
- senza interventi chimici o fisici, prima e durante la fermentazione alcolica, diversi dal semplice controllo delle temperature;
- maturando sulle proprie "fecce fini" fino all'imbottigliamento;
- non modificando nessun parametro chimico;
- non filtrando o chiarificando prima dell'imbottigliamento o facendolo in modo molto blando.

Fonte: Manifesto dei produttori di vini Triple A - Agricoltori Artigiani Artisti (Ideato e redatto da Luca Gargano nel luglio 2001).

4.2.3 Minaccia dei prodotti sostitutivi

I **prodotti sostitutivi** sono beni o servizi che soddisfano bisogni analoghi a quelli dei prodotti o servizi di un determinato settore, utilizzando tecnologie e modalità di realizzazione diverse rispetto a quelle dei prodotti concorrenti. La presenza anche solo teorica di sostitutivi (determinata dalla fattibilità tecnica di un prodotto o dall'erogabilità di un servizio) costituisce di fatto un vincolo al potenziale di sviluppo di un business e alle politiche di prezzo delle imprese concorrenti.

Inoltre, anche in presenza di settori nei quali le minacce dei nuovi entranti sono modeste, come quello del trasporto aereo convenzionale, la presenza di sostitutivi (il trasporto aereo low cost o l'alta velocità ferroviaria) può comprimere moltissimo la redditività delle imprese del settore.

I fattori che influenzano la rilevanza della pressione competitiva rappresentata dai prodotti sostitutivi sono quelli indicati nella **Figura 4.5**.

Effetti della minaccia dei prodotti sostitutivi
Se la minaccia dei prodotti sostitutivi è elevata, la redditività del settore si contrae perché i prezzi diminuiscono mentre i costi aumentano.

Rapporto qualità-prezzo

La minaccia proveniente dai prodotti sostitutivi è alimentata principalmente dall'evoluzione tecnologica che potrebbe consentire di sviluppare beni che hanno un rapporto qualità-prezzo più favorevole di quello dei prodotti esistenti. Per valutare la minaccia reale dei sostitutivi è necessario considerare le funzioni soddisfatte dai prodotti del business di riferimento. Per esempio, la progressiva affermazione del caffè liofilizzato o macinato, ha reso sempre meno utile il macinacaffè.

Costi di riconversione

La rilevanza dei costi che il cliente deve sostenere rivolgendosi ai prodotti sostitutivi può influenzare la rilevanza della minaccia competitiva degli stessi. Si pensi per esempio al costo monetario, e talvolta soprattutto affettivo, che ha comportato, per le generazioni "pre-digitali", l'abbandono del giradischi a puntina e il passaggio agli attuali dispositivi di riproduzione musicale.

Propensione degli acquirenti

Non tutti i clienti di beni industriali e di beni di largo consumo reagiscono nello stesso modo di fronte alla possibilità di passare a prodotti sostitutivi. Una parte del mercato si comporta da pioniere e anticipa i cambiamenti preferendo al di là di altre considerazioni il prodotto sostitutivo; un'altra parte del mercato si comporta invece in modo diametral-

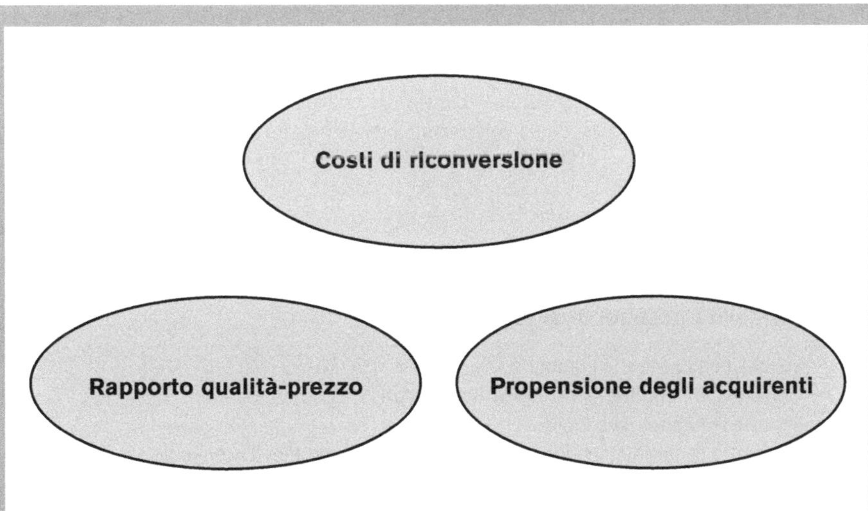

Figura 4.5
I fattori che determinano la minaccia di prodotti sostitutivi.

mente opposto, resistendo al cambiamento e preferendo i prodotti che conosce meglio e a cui si è sempre affidato.

L'avvento delle tecnologie digitali ha rivoluzionato l'assetto strutturale di molti business, dai media alla fotografia, dalla stampa all'editoria cartacea (si vedano a questo proposito i (**Capitoli 13** e **14**). In questo caso l'impatto dei sostitutivi è il fattore che influenza maggiormente la formulazione delle strategie competitive delle imprese che operano in questi business. Un altro fattore che influenza la propensione degli acquirenti a utilizzare dei sostitutivi è rappresentato dell'esposizione al rischio o dalla percezione di un rischio legato alla sostituzione. È questa la situazione in cui si trovano i responsabili degli acquisti che valutano il ricorso a servizi di "cloud computing", ossia a tecnologie che permettono, sotto forma di un servizio offerto da un provider al cliente, di memorizzare/archiviare e/o elaborare dati (tramite CPU o software) grazie all'utilizzo di risorse hardware/software distribuite e virtualizzate in rete, che possono quindi sostituire la capacità di calcolo e di archiviazione prestata da macchine residenti in azienda e gestite dal personale dell'azienda. L'eventualità che qualcosa non funzioni nel sostitutivo o anche solo la diversa percezione di questo rischio potrebbe modificare significativamente la propensione alla sostituzione dei diversi attori.

4.2.4 Potere contrattuale dei fornitori

Potere contrattuale relativo
Il potere contrattuale relativo è rappresentato dal potenziale rifiuto a concludere una transazione con la controparte a determinate condizioni.

Effetti del potere contrattuale dei fornitori
Se il potere contrattuale dei fornitori è elevato, la redditività del settore si contrae perché i costi aumentano.

I fornitori delle imprese in un determinato ambito competitivo possono esercitare un potere contrattuale sui loro clienti aumentando i prezzi delle loro forniture o riducendone la qualità. Laddove le imprese concorrenti non possano a loro volta scaricare sui loro clienti questi incrementi di costo, la loro capacità reddituale ne risulterà influenzata.

La pressione competitiva dei **fornitori** sulle imprese che operano in un determinato ambito competitivo è tanto maggiore quanto più elevato è il loro potere contrattuale.

I fattori che determinano la pressione competitiva dei fornitori sulle imprese che operano in un determinato business sono riconducibili al **potere contrattuale relativo** e alla **sensibilità degli acquirenti al prezzo**. Ha senso distinguere queste due fonti della capacità competitiva poiché mentre la prima è per così dire strutturale, cioè riguarda le caratteristiche dei settori, rispettivamente dei fornitori e dei loro clienti, la seconda è più specifica delle imprese. Inoltre, va sottolineato che l'utilizzo del potere contrattuale è una possibilità aperta alle imprese, non un meccanismo automatico. Ne consegue che nei rapporti di cooperazione verticali che pur sono frequenti nella realtà, alcune delle imprese decidono di non utilizzare completamente il potere contrattuale di cui dispongono. I fattori che determinano il potere contrattuale relativo e la sensibilità degli acquirenti al prezzo sono indicati nella **Figura 4.6**.

Potere contrattuale relativo

- Grado di concentrazione del settore - dimensione relativa fornitore/cliente
- Percentuale degli acquisti da un determinato cliente rispetto al fatturato del venditore
- Costi di riconversione
- Disponibilità di informazioni
- Minaccia di integrazione verticale

Sensibilità acquirente al prezzo

- Volume degli acquisti in rapporto alla frazione significativa dei costi
- Grado di differenziazione dei prodotti acquistati
- Situazione finanziaria difficile
- Il prodotto acquistato non influenza la qualità dei prodotti dell'acquirente

Figura 4.6
I fattori che determinano il potere contrattuale nella relazione fornitori/clienti.

- Il business dei fornitori è concentrato e la dimensione relativa dei fornitori è maggiore di quella dei suoi acquirenti
- Il business dei fornitori non compete con prodotti sostitutivi, offre prodotti differenziati o ha determinato elevati costi di riconversione
- Il settore fornito non è un cliente importante per i fornitori
- Il prodotto fornito è un input importante per il cliente
- Limitata trasparenza del mercato
- I fornitori possono credibilmente integrarsi a valle

Figura 4.7
I fattori che determinano il potere contrattuale del fornitore.

Il potere contrattuale del fornitore o dell'acquirente varia in base a una serie di caratteristiche del mercato e all'importanza relativa del fornitore o del cliente.

La **Figura 4.7** riassume i fattori che determinano il potere contrattuale del fornitore che di seguito esaminiamo.

Grado di concentrazione del settore dei fornitori e dimensione relativa rispetto ai clienti

Se i fornitori delle imprese che operano in un determinato ambito competitivo sono pochi e di dimensioni maggiori rispetto a quelle dei loro clienti è probabile che essi riescano a imporre il loro potere contrattuale, che si tradurrà in aumenti dei prezzi e/o in riduzione della qualità.

Esistenza di prodotti sostitutivi, grado di differenziazione dei prodotti e costi di riconversione

I fornitori hanno un forte potere contrattuale quando:

- non esistono prodotti sostitutivi soddisfacenti rispetto a quelli di cui tradizionalmente si approvvigionano le imprese che operano in un determinato business. Non è questo che avviene per esempio nel settore della ristorazione collettiva, dove le aziende clienti possono considerare l'opportunità di sostituire questo servizio con dei buoni pasto da offrire ai collaboratori;
- i prodotti che offrono sono fortemente differenziati;
- il passaggio ad altri fornitori determina elevati costi di riconversione che insorgono quando i clienti sostengono dei costi in seguito al cambiamento di fornitore. Tali costi, la cui entità varia da settore a settore, sono talvolta così elevati da rendere molto improbabile che un cliente consideri di rifornirsi da un nuovo fornitore che, per compensare il costo di riconversione, dovrebbe offrire un prezzo particolarmente contenuto e quindi probabilmente poco o per nulla remunerativo. Si pensi, per esempio, a quanto sarebbe oneroso modificare un determinato componente, progettato dal fornitore, che si inserisce nell'ambito di un sistema di prodotto. I costi di riconversione possono comprendere l'addestramento del personale, le spese per nuove attrezzature ausiliarie, la prova e la messa a punto del nuovo prodotto, i supporti tecnologici necessari per un'eventuale riprogettazione del prodotto e, non ultimi, i costi psicologici derivanti dai cambiamenti che impone la conclusione di un rapporto consolidato nel tempo con il fornitore tradizionale.

Diffusione dell'informazione

Quando il grado di trasparenza del mercato è limitato, le imprese del settore hanno poche informazioni sull'esistenza di fornitori diversi rispetto a quelli da cui si riforniscono tradizionalmente. Queste circostanze avvantaggiano i fornitori, i quali potranno praticare condizioni di prezzo e qualità più favorevoli di quanto potrebbero fare se le imprese del business considerato avessero a disposizione più informazioni.

Incidenza percentuale degli acquisti delle imprese del settore rispetto al volume delle vendite dei loro fornitori

Se il volume degli acquisti delle imprese del business considerato è modesto rispetto al volume delle vendite dei loro fornitori, questi ultimi avranno un maggiore potere contrattuale.

Criticità dei prodotti acquistati

Se le materie prime acquistate dalle imprese del settore influenzano significativamente la qualità dei loro prodotti, i fornitori avranno un elevato potere contrattuale.

Incidenza percentuale del costo dei prodotti rispetto ai costi totali delle imprese del settore

Se i prodotti di cui si approvvigionano (da un determinato gruppo di fornitori) le imprese del business considerato costituiscono una percentuale trascurabile dei loro costi totali, allora è probabile che la sensibilità al prezzo da parte di queste imprese sia poco elevata. Conseguentemente i fornitori avranno un potere contrattuale maggiore di quello che potrebbero avere se le loro forniture incidessero maggiormente sulla struttura dei costi dei loro clienti.

Situazione economico-finanziaria rispettiva dei fornitori e dei loro clienti

Quando le imprese che entrano in relazione attraversano una situazione economico-finanziaria difficile, aumenta il loro livello di attenzione nella ricerca di migliori condizioni di fornitura/approvvigionamento e questo modifica la loro sensibilità al prezzo.

Integrazione verticale

Se i fornitori possono esercitare una credibile minaccia di integrazione a valle, il loro potere contrattuale ne risulterà aumentato. Questo è per esempio il caso dei produttori di abbigliamento rispetto ai commercianti al dettaglio del settore. Sempre più frequentemente si assiste all'apertura di negozi monomarca di proprietà delle imprese dell'abbigliamento. La minaccia è tanto più credibile quanto più le imprese, oltre che delle conoscenze tecnico-manageriali, dispongono anche delle risorse finanziarie necessarie ad attuare l'integrazione.

4.2.5 Potere contrattuale degli acquirenti

I **clienti** delle imprese in un determinato ambito competitivo tendono a massimizzare la loro redditività minimizzando i costi di fornitura. La relazione transazionale tra questi due gruppi di imprese può configurare quindi una contrapposizione di interessi.

La pressione competitiva dei clienti sulle imprese che operano in un determinato ambito è tanto maggiore quanto più elevato è il loro potere contrattuale.

I fattori che determinano il potere contrattuale relativo nelle relazioni tra le imprese che operano in un determinato business e i loro clienti sono simili a quelli che abbiamo elencato a proposito della relazione con i fornitori. Il loro effetto sarà favorevole agli acquirenti quando si invertiranno le condizioni che favorivano il potere contrattuale dei fornitori (si veda la **Figura 4.8**, che riassume i fattori che determinano il potere contrattuale degli acquirenti).

Effetti del potere contrattuale degli acquirenti
Se il potere contrattuale degli acquirenti è elevato, la redditività del settore si contrae perché i prezzi diminuiscono mentre i costi aumentano.

Anche qui, come apparirà ovvio, i clienti cercheranno di approvvigionarsi alle migliori condizioni e questo inevitabilmente si tradurrà in maggiore pressione competitiva e possibilmente in minore redditività per le imprese del settore oggetto dell'analisi competitiva. Negli ultimi anni le relazioni con i clienti e la qualità del servizio prestato hanno assunto un'importanza critica. Per esempio, alcuni studi (Zeithaml, 2000) mostrano che

- Il business degli acquirenti è concentrato o acquista un'elevata percentuale del fatturato del venditore
- Il costo degli acquisti effettuato rappresenta una frazione significativa del valore degli acquisti totali
- Gli acquirenti hanno bassi costi di sostituzione
- Il settore degli acquirenti attraversa una situazione finanziaria difficile
- Gli acquirenti possono credibilmente integrarsi a monte
- Il prodotto acquistato non è un input importante per il cliente (per esempio, non influenza la qualità dei prodotti-servizi dell'acquirente)
- Il prodotto venduto dai fornitori è standardizzato o indifferenziato
- Gli acquirenti possiedono informazioni dettagliate

Figura 4.8
I fattori che determinano il potere contrattuale dell'acquirente.

la quotazione borsistica delle società cresce quando c'è un miglioramento nella qualità del servizio fornito ai clienti. Se le imprese hanno cattive relazioni con i loro fornitori, queste si traducono in un peggioramento della loro redditività.

Possiamo quindi dire che la qualità delle relazioni con i clienti è un fattore critico di successo.

I fattori che determinano il potere contrattuale degli acquirenti sono gli stessi indipendentemente dal fatto che si tratti di individui o di altre imprese industriali o commerciali.

Ciò che cambia è la sensibilità al prezzo, che risulta maggiore per gli individui soprattutto quando acquistano beni la cui qualità non riveste ai loro occhi particolare importanza, beni indifferenziati o beni particolarmente cari in rapporto ai loro redditi. Le imprese commerciali dispongono di un potere contrattuale particolarmente elevato sui produttori quando possono influenzare il comportamento d'acquisto dei clienti. È il caso, per esempio, del canale Horeca per il vino o delle farmacie per i farmaci da banco (non soggetti a prescrizione medica).

A seconda dei settori alcune forze potranno diventare prevalenti rispetto ad altre. Nei beni di largo consumo il potere contrattuale delle catene della grande distribuzione organizzata è probabilmente il fattore decisivo nella dinamica competitiva; nel settore degli pneumatici i fattori decisivi sono sia il potere contrattuale dei costruttori di autoveicoli sia la forte competizione a livello mondiale; nel settore della produzione di alluminio fattori decisivi risultano le condizioni di approvvigionamento di energia e materia prima e le possibilità di sostituzione del prodotto.

Nella prossimo paragrafo ci soffermiamo proprio sulla definizione e sulle modalità di identificazione dei fattori critici di successo.

4.3 Fattori critici di successo

L'analisi svolta attraverso lo schema delle cinque forze di Porter consente di valutare le aspettative di redditività media di un settore. Tuttavia, per comprendere effettivamente, in base ai fattori esterni, quali siano le chance di successo di un'impresa è necessario valutare i fattori competitivi dominanti in un settore e i vincoli all'interno dei quali possono essere attuate le alternative strategiche delle imprese. Significa comprendere come si distribuisce la redditività tra le imprese che competono in quel settore e cosa spiega, relativamente ai fattori esterni all'impresa, le diverse performance delle imprese.

Fattori critici di successo
"[...] sono variabili sulle quali il management può agire con le sue decisioni, che possono incidere in modo consistente sulla posizione competitiva delle varie imprese all'interno di un ramo d'industria" (Hofer, Schendel 1984).

I **fattori critici di successo** sono gli elementi alla base del vantaggio competitivo che un'impresa può acquisire, rispetto ai suoi concorrenti, in un determinato ambito settoriale. È dai fattori critici di successo che dipendono l'efficacia potenziale delle strategie, le scelte di posizionamento e le possibilità di sviluppo e sopravvivenza dell'azienda.

I fattori critici di successo variano al variare dei settori; solitamente sono ben noti alle imprese che operano da tempo all'interno di un determinato settore, mentre richiedono una valutazione più attenta a chi si trova all'esterno e sta valutando l'opportunità di ingresso nel settore. Il peso che viene attribuito ai diversi fattori critici di successo dovrebbe riflettere la loro incidenza sulle scelte di posizionamento competitivo dell'impresa all'interno di un determinato settore.

4.3.1 Identificazione e valutazione dei fattori critici di successo

Cosa vogliono i nostri clienti? Cosa deve fare l'impresa per sopravvivere alla concorrenza?

Queste ci sembrano le domande più adatte per identificare i fattori critici di successo in un determinato business. Le modalità con cui si soddisfano i clienti e si sopravvive alla concorrenza costituiscono i fattori critici di successo.

La prima domanda richiede che l'impresa s'interroghi sui bisogni reali del mercato e sui comportamenti di acquisto consolidati. È dai clienti e dalle loro scelte che dipende fortemente la possibilità di generare profitto per l'impresa: è, dunque, fondamentale un esame attento dei loro bisogni, dei loro comportamenti di acquisto, e dei fattori che determinano più di altri le loro scelte.

La seconda domanda si riferisce a quei comportamenti che consentono all'impresa di sopravvivere e ai quali l'impresa difficilmente potrà sottrarsi se vuole rimanere sul mercato. Pertanto l'analisi della concorrenza (l'individuazione dei fattori della dinamica competitiva, delle dimensioni e dell'intensità della concorrenza, delle modalità seguite per eccellere ecc.) può essere utile anche per identificare i fattori critici di successo.

Una risposta alternativa che sovverte l'approccio orientato all'analisi della competizione e suggerisce comportamenti che anziché fronteggiare la concorrenza si propongono di eluderla, riguarda la Strategia Blue Ocean che sarà oggetto del **Capitolo 7.**

Le imprese concorrenti che operano in un settore emergente (solitamente poco strutturato) adottano spesso comportamenti diversi, talvolta contrastanti. Per esempio, alcuni creano una loro struttura distributiva, altri si affidano a degli intermediari, alcuni investono in pubblicità, altri non comunicano per niente. A mano a mano che il settore si consolida e si avvia verso la maturità, alcune opzioni strategiche si rivelano più interessanti di altre e i comportamenti sembrano convergere verso scelte più omogenee all'interno del settore.

Questa selezione naturale contribuisce a definire i punti di passaggio obbligato per le imprese. Per esempio, nel settore alberghiero la scelta di una buona localizzazione sembra essere un passaggio obbligato per svolgere quest'attività. In altre parole una cattiva localizzazione costituisce già una condizione sufficiente per prevedere un fallimento o comunque una difficile sopravvivenza dell'attività.

4.4 Critiche al modello di Porter

Lo schema delle cinque forze competitive di Porter ha riscosso grande successo soprattutto per le sue applicazioni in ambito manageriale, ma non sono comunque mancate le critiche sul piano teorico.

L'aspetto probabilmente più discutibile dello schema di Porter riguarda il paradigma S-C-P (Structure-Conduct-Performance) che sta alla base del modello; tuttavia non ritorneremo sul dibattito riguardante l'influenza della struttura del settore sulla redditività delle imprese: si tratta di una questione che abbiamo già, seppur sommariamente, affrontato nella prima parte di questo capitolo.

Altrove (**Capitolo 3**) abbiamo trattato il problema dell'applicazione pratica della definizione del settore ("business" nel modello di Abell), che peraltro è ben presente allo stesso Porter: un'inadeguata definizione del settore specifico di riferimento non consente la corretta applicazione dello schema per l'analisi della concorrenza.

Gli altri punti su cui sono concentrate le critiche a nostro avviso più fondate al modello di Porter riguardano:

- la presenza di rapporti di complementarietà, oltre ai rapporti di sostituzione (che fanno parte dello schema delle cinque forze competitive), tra i prodotti;
- la crescente turbolenza che caratterizza molti settori (come quelli basati sulle tecnologie più innovative) che renderebbe poco utile la rappresentazione statica della situazione competitiva fornita dallo schema delle cinque forze competitive di Porter;
- la presenza di rapporti di natura cooperativa o di altra natura (concorrenza dinamica) e non solo competitiva (come Porter tende a ipotizzare) tra le imprese di un settore.

Prodotti complementari

Il modello di Porter non considera i prodotti complementari, ossia i prodotti il cui uso, congiunto a quello del prodotto di riferimento, aumenta l'utilità per il consumatore e determina un valore superiore al valore dato dall'utilizzo disgiunto dei due prodotti. Si tratta, per esempio, dei carburanti per gli autoveicoli, delle cartucce per le stampanti, delle batterie per i giocattoli, dei detersivi per le lavatrici, delle capsule (o cialde) per le macchine elettriche per il caffè, dei DVD per i lettori DVD, dei sistemi operativi e del software per i PC.
Quando i prodotti complementari tendono a identificarsi con il prodotto complessivo, essi hanno poco valore per i clienti come prodotti separati, in quanto i clienti tenderanno a valutare l'offerta nel suo insieme.

Peraltro, se un'impresa è in grado di proporre congiuntamente dei prodotti complementari, è in grado di rafforzare la propria posizione competitiva e la propria redditività. Nespresso e Illy, che operano nel business del caffè, propongono delle macchine elettriche (realizzate per loro conto da fornitori del settore) che utilizzano capsule speciali contenenti il loro caffè fornite dalle imprese stesse, così da consentire loro di differenziarsi e di fidelizzare la clientela. Nel campo dei PC il prodotto complementare, cioè il sistema operativo, vede Microsoft in una posizione dominante rispetto ai produttori di PC che, per lo più, configurano le macchine che commercializzano utilizzando quel sistema operativo. L'acquirente (individuo od organizzazione) si orienta sempre più verso automezzi che comportano consumi di carburante contenuti o preferisce acquistare stampanti per le quali si possono utilizzare cartucce di inchiostro di marche diverse anziché di una sola marca. In alcuni casi la maggior parte dei profitti deriva dal prodotto complementare più che da quello di riferimento (è appunto il caso degli inchiostri rispetto alla stampante, o dei videogiochi rispetto alla console). Nintendo ha risolto questo problema rilasciando licenze agli sviluppatori (da cui ricava cospicue royalties) e controllando strettamente la produzione e la distribuzione del software.

Secondo i critici di Porter, i prodotti complementari dovrebbero essere considerati come una forza aggiuntiva (la sesta) rispetto a quelle considerate dal suo schema per l'analisi della concorrenza. Essi influenzano la situazione competitiva in maniera opposta rispetto ai prodotti sostitutivi: mentre i sostitutivi riducono il valore del prodotto, i complementari lo aumentano. In realtà, ci pare condivisibile (e lo si può constatare anche analizzando gli esempi forniti) quanto obietta Porter (2008) a questa critica e cioè che il complementare influenza la domanda dei prodotti del settore, ma l'effetto che determina sulla redditività delle imprese del settore dipende dall'impatto che produce sulle cinque forze competitive.

Queste argomentazioni sono alla base della decisione, da parte di alcune imprese, di modificare il loro modello di business proponendo ai clienti formule originali di creazione del valore, che le discostano dal modello di business di altre imprese che pure appartengono allo stesso settore e che, in base al modello di Porter, identificheremmo come concorrenti. I **Capitoli 7** e **13** affrontano in modo complementare queste questioni.

Instabilità del settore

Porter sostiene che la struttura del settore determina la concorrenza; Schumpeter (1912) e la scuola austriaca ritenevano invece che fosse la concorrenza a trasformare la struttura di un settore. Un settore che preveda un monopolio dell'offerta è molto appetibile e spinge le imprese a entrare, alterandone la struttura originaria.

L'osservazione dei settori indica che, in quelli consolidati, le nuove entrate avvengono in maniera lenta e i cambiamenti di struttura del settore non sono così distruttivi e repentini come vorrebbe Schumpeter; tuttavia ci sono alcuni settori, che qualcuno chiama "schumpeteriani", caratterizzati da rapide innovazioni di prodotto e ripide curve di esperienza, come per esempio il settore dei telefonini, o più in generale dell'elettronica di consumo (televisori e console per videogiochi) e dei PC. In questi settori di ipercompetizione, i concorrenti devono muoversi rapidamente per costruire i propri vantaggi e intaccare quelli degli avversari, ma il vantaggio acquisito è transitorio e bisogna crearlo e rinnovarlo continuamente.

Le critiche al modello di Porter postulano spesso una visione statica (e come tale poco realistica) della struttura del settore da lui proposta, che in realtà non corrisponde a quanto proposto da Porter stesso (Porter, 2008; Magretta, 2011). La rappresentazione offerta dallo schema delle cinque forze competitive fotografa una determinata situazione, e come tale è statica, ma consente anche di individuare le tendenze evolutive delle cinque forze competitive e di conseguenza della struttura del settore.

Per un esame più articolato dell'impatto delle nuove tecnologie o della trasformazione dei modelli di business rimandiamo ai **Capitoli 14** e **13**.

Concorrenza dinamica e teoria dei giochi

La principale obiezione posta allo schema di Porter è quella di non tenere conto delle effettive interazioni tra le imprese: esse, infatti, non sempre assumono un atteggiamento competitivo; a volte possono essere disponibili a una cooperazione (anche tacita) o a una coalizione.

La teoria dei giochi è un modo singolare di affrontare il tema della concorrenza paragonandola a un gioco a cui partecipano dei concorrenti-giocatori che possono effettuare delle azioni scegliendo tra alcune opzioni: come in una partita a scacchi, analizzando tutte le possibili combinazioni di queste opzioni, sarebbe possibile prevedere gli esiti finali e sfruttare queste conoscenze per scegliere le strategie più favorevoli.

Uno dei maggiori vantaggi della teoria dei giochi è la capacità di considerare i rapporti tra imprese concorrenti non solo sul piano della competizione pura, come nel sistema di Porter, ma anche sul piano della cooperazione: per questo fu coniato il termine "co-opetition" (Brandenburger e Stuart, 1996; Brandenburger e Nalebuff, 1996), che sarebbe un misto tra "cooperation" e "competition", a sottolineare che i rapporti tra imprese hanno carattere dualistico (Dagnino e Padula, 2002; Padula e Dagnino, 2007), fatto di collaborazione e competizione che spesso coesistono per spinte sia di natura esogena (legate a trasformazioni regolamentari o istituzionali) sia di natura endogena (riconducibili alla struttura delle conoscenze delle imprese che stabiliscono la collaborazione). Per esempio, nel settore petrolifero le principali rivali della filiera del petrolio contemporaneamente collaborano in numerose joint venture; altrettanto si può dire per quanto riguarda il settore dello sport professionistico di squadra. Le squadre di calcio cooperano tra di loro per creare la competizione: "Gli sport di squadra vengono spesso descritti come un'attività economica atipica perché senza la cooperazione non ci sarebbe competizione, e quindi nessun business." (Baroncelli e Lago, 2004 e 2006).

Questo avviene sempre più frequentemente laddove le imprese realizzano che la possibilità di raggiungere un accordo è più conveniente che competere. Nella seconda e nella terza parte del volume presenteremo alcune forme istituzionali di collaborazione come le reti interorganizzative e alcuni contesti come l'internazionalizzazione o l'innovazione, nei quali le scelte di collaborazione sembrano essere più efficienti di quelle di competizione.

Una guerra dei prezzi tra due concorrenti lascia pressoché immutate le quote di mercato, ma abbassa i profitti per tutti gli attori; in tal caso diventa più conveniente accordarsi per un prezzo comune.

Gli ambiti competitivi si trasformano sempre più velocemente nel mondo degli affari e questo fa sì che le relazioni interorganizzative, nella misura in cui contribuiscono ad aiutare le imprese a migliorare la loro flessibilità strategica e le loro capacità di apprendimento (Volberda, 1996), siano considerate un patrimonio strategico e una fonte di vantaggio competitivo (Teece, Pisano e Schuen, 1997).

Caso 4.2 Competizione o comportamenti collusivi

Il management delle imprese parla prevalentemente di competizione, ma spesso ricerca la cooperazione. In alcuni casi questi comportamenti sfociano in pratiche illegali rispetto alla normativa che difende la competizione a tutela degli interessi del mercato e dei consumatori.
Un caso di questo tipo si è verificato nel 2005 in Francia, dove la locale autorità antitrust ha multato per 709mila euro i sei principali alberghi di lusso parigini: Hôtel de Crillon, il Four Seasons Hôtel George V, l'Hôtel Ritz, l'Hôtel Plaza Athénée, l'Hôtel Meurice e l'Hôtel Le Bristol. Questi alberghi, situati nel centro città, tutti posseduti da gruppi internazionali che appaiono come acerrimi rivali nella capacità di attrarre il jet-set internazionale, sono stati sanzionati per aver organizzato un cartello sui prezzi praticati. Lo scambio di informazioni sui tassi di occupazione e sui piani di marketing dei rispettivi alberghi avrebbe consentito di mantenere prezzi medi di 700 euro a notte.
Il rapporto della commissione antitrust francese precisa che "... In considerazione della natura oligopolistica del mercato, si è ritenuto che queste pratiche abbiano alterato le normali regole della concorrenza, favorendo un andamento irregolare del mercato".
Nel 2005, in questi alberghi, i prezzi delle camere in alta stagione variavano dai 595 euro a notte per una camera singola, agli 8080 euro della suite Bernstein dell'Hotel de Crillon, di Place de la Concorde, controllato dalla Société du Louvre, il secondo maggiore gruppo alberghiero in Francia. L'Hotel de Crillon, costruito nel 1758 da Re Luigi XV, è stato condannato a pagare la multa più elevata tra i sei alberghi: 248mila euro.

Fonte: elaborazione degli Autori da "Prix-Fixe Indeed: 6 Luxury Hotels in Paris Fined for Collusion", NYT, 11 dicembre 2005 e The Economist 1 dicembre 2005.

Riepilogo

- Diversi economisti si sono occupati dell'individuazione delle cause principali della differenza di performance tra le imprese. In particolare i lavori più influenti sono quelli di Schmalensee (1985), Rumelt (1991), McGahan e Porter (1997). Un aspetto particolarmente rilevante è individuare quale sia il ruolo dei settori industriali nel determinare maggiori o minori profitti per le imprese che ne fanno parte. È da questa prospettiva, basata sull'analisi dei fattori esterni, che prende le mosse il modello di Porter per l'analisi di settore.
- Il modello di Porter postula che l'intensità competitiva, e di conseguenza la redditività delle imprese di un determinato settore, sono determinate dal quadro macroeconomico, ma più specificamente dal ruolo esercitato da cinque forze competitive: oltre alla rivalità con i diretti concorrenti, è necessario valutare il potere competitivo dei fornitori, degli acquirenti e le minacce rappresentate dai nuovi (potenziali) entranti e dai prodotti sostitutivi.
- Queste forze sono suscettibili di modificare l'assetto strutturale del settore. I fattori che sono all'origine dei cambiamenti strutturali che possono indebolire o rafforzare la redditività delle imprese sono i fattori critici di successo del settore.
- In base alle indicazioni fornite dall'analisi delle forze competitive le imprese dovrebbero elaborare le loro strategie posizionandosi laddove le forze competitive sono più deboli, sfruttando gli eventuali cambiamenti che nel tempo intervengono sulle forze competitive e adattando i propri comportamenti al fine di modificarle a proprio favore.
- Gli ambiti competitivi sono dinamici: lo schema di Porter delle cinque forze competitive fornisce una fotografia della situazione competitiva ma indica anche le tendenze di cambiamento delle forze competitive e quindi i percorsi evolutivi dei settori stessi.

Domande di verifica

1. Perché è importante per le imprese analizzare e capire il macroambiente nel quale operano?
2. Quali sono le differenze che identificano il macroambiente rispetto all'ambito settoriale e all'ambito competitivo?
3. Cosa si intende con il concetto di concorrenza allargata proposto da Porter e quali sono le cinque forze competitive identificate nel suo schema teorico?
4. Utilizzando lo schema delle cinque forze competitive di Porter, indica in che modo i fornitori possono creare pressione competitiva sulle imprese del settore.
5. Utilizzando lo schema delle cinque forze competitive di Porter, indica in che modo gli acquirenti possono creare pressione competitiva sulle imprese del settore.
6. Utilizzando lo schema delle cinque forze competitive di Porter, indica in che modo i nuovi entranti possono creare pressione competitiva sulle imprese del settore.
7. Utilizzando lo schema delle cinque forze competitive di Porter, indica in che modo i prodotti sostitutivi possono creare pressione competitiva sulle imprese del settore.
8. Quali sono le principali critiche allo schema di Porter delle cinque forze competitive?

Bibliografia

Aguilar Francis J., *Scanning the Business Environment*, Macmillan Co., New York 1967.

Bain J.S., "The relation of profit rate to industry concentration: American Manufacturing, 1936-1940", *Quarterly Journal of Economics*, 65, 3 (1951), pp. 293-324.

Bain J.S., *Barriers to New Competition: their character and consequences in manufacturing industries*, Harvard University Press, Cambridge MA 1956.

Bain J.S., *Essays on price theory and industrial organization*, Little-Brown, Boston 1972.

Brandenburger A.M., Nalebuff B.J., *Co-Opetition*, Doubleday Business, New York 1996.

Brandenburger A.M., Stuart S., "Value-based business strategy", *Journal of Economics & Management Strategy*, 5(1) (1996), pp. 5-14.

Baroncelli A., Lago U., "Il settore del calcio" Cap. 1 in *Il business del calcio*, (a cura di U. Lago, A. Baroncelli e S. Szymanski), Egea, Milano 2004.

Baroncelli A., Lago U., "Italian Football" (with U. Lago), *Journal of Sports Economics*, n. 7 (2006), pp. 13-28.

Dagnino, G.B., Padula G., *Coopetition Strategy. A New Kind Of Interfirm Dynamics For Value Creation*, Working Paper presentato a EURAM - The European Academy of Management Second Annual Conference - "Innovative Research in Management" - Track "Coopetition Strategy. Towards a New Kind of Interfirm Dynamics?" - Stockholm, 9-11 May 2002.

Demsetz H., "Industry Structure, Market Rivalry, and Public Policy", *Journal of Law and Economics*, University of Chicago Press, vol. 16(1) (1973), pp. 1-9.

Demsetz H., "Two systems of belief about monopoly", in Goldschmid H. *et al.*, (a cura di), *Industrial Concentration: The New Learning*, Little Brown, Boston 1974. Also chapter 7 in Demsetz H., *Efficiency, Competition and Policy*, Basil Blackwell, Cambridge MA 1989.

Grant R.B., *Contemporary Strategic Analysis*. Basic Blackwell, Oxford 1991; tr. it. *L'analisi strategica per le decisioni aziendali*, Il Mulino, Bologna 1994 (ed edizioni successive).

Hofer C., Schendel D., *Strategy Formulation. Analytical Concepts*, St. Paul MN West, New York 1977; tr. it. *La formulazione della strategia aziendale*, Franco Angeli, Milano 1984.

Magretta J., *Understanding Michael Porter: The Essential Guide to Competition and Strategy*, Harvard Business Press Books 2011.

Mason E.S., "Price and Production Policies of Large-Scale Enterprise", *The American Economic Review*, vol. 29, n. 1 (1939), *Supplement, Papers and Proceedings of the Fifty-first Annual Meeting of the American Economic Association* (1939), pp. 61-74.

McGahan A.M., Porter M.E., "How much does industry matter, really?" *Strategic Management Journal*, Summer Special Issue 18 (1997), pp. 15-30.

McGahan A.M., Porter M.E., "What do we know about variance in accounting pro□tability", *Management Science* 48(7) (2002), pp. 834-851.

Rumelt R.P., "How much does industry matter?" *Strategic Management Journal* 12(3) (1991), pp. 167-185.

Padula G., Dagnino G.B., "Untangling the Rise of Coopetition: The Intrusion of Competition in a Cooperative Game Structure", *International Studies of Management and Organization*, vol. 37, n. 2 (2007), pp. 32-52.

Porter M.E., *How Competitive Forces Shape Strategy*, Harvard Business Review 1979.

Porter M.E., *Competitive Strategy - Techniques for Analyzing Industries and Competitors*, Free Press, New York 1980; tr. it. *La strategia competitiva*, Tipografia Compositori, Bologna 1982.

Porter M.E., *Competitive Advantage. Creating Superior Performance*, Free Press, New York 1985; tr. it. *Il vantaggio competitivo*, Edizioni di Comunità, Milano 1987.

Porter M., *The Five Competitive Forces that Shape Strategy*, Harvard Business Review, 57 (2008), pp. 57-71.

Porter M.E., *Competitive Advantage*, The Free Press, New York 1984; tr. it. *Il vantaggio competitivo*, Edizioni Comunità, Milano 1987.

Scherer F.M., *Industrial Market Structure and Economic Performance*, Houghton Mifflin, Boston 1980.

Schmalensee R.P., "Do markets differ much?" *American Economic Review*, 75(3) (1985), pp. 341-351.

Schumpeter J.A., *Theorie der wirtschaftlichen Entwicklung*, Duncker & Humblot, Leipzig (1912); tr. it. *Teoria dello sviluppo economico. Ricerca sul profitto, il capitale, il credito, l'interesse e il ciclo economico*, Sansoni ed., Firenze 1977 e *Teoria dello sviluppo economico*, ETAS, Milano 2002. Traduzione della sesta edizione tedesca (1964) sulla scorta anche dell'edizione inglese del 1934.

Stigler G.J., *The organization of industry*, Homewood Ill, Irwin 1968.

Teece D.J., Pisano G. e Shuen A., "Dynamic capabilities and strategic management", *Strategic Management Journal*, 18(7) (1997), pp. 509-533.

Volberda H.W., "Towards the flexible forms: How to remain vital in hypercompetitive environments", *Organization Science*, n. 7 (1996), pp. 359-374.

Zeithaml V.A., "Service quality, profitability, and the economic worth of customers: What we know and what we need to learn", *Journal of the Academy of Marketing Science*, vol. 28, n. 1 (2000), pp. 67-85.

Ulteriori risorse disponibili sul sito web dedicato al volume

Capitolo 5

Catena del valore e vantaggio competitivo

Questo capitolo introduce il concetto di "catena del valore" e il suo utilizzo per l'analisi dei costi e della differenziazione come fattori determinanti il vantaggio competitivo.
L'approfondimento di questi concetti mobilizza un dibattito teorico molto articolato che richiede, seppur sommariamente, la presentazione della prospettiva basata sull'analisi delle risorse e delle competenze delle imprese, quindi su fattori di tipo interno che integrano o superano l'approccio dell'Industrial Organization (IO) che vedeva, pressoché esclusivamente, nei fattori esterni le determinanti dei comportamenti delle imprese e dei loro risultati.
L'illustrazione della catena del valore di Porter comporta, l'esigenza di definire i concetti di valore e di vantaggio competitivo.
Solo una volta affrontati questi snodi critici sarà possibile illustrare l'analisi dei costi e della differenziazione, proposta da Porter tramite lo strumento della catena del valore e del "sistema del valore", che costituisce un'evoluzione del concetto di "sistema di business" proposto dalla società di consulenza McKinsey and Co., come fondamento per la ricerca e il consolidamento del vantaggio competitivo.

Obiettivi di apprendimento

In questo capitolo discuteremo:
- quale sia il ruolo delle risorse e delle competenze dell'impresa nella creazione di valore;
- come analizzare il processo di creazione del valore utilizzando il concetto di catena del valore;
- che cosa si intende per vantaggio competitivo e come si consegue;
- cosa si intende per strategia di riduzione dei costi e quando è preferibile perseguirla;
- cosa si intende per strategia di differenziazione e quando è preferibile perseguirla.

5.1 Il dibattito teorico sulle determinanti dei risultati di impresa

La teoria economica si è da sempre confrontata sui fattori che determinano il successo di un'impresa, misurato attraverso i risultati economici realizzati nel medio termine. L'interpretazione dominante, prevalente fino all'inizio degli anni Ottanta, era quella, già illustrata nel **Capitolo 4**, dell'Industrial Organization (IO) che proponeva una spiegazione strutturale per valutare l'attrattività dei settori e la determinazione del grado di intensità della concorrenza, per predire le performance attese dalle imprese del settore. Dagli anni Ottanta si afferma una prospettiva teorica (la "Resource Based View" o RBV)[1] che considera l'utilizzo delle risorse specifiche e talvolta esclusive delle imprese come fattore prioritario per spiegarne il successo. Questa impostazione parte da una critica del paradigma strutturale (Rumelt, 1984 e 1991; Hansen e Wernerfelt, 1989), stabilisce un legame con il contributo di Penrose (1959), nel legame tra la crescita delle imprese e le risorse da esse detenute e

1 I contributi principali per la fondazione della "Resource Based View" sono i seguenti: Wernerfelt (1984), Dierickx e Cool K. (1989), Barney (1991), Mahoney e Pandian (1992), Peteraf (1993), Amit e Schoemaker (1993), Lippman e Rumelt (2003), Collis e Montgomery (1995). Il tema delle risorse e delle competenze è trattato in modo più articolato nel **Capitolo 6**.

sposta la spiegazione del vantaggio competitivo e, di conseguenza, delle performance delle imprese, presenza e combinazione di risorse scarse e difficilmente replicabili. Pur essendo portatrice di un'interpretazione innovativa, la RBV si è affermata con difficoltà in ambito strategico. Il motivo è riconducibile sia a un'oggettiva iniziale mancanza di chiarezza nelle basi concettuali, sia a una relativa minore definizione delle condizioni di applicazione rispetto al modello dominante "porteriano".

Secondo la RBV, se i risultati economico-finanziari di un'impresa sono soddisfacenti e, a maggior ragione, se sono migliori di quelli dei concorrenti, è perché essa dispone di risorse e di competenze che ha saputo coltivare e impiegare in ambiti competitivi favorevoli.

Una terza più recente prospettiva teorica, detta "relazionale", a partire da Dyer e Singh (1999) individua nelle relazioni interorganizzative (e nelle reti di relazioni, in particolare) e nelle capacità organizzative necessarie per coordinare questi sistemi complessi una fonte primaria di rendite e quindi di vantaggio competitivo[2].

Numerosi contributi che si collocano in questo filone di studio enfatizzano altresì la rilevanza strategica delle relazioni di collaborazione interorganizzativa, evidenziandone il ruolo svolto nel condizionare le dinamiche aziendali rispetto all'influenza esercitata dall'ambiente esterno (Afuah, 2000) e nel condizionare l'accesso delle imprese alle risorse materiali e immateriali necessarie per competere efficacemente (Gulati, 1999; Mc Evily, Zaheer, 1999). Inoltre, le relazioni di collaborazione interorganizzativa si ritengono risorse difficili da imitare in virtù dell'unicità delle condizioni storiche, dei lunghi tempi di sviluppo e della complessità sociale che caratterizzano le relazioni di maggior successo (Capaldo, 2001).

Approfondimento 5.1 Determinanti della redditività delle imprese e unità d'analisi

Il quesito "da cosa dipendono nel medio-lungo periodo i risultati economici delle organizzazioni?" è centrale per la gestione di qualsiasi tipo di impresa. Diverse prospettive teoriche si sono cimentate con questo quesito e ciascuna di esse ha dovuto scegliere un'unità di analisi con la quale spiegare i differenziali di redditività all'interno dei settori e tra le imprese. Nella prospettiva storicamente dominante, condizionata da una chiave di lettura economico-industriale e fortemente caratterizzata dal lavoro di Porter (1980), l'unità di analisi è il settore e la sua struttura. Per determinare le performance delle imprese bisogna guardare soprattutto all'esterno dell'impresa e analizzare le caratteristiche del settore e l'adattamento delle imprese a tale contesto. L'evoluzione introdotta con la "resource based view", rispetto a letture di natura prevalentemente economica, riporta all'interno dell'impresa l'analisi delle sue performance competitive. L'unità di analisi diventa quindi l'impresa e la sua dimensione organizzativa. Questa rifocalizzazione dell'unità di analisi si basa sul riconoscimento degli elementi di eterogeneità delle imprese, i quali possono essere individuati lungo due dimensioni, quella economica e quella organizzativa, esplicative della diversità di performance da parte delle singole imprese. La prima riguarda la diversità delle risorse e la loro non perfetta circolazione, la seconda la diversità nella combinazione delle risorse e la conseguente diversità delle forme organizzative, non perfettamente trasferibili. Le due dimensioni, utili a spiegare la diversità di performance da parte delle singole imprese, possono quindi essere ricondotte rispettivamente ai concetti di controllo e di combinazione delle risorse. Questa distinzione riflette anche la presenza e il diverso contributo di componenti statiche e di componenti dinamiche che enfatizzano l'acquisizione di capacità,

2 Il ruolo critico delle relazioni interorganizzative è, come ricorda Capaldo (2003), alla base di numerose indagini empiriche che, pur focalizzando contesti diversi, rilevano il ruolo cruciale della collaborazione ai fini della nascita, della sopravvivenza e del successo delle imprese (Doz, 1988; Lorenzoni, 1990; Baum *et al.*, 2000; Stuart, 2000; Oliver, 2001). Per una più articolata trattazione del tema delle reti organizzative rimandiamo al **Capitolo 8**.

l'accumulo di competenze per lo più attraverso l'apprendimento (Teece, Pisano e Schuen, 1990) nella costruzione di vantaggio competitivo. Le risorse disponibili all'interno dell'unità di analisi vengono definite "stock di fattori disponibili posseduti o controllati dall'impresa", mentre le capacità dell'impresa vengono definite da "l'impiego di risorse, di solito in combinazione, utilizzando processi organizzativi, per raggiungere un fine desiderato [...] processi [...] specifici dell'impresa e sviluppati nel tempo attraverso interazioni complesse tra le risorse dell'impresa" (Amit e Schoemaker, 1993).
Negli studi che riconducono alle relazioni interorganizzative e alla loro gestione attiva le diverse performance delle organizzazioni (Dyer, Singh, 1998; Gulati *et al.*, 2000), l'unità di analisi da adottare cambia quindi nuovamente e si pone in una lettura bifocale interno-esterno rispetto all'impresa. All'interno ci sono le conoscenze necessarie per competere, ma facendo leva anche sul contributo della teoria "knowledge based" dell'impresa (Demsetz, 1991; Madhok, 1996), è proprio attraverso la relazione che si proietta l'organizzazione verso l'esterno, laddove si ricercano le risorse di conoscenza necessarie per competere in un ambiente che presenta gradi crescenti di complessità. Qui sta quindi la principale spiegazione della collaborazione e del comportamento relazionale delle organizzazioni (Capaldo, 1999).
Le relazioni interorganizzative e in particolare le alleanze strategiche, denominate variamente accordi, partnership, relazioni o semplicemente alleanze, diventano l'unità di ricerca fondamentale per spiegare le performance delle imprese. Ne deriva che le stesse imprese hanno piena consapevolezza della valenza strategica della collaborazioni (Barley *et al.*, 1992; Gomes-Casseres, 1996; Harbison e Pekar, 1998; Contractor e Lorange, 1988 e 2002).

L'evoluzione delle tecniche analitiche e delle strategie spinge le imprese a ricercare mercati inediti, al di fuori dei confini definiti e accettati dei settori, superando il concetto tradizionale di competizione, per cogliere più ampie opportunità di crescita rapida e profittevole. Questo approccio impone anche un ripensamento e una rivisitazione del sistema del valore consolidato. Ne diamo conto al **Capitolo 7**.

In questo capitolo entriamo all'interno dell'impresa e analizziamo come quest'ultima configura e svolge la sua attività e quindi come crea valore.

A questo proposito utilizzeremo il concetto di catena del valore, che sarà lo strumento di base per svolgere questa analisi. L'analisi del valore si basa sul presupposto che l'obiettivo di un'attività sia quello di creare valore per i suoi clienti e che il valore si traduca in redditività.

5.2 Catena del valore

Secondo la definizione di Michael Porter (1985) considerata la più convincente anche dagli autori, la **catena del valore** è il modo in cui l'impresa svolge le singole attività attuando una certa strategia che risente della sua storia e delle specificità economiche dell'attività stessa.

Margine
Il margine è l'indicatore della redditività che l'impresa ha saputo generare grazie a un'originale combinazione delle attività che hanno consentito di produrre un valore riconosciuto dal mercato. Esistono numerosi metodi per la sua quantificazione.

La catena del valore disaggrega l'impresa nelle sue attività strategicamente rilevanti (le singole aree d'affari delle imprese diversificate o l'intera attività delle imprese monobusiness) allo scopo di comprendere cosa determina l'andamento dei costi, le fonti e i potenziali di differenziazione esistenti. In questo senso, l'analisi della catena del valore diventa la base per identificare la natura del vantaggio competitivo che l'impresa intende perseguire e conseguentemente selezionare gli elementi per sviluppare la strategia.

La catena del valore rappresenta graficamente il valore totale generato dall'attività dell'impresa in un determinato business e mette in evidenza due componenti:

- **attività generatrici di valore**: attività fisicamente e tecnologicamente distinte svolte dall'impresa;
- **margine**: differenza tra valore totale e costo complessivo per eseguire le attività generatrici di valore.

Ciò che è bene tenere in considerazione per utilizzare lo strumento della catena del valore è quanto segue:

- in termini competitivi il **valore** è la somma che i compratori sono disposti a pagare per quello che l'impresa fornisce loro;
- la **misura del valore** è il ricavo totale;
- nel perseguire un vantaggio competitivo l'impresa deve guardare al valore, e non al costo, che può aumentare per consentire di spuntare prezzi più elevati.

Per costruire la catena del valore di un'impresa (rappresentata nella **Figura 5.1**) è necessario:

- identificare le attività generatrici di valore;
- definire (soprattutto per le attività di base) i contenuti in relazione al settore nel quale l'impresa opera;
- evidenziare i legami verticali e orizzontali tra le diverse attività della catena del valore.

Approfondimento 5.2 Il concetto di valore e la sua applicazione nel settore calcio

Il concetto di catena del valore poggia sulla convinzione che l'organizzazione e il corretto svolgimento delle attività dell'impresa sono alla base del risultato che essa genera e che Porter chiama valore.

Tuttavia, per poter parlare di valore è indispensabile richiamare l'obiettivo fondamentale che ispira l'attività dell'impresa. Nel mondo capitalistico, per le imprese orientate al profitto, l'obiettivo dell'impresa si esprime tradizionalmente in termini di "massimazione del profitto". Per dare sostanza a questo obiettivo è però necessario precisarne la prospettiva temporale (breve o medio-lungo periodo) e definire gli indicatori che consentono di misurarlo.

Per capire le conseguenze sulla redditività al variare della prospettiva temporale possiamo ricorrere a un esempio. La normativa sui bilanci delle società di calcio, per quanto attiene al trattamento dei diritti pluriennali alle prestazioni dei calciatori, è cambiata radicalmente nel corso del tempo. Fino al 1981 (quando fu introdotta la legge 91/81 sul professionismo sportivo) l'ammortamento del valore di acquisto del cartellino dei giocatori (di cui le società calcistiche erano proprietarie a tutti gli effetti) poteva avvenire teoricamente lungo l'intera vita sportiva del calciatore. Dal 1991 al 1996 l'abolizione del vincolo sportivo portò all'introduzione della cosiddetta Indennità di Preparazione e Promozione (IPP); questo comportava un ammortamento del costo sostenuto dalle società calcistiche per assicurarsi la prestazione dei calciatori in base al valore pagato al netto dell'IPP presunta oppure in base alla durata del contratto stipulato con il calciatore più due anni. Infine, dal 1996 in poi l'ammortamento viene calcolato sulla durata del contratto. Poiché secondo i dati del Report del Calcio FIGC 2012 il peso degli ammortamenti sui costi totali delle società di Serie A è, nel 2010-11, pari al 23,78% dei costi totali, è chiaro che adottare un metodo di valutazione del costo dei diritti pluriennali dei calciatori anziché un altro significa modificare totalmente il valore del reddito netto generato che, in base al metodo attualmente seguito, è negativo per 300 mn. di euro.

Spesare i costi (o spesarli maggiormente) diminuisce i profitti di breve periodo, ma aumenta quelli di lungo periodo.

Alla luce della teoria finanziaria lo stesso concetto di massimizzazione del profitto appare impreciso senza un termine di confronto che solitamente coincide con il tasso minimo di rendimento, ossia con un ritorno sull'investimento tale da compensarne almeno il rischio.

La stima del valore è poi imprescindibilmente legata all'individuazione del soggetto in nome del quale si punta a massimizzare il valore. Ancorché ci si riferisca comunemente al valore economico, ossia a quanto risulta dall'attualizzazione dei flussi di cassa (intesi come differenza tra entrate e uscite) prospettici generati dall'attività dell'impresa, non è indifferente che si pensi al valore creato per gli stakeholder, e tra essi primi fra tutti il management, o a quello creato per gli shareholder, e tra questi se si debba intendere tutti gli azionisti o solo quelli di maggioranza, non essendo questa distinzione del tutto neutra di fronte alle scelte che si pongono nella vita dell'impresa.

Figura 5.1
La catena del valore generica di Porter.
adattamento degli Autori da Porter, 2005.

5.2.1 Identificare le attività generatrici di valore

Con la catena del valore è possibile rappresentare l'attività di un'impresa distinguendo tra:

1. **attività primarie o di base**, che consistono:
   - nella movimentazione delle materie prime e dei componenti e nella creazione fisica del prodotto/servizio;
   - nel marketing, nella distribuzione e nella vendita dei prodotti e nel loro trasferimento al compratore;
   - nell'assistenza post-vendita e nei servizi in generale offerti alla clientela.

   Si tratta quindi delle attività che consentono di creare fisicamente i prodotti o servizi che saranno destinati ai clienti.
   Più analiticamente, tra le attività primarie, Porter distingue:
   - la **logistica in entrata**, che riguarda le attività di ricevimento, immagazzinaggio, movimentazione e distribuzione degli input alla successiva attività di trasformazione. Si tratta quindi della gestione dei materiali, della gestione del magazzino, del controllo delle scorte, della programmazione dei vettori di trasporto, della restituzione ai fornitori dei prodotti acquistati non conformi agli ordini o danneggiati ecc.;
   - le **attività operative**, che consistono nella trasformazione degli input nel prodotto/servizio finale. Questo include la lavorazione, il montaggio, il confezionamento, la manutenzione delle macchine, il collaudo e la gestione impianti ecc.;
   - la **logistica in uscita**, che riguarda la raccolta, l'immagazzinamento e la distribuzione del prodotto agli acquirenti. Più analiticamente si fa qui riferimento alle attività di stoccaggio dei prodotti finiti, alla gestione dei materiali e alle procedure di gestione degli ordini dei clienti;
   - il **marketing e le vendite**, che consistono nel rendere disponibili i prodotti agli acquirenti e nel facilitarne e sollecitarne l'acquisto. In questo ambito rientrano la pubblicità, la promozione, la gestione della forza vendita, l'elaborazione delle offerte di vendita, la selezione e la gestione dei canali distributivi, la determinazione dei prezzi;
   - i **servizi**, che includono tutte le attività orientate a migliorare o mantenere il valore del prodotto. Si tratta dell'installazione dei prodotti, della loro manutenzione, dell'addestramento degli utenti, delle riparazioni e della fornitura dei pezzi di ricambio.

A seconda del settore in cui opera l'impresa, può o possono risultare determinanti per il vantaggio competitivo una o più attività tra quelle di base;

2. **attività di supporto**, così denominate perché (quale che sia il settore di riferimento) sostengono le attività primarie aumentandone l'efficienza e l'efficacia. Esse consistono:
   - nel procurare gli input necessari per alimentare le attività di base e infrastrutturali;
   - nell'innovare e migliorare i prodotti e i processi;
   - nel gestire gli aspetti organizzativi e le risorse umane;
   - nell'assicurare i servizi di amministrazione e controllo a tutta l'impresa.

   Le righe tratteggiate presenti nella **Figura 5.1** indicano come le attività di supporto possano essere associabili alle diverse attività primarie e al tempo stesso esercitino un ruolo di sostegno per l'intera catena. Le attività infrastrutturali non si riferiscono a nessuna in particolare, ma sostengono l'intera catena del valore.
   Più analiticamente, tra le attività di supporto, Porter distingue:
   - gli **approvvigionamenti** intesi come le attività che consentono l'acquisto degli input utilizzati nei diversi processi dell'impresa. Queste attività non ricomprendono quindi il costo dei singoli input acquistati il quale ricadrà invece sulle diverse attività nelle quali tali input vengono utilizzati;
   - lo **sviluppo della tecnologia**, che riguarda l'insieme delle attività volte a migliorare i prodotti e i processi. Lo sviluppo della tecnologia va oltre l'ambito ristretto della ricerca e sviluppo e riguarda tutte le iniziative di innovazione applicabili tanto alle attività primarie quanto a quelle di supporto;
   - la **gestione delle risorse umane**, che si articola nelle attività che riguardano la ricerca e la selezione del personale e le procedure di assunzione, di amministrazione, di addestramento e di mobilità del personale;
   - le **attività infrastrutturali**, che ricomprendono l'insieme delle attività di direzione e controllo dell'impresa, dalla contabilità alla finanza, dalla gestione dei sistemi informativi alla pianificazione e alla direzione a livello di business e di corporate. Diversamente dalle altre attività di supporto, che si svolgono a sostegno di singole attività primarie, le attività infrastrutturali sostengono l'intera catena del valore.

Ognuna di queste attività (primarie e di supporto) può incrementare il valore e trasformarsi in un vantaggio competitivo.

5.2.2 Definire i contenuti in relazione al settore nel quale l'impresa opera

Attraverso la catena del valore, Porter intende elaborare uno strumento universale che si applichi indipendentemente dal settore nel quale opera l'impresa. Pertanto raffigura uno schema nel quale le attività di base e quelle di supporto hanno una dimensione equivalente.

Tuttavia l'incidenza relativa, in termini di costo, di ciascuna attività della catena del valore, così come la loro importanza strategica, varieranno a seconda dei settori e per le diverse imprese, riflettendo il particolare modello di business adottato. Al momento dell'applicazione dello strumento della catena del valore a un caso specifico si potrà quindi rappresentare l'ampiezza delle diverse attività in relazione ai costi totali: in alcuni settori i costi della produzione saranno predominanti, in altri incideranno maggiormente i costi commerciali e di marketing o quelli logistici. Analogamente la successione delle attività potrà essere differente.

Nell'elaborazione della catena del valore generica, Porter prende come riferimento un settore manifatturiero, quello della produzione di fotocopiatrici. La **Figura 5.2** illustra il contenuto delle attività di questa catena del valore.

In qualsiasi impresa le attività primarie possono essere suddivise nelle categorie illustrate nella catena del valore generica, non è detto tuttavia che in tutti i settori le attività di base abbiano la medesima sequenza: acquisizione (attraverso la movimentazione

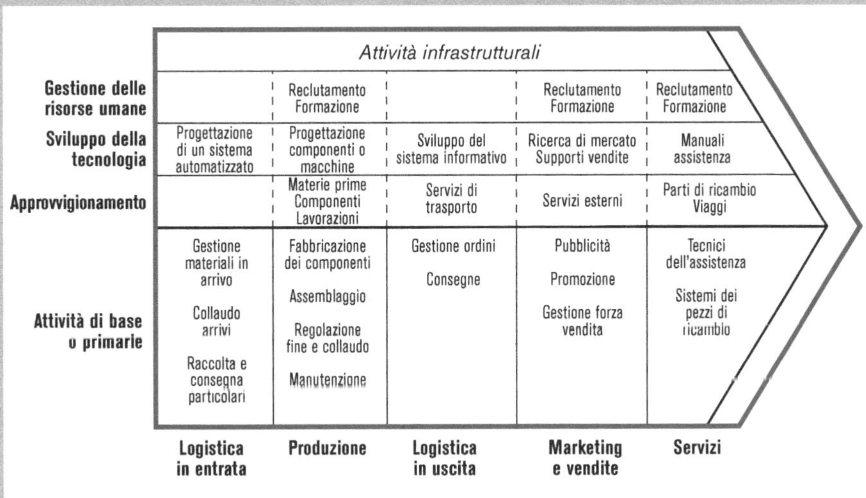

Figura 5.2
La catena del valore di un produttore di fotocopiatrici.
Fonte: adattamento degli Autori da Porter, 1985.

fisica) degli input, loro trasformazione, trasferimento e stoccaggio del prodotto finito, sua commercializzazione ed erogazione dei servizi post-vendita.

Il **Caso 5.1** illustra come in un determinato settore preso in considerazione, l'evoluzione dei modelli di business prevalenti determini una trasformazione nell'implementazione delle attività della catena del valore con riferimento alla successione e all'importanza relativa delle attività primarie; queste risultano anche uno straordinario punto di partenza per avviare ulteriori indagini e approfondimenti. Per esempio confrontando le proprie performance, a livello di singola attività, con quelle dei concorrenti è possibile fare emergere eventuali differenziali di costo e stabilire da cosa sono determinati, valutare quali sono le attività svolte in modo efficiente o inefficiente, decidere quali attività svolgere direttamente all'interno dell'impresa e per quali, viceversa, ricorrere a soggetti terzi.

Caso 5.1 L'evoluzione della filiera della moda: dalla produzione per il magazzino al pronto moda

Nel corso degli anni il settore dell'abbigliamento ha subito profonde trasformazioni che hanno comportato il declino di alcune imprese consolidate, anche di grandi dimensioni, il successo di altre di più recente costituzione e l'avvicendamento dei leader del settore da parte di altri attori portatori di nuovi modelli di business.

La configurazione del modello di business tradizionale nel settore dell'abbigliamento rispecchiava quello manifatturiero classico, rappresentato dalla catena del valore generica elaborata da Porter. Si ideava il prodotto, lo si programmava, lo si realizzava: poi il prodotto finito, articolato per taglie, colori e modelli, era stoccato. Seguivano l'attività commerciale e distributiva e il servizio post-vendita.

Col passare del tempo questo modello è entrato in crisi. La domanda di mercato, strutturalmente stagionale, è diventata via via più variabile e in costante evoluzione, comportando l'esigenza di adottare assetti flessibili e coerenti con il cambiamento che si affermava.

Sia il sistema produttivo sia quello di vendita ne sono stati interessati, modificando radicalmente il modo di "fare impresa" in questo settore, che è divenuto decisamente "market driven".

Dalla produzione per il magazzino si è passati al "pronto moda".

Nelle imprese del primo tipo il vantaggio competitivo dipendeva dalla capacità di ideare un prodotto attraente, ma soprattutto di realizzarlo in grande scala, con procedure fortemente automatizzate e standardizzate.

Il pronto moda inverte la successione delle attività della catena del valore, facendo della logica *pull* il proprio orientamento strategico. Il prodotto viene ideato, il prototipo presentato e in base all'accoglienza che riscuote presso la clientela si avvia un'attività produttiva per quanto possibile accelerata.

COLLEZIONE	ANNO 0												ANNO 0											
	GEN	FEBB	MAR	APR	MAG	GIU	LUG	AGO	SET	OTT	NOV	DIC	GEN	FEB	MAR	APR	MAG	GIU	LUG	AGO	SET	OTT	NOV	DIC
AI ANNO 0	Showroom	Showroom	Produzione	Produzione	Produzione	Vendita	Vendita	Vendita	Vendita	Vendita	Vendita	VENDITE AI 0	VENDITE AI 0											
PE ANNO 1	Progettazione	Progettazione	Progettazione	Progettazione	Progettazione	Progettazione	Showroom	Showroom	Produzione	Produzione	Produzione	Vendita	Vendita	Vendita	Vendita	Vendita	Vendita	VENDITE PE 1	VENDITE PE 1					
AI ANNO 1							Progettazione	Progettazione	Progettazione	Progettazione	Progettazione	Showroom	Showroom	Showroom	Produzione	Produzione	Produzione	Vendita	Vendita	Vendita	Vendita	Vendita	Vendita	VENDITE AI 1
PE ANNO 2													Progettazione	Progettazione	Progettazione	Progettazione	Progettazione	Showroom	Showroom	Showroom	Produzione	Produzione	Produzione	Vendita

ATTIVITÀ	ATTORI				
PROGETTAZIONE	MEECHANDISER	UFFICIO STILE	DIRETTORE CREATIVO	PRE-INDUSTRIALIZZAZIONE	MODELLISTI
SHOWROOM	COMMERCIALE				
PRODUZIONE	MODELLISTI	SARTE	FORNITORI		
VENDITA	RETAIL	WHOLESALE	FRANCHISEE	E-COMMERCE	

La successione delle attività tra le diverse stagioni, nel settore moda.

Le imprese del pronto moda sono alla continua ricerca di tendenze-moda da tradurre tempestivamente in lanci di campionario di piccole dimensioni. Questo richiede la disponibilità di una struttura produttiva reticolare e di un'organizzazione distributiva incentrata su punti di diffusione all'ingrosso localizzati in luoghi facilmente accessibili ai *retailer*, o ancor meglio su una presenza integrata fino al commercio al dettaglio attraverso la creazione di punti vendita monomarca (spesso gestiti con la formula del franchising) interconnessi attraverso i sistemi informativi che consentono all'impresa di cogliere anticipatamente le nuove tendenze moda, così da reagire rapidamente organizzando l'attività produttiva. In origine, i "prontisti" realizzavano internamente le fasi di progettazione, campionatura, taglio, finissaggio e spedizione, delegando le lavorazioni intermedie a terzisti specializzati. In questo caso l'approvvigionamento dei tessuti si realizzava in due momenti diversi (alla realizzazione del campionario e al lancio della produzione), ma, in entrambi i casi, la disponibilità immediata della materia prima tra una fase di lavorazione e l'altra era un fattore critico. Con il passare del tempo le catene del valore si sono ulteriormente trasformate, determinando sempre più l'esternalizzazione delle attività a minor valore aggiunto, con la conseguente riduzione fino, in alcuni casi, all'azzeramento del magazzino e degli oneri finanziari connessi, all'eliminazione dei problemi di gestione della tempistica produttiva e di consegna del prodotto, che ricadono sotto la responsabilità della rete dei subfornitori, e alla significativa riduzione dei rischi nell'acquisito dei tessuti e del fabbisogno finanziario

Questa descrizione schematica dovrà naturalmente essere completata da un'ulteriore scomposizione che consenta di identificare con precisione le fonti di vantaggio competitivo potenziale. Applicando le logiche della catena del valore, la suddivisione delle attività può spingersi fino a identificare attività sempre più specifiche e circoscritte, ancorché distinte dalle altre. Per esempio possono essere messe a confronto le attività del settore del trasporto aereo tradizionale e quello delle linee aeree low cost[3] in modo da evidenziare le differenze tra le catene del valore rispettive, le fasi critiche e le caratteristiche fondamentali dei due modelli di business. Le attività di base della catena del valore possono essere ulteriormente scomposte, come mostra la **Figura 5.3**. La

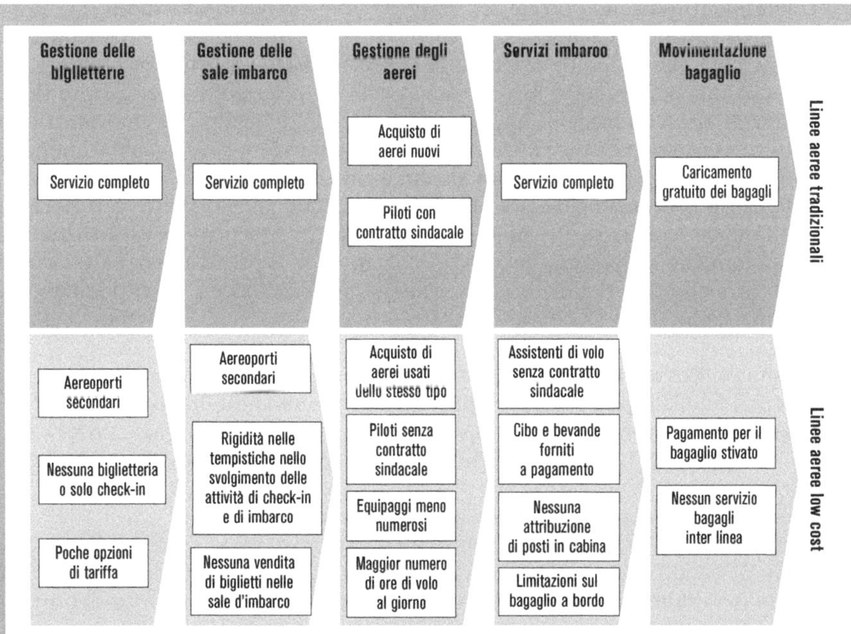

Figura 5.3
Catene del valore a confronto nel settore del trasporto aereo.
Fonte: adattamento degli Autori da Porter, 1985.

[3] Ci riferiamo qui alla fase pioneristica del trasporto low cost. Oggi le principali compagnie del trasporto low cost acquistano e gestiscono la flotta con le stesse modalità delle imprese tradizionali e l'inquadramento contrattuale del personale è analogo anche se non necessariamente alle condizioni economiche di quello impiegato dalle compagnie aeree tradizionali.

denominazione delle attività generatrici del valore illustrata nella catena del valore generica è arbitraria e può quindi variare per favorire una migliore rappresentazione del settore di riferimento.

Le strategie delle compagnie low cost si basano fondamentalmente sul feederaggio (ossia su voli operati su scali o hub internazionali che consentono di accedere alle rotte delle compagnie tradizionali) e su destinazioni Point to Point. I vettori internazionali viceversa offrono rotte regionali, continentali o transcontinentali.

La rappresentazione dell'attività dell'impresa fornita dalla catena del valore appare interessante per efficacia illustrativa e semplicità di elaborazione. Tuttavia non bisogna cadere nell'errore di pensare al funzionamento dell'impresa come a una successione sequenziale di attività. L'impresa è, al contrario, un insieme di attività e di risorse condivise.

5.2.3 Evidenziare i legami verticali e orizzontali tra le attività della catena del valore

La catena del valore non ha lo scopo di evidenziare un insieme di attività indipendenti, bensì un **sistema di attività interdipendenti**, legate tra di loro in termini di risorse allocate e di competenze necessarie. I legami (o collegamenti) tra le attività sono dati dalle relazioni che si determinano tra il modo in cui viene svolta una certa categoria di attività generatrici di valore e il costo o le performance di un'altra.

Per esempio, se un'impresa decide di impegnarsi direttamente nella formazione del personale avrà meno necessità in termini di selezione di candidati provenienti dal mercato del lavoro, oppure se ha deciso di svolgere internamente la gran parte delle lavorazioni che avvengono nella fase di produzione, avrà minore criticità nella logistica in entrata e negli approvvigionamenti.

È importante ricercare i collegamenti tra le attività della catena del valore. Il vantaggio competitivo deriva molto spesso dai collegamenti tra le varie attività, oltre che, naturalmente, dalle singole attività.

I collegamenti possono portare al vantaggio competitivo in due modi:

- attraverso l'ottimizzazione: i collegamenti spesso rispecchiano il trade-off tra le varie attività allo scopo di ottenere lo stesso risultato globale. Per esempio, una progettazione del prodotto più costosa, specifiche più rigorose per quanto riguarda il materiale, o un maggior impegno sul controllo di qualità possono contribuire a ridurre i costi di assistenza. L'impresa deve ottimizzare i collegamenti nei quali si riflette la sua strategia orientata al vantaggio competitivo;
- attraverso il coordinamento: i collegamenti possono anche riflettere la necessità di coordinare le attività. Per esempio, l'obiettivo di effettuare consegne puntuali può esigere che si coordino le attività operative, la logistica in uscita e i servizi. Essere in grado di coordinare i collegamenti spesso riduce i costi o enfatizza la differenziazione.

I collegamenti più ovvi sono quelli tra le attività di supporto e le attività primarie, rappresentate nella **Figura 5.4** dalle linee tratteggiate sulla catena del valore.

Per esempio, le procedure di acquisto spesso influiscono sulla qualità degli input di acquisto e quindi sui costi di produzione, sui costi di collaudo o sulla qualità del prodotto.

Collegamenti esistono anche tra le attività primarie.

La **Figura 5.5** mostra il collegamento tra l'attività di produzione e l'attività di servizio post-vendita. La qualità del prodotto e dei controlli svolti durante la produzione influisce direttamente sull'organizzazione, l'importanza e il costo dell'attività di servizio.

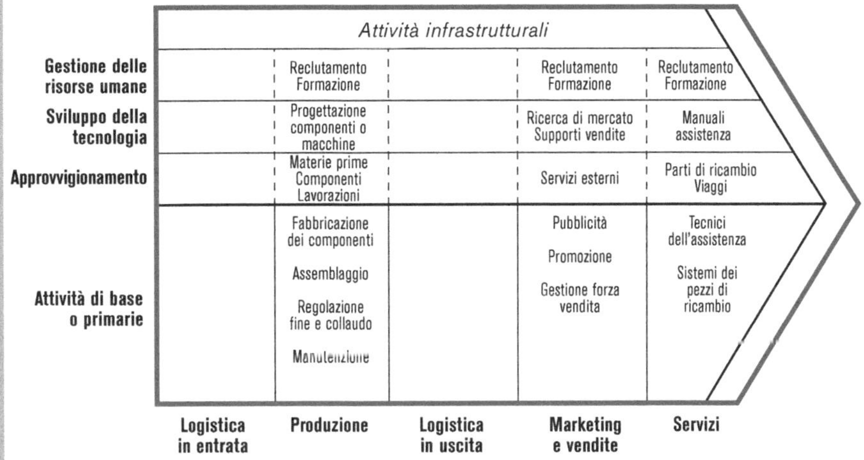

Figura 5.4
Collegamenti verticali tra attività della catena del valore di Porter.
Fonte: adattamento degli Autori da Porter, 1985.

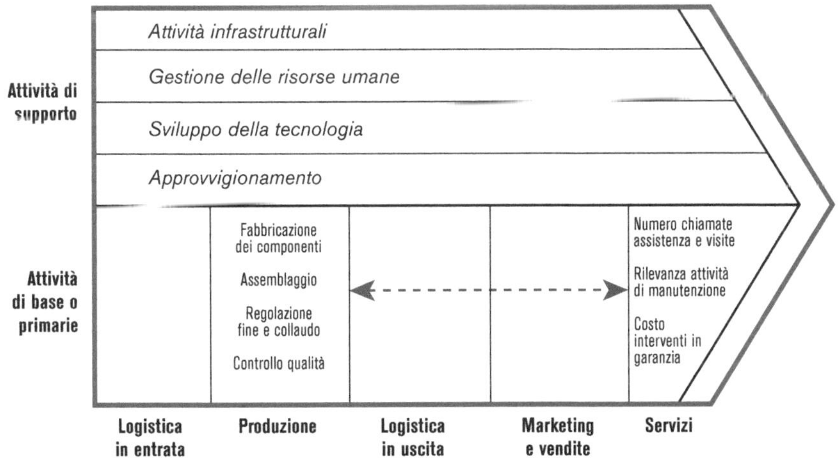

Figura 5.5
Collegamenti tra attività primarie della catena del valore di Porter.
Fonte: adattamento degli Autori da Porter, 1985.

Approfondimento 5.3 L'analisi in termini di costo delle relazioni tra le attività

Nelle aziende industriali e nelle imprese di servizi il grado di integrazione si è ridotto notevolmente rispetto a quanto si riscontrava mediamente in passato; in molti settori è aumentata la variabilità e la richiesta di personalizzazione dei prodotti e ciò ha comportato un aumento notevole dei costi indiretti rispetto ai costi diretti.
L'attenzione del management si è spostata verso attività non strettamente legate al processo produttivo e di conseguenza i procedimenti tradizionali utilizzati per il calcolo dei costi non sono più apparsi in grado di soddisfare pienamente le esigenze decisionali.

Le caratteristiche del nuovo ambiente competitivo sono alla base dell'elaborazione di una metodologia volta a calcolare il costo pieno di prodotto passando attraverso la determinazione dei costi delle attività.
Uno degli approcci che ha suscitato più interesse e che meglio si adatta alle esigenze di rilevazione e controllo da parte delle aziende che hanno elaborato un'analisi delle loro attività attraverso la logica della catena del valore è l'Activity Based Costing (ABC).
L'unità fondamentale di rilevazione nell'ABC è dunque rappresentata dalle "attività", definibili come aggregati di operazioni elementari tecnicamente omogenee.
L'ABC rileva inizialmente i costi di ogni singola attività e, solo in seguito, li assegna ai prodotti e ai servizi (oggetti di costo) sulla base delle attività che sono state necessarie per produrli.
Partendo dalla struttura del costo di prodotto (costi materie prime, manodopera diretta e costi indiretti) occorre distinguere i costi indiretti inerenti allo svolgimento delle attività produttive (per esempio: ammortamenti macchinari, energia) da quelli relativi ad attività di supporto e ausiliarie (per esempio: gestione delle scorte, approvvigionamento dei materiali).
Con il metodo ABC i costi dei centri ausiliari (indiretti) non vengono attribuiti ai centri produttivi sulla base di criteri di imputazione soggettivi, bensì direttamente alle attività che li generano: tali attività sono le effettive determinanti dell'entità dei costi.
L'ABC mira sostanzialmente a determinare il costo pieno di prodotto evitando le distorsioni provocate da una ripartizione non accurata dei costi indiretti mediante l'individuazione delle attività necessarie per la realizzazione del prodotto e del fattore determinante di costo corrispondente.
L'applicazione dell'ABC comporta:
- l'individuazione preliminare delle attività aziendali e la mappatura dei fattori che legano le attività attraverso cui si articola ogni processo;
- l'identificazione della determinante di costo (o cost driver), cioè del fattore che determina il sostenimento del costo per ciascuna tipologia di attività;
- la sostituzione dell'allocazione dei costi per centro di costo a quella per attività;
- il superamento della distinzione tra costi fissi e costi variabili nel lungo termine propria della contabilità industriale tradizionale;
- l'attribuzione dei costi delle attività ai prodotti attraverso opportuni indicatori.

Grazie alle relazioni che fa emergere tra un'attività e l'altra, la catena del valore consente di valutare le implicazioni in termini di costo che ciascuna delle combinazioni può comportare e quindi di operare delle scelte più documentate. Per evidenziare in termini di costo le conseguenze dovute alle relazioni tra attività può essere utile applicare il metodo ABC piuttosto che le procedure di contabilità industriale tradizionali.
Nell'esempio illustrato di seguito, riferito alle attività di approvvigionamento, si evidenziano le differenze tra i due sistemi di rilevazione e la rispettiva funzionalità in termini di supporto alle decisioni strategiche.

Contabilità industriale tradizionale applicata all'attività di approvvigionamento

Voci di costo	€
• Salari e stipendi	350 000
• Incentivi e benefit al personale	115 000
• Forniture	6500
• Viaggi	2400
• Ammortamenti	17 000
• Altri oneri fissi	124 000
• Altre spese operative	25 250
Totale	**640 150**

Contabilità con il metodo ABC applicata all'attività di approvvigionamento

Voci di costo	€
• Valutazione delle capacità dei fornitori	135 750
• Gestione degli ordini	82 100
• Evasione consegne dei fornitori	23 500
• Evasione trasformazioni interne	15 840
• Controllo qualità sugli acquisti	94 300
• Controllo conformità delle consegne agli ordini	48 450
• Risoluzione dei problemi	110 000
• Amministrazione interna	130 210
Totale	**640 150**

5.3 Sistema del valore

La catena del valore è coinvolta in un flusso più ampio di attività e di imprese che si articola verticalmente per successivi livelli di trasformazione; tale flusso, rappresentato dalla **Figura 5.6**, definito da Porter "**sistema del valore**".

La maggior parte dei beni e servizi viene prodotta da un flusso di attività. La produzione della carta, per esempio, coinvolge una catena che include le attività di sviluppo forestale, lo sfruttamento forestale, la trasformazione della materia prima (segagione,

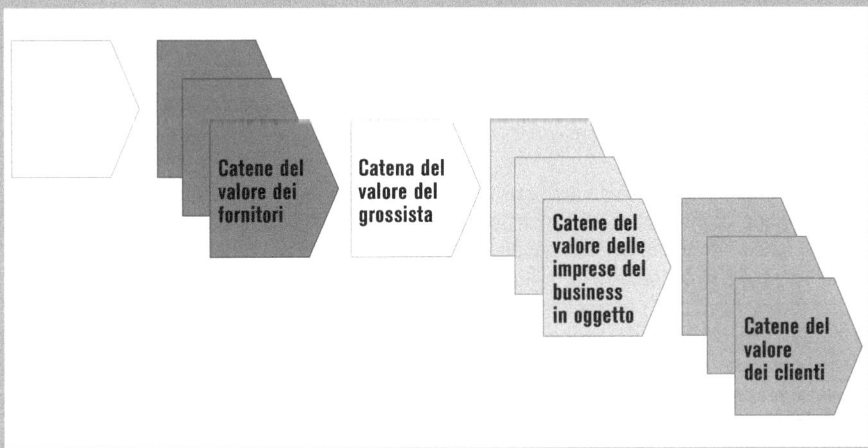

Figura 5.6
Il sistema del valore.
Fonte: adattamento degli Autori da Porter, 1985.

Caso 5.2 Il sistema del valore del settore petrolifero e la collocazione delle catene del valore dei diversi attori del settore

La catena del valore del settore petrolifero è articolata in tre fasi che nel complesso consentono la produzione, il trasporto e la distribuzione del gas e dei prodotti liquidi all'utilizzatore finale:

- l'*upstream*: che include le attività di ricerca e produzione;
- il *midstream*: che comprende il trasporto;
- il *downstream*: che include la raffinazione del petrolio e la distribuzione del gas e dei prodotti raffinati.

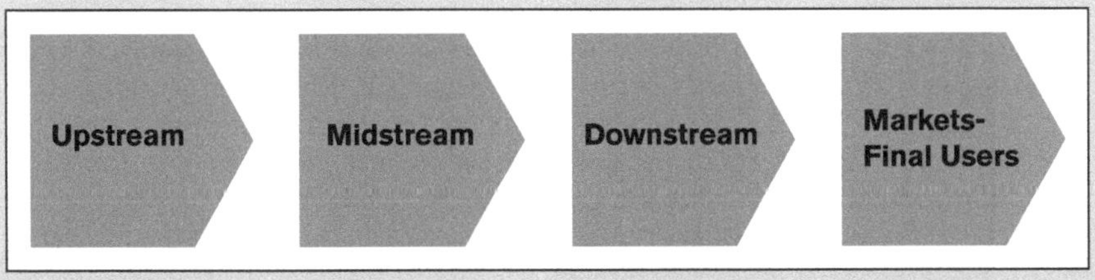

I processi compresi nella prima fase sono molto simili per il petrolio e il gas perché simili sono le metodologie per l'esplorazione e la ricerca nonché i problemi legati alla produzione: le attività in questa fase comprendono l'esecuzione di prove geofisiche (soprattutto con il metodo sismico a riflessione) per verificare la presenza di giacimenti, la perforazione e l'effettiva verifica della presenza di risorse economicamente sfruttabili. Nella fase di upstream, l'obiettivo della compagnia petrolifera è quello di identificare nuove opportunità e aree da esplorare. L'accesso a queste aree è regolato da titoli minerari che vengono concessi, tramite aste, dai Paesi produttori alle imprese: una volta ottenuta la licenza, la compagnia può intraprendere le attività di esplorazione per identificare i giacimenti. Sempre in questa prima fase è compresa l'attività di sviluppo dei possibili scenari adottabili per massimizzare il valore economico dell'operazione. Una volta scelto il progetto migliore, vengono

realizzati gli impianti, perforati i pozzi e avviata la produzione. L'attività a monte della catena del valore è la più importante dell'intero processo ed è quella nella quale si genera la quota maggiore del profitto. La fase midstream vede il trasporto dei prodotti dal luogo di estrazione alle raffinerie. È una fase comunque cruciale, considerato che la maggior parte degli idrocarburi disponibili giace in territori molto distanti da quelli in cui i prodotti vengono richiesti e consumati e dunque dove si trovano le raffinerie. Il trasporto può avvenire tramite gasdotti o trasporto via terra o mare: la scelta dipende da considerazioni di carattere logistico (distanze, conformazione territoriale), economico (costi operativi) e anche geopolitico e strategico. Ulteriore elemento di considerazione è la flessibilità che definisce l'opportunità di differenziare le aree di approvvigionamento consentendo di far fronte a eventi inattesi modificando le proprie rotte. Il petrolio, per trasformarsi nei prodotti finali a noi ben noti (dalla benzina, al gasolio e ad altri oli motore, dalla plastica ai cosmetici ecc.), deve subire diversi processi di trasformazione che consentono la raffinazione del greggio. I tre macro-processi sono la separazione o distillazione, la conversione e il trattamento finale.
Come evidente, ogni attività del sistema del valore delle imprese operanti in questo settore si compone di molteplici trasformazioni, la maggior parte delle quali ad alto contenuto tecnologico. Gli operatori del settore sviluppano la propria strategia e si specializzano nell'attività che consente loro, sulla base delle proprie risorse e competenze distintive, di ottenere un vantaggio competitivo sui concorrenti.
In questo ampio contesto che va, lungo il sistema del valore, dall'upstream al cliente finale, si posizionano le catene del valore di attori diversi che operano nei diversi business della filiera del petrolio e che descriviamo brevemente di seguito:

- National Oil Companies (NOC): compagnie controllate dai governi che nel corso degli anni hanno acquisito sempre più potere e attualmente detengono la maggior parte delle riserve mondiali;
- International Oil Companies (IOC): compagnie private che operano a livello internazionale e detengono un ruolo di primo piano in tutti i mercati aperti;
- *focused players*: imprese che per scelta strategica si focalizzano su una sola attività della catena del valore sviluppando dunque competenze specifiche molto avanzate nei processi dell'anello in cui operano;
- *service provider*: imprese che offrono infrastrutture, attrezzature, consulenza e servizi generali alle imprese del settore;
- *utility companies*: imprese che, anche qualora siano private, offrono servizi al consumatore finale come la fornitura di elettricità e gas;
- fondi di investimento: che investono appunto nel settore petrolifero.

Il gruppo ENI si colloca tra le IOC, che sono gruppi verticalmente integrati che operano a livello mondiale su tutte le attività del business system del settore petrolifero e nel petrolchimico. Si tratta di imprese che occupano una posizione rilevante nell'economia dei loro rispettivi Paesi. Le principali sono: BP, Chevron, Philips 66, ExxonMobil, Shelle Statoil, Total.
Il modello di business di queste imprese e quindi le relative catene del valore sono molto simili, ma differiscono sensibilmente da quelli degli altri principali gruppi di attori del settore petrolifero.
All'interno del gruppo delle IOC gli attori competono per conseguire un vantaggio competitivo che deriva dalla capacità di gestire le attività diversamente (con una diversa configurazione della catena del valore) o di gestire attività del sistema del valore diverse rispetto a quelle dei concorrenti, che comportano quindi strategie diverse adottate sui diversi business.
Nel primo caso si punta a prevalere, svolgendo le stesse attività in modo migliore rispetto ai concorrenti; nel secondo si cerca di prevalere grazie a un'offerta che ha caratteristiche di unicità.

Fonte: elaborazione degli Autori a partire dalla ricerca effettuata all'interno dell'ICRIM (International Center of Research in International Management) con il contributo di Marco Rambaldi Guidasci.

laminazione, produzione di pasta cellulosa), la produzione di carta, il commercio all'ingrosso, ed eventualmente al dettaglio, di carta. La creazione e la sostenibilità del vantaggio competitivo dipendono non solo dalla comprensione della catena del valore di un'impresa, ma anche dall'interazione che questa impresa è in grado di assicurare con tutti gli altri attori che contribuiscono a creare valore per il cliente.

I fornitori hanno le loro catene del valore (valore a monte) le quali creano e consegnano gli input acquistati e usati nella catena dell'impresa di riferimento, la quale a sua volta proporrà i suoi prodotti al mercato (valore a valle o ai canali) degli intermediari e poi del consumatore finale. I canali svolgono attività addizionali che influenzano il cliente finale e le attività proprie dell'impresa fornitrice.

Le catene del valore delle imprese che appartengono a una determinata filiera sono diverse tuttavia l'una dall'altra, riflettono le loro storie, le loro strategie e il successo che hanno avuto nel metterle a punto. La società di consulenza McKinsey & Company ha sviluppato il concetto di "sistema di business" (ma per evitare confusioni con il concetto di sistema del valore di Porter, usiamo la denominazione originale di business system)[4] basato sull'idea che il vantaggio competitivo dell'impresa si consegue intervenendo sulle funzioni aziendali e ridefinendo il sistema di business. Anche in questo caso si parla di sistema, ma non ci si riferisce alle attività, non si fa distinzione tra tipi d'attività né si rilevano le correlazioni come avviene per il sistema del valore.

Il **business system** rappresenta l'impresa come un insieme di gruppi di attività strettamente collegati. In questo caso l'analisi del valore è stata applicata all'evidenziazione delle conseguenze dei collegamenti tra attività primarie dell'impresa.

Lo schema in **Figura 5.7** consente di illustrare la molteplicità dei fattori su cui un'impresa può far leva per creare valore, talvolta in modo del tutto originale, almeno finché non intervenga un adattamento imitativo, rispetto a quanto realizzato dai concorrenti. Infatti, un'impresa potrebbe svolgere le attività tradizionali (approvvigionamento, design del prodotto, produzione, marketing e vendite, distribuzione, servizi ecc.) introducendo elementi innovativi in una o più fasi e creando collegamenti nuovi tra le attività, così da riformulare il business system. Per esempio, se si modifica il design del prodotto questa trasformazione può influenzare in modo più o meno rilevante la scelta delle materie prime o dei subcomponenti, con inevitabili conseguenze sulla configurazione dell'attività produttiva.

La catena del valore rappresenta l'articolazione tra attività primarie e attività secondarie in un determinato business. Tuttavia un'impresa potrebbe operare in più business.

L'individuazione delle relazioni tra le attività di catene del valore diverse all'interno della stessa impresa può orientare le strategie dell'impresa e contribuire a suggerirle i percorsi di investimento più appropriati.

Figura 5.7
Il business system della McKinsey & Company.
Fonte: adattamento degli Autori da Grant, 1994.

[4] Il concetto di sistema di business compare originariamente in Bower (1973) e si ritrova altresì descritto in Bales et al. (1980), Gluck (1980) e Buaron (1981).

5.4 Creazione del vantaggio competitivo

Vantaggio competitivo
Il vantaggio competitivo si definisce come il fattore alla base di migliori performance dell'impresa in termini di redditività rispetto ai suoi concorrenti nel settore di riferimento, in un arco temporale medio-lungo. Il vantaggio competitivo di un'impresa è altresì il risultato di un rapporto favorevole tra prezzi relativi e costi relativi. Alcune imprese hanno costi maggiori del 20% rispetto ai concorrenti, ma riescono a ottenere un prezzo relativo superiore del 35% (per esempio Apple, BMW, Illy); altre imprese adottano una strategia orientata a conseguire costi relativi inferiori del 10% e prezzi più bassi del 5% rispetto ai concorrenti (per esempio IKEA, Wal Mart). Se il risultato netto della configurazione adottata è positivo la strategia ha, per definizione, creato vantaggio competitivo.

Il successo di un'impresa dipende dalla sua capacità di creare e mantenere nel tempo un **vantaggio competitivo** rispetto alle imprese avversarie.

Il vantaggio competitivo si traduce, infatti, in una redditività superiore e sostenibile che può essere ottenuta anche attraverso il posizionamento in un settore attrattivo. Tuttavia, l'elevata turbolenza dei mercati e la crescente competizione fanno sì che siano ben pochi, oggi, i settori in grado di garantire rendimenti elevati e certi nel tempo.

Le dimensioni dell'ambito competitivo che influenzano la catena del valore sono le seguenti:

- ambito del segmento, che determina il profilo dei prodotti/servizi realizzati e degli acquirenti serviti;
- grado di integrazione, che dà la misura di quanta parte delle attività sia realizzata all'interno dell'impresa piuttosto che attraverso il ricorso al mercato o alle collaborazioni;
- ambito geografico, che indica l'ampiezza dei mercati serviti dall'impresa;
- ambito di settore, che indica l'ampiezza dei settori correlati nei quali l'impresa compete con una strategia coordinata.

Certamente il vantaggio competitivo rappresenta una fonte chiave per lo sviluppo e la sopravvivenza nel tempo del business. Ma come viene definito? Il vantaggio competitivo consiste proprio nella capacità di superare gli avversari svolgendo attività strategicamente importanti in modo più economico o più efficace. Un'impresa possiede un vantaggio competitivo sui suoi concorrenti quando ottiene in modo continuativo livelli di redditività superiori. Se il vantaggio competitivo è definito dalla capacità di ottenere una maggiore redditività, emerge una sovrapposizione tra i due concetti - vantaggio competitivo e redditività - che è bene chiarire. Sottolineiamo, con Grant (2011), che la differenza fondamentale tra i due poggia sul fatto che il vantaggio competitivo non si manifesta sempre in una maggiore redditività: a titolo di esempio, un'impresa può scegliere di rinunciare ai propri attuali profitti per investirli in tecnologia, in benefit per i propri dipendenti, nell'acquisto di una quota di mercato.

Prendendo come riferimento l'architettura della catena del valore, di cui abbiamo trattato nel paragrafo precedente, è possibile ricostruire il processo di creazione di vantaggio competitivo che può avvenire attraverso percorsi differenti.

L'ottimizzazione delle funzioni elementari

L'ottimizzazione delle funzioni elementari può essere ricercata per tutte le attività della catena del valore, anche se la catena del valore ci indica che non tutte le attività hanno lo stesso peso e non producono lo stesso valore per il mercato. Pertanto è importante identificare le attività chiave.

Il coordinamento interfunzionale

Il vantaggio competitivo in questo caso è assicurato dal modo in cui le attività si organizzano per creare valore al cliente in maniera superiore rispetto alla concorrenza.

Il coordinamento esterno

In questo caso il vantaggio competitivo è basato sulla consapevolezza che l'impresa non è isolata rispetto al suo contesto ambientale, in quanto presenta legami a monte (le catene del valore dei fornitori) e a valle (le catene del valore dei distributori) del sistema del valore. In questa prospettiva la costruzione del vantaggio competitivo si basa su una capacità esclusiva di coordinamento a monte e a valle da parte dell'impresa. I sistemi di produzione just-in-time, resi popolari dall'esperienza delle grandi imprese giapponesi del settore automobilistico, si basavano su questa capacità esclusiva.

Spostando l'attenzione sulle modalità attraverso le quali le imprese conseguono vantaggio competitivo è possibile identificare:

- il vantaggio di costo: l'impresa ottiene un vantaggio di costo fornendo un prodotto o servizio simile a quello dei concorrenti a un prezzo inferiore;

- il vantaggio di differenziazione: l'impresa ottiene tale vantaggio differenziando il prodotto o servizio in modo tale che il cliente sia disposto a pagare un differenziale di prezzo superiore al costo addizionale che questa offerta eventualmente comporta.

La **Figura 5.8** sintetizza le fonti del vantaggio competitivo.
L'impresa che sceglie di perseguire un vantaggio di costo si pone l'obiettivo di diventare leader di costo nel settore in cui "l'impresa trova e sfrutta tutte le fonti del vantaggio di costo e vende un prodotto standardizzato, senza fronzoli." (Porter, 1982). Diversamente, l'impresa che persegue un vantaggio di differenziazione "[...] fornisce qualcosa di unico che ha valore per il cliente al di là di una semplice offerta a basso prezzo." (Porter, 1982).

La scelta rispetto all'uno o all'altro obiettivo determina lo sviluppo di strategie differenti. Dalla combinazione tra le differenti tipologie di vantaggio competitivo e l'ambito di mercato scelto dall'impresa, Michael Porter ha individuato tre tipologie di strategia generiche, sulle quali ci soffermiamo nei paragrafi seguenti:

- la leadership di costo;
- la differenziazione;
- la focalizzazione.

La variabile che determina la strategia di focalizzazione è il campo di azione dell'impresa. Le stesse strategie di costo e di differenziazione, combinate con la scelta di competere in un segmento ristretto invece che in un mercato allargato, si traducono in una strategia di focalizzazione.
Se Porter (1980) considera le strategie di costo e di differenziazione come mutualmente esclusive, nella pratica dell'impresa che si pone l'obiettivo di diventare leader di costo nel proprio ambiente di riferimento non sono del tutto escluse scelte in qualche modo legate al differenziare la propria offerta per soddisfare i clienti. Certamente, la scelta di competere sui costi comporta l'offerta di un prodotto semplice e in qualche modo standardizzato. Pur tuttavia, ciò non si traduce nell'offerta di un prodotto indifferenziato. La stessa riflessione è valida per le imprese che scelgono di competere differenziandosi dai propri concorrenti: essere incuranti dei costi è in ogni caso un lusso che nessun business può permettersi (Grant, 1994). Nel **Capitolo 7** daremo conto dell'evoluzione delle tecniche e delle strategie a cominciare dal contributo di Chan Kim e Mauborgne (2005) che sostengono l'esigenza di accedere a nuovi modelli di business ("Oceano Blu") spezzando il trade-off tra costo e valore.

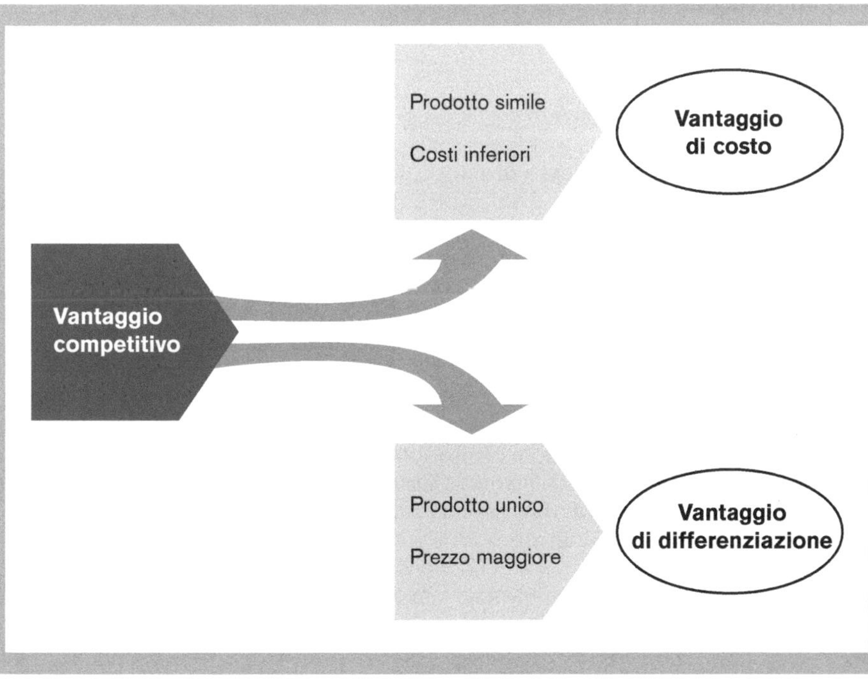

Figura 5.8
Le fonti del vantaggio competitivo.
Fonte: adattamento degli Autori da Porter, 1982.

5.4.1 Leadership di costo

Per approfondire le logiche sottostanti la scelta di una strategia basata sul vantaggio di costo, consideriamo innanzitutto le condizioni alle quali questa sia preferibile. Una strategia di costo è solitamente preferibile:

- quando il prodotto/servizio offerto è omogeneo;
- quando le opportunità di competere su altri ambiti sono assai limitate;
- quando la concorrenza si intensifica, anche nei settori differenziati.

L'applicazione della strategia di costo richiede di ragionare prevalentemente secondo la logica dell'ottimizzazione delle funzioni elementari (tutte le attività della catena del valore) che abbiamo analizzato precedentemente.

I passaggi chiave da seguire sono i seguenti:

- identificare le fonti principali del vantaggio di costo all'interno del settore;
- valutare le condizioni di costo dell'impresa disaggregandola nelle sue diverse attività (per esempio attraverso l'impiego della catena del valore) e determinando la loro importanza relativa sul costo totale del prodotto;
- utilizzare i dati emersi dall'analisi dei costi per identificare i fattori che influenzano la determinazione dei costi;
- una volta accertata l'esistenza di un margine di riducibilità dei costi, formulare la strategia competitiva.

Per poter attuare con successo una strategia di costo è necessario verificare se l'impresa ha i requisiti (in termini di risorse e competenze e in termini di condizioni organizzative) per poterla effettuare.

I requisiti in termini di risorse e competenze sono i seguenti:

- capacità finanziarie;
- capacità di introdurre innovazioni di processo;
- capacità di supervisione;
- capacità di introdurre semplificazioni nel prodotto;
- efficienza distributiva.

I requisiti in termini di condizioni organizzative sono i seguenti:

- controllo dei costi;
- reporting frequente;
- responsabilità formalizzate;
- obiettivi quantitativi;
- incentivi collegati agli obiettivi.

La **Figura 5.9** mostra, nella colonna di sinistra, tutti i fattori che costituiscono delle possibili fonti di vantaggio di costo. Sviluppare una strategia di riduzione dei costi significa attuare tutti quei comportamenti che rendono possibile lo sfruttamento dei fattori che determinano una riduzione dei costi. La colonna di destra della figura indica le conseguenze dello sfruttamento delle fonti di riduzione dei costi sui comportamenti.

L'attuazione di una strategia di riduzione dei costi non assicura di per sé il successo, esistono una serie di limiti insiti nell'attuazione di questa strategia. Vediamo quali sono i principali:

- le economie di scala sono utili soprattutto nel caso di prodotti omogenei, ma i mercati sono sempre più differenziati; inoltre lo sfruttamento delle economie di scala impone dimensioni e rigidità non sempre compatibili con la mutabilità della domanda;
- l'aumento delle dimensioni dell'impresa alla ricerca dell'efficienza può, oltre una certa soglia, causare l'insorgere di diseconomie generate da:
  - relazioni sindacali più difficili;
  - maggiori costi organizzativi e di coordinamento;
  - un più pesante impatto ambientale con la conseguente esigenza di soluzioni correttive;

- i concorrenti possono introdurre innovazioni tecnologiche che vanificano il vantaggio di costo conseguito con le tecnologie tradizionali;
- l'eccessiva enfasi sui costi potrebbe tradursi in un'impossibilità al cambiamento e all'innovazione;
- l'esperienza può essere acquisita anche con modalità alternative all'aumento del volume cumulato di prodotto, a cui si punta solitamente per conseguire delle economie di esperienza. I concorrenti, anche se nuovi del settore, potrebbero accelerare il processo di apprendimento acquisendo personale che è portatore di un'esperienza sviluppata in altre imprese.

FATTORI	CONSEGUENZE SUI COMPORTAMENTI
Economie di scala	• Aumentare i volumi e agire sull'indivisibilità dei fattori produttivi • Specializzazione e divisione del lavoro
Economie di apprendimento	• Aumento dell'abilità • Miglioramenti nell'organizzazione e nel coordinamento
Miglioramenti nelle tecniche di produzione	• Riduzione del fabbisogno di mano d'opera • Utilizzazione più efficiente delle materie prime • Riduzione scarti e sfridi
Riprogettazione del prodotto	• Progettazione finalizzata all'automazione • Progettazione che consente risparmi di materiale
Riorganizzazione degli approvvigionamenti	• Ricercare la vicinanza geografica alle fonti di approvvigionamento • Accesso privilegiato a fonti più economiche • Usare il potere contrattuale verso i fornitori o sviluppare accordi con i fornitori per ridurre i costi di transazione
Piena utilizzazione della capacità produttiva	• Gestire i vincoli del rapporto tra costi fissi e variabili • Valutare i costi di installazione e di eliminazione della capacità in eccesso
Efficienza operativa residuale	• Agire sull'inadeguatezza organizzativa, riducendo o reimpiegando le risorse libere

Figura 5.9
Le fonti del vantaggio di costo.
Fonte: adattamento degli Autori da Grant, 1994.

Caso 5.3 Il vantaggio competitivo basato sui bassi costi

La Doria nasce nel 1954 ad Angri, nell'Agro Nocerino Sarnese, una zona che all'epoca si caratterizzava per la coltivazione intensiva del pomodoro San Marzano, la cui massiccia presenza contribuì allo sviluppo di un distretto agroindustriale che ancora oggi rappresenta il principale polo produttivo nazionale nel settore delle conserve di pomodoro. A partire dagli anni Sessanta La Doria acquisisce posizioni di rilievo nei mercati esteri, soprattutto attraverso le "private label"; tra gli anni Ottanta e Novanta realizza poi un importante piano d'espansione e, con l'ammodernamento degli impianti e la diversificazione dei prodotti e dei mercati, raddoppia la propria capacità produttiva. Attualmente il gruppo occupa 754 dipendenti fissi e oltre 1500 stagionali, è presente in Italia con 6 stabilimenti produttivi e in Gran Bretagna (dove è leader nei derivati del pomodoro nel segmento private label) con una società di trading. L'azienda, oggi, grazie all'esperienza accumulata durante gli anni, concentra tutti i suoi sforzi su tre linee di prodotti: pomodoro, legumi, succhi di frutta. Il gruppo produce principalmente private label, marchi commerciali della grande distribuzione e della distribuzione organizzata, sia italiani che stranieri. Alcuni fattori sono alla base di una strategia di leadership di costo che si è dimostrata negli anni vincente: innanzitutto le economie di scala conseguite grazie a volumi elevati di produzione e vendita (per offrire un'idea della produzione si basti considerare che la capacità produttiva è pari a 400 mila tonnellate di pomodoro fresco, 180 milioni di litri di succo di frutta, 150 mila tonnellate di legumi/pasta in scatola) e l'ampiezza e profondità della gamma (dalla

lavorazione dei pomodori: pelati, polpa, passata, pomodorini, sughi pronti; dalla frutta: nettari, succhi, bevande, tè freddo; tra i vegetali: legumi, *baked beans, red kidney beans*, pasta in scatola, carote, zuppe).
La Doria (quotata in borsa dal 1995) è stata una delle prime aziende del settore a puntare su una diversificazione della produzione che le consentisse di ottimizzare i costi fissi, ottenere economie di approvvigionamento e offrire alla clientela una pluralità di articoli con indubbi benefici anche in termini di ottimizzazione dei costi di distribuzione e di marketing. Numerose sono state le operazioni che hanno consolidato la posizione competitiva dell'azienda consentendo di accrescere i volumi di produzione e di dotarsi di tecnologie e infrastrutture sia nel business principale (i derivati di pomodoro) sia nelle aree di diversificazione (succhi di frutta, verdura e pasta in scatola).

- 1996 La Doria acquisisce una partecipazione di minoranza, pari al 24,75% nella Delfino S.p.A.;
- 1997 La Doria crea una joint venture con la Gerber Foods International;
- 1998 l'azienda acquisisce il controllo della joint venture (ora LDH (La Doria) Ltd). 1998 La Doria acquisisce il 56% della Pomagro S.r.l.;
- 1999 il gruppo La Doria acquista uno dei siti produttivi della Star S.p.A.;
- 2000-2002 l'azienda realizza un piano di investimenti di oltre 36 milioni di euro, volto all'espansione dei volumi e alla realizzazione di economie di scala;
- 2004 La Doria acquisisce l'80% di Sanafrutta S.p.A., detentrice del 100% di Confruit G S.p.A.;
- 2004 l'azienda acquisisce il controllo indiretto di Eugea Mediterranea S.p.A.;
- 2005 La Doria porta la sua partecipazione in Sanafrutta S.p.A. al 100%;
- 2005 l'azienda dismette la sua partecipazione di minoranza nella Delfino S.p.A., ritenuta non più strategica;
- 2006 Sanafrutta S.p.A. e Confruit G S.p.A. vengono fuse per incorporazione nella capogruppo, La Doria S.p.A.;
- 2006 La Doria aumenta la sua partecipazione in Pomagro S.r.l dal 56% al 100%;
- 2007 Pomagro viene fusa per incorporazione nella capogruppo, a completamento del processo di razionalizzazione dell'assetto del gruppo;
- 2008 chiusura parziale del sito di Faenza allo scopo di ottimizzare i costi di produzione e rendere più competitivo il gruppo, in particolare nel mercato dei succhi di frutta;
- 2011 acquisizione immobile industriale, localizzato in Fisciano (SA), finalizzato all'ampliamento dell'area deposito e a futuri progetti di riassetto industriale.

Altrettanto importanti, per sostenere un vantaggio di costo, sono i livelli elevati di tecnologia di processo ed efficienza produttiva, in continuo miglioramento grazie anche alla scelta di distribuire la produzione in cinque siti produttivi (Angri, Sarno, Fisciano, Lavello e Faenza) ciascuno specializzato nella trasformazione di determinati prodotti. Questi sono i principali fattori che hanno consentito all'azienda di ridurre fortemente i costi e, dunque, di diventare leader di costo sul proprio mercato; pur tuttavia il basso prezzo si unisce a livelli di qualità del prodotto e del servizio che si mantengono su buoni standard, in particolare grazie allo sviluppo di know-how specifico nella produzione di private labels.

Fonte: elaborazione degli Autori da www.gruppoladoria.com

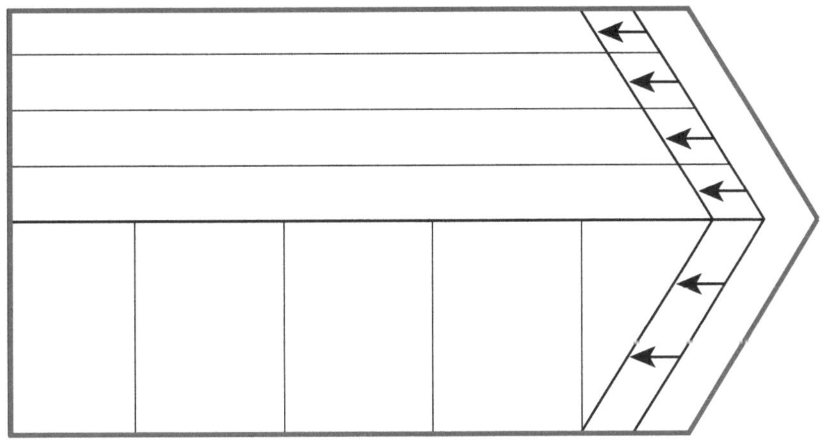

Figura 5.10
Catena del valore e riduzione dei costi.
Fonte: adattamento degli Autori da Porter, 1982.

La **Figura 5.10** mostra come si trasforma la catena del valore di un'impresa nel caso in cui quest'ultima persegua l'obiettivo della leadership di costo nel proprio ambiente di riferimento.

Le riduzioni di costo delle attività di base e di supporto, rappresentate nella figura dalla contrazione della loro ampiezza, consentono di "liberare" un più ampio margine. L'effetto della riduzione dei costi va perseguito sull'insieme delle attività della catena del valore e in questo senso la disaggregazione delle attività consente:

- di evidenziare più chiaramente quali possono essere le attività di cui è possibile condividere i costi tra business (e catene del valore) diversi;
- di determinare con maggiore accuratezza le determinanti di costo al di là dell'effetto esperienza.

Queste procedure, supportate come abbiamo visto anche dall'impiego delle metodologie di contabilità dei costi basate sulle attività (ABC), consentono di ridefinire con maggiore efficacia le procedure rivolte al contenimento dei costi. Per esempio, è possibile dividere i costi totali nei costi di acquisto degli input e nei costi aggiuntivi (valore aggiunto meno margine) per ridefinire una curva di esperienza applicata solo ai secondi.

Caso 5.4 Illy e la qualità nella tazzina

La Illycaffè Spa, fondata a Trieste nel 1933 da Francesco Illy, nasce come impresa di torrefazione, caratterizzandosi fin dagli inizi per la costante ricerca della qualità nella produzione di caffè per espresso.

Illy inizia a distribuire caffè per il consumo domestico nel 1965, nel 1972 è la prima azienda a vendere caffè in bustine monodose simili a quelle del tè, e nel 1975 entra nel mercato nordamericano.

Illy vanta oggi un servizio giornaliero di oltre 6 milioni di espressi serviti (di cui circa 4 milioni in Italia) in più di 100 000 hotel, bar e ristoranti, ed è presente in circa 140 Paesi, offrendo una miscela di 100% caffè Arabica (in tre diverse tostature) la cui produzione è ancora concentrata per intero nello stabilimento di Trieste.

La missione aziendale di «deliziare tutti coloro che, nel mondo, amano la qualità della vita, attraverso il migliore caffè che la natura possa offrire, esaltato dalle migliori tecnologie nonché dall'emozione e dal coinvolgimento intellettuale che nascono dalla ricerca del bello in tutto quello che facciamo» riflette l'intenso sforzo che da sempre l'azienda dedica alla ricerca per svi-

luppare competenze distintive in grado di valutare con minuziosa scrupolosità ogni componente, sia a livello di prodotto che a livello di processo. Nel caso di Illy, si può a buon diritto parlare di passione e cura del caffè dalla pianta alla tazzina.
È proprio sulla tazzina che si concentra la nostra attenzione. Illy deve evitare che si frappongano ostacoli alla realizzazione di quella che appare come una chiara strategia di differenziazione, ossia deve far in modo che i grandi sforzi di sviluppo e innovazione sostenuti non siano compromessi da fattori esterni alla catena del valore dell'impresa, ma interni al sistema del valore che, lungo la supply chain, va dall'approvvigionamento del caffè al momento della degustazione dell'espresso da parte del cliente.
Si tratta di una sfida non piccola che Illy ha vinto nel corso del tempo riuscendo a conseguire un vantaggio competitivo che si concretizza in una serie di attività che descriviamo di seguito, che avvengono all'interno della catena del valore dell'impresa, ma anche attraverso lo sviluppo di una serie di relazioni con altri attori del sistema del valore e con il presidio di altre parti del sistema del valore, a monte e a valle dell'impresa.
Illy ha sempre mostrato attenzione per tutte le fasi che caratterizzano il processo produttivo e attraverso gli sforzi costantemente profusi nella diffusione di una vera e propria "cultura dell'espresso".
È proprio su questo primo aspetto che dobbiamo concentrare l'attenzione: il business nel quale Illy compete per l'eccellenza non è quello del caffè, ma quello dell'espresso. Il caffè è una bevanda diffusa nel mondo, ma la cultura del caffè espresso è tipicamente italiana.
Illy punta a proporre agli intenditori e agli appassionati di tutto il mondo il caffè ideale: "il migliore che la natura possa offrire", esaltato da una lavorazione impeccabile che integra le migliori tecnologie e l'esperienza di quasi ottant'anni di passione familiare e imprenditoriale. Illy distribuisce lo stesso prodotto di elevata qualità su tutti i mercati del mondo, con l'intento di offrire al consumatore un'esperienza unica, ma sempre identica, indipendentemente dal luogo di consumo. Per realizzare questo risultato oltre a innovare e perfezionare il prodotto con le migliori tecnologie è necessario far leva sui *liquorer illy* (i responsabili della qualità del risultato finale, il cui ruolo è simile a quello che gli "enologi" svolgono per il vino) che selezionano i "cru" (le piantagioni che come nel vino e nel cacao danno prodotti pregiati) che andranno a comporre il blend Illy. Si tratta di un processo delicato: ogni due mesi il caffè acquistato viene degustato nuovamente, per verificare che le caratteristiche per cui è stato scelto siano permanenti e la stessa partita viene degustata e valutata fino a otto volte prima di entrare nella composizione del blend.
Oltre a questo è evidente che la qualità della materia prima gioca un ruolo cruciale: ecco che allora il management di Illy è "uscito" dalla propria catena del valore e ha attivato una serie di relazioni virtuose nei confronti dei produttori, modificando il concetto di caffè come "commodity" e realizzando qualcosa di simile a ciò che avviene per la produzione del vino, dove le imprese (per lo più) integrate presidiano sia la fase di produzione delle uve sia quella di trasformazione nel vino. Trattandosi di caffé questa operazione non poteva avvenire nelle campagne friulane.
L'azienda triestina è però riuscita a selezionare le migliori partite di chicchi di caffè di qualità Arabica in tutto il mondo (per il 60% provenienti dal Brasile) e portare la migliore qualità di caffè nello stabilimento di Trieste, dove questa selezione viene mescolata per ricavarne una miscela, con specifiche caratteristiche aromatiche. A questo proposito, Illy ha messo in opera un interessante sistema di approvvigionamenti che le permette di bypassare i mercati borsistici (New York e Londra) dove il caffè viene scambiato come una commodity. Ha introdotto, dapprima in Brasile dal 1991, poi in Etiopia e recentemente negli altri principali Paesi suoi fornitori, un Quality Coffee Award, ossia un "Premio Qualità per il caffè per espresso", finalizzato appunto a premiare i produttori di caffè arabica di qualità superiore. Attraverso tale premio i produttori si assicurano non solo una somma in denaro come riconoscimento delle loro capacità (30000 dollari), ma anche l'acquisto dell'intero lotto vincitore da parte di Illy, a prezzi fino al 30% superiori a quelli di mercato. Inoltre entrano a far parte del "Club Illy" dei fornitori ufficiali di caffè alla casa triestina, un titolo che poi loro "spendono" sul mercato per vendere il resto del proprio caffè, forti del riconoscimento ufficiale della propria qualità, ottenendo, di conseguenza, prezzi di vendita migliori rispetto a quelli del prodotto non selezionato. A sua volta Illy ha il vantaggio di selezionare i migliori chicchi di caffè verde e di fidelizzare attraverso il Club i suoi fornitori (passati dai circa 300 degli inizi degli anni Novanta agli oltre 4000 attuali). Infatti l'azienda non lega questi coltivatori a contratti di esclusiva, ma investe molto per sviluppare la relazione con loro, trasferendo know-how riguardante tecniche e processi di coltivazione atti a preservare

la qualità di una materia prima (il chicco) tanto fragile che durante le prime fasi di lavorazione (raccolta, essiccatura e trasporto) viene facilmente deteriorata.
Illy nasce con una forte vocazione internazionale facilitata anche da un'importante innovazione esclusiva che riesce a introdurre in merito al sistema di conservazione del prodotto: un metodo di pressurizzazione sotto azoto che permette di compiere lunghe distanze, mantenendo inalterato nel tempo l'aroma del caffè.
Illy è quindi in grado di offrire un prodotto basato su una materia prima eccellente, trasformato secondo le migliori tecniche e trasferibile alla scala internazionale senza che i tempi e la lunghezza dei trasporti ne compromettano la qualità. Siamo però ancora lontani dall'aver raggiunto la tazzina di caffè.
Si tratta di gestire la fase commerciale e distributiva.
Per Illy la modalità prediletta di entrata sui mercati stranieri non è sempre quella dell'apertura di filiali dirette, spesso ci si appoggia a imprese partner (importatori e distributori) che Illy sceglie accuratamente in base alla loro capacità di portare avanti la sua strategia (posizionamento di alta qualità e prezzo), ma anche di educare i loro mercati alla cultura dell'espresso.
A questo proposito il Cav. Ernesto Illy amava citare i casi di due importatori e distributori di piccoli Paesi: la Grecia e la Nuova Zelanda. Questi partner avevano conseguito buoni risultati commerciali, ma soprattutto erano stati in grado di valorizzare l'espresso e l'offerta di Illy presso i punti vendita serviti e di conseguenza presso gli utenti finali. Realizzare un buon espresso può apparire banale (soprattutto agli italiani), ma non lo è necessariamente nel resto del mondo. L'arte del barista consiste nel calibrare la macinatura, nel pressare giustamente la polvere di caffè nel filtro, nell'estrarre la bevanda alla giusta temperatura, alla giusta pressione e per il tempo esatto. Inoltre una manutenzione poco accurata della macchina rischia di compromettere il risultato e far diventare un espresso mediocre anche la migliore miscela di caffè. Nei mercati più strategici, come Stati Uniti, Benelux, Francia, Spagna e Germania, Illy ha invece delle proprie filiali commerciali.
L'affermazione di Illy negli Stati Uniti avvenne grazie all'interesse per la tradizione culinaria italiana, ma fu aiutata, in buona misura, anche dall'impatto comunicativo che alcuni elementi dello star system cinematografico poterono esercitare soprattutto dalla seconda metà degli anni Ottanta. Ciò che però amava sottolineare il Cav. Ernesto Illy, raccontando delle principali difficoltà incontrate dall'azienda sul mercato statunitense, era che si trattava di un Paese in cui si trovano molti "versatori" di caffè, ma decisamente meno baristi abili a realizzare un buon espresso. Come implementare quindi una strategia di differenziazione in questo contesto?
Dall'attenzione per il prodotto, ben presto si è passati a un concetto esteso al "sistema prodotto", con importanti interventi anche sulla confezione, che è stata modificata per ben tre volte negli ultimi 20 anni. Nel canale "horeca" (che identifica gli hotel, i ristoranti e i caffè) è stato critico formare gli oltre 50 000 baristi che in tutto il mondo offrono ai loro clienti il caffè Illy, condividendo con loro il patrimonio di conoscenza e di esperienza dell'azienda. Il loro ruolo è stato fondamentale anche per comunicare la componente "narrativa" di un prodotto di qualità e di tradizione come l'espresso Illy.
Ma il passaggio più importante, nel tentativo di offrire al cliente finale una qualità nella tazzina in linea con lo sforzo di Illy all'interno della propria catena del valore e lungo il sistema del valore tanto a monte quanto a valle dell'impresa, è stato la creazione dei punti vendita "espressamente illy", che in tutto il mondo offrono l'autentico caffè italiano e l'anima del bar di tradizione italiana.
L'obiettivo di Illy è stato ambizioso e intreccia cultura materiale, valori del bello e del buono, competenza, esperienza e ricerca costante della perfezione, che sono il marcatore genetico dell'azienda. Gli "espressamente illy" sono i luoghi della ristorazione veloce di qualità dove trovare tutti i prodotti Illy: nel migliore dei modi immaginabili, con la migliore qualità di servizio. La formazione costante dell'Università del caffè e il sistema di qualità illy ne sono i garanti.
Si tratta di *flagship* del marchio che si trovano negli aeroporti, nelle vie più frequentate, nei centri commerciali di alta qualità, oppure nei musei. Una catena internazionale di bar dal design contemporaneo, dove l'unicità dell'espresso Illy è accompagnata da una selezione di cibi tipicamente italiani e dall'offerta di tutti i prodotti del mondo Illy.
Con "espressamente illy" l'impresa realizza una diversificazione a valle della propria attività in un business, quello del dettaglio nei bar-caffetterie, lontanissimo dalle competenze e dalla cultura di un'impresa industriale. Ma questa operazione è stata cruciale per affermare in tutto il mondo un diverso concetto di luogo di degustazione accogliente, quello in cui è possibile

scoprire o ritrovare il piacere di un ottimo espresso, vivendo un'esperienza globale di gusto, di stile e di eccellenza. Ciò che più si avvicina alla qualità nella tazzina coerente con il vantaggio competitivo ricercato da Illy.

Fonte: elaborazione degli Autori a partire dagli incontri di Alessandro Baroncelli con il cav. Ernesto Illy; Ghezzi D.M., Lo sviluppo di una formula imprenditoriale di successo: il caso illycaffè, *Collana Casi Aziendali n. 4/2009, CERSI; sito aziendale: www.illy.com*

5.4.2 Differenziazione

I tratti essenziali di una strategia di differenziazione sono i seguenti:
- coinvolge tutti gli aspetti relativi al modo in cui l'impresa svolge la propria attività (tutte le attività primarie e di supporto) e gestisce le proprie relazioni;
- è fondata sul concetto di unicità dell'offerta.

L'applicazione della strategia di differenziazione richiede di ragionare prevalentemente secondo la logica del mercato sfruttando tutti gli elementi che consentono all'impresa di essere percepita come diversa rispetto ai propri concorrenti.

Una differenziazione può essere considerata tale:
- se l'impresa offre qualcosa di unico (per esempio: caratteristiche del prodotto, della confezione, delle prestazioni; il servizio complementare, i canali distributivi, i termini di pagamento, le garanzie, l'immagine ecc.);
- se gli acquirenti attribuiscono un valore a tale offerta;
- se va al di là di una semplice offerta basata su un prezzo basso.

I passaggi e le condizioni chiave per la formulazione di una strategia di differenziazione sono i seguenti:
- avere comprensione dei bisogni e delle preferenze dei clienti;
- sviluppare un'assoluta dedizione verso i clienti;
- avere consapevolezza delle proprie competenze;
- sviluppare capacità d'innovazione.

Per poter attuare con successo una strategia di differenziazione è necessario agire tanto sulle attività materiali quanto su quelle immateriali dell'offerta.

La **Figura 5.11** mostra un esempio di applicazione della differenziazione a elementi materiali nell'offerta di un bene di consumo durevole (per esempio: elettrodomestici,

Caratteristiche del prodotto	Prestazioni del prodotto	Elementi complementari
• dimensioni • forma • colore • peso • design • materiali • tecnologia • ecc.	• affidabilità • solidità • gusto • rapidità • durata • sicurezza • ecc.	• assistenza • accessori • disponibilità • consegna • pagamenti • aggiornamento • ecc.

Figura 5.11
Le attività materiali come fonte di differenziazione.
Fonte: adattamento degli Autori da Porter, 1982.

auto ecc.). La differenziazione si può basare sulle caratteristiche fisiche, sulle prestazioni e sugli elementi complementari al prodotto.

La differenziazione basata sulle attività immateriali deve tenere conto del fatto che le scelte del mercato riferite ai prodotti e servizi sono influenzate da fattori:

- sociali;
- emozionali;
- psicologici;
- estetici.

E sono motivate dal desiderio di:

- esclusività;
- individualità;
- sicurezza.

Da questo punto di vista l'impresa deve cercare di creare vantaggio competitivo a partire da fattori quali per esempio il marchio, lo status o l'immagine.

La differenziazione riferita ad aspetti immateriali è solitamente più difficile da conseguire, ma se raggiunta assicura un vantaggio competitivo più durevole nel tempo perché basato su aspetti che sono meno imitabili dalla concorrenza.

I requisiti in termini di risorse e competenze perché sia possibile sviluppare una strategia di differenziazione di successo sono i seguenti:

- competenze di marketing;
- competenze tecnologiche;
- innovazione di prodotto;
- ricerca di base;
- qualità;
- coordinamento dei canali distributivi.

I requisiti in termini di condizioni organizzative sono i seguenti:

- coordinamento interfunzionale;
- capacità di attrarre forza lavoro qualificata;
- valutazioni personalizzate dei collaboratori.

La ricerca dei fattori di differenziazione può essere facilitata dall'impiego della catena del valore come strumento che individua dove l'impresa dispone di vantaggi competitivi e dove può creare il valore maggiore per il mercato.

La **Figura 5.12** mostra come si trasforma la catena del valore di un'impresa nel caso in cui persegua l'obiettivo della differenziazione. L'impresa in questo caso riesce ad attuare

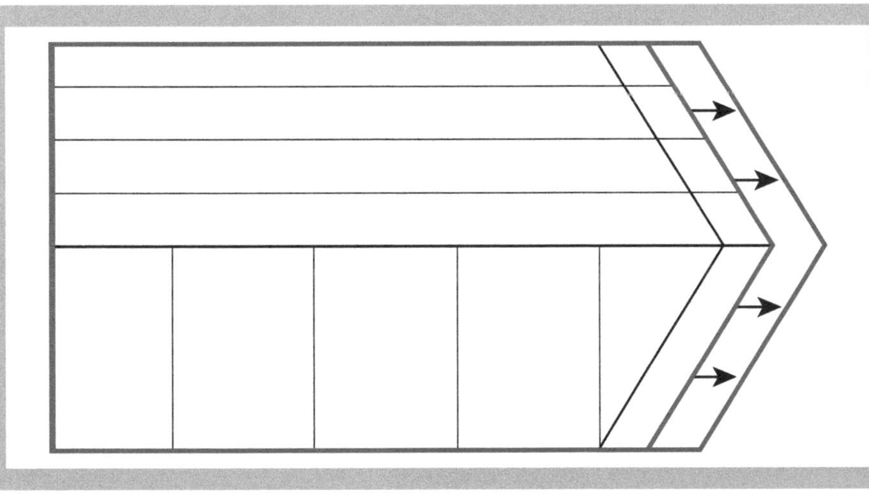

Figura 5.12
Catena del valore e differenziazione.
Fonte: adattamento degli Autori da Porter, 1982.

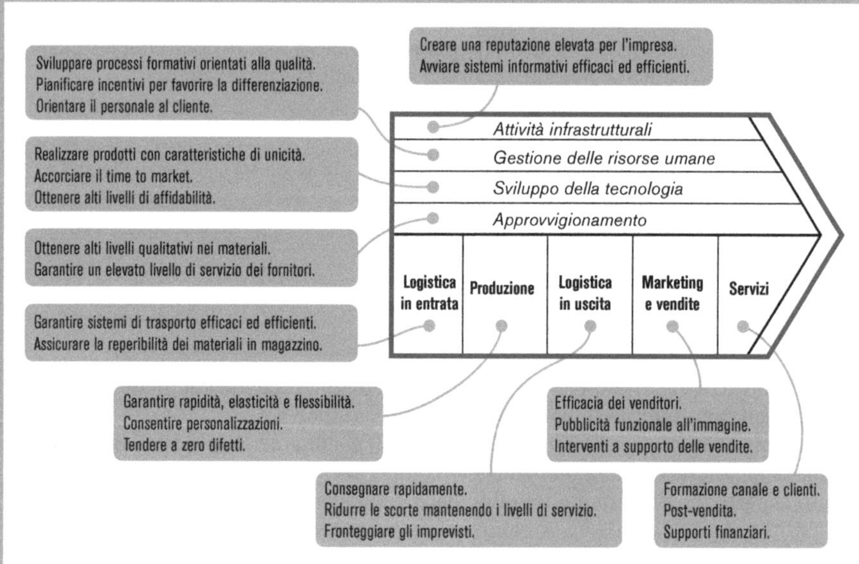

Figura 5.13
L'individuazione del potenziale di differenziazione attraverso la catena del valore.
Fonte: adattamento degli Autori da Grant, 1994.

dei comportamenti che generano un valore accresciuto nella misura in cui riesce a far pagare i propri clienti un prezzo superiore con un incremento meno che proporzionale del costo complessivo. L'ampliamento del margine si ottiene quindi grazie al maggior valore riconosciuto dal mercato, rappresentato nella figura dall'espansione del grafico.

L'impiego della catena del valore per individuare le opportunità di conseguire un vantaggio di differenziazione consiste operativamente nell'attuazione di quattro fasi:

1. costruire le catene del valore per l'impresa e per il cliente;
2. individuare i fattori determinanti dell'unicità per ciascuna attività (la **Figura 5.13** individua le principali fonti di differenziazione a partire dalla catena del valore generica di Porter);
3. selezionare le variabili di differenziazione più vantaggiose:
   - maggior potenziale a costi inferiori;
   - collegamenti tra le attività;
   - sostenibilità;
4. identificare i collegamenti tra le catene del valore dell'impresa e del cliente:
   - valore per l'acquirente.

Così come per la strategia di riduzione dei costi, anche per la strategia di differenziazione esistono una serie di rischi. Vediamo quali sono i principali:

- proporre un differenziale di prezzo troppo elevato rispetto ai concorrenti che seguono strategie di costo. Il mercato in questo caso potrebbe non riconoscere all'offerta un valore tale da giustificare questo differenziale e puntare sul prezzo più basso;
- puntare su un fattore di differenziazione al quale il mercato non dà più rilevanza. Per esempio, nel caso dei prodotti industriali ciò può avvenire quando il cliente diventa più professionale, oppure nel caso dei beni di largo consumo quando sono intervenute trasformazioni socioculturali profonde che hanno mutato i comportamenti d'acquisto;
- l'imitazione dei concorrenti ha ristretto o addirittura annullato i fattori di differenziazione. Questa è una circostanza frequente in particolare nei settori maturi.

Riepilogo

- La catena del valore è uno schema interpretativo che fa emergere il ruolo, il contributo e il costo delle diverse attività dell'impresa nel raggiungimento di un risultato sostenibile nel lungo periodo.
- La catena del valore nell'analisi dei costi.
  Consente:
  - di identificare i fattori che determinano i costi delle diverse attività, e loro importanza relativa;
  - di evidenziare perché l'impresa ha costi diversi rispetto ai concorrenti;
  - di scoprire quali attività sono svolte in modo efficiente e quali in modo inefficiente;
  - di rilevare come i costi di un'attività influiscono sui costi di un'altra,
  - di isolare le attività che dovrebbero essere svolte all'interno rispetto a quelle da esternalizzare.

  Richiede:
  - la disaggregazione dell'impresa in attività separate;
  - la determinazione della loro importanza relativa sul costo totale del prodotto;
  - l'identificazione dei fattori che influenzano la determinazione dei costi;
  - l'identificazione dei legami esistenti;
  - l'accertamento del margine di riducibilità dei costi.
- La catena del valore nell'analisi della differenziazione, richiede:
  - la costruzione della catena del valore per l'impresa e per il cliente,
  - l'identificazione dei fattori determinanti dell'unicità per cia

Domande di verifica

1. Come si può definire il concetto di vantaggio competitivo?
2. Come si possono spiegare le differenze negli approcci basati sull'analisi del settore, sulla catena del valore e sul sistema del valore riguardo alle determinanti del vantaggio competitivo e della redditività delle imprese?
3. Quali sono le attività in cui si articola la catena del valore?
4. Quali sono i possibili utilizzi della catena del valore?
5. Come si esprime, attraverso la catena del valore, la ricerca di un vantaggio competitivo in termini di minori costi?
6. Come si esprime, attraverso la catena del valore, la ricerca di un vantaggio competitivo in termini di differenziazione?
7. In cosa consiste il concetto di sistema del valore?

Bibliografia

Afuah A., "How much do your co-opetitors' capabilities matter in the face of technological change?", *Strategic Management Journal*, vol. 21 (2000), pp. 387-404.

Amit R., Schoemaker P.J.H., "Strategic Assets and Organizational Rent", *Strategic Management Journal*, Vol.14 (1993), n.1, pp. 33-46.

Bales Carter F., Chatterjee P.C., Gogel Donald J., Anupam P. Puri, "Competitive Cost Analysis", *McKinsey Staff Paper*, (1980).

Barley S. R., Freeman J., Hybels R.C., "Strategic alliances in commercial biotechnology", in Nohria N., Eccles R. (eds.), *Networks and Organizations*, Harvard Business School Press, Boston 1992, pp. 311-347.

Barney J.B., "Firm Resources and Sustained Competitive Advantage", *Journal of Management*, n. 17 (1991), pp. 99-120.

Baum J.A.C., Calabrese T., Silverman B.S., "Don't go it alone: Alliance network composition and startup's performance in Canadian biotechnology", *Strategic Management Journal*, vol. 21 (2000), pp. 267-294.

Bower J.L., "Simple Economic Tools for Strategic Analysis", *Harvard Business School Case Studies*, n. 9 (1973), pp. 373-094.

Buaron R., "New Game Strategies", *McKinsey Quarterly*, (1981).

Capaldo A., "Lo studio delle capacità relazionali dell'impresa: scelte epistemologiche, impianto teorico ed una proposta metodologica", *Finanza, Marketing e Produzione*, vol. 17 (1999), n. 1, pp. 7-56.

Capaldo A., "Le strategie di collaborazione", in Sicca L. (a cura di), *La gestione strategica dell'impresa. Concetti e strumenti*, Seconda Edizione, Cedam, Padova 2001, pp. 489-561 (Prima Edizione: 1998, pp. 515-560).

Capaldo A., "Alleanze strategiche", *Sviluppo e organizzazione*, n. 199 (2003), pp. 31-54.

Chan Kim W., Mauborgne R., *Strategia oceano blu Vincere senza competere*, ETAS, Milano 2005.

Collis D.J., Montgomery C.A., "Competing on resources: strategy in the 1990s", *Harvard Business Review*, vol. 73 (1995), pp. 118-128.

Contractor F. J., Lorange P., "Why should firms cooperate? The strategy and economic basis for cooperative ventures", in Contractor F.J., Lorange P. (eds.), *Cooperative Strategies in International Business*, D.C. Heath and Company, Lexington 1988.

Contractor F.J., Lorange P. (eds.), *Cooperative Strategies and Alliances*, Elsevier, Oxford 2002.

Cook K., "Exchange and Power in Networks of Interorganizational Relations", *Sociological Quarterly*, n. 18 (1977), pp. 62-82.

Demsetz H., "The Theory of the firm Revisited", in Williamson O.E., Winter S.G. (a cura di), *The Nature of the firm*, Oxford University Press, Oxford 1991.

Dierickx I., Cool K., "Asset Stock Accumulation and Sustainability of Competitive Advantage", *Management Science*, n. 35 (12) (1989), pp. 1504-1511.

Doz Y.L., "Technology partnerships between largerand smaller firms: Some critical issues", in Contractor F.J., Lorange P. (eds.), *Cooperative Strategies in International Business*, D.C. Heath and Company, Lexington 1988.

Dyer J.H., Singh H., "The relational view: Cooperative strategy and sources of interorganizational competitive advantage", *Academy of Management Review*, vol. 23 (1998), n. 4, pp. 660-679.

Gluck F.W., "Strategic Choice and Resource Allocation", *McKinsey Quarterly*, (1980), pp. 22-23.

Gomes Casseres B., *The Alliance Revolution: The New Shape of Business Rivalry*, Harvard University Press, Cambridge 1996.

Grant R.M., *Contemporary Strategic Analysis. Concepts, Techniques, Applications*, Basic Blackwell, Oxford 1991; tr. it. Grant R.M., *L'analisi strategica nella gestione aziendale*, Il Mulino, Bologna 1994.

Gulati R., "Network location and learning: The influence of network resources and firm capabilities on alliance formation", *Strategic Management Journal*, vol. 20 (1999), pp. 397-420.

Gulati R., Nohria N., Zaheer A., "Strategic networks", *Strategic Management Journal*, vol. 21 (2000), pp. 203-215.

Hansen G.S., Wernerfelt B., "Determinants of Firm Performance: The Relative Importance of Economic and Organizational Factors", *Strategic Management Journal*, vol. 10 (1989), n. 5, pp. 399-411.

Harbison J.R., Pekar P . jr., *Smart Alliances: A Practical Guide to Repeatable Success*, Jossy-Bass, San Francisco 1998.

Lippman S.A., Rumelt R.P., "A bargaining perspective on resource advantage", *Strategic Management Journal*, n. 24 (2003), pp. 1069-1086.

Lorenzoni G., *L'architettura di sviluppo delle imprese minori*, Il Mulino, Bologna 1990.

Madhok A., "The organization of economic activity: Transaction costs, firm capabilities, and the nature of governance", *Organization Science*, vol. 7 (1996), n. 5, pp. 577-590.

Mahoney J.T., Pandian J.R., "The resource-based view within the conversation of strategic management", *Strategic Management Journal*, vol. 13 (1992), pp. 363-380.

McEvily B., Zaheer A., "Bridging ties: A source of firm heterogeneity in competitive capabilities", *Strategic Management Journal*, vol. 20 (1999), pp. 1133-1156.

Oliver A.L., "Strategic alliances and the learning life-cycle of biotechnology firms", *Organization Studies*, vol. 22 (2001), n. 3, pp. 467-489.

Penrose E.T., *The Theory of the Growth of the Firm*, Wiley, New York 1959; tr. it. *La teoria dell'espansione dell'impresa*, Franco Angeli, Milano 1973.

Peteraf M.A., "The Cornerstone of Competitive Advantage: A Resource-Based View", *Strategic Management Journal*, vol. 14 (1993), n. 00, pp. 179-192.

Porter M.E., *Competitive Strategy - Techniques for Analyzing Industries and Competitors*, Free Press, New York 1980; tr. it. *La strategia competitiva*, Tipografia Compositori, Bologna 1982.

Porter M.E., *Competitive Advantage. Creating Superior Performance*, Free Press, New York 1985; tr. it. *Il vantaggio competitivo*, Edizioni di Comunità, Milano 1987.

Rumelt R.P., "Towards a Strategic Theory of the Firm" in Lamb R. (a cura di), *Competitive Strategic Management*, NJ: Englewood Cliff, Prentice Hall 1984.

Rumelt RP., "How much does industry matter?", *Strategic Management Journal*, vol. 12 (1991), n. 3, pp. 167-185.

Stuart T.E., "Interorganizational alliances and the performance of firms: A study of growth and innovation in high-technology industry", *Strategic Management Journal*, vol. 21 (2000), pp. 791-811.

Teece D.J., Pisano G., Shuen A., "Dynamic capabilities and strategic management", *Strategic Management Journal*, vol. 18 (1997) n. 7, pp. 509-533.

Wernerfelt B., "A Resource-Based View of The Firm", *Strategic Management Journal*, n. 5 (1984), pp. 171-180.

Ulteriori risorse disponibili sul sito web dedicato al volume

6 Capitolo

Strategia corporate

Questo capitolo è dedicato all'illustrazione del significato e dei contenuti della *strategia aziendale* (o anche *strategia corporate*), che costituisce, insieme alla strategia di marketing che vedremo al capitolo successivo, il pilastro del processo di pianificazione strategica. Occorre essere ben consapevoli, che, anche se accomunati dal medesimo termine "strategia", i due concetti presentano differenze sostanziali di finalità, responsabilità organizzative e modi di attuazione, pur rientrando entrambe nel più generale processo di pianificazione strategica.

Pianificazione strategica
Processo manageriale volto a sviluppare e mantenere una corrispondenza efficace tra gli obiettivi e le risorse dell'organizzazione a tutti i livelli.

Inizieremo affrontando il tema della strategia aziendale e successivamente analizzeremo i principali modelli concettuali che possono supportare il management nella definizione di un piano strategico.

6.1 Che cos'è la pianificazione strategica

Prima che il direttore della produzione, il direttore marketing o il direttore del personale sviluppino un piano specifico per la loro area funzionale, è opportuno che siano realizzati piani più ampi, schemi di riferimento per l'*intera* organizzazione. Senza tale pianificazione generale, infatti, le varie aree aziendali non saprebbero su cosa basare la loro pianificazione funzionale.

In altre parole, per pianificare bisogna sempre cominciare da un contesto più generale per effettuare poi progressivamente uno zoom fino a giungere al particolare.

Consideriamo, per esempio, una grande impresa (FCA o Enel) costituita da varie divisioni alle quali, a loro volta, fanno capo varie linee di produzione. Prima che possa essere effettuata una pianificazione marketing per le singole divisioni o i singoli dipartimenti, è necessario che sia elaborata una pianificazione per l'*intera* organizzazione.[1] Ciò

[1] Gran parte di questa sezione è basata su J.H. Donnelly, Jr., J.L. Gibson e J.M. Ivanchevich, *Fundamentals of Management*, IX ed., Richard D. Irwin, Burr Ridge, IL, 1995, cap. 7.

significa che gli alti dirigenti dovranno considerare attentamente le prospettive future delle varie attività e valutare, in relazione a queste, le proprie capacità di definire il destino dell'organizzazione per gli anni a venire. Il risultato finale di questo processo sarà la definizione di obiettivi e l'elaborazione di strategie destinate ad assicurare all'intera organizzazione la capacità di competere efficacemente nel futuro. Le strategie e gli obiettivi stabiliti dai vertici aziendali definiscono il contesto generale su cui si costruirà la pianificazione particolare di ogni divisione e area funzionale, alla quale i rispettivi dirigenti dovranno attenersi.

6.1.1 Pianificazione strategica e *marketing management*

Alcune delle aziende più affermate sono ancora oggi in attività grazie al fatto che, in tempi passati, seppero offrire il prodotto giusto, al momento giusto, a un mercato in rapida espansione. Lo stesso può dirsi a proposito di molte organizzazioni senza fini di lucro (cosiddette *aziende non profit*) o di molte aziende pubbliche.

Si pensi che più del 75% delle società che 70 anni fa erano comprese nell'elenco delle 100 maggiori aziende degli USA, oggi non vi figurano più. Un tempo queste società dominavano i rispettivi mercati, controllavano enormi risorse e disponevano dei lavoratori più qualificati, ma tutte, alla fine, hanno commesso il medesimo errore cruciale. La loro dirigenza non è stata in grado di capire che le strategie aziendali devono essere il riflesso di un ambiente in continua evoluzione e che, quindi, è necessario per un'impresa che sia sempre sensibile a cogliere i segnali ambientali e a tradurli in scelte volte al miglioramento continuo.

I dirigenti, oggi, sono sempre più consapevoli del fatto che l'innovazione e il buon senso, da soli, non sono più sufficienti a dirigere con successo un'impresa, grande o piccola che sia. Invece, è convinzione di tutti che la vera missione di un'impresa sia quella di creare valore nell'interesse di tre categorie basilari di soggetti: i clienti, i dipendenti, gli investitori. Senza tale prospettiva generale nessuno, nemmeno gli azionisti, potrebbe nel lungo periodo godere di alcun vantaggio.

La pianificazione strategica comprende tutte quelle attività - dalla definizione della mission aziendale all'individuazione della strategia più appropriata - che permettono il conseguimento degli obiettivi dell'intera organizzazione. Tale modello è stato criticato per il fatto di essere eccessivamente articolato. Tuttavia la pianificazione strategica, se eseguita con successo, riveste un ruolo chiave nell'assicurare l'equilibrio fra logiche gestionali di breve e lungo termine. Infatti, un'eccessiva attenzione al breve termine da parte del management - come l'attenzione esclusiva al flusso di cassa corrente, l'espansione della quota di mercato attuale e sulla realizzazione di profitti immediati - potrebbe generare un atteggiamento di avversione al rischio, che porterebbe l'impresa ad atteggiamenti e scelte poco lungimiranti nel medio e lungo periodo. Allo stesso tempo, un'eccessiva attenzione al lungo periodo sarebbe altrettanto inappropriata. Le aziende che si espongono troppo scommettendo sul futuro, possono penalizzare redditività e altri risultati operativi nel breve periodo, rendendosi soggette ad acquisizioni da parte di altre aziende, o esposte ad altre minacce.

Il processo di pianificazione strategica è rappresentato nella Figura 6.1. Nel corso di questo processo l'organizzazione raccoglie le informazioni necessarie sugli elementi maggiormente soggetti al cambiamento, relativamente all'ambiente nel quale opera. I dirigenti di tutte le aree funzionali dell'organizzazione partecipano a questo processo di raccolta d'informazioni. Queste informazioni serviranno all'impresa nell'adattamento ai cambiamenti futuri attraverso la pianificazione strategica. Il piano strategico (o i piani

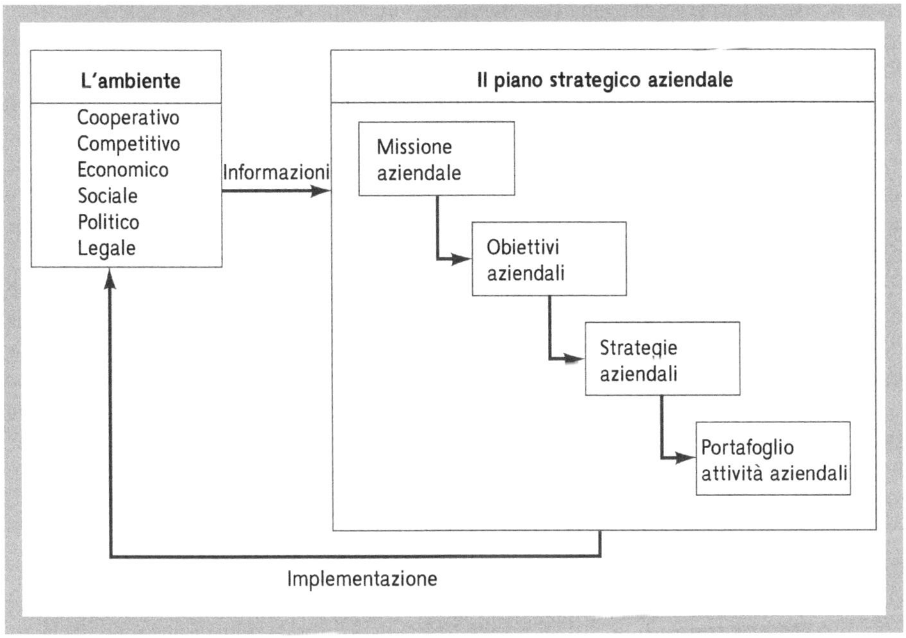

Figura 6.1 Il processo di pianificazione strategica.

strategici)[2] e il piano di supporto saranno quindi implementati; successivamente gli effetti di questo lavoro saranno esaminati e valutati e saranno a loro volta utilizzati come informazioni in entrata che consentiranno l'adattamento e il miglioramento continuo della strategia aziendale.

6.2 Il processo di pianificazione strategica

Il risultato del processo di pianificazione strategica si risolve in un documento noto come *piano strategico*. I quattro componenti del piano strategico - missione, obiettivi, strategie e portafoglio attività - saranno ora esaminati uno per uno.

6.2.1 La missione aziendale

Missione (d'impresa) La missione (o scopo) di un'organizzazione o impresa è il suo scopo ultimo, la giustificazione stessa della sua esistenza, e al tempo stesso ciò che la contraddistingue da tutte le altre.

L'ambiente nel quale opera un'organizzazione fornisce le risorse che la sostengono, indipendentemente dal fatto che si tratti di un'impresa commerciale, di una organizzazione non profit o di un ente pubblico. In cambio di queste risorse l'organizzazione è chiamata a fornire beni e servizi di qualità a un prezzo accettabile. Ogni organizzazione esiste per svolgere una qualche funzione in un ambiente più ampio e tale funzione, visione o missione sono chiare normalmente sin dal momento in cui essa inizia la propria attività.

[2] Il processo può variare a seconda del tipo di organizzazione e/o di approccio manageriale. Alcune imprese con linee di produzione omogenee o ristrette potranno sviluppare un solo piano strategico. Tuttavia, le organizzazioni con linee di produzione o mercati ampiamente diversificati potranno sviluppare piani strategici per unità o divisioni. Questi piani sono generalmente combinati in un piano strategico principale.

La missione di un'organizzazione descrive le ragioni della sua esistenza. Essa costituisce, in altri termini, la visione a lungo termine di ciò che l'organizzazione si sforza di essere, lo scopo distintivo che permette di differenziarsi da tutte le altre imprese. La missione stabilisce, nella sua essenza, la direzione verso la quale dovrà essere guidata l'attività dell'impresa e come questa porterà a ottenere il risultato desiderato. La cosa più importante è che la *mission* sia realmente condivisa da tutti i membri dell'impresa, abbia riflessi pratici, sia facile da identificare e da ricordare, in modo che possa fornire orientamento e significato a tutti i membri dell'organizzazione, indipendentemente dalla loro posizione gerarchica. Alcuni esempi di missione aziendale sono riportati nella Tabella 6.1.

Quando un'impresa o, più in generale, un'organizzazione decide di esaminare e ridefinire la propria mission, si deve porre alcune domande fondamentali, tipo: "Qual è la nostra attività?", "Chi è il nostro potenziale cliente?", "A che cosa attribuisce valore la clientela?" e "Quale potrà essere la nostra attività in futuro?"[3] Le risposte sono, in un certo senso, i principi sulla base dei quali l'impresa sarà amministrata e a partire dai quali si svilupperanno le decisioni future. Oggi il processo di definizione della missione rimane lo strumento di management, ed è basato su tre elementi chiave: la storia dell'organizzazione, le sue competenze distintive e il suo ambiente di riferimento.[4]

Una mission efficace dovrebbe essere: *focalizzata sui mercati e sui prodotti, realizzabile, motivante e specifica.*[5]

Focalizzata sui mercati e sui prodotti. I consumatori o, più in generale, i clienti sono un elemento importantissimo nella determinazione della missione di un'organizzazione. Tradizionalmente, molte imprese usavano definire la loro attività in base al prodotto che fabbricavano, come, per esempio, "la nostra attività è la lavorazione del vetro", e spesso il nome dell'organizzazione stessa riprendeva il nome del prodotto o del servizio offerto (ALFA Romeo - Anonima Lombarda Fabbrica Automobili Romeo - Parmalat, Alitalia). Molte di queste organizzazioni si sono però rese conto che, una volta divenuti obsoleti i prodotti e le tecnologie originarie, la loro missione non era più pertinente al nome dell'organizzazione che, in questo modo, non descriveva più l'attività effettivamente svolta. È dunque necessario trovare un metodo più efficace per definire in modo durevole la missione. Negli ultimi anni, una caratteristica chiave delle definizioni di missione è divenuta la focalizzazione su un centro d'interesse esterno all'organizzazione piuttosto che interno. In altre parole, la mission dovrebbe essere incentrata sull'ampia classe di bisogni che l'organizza-

Tabella 6.1 Alcuni esempi di missione aziendale delle principali aziende tecnologiche mondiali

Apple: si impegna a offrire ai suoi utenti un'esperienza possibile basata sulla semplicità, non nella complessità, e concentrandosi su pochi ma significativi progetti
Facebook: offrire alle persone il potere di condividere e rendere il mondo più aperto e connesso
Google: organizzare le informazioni mondiali e renderle universalmente accessibili e fruibili
Microsoft: permettere alle persone e alle imprese di tutto il mondo di realizzare il loro pieno potenziale
YouTube: fornire un accesso facile e veloce ai video e favorirne la condivisione

[3] Kotler P. e Armstrong G., *Principles of Marketing*, VI ed., Prentice Hall, Englewood Cliffs, NJ, 1994, cap. 2.

[4] Kotler P., *Marketing Management: Analysis, Planning, Implementation and Control*, VIII edizione, Prentice Hall, Englewood Cliffs, NJ, 1994, cap. 3.

[5] Drucker P., *Management: Tasks, Responsabilities, Practices*, Harper & Row, New York, 1974, pp. 77-89; Kotler, *op. cit.*, cap. 3

zione cerca di soddisfare (centro d'interesse esterno), non sul prodotto o sul servizio che l'organizzazione sta materialmente offrendo in quel momento (centro d'interesse interno). Tali aziende orientate al mercato spiccano per la loro capacità d'individuare in anticipo le opportunità offerte dal mercato e di sfruttarle prima della concorrenza. Questo concetto è stato chiaramente espresso da Peter Drucker:

> "Un'azienda non è definita dalla sua denominazione o dal suo statuto. È definita dal tipo di desiderio che viene soddisfatto quando il cliente acquista il suo prodotto o servizio. Soddisfare il cliente è la missione e lo scopo di ogni azienda. Talvolta alla domanda: 'Che tipo di attività svolgiamo?' si può rispondere solo considerando l'azienda dall'esterno, dal punto di vista del cliente o del mercato".[6]

Anche se questa riflessione di Drucker si riferisce solo alle imprese orientate al profitto, possiamo senz'altro estendere il concetto dicendo che la stessa considerazione vale anche per le organizzazioni senza fini di lucro o per le organizzazioni statali: definire la missione in base al particolare gruppo di clienti serviti e al particolare tipo di bisogno soddisfatto. La missione dell'azienda deve essere basata su tre principi chiave. Deve essere:

Realizzabile. Se da un lato mission dovrebbe guidare l'azienda verso una più efficace performance, è importante che essa sia, realistica e realizzabile. In altre parole, dovrebbe fornire una chiara prospettiva delle nuove opportunità per l'impresa, ma non indurla a lanciarsi in operazioni rischiose, poco realistiche e al di là delle sue competenze.

Motivante. Un benefico "effetto collaterale" (ma molto importante) di una mission ben definita è l'orientamento fornito al personale. Essa fornisce la sensazione condivisa che esista un meta-obiettivo che va oltre le mere attività svolte all'interno dell'organizzazione. Pertanto i risultati finali quali le vendite realizzate, il numero di pazienti curati, gli studenti laureati o la riduzione dei crimini possono essere visti come la conseguenza dell'accurata realizzazione della missione e non come la missione stessa.

Specifica. La mission dovrebbe essere specifica, al fine di fornire alla dirigenza un orientamento preciso, un punto di riferimento quando si verifica la necessità di scegliere fra diverse possibili linee di condotta. In altre parole, "creare prodotti della migliore qualità al più basso costo possibile" suona molto bene, ma non fornisce nessun orientamento concreto ai dirigenti.

6.2.2 Gli obiettivi

Gli obiettivi sono il punto d'arrivo della mission aziendale e rappresentano in concreto ciò che essa pensa di realizzare nel lungo termine. La mission è declinata in un più preciso insieme di obiettivi realizzabili. Tali obiettivi devono essere specifici, quantificabili e coinvolgenti, nel senso che devono impegnare l'organizzazione in tutte quelle azioni attraverso le quali la missione viene realizzata. Come nel caso della missione, gli *obiettivi aziendali* sono qualcosa di più che semplici buone intenzioni. Infatti, se formulati correttamente, permettono di realizzare quanto segue:

Obiettivi aziendali Insieme dei risultati specifici e ben definiti che l'impresa si prefigge di raggiungere in un periodo di tempo prefissato.

1. possono essere convertiti in azioni specifiche;
2. forniscono un orientamento di riferimento per tutti, possono cioè servire come punto di partenza per la fissazione di obiettivi più specifici e dettagliati relativi ai livelli più

[6] Gran parte della trattazione seguente è basata su Drucker, *op. cit.*, pp. 79-87.

Tabella 6.2 Esempi di obiettivi aziendali

Prestazione	Possibile obiettivo corrispondente
1. Permanenza sul mercato	Far diventare la propria marca la numero uno in termini di quota di mercato
2. Innovazioni	Essere i primi a introdurre nuovi prodotti spendendo non meno del 7% delle vendite per la ricerca e lo sviluppo (R&S)
3. Produttività	Fabbricare tutti i prodotti con efficienza, misurando la produttività della forza lavoro
4. Risorse fisiche e finanziarie	Salvaguardare e conservare tutte le risorse: attrezzature, immobili, merci e fondi
5. Redditività	Realizzare un tasso annuo di remunerazione degli investimenti non inferiore al 15%
6. Prestazioni e mansioni della dirigenza	Identificare le aree critiche nella funzione dirigenziale
7. Prestazioni e atteggiamento dei lavoratori	Mantenere livelli di soddisfazione dei lavoratori in linea con quelli del proprio settore di attività e di settori similari
8. Responsabilità sociale	Rispondere appropriatamente, quando possibile, alle aspettative della società e ai bisogni espressi dall'ambiente di riferimento

bassi dell'organizzazione: ciascun manager sarà così in grado di apprezzare come i propri obiettivi siano legati a quelli dell'intera organizzazione;
3. permettono di stabilire priorità di lungo termine per l'impresa nel suo complesso;
4. facilitano il controllo di gestione, in quanto forniscono standard di riferimento rispetto ai quali valutare il rendimento complessivo dell'organizzazione.

La determinazione degli obiettivi è necessaria in tutte le aree che possono incidere sul rendimento e sulla sopravvivenza dell'organizzazione nel lungo periodo. Come indicato nella Tabella 6.2, gli obiettivi possono essere stabiliti per ciascuna area organizzativa e, contemporaneamente, coinvolgere trasversalmente molte aree dell'organizzazione. L'elenco riportato nella figura non è, ovviamente, esaustivo. Per esempio, alcune organizzazioni definiscono come obiettivo primario il raggiungimento di uno specifico livello qualitativo, sia nel gestire la commercializzazione di un prodotto, sia nella fornitura di un servizio. Queste imprese ritengono dunque che gli obiettivi dovrebbero riflettere il grande impegno dell'impresa verso la propria clientela e non l'attenzione alle proprie finanze. È naturale che in fase di pianificazione strategica si possano verificare conflitti tra le diverse funzioni dell'azienda. Il punto essenziale da tenere a mente è che il management deve tradurre la missione aziendale in quegli obiettivi specifici che ne permettono la realizzazione. Gli obiettivi possono derivare direttamente dalla missione o essere considerati come necessità subordinate, strumentali alla sua realizzazione. Sulla formulazione degli obiettivi si veda anche il Paragrafo 7.2 *Gli obiettivi di marketing*.

6.3 Le strategie aziendali

È ragionevole attendersi che un'impresa, o una qualsiasi organizzazione, quando ha formulato la propria missione e sviluppato i propri obiettivi, sappia esattamente dove vuole arrivare. Il compito della direzione è lo sviluppo di un "grande progetto" per arrivarci: questo è rappresentato dalla strategia.

La strategia comporta la scelta delle principali direttive che l'organizzazione dovrà seguire nel perseguimento dei propri obiettivi. A questo fine è molto importante che le strategie siano coerenti con gli scopi e gli obiettivi proposti e che gli alti dirigenti ne assicurino l'efficace implementazione. Secondo alcune ricerche empiriche, ben il 60% dei piani strategici, formulati dalle aziende studiate, è fallito perché le strategie non erano ben definite e dunque non potevano essere efficacemente messe in pratica.[7]

Procederemo ora all'esame delle varie strategie che un'organizzazione può perseguire.

6.3.1 Strategie aziendali basate su prodotti/mercati

Un metodo per sviluppare le strategie aziendali è quello di concentrarsi sulle linee di condotta per crescere. La Tabella 6.3, presenta le scelte strategiche possibili. La struttura raffigurata, denominata *matrice prodotto-mercato*,[8] indica che un'organizzazione può svilupparsi gestendo al meglio le attività in corso e/o iniziandone delle altre. Nello scegliere uno di questi percorsi, o entrambi, l'impresa dovrà poi decidere se continuare a rivolgersi ai clienti già acquisiti, o ricercarne di nuovi. Pertanto, come si può evincere osservando la figura, esistono solo quattro strade che un'azienda può imboccare per perseguire una crescita.

Matrice di Ansoff Schema di segmentazione del mercato che in base a due dimensioni (prodotti e mercati) consente di determinare quattro alternative per incrementare il volume d'affari attraverso i prodotti attuali o di nuova concezione, in mercati attuali o nuovi.

1. *Strategie di penetrazione del mercato (market penetration).* Queste strategie aziendali sono finalizzate ad aumentare le vendite presso la clientela già acquisita. Per esempio:

- incoraggiando la clientela abituale a consumare il prodotto anche in occasioni diverse da quelle abituali: da bevanda per lo sport, Gatorade è diventato un dissetante per tutto il giorno;
- incoraggiando la clientela abituale ad acquistare maggiori quantità di prodotto: confezioni famiglia di Pringles, concorsi a premi con vincite immediate come per esempio l'accesso a un film.

Le tattiche usate per attuare tale strategia possono comportare riduzioni del prezzo di vendita, la nascita di campagne pubblicitarie che sottolineino i benefici del prodotto, una differenziazione delle dimensioni della confezione nella quale è presentato il prodotto o ancora l'offerta del prodotto in un maggior numero di punti vendita. È possibile altresì coinvolgere altre aree funzionali oltre al marketing.

Per esempio, potrebbe essere sviluppato un piano di produzione teso a migliorare l'efficienza, oppure l'estensione dei lotti di produzione, l'incremento dei cicli produttivi, la sostituzione di pezzi completi singoli con assemblaggi di componenti intermedie o l'automazione di processi che in precedenza venivano svolti manualmente.

Tabella 6.3 Strategia di crescita secondo le combinazioni prodotto/mercato (Ansoff)

		Prodotti	
		Produzione attuale	**Nuovi prodotti**
Mercati	**Clienti attuali**	Penetrazione del mercato	Sviluppo dell'offerta
	Clienti nuovi	Sviluppo del mercato	Diversificazione

[7] Zabriskie Noel B. e Huellmantell Alan B., "Marketing Research as a Strategic Tool", *Long Range Planning*, febbraio 1994, pp. 117, 118.

[8] Originariamente discusso nel classico Ansoff H. Igor, *Corporate Strategy*, McGraw-Hill, New York, 1965.

2. *Strategie di sviluppo del mercato (market development).* Seguendo questo tipo di strategia, un'impresa cercherà di trovare nuovi clienti per i prodotti abitualmente commercializzati. Per esempio:

- dal 2000 gli zaini utilizzati da sportivi e studenti sono diventati di uso corrente tra i manager;
- negli USA, non appena il consumo di sale ha registrato un calo, è apparso il libro "101 cose che si possono fare con il sale, oltre che mangiarlo".

Le strategie di sviluppo del mercato richiedono forti investimenti nel tentativo di educare il consumatore all'acquisto del prodotto.

3. *Strategie di sviluppo del prodotto (product development).* Nella scelta delle restanti due strategie, l'organizzazione amplia la propria offerta. È possibile, per esempio proporre:

- una versione differente di un prodotto già esistente: per esempio, formaggio al tartufo;
- una versione innovativa e all'avanguardia del proprio prodotto: il rasoio Mach3 turbo, della Gillette, frutto di vari anni di ricerche e sperimentazioni, include una vasta serie di innovazioni per la tecnica di rasatura. Oltre alla conferma della triplice lama, già presente nella precedente versione Mach3, sono stati inseriti nuovi sistemi brevettati che riguardano: una protezione per la pelle ultrasoffice, sistemi per la riduzione dell'attrito sulla pelle e per una migliore lubrificazione, un'impugnatura più agevole;
- un modo nuovo per utilizzare un prodotto esistente: la possibilità di rendere disponibili a studenti non frequentanti lezioni universitarie via web.

4. *Strategie di diversificazione (diversification).* Questa strategia può portare l'impresa verso aree d'affari completamente nuove, anche non correlate rispetto al *core-business* attuale. Un'organizzazione attua una strategia finalizzata alla diversificazione quando propone nuovi prodotti a una nuova clientela. Per esempio:

- il gruppo De Agostini, tradizionale azienda editoriale italiana, è entrato nel mondo dei "media and communication" (Zodiak Media e Antena 3), nei giochi e servizi (Lottomatica), e nella finanza (Dea Capital);
- Benetton, leader nel settore della maglieria, ha acquisito il controllo della società di ristorazione Autogrill e della società Autostrade.

Strategie basate sul vantaggio competitivo. Michael Porter ha sviluppato un modello di formulazione strategica applicabile a una vasta gamma di settori industriali.[9] Tale modello interessa quelle organizzazioni che sono alla ricerca di mezzi per acquisire un vantaggio competitivo, ossia la capacità di fornire al mercato un valore superiore rispetto alle aziende concorrenti.

Nei suoi aspetti generali, il modello strategico di Porter prevede innanzitutto che le aziende analizzino il proprio campo d'attività, per poi sviluppare una strategia basata sulla *leadership di costo* o sulla *differenziazione*. Tali strategie possono essere utilizzate sia con riferimento al mercato globale, sia soltanto in una nicchia (o segmento) di mercato.

---

[9] Per la trattazione completa di questo argomento, vedi: Porter M.E., *Competitive Advantage: Creating and Sustaining Superior Performance*, The Free Press, New York, 1995. Il materiale in questo paragrafo è basato sulla trattazione contenuta in Skinner S.J., *Marketing*, II ed., Houghton Mifflin Co., Boston, 1994, pp. 48-50 e Bateman T.A. e Zeithaml C.P., *Management Function & Strategy*, II ed., Irwin, Homewood, IL,: 1993, pp. 152, 153.

Le imprese che adottano il primo tipo di strategia concentreranno i propri sforzi nel tentativo di diventare l'azienda che pratica i più bassi prezzi di vendita nel proprio settore di attività. Esse punteranno a offrire un prodotto standard ed essenziale e cercheranno di raggiungere tale risultato ottimizzando l'efficienza del processo produttivo, della progettazione, della lavorazione, della distribuzione, della tecnologia utilizzata o altro. Per avere successo, queste aziende dovranno continuamente lottare per essere leader di costo nel settore o nel segmento in cui competono. In ogni caso, anche un'azienda che persegue la leadership di costo dovrà soggiacere all'imperativo di offrire una qualità del prodotto accettabile, in rapporto a quello offerto dalla concorrenza. Iliad e Ryanair sono esempi di società che hanno perseguito con successo questo tipo di strategia.

Veniamo ora alla strategia basata sulla differenziazione. Le aziende che scelgono questo tipo di approccio cercheranno di diventare uniche nel proprio settore o segmento di riferimento, sviluppando quelle caratteristiche dell'offerta alle quali la clientela attribuisce il maggior valore. Tali caratteristiche possono riguardare la concezione del prodotto, il design, la qualità, il servizio, la varietà dell'offerta, la marca e vari altri fattori. Grazie all'unicità del prodotto, o del servizio, percepita dalla clientela, l'impresa potrà praticare una maggiorazione sul prezzo di vendita (*premium price*). Rolex, Coca-Cola, Tesla e Ferrari sono esempi di società che hanno praticato con successo questo tipo di strategia.

Strategie basate sul valore. Con l'aumento della competizione, il concetto di *valore per il cliente* (*customer value*) è divenuto essenziale tanto per le aziende quanto per i consumatori. Esso va interpretato come un'estensione della filosofia del concetto di marketing, teso a sviluppare e a trasferire valore superiore ai consumatori, onde conseguire gli obiettivi aziendali.

Dunque il *customer value* non si focalizza soltanto sui bisogni del consumatore, ma anche sulla domanda "Come creare valore per i consumatori, continuando a conseguire i nostri obiettivi?". È ormai evidente che in un ambiente competitivo come quello odierno nessuna azienda può avere successo in tutti i campi e con tutti i tipi di cliente.[10] Pertanto, per avere successo, le aziende devono mirare a costruire relazioni a lungo termine con la loro clientela, offrendo quello specifico valore che solo loro sono in grado di proporre. Molte imprese hanno scelto felicemente di trasferire tale valore mediante una delle tre strategie basate sul valore: il migliore prezzo, il migliore prodotto, il migliore servizio al cliente.

Dell Computers e Virgin Express hanno ottenuto successo presso i clienti, grazie alla forte compressione dei prezzi. Nike, Microsoft e Illycaffè sono fermamente convinte di offrire i migliori prodotti sul mercato. Emirates e Mercedes Benz forniscono un *customer value* superiore, fondato su un servizio di massima qualità.

6.4 Il portafoglio di attività aziendali

Portafoglio di attività
Insieme delle aree di attività e dei prodotti che l'impresa si propone di realizzare nel periodo di riferimento del piano strategico.

L'ultima componente del processo di pianificazione strategica è rappresentata dalla definizione del *portafoglio di attività*, ovvero dell'insieme di attività che l'impresa porta avanti nel periodo di riferimento del piano strategico. In effetti, a ben vedere, la maggior parte delle organizzazioni è costituita da un "portafoglio" di attività, inteso come linee di prodotto e corrispondenti divisioni all'interno dell'organizzazione. Per esempio, un'impresa produttrice di elettrodomestici può essere costituita da varie linee di prodotto (televisori, lavatrici, asciugatrici, frigoriferi,

---

[10] Per la trattazione completa di questo argomento, vedi: Treacy M. e Wiersema F., *The Discipline of Market Leaders*, Addison-Wesley, Reading, MA, 1995 e Treacy M. e Wiersema F., "How Market Leaders Keep Their Edge"; *Fortune*, 6 febbraio 1995, pp. 88-98.

stereo ecc.) e da due divisioni: apparecchiature domestiche e apparecchiature industriali. Un'università può essere costituita da diverse facoltà (scienze della formazione, economia, giurisprudenza, architettura ecc.), all'interno delle quali possono essere previsti diversi corsi di laurea e orientamenti. Un esempio di questo tipo di imprese, ampiamente diversificate, è rappresentato dalla General Electric, costituita da numerose attività non collegate, come gli elettrodomestici, i prodotti di intrattenimento, i motori di aeroplano e così via.

Gestire un tale numero di attività è relativamente facile se si dispone di un'abbondanza di risorse e di liquidità, se ogni attività ha una buona redditività ed è in crescita. Sfortunatamente, reperire ogni anno risorse sempre più consistenti per ognuna di queste è quasi impossibile. Spesso alcune attività non sono in crescita e i profitti e le risorse (finanziarie e non) diventano sempre più scarsi.

In tale situazione devono essere fatte delle scelte ed è pertanto necessario un metodo che aiuti la direzione in questo difficile compito. La dirigenza dovrà infatti decidere quali siano le attività da incentivare, da mantenere o da eliminare e quali le eventuali nuove attività da intraprendere. In effetti, molte delle recenti ristrutturazioni di grandi società hanno comportato la scelta di un gruppo di attività sul quale concentrare gli sforzi.

Seguendo questo tipo di approccio, il primo passo da fare consiste, ovviamente, nell'identificare quali siano le linee di prodotto delle varie divisioni e quali, fra queste, possano essere considerate un *business*, un'area d'affari a sé stante. Una volta identificate, esse sono considerate Aree Strategiche d'Affari (ASA), dette anche SBU (*Strategic Business Unit*) e hanno le seguenti caratteristiche:

- una missione distinta;
- concorrenti specifici;
- sono costituite da un'attività singola o da un gruppo di attività correlate;
- possono essere oggetto di una pianificazione separata e individuale rispetto a quelle dell'intera organizzazione.

6.4.1 L'individuazione delle aree strategiche d'affari

I responsabili delle strategie aziendali sanno perfettamente che i mercati si differenziano per una varietà di caratteristiche: per esempio, un mercato può essere identificato da variabili geografiche, che costituiscono un primo livello di disaggregazione della domanda; ma sanno anche che la sola dimensione territoriale è troppo generica, perché nello stesso mercato esistono consumatori con preferenze diverse, che si modificano a seconda delle necessità e dei beni acquistati.

D'altra parte, un terreno di scambi commerciali individua anche un sistema competitivo; infatti, difficilmente le aziende operano in una condizione di monopolio: nella maggioranza dei casi, dove esiste una domanda (attuale o potenziale) esistono altrettante opportunità per le aziende interessate ad appropriarsene. Sulla base di questo ragionamento, un'ASA è un ambito dove si realizzano (oppure si potranno realizzare in futuro) transazioni fra consumatori con un bisogno specifico e aziende in grado di soddisfarlo.

Modello di Abell Modello tridimensionale di Derek F. Abell basato su "funzioni d'uso", "gruppi di clienti" e "tecnologie", utilizzato per la definizione del business dell'azienda, l'individuazione e la stima delle ASA relative.

Il *modello* più utilizzato per individuare le ASA è quello *di Abell*[11] (Figura 6.2); secondo questo modello, un'ASA è individuata dalla presenza contestuale di tre elementi, che sono:

- i gruppi di clienti (segmenti) a cui un certo prodotto può essere indirizzato;
- le funzioni (bisogni) alle quali il prodotto assolve;
- la tecnologia produttiva con la quale questo è realizzato.

---

[11] Derek F. Abell, *Defining the business*, Prentice Hall, 1980.

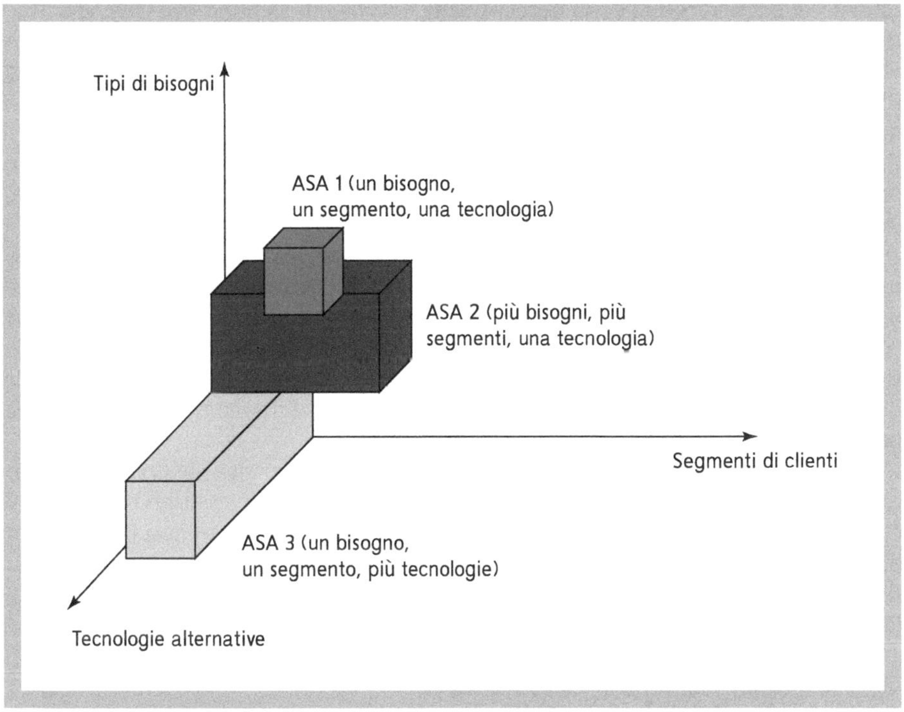

Figura 6.2
Il modello di Abell per la definizione del business.

Un esempio può aiutare a chiarire il concetto. Immaginiamo due aziende che producono entrambe chitarre acustiche. La prima effettua una lavorazione artigianale molto accurata e produce in piccole quantità, la seconda invece punta a volumi superiori con elevata standardizzazione dei prodotti. L'azienda artigianale ha tra i suoi principali clienti musicisti di professione, sensibili soprattutto alla qualità e alla costruzione "su misura" degli strumenti, che vengono suonati in concerti e registrazioni. La seconda azienda serve principalmente dilettanti che strimpellano come passatempo: questi clienti decidono se acquistare o meno soprattutto sulla base di un prezzo vantaggioso, mettendo in secondo piano elementi di qualità e di personalizzazione del prodotto. È evidente che le scelte di mercato delle due aziende sono molto diverse, proprio a causa della differenziazione della clientela.

In base a quali variabili si può assumere che esse abbiano identificato e poi considerato interessanti questi due mercati, al punto da avere deciso di realizzare prodotti *ad hoc*? Si tratta dei tre elementi a cui abbiamo fatto appena cenno: i segmenti di clienti (in questo caso raggruppati in base alla competenza musicale e alla richiesta di qualità e personalizzazione); le funzioni d'uso dei prodotti (lavoro o hobby); le differenti tecnologie utilizzate nella produzione. La combinazione delle tre variabili (segmenti, funzioni d'uso, tecnologie) costituisce un'*area strategica d'affari*, per l'appunto un business con caratteristiche peculiari da servire con un'offerta appositamente concepita, che le aziende considerano come un'opportunità di crescita e profitto.

ASA o Area Strategica d'Affari Ambito di mercato o segmento specifico dell'ambiente di mercato dove l'impresa soddisfa o intende soddisfare le esigenze dei propri clienti.

Le variabili identificative di un'*ASA* hanno la finalità di definire in maniera puntuale le diverse combinazioni prodotto/mercato, senza cadere nel rischio di eccessive generalizzazioni; infatti, ha senso parlare di *business potenziale* se questo presenta contorni precisi e differenziati rispetto ad altri e se permette all'azienda di effettuare valutazioni su cui continuare a presidiare, quali tra quelli esistenti eventualmente abbandonare e in quali nuovi decidere di affacciarsi.

Chiaramente, il peso specifico di ciascuna delle tre variabili identificative delle aree strategiche si modifica in base ai criteri in cui queste vengono costruite: per esempio, per un'azienda che produce computer la variabile "funzione d'uso" ha spesso un'importanza rilevante, come si evince dal fatto che la gran parte dei concorrenti di questo settore possiede una *linea di prodotti* da tavolo (*desktop*) e una di prodotti portatili (*laptop* e *tablet*). Con lo stesso ragionamento, ciascuna di queste può essere ulteriormente frazionata in base al tipo di clienti (privati o aziende), o alle caratteristiche tecnologiche del prodotto (tipo di processore, quantità di memoria ecc.).

Linea di prodotti Gruppo di prodotti strettamente correlati per funzione svolta, tecnologia utilizzata, target a cui si rivolgono ecc.

Quindi, l'individuazione di un'area strategica d'affari non è soltanto uno schema concettuale, ma al contrario dovrebbe essere concepito come uno sforzo creativo utile a identificare nuovi mercati con bisogni non soddisfatti. D'altra parte, però, in questa fase della pianificazione strategica non ci si dovrebbe neppure spingere a un livello eccessivo di dettaglio, poiché l'iperframmentazione del mercato fa perdere di vista l'obiettivo principale della strategia d'azienda, quello appunto di individuare le attività sulle quali l'azienda dovrà concentrarsi nel futuro.

La scelta delle aree strategiche d'affari ha anche un'importante riflesso sul piano organizzativo e dell'allocazione delle risorse: infatti, a un mercato da presidiare corrispondono obiettivi da raggiungere e manager responsabili del loro raggiungimento, nonché un budget da impiegare profittevolmente. Questa è anche la ragione per la quale spesso nelle aziende si trovano divisioni responsabili di una o più aree strategiche d'affari, chiamate ad assicurare una specializzazione adeguata nella gestione dei vari business.

6.4.2 La teoria del portafoglio di attività

Una volta identificate e classificate le varie unità strategiche d'affari di cui si compone l'intera attività di un'organizzazione, deve essere stabilito un metodo per decidere come ripartire le risorse a disposizione fra esse. Tali metodi sono chiamati *modelli di portafoglio*.

L'interesse a costruire modelli teorici in grado di supportare i manager nel selezionare una strategia per la propria azienda è stato fortemente stimolato ormai oltre 30 anni fa dal BCG (*Boston Consulting Group*), un'importante società statunitense di consulenza direzionale. Le sue idee di fondo, così come molte che ne seguirono la falsariga, erano basate sul concetto di curva d'esperienza.

Il concetto di *curva di esperienza* (*experience curve*) è simile a quello di *curva di apprendimento*. In base a quest'ultimo concetto, il numero di ore di lavoro diretto, necessario per produrre un'unità di un dato prodotto, decresce in maniera prevedibile al crescere del numero delle unità prodotte. Ne deriva che è possibile pervenire a una stima precisa del tempo necessario a produrre la centesima unità di prodotto, se si conosce il tempo impiegato per la prima e la decima unità.

Curva di esperienza o di apprendimento Rappresentazione grafica della tendenza dei costi aziendali che diminuiscono al crescere dei volumi di produzione.

La curva di esperienza include tutti i costi relativi a un prodotto e asserisce che il costo unitario di tale prodotto diminuisce al crescere del volume della produzione, grazie all'economia generata dall'accumularsi di esperienze acquisite. In una qualsiasi industria, dunque, il produttore con il più ampio volume di produzione e la maggior quota di mercato dovrebbe avere il più basso costo marginale. Un'azienda con queste caratteristiche, leader di mercato, dovrebbe poter praticare prezzi così bassi da battere la concorrenza, scoraggiare l'entrata nel mercato di nuovi concorrenti e, di conseguenza, realizzare un accettabile livello di remunerazione degli investimenti.

Curva dei profitti Rappresentazione grafica della tendenza dei profitti aziendali a crescere all'incrementarsi dei volumi di produzione. È basata sulla curva di esperienza.

Modello di portafoglio Modello teorico che supporta il management nelle decisioni di ripartizione delle risorse disponibili tra le varie aree di affari di cui si compone l'intera attività dell'organizzazione.

Il legame dell'esperienza con costi, prezzi, quota di mercato e remunerazione degli investimenti è rappresentato nella Figura 6.3. Il concetto di curva di esperienza del Boston Consulting Group ha condotto allo sviluppo di quello che oggi è conosciuto come il *modello di portafoglio BCG*.

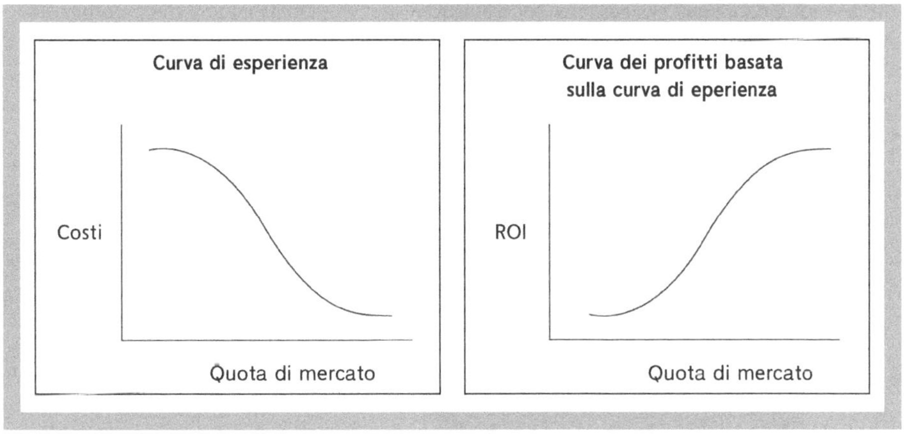

Figura 6.3
Curva di esperienza e curva dei profitti.

6.4.3 Il modello BCG

Modello BCG Matrice costituita da una tabella a doppia entrata che, sulla base di due dimensioni (quota di mercato relativa e tasso di crescita del mercato), consente di individuare quattro tipologie di prodotti *question marks* (punti interrogativi), *stars* (stelle), *cash cows* (mucche cassiere) e *dogs* (cani).

Il *modello BCG* è basato sull'assunto che la redditività e la liquidità aziendale sono strettamente collegate al volume delle vendite. Pertanto, in questo modello, le ASA sono classificate in base alla loro quota di mercato relativa e al tasso di crescita del mercato nel quale operano. Usando questi principi, i prodotti rientrano in quattro categorie-tipo, ciascuna contrassegnata da un nome di fantasia legato alle capacità economico-finanziarie e competitive: "stelle" (*stars*), "vacche da mungere" (*cashcows*), "cani" (*dogs*) e "punti interrogativi" (*question marks*). La Figura 6.4, descrive il modello BCG:

- le *stelle* (*stars*) sono aree strategiche d'affari che detengono un'elevata quota di mercato e operano in un mercato in forte crescita. A causa del fatto che i mercati in espansione attirano molti concorrenti, tali unità d'affari assorbono spesso molte risorse, che vengono utilizzate per finanziarne l'espansione e proteggerne la posizione di mercato;

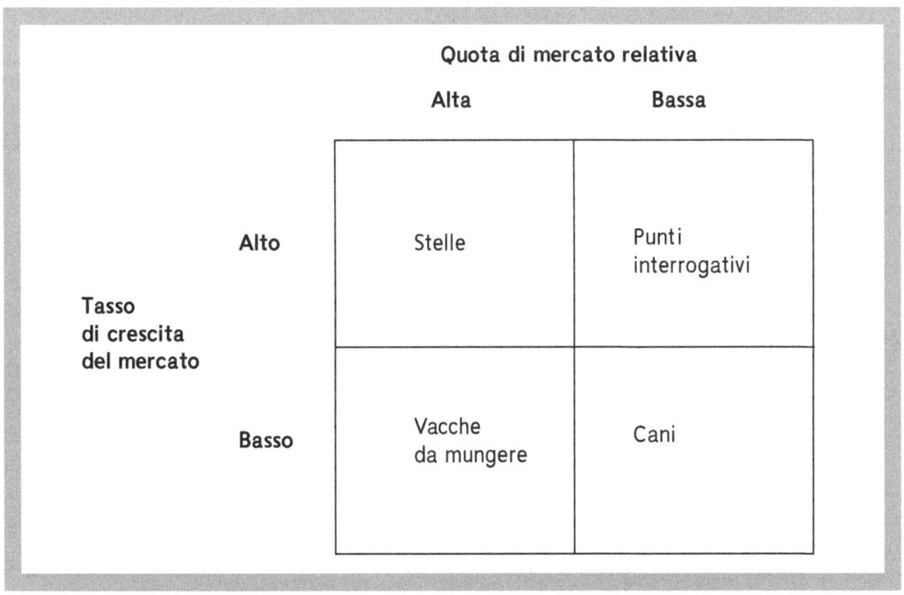

Figura 6.4
Modello di portafoglio Boston Consulting Group (BCG).

- le *vacche da mungere* (*cashcows*) sono spesso leader di mercato, ma il mercato nel quale operano ha una domanda stabile o un tasso di crescita moderato. Poiché queste aree strategiche d'affari detengono un'ampia quota in un mercato a bassa crescita, esse sono fonte di abbondanti flussi di cassa per l'azienda;
- i *cani* (*dogs*) sono aree strategiche d'affari che detengono una bassa quota in un mercato a bassa crescita. Se l'impresa, in quest'area d'affari, ha clienti molto fedeli, ne può derivare un buon risultato in termini di redditività e liquidità. Di solito, tuttavia, le aree strategiche d'affari *dogs* non costituiscono una buona fonte di liquidità;
- i *punti interrogativi* (*question marks*) sono aree strategiche d'affari che controllano una bassa quota in un mercato ad alta crescita. Hanno grandi potenzialità, ma richiedono ingenti risorse per appropriarsi di ingenti porzioni di domanda.

Il portafoglio di un'azienda che abbia almeno dieci unità strategiche d'affari è generalmente costituito da alcuni dei tipi di posizionamento sopra menzionati.

Una volta analizzate le varie ASA in base a questi principi, la dirigenza deve decidere il ruolo che ognuna di esse dovrà assumere nel complesso disegno strategico dell'impresa. Sono possibili quattro tipi principali di obiettivi: sviluppo, mantenimento, mietitura e disinvestimento.

1. *Sviluppo* (*build share*). Tale obiettivo sacrifica i guadagni immediati al miglioramento della quota di mercato. È un obiettivo adatto per le attività "punti interrogativi" più promettenti, delle quali si voglia far crescere la quota di mercato per promuoverle al rango di "stelle".
2. *Mantenimento* (*hold share*). Si tratta di un obiettivo finalizzato al mantenimento della quota di mercato detenuta dall'area strategica d'affari. Adatto per quelle attività che si sono affermate come "vacche da mungere", al fine di garantire il mantenimento degli abbondanti di cassa che esse generano.
3. *Mietitura* (*harvest*). In questo caso l'obiettivo mira a incrementare la liquidità a breve, senza considerare le conseguenze di lungo periodo. Esso implica che si sacrifichi la quota di mercato al fine di massimizzare i profitti e la liquidità. È un obiettivo appropriato per le attività del tipo "vacche da mungere", che siano però piuttosto deboli, e per la aree strategiche d'affari "cani" e "punti interrogativi".
4. *Disinvestimento* (*disinvest*). Quest'obiettivo comporta la vendita o il disinvestimento di aree strategiche d'affari poiché esistono migliori opportunità d'investimento altrove. È molto indicato per le attività "cani" o "punti interrogativi" delle quali l'azienda non può finanziare ulteriormente la crescita.

Il modello BCG ha suscitato molte critiche, essenzialmente incentrate sul criterio di classificazione delle aree strategiche d'affari in base alla quota di mercato e al tasso di crescita del mercato. Quanto sopra per le ragioni seguenti:

1. il modello BCG si basa sull'assunto che l'andamento del mercato è incontrollabile.[12] Ne consegue che i dirigenti possono essere indotti esclusivamente a fissare obiettivi incentrati sulla quota di mercato, invece che a cercare di stimolare la crescita del mercato stesso;
2. l'assunto secondo il quale la quota di mercato è un fattore determinante per il rendimento dell'azienda può non essere del tutto vero, soprattutto nell'ambito dei mercati di nicchia, oppure dei mercati internazionali con modesta pressione concorrenziale;[13]
3. il modello BCG sembra dare per scontato che la principale fonte di finanziamento dell'area strategica di affari sia costituita dalle risorse interne;

---

[12] Varadarajan P. Rajan, Clark T. e Pride W.M., "Controlling the Uncontrollable: Managing Your Market Environment", *Sloan Management Review*, inverno 1992, pp. 39-47.

[13] Nelson R.E., "Is there Strategy in Brazil?", *Business Horizons*, luglio-agosto 1992, pp. 15-23.

4. la matrice BCG non tiene in considerazione l'interdipendenza sinergica che può esistere fra le varie aree strategiche d'affari, come l'utilizzo degli stessi canali di distribuzione;[14]
5. la matrice BCG non tiene in considerazione alcuna misura di profitto e di soddisfazione del cliente;[15]
6. forse il più importante dei limiti della matrice BCG è quello di poggiare sull'ipotesi che la strategia aziendale cominci con un'analisi della posizione competitiva. Per sua stessa natura, una strategia basata interamente sull'analisi della competitività è sempre di tipo reattivo.[16]

Benché queste critiche siano sicuramente valide, in alcuni settori, specialmente quelli a bassa differenziazione di prodotto e nel caso di aziende di grandi dimensioni, la matrice BCG rappresenta comunque un valido strumento di analisi per valutare la posizione delle proprie aree strategiche d'affari e le conseguenti decisioni di investimento.[17]

6.4.4 La matrice General Electric

Nonostante il modello BCG possa essere ritenuto utile, esso presuppone che la quota di mercato sia l'unico elemento determinante per la redditività di un'area strategica d'affari. Nel prevedere i tassi di crescita del mercato, tuttavia, un manager dovrebbe analizzare attentamente anche i fattori che incidono sulle vendite, come pure tutte le possibili opportunità di influenzare il loro andamento.

Alcune aziende hanno sviluppato modelli di portafoglio alternativi che permettono d'includere una maggiore quantità di informazioni sulle opportunità offerte dal mercato e sulle posizioni competitive delle imprese, rispetto al modello BCG. La matrice General Electric (GE) è uno di questi; esso enfatizza tutti i fattori che potenzialmente possono condurre un'impresa a una posizione di competitività, non solo la quota di mercato, e parimenti considera anche tutti i fattori che influenzano l'attrattività di un mercato, non solo il suo tasso di crescita.

Come mostra la Figura 6.5, tutte le ASA sono classificate in base alla *competitività aziendale* e all'*attrattività del settore.*

L'*attrattività del settore* è un indice composito, alla cui definizione concorrono diversi fattori come quelli indicati nella Tabella 6.4.

Per esempio: la *dimensione,* più è grande il mercato, più esso è attrattivo; la *crescita,* i mercati in forte crescita sono più attrattivi di quelli a bassa crescita; la *redditività,* i mercati che consentono alti margini di profitto sono più attrattivi di quelli a basso margine di profitto.

Anche la *competitività aziendale* è un indice composito, costituito da fattori altrettanto numerosi. Per esempio: la *quota di mercato,* più grande è la quota di mercato detenuta dall'ASA, maggiore è la sua competitività; la *leadership nella qualità,* migliore è la qualità in rapporto alla concorrenza, più forte è la sua competitività; *la quota di mercato comparata*

---

[14] Davis P.S. e Shill P.L., "Addressing the Contingent Effects of Business Units Strategic Orientation on the Relationship between Organizational Context and Business Unit Performance", *Journal of Business Research,* 1993, pp. 183-200.

[15] Armstrong J.S. e Brodie R.J., "Effects of Portfolio Methods on Decision Making: Experimental Results", *International Journal of Research in Marketing,* 1994, n. 11, pp. 73-84.

[16] Roberts M., "Times Change But Do Business Strategies?", *Journal of Business Strategy,* marzo-aprile 1993, pp. 12-15.

[17] McCabe D.L. e Narayan V.K., "The Life Cycle of the PIMS and BCG Models", *Industrial Marketing Management,* novembre 1991, pp. 347-352.

Figura 6.5
Modello di portafoglio General Electric (GE).

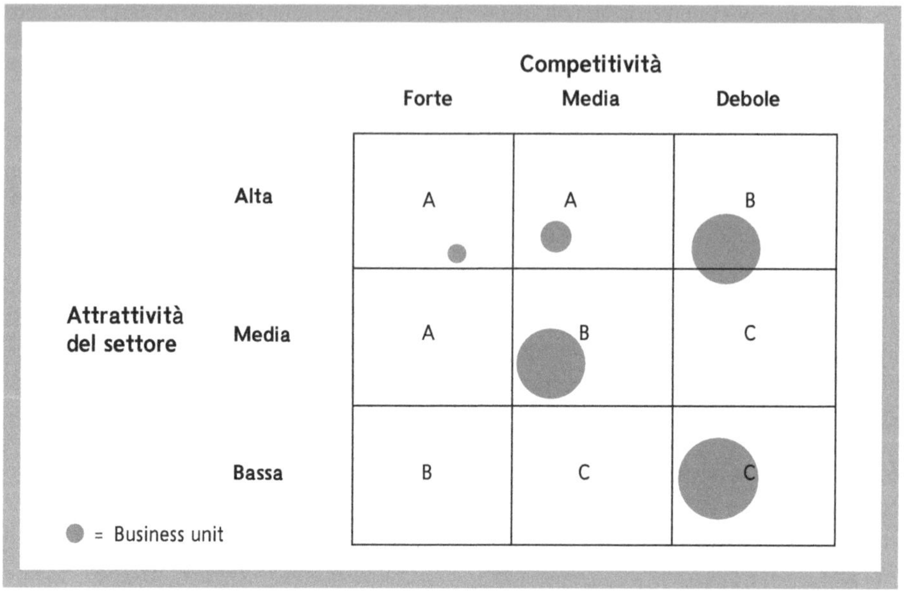

a quella dei concorrenti, più la quota di mercato si avvicina a quella dell'azienda leader, maggiore è la sua competitività.
Una volta che le aree strategiche d'affari sono state classificate, esse vengono collocate nella griglia in base ai giudizi che i manager responsabili della valutazione gli hanno attribuito.

Le attività che finiscono nella zona A (spesso chiamata "zona verde") della Figura 6.5 sono quelle nelle tre celle in alto a sinistra e sono caratterizzate da un'alta attrattività del mercato e da una forte competitività; l'azienda dovrebbe dunque cercare di sviluppare la quota di mercato.

Le attività collocate nella zona B (chiamata "zona gialla") sono in una posizione intermedia, sia per l'attrattività sia per la competitività, e generalmente l'azienda decide di mantenere la loro quota di mercato.

Le ASA appartenenti alla zona C (chiamata "zona rossa") sono quelle nelle tre celle in basso a destra e sono caratterizzate da bassa attrattività e debole competitività; solitamente in questi casi l'azienda decide di sfruttarne fino in fondo il potenziale di flusso di cassa oppure di disinvestire.

Tabella 6.4 Componenti dell'attrattività del settore e della competitività dell'azienda nella matrice GE

Attrattività del settore	Competitività dell'azienda
• Dimensione del mercato • Crescita del mercato • Redditività • Ciclicità • Capacità di difendersi dall'inflazione • Dimensione del mercato mondiale	• Posizione del mercato: - quota del mercato domestico - quota del mercato mondiale - crescita della quota - quota di mercato relativa al concorrente principale • Punti di forza competitivi: - leadership di qualità - tecnologia - marketing - redditività relativa

6.5 L'analisi SWOT[18]

Analisi SWOT Analisi dell'ambiente esterno per valutare minacce (*threats*) e opportunità (*opportunities*) e di quello interno per individuare punti forza (*strengths*) e di debolezza (*weaknesses*).

Nell'accingersi a sviluppare le strategie per le ASA di cui è responsabile, ogni marketing manager dovrebbe dapprima effettuare un'analisi per comprendere in profondità gli aspetti critici dell'ambiente esterno, i possibili vantaggi competitivi su cui insistere, le capacità e le competenze di cui l'azienda dovrebbe disporre per assicurarsi i migliori risultati. Per sostenere il management nell'individuazione delle alternative strategiche, si utilizza una metodologia di analisi denominata SWOT.

L'acronimo anglosassone SWOT (*Strengths, Weaknesses, Opportunities, Threats*) fornisce sinteticamente la rappresentazione di come l'analisi viene strutturata; le informazioni disponibili (incluse quelle ricavate con le analisi descritte nella prima parte di questo libro), spesso disomogenee, vengono ordinate e successivamente comparate rispetto a quattro aree di valutazione: i punti di forza (*strengths*) e di debolezza (*weaknesses*) dell'azienda, che rappresentano le variabili interne; le opportunità (*opportunities*) e le minacce (*threats*) dell'ambiente, ossia le variabili esterne.

L'*analisi SWOT* ha l'obiettivo di identificare tutte le tendenze e inserirle in un quadro organico, individuando condizioni interne ed esterne all'azienda che per la loro rilevanza possono influenzarne la performance. Essa può riguardare un mercato in cui l'azienda è già presente, ovvero uno in cui si accinge a entrare. Nel primo caso l'intento è quello di verificare la validità della strategia adottata e introdurre eventuali correttivi; nel secondo consiste invece nel mettere a punto una strategia di ingresso adeguata. Ci sono dunque due vantaggi che derivano dall'analisi SWOT: il contributo di conoscenza fornito dall'esame combinato di variabili interne ed esterne all'azienda; l'insieme di valutazioni in chiave strategica che il processo consente di delineare.

6.5.1 Cosa si intende per opportunità/minacce e forze/debolezze?

Le tendenze espresse dall'ambiente esterno devono essere lette in chiave di opportunità e minacce (*O/M*) (Tabella 6.5). Le prime rappresentano fattori che, se sfruttati tempestivamente, si ripercuotono sulla prestazione dell'impresa e possono contribuire alla creazione di un vantaggio competitivo.[19] Una minaccia, invece, può portare a un declino nella pre-

Tabella 6.5 Alcune minacce e opportunità che possono emergere dall'analisi SWOT

Opportunità potenziali	Minacce potenziali
• Differenziazione dei prodotti	• Ingresso di nuovi concorrenti
• Introduzione di nuove tecnologie	• Cambiamento nei gusti dei consumatori
• Integrazione di tutte le fasi d'attività	• Nascita di prodotti sostitutivi
• Bassa elasticità della domanda	• Possibilità di acquisizioni da parte dei concorrenti
• Barriere all'ingresso: ridotte (se l'azienda è una nuova entrante); elevate (se l'azienda è già presente nel mercato)	• Aumento dell'intensità competitiva
• Facilità di accesso ai canali distributivi	• Potere contrattuale dei fornitori e dei distributori
• Elevata crescita prevista della domanda	• Crescita ridotta della domanda

[18] Marbach G., Mattia G., *Complementi di marketing e case histories*, Istituto Guglielmo Tagliacarne, Roma, 2002.

[19] Un vantaggio competitivo (per esempio una tecnologia produttiva, oppure competenze particolarmente accentuate nel marketing, o ancora una grande capacità di innovazione) permette all'azienda di superare le prestazioni dei concorrenti, offrendo ai clienti benefici che i concorrenti non sono in grado di mettere a disposizione.

Tabella 6.6 Alcuni punti di forza e di debolezza che possono emergere dall'analisi SWOT

Forze potenziali	Debolezze potenziali
• Efficienza produttiva	• Linee di produzione obsolete
• Buone competenze di marketing	• Costi di produzione elevati
• Elevata capacità di innovazione	• Limitate competenze di marketing
• Risorse umane motivate e competenti	• Ridotta capacità di innovazione
• Immagine e qualità elevate	• Risorse umane inadeguate
• Disponibilità di brevetti esclusivi	• Immagine e qualità insufficienti
• Competenze di marketing elevate	• Clima aziendale conflittuale
• Ampiezza della gamma di prodotti	• Prodotti in fase avanzata di ciclo di vita

stazione in assenza di contromisure per fronteggiarla. Le minacce possono mettere a rischio il successo della strategia di marketing, se l'azienda non vi pone rimedio.

Nell'ambito di ciascuna area strategica di affari, oltre alle variabili esterne devono essere enucleati e valutati anche i fattori interni, ossia i punti di forza e di debolezza (*F/D*) (Tabella 6.6). I primi sono risorse o capacità specifiche di cui l'azienda è in possesso. Se utilizzati in modo efficace, le conferiscono una competenza distintiva rispetto ai concorrenti e le possono consentire di cogliere le opportunità e di eludere le minacce che l'ambiente presenta. Una debolezza, al contrario, è una risorsa o una capacità che manca all'azienda o non è adeguatamente utilizzata, mentre i concorrenti ne dispongono. Identifica un'area di rischio, da migliorare, poiché altrimenti si traduce in uno svantaggio competitivo. Al contrario dei punti di forza, quelli di debolezza enfatizzano le minacce e attenuano il valore delle opportunità. Rappresentano condizioni che ostacolano la realizzazione degli obiettivi, fino a determinare, nella peggiore delle ipotesi, il fallimento della strategia.

Ampiezza della gamma
Numero di linee di prodotti.

6.5.2 Le fasi dell'analisi SWOT

Operativamente, la conduzione di un'analisi SWOT passa attraverso le seguenti fasi:

- definizione di forze e debolezze che caratterizzano l'azienda;
- esplorazione dell'ambiente per individuarne minacce e opportunità;
- graduazione dell'importanza di minacce/opportunità e forze/debolezze;
- combinazione dei fattori interni con quelli esterni per verificare la presenza di elementi di criticità;
- individuazione di possibili alternative d'intervento.

Inizieremo dapprima dalla valutazione delle variabili interne. Occorre premettere che forze e debolezze sono per definizione concetti relativi. Una prerogativa dell'azienda, per esempio la reputazione della marca, diventa un punto di forza solo se può oggettivamente rappresentare una competenza distintiva nell'ASA in esame. Saranno le caratteristiche della domanda e la struttura del sistema competitivo del business a permettere di stabilire se tale attributo rappresenta un punto di forza o se invece ha un carattere di neutralità. Un esempio può aiutare a comprendere meglio: ipotizziamo che la Rolex (orologi di lusso) decida di produrre orologi di basso prezzo per un mercato di massa. In un mercato simile, le competenze distintive della marca (tradizione, cura nei dettagli, stile) di per sé non costituirebbero punti di forza assoluti, in quanto gli acquirenti ne terrebbero conto solo dopo avere soddisfatto altre priorità (oltre al costo contenuto del prodotto, per esempio un design spiritoso e una grande varietà di modelli). Allo stesso modo, una debolezza non è tale in assoluto, ma solo se la sua presenza mette a rischio la prestazione dell'impresa in quel mercato: per esempio, se tutte le aziende che operano in una certa area strategica d'affari propongono continue novità ai consumatori mentre l'azienda in esame non dispone di questa capacità, si è evidentemente in presenza di un punto di debolezza.

Sulla base di questo ragionamento, anche un fattore ambientale costituisce per l'impresa una minaccia o un'opportunità in relazione ai punti di forza/debolezza posseduti dall'azienda. Ciò che rappresenta un'opportunità per alcuni può rappresentare una minaccia per altri. Per esempio, se si rende disponibile una nuova tecnologia, un'impresa può considerare tale evento come opportunità se è in grado di acquisirla per i suoi prodotti più rapidamente dei concorrenti, e una minaccia nel caso contrario. Se i concorrenti sono tutti allineati sotto il profilo delle competenze interne, il fattore ambientale può essere considerato una minaccia da alcune e un'opportunità da altre, o al contrario essere considerato come una variabile neutra, rispetto alla quale non prendere alcuna decisione. Per esempio, l'introduzione della tecnologia digitale per le fotocamere è stata vissuta da alcuni produttori di pellicole fotografiche come una minaccia, da altri come un'opportunità. I primi hanno cercato di migliorare la qualità dei propri prodotti per cercare di mantenere la clientela acquisita, i secondi hanno letto nuove opportunità di business in questo evento, iniziando a produrre supporti digitali per la memorizzazione delle immagini.

Considerazioni analoghe possono essere formulate quando si presenti la possibilità che un nuovo concorrente faccia il suo ingresso nell'area strategica o che uno dei concorrenti attuali modifichi la propria strategia per guadagnare quota di mercato. In entrambi i casi ci si trova di fronte alla minaccia di una modifica nell'equilibrio competitivo. Anche in queste circostanze, la portata dell'evento è giudicata in modo diverso secondo i singoli punti di forza/debolezza dell'azienda. Se questa appartiene alla categoria dei concorrenti più deboli, potrà temere di perdere posizioni e tenderà a porre in atto reazioni; se, invece, è leader, valuterà la minaccia meno rilevante per la propria posizione competitiva.

Come è intuibile, l'analisi SWOT presenta una dose di soggettività legata all'esperienza dell'analista: ma pervenire a valutazioni oggettive non è la finalità di questa metodologia, che piuttosto si prefigge di razionalizzare il processo con cui vengono acquisiti input utili a definire le alternative strategiche. Invece, un rischio che si corre è quello di ridursi a una mera elencazione di eventi esterni e caratteristiche dell'azienda, senza che da questo si riescano a trarre indicazioni utili per la strategia. Per ridurre l'effetto di tale inconveniente, l'inventario di fattori interni ed esterni viene accompagnato da una graduazione che serve a fissare alcune priorità di intervento.

Più precisamente, le forze e le debolezze vengono misurate rispetto a due parametri, che sono (Tabella 6.7):

- la *performance*, ossia la capacità dell'azienda rispetto alla variabile osservata; come ovvio, man mano che ci si sposta dal valore minimo a quello massimo di una scala pre-fissata di misurazione, una debolezza si trasforma in una forza;
- l'importanza, che invece indica quanto il possesso di capacità rispetto alla variabile osservata è critica per l'acquisizione di un vantaggio competitivo.

Una volta definiti i punteggi di *performance* e importanza per ciascun fattore, questi vengono moltiplicati, arrivando così a stabilire la priorità di ciascuno. Si possono configurare le seguenti ipotesi:

- alta performance alta importanza: si è in presenza di una forza da valorizzare o mantenere;
- alta performance e bassa importanza: l'azienda possiede una forza che non ha particolare rilevanza nell'area strategica d'affari di riferimento;
- bassa performance e alta importanza: la variabile in esame è critica, poiché l'azienda è debole in un ambito indispensabile a competere adeguatamente;
- bassa performance e bassa importanza: l'azienda presenta una debolezza, che tuttavia assume un rilievo marginale ai fini della posizione competitiva.

Tabella 6.7 La valutazione delle forze e delle debolezze nell'analisi SWOT

Forze/ debolezze	Livello della prestazione (*performance*) (*A*)				Grado di importanza (*B*)			Priorità (*A* × *B*)
	Molto elevato	Elevato	Inadeguato	Assai inadeguato	Elevato	Medio	Ridotto	
Fattore								
1								
2								
3								
...								

Fonte: adattato da Kotler P., Armstrong A., Sauders J., Wong V., *Principi di Marketing*, ISEDI, Milano, 2001.

Nel caso delle minacce e delle opportunità, invece, i criteri di valutazione fanno riferimento a (Tabella 6.8):

- la gravità o l'attrattività dell'evento (a seconda che si tratti di minaccia o di opportunità), graduata su una scala numerica;
- la probabilità di accadimento di ciascun evento, anche in questo caso quantificata con l'impiego di una apposita scala di misurazione.

Come per le forze e le debolezze, rispetto agli eventi considerati emergono quattro condizioni possibili, da valutare separatamente a seconda che si analizzino minacce od opportunità:

- alta gravità/attrattività e alta probabilità di verificarsi dell'evento: si è in presenza di una minaccia/opportunità da fronteggiare/sfruttare;
- alta gravità/attrattività e bassa probabilità di verificarsi: l'evento va adeguatamente monitorato, ma non richiede azioni nell'immediato;
- bassa gravità/attrattività e alta probabilità di verificarsi: la minaccia/opportunità non si prefigura come particolarmente pericolosa/interessante, e dunque non sono richiesti interventi particolari nell'immediato;
- bassa gravità/attrattività e bassa probabilità di verificarsi: si tratta di un evento privo di ripercussioni sulla posizione dell'azienda.

Per quanto molto utile e diffusa, il limite principale dell'analisi SWOT è la sua staticità: essa presuppone, infatti, che venga effettuata una fotografia della situazione al momento in cui questa viene rilevata, mentre i fattori in esame (forze/debolezze, minacce/opportunità) sono dinamici per definizione. È allora opportuno ripeterla con regolarità, specialmente se l'ambito nel quale l'azienda si trova a competere risulta particolarmente turbolento a causa della dinamicità dei concorrenti e dei frequenti cambiamenti nei comportamenti dei diversi attori del mercato (acquirenti, fornitori, intermediari).

Tabella 6.8 La valutazione delle minacce e delle opportunità nell'analisi SWOT

Minacce/ opportunità	Gravità/attrattività (*A*)				Probabilità di verificarsi (*B*)			Priorità (*A* × *B*)
	Molto elevata	Elevata	Ridotta	Molto ridotta	Elevata	Media	Ridotta	
Fattore								
1								
2								
3								
...								

Fonte: adattato da Kotler P., Armstrong A., Sauders J., Wong V., *Principi di Marketing*, ISEDI, Milano, 2001.

Il marketing e le sue applicazioni

Applicazione 6.1 Come Red Bull è diventata una media company globale[20]

Red Bull è uno degli esempi migliori di azienda che utilizza gli strumenti di content marketing in maniera efficace a livello globale. Il content marketing fa riferimento all'attività di creazione di contenuti da parte di un'azienda (blog post, articoli, video, infografiche, brochure e cataloghi) che siano in grado di attrarre gli utenti, conquistare la loro fiducia per poi trasformarli in clienti. Lo scopo finale di queste attività non è quindi la vendita diretta, ma la creazione di brand awareness. La società austriaca ha creato già dal 2007 una divisione dedicata, Red Bull Media House, pensata per produrre e distribuire contenuti d'intrattenimento al proprio pubblico.

La gestione di una grande quantità di contenuti permette a Red Bull di analizzare gli interessi delle persone seguendo il loro comportamento su desktop, tablet e mobile, sulla cui base produrre nuovi contenuti attraverso la divisione media dell'azienda. Questi vengono veicolati attraverso i vari canali gestiti dall'azienda, fra cui il magazine cartaceo e online, la Red Bull Tv, l'etichetta discografica proprietaria Red Bull Records, fino alle app e al sito web. Red Bull è a tutti gli effetti una vera e propria media company al pari di aziende del settore dell'intrattenimento ed è focalizzata su temi come sport estremi, cultura sportiva, lifestyle, riuscendo a diventare nel corso degli anni un punto di riferimento per le persone appassionate di questi argomenti.

La capacità da parte dell'azienda di applicare i principi dello storytelling nelle proprie attività di marketing è stato l'elemento discriminante del suo successo negli anni, supportato dalle origini stesse della bevanda. Il drink infatti contiene, oltre all'acqua, allo zucchero e alla caffeina, un amminoacido chiamato taurina che secondo alcuni studi giapponesi ha dei benefici sul sistema cardiovascolare. L'idea di produrre a livello mondiale questo drink venne al fondatore Dietrich Mateschitz durante un viaggio in Thailandia, dove questa bevanda era molto diffusa e distribuita con il nome di Krating Daeng. In Figura 6.6 l'iconica lattina di RedBull con i due tori simbolo del brand, presenti anche originariamente nella bevanda thailandese.

La strategia di Red Bull è stata sin da subito quella di differenziarsi all'interno del settore dei soft drink, posizionandosi come una bevanda con una proprietà energizzante diversa dai concorrenti già presenti sul mercato. L'azienda austriaca non ha presentato un'innovazione di prodotto nel settore dei soft drink, ma ha semplicemente soddisfatto una funzione d'uso diversa da quella già offerta dalle altre bevande, ovvero la capacità di "dissetare con gusto". Inizialmente Red Bull era stato collocato all'interno del settore degli sport drink, nonostante una funzione d'uso diversa rispetto ai principali competitors di quel settore (per es., Gatorade). L'azienda è stata poi in grado di riposizionarsi in un nuovo tipo di mercato creato *ad hoc* e in cui si è affermata come leader. Red Bull è stata capace, negli anni, di "brandizzare" il business, rendendo "energy drink" e "Red Bull" di fatto sinonimi. Negli anni, grandi brand come Coca-cola e Pepsi hanno provato a proporre delle soluzioni con funzioni simili per soddisfare gli stessi bisogni dei clienti, con risultati di molto inferiori all'azienda austriaca. Solo in alcuni casi dei competitor sono riusciti a ritagliare una piccola quota di mercato: Burn, per esempio, nel 2004 è entrato nel settore puntando su un target ben specifico pensato soprattutto per i giovani, frequentatori di discoteche e locali notturni.

Fra i fattori che hanno portato alla vera differenziazione ed esplosione sul mercato di Red Bull c'è stata la comunicazione adottata durante tutto il ciclo di vita del prodotto. Inizialmente sono stati usati canali comunicativi non comuni, con la sponsorizzazione di eventi legati allo svolgimento di attività "estreme". Questo ha portato alla creazione del marchio inteso come "anti-brand", puntando quindi su una forma di marketing basata sul *word of mouth*. Solo successivamente, l'azienda ha organizzato eventi gestiti direttamente in proprio, come per esempio gare di surf, skateboard e snowboard. Anche le pubblicità televisive usano un linguaggio differente dai competitor, con animazioni e vignette che richiamano la frase "Red Bull ti mette le ali".

Tra le strategie di comunicazione adottate da Red Bull, c'è anche l'acquisizione di due scuderie di Formula 1, settore scelto per rispecchiare l'immagine del brand "estremo" e che ha consentito di allargare il target della clientela a un pubblico più adulto. La stessa politica è stata adottata nel settore del calcio, dove l'azienda gestisce tre società in tre differenti paesi (Red Bull Salisburgo, RasenBallsport Leipzig Lipsia in Germania e New York Red Bulls in America), con ottimi risultati sportivi. Oltre a questi investimenti, Red Bull supporta 500 atleti di fama mondiale che competono in differenti discipline sportive.

©Stefan Holm/Shutterstock

Figura 6.6 Logo RedBull.

[20] Questa applicazione è a cura di Alessio Di Leo.

Il caso aziendale Pastificio Antonelli

Per comprendere la teoria del marketing è necessario applicarla alla realtà delle imprese internazionali e nazionali: solo in questo modo è possibile misurare con mano sia quali siano i ritorni in termini di efficenza, efficacia e economie di scala per le imprese sia quanto sia importante studiare soluzioni ad hoc per ogni singola azienda. Sul sito web dedicato al volume è disponibile il caso di studio dedicato agli argomenti del capitolo.

9 Il marketing

Matteo Caroli

Gli obiettivi del capitolo

In questo capitolo, il marketing è approfondito come metodo di gestione che caratterizza l'orientamento strategico dell'impresa, ponendo il mercato, il cliente e la relazione con il cliente quali riferimenti primari. Il capitolo intende anche fornire un primo approfondimento sui temi della gestione di marketing che hanno maggiore rilievo strategico a livello generale e sulle problematiche operative più significative.

9.1 Il marketing come approccio alla gestione dell'impresa

9.1.1 I contenuti del marketing

marketing

Lo sviluppo del **marketing** come tecnica manageriale è iniziato negli anni cinquanta dello scorso secolo, prima negli Stati Uniti, poi in Europa e nel resto del mondo. Parallelamente, ha assunto rilievo come funzione aziendale e trovato spazio anche *formale* nella struttura organizzativa delle imprese, soprattutto di grandi e medie dimensioni. Negli ultimi decenni, la diffusione del marketing è stata molto intensa: nelle imprese è divenuto un'area gestionale primaria, assumendo in non pochi settori un ruolo centrale nella determinazione del vantaggio competitivo; allo stesso tempo, è entrato nella gestione anche di altri tipi di organizzazioni: le aziende *no profit*, molti enti pubblici e istituzioni, le associazioni, le città e i territori. Questa diffusione *trasversale* è spiegata dalla circostanza che i principi di fondo del marketing sono applicabili a qualsiasi tipo di organizzazione umana, così come la sua strumentazione operativa è utilizzabile ed efficace in contesti molto eterogenei, naturalmente con gli adattamenti richiesti dalle diversità dell'ambiente in cui opera l'organizzazione, dei suoi obiettivi e delle sue caratteristiche strutturali.

Nonostante il marketing abbia ormai raggiunto un'ampia diffusione nelle imprese e in molti altri tipi di organizzazione, i suoi contenuti sono ancora oggetto di valutazioni diverse; un problema che deriva non tanto da incertezze nella teoria sottostante, quanto dall'elevata eterogeneità delle esperienze aziendali circa il ruolo concretamente attribuiti al marketing.

In linea generale, al marketing è prevalentemente attribuita la funzione di sviluppare i rapporti con il mercato; in questa prospettiva, esso si occupa di gestire:

vendite

relazione con i clienti

comunicazione

1. le **vendite**;
2. le **relazione con i clienti**.
3. la **comunicazione**;

Ci sono, però, casi, anche tra le grandi imprese, in cui la struttura organizzativa non ha una funzione "Marketing", mentre esiste una funzione "Comunicazione", normalmente rispondente alla Direzione generale; la gestione commerciale e delle relazioni con il cliente è direttamente affidata alle Divisioni responsabili dei business.

La gestione delle vendite si occupa del funzionamento della rete commerciale dell'azienda; dei rapporti con la distribuzione; della gestione dei prezzi sulla base delle linee guida fissate in sede di elaborazione della strategia competitiva. La comunicazione è un'attività specialistica, normalmente realizzata con il supporto tecnico di soggetti esterni specializzati. Infine, la relazione con il cliente concerne la misurazione della soddisfazione verso l'offerta dell'impresa, lo sviluppo dei flussi informativi "cliente-impresa", la gestione dei servizi aggiuntivi rivolti al cliente. Nel rapporto con il cliente rientra anche la gestione del credito commerciale; tale attività è, però, normalmente svolta nell'ambito della funzione amministrazione, finanza e controllo.

Nell'ambito della relazione con i clienti, la gestione della presenza dell'impresa nella rete internet e in particolare nei social network è ormai divenuta cruciale in tutti i mercati.

La realtà aziendale appare piuttosto eterogenea per quanto concerne l'apporto del marketing nella gestione dell'offerta (nonostante la dottrina aziendalistica inserisca la politica di prodotto tra i compiti operativi del marketing).[1] Il coinvolgimento del marketing nell'elaborazione dei contenuti dell'offerta dipende, di fatto, dall'effettiva attenzione che a riguardo l'impresa è in grado di prestare alle istanze del mercato, nonché dal peso di tale funzione nella struttura organizzativa, anche rispetto a quello dello sviluppo prodotti e delle operations.

Ancora più controversa è la funzione del marketing nel processo di elaborazione della strategia competitiva. Anche su questo punto, la letteratura scientifica di marketing ha ampiamente fissato diverse tematiche appunto strategiche che dovrebbero essere elaborate con gli strumenti di marketing. Tali questioni sono:

- analisi della domanda;
- segmentazione;
- posizionamento;
- gestione della marca;
- definizione della strategia di marketing.

Nella pratica, queste attività possono essere realizzate nell'ambito della più ampia elaborazione della strategia; nelle organizzazioni di dimensione minore possono addirittura rimanere implicite negli orientamenti dell'imprenditore e dei suoi diretti collaboratori. Data la particolare strumentazione tecnica che richiede,

---

[1] È ovvio far qui riferimento alle note "4 p" in cui si articola il marketing operativo: product, price, promotion and placement.

l'analisi della domanda è normalmente affidata a soggetti specializzati esterni che interloquiscono direttamente con il vertice aziendale. Le scelte dei segmenti target e di posizionamento, nonché quella relativa all'approccio di marketing (indifferenziato, differenziato, focalizzato), sono spesso prese nell'ambito della definizione del business model e della strategia competitiva. Infine la strategia di marca coinvolge primariamente il marketing soprattutto per la parte inerente la comunicazione e in generale lo sviluppo della *brand equity*.

Si osserva quindi una certa discrepanza con alcuni filoni di dottrina che tendono ad assegnare al marketing una competenza molto estesa anche nell'elaborazione degli orientamenti strategici dell'impresa. Tale discordanza è risolta distinguendo quanto di competenza del marketing come specifica funzione della struttura organizzativa di un'impresa e i contenuti del marketing quale approccio "di fondo" alla gestione dell'impresa. Si ritiene che i contenuti del marketing come approccio gestionale possano essere molto più ampi degli specifici compiti affidati alla funzione marketing, risultando diffusi in tutto il sistema impresa. In questo senso, il marketing non è solo una funzione, è in primo luogo un metodo di gestione.

9.1.2 I principi basilari del marketing come metodo di gestione d'impresa

Il principio alla base dell'approccio gestionale di marketing è il concepire l'offerta con l'obiettivo di soddisfare le esigenze della domanda individuata nel modo più preciso possibile.

metodo di marketing

Il semplice, essenziale principio alla base dell'approccio di marketing è il concepire l'offerta con l'obiettivo di soddisfare le esigenze della domanda individuata nel modo più preciso possibile in termine di tipologie di acquirenti. Il **metodo di marketing** predispone tutta l'attività dell'impresa al fine della creazione di valore - materiale e immateriale - per coloro che costituiscono il mercato cui essa intende rivolgersi e, in una prospettiva più ampia, per l'insieme di soggetti con cui essa interagisce. In questo senso, fine ultimo del marketing è creare negli interlocutori dell'organizzazione il massimo *consenso* verso di essa: un consenso che attiva comportamenti positivi nei diversi ambiti rilevanti per il funzionamento dell'azienda.

Da questo principio primario derivano altri tre elementi caratterizzanti l'approccio di marketing:

1. nell'evoluzione dell'impresa è decisiva la *scelta* del mercato, o della parte di mercato ove focalizzare la propria strategia competitiva;
2. il sistema di offerta è progettato in funzione del modo in cui si vogliono soddisfare al meglio le esigenze essenziali dei segmenti di domanda scelti come prioritari, distinguendosi il più possibile dai concorrenti;
3. la gestione del rapporto con il mercato deve avvenire in chiave *relazionale*, proponendosi di sviluppare il rapporto con il cliente (ed eventualmente con gli altri interlocutori) attraverso una relazione molto più ampia e duratura di quella implicita nel solo scambio commerciale. Quest'ultimo elemento è divenuto cruciale in tempi più recenti: in una prima fase, in seguito alla notevolissima rilevanza assunta dai servizi, sia come grande comparto economico e sociale sia come componente nell'offerta di prodotti e beni fisici; successivamente, in relazione alla crescente centralità che le relazioni, reali e virtuali, hanno nei comportamenti di acquisto e consumo.

La complessità di queste problematiche spiega l'ampiezza del filone scientifico del marketing e la sua rilevanza, al di là dell'ambito di competenze effettivamente assegnate alla funzione di marketing nella struttura organizzativa.

A prescindere dalla consistenza delle attività affidate a tale funzione, il marketing rappresenta quindi una "filosofia" gestionale che orienta la strategia competitiva, ovvero il modo in cui l'impresa si propone di raggiungere una posizione di vantaggio competitivo nell'area di business in cui opera. Essa spinge l'impresa a "uscire da sé stessa", plasmando la propria offerta e il proprio modo di essere sulle caratteristiche e aspettative di soggetti esterni e in particolare di coloro che costituiscono il suo mercato obiettivo.

orientamento alla creazione del massimo valore per il cliente

Il principio basilare del marketing, cioè l'**orientamento alla creazione del massimo valore per il cliente**, diviene dunque fondante del modello evolutivo dell'impresa. Per altro, proprio questa "elevazione" del marketing a orientamento gestionale, condiviso da tutti gli attori aziendali e certamente dall'alta direzione, si riflette, quasi per paradosso, nella possibile riduzione della competenza della specifica funzione marketing nelle questioni di ordine strategico. Chi si occupa dell'elaborazione della strategia ha, infatti, ormai ampiamente assunti i *criteri* cardine del marketing: partire dalla definizione del mercato target, studiandone le caratteristiche per comprendere i fattori critici di successo di coloro che ne fanno parte; raggiungere un posizionamento significativo e vantaggioso rispetto ai concorrenti; infine, sviluppare un sistema di offerta che massimizza il valore offerto ai clienti.

Il progressivo affermarsi del modello di impresa "sostenibile"[2] ha ulteriormente esteso la portata concettuale del marketing poiché ha ampliato i soggetti per i quali essa deve creare valore: non più solo i clienti, ma tutti gli stakeholders. Tutto il sistema aziendale deve saper orientare la propria attività alla soddisfazione delle aspettative dei diversi soggetti con cui esso interagisce.

9.1.3 Gli approcci precedenti a quello di marketing

L'impostazione sopra descritta non è necessariamente propria di tutte le imprese e soprattutto non lo è sempre stata nel tempo. Un'analisi storica dell'approccio dell'impresa verso il suo mercato evidenzia almeno altri tre orientamenti rilevanti, comunemente indicati come:

orientamento alla produzione

orientamento al prodotto

orientamento alla vendita

1. **orientamento alla produzione**;
2. **orientamento al prodotto**;
3. **orientamento alla vendita**.

L'orientamento alla produzione è tipico delle fasi in cui la domanda è quantitativamente molto superiore alla offerta totale esistente nel mercato.

Orientamento alla produzione

È tipico delle fasi in cui la domanda è quantitativamente molto superiore alla offerta totale esistente nel mercato, quando, dunque, l'esigenza primaria dei consumatori è l'immediata disponibilità del prodotto o del servizio, con le funzionalità necessarie per assolvere alle basilari funzioni d'uso; gli specifici fattori di caratterizzazione del prodotto sono, invece, considerati relativamente secondari. Per il cliente è, dunque, prioritario trovare un'offerta quantitativamente adeguata e a un prezzo coerente con la sua capacità di spesa. In questa situazione, dal punto di vista dell'impresa, è fondamentale gestire al meglio la produzione, ottimizzando capacità produttiva, efficienza e logistica distributiva. Il primo aspetto per garantire i volumi di prodotto necessari per soddisfare la massima parte della domanda; il secondo per ridurre i costi e di conseguenza poter collocare l'offerta a un

[2] Il tema dell'impresa "sostenibile" è approfondito nel **Capitolo 1** del libro.

prezzo sostenibile dal mercato, favorendo anche la sua espansione; il terzo per facilitare l'accesso del compratore al prodotto, aumentando a parità di altre condizioni il suo beneficio netto percepito. In questa situazione, il marketing ha rilievo decisamente secondario, poiché ciò che massimizza il valore per il consumatore è la semplice disponibilità e a un prezzo adeguato del prodotto o del servizio. L'eccesso di domanda rispetto all'offerta totale riduce anche la necessità di differenziare l'offerta da quella dei concorrenti.

Orientamento al prodotto

È basato sull'assunto che un prodotto o un servizio con contenuti tecnici e performance oggettivamente rilevanti e superiori a quelle dei concorrenti è in grado, in quanto tale, di avere successo nel mercato. L'attività aziendale deve quindi essere focalizzata sul continuo miglioramento tecnico della propria offerta e sull'innovazione finalizzata a introdurre nel mercato prodotti sempre migliori. Anche in questo caso, il marketing non ha rilievo strategico poiché si assume che l'elevata qualità dell'offerta determini di per sé la soddisfazione di una certa domanda. Inizia a evidenziarsi però una funzione operativa del marketing, poiché è necessario che la qualità intrinseca dell'offerta sia correttamente percepita dai consumatori potenziali, a tal fine, sia a essi comunicata in maniera efficace.

L'orientamento al prodotto è basato sull'assunto che un prodotto o un servizio con contenuti tecnici e performance chiaramente superiori è in grado, in quanto tale, di avere successo nel mercato.

Orientamento alla vendita

Questo approccio trova giustificazione soprattutto nelle fasi avanzate del ciclo di vita di un mercato, quando la capacità produttiva nel settore tende a essere strutturalmente superiore alla domanda complessiva. Mentre nell'orientamento alla produzione e in quello al prodotto, sono fondamentali rispettivamente l'efficienza produttiva e la capacità di realizzare un'offerta di elevata qualità oggettiva, nell'orientamento *alla vendita*, è cruciale la capacità di trovare e mantenere un adeguato spazio nel mercato. Tale capacità si esprime nell'efficacia ed efficienza con cui l'impresa riesce a "spingere" la propria offerta verso la domanda; quindi, occupare gli spazi disponibili nel mercato, portare l'offerta il più vicino possibile al suo potenziale acquirente, promuoverla strenuamente, spingere il consumatore all'acquisto. Nell'orientamento alla vendita, il rapporto con il mercato diviene dunque centrale; tuttavia, le esigenze del cliente sono considerate soprattutto nelle fasi finali del processo di offerta, quando appunto occorre attivare i meccanismi commerciali più efficaci per spingerlo all'acquisto. Anche in questo approccio, dunque, il marketing ha una connotazione soprattutto operativa, tendendo a configurarsi nella funzione commerciale e di gestione della rete vendita.

Orientamento al mercato

L'approccio di marketing si distingue dai precedenti orientamenti innanzitutto per il fatto di considerare la conoscenza del mercato quale punto di partenza della strategia competitiva; in particolare, tale conoscenza dovrebbe essere finalizzata a:

- individuare l'area del mercato (segmento) target;
- comprendere i bisogni rilevanti e i modelli di comportamento dei consumatori target;
- individuare i fattori materiali e immateriali più rilevanti per soddisfare al meglio le aspettative del consumatore target.

orientamento al mercato

L'approccio di marketing si distingue dai precedenti orientamenti innanzitutto per il fatto di considerare la conoscenza del mercato quale punto di partenza della strategia competitiva.

Sulla base della conoscenza di questi elementi, l'impresa sviluppa una certa strategia di offerta. Di conseguenza, il rapporto con il mercato non si colloca al termine del processo di creazione di valore, ma all'inizio; sulla base dell'assunto che solo dopo aver compreso le esigenze fondamentali del consumatore e aver deciso come soddisfarle, riuscendo a distinguersi da quanto fanno i concorrenti, è possibile realizzare e portare sul mercato un'offerta in grado di generare effettivamente valore.

9.1.4 L'approccio di marketing relazionale alla gestione d'impresa

Il focus sulla comprensione del mercato e sullo sviluppo di un'offerta che ne soddisfi al meglio le esigenze è essenziale, ma spesso non è sufficiente per consolidare il vantaggio competitivo. Usando la terminologia di Groonroos (2007), è efficace nella prospettiva dello *scambio*, ma non sufficiente per sviluppare con esso una *relazione* ottimale.

modello basato sullo scambio

Nel **modello basato sullo scambio**, il valore offerto al mercato è creato dall'impresa, possibilmente sulla base di una corretta comprensione delle esigenze dei clienti target, ma comunque in maniera sostanzialmente indipendente da questi; il marketing interviene a monte e a valle del processo di creazione del valore; rispettivamente nello studio del mercato per orientare la progettazione dell'offerta, e nella gestione di questa nel mercato in modo da massimizzarne il valore percepito.

Nei mercati contemporanei, tuttavia, sempre più spesso non basta comprendere le aspettative del cliente e cercare di soddisfarle; è anche necessario sviluppare con il cliente una relazione non solo commerciale. Nell'approccio relazionale, l'impresa genera valore attraverso appunto lo sviluppo di un rapporto relativamente intenso e continuato nel tempo con il proprio cliente, sicuramente più ampio della transazione commerciale; da questo deriva che[3] attraverso le relazione, l'impresa può arricchire il valore della sua offerta percepito dal cliente; d'altro canto, può accrescere il valore ottenuto da quest'ultimo, anche oltre il corrispettivo economico. Inoltre, la qualità del rapporto instaurato con il cliente può influenzare notevolmente la percezione del valore dell'offerta. Lo sviluppo della relazione favorisce l'incremento della risorsa "fiducia".

contesto

Anche nei casi in cui l'attenzione del cliente rimane focalizzata sul prodotto in sé, la relazione rimane decisiva, rappresentando il **contesto** migliore entro cui è comunque necessario costruire lo scambio. Non va dimenticato che la prospettiva relazionale non toglie validità a quella dello *scambio*, ma la estende: appunto, inserisce la transazione in un contesto più ampio e complesso. Anche quando il cliente è sensibile soltanto al valore direttamente incorporato nel prodotto, la relazione rimane essenziale quale condizione necessaria affinché tale valore si possa esprimere appieno nella percezione del cliente.

---

[3] L'approfondimento delle ragioni che spiegano tale cambiamento va oltre gli obiettivi di questo libro. Limitandoci, quindi, a un'indicazione sintetica, si sottolinea il fatto che, mentre in passato il prodotto riusciva a incorporare la massima parte del valore che passava dall'offerta alla domanda, oggi non è più così; componenti significative di valore sono trasferite appunto attraverso una relazione "ampia" che si instaura tra l'impresa e il suo mercato. Su questa evoluzione ha avuto notevole effetto anche il pervasivo sviluppo dei servizi e la crescente importanza della componente di servizio presente anche nei prodotti. Infine, va considerata l'evoluzione tecnologica che ha reso molto facile e poco costosa l'interazione tra le persone, le organizzazioni, le attività.

Il focus sulla relazione implica che domanda e offerta smettono di essere tendenzialmente antagoniste, avendo entrambe convenienza a sviluppare un rapporto cooperativo.

Nell'approccio relazionale domanda e offerta smettono di essere tendenzialmente antagonisti, trovando entrambi convenienza a sviluppare un rapporto cooperativo.

Il marketing si occupa di gestire non più lo scambio con il cliente, ma l'intero processo di sviluppo della relazione con esso. In questa prospettiva, esso diventa ancora più pervasivo, influenzando anche il processo produttivo, almeno per quanto riguarda quelle fasi in cui il coinvolgimento del cliente risulta significativo per la creazione di valore e tecnicamente possibile.

Il marketing si occupa di gestire non più lo scambio con il cliente, ma l'intero processo di sviluppo della relazione con esso.

In termini concreti, questa evoluzione si traduce nella necessità di affrontare alcune nuove questioni di ordine strategico e altre di tipo più tattico. Per quanto riguarda le prime, si tratta di:

- gestire l'offerta nella prospettiva di un processo relativamente continuo, articolato in attività ben più numerose di quelle strettamente necessarie alla realizzazione di un prodotto e alla sua collocazione nel mercato;
- sviluppare reti di relazioni, gestendo la propria presenza in una o più comunità (anche virtuali) popolate dai soggetti con i quali l'impresa può in vario modo interagire nello svolgimento delle sue attività;
- ripensare tutto il modello di creazione di valore e di sviluppo delle competenze interne sulla base delle relazioni stabilite dall'impresa con i soggetti esterni (e non solo, quindi, con i clienti).

Le questioni di ordine tattico riguardano:

- costruzione e gestione di una banca dati con le informazioni utili a gestire in modo ottimale la relazione con i clienti;
- predisposizione degli strumenti e dei meccanismi per attivare, mantenere e arricchire la relazione con i clienti;
- predisposizione degli strumenti per verificare l'evoluzione dei clienti, dei loro desideri e comportamenti, nonché del grado di soddisfazione verso l'impresa e la sua offerta. Le attività realizzate in questi tre ambiti danno corpo alla funzione normalmente indicata come *customer relation management*.

Per quanto tutte queste problematiche richiedano un approccio di marketing, non necessariamente la loro gestione avviene all'interno della funzione organizzativa "marketing"; come già osservato in precedenza, può rimanere di competenza della direzione generale o essere "diffusa" in aree diverse dell'azienda.

Lo sviluppo della customer experience

Nell'approccio relazionale alla creazione di valore per il cliente, criterio fondamentale è la massimizzazione della qualità della "*customer experience*" e della sua coerenza con le aspettative (razionali e non) del cliente stesso. Essa può essere definita come l'esperienza complessivamente vissuta dal cliente attraverso l'insieme di attività connesse alla fruizione di un certo prodotto o di un certo servizio. Questo insieme può comprendere le sole attività di acquisto e utilizzo nel caso di beni di consumo relativamente semplici; può essere molto articolato, come nel caso di servizi turistici, comprendendo molte attività ex ante ed ex post la specifica fruizione del servizio.

In questa prospettiva, la soddisfazione delle esigenze del cliente richiede, in concreto, l'assemblaggio di un mix di attività diverse che generano ciascuna una componente dell'esperienza complessiva ricercata dal cliente stesso. Attività di natura diversa, che raramente possono essere prodotte da un unico soggetto. Il cliente deve

Strumenti

Regole generali di marketing nei periodi di crisi

1. Maggiore impegno nell'analisi e comprensione dei consumatori. Nei periodi di crisi, il reddito disponibile delle persone, soprattutto nelle fasce sociali medie e medio-basse diminuisce in modo consistente e peggiorano le aspettative sul futuro; di conseguenza, cambiano gli stili di vita, le priorità nei consumi e la percezione di valore. Non tutti i mercati subiscono necessariamente una contrazione dei consumi e comunque non nella stessa maniera. L'analisi del consumatore diviene ancora più importante per comprendere questi cambiamenti e le innovazioni attese dai clienti per resistere meglio alla crisi in atto.
2. Focalizzazione sui clienti consolidati e rafforzamento dei fattori di loro fidelizzazione. Quando il mercato è in recessione, è fondamentale rafforzare il presidio dei clienti più "fidelizzati" perché sono quelli che è più probabile rimangano legati, a parità di altre condizioni, all'azienda. Su questi clienti, è quindi essenziale attivare misure volte ad aumentare la loro soddisfazione e premiarne la fedeltà; poiché aumentano il valore complessivamente erogato, queste iniziative sono anche importanti per ridurre il rischio che i consumatori escano dal mercato. A tal fine, si conferma la necessità di un'attenta analisi delle loro specificità e un affinamento dei criteri di segmentazione. Per aumentare il valore percepito, è importante arricchire i servizi offerti al cliente. Questi devono però essere effettivamente rilevanti per il consumatore, il più possibile personalizzati e devono anche essere tali da far sentire l'attenzione dell'impresa verso le problematiche che il consumatore si trova ad affrontare a causa del minor reddito disponibile.
3. Selezionare i clienti realmente profittevoli. Allo stesso tempo, diviene opportuno abbandonare i clienti poco redditizi o che richiedono all'impresa la gestione di rilevanti problematiche (per esempio i tempi di pagamento). Va infatti considerata la necessità per l'impresa di semplificare l'organizzazione e ridurre i costi indiretti. Naturalmente, la riduzione del parco clienti deve essere accompagnata da una diminuzione consistente dei costi generali.
4. Rivedere il portafoglio clienti. In linea generale, l'impresa deve riconsiderare la composizione del proprio portafoglio clienti, riducendo fortemente l'attenzione su quelli marginali o "problematici", e concentrando l'attenzione su quelli "core" o su quelli potenzialmente più profittevoli e al tempo stesso concretamente e maggiormente "aggredibili".
5. Modificare il posizionamento. Può accadere che il target di mercato su cui l'impresa è focalizzata subisca una riduzione della sua capacità di spesa particolarmente forte o sia comunque molto incline a uscire dal mercato. In questa situazione, l'impresa deve riuscire a riposizionare la propria offerta nelle aree di mercato che mostrano maggiore resilienza. Si tratta di una sfida strategica evidentemente molto complessa; se non è realistico affrontarla, va valutata l'opportunità di uscire dal business.

essere accompagnato lungo il "viaggio" attraverso cui si sviluppa la sua esperienza. Questo richiede che tale "viaggio" sia articolato in modo da rendere massimo il valore complessivo di tale esperienza, attraverso la realizzazione delle varie attività e delle loro connessioni. Su questo punto, è decisivo il modo in cui l'impresa implementa la relazione con il cliente, direttamente o attraverso partner esterni. La capacità di meglio comprendere gli aspetti decisivi della customer experience e soddisfarli in maniera più efficace, magari sfruttando nuove tecnologie è spesso la ragione fondamentale del fulmineo successo dei nuovi modelli di business e della loro capacità di modificare radicalmente le dinamiche competitive di settori anche molto consolidati.[4]

---

[4] Su questo tema, si rimanda a quanto approfondito nell'ultimo paragrafo del Capitolo 5, relativo alle forze "disruptive" dei modelli di business tradizionali.

6. Alla focalizzazione sui target di mercato attualmente o potenzialmente più rilevanti deve corrispondere una focalizzazione sui brand più competitivi. Gli investimenti e gli sforzi organizzativi devono essere concentrati nei business dove l'impresa è concretamente in grado di mantenere un significativo vantaggio competitivo. Su questi brand è importante rafforzare l'azione di differenziazione, per aumentarne il valore percepito e la posizione competitiva.
7. Contrariamente a quanto sembrerebbe intuitivo, non è sempre necessario ridurre il prezzo. Anche nei mercati in crisi, rimane valido il principio che il prezzo deve essere coerente innanzitutto con il valore percepito dell'offerta a cui è riferito. Un aumento di tale valore, magari attraverso un arricchimento delle funzioni d'uso del prodotto/servizio, può quindi giustificare addirittura un certo incremento del prezzo. Del resto, se è vero che in periodi di crisi gran parte dei consumatori aumenta la propria sensibilità al prezzo e ha minore capacità di spesa, è altrettanto vero che solo una parte limitata di essi riduce al minimo l'attenzione per le altre variabili. Infine, va ricordato che è generalmente difficile rialzare il prezzo di un prodotto dopo che è stato abbassato in modo "visibile" (per esempio, anche solo attraverso frequenti sconti promozionali), soprattutto per i prodotti "premium price". Di conseguenza, in particolare se la crisi del mercato appare essere sufficientemente congiunturale, può essere più opportuno non attuare forti contrazioni del prezzo.
8. D'altro canto una strategia di riduzione dei prezzi (a parità di valore erogato) può essere utile per due ragioni: far aumentare la rendita del consumatore e quindi fidelizzarlo e comunque contrastare il rischio che nella rimodulazione dei suoi consumi, egli penalizzi il prodotto o il servizio in questione. In secondo luogo, posizionare il prezzo a un livello assoluto più coerente con la diminuita capacità di spesa del consumatore. In questa prospettiva, può essere necessario "semplificare" il prodotto, in maniera da ridurne il costo di produzione, cercando di impattare il meno possibile sul valore percepito dal consumatore stesso.
9. Ottimizzare gli investimenti in comunicazione. Nei mercati in crisi la comunicazione non diminuisce di importanza; anzi può essere ancora più rilevante considerato il probabile intensificarsi della competizione. D'altro canto, la riduzione del fatturato e dei margini richiede all'impresa una proporzionale diminuzione dei costi che riguarda inevitabilmente anzitutto quelli di natura meno diretta. Di conseguenza, occorre affinare la strategia di comunicazione, individuando canali innovativi, meno costosi, ma altrettanto efficaci di quelli tradizionali.
10. Migliorare il modello distributivo. Nelle fasi recessive, i modelli distributivi sono particolarmente investititi dal cambiamento, poiché il consumatore cerca di ridurre il prezzo di acquisto del prodotto o del servizio ed è quindi particolarmente sensibile alle forme di disintermediazione. L'impresa va nella stessa direzione per ragioni speculari, ovvero per la necessità di recuperare margine economico. Diviene quindi essenziale innovare le modalità con cui il consumatore accede al prodotto e lo acquista; il grande successo del commercio online è spiegato anche da questa dinamica.

La capacità dell'impresa di implementare efficacemente l'insieme di attività generatrici di una customer experience vincente dipende anche dal coinvolgimento degli addetti dell'impresa e in particolare di coloro che sono più direttamente impegnati nelle attività rilevanti per il cliente. In questo senso, va sottolineato che l'impresa riesce a generare una "customer experience" vincente solo se è parallelamente in grado di attuare al suo interno una "*employee experience*" altrettanto valida, date le caratteristiche e aspettative dei suoi collaboratori. A tal fine, è molto importante far in modo che questi condividano profondamente una personale aspirazione a dare il migliore contributo all'esperienza che si vuole garantire al cliente. Nella gestione dei Parchi divertimenti, la Disney fa in modo che tutto il personale si riconosca nello scopo di "create happiness" e riconosce che "Happy Casts equals happy Guests".

9.1.5 Gli obiettivi del marketing[5]

Nella sua natura specifica di funzione aziendale, il marketing ha obiettivi riferiti alle seguenti quattro grandezze:

volume di fatturato

quota di mercato

margine commerciale

capitale intangibile

1. **volume di fatturato**;
2. **quota di mercato**;
3. **margine commerciale**;
4. livello del **capitale intangibile** riferito alla posizione dell'impresa nel mercato.

I risultati *obiettivo* in questi quattro ambiti sono normalmente espressi con riferimento a un certo orizzonte temporale, determinando così obiettivi di *breve*, *medio* e *lungo* termine. È utile osservare che le prime tre delle quattro grandezze hanno natura quantitativa, mentre la quarta è sia quantitativa sia qualitativa.

I risultati relativi al volume di fatturato e alla quota di mercato possono essere fissati in termini di valori soglia e/o di tassi di crescita. Il margine economico è fissato come percentuale del valore delle vendite; è quindi collegato agli obiettivi di vendita e a ipotesi relative al margine sui costi diretti di produzione e commercializzazione. Infine, gli obiettivi inerenti il capitale intangibile sono legati a indicatori relativi a grandezze come: il grado di fedeltà, l'"equity" della marca, la fiducia verso l'azienda e la sua offerta, la reputazione; anche in questo caso, gli obiettivi possono essere espressi in termini sia di valori assoluti sia di variazioni in un certo periodo di tempo.

La fissazione degli obiettivi di marketing è condizionata in modo più o meno vincolante da fattori legati al contesto competitivo in cui l'azienda opera, al mercato ed eventualmente anche all'ambiente "allargato" rilevante. È evidente che gli obiettivi di fatturato e di quota realisticamente raggiungibili in un business maturo e caratterizzato da una concorrenza molto intensa sono ben diversi da quelli che possono essere fissati in un business con una domanda in forte espansione e in cui sono presenti pochi operatori. Per altro, la determinazione degli obiettivi strategici risente anche del più generale approccio competitivo assunto dall'impresa nel mercato.

Nell'ambito di ciascuna delle quattro grandezze indicate, gli obiettivi strategici di marketing possono essere espressi solo a livello generale (per esempio raggiungere una quota di mercato del "x"% oppure far crescere il fatturato aziendale del "y"%) oppure facendo riferimento anche agli specifici fattori che determinano o che caratterizzano una certa performance (**Tabella 9.1**). L'obiettivo di fatturato può essere indicato in termini di dinamica delle quantità vendute e/o di livello di prezzo; la quota di mercato può essere considerata in assoluto, quindi come capacità dell'impresa di occupare una certa porzione del mercato, o rispetto alla quota dei concorrenti più significativi, quindi ponendo un obiettivo anche di posizione competitiva. Gli obiettivi relativi al margine commerciale sono, da un lato, direttamente legati a quelli relativi alle determinanti del fatturato, dall'altro si esprimono anche in funzione dei costi di commercializzazione, di comunicazione e promozione e dei costi diretti di produzione.

Per stabilire i target attesi relativamente alle grandezze obiettivo descritte, occorre operare in chiave *sistemica*, integrando le prospettive del marketing con

[5] I contenuti di questo paragrafo sono basati su Caroli M., *Pianificazione delle strategie di marketing, In:* Cristini G. (2009).

Tabella 9.1 Grandezze obiettivo e loro determinanti

Grandezza obiettivo	Determinanti nell'ambito del marketing
Volume di fatturato	• Dinamica delle quantità vendute • Prezzo
Quota di mercato	• Posizione assoluta • Posizione rispetto al market leader o ai concorrenti di riferimento
Margine commerciale	• Volumi e prezzo di vendita • Costi di commercializzazione • Costi di comunicazione e promozione • Costi diretti di produzione
Capitale intangibile	• Soddisfazione della domanda • Fedeltà della domanda • Reputazione

la produzione, la gestione del capitale umano e la finanza. Gran parte delle scelte conseguenti alla determinazione degli obiettivi di marketing, infatti, impattano sulle, ma al tempo stesso sono vincolate dalle, condizioni di tali funzioni e dai loro orientamenti strategici.

9.2 Le problematiche di marketing di rilievo strategico

9.2.1 La segmentazione del mercato

La segmentazione è il processo attraverso cui l'impresa individua le porzioni di mercato dove concentrare il proprio impegno competitivo; quindi, quelle a cui rivolgere in maniera prioritaria la propria offerta.

La segmentazione è il processo attraverso cui l'impresa individua le porzioni di mercato dove concentrare il proprio impegno competitivo, quindi, quelle a cui rivolgere in maniera prioritaria la propria offerta.

Tale processo è articolato in due fasi:

1. divisione del mercato in **segmenti**;
2. scelta dei segmenti **target**.

segmenti

target

La divisione del mercato in sottoinsiemi chiamati appunto *segmenti* avviene in relazione a uno o più parametri che risultano rilevanti per distinguere gli appartenenti a ciascun segmento da coloro che non ne fanno parte. I membri di un segmento sono, quindi, soggetti tra loro fortemente omogenei rispetto ai criteri di segmentazione utilizzati, ed eterogenei con i membri degli altri segmenti dello stesso mercato.

Nell'approccio gestionale "orientato al mercato", la segmentazione è essenziale e tanto più importante quanto più il mercato è popolato da soggetti con caratteristiche diverse e, di conseguenza, con esigenze distinte. In questo caso, infatti, l'impresa non può considerare il mercato come un insieme indistinto, dovendo individuare i gruppi di soggetti con comportamenti effettivamente simili per proporre loro un'offerta in un certo modo differenziata da quella indirizzata ad altri segmenti. In altre situazioni, al contrario, la segmentazione non risulta particolarmente necessaria; questo accade quando i consumatori, pur diversi sotto vari aspetti, sono accomunati da un determinato bisogno la cui soddisfazione rappresenta anche la principale determinante di valore che essi percepiscono; oppure, nelle fasi iniziali del ciclo di vita di un mercato, quando le esigenze fondamentali della domanda tendono a essere naturalmente abbastanza indifferenziate.

I criteri e le modalità di segmentazione dipendono dalle caratteristiche del mercato e dei soggetti che ne fanno parte; sono evidentemente diversi se i consumatori sono persone fisiche o organizzazioni, e sono diversi nei mercati dei beni di consumo, durevoli, industriali, dei servizi ecc.

La scelta dei segmenti target, ovvero quelli sui quali focalizzare la propria offerta, è un passaggio cruciale della strategia competitiva dell'impresa. Sul piano teorico, rappresenta la saldatura tra marketing e strategia; infatti gli autori di marketing la considerano la decisione fondamentale del *marketing strategico*; altri osservano che essa rientra nel processo di elaborazione della strategia, basato sulle informazioni prodotte dall'attività di *marketing intelligence*.

La suddivisione di un insieme di soggetti diversi accomunati da una generica esigenza comune (il mercato) in sottoinsiemi di soggetti molto simili tra loro (i segmenti) richiede l'identificazione dei criteri per attuare tale suddivisione, le così dette variabili di segmentazione.

variabili di segmentazione

La divisione del mercato in segmenti

La suddivisione di un insieme di soggetti diversi accomunati da una generica esigenza comune (il mercato) in sottoinsiemi di soggetti molto simili tra loro (i segmenti) richiede l'identificazione dei criteri per attuare tale suddivisione, le così dette **variabili di segmentazione**.

Le variabili di segmentazione sono molto numerose e hanno diversa complessità. Con riferimento alle persone, alcune tra tali variabili sono molto evidenti, facilmente osservabili e quindi utilizzabili agevolmente per segmentare un determinato mercato. Le più importanti tra queste sono:

- variabili demografiche: età, genere, condizione familiare;
- variabili geografiche: luogo dove il consumatore vive, lavora, svolge determinate attività rilevanti per l'offerta;
- variabili socio-economiche: reddito, titolo di studio, attività lavorativa.

Nel caso dei beni durevoli tecnologicamente complessi e di quelli industriali (macchinari, impianti produttivi), le competenze del cliente potenziale determinano la sua capacità di valutare e sfruttare il contenuto tecnologico del bene. Tali competenze possono quindi rappresentare una variabile di segmentazione.

Vi sono poi variabili più complesse; individuano in modo più accurato e affidabile le caratteristiche dei soggetti appartenenti a un determinato segmento di mercato, ma rendono generalmente più difficile la misurazione della dimensione dei segmenti descritti. Variabili di segmentazione di questo tipo sono:

- variabili psicografiche: la personalità del consumatore, i suoi valori, le attitudini, le esigenze prioritarie;
- variabili comportamentali: le modalità di comportamento e in particolare quelle relative all'acquisto e consumo come la frequenza di acquisto e di uso, le modalità di acquisto e di uso, le informazioni ricercate, la tendenziale fedeltà al prodotto o all'impresa ecc.

Le variabili psicografiche sono tanto rilevanti nel caratterizzare il consumatore, quanto complesse da utilizzare per identificare concretamente gli appartenenti a un certo segmento. Per altro, le caratteristiche psicografiche di un individuo tendono a variare in modo significativo nel tempo.

rapporto

Le variabili comportamentali in sostanza distinguono i consumatori in funzione del **rapporto** che essi stabiliscono con il prodotto o il servizio prima, durante e dopo il suo consumo. Sono quindi molto importanti per distinguere le diverse tipologie di clienti e predisporre un'offerta in grado di soddisfarne al meglio le esigenze riflesse in determinati comportamenti di consumo. Per esempio, nei prodotti alimentari pre-confezionati, la quantità tipica di prodotto nella confezione rivolta a un cliente che preferisce ridurre al minimo la frequenza di acquisto è evidentemente maggiore (a parità di altre condizioni) di quella rivolta a un consumatore disponibile ad acquisti frequenti. Le variabili comportamentali condividono le problematiche di quelle psicografiche quanto alla difficoltà di rilevazione affidabile; inoltre, colgono aspetti importanti, ma non esaustivi, del consumatore e di ciò che egli si aspetta da un determinato prodotto o servizio.

In definitiva, le diverse variabili "oggettive" di segmentazioni sono efficaci per descrivere caratteristiche più o meno complesse dei consumatori, e raggrupparli in insiemi omogenei rispetto appunto a tali caratteristiche. Tuttavia, persone simili rispetto a tali variabili non necessariamente hanno (sempre) le stesse esigenze e quindi ricercano un'offerta con analoghe caratteristiche. In linea teorica, sarebbe allora più efficace aggregare i consumatori in funzione del tipo di **esigenza complessa** che intendono soddisfare attraverso una determinata offerta. La segmentazione basata sui bisogni rende molto più difficile individuare in maniera precisa i confini di un segmento e le tipologie di soggetti che ne fanno parte (e coloro che ne sono invece al di fuori), proprio perché una determinata necessità può essere condivisa da soggetti appartenenti a gruppi diversi dal punto di vista demografico, socio-economico, geografico, psicografico ecc. D'altro canto, questo approccio alla segmentazione è il solo in grado di cogliere la forte fluidità del consumatore contemporaneo che ha comportamenti molto differenziati nel tempo e rispetto agli altri consumatori con le sue stesse caratteristiche demografiche, sociali ecc.

esigenza complessa

Il modello "Compass"

Per distinguere i diversi tipi di consumatore ai fini della massimizzazione della sua soddisfazione, è abbastanza diffuso nella pratica manageriale il modello "Compass", elaborato dalla Disney.[6] Questo modello identifica quattro componenti (ciascuno corrispondente a un punto cardinale) determinanti la complessiva soddisfazione percepita dal cliente: i bisogni primari, le aspettative, gli stereotipi, le emozioni.

La definizione di questi elementi è importante anche per i collaboratori dell'impresa, protagonisti diretti della relazione con il cliente nelle diverse fasi del "viaggio" generatore dell'esperienza.

La scelta dei segmenti target

Sul piano concettuale, un segmento è un sottoinsieme di un mercato costituito da consumatori che, rispetto a determinate variabili, sono molto omogenei tra loro ed eterogenei rispetto agli altri consumatori dello stesso mercato. Nella gestione pratica, non ogni sottoinsieme di soggetti omogenei ha rilievo o può comunque rappresentare un target significativo per l'azienda. Per avere rilevanza concreta, un segmento deve presentare le seguenti caratteristiche:

Un segmento è un sottoinsieme di un mercato costituito da consumatori che, rispetto a determinate variabili, sono molto omogenei tra loro ed eterogenei rispetto agli altri consumatori dello stesso mercato.

- **misurabilità**. Deve essere agevole stimare con relativa precisione la dimensione del segmento in termini di numerosità dei suoi appartenenti, di quantità della domanda complessiva che genera, di valore economico potenziale totale;

misurabilità

[6] Cfr. https://disneyinstitute.com/blog/2013/04/use-the-disney-compass-to-guide-your-service-experience/156/.

Esperienza

Il Compass Model della Disney

Questo semplice modello descrittico aiuta a identificare i contenuti della "customer experience" di una determinata tipologia di cliente in un certo mercato. Si parte dal "nord" rappresentato dai bisogni primari e si procede in senso antiorario:

North - Needs: Plan for the basic needs of the Guest, like food and water, as well as the needs those that will change based on the Guest's situation. (Ex: Restrooms are placed near the exits of theaters where extended-viewing shows are performed.)

West - Wants: View wants as an opportunity to exceed expectations. A Guest may need water; they may want a bottle of water.

South - Stereotypes: Determine how you will break down misconceptions. This was one of the reasons that Walt Disney wanted to create a new type of Theme Park employee, the Disney Cast Member, using costumes, name tags, appearance guidelines, and service training.

East - Emotions: Less tangible than the other points, emotions help us gauge whether or not a service experience is exceeding expectations. We must consider the emotional state of the Guest throughout the entire service experience.

Fonte: https://disneyinstitute.com/blog/2013/04/use-the-disney-compass-to-guide-your-service-experience/156/

significatività dimensionale

- **significatività dimensionale**. Deve avere una dimensione economica (valore economico potenziale) tale da giustificare l'impegno organizzativo, produttivo e di marketing necessario per soddisfarne la domanda. Importante sottolineare che la rilevanza non ha natura oggettiva, essendo legata alle specifiche caratteristiche del soggetto che la valuta; la rilevanza attribuita da una piccola impresa a un segmento di dimensioni modeste può essere facilmente ben diversa da quella stimata da una grande azienda;

profittabilità

- **profittabilità**. È ovviamente legata alla dimensione del segmento alla capacità di spesa di coloro che ne fanno parte, ma anche alla complessità e quindi ai costi delle attività che occorre svolgere per soddisfare la domanda di quel segmento. In parte, tali costi riguardano in modo abbastanza omogeneo tutte le imprese; in altra e maggiore parte, dipendono dalle specifiche condizioni dell'impresa;

accessibilità

- **accessibilità**. È un aspetto non intrinseco al segmento, ma dipendente dalle condizioni dell'impresa che effettua la valutazione. Indica infatti la sua capacità di accedere al segmento con un'offerta competitiva e in grado di generare valore economico.

A conferma dell'idea sostenuta nel primo capitolo circa la prospettiva "soggettiva" che occorre assumere nell'analisi dell'ambiente rilevante per l'impresa, si osserva che, con l'eccezione della prima, tutte le caratteristiche che determinano la rilevanza strategica di un segmento non hanno natura oggettiva; dipendono prevalentemente dalle condizioni e dagli orientamenti dell'impresa che ne fa la valutazione. Salvo gli ovvi casi estremi, la rilevanza di un segmento varia rispetto alle specificità delle imprese. Ne deriva che la coerenza tra le risorse e le competenze di cui l'impresa dispone e la natura del segmento che essa sceglie come target (in termini appunto di dimensioni, condizioni e costi necessari per accedervi) risulta dunque essenziale. Il successo nel mercato non dipende solo dalla capacità dell'impresa di operare al meglio in un determinato contesto competitivo, ma di scegliere quello dove è più in grado di esprimere le proprie potenzialità.

Individuati i segmenti potenzialmente interessanti e sulla base delle proprie risorse e competenze, l'impresa deve scegliere quelli ai quali rivolgere prioritariamente la propria offerta. Tale decisione implica in primo luogo la determinazione del numero di segmenti. È rilevante la distinzione tra le imprese che tendono a concentrare l'offerta in un solo o in pochissimi segmenti e quelle che si muovono su un ventaglio tendenzialmente ampio; è chiaro il raccordo tra questi due orientamenti e le strategie rispettivamente di *focalizzazione* e *differenziazione* discusse nel **Capitolo 4**.

La crescente complessità delle caratteristiche, dei comportamenti e delle aspettative del consumatore, unitamente alla maggiore facilità di accesso a offerte molto specifiche resa possibile dalle tecnologie digitali, ha determinato in molti mercati un progressivo frazionamento dei segmenti. Mentre in passato la parte prevalente del mercato era fortemente concentrato in un numero relativamente piccolo di segmenti, oggi tale concentrazione tende a diminuire fortemente, e, come spiegato nell'approccio della così detta ***long tail***, possono essere significativi in termini di vendite anche gruppi di consumatori molto piccoli e dispersi.

long tail

La crescente *mobilità* del consumatore è un secondo fenomeno che influenza in modo decisivo la segmentazione. Nei mercati contemporanei, i segmenti non solo sono molto più frazionati (o frazionabili), ma sono anche molto meno definiti e meno stabili. Meno definiti perché il consumatore può facilmente sentirsi parte di segmenti diversi; meno stabili perché il consumatore passa con facilità da un segmento all'altro, essendo più mutevole la sua condizione sociale, professionale, economica e, di conseguenza, i suoi "stili di vita" e i modelli esistenziali.

Questo insieme di problematiche richiede un'attenta riflessione sulla concreta rilevanza che il processo di segmentazione potrà continuare ad avere nella strategia di marketing. Se è certo che rimarrà del tutto rilevante la comprensione puntuale delle diverse esigenze dei vari tipi di consumatori che compongono un mercato, non altrettanto può dirsi dell'opportunità di identificare con precisione i segmenti cui rivolgere in maniera prioritaria l'offerta. Sarà fondamentale comprendere il tipo di esigenze da soddisfare e come farlo; la segmentazione potrebbe divenire la semplice descrizione delle tipologie di consumatori che esprimono tali esigenze e ai quali di fatto si rivolge la propria offerta.

9.2.2 Il posizionamento

Il *posizionamento* individua la collocazione che un prodotto o un servizio occupa nella percezione del consumatore rispetto ai prodotti o ai servizi concorrenti. Obiettivo fondamentale del posizionamento è collocare il prodotto o il servizio in un'area della percezione del consumatore target diversa e migliore di quella occupata dai concorrenti; esso è vincente quando è basato su fattori rilevanti per il cliente target e colloca il prodotto o il servizio in un'area della sua percezione non raggiungibile dai concorrenti in maniera altrettanto efficace.

Il posizionamento individua la collocazione che un prodotto o un servizio occupa nella percezione del consumatore rispetto ai prodotti o ai servizi concorrenti.

La determinazione del posizionamento risulta, dunque, dalla sintesi delle risposte relative a tre questioni:

1. quali sono gli aspetti che il consumatore considera e privilegia per soddisfare i propri bisogni, attraverso l'utilizzazione di un certo tipo di prodotto;
2. come il consumatore valuta, rispetto a tali aspetti, l'offerta rappresentata dai prodotti concorrenti;
3. come si vuole che il consumatore valuti, rispetto sempre agli stessi aspetti, il prodotto o il servizio oggetto del posizionamento.

La scelta di posizionamento è alla base delle decisioni relative al marketing mix; queste ultime sono infatti finalizzate a determinare quell'insieme di caratteristiche materiali e immateriali del prodotto/servizio necessarie per presidiare un certo posizionamento, necessarie, cioè, per fare in modo che il consumatore abbia una certa percezione dell'offerta in questione rispetto a quella concorrente.

Per posizionare un prodotto o un servizio è utile disegnare una "mappa" che rappresenti il diverso modo in cui i consumatori percepiscono l'offerta, una mappa basata, quindi, sulle variabili che influenzano maggiormente tale percezione. Su questa **mappa**, detta **cognitiva**, vengono collocati i prodotti o i servizi concorrenti e quello in questione.

mappa cognitiva

Tra i criteri utilizzati più frequentemente per definire la mappa cognitiva vi sono:

- caratteristiche chiave della tipologia di prodotto/servizio in questione;
- livello qualitativo complessivo;
- benefici attesi;
- occasioni d'uso.

L'analisi compiuta con la mappa cognitiva individua, dunque, come un prodotto o un servizio è percepito dal consumatore rispetto a quelli concorrenti e in base a determinati criteri di valutazione. La scelta del posizionamento strategico deve tenere conto anche del rilievo delle varie aree del mercato, determinato dal numero di acquirenti potenziali e quindi dal valore economico. A tal fine si disegna la mappa delle preferenze. La **mappa delle preferenze** è basata sugli stessi fattori utilizzati per disegnare quella cognitiva; in funzione della rilevanza (preferenza) attribuita a tali fattori, i soggetti che costituiscono un certo mercato sono aggregati e collocati sulla mappa. La mappa delle preferenze individua, quindi, le aree del mercato maggiormente rilevanti in termini di numerosità degli acquirenti potenziali e di valore.

mappa delle preferenze

La sovrapposizione della mappa cognitiva e di quella delle preferenze fornisce due informazioni decisive per la scelta di posizionamento strategico.

La sovrapposizione della mappa cognitiva e di quella delle preferenze fornisce due informazioni decisive per la scelta di posizionamento strategico: in primo luogo, qual è la distanza tra il profilo ideale del prodotto richiesto dai vari gruppi di consumatori e l'offerta che questi hanno effettivamente a disposizione nel mercato; quindi, quali sono gli spazi di mercato che un determinato prodotto può occupare con successo, dato il grado di corrispondenza dei prodotti concorrenti alle attese dei consumatori e il loro sistema di preferenze.

La Figura 9.1 rappresenta un esempio delle due mappe sovrapposte relative al mercato turistico. I fattori che definiscono le mappe sono il prezzo (alto o basso) della fruizione di una località turistica e il tipo di esperienza turistica (familiare e tranquilla o mondana e movimentata). I quadrati da 1 a 7 rappresentano altrettante località turistiche che si collocano nella mappa cognitiva sulla base del modo in

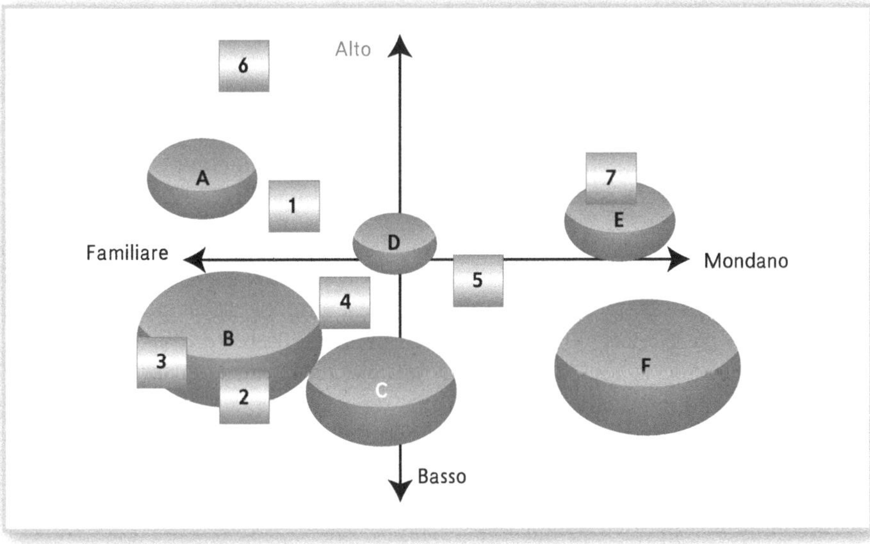

Figura 9.1
Mappa di posizionamento (cognitiva e delle preferenze).

cui sono appunto percepite dal consumatore rispetto ai criteri proposti. I cerchi da A a F rappresentano i gruppi di consumatori che si addensano in funzione della loro preferenza verso le diverse possibili combinazioni di fattori caratterizzanti una località turistica. L'esempio mostra come l'area del mercato turistico "familiare e a prezzo contenuto" sia quella dove si concentra la parte prevalente dei consumatori ma anche un numero consistente di offerte (la numero 2, 3, 4 e, parzialmente, la 5), con caratteristiche ben focalizzate rispetto alle aspettative degli acquirenti. Le fasce di prezzo alto sono meno popolose e con un'offerta turistica meno centrata; gli spazi competitivi migliori sembrano comunque essere offerti dall'area del turismo "mondano a basso costo" dove si presenta una domanda elevata (l'insieme F) e dove la località turistica con le caratteristiche più rispondenti alle esigenze di tale domanda (la numero 5) risulta comunque più idonea ad altri tipi di domanda.

coerenza tra il suo posizionamento e le politiche di marketing

Il successo di un prodotto o di un servizio nel mercato dipende dalla **coerenza tra il suo posizionamento e le politiche di marketing** che ne determinano le caratteristiche; la scelta di posizionamento deve trovare corrispondenza nei contenuti concreti dell'offerta, nella sua immagine, nel suo prezzo nel modo in cui è erogata e comunicata al cliente. È anche importante la corrispondenza tra il posizionamento del prodotto o del servizio e la reputazione consolidata del produttore, con particolare riferimento alla percezione goduta dal suo marchio.

Il posizionamento, inoltre, deve essere gestito nel tempo. Per un verso, è necessario garantire a esso stabilità, quale condizione essenziale per sviluppare una percezione chiara e consolidata nel consumatore; per l'altro, è importante fare in modo che esso evolva in relazione ai cambiamenti delle esigenze del consumatore e del comportamento dei concorrenti. Una modificazione del posizionamento può anche derivare da una precisa decisione strategica dell'impresa, dovuta o al fatto che il posizionamento attuale non appare conveniente/sostenibile; oppure, alla disponibilità di nuove risorse distintive che permettono all'impresa di collocarsi in aree del mercato più rilevanti.

Il cambiamento del posizionamento è realizzato attraverso l'innovazione della "value proposition" e conseguentemente di determinate caratteristiche "core" dell'offerta; al tempo stesso, modificando la percezione che i clienti hanno dell'offerta in questione.

9.2.3 La gestione strategica delle marche

Contenuti della marca e la "brand equity"

marca

La **marca** è una componente dell'offerta che può contribuire in maniera rilevante al valore riconosciuto dal consumatore; costituisce, quindi, una risorsa potenzialmente molto rilevante per il raggiungimento del vantaggio competitivo.

La marca è caratterizzata da (Busacca B., Ostillio M.C., 2009):

componente identificativa

componente percettiva

componente fiduciaria

1. **componente identificativa**; è costituita dall'insieme dei segni di riconoscimento (il nome, il logo, lo slogan, il jingle) attraverso cui il cliente identifica la marca e la distingue dalle altre. Questa componente è quindi alla base della *consapevolezza* goduta dalla marca presso il mercato (*brand awareness*), da cui dipende la rapidità e facilità con cui il cliente identifica la marca e la posiziona nella sua mappa cognitiva;
2. **componente percettiva**; è l'immagine della marca, consiste nell'insieme di associazioni costruito dall'impresa attorno agli elementi identificativi della marca stessa e determinante il contenuto immateriale che il consumatore le attribuisce. Tali associazioni riguardano:
   - gli attributi della marca, direttamente riconducibili a determinate caratteristiche fondamentali del prodotto o ad aspetti del rapporto tra il prodotto e l'utilizzatore;
   - i benefici della marca (funzionali e affettivi) percepiti dal consumatore;
   - i valori della marca, che il consumatore desidera comunicare come propri a terzi appunto attraverso il possesso o l'utilizzazione del prodotto;
3. **componente fiduciaria**; è determinata dall'esperienza direttamente o indirettamente vissuta dal consumatore da cui deriva la reputazione del tipo di soddisfazione che la marca (e l'offerta sottostante) è in grado di generare.

valore della marca

brand equity

La brand equity sintetizza il differenziale di valore riconosciuto dal consumatore a un determinato prodotto o servizio in virtù appunto della sua marca.

La brand equity è il risultato del modo in cui la marca è gestita nel tempo.

Dai contenuti di queste tre componenti e dal modo in cui esse interagiscono in maniera coerente, deriva la *brand equity* traducibile come **valore della marca**.

Il concetto di **brand equity** è centrale nella gestione strategica di marketing ed è stato oggetto di ampi approfondimenti. In sintesi, pare efficace l'interpretazione data da Keller (2003) per il quale la *brand equity* sintetizza il differenziale di valore riconosciuto dal consumatore a un determinato prodotto o servizio in virtù appunto della sua marca. Questo differenziale si traduce in una maggiore capacità del prodotto di generare reddito e, di conseguenza, attribuisce alla marca un valore economico.

La *brand equity* è il risultato del modo in cui la marca è gestita nel tempo. Essa evolve in relazione alle dinamiche del mercato, delle marche concorrenti e di fattori ambientali eventualmente rilevanti; questo insieme di fattori caratterizza il ciclo di vita della marca. L'impresa deve saper gestire la marca nelle diverse fasi, tenuto conto naturalmente della posizione di mercato progressivamente raggiunta in termini di notorietà, di quota di vendite e, appunto, di *brand equity*.[7]

Proprio per il notevole impegno economico e strategico normalmente richiesto per creare e sviluppare una marca, è importante gestirla con attenzione anche

---

[7] La trattazione puntuale della gestione strategica della marca di un prodotto esula dagli obiettivi della trattazione del marketing nell'ambito di un volume di gestione d'impresa. Per i suoi contenuti si rimanda, quindi, ai testi specifici sul marketing aziendale.

nella fase della *maturità* e successivamente quando essa inizia a declinare. A riguardo, occorre gestire la così detta "rivitalizzazione" della marca. A tal fine, è possibile agire su due fronti: rafforzare i fattori tradizionali che hanno sino ad allora determinato la *brand equity* della marca; oppure, attivare nuovi fattori generativi della *brand equity*. Questa seconda strategia è normalmente più efficace, ma richiede che parallelamente si proceda a un riposizionamento del prodotto o del servizio cui la marca fa riferimento, anche attraverso una modificazione della sua funzione d'uso.

La gestione strategica della marca

La gestione della marca si attua sia a livello di area di business, normalmente nell'ambito delle azioni sul prodotto/servizio e della relativa comunicazione, sia a livello di complessiva strategia aziendale. In questa seconda prospettiva, si pone il tema della gestione dell'"architettura delle marche" articolata nelle due seguenti questioni:

La gestione della marca si attua sia a livello di area di business, normalmente nell'ambito delle azioni sul prodotto/servizio e della relativa comunicazione, sia a livello di complessiva strategia aziendale.

1. il rilievo della **marca corporate** rispetto a quelle dei singoli prodotti o servizi;
2. la gestione del **portafoglio marche** (Figura 9.2).

marca corporate

portafoglio marche

Relativamente alla prima questione, si individuano tre possibili fattispecie. La prima in cui la marca corporate (*umbrella brand*) ha forte visibilità e le marche dei singoli prodotti sono sue estensioni: in sostanza, il nome e logo della corporate rimane sempre prevalente. È il caso di Google rispetto alle varie linee di prodotto (books, maps, groups ecc.). Procter&Gamble è un tipico esempio della fattispecie opposta, in cui la marca del singolo prodotto ha una propria specificità e *visual identity* predominanti e comunque del tutto distinti dalla marca corporate. Vi sono naturalmente situazioni intermedie in cui le marche di prodotto hanno una loro chiara identità, pur rimanendo legate a quella aziendale che quindi mantiene un ruolo rilevante nel valore immateriale del prodotto/servizio sottostante. Questa modalità è comune per esempio nel settore dell'automobile.

Figura 9.2
L'articolazione della gestione strategica delle marche.

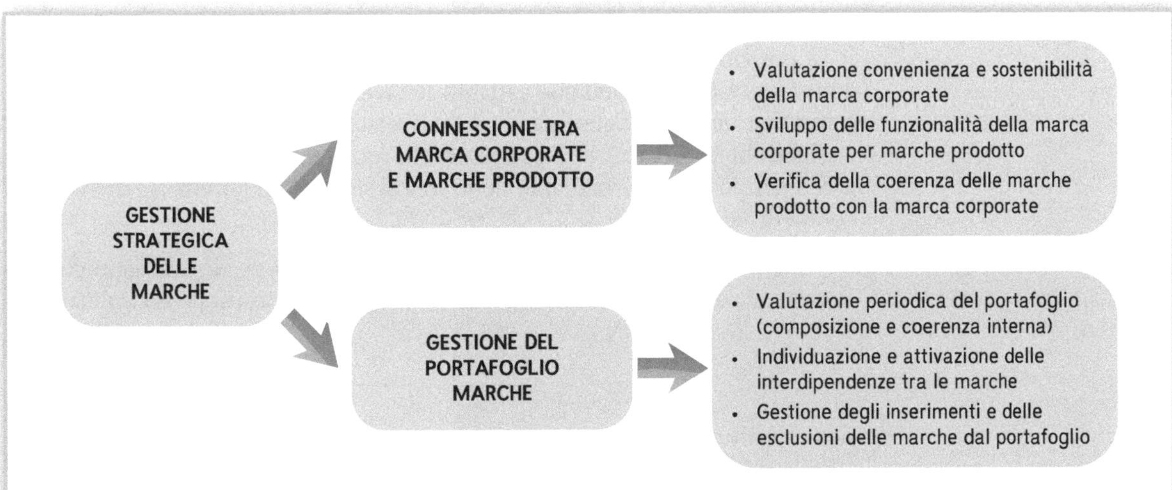

La prima modalità tende a essere preferita quando l'azienda ha una reputazione molto consolidata o per qualche ragione ha raggiunto una fortissima visibilità sul mercato, magari anche con un'offerta relativamente poco differenziata. Coca Cola o Mc Donald's rappresentano due casi limite in cui la marca dell'azienda coincide con quella del prodotto. La seconda opzione è preferibile nel caso di portafogli molto ampi e diversificati; oppure nel caso in cui sono i prodotti/servizi ad avere un'identità già molto rilevante, magari grazie a una lunga presenza sul mercato. Tale opzione può anche essere il frutto di una scelta strategica di evitare il rischio che andamenti negativi di una marca si riflettano sulle altre della stessa azienda.

brand corporate

Nel caso in cui l'impresa decida di affiancare un **brand corporate** a quello dei prodotti/servizi in portafoglio, occorre approfondire le funzioni che esso deve esprimere a loro vantaggio. In linea generale, tali funzioni sono:

- integrare le singole marche di prodotto/servizio nella percezione del mercato, introducendo valori e significati che attribuiscono loro un certo grado di unitarietà;
- rafforzare il posizionamento delle singole marche di prodotto/servizio nei rispettivi mercati;
- favorire il trasferimento di immagine tra le singole marche di prodotto/servizio.[8]

È anche necessario garantire nel tempo la coerenza delle marche prodotto con il posizionamento e i contenuti della marca corporate, prevedendo meccanismi di adeguamento nei casi in cui tale coerenza non risulti sufficiente.

portafoglio marche

La seconda questione di ordine strategico è la gestione del **portafoglio marche**. Una gestione organica e in una certa misura integrata delle varie marche controllate dall'impresa è essenziale per sfruttare al meglio il loro potenziale. La gestione strategica del portafoglio marche può avere contenuti diversi, anche in relazione alla sua ampiezza e grado di diversificazione; è possibile tuttavia identificare alcune attività tipiche. In primo luogo, la valutazione periodica dell'articolazione del portafoglio, finalizzata a valutarne l'equilibrio complessivo rispetto a determinate variabili economico-strategiche, e la coerenza della sua composizione relativamente alle strategie competitive e di mercato in essere. Questa valutazione non deve limitarsi a fornire una fotografia statica, ma deve evidenziare anche i cambiamenti più significativi avvenuti in un certo arco temporale, o programmati entro un certo periodo futuro.

La posizione competitiva rispetto alle marche concorrenti e il ciclo di vita del business rappresentano due variabili attraverso cui si ottiene una descrizione significativa del portafoglio marche. Attraverso queste variabili si individuano sei situazioni-tipo (**Tabella 9.2**) rispetto alle quali si possono ordinare le varie marche nel portafoglio, valutandone in modo sintetico il potenziale di sviluppo e competitivo:

1. *trainanti*: sono le marche fondamentali per la posizione di vantaggio competitivo sia attuale sia futura, poiché hanno già una posizione consolidata nel

---

[8] Proprio questa funzione costituisce uno dei motivi di maggiore attenzione verso la scelta di introdurre la marca corporate, poiché il trasferimento di immagine non necessariamente riguarda solo aspetti positivi e di rafforzamento reciproco tra i brand di prodotto.

Tabella 9.2 La rappresentazione del portafoglio marche in funzione di posizione competitiva e ciclo di vita

	Fase del ciclo di vita		
Posizione competitiva	Introduzione	Sviluppo	Maturità
Forte	Marche "alto potenziale"	Marche "trainanti"	Marche "bastioni"
Debole	Marche "da sviluppare"	Marche "problematiche"	Marche "marginali"

mercato e riguardano prodotti/servizi nella fase di sviluppo. Richiedono investimenti ancora consistenti poiché la forte evoluzione del mercato può favorire il determinarsi di condizioni che ne minacciano la leadership;

2. *bastioni*: sono le marche con una leadership nei rispettivi mercati ormai consolidata, grazie anche alla maturità del mercato stesso, e quindi generatrici di elevato valore per l'impresa;
3. *alto potenziale*: rappresentano il potenziale su cui l'impresa deve concentrare l'attenzione; hanno già raggiunto un notevole riconoscimento sul mercato, la cui evoluzione è però ancora nella fase iniziale e quindi tendenzialmente imprevedibile;
4. *da sviluppare*: richiedono un impegno particolare perché sono ancora deboli, ma essendo il mercato ancora nella fase iniziale del suo sviluppo, possono raggiungere posizioni di forza se opportunamente supportate;
5. *problematiche*: sono marche deboli in mercati in notevole crescita, sulle quali l'impresa deve valutare l'opportunità di un forte rilancio;
6. *marginali*: probabilmente da abbandonare, perché deboli in mercati ormai maturi dove i leader hanno raggiunto un consolidamento difficilmente attaccabile.

La seconda attività inerente la gestione del portafoglio strategico è l'individuazione delle interdipendenze che possono manifestarsi tra le marche che ne fanno parte e l'attivazione delle misure atte al loro sfruttamento. A riguardo, un ambito di azione importante è costituito dalle azioni di co-marketing tra marche diverse ma in qualche modo sinergiche rispetto allo sviluppo di una determinata offerta o alla percezione del posizionamento dell'impresa da parte della domanda.

Una terza attività riguarda l'inserimento di una nuova marca nel portafoglio o, al contrario, l'eliminazione di una marca già compresa al suo interno.

In definitiva, occorre gestire il valore di una marca, non solo nella prospettiva dell'apporto che essa dà al prodotto o al servizio sottostante, ma considerando anche le interazioni con le altre marche esistenti nel portafoglio sfruttando, da un lato, le possibili sinergie di posizionamento, dall'altro eliminando le sovrapposizioni.

Il valore di una marca va gestito non solo nella prospettiva dell'apporto che essa dà al prodotto o al servizio sottostante, ma considerando anche le interazioni con le altre marche esistenti nel portafoglio.

9.2.4 La pianificazione strategica di marketing a livello di area di business

Il piano di marketing a livello di area business rappresenta un raccordo essenziale tra gli indirizzi strategici assunti dalla corporate e la gestione strategica dei singoli business. Questo raccordo si esplicita negli obiettivi di marketing, nella scelta di segmentazione e di posizionamento, nei programmi di gestione delle relazioni con i clienti, che devono riflettere a livello di business gli orientamenti stabiliti dalla corporate. Il piano strategico di marketing del business indica infine i criteri

Il piano di marketing a livello di area business rappresenta un raccordo essenziale tra gli indirizzi strategici assunti dalla corporate e la gestione strategica dei singoli business.

Esperienza

Il portafoglio marche del Gruppo Marriott International dopo l'acquisizione di Starwood Hotels&Resorts

Il nuovo grande gruppo globale nato nell'industria alberghiera dall'integrazione tra Marriott e Starwood dovrà gestire un portafoglio di brand molto ampio e complesso. Di seguito il posizionamento delle principali marche nel segmento "Luxury" e "Upper upscale", secondo quanto rilevato da "Skift, una delle principali piattaforme di studi e consulenza nel settore viaggi e turismo.

Luxury brands
St. Regis (36 hotels; 8100 rooms)
Starwood Take: "St. Regis is for connoisseurs who desire the finest expressions of luxury. They provide flawless and bespoke service to high-end leisure and business travelers."

Ritz-Carlton (96 hotels; 27 131 rooms)
Marriott Take: "A luxury hospitality brand where the genuine care and comfort of guests is the highest mission" and they can "enjoy a warm, relaxed, yet refined ambience."

Bulgari Hotels & Resorts (3 hotels; 202 rooms)
Marriott Take: "Bulgari Hotels & Resorts, developed in partnership with jeweler and luxury goods designer Bulgari Spa, is a collection of sophisticated, intimate luxury properties located in exclusive destinations. With properties in London, Milan, and Bali and food and beverage outlets in Tokyo, premium individuality is the rule – no detail is too small, no experience too grand."

EDITION Hotels (4 hotels; 819 rooms)
Marriott Take: "EDITION is a luxury lifestyle hotel brand that combines a personal, individualized, and unique hotel experience with the global reach and scale of Marriott International and creative vision of Ian Schrager. EDITION encompasses not only great design and true innovation, but also great personal, friendly, modern service as well as outstanding, one-of-a-kind food, beverage, and entertainment offerings."

W Hotels (46 hotels; 13 000 rooms)
Starwood Take: "W is where iconic design and cutting-edge lifestyle set the stage for exclusive and extraordinary experiences.... The beats per minute increase as the day transitions to night, amplifying the scene in every W Living Room for guests to socialize and see and be seen."

JW Marriott Hotels & Resorts (77 hotels; 34 000 rooms)
Marriott Take: "JW Marriott is a global luxury brand of beautiful hotels and resorts located in gateway cities and exotic destinations around the world. JW Marriott's elegant yet approachable positioning provides a differentiated offering in the luxury hotel market, bridging the gap between full-service hotel brands and the super luxury brands at the top of the tier."

The Luxury Collection Hotels & Resorts (99 hotels; 18 900 rooms)
Starwood Take: "... Unique hotels and resorts offering exceptional service to an elite clientele." Buzz words used to describe it include "authentic" and "enriching experiences indigenous to each destination." Hoyt Harper, senior VP and global brand leader for The Luxury Collection, has told Skift, "Each hotel is iconic, indigenous to market, and in a great location."

marketing mix

e le priorità per l'attuazione delle politiche operative di marketing (il **marketing mix**) e per l'attuazione delle conseguenti azioni commerciali.

Sul piano concettuale, la pianificazione strategica di marketing a livello di area di business (**Figura 9.3**) parte dall'analisi delle condizioni (vincoli e opportunità) del mercato e più in generale del contesto competitivo in cui l'impresa intende operare, insieme all'esplicitazione degli obiettivi assegnati al business dalla

Upper Upscale

Le Meridien Hotels & Resorts (103 hotels; 27 000 rooms)

Starwood Take: "... A Paris-born global hotel brand targeting the creative and curious-minded traveler who is eager to experience something new in every destination and discover things with a new perspective. The Le Méridien Hub is the brand's unique lobby concept where a café inspired atmosphere, and high impact art, music, and food & beverage experiences set the scene for guests to socialize and exchange ideas in a curated environment."

Renaissance Hotels (160 hotels; 51593 rooms)

Marriott Take: "... A global, full-service brand in the upper-upscale tier that targets lifestyle-oriented business travelers. Each Renaissance hotel offers its own personality, local flavor, and distinctive style. Innovations include the Navigator program, which helps guests discover the soul of the neighborhood, and Evenings at Renaissance, which helps guests experience the unexpected with live music, mixology demonstrations, art exhibits, and more in the comfort of the hotel lobby bars and lounges."

Westin Hotels & Resorts (209 hotels; 78 300 rooms)

Starwood Take: "Westin provides innovative programs and instinctive services designed with our guests'-well-being in mind." This is a brand that takes wellness seriously, from its SuperFoodsRx dishes and Westin-WORKOUT studios to Heavenly Beds and jogging happy hours.

Sheraton Hotels & Resorts (446 hotels; 156 400 rooms)

Starwood Take: Operating in more than 75 countries around the world, this is Starwood's biggest brand. "Sheraton makes travel easier and more intuitive, so guests can experience more. [It] continues to establish itself as the global hospitality brand of choice."

Marriott Hotels (526 hotels; 187 277 rooms)

Marriott Take: "... The company's global flagship premium brand, primarily serving business and leisure upper-upscale travelers and meeting groups. Marriott Hotels properties deliver premium choices, sophisticated style, and well-crafted details."

Autograph Collection (95 hotels; 22 808 rooms)

Marriott Take: "Autograph Collection Hotels are high personality upper-upscale and luxury independent hotels that deliver unique experiences and design across a global portfolio. Each property has been selected for its originality, rich character, uncommon details, remarkable design, or for its best-in-class resort amenities."

Design Hotels (290 hotels worldwide; 23 000 rooms)

Starwood Take: "We have a 74 percent equity interest in Design Hotels AG (Design Hotels), a company that represents and markets a distinct selection of over 300 independent hotels.... Starwood and Design Hotels entered into an agreement in 2014 that allows greater coordination and cooperation between the companies."

Fonte (adattato da): https://skift.com/2016/09/21/every-one-of-marriotts-30-hotel-brands-explained/

strategia corporate. Sulla base di questi elementi, si procede alla fissazione degli obiettivi strategici di marketing.

Si procede poi all'elaborazione della strategia di marketing; in particolare, alla scelta del posizionamento e delle modalità attraverso cui raggiungere un vantaggio competitivo; parallelamente, sono individuate le risorse necessarie per l'implementazione di tale strategia.

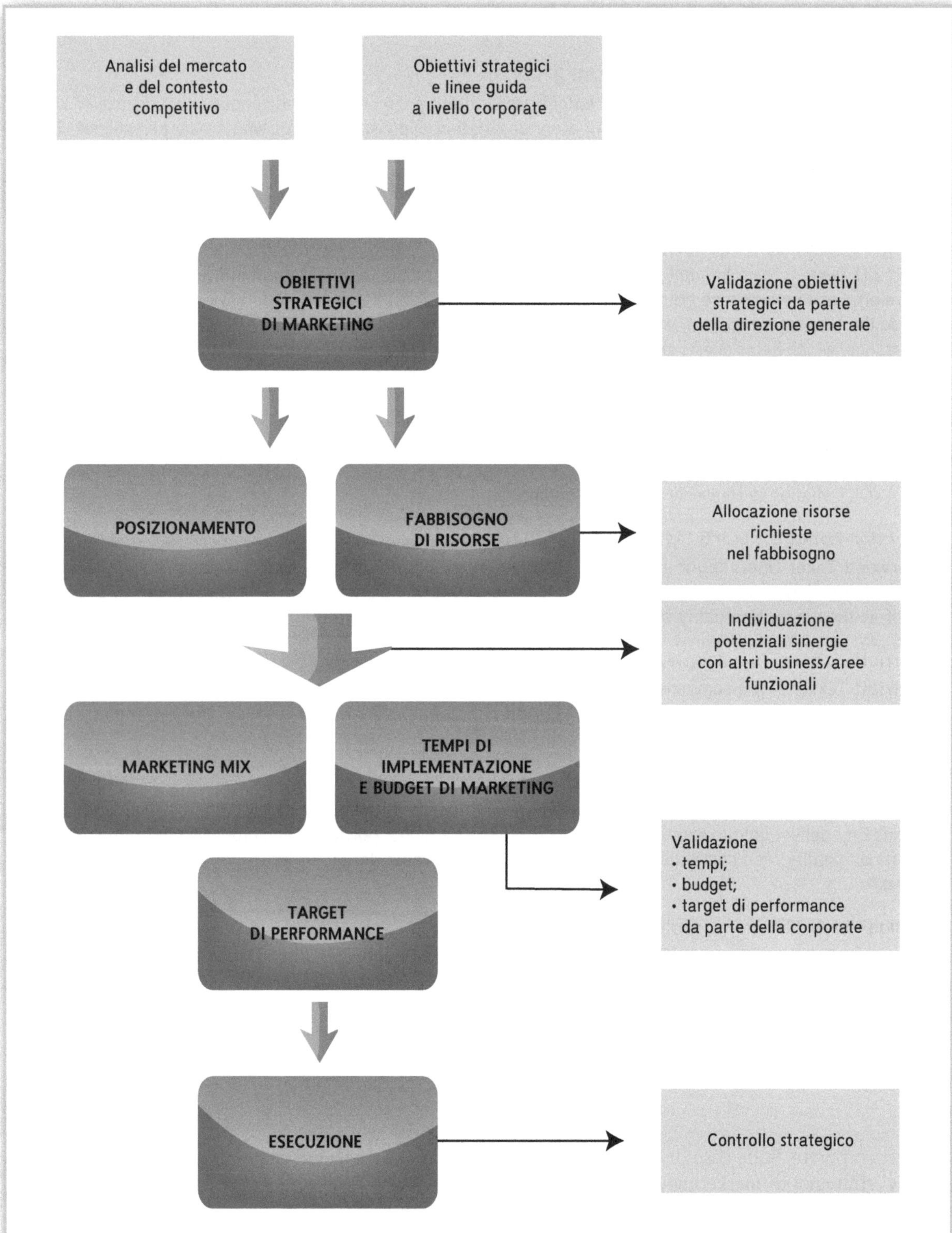

Figura 9.3
Il processo di pianificazione di marketing a livello di area di business.

Il passaggio successivo si articola in tre attività parallele e integrate:

1. definizione delle linee guida delle politiche del marketing mix;
2. indicazione di un *timing* di implementazione delle principali attività e costruzione del budget di marketing;
3. fissazione dei target di performance, riferiti a parametri espressivi degli obiettivi strategici fissati in precedenza.

Le scelte inerenti il marketing mix sono assunte normalmente sulla base di criteri guida o del ventaglio di opportunità stabilite nella strategia di marketing della corporate. In molti casi, prima di procedere alla fase di esecuzione, il soggetto responsabile del business deve ottenere il via libera sul budget, sui tempi di implementazione della strategia e sui target di performance. La fase di implementazione del piano strategico è accompagnata da una procedura di controllo strategico utile per verificare il raggiungimento degli obiettivi fissati e il costante allineamento con le indicazioni della corporate; nel caso si verifichino scostamenti rilevanti, si attivano gli opportuni correttivi.

9.3 Le questioni più rilevanti nella gestione operativa di marketing

La gestione operativa di marketing ha l'obiettivo di predisporre l'offerta dell'impresa in modo coerente con il suo posizionamento strategico, così da generare il valore atteso dai consumatori target. Tale gestione è articolata su quattro tematiche: lo sviluppo dei contenuti del prodotto o del servizio; l'articolazione del sistema di prezzi; la comunicazione; la distribuzione. A queste se ne aggiunge una quinta relativa alla gestione del rapporto con il cliente. Questo paragrafo illustra sinteticamente le problematiche della gestione operativa di marketing più rilevanti dal punto di vista strategico, rimandando ai testi specializzati sul marketing per una trattazione più ampia e approfondita.

La gestione operativa di marketing ha l'obiettivo di predisporre l'offerta dell'impresa in modo coerente con il suo posizionamento strategico, così da generare il valore atteso dai consumatori del target.

9.3.1 La gestione del prodotto[9]

Il prodotto è la manifestazione più o meno complessa e tangibile di un'offerta finalizzata a creare valore per determinate tipologie di acquirenti. La gestione del prodotto riguarda, quindi, sia lo sviluppo delle sue caratteristiche specifiche (materiali e immateriali) sia la realizzazione delle altre componenti che portano alla predisposizione di un **sistema di offerta** costituito da un insieme di componenti interrelati in funzione della soddisfazione di un'esigenza complessa.

sistema di offerta

È intuitiva la classificazione dei prodotti in categorie diverse, cui corrispondono una serie di specificità sia dal lato della produzione sia dell'acquisto e utilizzazione. I prodotti fisici si distinguono in relazione alla loro durata (beni durevoli e non durevoli) e al tipo di utilizzatore cui sono rivolti (beni di consumo rivolti alle persone fisiche, oppure beni industriali o intermedi rivolti alle orga-

[9] Il termine "prodotto" è usato qui per comprendere sia i prodotti in senso stretto sia i servizi sia i sistemi di offerta che comprendono sia prodotti sia servizi.

nizzazioni per lo svolgimento delle loro attività produttive). Anche i servizi possono essere distinti in funzione della natura dell'utente; è anche importante considerare la rilevanza collettiva dei servizi; i cosiddetti "servizi pubblici", anche quando sono erogati da un soggetto privato, sono gestiti in un quadro normativo e sociale ben diverso da quello ordinario per gli altri tipi di servizio.

È invece ormai meno netta la tradizionale distinzione tra "prodotti" e "servizi"; in molti business, i primi tendono a essere lo strumento fisico attraverso il quale il possessore accede a un ventaglio di servizi. Gran parte del valore del prodotto sta, quindi, nell'efficacia ed efficienza con cui favorisce l'accesso ai servizi.

politica di prodotto

Al di là delle specificità che il prodotto o il servizio possono assumere, si individuano alcuni principi di fondo alla base della **politica di prodotto**.

Da quanto illustrato in precedenza sul concetto di "valore", deriva che un prodotto va pensato (progettato, proposto al mercato target, venduto) come un "mezzo" attraverso cui generare valore a beneficio del proprietario/utilizzatore. Nella prospettiva del marketing, quindi, molti contenuti di un prodotto assumono concretezza essenzialmente nella prospettiva del cliente cui esso è rivolto per soddisfarne determinate esigenze. Per esempio, la comodità della seduta è una componente del servizio di trasporto aereo passeggeri, che però ha un rilievo e necessita di una gestione piuttosto diversa nel caso in cui il passeggero sia un turista *low cost* o un dirigente in viaggio per motivi professionali. Altri contenuti hanno invece un tipo di rilievo *oggettivo*; per rimanere nello stesso esempio, la sicurezza è invece una caratteristica cui entrambi i soggetti attribuiscono la stessa rilevanza prioritaria.

Nella prospettiva dunque prevalentemente soggettiva degli acquirenti cui è rivolto, il prodotto genera valore attraverso quelle componenti grazie alle quali esso:

funzioni d'uso

- assolve a determinate **funzioni d'uso**;
- assume determinati significati simbolici;
- stimola o rende possibili esperienze, entrando a far parte del "vissuto" del suo possessore/utilizzatore.

La progettazione e successiva gestione del prodotto nel mercato lavora su questi tre piani, trovando il migliore equilibrio appunto tra funzionalità pratiche, significati simbolici e opportunità esperienziali, in relazione alle aspettative del cliente e al posizionamento ricercato.

Gli elementi che compongono un prodotto, oltre a essere distinti tra materiali e immateriali, vanno articolati su diversi livelli.

elementi soglia

elementi di posizionamento

elementi di unicità

Gli elementi che compongono un prodotto, oltre a essere distinti tra *materiali* e *immateriali*, vanno articolati su diversi livelli. Al primo livello, si hanno gli **elementi soglia**, intesi come quelli minimi che devono necessariamente caratterizzare il prodotto in quanto essenziali affinché questo possa svolgere la sua funzione d'uso basilare e in pratica rientrare in una determinata categoria di prodotti. Al secondo livello si hanno gli **elementi di posizionamento** essenziali affinché il prodotto possa aspirare a un certo posizionamento, mantenenedo una certa promessa di valore fatta al cliente target. Vi è, infine, un terzo livello relativo agli **elementi di unicità**: quelli attraverso cui il prodotto acquisisce un differenziale positivo rilevante rispetto ai concorrenti, raggiungendo un significativo vantaggio competitivo.

ciclo di vita

È anche importante considerare che un prodotto ha sempre un **ciclo di vita** in quanto attraversa comunque alcune fasi tipiche: l'introduzione nel mercato, lo sviluppo, la maturità, il declino, eventualmente superato attraverso la fase di "rivitalizzazione" e l'avvio di un nuovo ciclo di vita. Queste fasi possono avere durata temporale più o meno lunga, e ciascuna maggiore o minore intensità, descritta dalla differenza rispetto alle altre fasi in termini di quantità vendute, reddito o fatturato realizzati. L'impresa deve comprendere i fattori che influenzano l'evoluzione del ciclo di vita del proprio prodotto e le caratteristiche delle sue fasi. Al tempo stesso, deve individuare politiche di prodotto (e lo stesso vale per le altre politiche di marketing) differenziate per ciascuna fase, poiché tendono a essere molto diversi la natura, l'evoluzione e le aspettative dei consumatori, la struttura della filiera, le modalità competitive normalmente più vantaggiose.

La politica di prodotto non si occupa semplicemente di un singolo prodotto, ma dell'insieme dei prodotti in cui l'offerta dell'impresa è articolata. In questa prospettiva, l'offerta nel suo complesso è indicata come **gamma**. Una gamma ha un certo grado di ampiezza determinata dal numero più o meno elevato di linee di prodotti; una gamma è molto ampia quando è articolata in numerose diverse linee di prodotto, quindi ha un grado di diversificazione relativamente alto. È, quindi, importante anche la coerenza esistente tra le diverse linee della gamma, espressa dalla somiglianza e unitarietà con cui le diverse linee si posizionano sul mercato. Una gamma si caratterizza, dunque, anche in funzione della "coerenza" delle sue linee.

La politica di prodotto non si occupa semplicemente di un singolo prodotto, ma dell'insieme dei prodotti in cui l'offerta dell'impresa è articolata.

gamma

Ogni **linea di prodotto**, a sua volta, ha una certa estensione in termini di:

linea di prodotto

- lunghezza, determinata dalla numerosità dei diversi modelli di prodotto esistenti al suo interno;
- profondità, determinata dal numero di varianti (referenze) disponibili in ciascun modello di prodotto della linea.

Le varianti possono essere espresse rispetto a variabili diverse (colore, dimensione ecc.). All'aumentare della profondità della linea, si accresce il grado di personalizzazione del prodotto, ovvero il suo adattamento alle specificità del singolo acquirente. La gestione della gamma deve tenere conto in primo luogo di fattori interni, tra i quali: gli obiettivi strategici e di marketing; le risorse disponibili, e in particolare di quelle finanziarie per attuare le politiche di marketing nelle varie linee; le sinergie realizzabili tra le varie linee; la capacità produttiva. Vanno, inoltre, considerati i fattori esterni: la rilevanza che lunghezza, profondità e coerenza delle linee hanno per il consumatore e per la soddisfazione delle sue esigenze; le scelte compiute a riguardo dai concorrenti e in particolare dei market leaders, i vincoli o le opportunità derivanti dalle tecnologie disponibili, dal sistema normativo, dalle tendenze sociali e culturali delle persone che costituiscono il mercato.

L'articolazione della gamma e la struttura delle diverse linee che la compongono deve essere monitorata nel tempo; tende, quindi a evolvere con introduzioni/eliminazioni di nuove linee, categorie di prodotti o referenze, o con la modificazione di loro caratteristiche. Il monitoraggio investe la sfera economica (fatturato, valore aggiunto, redditività operativa), quella strategica (quota di mercato, penetrazione, frequenza di acquisto) e quella di mercato (soddisfazione del cliente, reputazione, fedeltà).

9.3.2 La gestione del sistema di prezzi

Le condizioni di fondo nella gestione del prezzo

La determinazione del prezzo dell'offerta è uno dei cardini della gestione d'impresa; infatti, il prezzo è sempre un punto di riferimento nelle scelte della domanda, sul piano sia delle preferenze tra prodotti alternativi sia delle quantità

La determinazione del prezzo dell'offerta è uno dei cardini della gestione d'impresa; infatti, il prezzo è sempre un punto di riferimento nelle scelte della domanda.

richieste; inoltre, esso influenza il posizionamento dell'offerta e, ovviamente, incide sul suo risultato economico.

gestione del prezzo

Nella **gestione del prezzo** occorre innanzi tutto considerare che, in molti mercati, esso può essere fatto variare con notevole rapidità e relativa facilità; anzi, per molte tipologie di prodotti o di servizi, è assolutamente normale (se non addirittura necessario) che il prezzo sia modificato in relazione al cambiamento di determinate condizioni del contesto o dei potenziali acquirenti. Il caso tipico a riguardo è rappresentato dai prodotti alimentari freschi venduti al dettaglio, il cui prezzo può variare durante l'arco della giornata o in relazione a mutamenti significativi anche se momentanei delle condizioni atmosferiche. Del resto, è abbastanza evidente come il prezzo sia la più flessibile tra le leve del marketing mix e possa essere facilmente adattato a cambiamenti anche congiunturali della domanda, della concorrenza o dei costi di produzione. Il fatto che il prezzo sia una variabile quantitativa rende molto più precisa la valutazione degli effetti di sue variazioni anche temporanee sulle grandezze economiche obiettivo (quota di mercato, fatturato, margine commerciale ecc.).

È altrettanto vero che cambiamenti troppo frequenti e consistenti del prezzo sono controproducenti, potendo causare incertezze nella valutazione del consumatore e determinando notevoli complessità procedurali (per esempio nella gestione dei listini) e amministrative. In ogni caso, le variazioni di prezzo per rispondere a mutamenti congiunturali non devono modificare la percezione del posizionamento del prodotto o del servizio cui esso si riferisce. La modificazione del prezzo è invece una delle misure fondamentali nel caso in cui si voglia perseguire proprio un cambiamento di posizionamento.

La politica di prezzo delinea un sistema di prezzi.

La politica di prezzo delinea un "*sistema*" *di prezzi*. Non ha molto senso pratico pensare a un solo prezzo, per la semplice ragione che l'offerta dell'impresa è normalmente articolata in un certo numero di linee, a loro volta costituite da un insieme di prodotti; soprattutto nel caso di linee molto coerenti tra loro e lunghe, i prezzi dei singoli prodotti devono essere definiti in maniera organica, tenendo conto delle possibili reciproche influenze nella prospettiva della domanda. Allo stesso modo, le variazioni di prezzo di un determinato prodotto devono tenere conto degli effetti sul resto dell'offerta ed eventualmente essere coordinate con modificazioni dei prezzi degli altri prodotti della stessa linea o anche di altre linee.

Va anche considerata la necessità o, quantomeno, l'opportunità di fissare prezzi diversi per distinte tipologie di cliente potenziale. Si parla a riguardo di **discriminazione** dei prezzi. La discriminazione del prezzo è economicamente giustificata quando i diversi segmenti di mercato hanno una "disponibilità a pagare"[10] significativamente diversa e, di conseguenza, tendono a ritenere accettabile un prezzo differente. Per attuare in maniera efficace questa strategia è, quindi, necessario individuare dei criteri significativi (e leciti) di discriminazione e verificare che gli acquirenti dei diversi segmenti non possano scambiarsi i prodotti

discriminazione

---

[10] Il concetto di "disponibilità a pagare" (*willingness to pay*) è già stato introdotto nella discussione del concetto di vantaggio competitivo e verrà ripreso più avanti in questo stesso paragrafo. Essa dipende non solo dal valore percepito dall'offerta, ma anche dalla concreta capacità di spesa del consumatore; in altri termini, da quanto il consumatore è in grado di spendere per un determinato prodotto, in relazione al suo reddito disponibile e a prescindere dal valore percepito dell'offerta in questione.

acquistati a prezzi diversi. Per i beni e servizi rivolti all'utilizzatore finale, i criteri di discriminazione potenzialmente efficaci sono innanzi tutto costituiti da caratteristiche socio-demografiche ed economiche dei potenziali acquirenti (l'età, il reddito medio, la posizione lavorativa ecc.). Possono anche essere presi in considerazione aspetti del comportamento d'acquisto: la discriminazione è frequentemente applicata in funzione delle quantità acquistate, della durata e intensità della relazione tra impresa e acquirente, della destinazione del prodotto. In questi casi, la discriminazione del prezzo è spesso attuata semplicemente attraverso i vari meccanismi di sconto. In alcuni servizi (trasporti, spettacoli, servizi turistici), l'impresa offre diversi prezzi per il servizio "core", differenziando determinate componenti accessorie del servizio; sono gli acquirenti che scelgono il tipo di prezzo per loro più adatto, ovvero più coerente rispetto alla loro disponibilità a pagare. Infine, il prezzo può essere modificato in relazione all'andamento della domanda in un certo intervallo temporale, rispetto all'offerta disponibile. Tale modificazione è finalizzata a esaurire l'offerta entro la data in cui perde la sua rilevanza commerciale.

Le determinanti fondamentali del prezzo

L'impresa fissa il prezzo sulla base di tre fattori fondamentali:

L'impresa fissa il prezzo sulla base di tre fattori fondamentali: costi, domanda, concorrenza.

1. costi;
2. domanda;
3. concorrenza.

In alcuni mercati, prima ancora di questi fattori, l'impresa deve tenere conto dei vincoli normativi e delle regolamentazioni fissate dalle autorità pubbliche competenti.

I costi di produzione determinano normalmente il livello minimo del prezzo; in linea generale, se l'impresa fissa per un prodotto un prezzo inferiore ai costi sostenuti per realizzarlo e venderlo subisce una perdita; una situazione del genere può essere giustificata in particolari fasi del ciclo di vita del prodotto o del servizio (per esempio, per facilitarne l'introduzione in un mercato dove i concorrenti hanno già raggiunto una posizione consolidata), oppure per attuare una strategia "predatoria" nei confronti degli altri operatori sul mercato (strategia che in linea generale va però contro le normative a tutela della concorrenza nel mercato). Prezzi inferiori ai costi di produzione possono comunque essere sostenuti per un periodo di tempo relativamente limitato, funzione anche della solidità finanziaria dell'impresa o della possibilità di finanziare le perdite con utili consistenti realizzati in altri mercati. L'importanza dei costi per la determinazione del prezzo evidenzia l'importanza di un adeguato sistema per la loro rilevazione, misurazione e allocazione alle diverse funzioni, unità organizzative e prodotti/servizi offerti.

Sulla base dei costi, l'impresa può fissare tre livelli fondamentali di prezzo:

1. **prezzo base**: prezzo uguale al costo variabile unitario. Determina una perdita, ma consente all'impresa di continuare a operare almeno fino a quando non deve realizzare nuovi investimenti fissi; prezzo base
2. **prezzo tecnico**: prezzo uguale al costo variabile unitario più costi fissi medi. È il prezzo che consente il recupero del totale dei costi totali sostenuti dall'impresa; prezzo tecnico
3. **prezzo target**: prezzo uguale al costo variabile unitario più costi fissi medi comprensivi di un margine di redditività sul capitale investito. È il prezzo prezzo target

che consente, oltre alla copertura dei costi totali (variabili e fissi), la realizzazione di un certo livello di redditività sul capitale investito.

Il prezzo non può essere determinato sulla base dei soli costi sostenuti dall'impresa: occorre tenere conto anche delle caratteristiche del mercato; in particolare della domanda target e dei prezzi dei concorrenti.

Mentre i costi rappresentano soprattutto un vincolo nella fissazione del prezzo, la domanda dovrebbe rappresentarne il riferimento primario. Come accennato in precedenza, il prezzo deve essere coerente con la disponibilità a pagare del consumatore; in alcuni casi, esso è fissato un po' al di sotto del livello di tale disponibilità, così da lasciare una certa "rendita del consumatore" che spinge quest'ultimo a preferire il prodotto o ad aumentare le quantità acquistate in un certo intervallo temporale. Difficilmente il prezzo può essere stabilmente superiore alla disponibilità a pagare del consumatore; di conseguenza, nel caso in cui i costi di produzione e vendita risultino superiore a essa, l'impresa è, come si usa dire, "fuori mercato".

La *disponibilità a pagare* del consumatore è determinata da due aspetti fondamentali:

1. il valore che esso soggettivamente attribuisce al prodotto o al servizio;
2. la sua capacità di spesa.

Il primo aspetto deriva dalle caratteristiche materiali e immateriali dell'offerta dell'impresa e dal modo in cui essa entra in relazione con il cliente; è utile ricordare che il valore percepito deve essere considerato al netto di costi di transazione che il cliente deve sostenere per disporre e utilizzare il prodotto o il servizio cui il prezzo è riferito. Il secondo aspetto deriva dalle condizioni patrimoniali e reddituali del consumatore oltre che dalle sue abitudini di spesa e dalla propensione al risparmio. Occorre poi tenere conto che la disponibilità a pagare; tende a variare nel tempo, oltre che in conseguenza del cambiamento degli aspetti sopra citati, anche per l'evoluzione del ciclo di vita del prodotto o del servizio in questione.

La domanda è un riferimento primario anche per valutare la convenienza di movimenti in aumento o diminuzione del prezzo; a tal fine è, in particolare, importante considerare l'**elasticità della domanda al prezzo**.

elasticità della domanda al prezzo

L'elasticità della domanda al prezzo indica la sensibilità della quantità domandata di un certo prodotto o servizio al variare del suo prezzo. La domanda è *molto elastica* quando la quantità domandata varia in maniera proporzionalmente maggiore rispetto a una determinata variazione del prezzo; al contrario, la domanda è *poco elastica*, quando la quantità domandata varia in maniera proporzionalmente minore rispetto a una determinata variazione del prezzo.[11] È evidente che, a parità di altre condizioni, nel caso di una domanda molto elastica (molto sensibile al prezzo), per l'impresa è più conveniente fissare un prezzo relativamente basso che favorisce consistenti incrementi della quantità; nel caso invece di una domanda poco elastica, l'aumento del prezzo determina una riduzione relativamente contenuta della domanda, determinando, quindi, un incremento del fatturato complessivo.

---

[11] Formalmente, l'elasticità della quantità domandata al prezzo è indicata dal rapporto tra la variazione proporzionale della quantità domandata e la variazione proporzionale del suo prezzo. La domanda è molto elastica quando tale rapporto è maggiore di uno e poco elastica nel caso sia inferiore a uno.

La *concorrenza* rappresenta il terzo fattore che l'impresa deve considerare nella determinazione del prezzo. In particolare è necessario tenere conto del prezzo fissato dai concorrenti appartenenti allo stesso raggruppamento strategico. Il confronto tra il proprio prezzo e quello dei concorrenti deve riflettere l'eventuale differenza del valore percepito dalla domanda del proprio prodotto rispetto a quello dei concorrenti. I prezzi più rilevanti sono, quindi, quelli dei prodotti o servizi che hanno un posizionamento simile e propongono alla domanda un valore simile. Naturalmente, il confronto con i concorrenti sul piano dei prezzi è tanto più rilevante quanto maggiore è l'influenza del prezzo sulla scelta della domanda e minore è l'impatto dei fattori di differenziazione.

Nella fissazione del prezzo, costi di produzione e vendita, domanda e concorrenza devono essere considerati in modo organico: i costi costituiscono il limite minimo, il valore netto percepito dalla domanda il limite massimo. Il prezzo effettivo è fissato tra questi due estremi, in relazione ai prezzi dei concorrenti e tenuto conto del differenziale di qualità dei loro prodotti rispetto a quello dell'impresa.

Nella fissazione del prezzo, costi di produzione e vendita, domanda e concorrenza devono essere considerati in modo organico.

Dipende anche dall'orientamento strategico dell'impresa, in particolare da come essa intenda utilizzare il prezzo come leva competitiva. L'impresa può fissare il prezzo nella parte inferiore dell'intervallo, quindi tendenzialmente più basso di quello dei concorrenti e del valore attribuito al prodotto dal cliente; si tratta di un **prezzo** comunemente chiamato **di penetrazione** in quanto favorisce, a parità di altre condizioni, una rapida acquisizione di quota di mercato. Al contrario, si può ritenere più vantaggioso fissare un prezzo nella fascia alta dell'intervallo, con l'intento di massimizzare la redditività delle vendite, sfruttando tutta la disponibilità a pagare della fascia di consumatori più sensibili agli elementi di valore del prodotto. In un secondo tempo, l'impresa riduce il prezzo, per allargare il mercato di riferimento, attraendo i consumatori con minore disponibilità a pagare per gli aspetti di innovatività (o di moda) dell'offerta. Questa strategia, comunemente indicata come **prezzo di scrematura**, è particolarmente indicata nel caso di prodotti fortemente innovativi, con elevato contenuto di "moda" o comunque dotati di significativi elementi di unicità che nel tempo possono essere imitati.

prezzo di penetrazione

prezzo di scrematura

Ci sono molte situazioni in cui le imprese non sono libere di fissare il prezzo che ritengono più opportuno in relazione ai costi, alle caratteristiche della domanda e al comportamento della concorrenza, dovendo rispettare le indicazioni della legge; i **prezzi** possono infatti essere **regolamentati** attraverso provvedimenti normativi. La regolamentazione dei prezzi è normalmente adottata nei mercati in condizione di monopolio, oppure per prodotti e soprattutto servizi di rilevante interesse pubblico (trasporti collettivi; elettricità; gas; telefonia). La regolamentazione consiste nella fissazione dei criteri e dei valori dei parametri attraverso cui si determina il prezzo e la sua variazione nel tempo o in conseguenza del variare di determinate condizioni economiche. Nei settori dove il prezzo è regolamentato, esso è determinato sulla base di una formula, basata principalmente su:

prezzi regolamentati

- dinamica dei costi delle materie prime e di produzione (a livello di settore);
- livelli qualitativi dell'offerta richiesti ed eventuale impegno al miglioramento richiesto al produttore;
- livello di di redditività considerato equo in relazione al rischio d'impresa;
- nuovi investimenti richiesti al produttore per sviluppo dell'offerta;
- tetto massimo che il prezzo può raggiungere per ragioni di interesse pubblico e in relazione alla capacità di spesa degli utenti.

9.3.3 La comunicazione

Cenni introduttivi sulla teoria della comunicazione

La comunicazione può essere definita come un "processo dinamico, circolare e potenzialmente interattivo che incide, esplicitamente o implicitamente, sugli atteggiamenti e sui comportamenti delle persone e delle organizzazioni" (Guatri et al., 1999). Influenzando le opinioni, i sentimenti e i comportamenti dei soggetti cui si rivolge, la comunicazione può avere effetto sul valore dell'offerta percepito dall'acquirente e sul suo comportamento nelle diverse fasi che compongono il processo di acquisto. Tali fasi sono, in particolare:

- consapevolezza;
- conoscenza;
- adesione;
- preferenza;
- scelta.

processo di comunicazione

Il **processo di comunicazione** può essere descritto attraverso un modello ampiamente consolidato nella pratica e nella teoria del marketing,[12] costituito da nove elementi collegati (**Figura 9.4**). Il *comunicatore* e il *ricevente* sono gli attori della comunicazione; il primo è la persona o l'organizzazione che genera la comunicazione, indirizzandola al soggetto, persona o organizzazione ricevente. Il contenuto della comunicazione deve essere *codificato* attraverso l'uso di linguaggi, immagini, simboli e forme che rendano comprensibile per il ricevente ciò che gli viene comunicato. Per mezzo della codifica, il comunicatore crea le condizioni affinché la comunicazione influenzi concretamente il sistema cognitivo e le percezioni del ricevente; assume concretezza e sintesi nel *messaggio* che è appunto un insieme di linguaggio, immagini, simboli ecc. che il comunicatore trasmette al ricevente. Questa trasmissione avviene attraverso uno o più canali di comunicazione. Il *canale* rappresenta la via, spesso costituita da uno strumento materiale, attraverso cui fluisce il messaggio dal comunicatore al ricevente.

Nel ricevere il messaggio, il ricevente ne *decodifica* i contenuti, in base al suo grado di comprensione degli elementi utilizzati dal comunicatore per codificare il messaggio stesso. La coerenza tra codifica e decodifica del messaggio aumenta al crescere dell'interazione tra comunicatore e ricevente; di conseguenza, la comunicazione tende a essere più efficace quando avviene tra soggetti che hanno ripetute occasioni di comunicare o che sono simili dal punto di vista socio-culturale o professionale.

Il processo di comunicazione non è unidirezionale, ma *circolare*. Il ricevente può rispondere alla comunicazione ricevuta attraverso un messaggio che, a sua volta, invia all'originario comunicatore o attraverso determinati comportamenti; tale risposta può avvenire in maniera immediata o con un certo ritardo temporale. La *risposta* del ricevente produce un *feedback* sul comunicatore: gli fornisce una serie di elementi per valutare gli effetti della comunicazione avvenuta e, quindi, per adeguare i contenuti e le modalità delle successive comunicazioni rispetto agli obiettivi originari. È importante precisare che la fase retroattiva della risposta del

[12] Questo modello di comunicazione è presentato spesso senza alcuna variante in tutti i testi di marketing e di comunicazione; oltre al già citato Guatri et al., (1999), si veda Kotler P. (2004) o anche Bragozzi R.P. (1998).

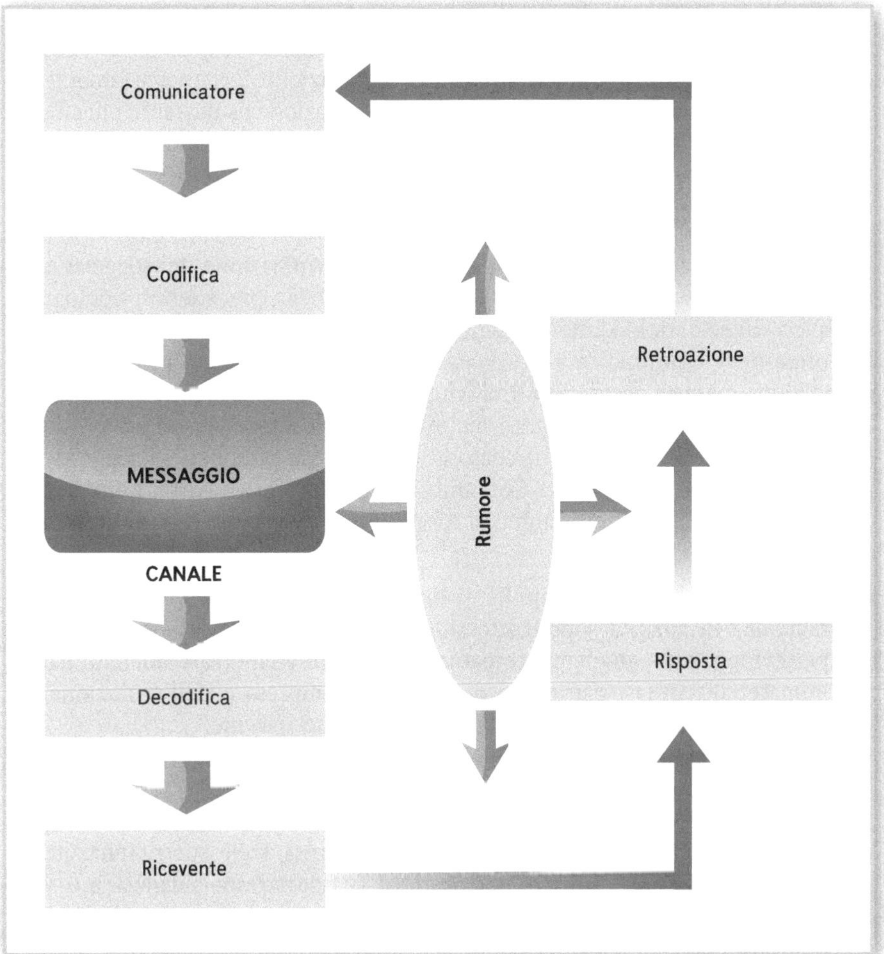

Figura 9.4
Il processo di comunicazione.

ricevente e del conseguente feedback sui contenuti della comunicazione non si verifica necessariamente e sempre. Il suo manifestarsi dipende innanzi tutto dal tipo di strumento di comunicazione utilizzato; per esempio, è abbastanza infrequente nel caso della pubblicità, mentre è intrinsecamente molto probabile nel *direct marketing*.

Il funzionamento di questo processo è influenzato da un certo livello di *rumore* che indica l'insieme di fattori, di tipo casuale e non, che interferiscono nella comunicazione tra comunicatore e ricevente, alterando in una certa misura la capacità di decodifica del ricevente e i contenuti del messaggio da questo effettivamente percepiti. Il rumore si manifesta concretamente nell'insieme di altri messaggi generati in vario modo nel sistema di cui fanno parte comunicatore e ricevente e che influenzano la comunicazione originaria.

Il buon funzionamento del modello della comunicazione dipende innanzi tutto dalla coerenza tra il modo in cui il comunicatore codifica il messaggio e il modo in cui il ricevente lo decodifica. Ne consegue che il comunicatore deve conoscere le caratteristiche del soggetto a cui intende rivolgersi e comprenderne il sistema di decodifica dei messaggi. Il contenuto del messaggio, le sue modalità di espressione e i canali di trasmissione devono essere determinati in funzione delle caratteristiche del ricevente.

La misura in cui il comunicatore è accettato dal ricevente ed è percepito come credibile è una determinante fondamentale dell'intensità e del modo in cui il ricevente è effettivamente influenzato dalla comunicazione. È stato ampiamente verificato da un punto di vista empirico che la comunicazione risulta tanto più efficace quanto più il ricevente ritiene che il comunicatore sia dotato di competenza, status elevato, obiettività e potere. In alcuni casi, è anche rilevante la sua attrattività.

L'articolazione della strategia di comunicazione

strategia di comunicazione

La **strategia di comunicazione** parte dalla determinazione dei soggetti a cui la comunicazione è indirizzata; per quanto osservato in precedenza, tipologie di pubblico diverso richiedono contenuti e modalità di comunicazione distinti. L'impresa deve comunicare con diverse tipologie di soggetti, il primo dei quali è tradizionalmente considerato il cliente, attuale e potenziale. In questi anni è divenuta particolarmente rilevante anche la comunicazione verso i principali *stakeholders* esterni e interni: i finanziatori, le istituzioni pubbliche, i soggetti rappresentanti le forze sociali e la Comunità di cui l'impresa è parte, i dipendenti. Con riferimento ai possibili target, si identificano diverse aree della comunicazione d'impresa.

comunicazione commerciale

- **Commerciale**: è rivolta ai clienti finali e/o intermedi dell'impresa e generalmente focalizzata soprattutto sul prodotto o sul servizio e sulla marca, per evidenziarne gli elementi materiali di valore e rafforzare quelli di natura immateriale; in fasi particolari della vita dell'impresa o dell'evoluzione del mercato può riguardare anche l'impresa nel suo insieme.

comunicazione economico-finanziaria

- **Economico-finanziaria**: è rivolta agli investitori e ad altri soggetti interessati alla solidità economico-finanziaria dell'impresa e alle sue prospettive (per esempio, i principali fornitori). È focalizzata appunto sulla situazione patrimoniale, finanziaria e reddituale dell'impresa, sulle sue potenzialità di creazione di valore, sull'evoluzione della sua situazione finanziaria e sulle modalità di raggiungere i target di risultato promessi, controllando le eventuali criticità.

comunicazione istituzionale

- **Istituzionale**: è rivolta agli organismi pubblici, alle istituzioni e alle rappresentanze sociali e agli *opinion makers*; ha per oggetto principalmente l'impresa nel suo insieme e riguarda il ruolo da essa svolto nella Comunità di cui è parte, il valore economico, sociale e ambientale generato attraverso la sua attività, il sistema di valori immateriali di cui essa intende essere portatrice.

comunicazione interna

- **Interna**: è rivolta a coloro che operano all'interno dell'azienda e con contenuti generalmente in parte differenziati a seconda delle loro diverse identità: dirigenti, personale esecutivo, collaboratori indipendenti. Riguarda per un verso gli orientamenti strategici, gli obiettivi, i valori e le procedure fondamentali adottate dall'azienda, per l'altro i principali fatti che caratterizzano l'evoluzione dell'impresa e che maggiormente impattano sui suoi collaboratori.

Con riferimento a ogni specifico target, si stabiliscono gli obiettivi della comunicazione; in linea generale, la comunicazione può proporsi di: informare; esplicitare il posizionamento e l'identità; sviluppare reputazione; far percepire fattori di valore; suscitare emozioni; spingere all'azione (acquisto); fidelizzare.

Questo insieme di obiettivi può essere sintetizzato nei cinque potenziali effetti fondamentali rappresentati nella **Figura 9.5**.

Gli obiettivi della comunicazione devono essere funzionali ai più generali obiettivi competitivi dell'impresa. Devono, inoltre, essere basati su un'adeguata

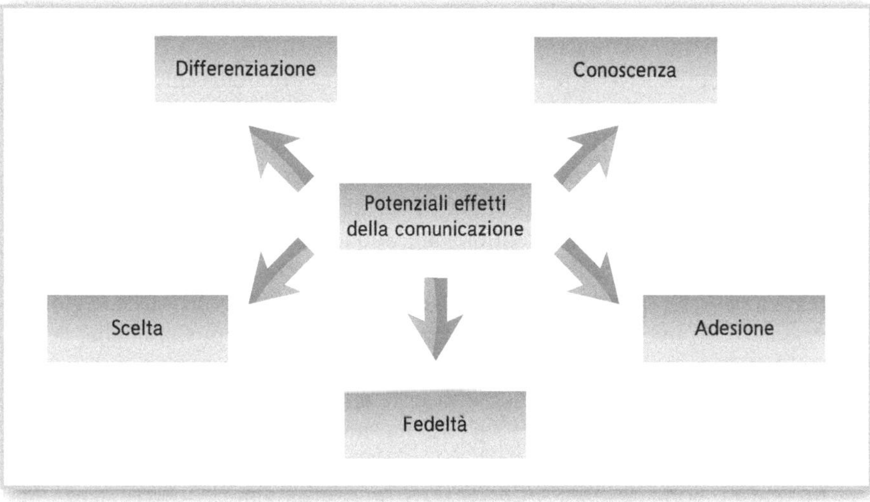

Figura 9.5
Le cinque possibili finalità della comunicazione.

analisi dell'immagine dell'azienda e della sua offerta percepita dai vari soggetti con i quali essa interagisce e ai quali è, quindi, importante comunicare.

Con riferimento a ciascuno dei target e agli obiettivi fissati, la strategia di comunicazione definisce in modo integrato il messaggio (**Figura 9.6**), cioè l'oggetto della comunicazione, gli strumenti e i canali, e, quindi, rispettivamente il modo in cui il messaggio è comunicato e gli strumenti concreti utilizzati. Queste scelte sono condizionate al budget disponibile e agli eventuali partner con i quali possono essere attuate determinate iniziative di comunicazione. Gli **strumenti** (o **leve**) **della comunicazione** tradizionalmente considerati sono i seguenti.

strumenti (o leve) della comunicazione

- **Pubblicità**: comprende tutte le forme di comunicazione a pagamento e non personale, ovvero rivolta a un pubblico relativamente ampio e comunque non selezionato (almeno non direttamente); si tratta delle forme di comunicazione veicolate attraverso canali quali cinema, televisione, radio, stampa, video, cartellonistica, materiali prodotti *ad hoc* dall'azienda ecc.

pubblicità

- **Promozione**: consiste nelle azioni finalizzate a stimolare il cliente finale o gli intermediari ad acquistare il prodotto o il servizio, ovvero ad aumentare

promozione

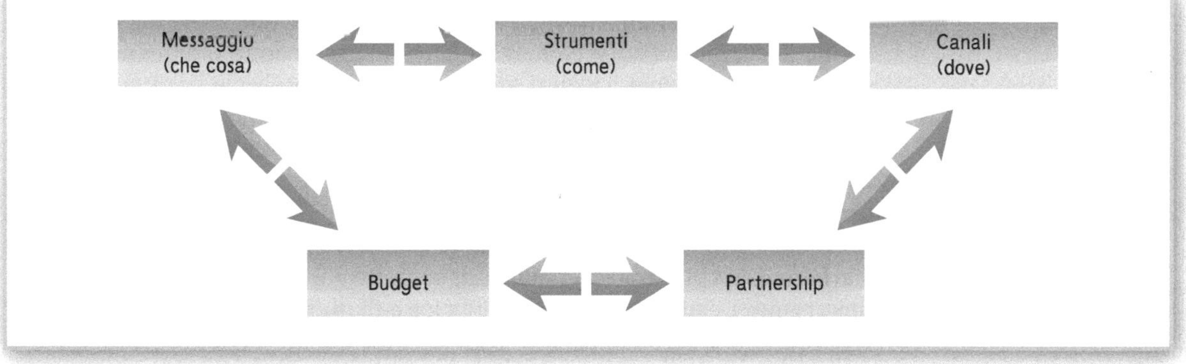

Figura 9.6
Le componenti integrate della strategia di comunicazione.

la quantità/frequenza dell'acquisto medio; le azioni di promozione normalmente utilizzano la leva del prezzo e sono spesso legate a campagne pubblicitarie. Sono attuate per un periodo di tempo limitato, anche se possono essere ripetute più volte in un orizzonte temporale di medio termine.

relazioni pubbliche

- **Relazioni pubbliche**: comprendono iniziative come l'organizzazione di incontri, convegni, seminari, presentazioni, sponsorizzazioni. Sono finalizzate a sviluppare una relazione positiva tra l'impresa e varie categorie di interlocutori e a rafforzare la sua reputazione. Sono indirizzate principalmente con coloro che possono influenzare le condizioni di contesto in cui l'impresa si trova a operare, quindi, in primo luogo, gli organi di governo locale, regionale, nazionale ed eventualmente internazionale, le istituzioni pubbliche, le rappresentanze degli stakeholders, gli organi di comunicazione, gli opinion leaders. In questo ambito sono comprese le **sponsorizzazioni**.

sponsorizzazioni

propaganda

- **Propaganda**: è costituita da un insieme molto eterogeneo di iniziative, finalizzate a rafforzare la notorietà del prodotto, della marca o dell'impresa come entità. Sono realizzate da soggetti terzi e almeno in teoria, senza che l'impresa sostenga direttamente dei costi. Nella realtà, è abbastanza frequente che l'impresa sostenga anche economicamente i soggetti che attuano azioni che hanno un positivo effetto di propaganda a vantaggio suo e dei suoi prodotti. Nella propaganda può rientrare anche l'attività di ***product placement***, che consiste nel posizionamento (in questo caso a pagamento) di un prodotto e del marchio nell'ambito di scene di film, spettacoli o eventi pubblici.

product placement

marketing diretto

- **Marketing diretto**: comprende la comunicazione che l'impresa indirizza a singoli acquirenti (attuali o potenziali) attraverso strumenti che le consentono di stabilire una relazione diretta con essi e sollecitare un certo tipo di interazione. Strumenti di marketing diretto sono materiali cartacei come brochure e cataloghi, la vendita telefonica e, negli ultimi anni, naturalmente internet.

vendita personale

- **Vendita personale**: è la comunicazione del prodotto/servizio e della marca realizzata personalmente dai venditori dell'impresa attraverso il loro rapporto diretto con gli acquirenti potenziali e con quelli attuali.

social network

buzz marketing

street marketing

ambient marketing

Diffusione crescente registrano le modalità innovative di comunicazione *non convenzionale*, spesso legate all'utilizzazione di internet. In primo luogo, la comunicazione nei **social network**, basata sul dialogo diretto dell'impresa con i membri di comunità virtuali; rilevante, in modo particolare nei servizi è la comunicazione *virale*, basata sull'antico meccanismo del "passa parola" tra persone legate da reciproca fiducia e oggi enormemente potenziato, appunto, dalle opportunità di dialogo virtuale. Un'implementazione della comunicazione virale è il ***buzz marketing*** finalizzato ad aumentare la notorietà di un prodotto o di un marchio, suscitando conversazioni, incontri, riflessioni su di esso e sulle sue funzioni d'uso nell'ambito di blog, social forum, e reti sociali. Interessanti sono le esperienze di ***street marketing***, in cui il prodotto e il marchio sono comunicati attraverso performance con un contenuto (auspicabilmente) artistico realizzate in maniera apparentemente improvvisata nelle vie, piazze e nei principali luoghi di aggregazione delle città. Con una logica analoga, si osservano infine, esempi di ***ambient marketing***, in cui l'impresa comunica il prodotto e il marchio in luoghi particolari tipicamente frequentati dal target principale di quel marchio e dove è possibile organizzare una sorta di incontro reale o virtuale tra il prodotto, il marchio e le persone target. Luoghi di questo genere possono essere una discoteca, un mercato rionale, ma anche una stazione ferroviaria o un museo.

Il rilievo dei diversi strumenti di comunicazione varia notevolmente in relazione alla struttura del mercato e alle caratteristiche del prodotto o del servizio. In linea generale, tanto più il mercato è costituito da un gruppo ristretto di soggetti e il prodotto ha un valore elevato (beni industriali e beni durevoli ad alto contenuto tecnologico o alto valore intrinseco), quanto più sono rilevanti forme di comunicazione basate sull'interazione diretta tra impresa e target. Per i beni e i servizi di rilievo pubblico è, invece, fondamentale la comunicazione istituzionale, attraverso la quale l'impresa si "accredita" come soggetto affidabile presso gli interlocutori pubblici interessati alla migliore soddisfazione di esigenze collettive e al corretto funzionamento del mercato. Nei mercati di massa rimangono essenziali gli strumenti di comunicazione in grado di raggiungere rapidamente un pubblico molto vasto, pur essendo anche in questo caso sempre maggiore per l'impresa l'esigenza di stabilire una relazione in qualche modo diretta anche se su vasta scala con i propri clienti.

Il rilievo dei diversi strumenti di comunicazione varia notevolmente in relazione alla struttura del mercato e alle caratteristiche del prodotto o del servizio.

In relazione alle caratteristiche tecniche degli strumenti di comunicazione scelti si procede alla costruzione del messaggio di comunicazione e contemporaneamente alla scelta dei canali attraverso cui questo è diffuso al target della comunicazione. Ciascuno degli strumenti descritti può essere implementato infatti in una molteplicità di canali con specificità più o meno indicate rispetto agli obiettivi e ai target della comunicazione e più o meno sostenibili dato il budget disponibile.

La strategia di comunicazione è completata dalla misurazione dei risultati, basata su un'idonea metodologia di analisi dei risultati e sulla conseguente attività di rilevazione dei dati. La misurazione dei risultati fornisce una conoscenza basilare per affinare i contenuti della comunicazione (messaggio e canali) rispetto agli obiettivi fissati. Per la misurazione dei risultati di un piano di comunicazione, sono codificati una serie di parametri, tra i quali i più rilevanti sono:

La strategia di comunicazione è completata dalla misurazione dei risultati, basata su un'idonea metodologia di analisi dei risultati e sulla conseguente attività di rilevazione dei dati.

- *numero di contatti lordi*. È dato dal numero di volte che i soggetti appartenenti al segmento target sono esposti a un determinato messaggio comunicazionale, considerando tutti i veicoli attraverso cui tale messaggio può essere diffuso e le ripetizioni del messaggio attraverso ciascun veicolo. In sostanza, indica la probabilità che un soggetto sia "colpito" dal messaggio;
- *numero di contatti netti*. Indica il numero di individui appartenenti al segmento target e "colpiti" almeno una volta dal messaggio, al netto quindi delle repliche del messaggio dallo stesso veicolo o da altri veicoli;
- *copertura netta*. È data dal rapporto tra numero di contatti netti e numero di appartenenti al segmento target;
- *frequenza media*. È data dal rapporto tra numero contatti lordi e numero contatti netti ed è riferita a un certo orizzonte temporale. Esprime, quindi, il numero di volte in cui un soggetto è mediamente raggiunto dal messaggio in un certo periodo di tempo. Si considera come "efficace" la minima frequenza media necessaria affinché il messaggio generi un effetto ricordo nel soggetto ricevente.

9.3.4 La gestione commerciale

La **gestione commerciale** concerne le attività direttamente connesse alla vendita del prodotto/servizio, in particolare:

gestione commerciale

- organizzazione dei canali distributivi;
- sviluppo dei servizi commerciali nell'ambito dei canali distributivi.

I canali distributivi sono costituiti da un insieme di soggetti, organizzazioni e/o persone, che realizzano le varie attività necessarie per rendere il prodotto o il servizio disponibile al suo acquirente finale e da questi concretamente acquistabile nelle modalità ritenute più convenienti. Tali soggetti sono comunemente definiti **intermediari commerciali**. L'impresa deve interagire con gli intermediari commerciali per favorire il migliore accesso del proprio prodotto o servizio al mercato finale e avvantaggiarsi dei risultati dell'interazione che essi stabiliscono con gli acquirenti finali. A tal fine, l'impresa costituisce una propria struttura commerciale con la funzione, appunto, di gestire i canali di distribuzione e gli intermediari che li costituiscono. In relazione alle caratteristiche del mercato, alle dinamiche della competizione e alle risorse a disposizione, l'impresa può integrarsi "a valle", fino ad arrivare a gestire direttamente la relazione con gli acquirenti finali della sua offerta.

intermediari commerciali

Struttura e rilevanza dei canali distributivi

Per impostare efficacemente la gestione commerciale occorre dunque considerare in primo luogo la struttura dei canali distributivi.

canali distributivi

Per impostare efficacemente la gestione commerciale occorre dunque considerare in primo luogo la struttura dei canali distributivi; è opportuno usare il plurale perché in molti mercati possono coesistere diverse tipologie di canale (Figura 9.7). È consolidata la distinzione dei **canali distributivi** in funzione della loro "lunghezza", ovvero del numero di intermediari commerciali che intervengono nel favorire il passaggio del prodotto o del servizio dal suo produttore all'utilizzatore finale. In tale prospettiva, si distingue:

- canale lungo (molti intermediari);
- canale corto (pochi intermediari);
- canale diretto (nessun intermediario).

canale indiretto

Le prime due tipologie di canale sono anche indicate con il termine di "**canale indiretto**" (lungo o corto).

Diversi fattori determinano la lunghezza del canale distributivo, limitando di fatto le opzioni a disposizione dell'impresa e, quindi, condizionandone la strategia commerciale. I due fattori più rilevanti a riguardo sono le caratteristiche merceologiche del prodotto (deperibilità complessità, valore economico intrinseco ecc.) e la numerosità dei clienti che costituiscono il mercato e che, quindi, devono essere

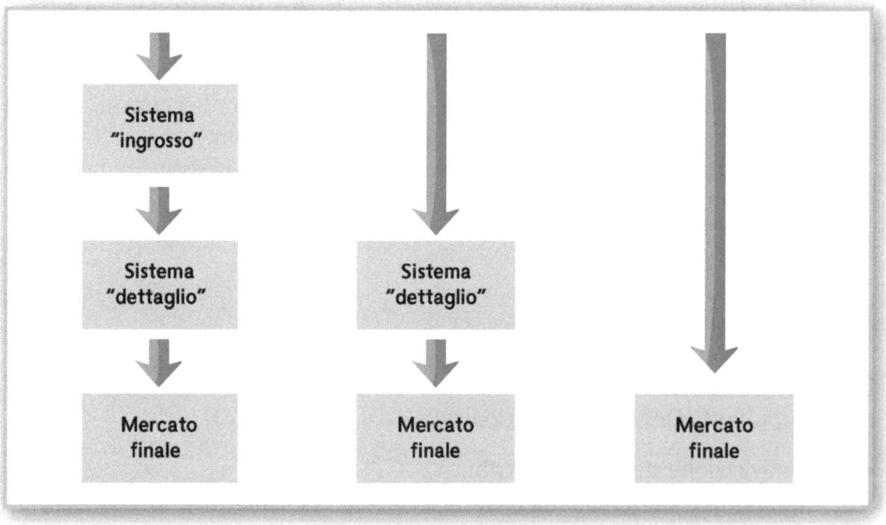

Figura 9.7
La struttura dei canali distributivi.

raggiunti attraverso il canale. In linea generale, i canali indiretti sono tipici per prodotti di limitata complessità, rivolti a un mercato con un numero molto ampio e poco concentrato di acquirenti, il cui processo di acquisto è relativamente semplice e routinario, caratterizzato da acquisti di valore unitario modesto e magari frequente. Al contrario, il canale diretto è normalmente preferito per beni complessi (per funzioni d'uso o valore), rivolti a segmenti relativamente poco ampi e con comportamento d'acquisto molto articolato. Sulla determinazione della lunghezza del canale ha anche notevole rilievo il contenuto tecnologico del prodotto, in particolare per quanto concerne, per un verso, la necessità del produttore di mantenere il controllo della tecnologia, per l'altro di evidenziarne il valore che essa aggiunge al prodotto a vantaggio dell'utilizzatore. Prodotti ad alto contenuto tecnologico richiedono canali diretti o comunque corti, ancor di più se sono anche facilmente esposti a danneggiamenti. L'intensità della concorrenza nel mercato o proveniente da prodotti/servizi sostitutivi o da nuovi entranti è un altro importante elemento di valutazione; favorendo una relazione più rapida e diretta con gli acquirenti finali, il canale diretto o corto è più efficace quando la concorrenza orizzontale risulta più agguerrita.

canale diretto

Sul piano economico e finanziario, il **canale diretto** risulta molto più impegnativo per l'impresa produttrice poiché le richiede la realizzazione degli investimenti necessari per rendere l'offerta adeguatamente disponibile all'acquirente finale (quelle attività svolte dagli intermediari commerciali nei canali indiretti). Puntare sul canale diretto implica quindi un maggiore impegno finanziario, oltre che naturalmente organizzativo, e una maggiore rischiosità, connessa all'aumentare dei costi fissi per l'impresa; per contro, aumenta il valore aggiunto generato dal produttore. Un esempio in cui lo sviluppo del canale diretto è stato in questi anni particolarmente eclatante è rappresentato dall'ampia diffusione dei **flagship stores** delle grandi marche nel mercato abbigliamento, soprattutto nella fascia alta e altissima. L'opzione del canale diretto è quindi condizionata anche dalla capacità dell'impresa di sostenere gli investimenti necessari e di attenderne i ritorni economici in una prospettiva temporale sufficiente a neutralizzare le variazioni congiunturali del mercato; dipende anche dalla disponibilità di specifiche competenze gestionali, diverse da quelle tipiche di un'azienda di produzione.

flagship stores

Il canale diretto consente all'impresa di produzione di avere una relazione diretta e continua con l'utilizzatore finale del suo prodotto, dalla quale derivano diversi vantaggi molto rilevanti: il migliore controllo del posizionamento del prodotto o del servizio, una conoscenza più approfondita delle caratteristiche del consumatore e della sua evoluzione.

franchising

Un canale distributivo che favorisce gran parte dei vantaggi di quello diretto, riducendone fortemente gli investimenti richiesti, è rappresentato dal **franchising**. Si tratta di un contratto in base al quale due soggetti indipendenti (il *franchisor* e il *franchisee*) si accordano per lo sviluppo commerciale di un certo insieme di prodotti/servizi. Sulla base di tale accordo, il franchisee si impegna a gestire imprenditorialmente una struttura per l'esclusiva vendita al dettaglio dei prodotti o dei servizi del franchisor, utilizzando la "formula di marketing" fornita dal franchisor stesso e riconoscendogli una royalty proporzionale al volume del venduto. Con questo tipo di contratto, l'azienda di produzione (il franchisor) si garantisce il controllo del modo in cui la sua offerta è posizionata sul mercato finale e l'opportunità di guidare le scelte strategiche e i comportamenti operativi del distributore, senza dover investire direttamente nello sviluppo di una propria rete di punti vendita; i franchisee sono, infatti, soggetti che gestiscono l'attività commerciale in franchising come imprenditori indipendenti ma seguendo le linee guida stabilite dal franchisor. Anche in questo caso, è però essenziale che il produttore-franchisor disponga di competenze organizzative avanzate, in particolare relative alla selezione e alla gestione della rete di franchisee.

Il commercio elettronico

internet

La rivoluzione tecnologica rappresentata da **internet** e dalle reti virtuali ha avuto un impatto decisivo sulla struttura dei canali distributivi. A circa venti anni dai primi esempi di "B2C" e "B2B" (*business to consumers* e *business to business*), è facile osservare in diversi mercati una trasformazione radicale della struttura distributiva: si pensi all'editoria libraria e musicale (dove la trasformazione ha ormai investito anche la configurazione dello stesso prodotto), all'elettronica di consumo, all'abbigliamento anche per i prodotti di alta gamma. L'approfondimento esaustivo dell'*e-commerce* o **commercio elettronico** va chiaramente oltre il perimetro di questo capitolo e gli obiettivi del libro; ci limitiamo, per tanto, ad alcune considerazioni introduttive sugli aspetti concettuali più rilevanti del fenomeno citato.

commercio elettronico

Nella specifica prospettiva del sistema di distribuzione, il commercio elettronico offre l'opportunità a produttore e acquirente finale di essere direttamente ed efficacemente collegati.

Nella specifica prospettiva del sistema di distribuzione, il commercio elettronico offre l'opportunità a produttore e acquirente finale di essere direttamente ed efficacemente collegati, riducendo specularmente la rilevanza dei tradizionali canali distributivi "fisici". D'altro canto, si sono affermati grandi piattaforme distributive basate su Internet che hanno acquisito nei confronti della produzione un potere ancora più forte di quello che in passato avevano le grandi imprese di distribuzione (anche perché hanno raggiunto dimensioni globali e un potere di mercato ancora maggiore). Solo per fare un esempio, in Italia le due principali piattaforme di prenotazione alberghiera si stima riescano a ottenere un margine tra il 15 e il 20% sul prezzo della camera acquistata attraverso il loro portale. Del resto, si trovano proprio in questo ambito molte delle imprese che nate in questi ultimi venti anni sono oggi tra le più grandi al mondo (Amazon e Booking.com solo per evidenziare due tra gli esempi più evidenti). Queste piattaforme non hanno, dunque, solo trasformato il sistema di distribuzione; hanno anche creato ulteriore pressione competitiva sulle imprese di produzione a monte.

Le imprese di produzione cercano di rafforzare la propria presenza diretta in Internet e nelle reti sociali, con l'intento di sviluppare una relazione diretta con i clienti potenziali. Tale relazione, oltre a divenire ovviamente più diretta, è più intensa (aumenta la quantità di informazioni che possono essere scambiate), più frequente (le interazioni possono essere stabilite in modo molto più agevole e meno costoso), mirata e differenziata (le modalità di interazione e i suoi contenuti sono sviluppati in funzione delle specificità dei diversi target e degli obiettivi relativi alla relazione con ciascuno). La possibilità di dialogare e interagire direttamente con i propri consumatori offre al produttore gli stessi vantaggi del canale diretto, richiedendo investimenti e complessità organizzative molto inferiori, favorendo comunque una ben più ampia estensione della propria presenza nel mercato finale.

Affinché queste potenzialità positive assumano concretezza è però necessario che il produttore disponga, oltre ovviamente delle tecnologie ICT necessarie, di adeguate strutture e competenze logistiche. Il consumatore, proprio perché stabilisce una relazione più diretta e continua con il produttore, tende ad aspettarsi che anche il suo rapporto con l'oggetto della sua domanda sia altrettanto efficiente; è, quindi, essenziale ottimizzare la gestione della logistica che porta l'offerta dal produttore al suo utilizzatore finale.

Una delle ragioni della notevole diffusione del commercio elettronico sta nel fatto che esso permette l'erogazione di servizi al cliente potenziale durante tutte le fasi del suo processo di acquisto: in quella di ricerca di informazioni e comparazione delle alternative, nella transazione commerciale, nelle interazioni post-vendita. In particolare si individuano tre tipologie di **servizi virtuali** (Pastore, Vernuccio, 2004).

servizi virtuali

1. Servizi di tipo informativo con due possibili finalità principali: rendere più efficace in termini di estensione, precisione e rapidità, nonché meno costosa, la ricerca di informazioni da parte del cliente; facilitare la ricerca ed eventualmente la richiesta delle specificità dell'offerta rispetto alle proprie esigenze.
2. Servizi di supporto logistico e finanziario, finalizzati a rendere efficiente ed efficace la transazione commerciale (realizzazione dell'ordine, gestione della consegna, realizzazione del pagamento, gestione della privacy).
3. Servizi accessori, finalizzati a differenziare l'offerta, migliorando "l'esperienza di acquisto" fatta in rete e garantendo la migliore assistenza pre- e post-vendita, in particolare sul piano delle personalizzazioni del prodotto e del servizio, della sostituzione del prodotto acquistato e del superamento dei problemi, errori e altre cause di insoddisfazione.

La strategia distributiva

Le decisioni strategiche inerenti la distribuzione sono in primo luogo finalizzate ad attuare l'obiettivo di estensione della presenza commerciale; sono, quindi, legate alla numerosità dei mercati in cui l'impresa intende essere presente e alle **modalità di copertura** di ciascuno. Numerosità dei mercati e modalità di copertura sono anche condizionati da diversi fattori: la natura del prodotto o del servizio offerto, il posizionamento della marca, le caratteristiche del processo di acquisto, oltre naturalmente le risorse che l'impresa ha a disposizione.

Le decisioni strategiche inerenti la distribuzione sono in primo luogo finalizzate ad attuare l'obiettivo di estensione della presenza commerciale.

modalità di copertura

La copertura del mercato può avvenire attraverso una **distribuzione intensiva**, quando l'impresa punta a raggiungere una presenza molto diffusa su tutto il mercato, attraverso una distribuzione capillare, quindi coinvolgendo il più elevato numero possibile di intermediari. Questa strategia, tipica per i prodotti di largo consumo, implica normalmente un **approccio multicanale** che favorisce, appunto, il massimo coinvolgimento di tutto il sistema degli intermediari commerciali nel suo complesso. Ha il vantaggio di facilitare una presenza molto estesa nel mercato, riducendo, a parità di altre condizioni, il potere contrattuale dei distributori; d'altro canto, implica notevole complessità organizzativa e gestionale ed espone ai rischi di un controllo intrinsecamente meno forte e diretto dei singoli intermediari. Un secondo **approccio** è quello **selettivo**, in cui il produttore commercializza i propri prodotti attraverso un numero definito di distributori precisamente individuati e selezionati. I vantaggi e gli svantaggi di questo modello sono abbastanza speculari a quelli del precedente. La distribuzione selettiva favorisce una migliore interazione (ed eventualmente controllo) con i partner commerciali (del resto è normalmente adottata nel canale corto) e quindi una più attenta gestione del posizionamento dell'offerta presso il cliente finale; permette anche un'osservazione più approfondita dei comportamenti del consumatore. Per contro, la distribuzione selettiva permette una presenza sul mercato inevitabilmente più limitata, esponendo il produttore anche al rischio che tale presenza risulti inferiore agli obiettivi commerciali, a causa dell'inadeguatezza anche solo di alcuni dei partner commerciali selezionati. Inadeguatezza che può

distribuzione intensiva

approccio multicanale

approccio selettivo

derivare da limiti oggettivi dell'intermediario, oppure dal fatto che esso focalizzi la propria attività commerciale su altri prodotti esistenti nel suo portafoglio. Il successo di una strategia selettiva è, quindi, fortemente condizionato dalla capacità di selezionare i distributori e di stabilire con gli stessi una collaborazione efficace, condividendo gli obiettivi economici, l'approccio al cliente, le iniziative commerciali. Infine, la **distribuzione** può essere **esclusiva** quando il produttore attribuisce a un determinato distributore l'esclusiva per la vendita dei suoi prodotti in un mercato geografico precisamente identificato; a fronte di tale vantaggio, il distributore può assumere l'impegno verso il produttore di non distribuire prodotti concorrenti, almeno nella stessa area geografica. È chiaro che questo modello enfatizza i vantaggi e gli svantaggi del precedente, rendendo ancora più importante la qualità della collaborazione che si stabilisce tra produttore e distributore. Del resto, un rapporto di esclusiva implica un'integrazione tra le parti che va oltre la collaborazione commerciale, potendosi estendere a iniziative di co-sviluppo delle offerte.

distribuzione esclusiva

In tutti e tre gli approcci distributivi, ma in modo ovviamente differenziato in ciascuno, il produttore deve comunque attuare delle politiche a favore degli intermediari che costituiscono il canale distributivo; si tratta delle politiche di ***trade marketing*** che si affiancano a quelle di *consumer marketing*, rivolte invece direttamente al cliente finale.

trade marketing

Le politiche di *trade marketing* attuate da un produttore si articolano in due insiemi:

1. politiche di marketing finalizzate a favorire l'acquisto dell'offerta del produttore da parte degli intermediari commerciali e in senso più ampio a rafforzare il loro impegno per la sua commercializzazione nel mercato finale;
2. politiche finalizzate a rafforzare le azioni di marketing realizzate dagli intermediari sul mercato finale a favore dell'offerta del produttore.

Si intuisce che la consistenza di questa seconda categoria di politiche ha notevole rilievo sull'efficacia della prima e, anzi, per certi versi ne rappresenta una determinante del successo. Per altro, le politiche verso il "trade" sono condizionate da quelle verso i clienti finali. Il produttore può privilegiare un approccio *push*, in cui investe prevalentemente sul supporto ai distributori per favorire la spinta del prodotto sul mercato finale attuata da questi ultimi; oppure, può seguire una logica contraria (*pull*) focalizzandosi primariamente sui clienti finali, sviluppando la brand equity e la loro fidelizzazione, così che essi "tirino" la domanda del prodotto dai distributori, riducendo la complessità dello sforzo commerciale di questi ultimi.

La gestione della forza vendita

forza vendita (o rete vendita)

Il rapporto con gli intermediari commerciali è gestito attraverso la **forza vendita** (o **rete vendita**); questa può essere definita come l'insieme di persone che si occupano di vendere i prodotti o i servizi per conto dell'impresa. In alcuni casi, i venditori possono essere soggetti indipendenti (procacciatori d'affari) che hanno un rapporto tendenzialmente occasionale con l'azienda di cui si incaricano di commercializzare i prodotti. Più spesso, essi sono legati attraverso un contratto di **agenzia** che prevede una relazione più strutturata e continuativa con l'impresa. Gli agenti di vendita si distinguono in **monomandatari** quando operano esclusivamente per un'azienda o **plurimandatari** quando mantengono la possibilità di rappresentare commercialmente più aziende contemporaneamente, di solito,

agenzia

monomandatari

plurimandatari

non nelle stesse aree di business. Gli agenti monomandatari costituiscono la forza vendita di un'impresa in senso stretto, poiché, per un verso, il loro operato è fortemente guidato dall'impresa, e in particolare dalla sua direzione commerciale (pur nell'ambito di una relazione contrattuale di indipendenza), per l'altro il loro reddito è proporzionale al valore dei prodotti dell'impresa che riescono a vendere. Pur avendo un significativo grado di autonomia operativa nello svolgere la loro attività, gli agenti monomandatari sono a tutti gli effetti parte (spesso fondamentale) del capitale umano dell'impresa.

L'impresa può organizzare la propria rete vendita per:

L'impresa può organizzare la propria rete vendita per: area geografica, linee di prodotto, insiemi di clienti.

- area geografica;
- linee di prodotto;
- insiemi di clienti.

Il primo criterio è il più comune e prevede che a ogni agente sia assegnato un territorio dove vendere tutti i prodotti o i servizi dell'impresa a tutti i clienti collocati al suo interno. L'estensione del territorio dipende dalle caratteristiche fisiche e dal valore unitario dell'oggetto della vendita; dalla numerosità e dispersione dei clienti, da eventuali vincoli logistici, oltre naturalmente dagli obiettivi di penetrazione geografica fissati dall'azienda e dalla capacità operativa dell'addetto. Le aree geografiche sono suddivise tra i venditori della rete commerciale in maniera non necessariamente omogenea; nell'assegnazione dei territori, si tiene normalmente conto delle potenzialità di ciascun agente in relazione alle specificità dei vari mercati geografici e della necessità di rendere sufficientemente omogenee le potenzialità di reddito di ciascuno. Nel caso in cui l'impresa operi su mercati geografici vasti e differenziati, magari internazionali, è rilevante anche la diretta conoscenza che il venditore ha delle specificità socio-economiche e delle regolatorie dei diversi contesti geografici.

Quando le linee di prodotto sono numerose e poco coerenti tende a essere più efficace specializzare la rete vendita per linee di prodotto; la convenienza di tale orientamento risulta enfatizzata nel caso di prodotti tecnologicamente complessi che richiedono al venditore una notevole competenza e specializzazione tecnica; lo stesso vale per prodotti di elevato valore unitario per i quali il cliente apprezza, o addirittura si aspetta, di avere a sua diretta disposizione persone dell'impresa competenti. Nel caso di mercati ampi e complessi, può essere opportuno articolare la rete vendita al tempo stesso per categorie di prodotti e area geografica. Tuttavia, nel caso le diverse linee di prodotto siano correlate dal punto di vista del cliente, un'eccessiva segmentazione della rete vendita per tipologia di prodotto può causare una certa ridondanza con effetti negativi anche per lo stesso cliente.

La specializzazione della rete vendita per tipologia di clienti può risultare opportuna quando questi ultimi risultano fortemente differenziati in termini di esigenze, comportamenti di acquisto, fattori critici di successo nel mercato. È abbastanza diffusa quando l'impresa vende a intermediari commerciali molto diversi, per esempio negozi specializzati e grandi superfici di vendita. Questo approccio è anche indicato nei mercati caratterizzati dalla presenza di pochi clienti con elevatissimo valore potenziale, come quelli dei beni durevoli di lusso o dei servizi di *private banking*. In questi casi, l'alto fatturato che i clienti possono generare e, per converso, la complessità delle loro esigenze giustifica e richiede prevedere venditori dedicati a gruppi ristretti di acquirenti, con un ruolo che assume gli aspetti tipici della consulenza personalizzata.

Sintesi

Il capitolo ha approfondito gli aspetti di natura più strategica della funzione di marketing. Nella prima parte, sono illustrati i principi fondamentali della gestione orientata al marketing, evidenziando poi le specificità dell'ulteriore evoluzione di tale approccio, ormai consolidato in molte imprese e noto come orientamento alla relazione; in questo ambito è approfondito anche il concetto di "customer experience". Sono state poi affrontate le principali problematiche nella gestione strategica del marketing e, in particolare, la segmentazione, il posizionamento competitivo e l'elaborazione della strategia di marketing. La seconda parte ha trattato le quattro politiche in cui è comunemente articolata la funzione operativa di marketing (prodotto, prezzo, comunicazione e distribuzione), soffermandosi sugli aspetti dove sono più rilevanti le interdipendenze con le altre funzioni aziendali e l'impatto sulle strategie competitive.

Domande ed esercizi

Domande di verifica

1. Indicare i tre cardini dell'approccio di marketing.
2. Spiegare le differenze tra l'orientamento "alla produzione" e quello "al prodotto".
3. Illustrare le principali differenze tra l'orientamento al marketing e gli altri orientamenti alla gestione.
4. Indicare gli obiettivi tipici della funzione di marketing.
5. Spiegare i criteri per segmentare il mercato e le relative problematiche operative.
6. Descrivere i possibili posizionamenti della marca in relazione alla fase del ciclo di vita e alla forza competitiva.
7. Spiegare il concetto di posizionamento e illustrare le "mappe" utilizzate per posizionare un prodotto.
8. Descrivere l'articolazione della "gamma prodotti".
9. Spiegare le determinanti fondamentali nella fissazione del sistema di prezzi.
10. Descrivere il "prezzo base", il "prezzo tecnico" e il "prezzo target".
11. Illustrare l'articolazione della strategia di comunicazione.
12. Spiegare gli effetti del commercio elettronico sul sistema distributivo dell'impresa.
13. Descrivere le modalità di organizzazione della forza vendita.
14. Illustrare le fasi del processo di elaborazione del piano di marketing a livello di business.
15. Spiegare i contenuti della gestione strategica della marca.

Test a risposta multipla

1. Il principio fondante l'orientamento al marketing é:
   - ☐ a. vendere il più possibile e con il massimo rendimento.
   - ☐ b. raggiungere la migliore conoscenza delle caratteristiche ed esigenze del mercato.
   - ☐ c. scegliere il mercato target migliore rispetto alla capacità produttiva dell'impresa e ai suoi prodotti.
   - ☐ d. sviluppare un'offerta che soddisfi al meglio le esigenze del mercato target.
2. Qual è il cambiamento fondamentale nel passaggio dal modello basato sullo "scambio" a quello basato sulla "relazione"?
   - ☐ a. L'impresa guadagna non solo attraverso la transazione commerciale, ma anche attraverso lo sviluppo di relazioni.
   - ☐ b. La creazione ed erogazione di valore per il cliente è basata sulla relazione sviluppata con esso.
   - ☐ c. Il focus fondamentale dell'impresa non è più sul mercato, ma sul singolo consumatore.
   - ☐ d. Nella prospettiva di marketing, la transazione commerciale è subordinata allo sviluppo di relazioni.
3. Il posizionamento di un prodotto nel mercato individua:
   - ☐ a. la sua collocazione nella percezione dei consumatori target rispetto a quella dei concorrenti.
   - ☐ b. la quota di mercato del prodotto rispetto a quella dei concorrenti.
   - ☐ c. la collocazione fisica del prodotto negli spazi dei luoghi dove esso è venduto al cliente finale.
   - ☐ d. la posizione in termini di qualità riconosciuta dal mercato al prodotto.
4. La brand equity può essere definita come:
   - ☐ a. l'equità dei valori immateriali che caratterizzano la marca.
   - ☐ b. differenziale di valore riconosciuto dal consumatore a un determinato prodotto/servizio in virtù della sua marca.

- ☐ c. il valore patrimoniale della marca che può essere iscritto in bilancio.
- ☐ d. il complesso degli investimenti necessari per rendere una marca competitiva.

5. Gli aspetti che è fondamentale prendere in considerazione nella determinazione del prezzo sono:
   - ☐ a. i costi variabili, i costi fissi e il margine di profitto atteso dall'impresa.
   - ☐ b. il prezzo fissato in passato per lo stesso prodotto/servizio e la variazione dei costi di produzione.
   - ☐ c. i costi di produzione, il prezzo dei concorrenti, la disponibilità a pagare dei clienti target.
   - ☐ d. principalmente i costi di produzione e la variazione dei prezzi dei concorrenti.

Bibliografia

Testi di riferimento generali

Aaker D.A. (2006), *La gestione strategica del mercato*, Milano, Etas.

Aaker D.A. (2009), *Managing brand equity*. Simon and Schuster.

Busacca B., Ostillio M.C. (2009), La gestione strategica della marca. *In*: Cristini G. (a cura di) *Marketing*, pp. 307 e ss, Milano, Il Sole 24 Ore Libri.

Caroli M. (2009), Pianificazione delle strategie di marketing. *In*: Cristini G. (2009), *Pianificazione delle strategie di marketing*.

Chevalier, J.A., & Mayzlin, D. (2006). *The effect of word of mouth on sales: Online book reviews*. «Journal of marketing research», 43(3), 345-354.

Cristini G. (a cura di) (2009), *Marketing*, Milano, Il Sole 24 Ore Libri.

Ford D., Gadde I.E. et al. (2006), *The business marketing course managing in complex networks*, London, John Wiley & Sons.

Delone, W.H., & Mclean, E.R. (2004). *Measuring e-commerce success: Applying the DeLone & McLean information systems success model*. «International Journal of Electronic Commerce», 9(1), 31-47.

Franke, N., Keinz, P., & Steger, C.J. (2009). *Testing the value of customization: when do customers really prefer products tailored to their preferences?* «Journal of Marketing», 73(5), 103-121.

Hollensen, S. (2015). *Marketing management: A relationship approach*. Pearson Education.

Kotler, P., Keller, K.L., Ancarani, F., & Costabile, M. (2014). *Marketing management* 14/e. Pearson.

Sheth, J.N., & Sisodia, R.S. (2015). *Does marketing need reform?: Fresh perspectives on the future*. Routledge.

Leeflang, P.S., Verhoef, P.C., Dahlström, P., & Freundt, T. (2014). *Challenges and solutions for marketing in a digital era*. «European management journal», 32(1), 1-12.

Ryan, D. (2014). *Understanding digital marketing: marketing strategies for engaging the digital generation*. Kogan Page Publishers.

Reinartz, W.J., & Kumar, V. (2003). *The impact of customer relationship characteristics on profitable lifetime duration*. «Journal of marketing», 67(1), 77-99.

Solomon, M.R. (2014). *Consumer behavior: Buying, having, and being*. Engelwood Cliffs, NJ: prentice Hall.

Valdani E., Ancarani F. (2009), *Marketing strategico*, Milano, Egea.

Verhoef, P.C., & Leeflang, P.S. (2009). *Understanding the marketing department's influence within the firm*. «Journal of marketing», 73(2), 14-37.

Xia, L., Monroe, K.B., & Cox, J.L. (2004). *The price is unfair! A conceptual framework of price fairness perceptions*. «Journal of marketing», 68(4), 1-15.

Wilson, A., Zeithaml, V.A., Bitner, M.J., & Gremler, D.D. (2012). *Services marketing: Integrating customer focus across the firm*. McGraw Hill.

Testi di approfondimento

Brennan R. et al. (2003), *Business to business marketing*, London, Sage Publications.

Gronroos C. (2007), *Service management and marketing*, London, John Wiley & Sons.

Khalifa A.S. (2004), *Customer value: a review of recent literature and an integrative configuration*, «Management Decision», vol. 42, n. 5, pp. 645-666.

Keller K.L. (2003), *Strategic brand management*, Upper Saddle River, Prentice Hall.

Lovelock C., Wirtz J. (2007), *Marketing dei servizi. Risorse umane, tecnologie, strategie*, Milano, Pearson.

Lugli G., Pellegrini L. (2002), *Marketing distributive*, Torino, Utet.

Murphy J. (1990), *Assessing the value of brands*, «Long Range Planning», n. 3, pp. 23-30.

Simon H., Zatta D. (2006), *Strategie di pricing, come migliorare la redditività aziendale*, Milano, Hoepli.

Tuli K.R. et al. (2007), *Rethinking customer solutions: from product bundle sto relational processes*, «Journal of marketing», n. 71, pp. 1-17.

Vargo S.L., Lusch R.R. (2004), *Evolving to a new dominant logic for marketing*, «Journal of Marketing», n. 68, pp. 14-29.

Sul sito www.ateneonline.it/n/fontana5e sono disponibili le soluzioni e il test interattivo

7 Capitolo

Strategia di marketing

Nell'ambito di qualunque attività di pianificazione strategica, indipendentemente dal fatto che venga usato il modello BCG, il modello GE o una qualsivoglia loro variante, sono sempre necessarie alcune analisi della composizione del portafoglio corrente delle attività dell'azienda.

Sono i vertici aziendali (il cosiddetto *top management*), chiaramente, a detenere la responsabilità della pianificazione strategica a livello complessivo.

Al top management non è demandato il compito di fissare strategie di dettaglio per le singole ASA, bensì quello di fissare delle strategie di sviluppo e dei macro obiettivi per l'intera azienda, verificare il bilanciamento delle attività complessive in portafoglio e stabilire l'allocazione delle risorse. Tuttavia, va notato che oggi c'è una certa tendenza ad avvalersi sempre più spesso anche dell'opera di manager specializzati nell'analisi delle strategie e nella pianificazione di marketing. Ciò avviene, sostanzialmente, perché quasi tutte le questioni di pianificazione strategica hanno implicazioni di marketing, tanto che le due domande critiche di pianificazione strategica - Quali prodotti dovremmo fare? Quali mercati dovremmo servire? - sono chiaramente domande di marketing. A questo fine, i responsabili marketing sono coinvolti nel processo di pianificazione strategica in almeno due modi importanti: (1) influenzando il processo di pianificazione strategica con l'apporto di informazioni, conoscenze e suggerimenti relativi ai loro clienti, prodotti e aree di responsabilità; (2) agendo nella consapevolezza di che cosa comporti il processo di pianificazione strategica così come quello di definizione dei suoi risultati, in quanto ogni loro attività - le strategie e gli obiettivi di marketing che elaborano - deve derivare dal piano strategico. Per l'esattezza, la pianificazione decisa in tutte le aree funzionali dell'azienda dovrebbe discendere dal piano strategico.

7.1 La relazione fra strategia aziendale e strategia di marketing

In un'organizzazione correttamente gestita, dunque, esiste una relazione diretta fra la pianificazione strategica e la pianificazione decisa dai responsabili a tutti i livelli. Va-

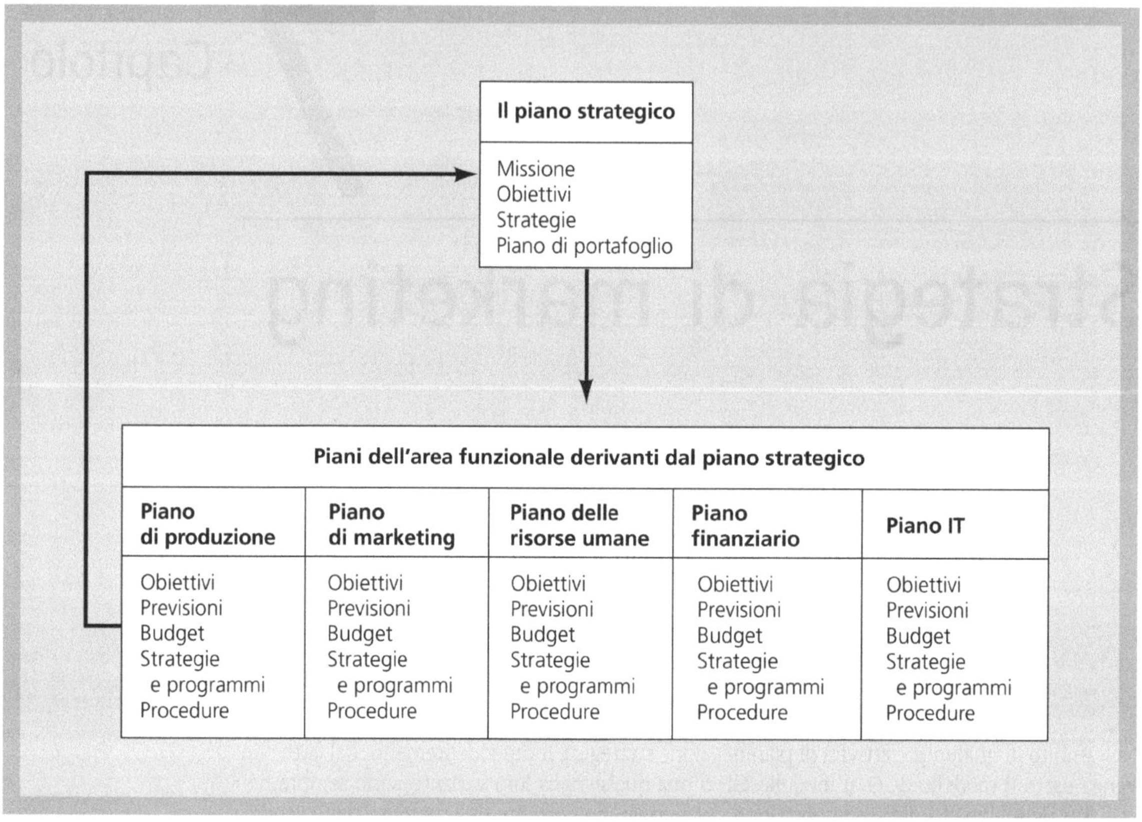

Figura 7.1
La prospettiva interfunzionale nella pianificazione.

rieranno, chiaramente, l'obiettivo immediato e le prospettive temporali. La Figura 7.1 illustra il ruolo trasversale della pianificazione strategica: risulta evidente che i piani elaborati da tutte le diverse aree funzionali devono discendere dal piano strategico generale e, nel contempo, devono concorrere alla sua realizzazione. Se la pianificazione strategica è condotta in maniera appropriata, ne risulterà un progetto ordinato e sequenziale chiaramente definito, utile per l'attività di gestione a tutti i livelli dell'organizzazione.

Nella Figura 7.2 tale struttura viene applicata a un unico obiettivo aziendale e a due strategie derivanti dal piano strategico (sopra la linea tratteggiata). Si noti come esse vengano recepite nel piano del reparto marketing e nel piano del reparto produzione (sotto la linea tratteggiata). Si tenga conto che tutti gli obiettivi e tutte le strategie raffigurate sono collegati ad altri obiettivi, a livelli aziendali superiori e inferiori. Vale a dire che una gerarchia di obiettivi e strategie esiste. Ci siamo limitati a considerare due possibili obiettivi di marketing e due possibili obiettivi di produzione. Naturalmente molti altri sono sviluppabili, ma il nostro scopo è evidenziare la natura trasversale della pianificazione strategica, segnalando che obiettivi e strategie del piano strategico vanno tradotti in obiettivi e strategie validi per tutte le aree funzionali dell'organizzazione, inclusa l'area marketing.

La strategia aziendale deve essere opportunamente articolata in relazione alle singole ASA individuate in sede di pianificazione strategica generale: è a questo punto che entra in gioco come protagonista la strategia di marketing, alla quale è demandato il compito di sviluppare la competitività dell'azienda nei diversi business presidiati. La formulazione e l'attuazione della strategia di marketing ricadono sotto la responsabilità dei *marketing*

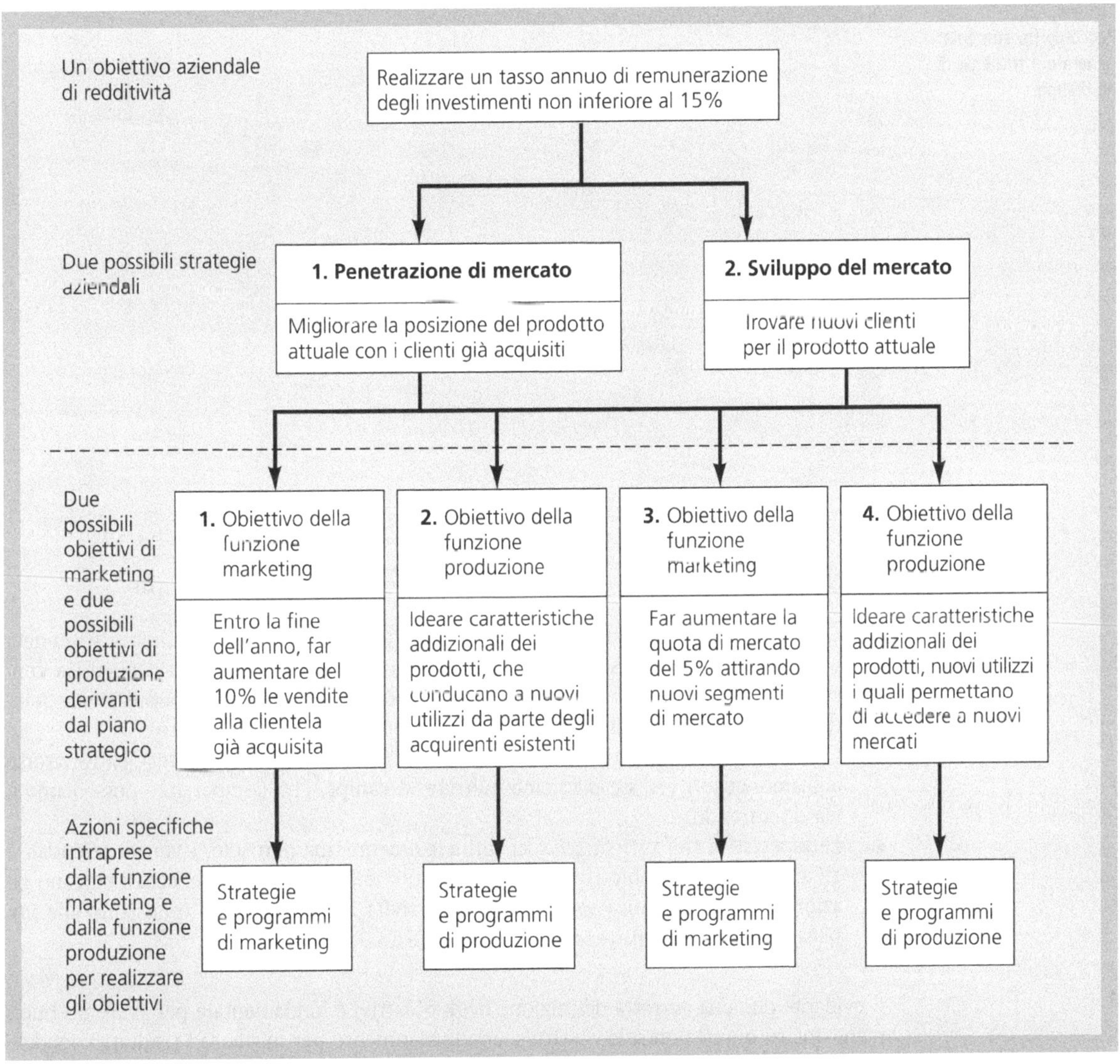

Figura 7.2 Come il piano di marketing si collega al piano strategico e a quello di produzione.

manager. Il loro compito è quello di realizzare strategie di mercato specifiche, concordemente con le linee di indirizzo e gli obiettivi generali fissati.

Il raccordo tra strategia generale e strategia di marketing è evidenziato nella Figura 7.3.

Nei paragrafi successivi ci occuperemo di analizzare la strategia di marketing nelle diverse componenti che ne costituiscono l'ossatura.

7.2 Gli obiettivi di marketing

Una volta completata la fase di analisi abbiamo acquisito una ragionevole conoscenza sull'ecosistema che ci circonda (mercato, clienti e concorrenti), e sulle caratteristiche della nostra azienda (risorse, competenze, obiettivi aziendali, ecc.). Siamo quindi in grado di definire gli obiettivi che il marketing deve porsi per collaborare all'implementazione del piano e della strategia aziendale.

Figura 7.3
Raccordo fra strategia generale e strategia di marketing.

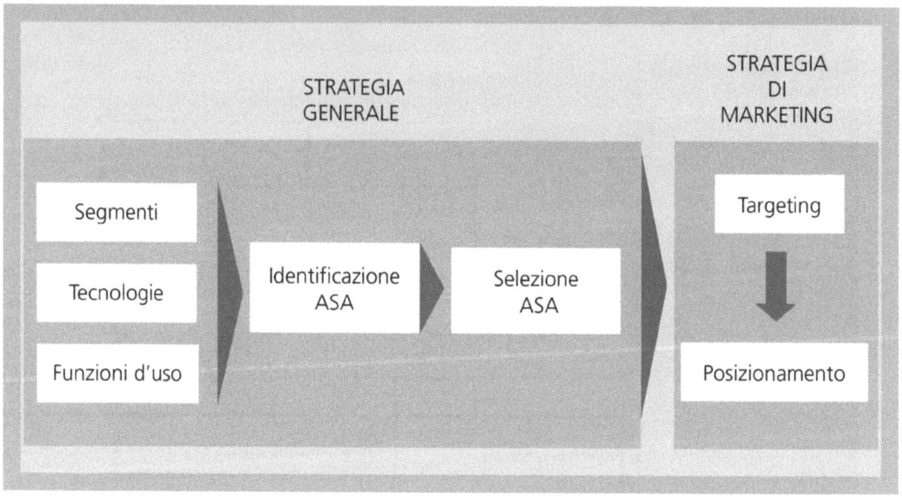

La definizione degli obiettivi tiene in considerazione tre elementi principali.

- Cosa succede nell'ecosistema in cui l'azienda opera e cosa probabilmente succederà in futuro. Questo non solo in termini di mercato (settore di industria, clienti e concorrenti) ma in generale nella società (legislazione, evoluzione della popolazione, grandi trend come la globalizzazione, mode, scoperte scientifiche, e altro).
- Qual è la condizione attuale dell'azienda e cosa è in grado di realizzare. Quante risorse abbiamo, quante risorse possiamo mettere in campo, che competenze possediamo e via discorrendo.
- Le aspettative dei vari *stakeholder* (principalmente, ma non solo, i vertici aziendali e gli azionisti). Quali obiettivi abbiamo ricevuto dal piano aziendale, cosa ricercano gli azionisti, i dipendenti, i sindacati, la collettività in cui operiamo (pensiamo alle implicazioni ambientali).

È evidente che una corretta definizione degli obiettivi è fondamentale per avere un buon piano. Infatti questi non solo costituiscono il riferimento per misurare i risultati aziendali, ma sono anche l'elemento fondamentale per motivare i collaboratori e aggregarli attorno a uno scopo comune.

Degli obiettivi chiari e precisi, se comunicati correttamente, aiutano a coagulare l'organizzazione attorno alla strategia. Danno un senso della direzione nella quale tutti si devono muovere.

APPROFONDIMENTO 7.1

ALCUNI ESEMPI DI OBIETTIVI DI MARKETING

- Aumento della quota di mercato del 10%
- Aumento della base di clienti del 20%
- Aumento dei clienti fidelizzati del 10%
- Diminuzione del tasso di abbandono dei clienti del 10%
- Aumento della *customer satisfaction* di due punti
- Miglioramento della notorietà della marca del 10%
- Miglioramento dell'immagine di marca del 5%

7.2.1 Il processo di definizione degli obiettivi

All'atto pratico, il processo di definizione degli obiettivi è estremamente complesso ed è la sintesi di due processi distinti ma correlati.

1. L'interazione con i vertici aziendali e il loro piano.
   Come descritto nel paragrafo precedente, il piano di marketing discende dal piano aziendale; ma nella realtà questo processo non è né semplice né lineare. Sarà oggetto di una negoziazione dove i componenti del *top management*, ovvero i vari responsabili delle divisioni dell'azienda (marketing, produzione, amministrazione, logistica, ecc.), sono in concorrenza fra loro per ottenere obiettivi facilmente raggiungibili e maggiori risorse a disposizione. Questa "negoziazione" ha una sua complessità e si sviluppa in varie iterazioni fra marketing e vertice aziendale.
2. La sintesi della fase di analisi svolta nella prima fase dello sviluppo del piano di marketing (ovvero l'analisi del mercato, dei concorrenti e delle risorse aziendali). Il risultato di questa analisi fornisce anche elementi di supporto per la negoziazione con i vertici aziendali descritta al punto precedente. Ipotizzando che la fase di analisi sia sintetizzata in un'analisi SWOT, si tenderà a definire degli obiettivi che sfruttino al massimo le opportunità offerte dal mercato, mitighino le possibili minacce, facciano leva sui punti di forza e correggano i punti deboli dell'azienda. È opportuno ricordare che queste considerazioni devono ovviamente ispirare non solo la definizione degli obiettivi; ma anche tutti gli altri passi della formulazione di un piano di marketing (come, per esempio, la definizione della strategia o la scelta del marketing mix). Vale la pena di tenere presente che la SWOT, pur essendo uno strumento utilissimo e molto usato, rimane pur sempre uno strumento estremamente semplice e sintetico. Può essere certamente usato come strumento d'analisi, ma tenendone ben presente i limiti dovuti alla sua semplicità. Sarebbe sempre meglio percorrere tutte le tappe della *Situation Analysis* (Mercato, Clienti e Concorrenza) e poi eventualmente provare a sintetizzarle con il modello SWOT. In questo modo saremo ragionevolmente sicuri di non aver tralasciato nessun elemento importante.

Alla fine di questo processo si dovrebbe idealmente avere una serie di obiettivi che sono accettati e condivisi da tutti. È chiaro che in pratica questo è quasi impossibile da raggiungere, ci saranno sempre degli scontenti o dei contrari; ma più si riesce a coinvolgere le persone nella formulazione degli obiettivi, maggiore sarà la possibilità che gli stessi li sentano come una cosa propria e si sentano responsabilizzati nel perseguirli. In linea teorica, sarebbe opportuno coinvolgere nel processo tutti gli stakeholder dell'azienda.

In conclusione, più i traguardi sono accettati e condivisi e maggiore sarà la probabilità di successo del piano.

7.2.2 Caratteristiche degli obiettivi

Degli obiettivi correttamente definiti, per essere tali, devono presentare delle caratteristiche precise.

Ecco di seguito le cinque caratteristiche di un obiettivo correttamente definito. Per aiutarsi a ricordare queste caratteristiche, nel mondo anglosassone si usa l'acronimo *SMART* che ne rende più facile il ricordo. Di seguito una sintetica descrizione di queste cinque caratteristiche.

Specifico (Specific). L'obiettivo fissato deve essere il più specifico possibile, ovvero chiaro e preciso. Per esempio, "aumentare le vendite", non è molto preciso. Sarebbe meglio dire aumentare il fatturato del prodotto *Brillo*, oppure aumentare i pezzi venduti del prodotto *Alfa*.

Misurabile (Measurable). Un obiettivo, per essere tale, deve essere misurabile ovvero espresso in un numero. Tornando all'esempio già fatto in precedenza, aumentare il fatturato del prodotto *Brillo* del 15%. Oppure migliorare il grado di soddisfazione del cliente di 0,5 punti. **Un obiettivo non misurabile non è un obiettivo**, è solo un bel desiderio.

Raggiungibile (Achievable). Gli obiettivi devono essere ambiziosi e stimolanti, ma raggiungibili. Traguardi troppo difficili possono essere percepiti come utopistici e quindi possono demotivare il personale. Soprattutto se al raggiungimento degli obiettivi è legato un incentivo monetario (come nel caso delle forze di vendita) i risultati potrebbero addirittura essere controproducenti portando i collaboratori a non impegnarsi più di tanto. In alcuni casi estremi (per esempio quando il sistema di incentivazione penalizza eccessivamente i venditori che non raggiungono i risultati), le forze di vendita potrebbero non avere più alcun interesse a firmare nuovi contratti che potrebbero essergli più utili in un momento successivo (per esempio quando sarà rilasciato il piano successivo dove sperano di poter ottenere obiettivi più ragionevoli). Volendo fare un paragone sportivo, a un saltatore che salta normalmente due metri puoi ragionevolmente chiedere di allenarsi per raggiungere i due metri e cinque entro poco tempo, ma se gli poni come obiettivo di saltare due metri e mezzo forse lo considererà fuori della sua portata (o molto remoto) e non si impegnerà più di tanto

Rilevante (Relevant). Gli obiettivi devono essere rilevanti per il raggiungimento della missione aziendale. Devono avere un impatto concreto sull'azienda. Obiettivi ben dati, ma su aree non importanti possono essere inutili. Insomma deve essere un obiettivo per il quale vale la pena di investire risorse ed energie.

Declinato Nel Tempo (Time related). Insieme alla misurabilità, questa è la caratteristica principale. Un obiettivo, per essere tale, deve prevedere un orizzonte temporale. Stabilire entro quando devo raggiungere un certo traguardo è fondamentale. Gli obiettivi che non sono declinati nel tempo sono inutili.

7.2.3 La comunicazione degli obiettivi

Come abbiamo detto precedentemente, gli obiettivi non sono solo lo scopo finale di un piano o il riferimento per misurarne l'efficacia; ma sono anche un elemento fondamentale per motivare i collaboratori e aggregarli attorno a uno scopo comune. In quest'ottica, una volta definiti gli obiettivi, è di vitale importanza comunicarli all'interno dell'azienda e ai vari stakeholder.

Più il team di lavoro è consapevole di quali sono gli obiettivi è più avrà la possibilità di muoversi in modo omogeneo nella direzione voluta. Inoltre agirà con maggiore consapevolezza e sarà in grado di gestire al meglio le flessibilità che il modello organizzativo attribuisce ai vari ruoli aziendali.

Sono innumerevoli i modi per comunicare gli obiettivi. Per esempio si possono inviare comunicazioni aziendali ai dipendenti, oppure si possono fare riunioni di inizio d'anno nelle quali il *top management* dell'azienda illustra gli obiettivi e i piani strategici. Generalmente in aggiunta a queste comunicazioni a livello aziendale o di SBU (Strategic Business Unit) si svolgono riunioni di reparto nei quali i capi di primo livello illustrano ai propri collaboratori gli obiettivi della loro unità legandoli a quelli aziendali e calandoli nella realtà specifica del loro lavoro.

Ovviamente non tutti gli obiettivi sono comunicabili a tutti. Esiste una necessità di riservatezza che nasce dall'esigenza di non fornire ai concorrenti informazioni riservate. Per esempio alcuni obiettivi strategici dei vertici aziendali potrebbero essere riservati e non divulgabili al di fuori di una cerchia ristretta. Quindi è implicito che la comunicazione va calibrata a seconda dei livelli aziendali, dei ruoli e delle circostanze. Tuttavia, ferme restando queste considerazioni, è sempre opportuno condividere il più possibile. Concludendo, comunicare gli obiettivi è di vitale importanza; un obiettivo non comunicato è un obiettivo inesistente.

7.2.4 Gap analysis

Un importante esercizio a completamento del processo di definizione degli obiettivi è la *Gap Analysis*. Questa ha come scopo l'individuazione dello sforzo aggiuntivo che il piano di marketing deve indirizzare.

Una volta definiti gli obiettivi si procede a ipotizzare cosa succederebbe se le cose rimanessero invariate. Ovvero se ci comportassimo esattamente come fatto in passato. La *Gap Analysis* mira appunto a individuare il divario (in inglese *gap*) fra risultati attesi in "assetto costante" (ovvero comportandoci come abbiamo sempre fatto) e gli obiettivi che il piano si pone.

Questo divario sarà per l'appunto l'oggetto del piano che mirerà a portare l'azienda al raggiungimento degli obiettivi. La Figura 7.4 illustra graficamente quanto descritto nel caso di un piano che abbia come obiettivo un aumento della crescita di fatturato.

Come si vede dal grafico, il divario esistente fra la previsione del fatturato e la crescita indirizzata dal piano può essere suddiviso logicamente in due aree distinte.

Divario operativo (*Operational gap*). È quel divario che può essere indirizzato con interventi operativi; ovvero migliorando le azioni attualmente in essere. Per esempio con un aumento di produttività o con un miglioramento del marketing mix, o ancora con un aumento della penetrazione di mercato.

Divario strategico (*Strategic gap*). È il divario che deve essere indirizzato con azioni strategiche; ovvero mettendo in essere nuove attività. Per esempio attaccando nuovi mercati, oppure lanciando nuovi prodotti o, più in generale, con una diversificazione delle attività attuali.

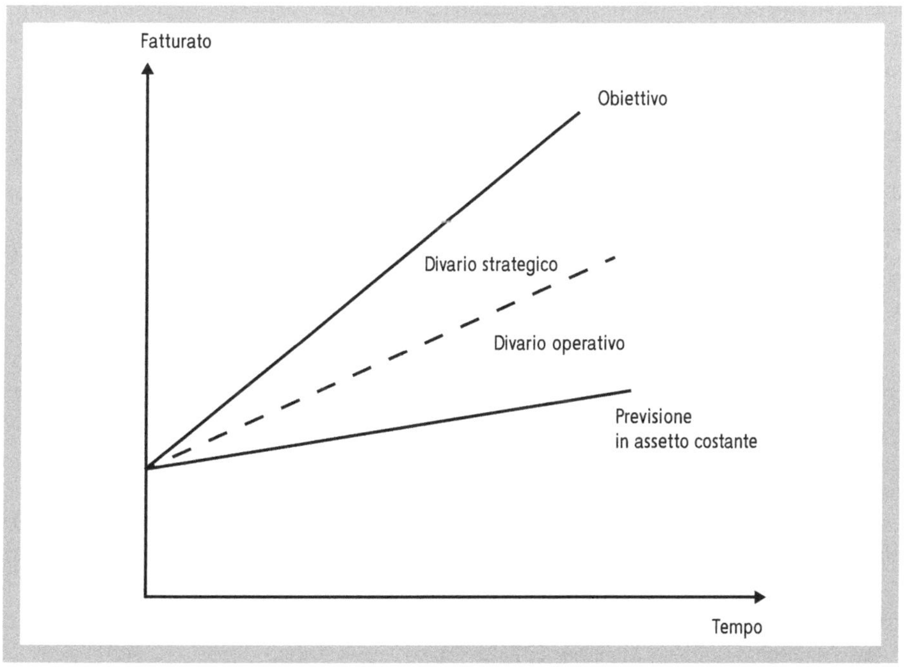

Figura 7.4 Rappresentazione grafica di una *Gap Analysis*.

APPROFONDIMENTO 7.2

COME STABILIRE GLI OBIETTIVI DI MARKETING

Obiettivi mal definiti	Obiettivi ben formulati
Il nostro obiettivo è quello di detenere una posizione di leadership nel settore nello sviluppo di nuovi prodotti	Il nostro obiettivo è spendere il 12% dei proventi delle vendite tra il 2019 e il 2021 in ricerca e sviluppo, al fine di introdurre almeno cinque nuovi prodotti nel 2022
Il nostro obiettivo è massimizzare i profitti	Il nostro obiettivo è ottenere un ritorno sull'investimento del 10% nel 2019, con un recupero del capitale investito da conseguirsi entro quattro anni
Il nostro obiettivo è servire meglio i clienti	Il nostro obiettivo è ottenere un tasso di soddisfazione della clientela non inferiore al 90%, in riferimento all'annuale indagine sulla soddisfazione della clientela per il 2019, e far sì che almeno l'85% dei nostri clienti del 2019 ripeta i propri acquisti nel 2020
Il nostro obiettivo è fare il meglio che riusciamo a fare	Il nostro obiettivo è incrementare la quota di mercato dal 30% al 40% nel 2020, mediante un aumento delle spese promozionali del 14%

7.3 La strategia di marketing

Targeting Scelta - tra i vari target risultanti dal processo di segmentazione - del segmento o dei segmenti ai quali l'azienda intende rivolgersi con la propria offerta.

Le attività di marketing devono essere allineate con gli obiettivi dell'organizzazione e le opportunità di marketing spesso emergono da una sistematica analisi dell'ambiente. Dopo aver identificato un'opportunità, il responsabile marketing dovrà quindi pianificare una strategia appropriata a trarne vantaggio. Questo processo può essere visto come un insieme di attività interdipendenti: la determinazione degli obiettivi del marketing; la selezione del mercato-obiettivo (*targeting*); il posizionamento competitivo del prodotto (o del servizio) che si intende offrire al mercato; lo sviluppo del *marketing mix*.

La *strategia di marketing* può essere definita come "un insieme armonico di decisioni che, fissati gli obiettivi prioritari da conseguire, individua i segmenti di mercato, assunti come target, ai quali ci si vuole prevalentemente rivolgere e formula i contenuti dell'offerta in termini di *marketing mix* da rivolgere al mercato".[1]

La strategia di marketing consta di due attività principali: il *targeting* e il *posizionamento*. Queste discendono dagli obiettivi strategici, con i quali devono naturalmente risultare coerenti; inoltre danno luogo alla realizzazione del marketing mix - in sintesi la formula d'offerta con la quale l'azienda si propone al mercato - che costituisce il momento più operativo del processo di marketing management.

Targeting e posizionamento rappresentano due fasi dello stesso processo e si succedono logicamente e in termini temporali secondo lo schema della Figura 7.5.

7.4 Il targeting

Nel capitolo sulla segmentazione si è detto che l'azienda effettua degli studi per identificare gruppi di consumatori, o di organizzazioni, che hanno una funzione di domanda omogenea, ossia reagiscono in maniera analoga agli stimoli di marketing proposti dall'azienda, per esempio le caratteristiche di un prodotto o un certo livello di prezzo. Si è anche affermato che lo scopo della segmentazione non è quello di identificare generici segmenti, ma, al

[1] Cherubini S., Eminente G., *Marketing in Italia*, Franco Angeli, Milano, 2005.

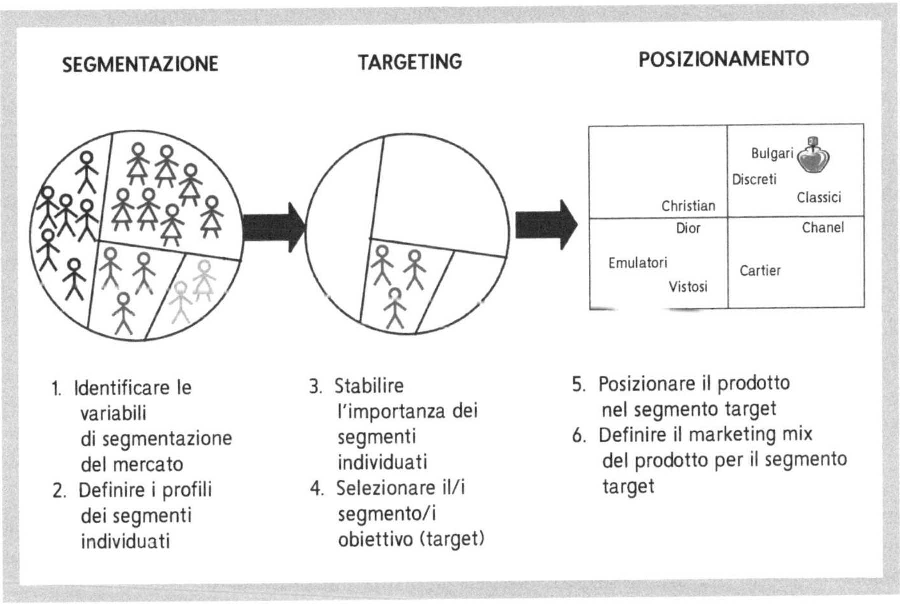

Figura 7.5
Le fasi della strategia di marketing.

contrario, arrivare all'individuazione di gruppi potenzialmente "colpibili", tali da poter essere considerati possibili bersagli di mercato.

Una volta completata la segmentazione, cioè una volta che i segmenti sono stati individuati e ne sono state descritte le caratteristiche, è necessario selezionare quello o quelli sui quali l'azienda, ritenendoli di particolare interesse per il potenziale che dimostrano, è intenzionata a indirizzarsi con i propri prodotti: nel linguaggio del marketing questa operazione viene definita *targeting*. Occorre in sostanza stabilire quanto un segmento è ritenuto interessante dall'azienda, al punto da indurla a valutare conveniente predisporre un sistema d'offerta mirato, con tutti i vantaggi potenziali, ma anche con i rischi di insuccesso che ne derivano.

Secondo un'indagine condotta da Frecciarossa i principali driver che influiscono sulla scelta del treno da parte del consumatore sono la Velocità, il Comfort e il Prezzo, con le caratteristiche riportate nella Tabella 7.1.

Per questa ragione, il *targeting* va inteso come uno dei momenti topici, insieme al posizionamento che affronteremo tra poco, della strategia di marketing. Si tratta infatti di un processo che richiede un'approfondita comprensione degli obiettivi della strategia di

Tabella 7.1 Driver principali per l'articolazione delle preferenze dei consumatori

	Milano-Roma				Firenze-Napoli		
	Aereo	Treno	Macchina	Bus	Treno	Macchina	Bus
Prezzo	12,2	39,1	7,5	88,8	24,8	3,2	17,6
Velocità	69,0	52,2	13,1		42,4	5,4	
Comfort	24,4	50,6	13,8	11,2	42,5	11,0	
Sicurezza		11,3			11,7	8,0	3,1
Puntualità		5,5			3,5	5,2	
Frequenza	2,2	10,6			5,5	1,1	

Fonte: Ricerca di mercato Trenitalia 2017.

marketing, nonché delle linee guida della strategia medesima. Per esempio, la scelta dei segmenti obiettivo cambia in funzione del fatto che l'azienda sia indirizzata verso obiettivi di volume, indirizzandosi quindi verso un grande numero di potenziali acquirenti, oppure di profittabilità, volendo scegliere soltanto clienti profittevoli da scovare in piccole nicchie del mercato. D'altra parte, occorre anche considerare che la scelta dei target viene influenzata, almeno in parte, dai prodotti dell'azienda: come si vedrà tra poco, si può scegliere di colpire tutto il mercato con un unico prodotto, oppure realizzare una gamma di prodotti pensati per specifici segmenti e non altri.

A parità di caratteristiche, sono quattro i principali criteri che vengono considerati quando si deve decidere se indirizzarsi verso un certo segmento:

- capacità dell'azienda di offrire un prodotto di successo;
- andamento crescente della domanda;
- possibilità di alti profitti (prezzi alti o costi bassi);
- intensità competitiva bassa (ridotta necessità di investimenti di marketing e ridotta presenza di concorrenti minacciosi).

In assenza di queste condizioni, è preferibile dirottare le risorse disponibili altrove, a meno che indicazioni di diversi obiettivi strategici (volontà di presenza sul segmento, azione di traino per altri prodotti, mantenimento d'immagine, acquisizione di un vantaggio competitivo in anticipo sulla concorrenza ecc.) suggeriscano comunque un'azione di presidio.

Strategia di copertura Strategia adottata dalle imprese per essere presenti nei rispettivi mercati. Possono essere di tre tipi: (1) *marketing indifferenziato*: unico prodotto per tutti; (2) *marketing differenziato*: adeguamento dell'offerta a seconda degli acquirenti; (3) *marketing concentrato*: si punta a servire in via esclusiva pochi o addirittura un unico segmento di domanda.

Per essere presenti nei rispettivi mercati, le aziende adottano diverse strategie di copertura, in funzione di una serie di variabili come, per esempio, la loro dimensione e quella della domanda, il tipo di prodotto, le caratteristiche dei consumatori: si parla infatti di *marketing* cosiddetto *indifferenziato, differenziato, concentrato.*

Vediamo in dettaglio in che cosa consistono queste tre strategie di copertura.

Marketing indifferenziato L'impresa propone un unico prodotto a tutti i mercati serviti senza preoccuparsi di adattare l'offerta ai diversi segmenti.

- *Marketing indifferenziato*: viene attuato quando un'azienda propone un unico prodotto valido per tutti i mercati serviti, senza preoccuparsi di adattare l'offerta ai diversi segmenti. È una strategia solitamente adottata in condizioni di monopolio, oppure nel caso in cui la domanda risulti particolarmente omogenea o esistano considerevoli barriere all'ingresso per le imprese concorrenti, tali da scoraggiare un comportamento imitativo se non al prezzo di ingenti investimenti: basti pensare a certi standard tecnologici, per esempio il 3G della telefonia mobile, che per anni ha costituito l'unica piattaforma utilizzata dai cellulari di tutti i produttori del mondo; per praticare il marketing indifferenziato serve un prodotto trasversale ai segmenti, in grado cioè di suscitare interesse nei consumatori indipendentemente dalle loro caratteristiche individuali. La scelta della strategia indifferenziata è alquanto rara da trovare nella pratica, poiché anche aziende monoprodotto (Coca Cola) effettuano adattamenti (di formato, di comunicazione, di gusti ecc.) ai diversi mercati serviti; il principale vantaggio del marketing indifferenziato è quello di permettere grandi economie di scala (per esempio, nella produzione e nella commercializzazione); lo svantaggio dalla necessità di mantenere una posizione di leadership in grado di assorbire senza danni eventuali tensioni sui prezzi.

Marketing differenziato L'impresa adegua la propria offerta alle diverse tipologie di acquirenti.

- *Marketing differenziato*: con questa strategia l'azienda opera un'analisi di segmentazione, in virtù della quale adegua la propria offerta a diverse tipologie di acquirenti. È quella più frequentemente utilizzata, soprattutto perché permette di studiare prodotti capaci di aderire alle esigenze di diverse tipologie di acquirenti. Di solito, viene adottata dalle aziende quando in un mercato aumenta il numero dei concorrenti e quindi occorre differenziarsi per trovare nuove opportunità di business. Tale problema viene risolto con l'introduzione di prodotti del tutto nuovi, oppure di nuove varianti di un prodotto esistente (un cioccolato bianco da affiancare a quello fondente), oppure con la semplice modifica di alcune sue caratteristiche (per esempio, i vari packaging dei Baci Perugina). Dal momento che per attuare profittevolmente questa strategia i segmenti devono avere dimensioni ampie, in modo da assicurare all'impresa il bacino di domanda potenziale più consistente possibile, i prodotti che l'azienda realizza rimangono a un livello non troppo esasperato di specializzazione. Così facendo, non si rischia di incorrere nell'errore di autoridimensionare il mercato con prodotti troppo mirati, ma non in grado di assicurare adeguati volumi di vendite e profitti.

- *Marketing concentrato*: in tal caso l'azienda decide di specializzarsi, puntando a servire in via esclusiva pochi o addirittura un unico segmento di domanda. Questa strategia può essere adottata sia per "virtù" sia per "necessità", nel senso che la sua adozione può costituire una scelta per certi versi quasi obbligata, o al contrario essere frutto di precisa scelta di differenziazione. Nel primo caso riguarda aziende che per la loro ridotta dimensione, per la limitatezza delle risorse, oppure per la vocazione produttiva molto specializzata, decidono di autolimitare il loro mercato di sbocco: questo può avvenire per esempio sul piano territoriale, quando l'azienda gravita su un'area geografica circoscritta, come anche in riferimento alla gamma di prodotti, di solito molto ridotta. Nel secondo caso, invece, la specializzazione è una scelta strategica precisa e dipende dalla volontà dell'azienda di diventare leader in segmenti piccoli, ma al tempo stesso profittevoli e con un potenziale di domanda adeguato, offrendo un prodotto con caratteristiche del tutto particolari: è quanto accade, per esempio, alle marche più prestigiose di automobili, che offrono soltanto prodotti di alta gamma destinati a un pubblico particolarmente esigente e disposto a spendere elevate somme di denaro. Si tratta di un'opzione inversa rispetto alle precedenti, poiché l'azienda decide di coprire al massimo grado possibile una piccola porzione di domanda, anziché puntare a un pubblico più vasto. Come conseguenza, anche le scelte di marketing risulteranno diverse: il marketing indifferenziato e quello differenziato implicano infatti che l'azienda disponga di buoni prodotti a prezzi ragionevoli e poi insista sulla pressione pubblicitaria e sulla capillarità della distribuzione per incrementare le vendite. Con il marketing concentrato, invece, tutto assume una personalizzazione molto più spinta: l'azienda, infatti, cercherà di acquisire una profonda conoscenza dei consumatori che intende servire, creando un'immagine esclusiva e distribuendo i propri prodotti in punti vendita specializzati o addirittura mono marca (i cosiddetti *flagship store*). Naturalmente, attuare un marketing concentrato presuppone che il segmento rimanga stabile nel tempo: se i consumatori dovessero cambiare preferenze, l'azienda si troverebbe senza quei clienti verso cui sono stati indirizzati tutti gli sforzi.

Marketing concentrato
Strategia adottata dall'impresa che decide di specializzarsi puntando a servire in via esclusiva pochi segmenti o addirittura un unico segmento di mercato.

7.5 Il posizionamento

A questo punto l'azienda dovrebbe avere maturato un'idea completa dei segmenti principali di cui si compone il proprio mercato e di quali di essi potrebbero potenzialmente essere soddisfatti dal proprio prodotto. Alla ricerca del modo più efficace di competere all'interno di ciascuno dei target, il passo successivo è quello di posizionare idealmente il prodotto nella mente dei consumatori in maniera distinta e in contrapposizione ai prodotti della concorrenza.

Il posizionamento consiste quindi nell'individuare uno o più elementi principali che rendono il prodotto riconoscibile e possibilmente unico per il consumatore e lo differenziano dagli altri presenti sul mercato. Per la sua stessa natura, il posizionamento incorpora l'idea di vantaggio del prodotto e dunque rappresenta un fattore rilevante nello spiegarne il successo. La definizione di vantaggio, infatti, fa riferimento all'unicità del beneficio trasferito ai clienti, prima non disponibile, e al raggiungimento di livelli di soddisfazione superiori (maggiore performance e minori costi).

Questo risultato può essere raggiunto operando sulle caratteristiche del prodotto, sulla comunicazione e il prezzo oppure, più frequentemente, con l'azione congiunta di un numero più ampio di variabili, che comprendono l'immagine, la scelta del canale distributivo e i contenuti tecnologici.

Le decisioni di posizionamento, come quelle di *targeting*, sono facilitate da una adeguata attività di ricerca sul consumatore, attraverso la quale si cerca di individuare le variabili cognitive, affettive e comportamentali che hanno influenza sulle preferenze. Per esempio, ci sono alcuni elementi di un prodotto che rappresentano una sorta di "requisito minimo" e sono oggetto di valutazioni razionali, altri che invece agiscono a livello meno conscio, ma comunque concorrono a orientare la percezione dei consumatori. I primi sono rappresentati da attributi per così dire di "base" (efficacia, funzionalità ecc.), i secondi sono legati in prevalenza alla personalità della marca e alla sua reputazione complessiva. Questi ultimi generano una sorta di fiducia anticipata e contribuiscono ad accrescere l'intenzione d'acquisto prima e, in seguito, la fidelizzazione. I consumatori assegnano a ciascuno di tali attributi una priorità e ogni prodotto concorrente li contiene in diversa misura: quanto più le aziende riescono ad avere prodotti capaci di corrispondere alla combinazione di attributi richiesta e a farlo con l'intensità voluta dai consumatori, tanto più aumenta la probabilità di successo del prodotto.

In questo quadro, si può affermare che uno studio di posizionamento mira a:

1. definire i punti di forza e di debolezza di ciascuna offerta, visto che l'analisi è basata sulla valutazione degli attributi incorporati nei prodotti;
2. misurare, in termini di somiglianza o diversità, la distanza fra i prodotti concorrenti (e quindi il grado di intensità competitiva) e la presenza di eventuali bisogni non adeguatamente soddisfatti, fornendo informazioni utili nella formulazione della strategia di marketing;
3. favorire la realizzazione di prodotti "mirati" alle esigenze dei segmenti prescelti, in modo da generare *customer satisfaction* e fidelizzazione.

Esistono alcune regole fondamentali da tenere a mente per realizzare un posizionamento efficace:

1. il posizionamento è riferito alla percezione dei clienti, quindi le aziende non devono commettere l'errore di commercializzare prodotti performanti secondo il loro esclusivo punto di vista;
2. perché sia efficace, il posizionamento deve essere memorizzato dai clienti;
3. per posizionare il nuovo prodotto meglio degli altri concorrenti, si deve cercare di "riempire" spazi vuoti nella mente dei consumatori.

Pertanto, prima di decidere il posizionamento di un prodotto, occorre sempre essere in grado di rispondere ai quesiti seguenti.

1. Esistono prodotti concorrenti con un posizionamento analogo a quello che l'azienda intenderebbe adottare?
2. Gli attributi utilizzati per posizionare il prodotto sono realmente importanti per i consumatori di riferimento?
3. Il prodotto è effettivamente in grado di mantenere le promesse che saranno veicolate attraverso la comunicazione?

4. Le risorse a disposizione dell'azienda sono sufficienti per far percepire e memorizzare il posizionamento desiderato?
5. Che caratteristiche dovrebbe avere il prodotto ideale, cioè il prodotto che i consumatori sicuramente sceglierebbero per la sua capacità di racchiudere gli attributi rilevanti nella combinazione ottimale?

Al termine del processo, il posizionamento dovrebbe essere:

1. *semplice*, cioè capace di far riconoscere immediatamente il prodotto (una sola idea, ma forte, comunicata in modo comprensibile, possibilmente con una frase breve);
2. *rilevante*, cioè utile per i consumatori e distintivo rispetto ai prodotti concorrenti (il prodotto deve possedere caratteristiche uniche, percepite dai consumatori come desiderabili; a esso deve potere essere associato un vantaggio concreto, un valore per chi lo acquisterà o lo utilizzerà);
3. *credibile*: le conseguenze di una promessa roboante, ma impossibile da mantenere, si traducono nella disaffezione o in un atteggiamento negativo;
4. *coerente* con la strategia di marca, quindi tale da rispettarne l'immagine e la credibilità.

Esistono numerose strategie di posizionamento che possono essere usate:

1. il posizionamento dei prodotti può essere incentrato sulla loro superiorità nei confronti della concorrenza in merito a uno o più attributi. Un'auto, per esempio, potrebbe trovare posizionamento come meno costosa (Hyundai), più sicura (Volvo), di qualità superiore (BMW), di maggiore prestigio (Mercedes) rispetto alle altre vetture;
2. a decidere il posizionamento del prodotto possono essere il suo utilizzo o la sua funzione. Il posizionamento dell'aceto balsamico Ponti fa leva sul fatto che, oltre che come condimento tradizionale, può essere usato anche per la preparazione di ricette o come arricchimento originale del sapore di molti altri alimenti (fragole, formaggi, ravioli);
3. il prodotto può essere posizionato in funzione di una particolare categoria di utilizzatori. Le vendite dello shampoo Johnson's Baby, per esempio, hanno registrato un'impennata allorché la casa produttrice ha stabilito di non posizionare lo shampoo come diretto esclusivamente ai bambini, estendendone la destinazione a quegli adulti sportivi che hanno bisogno di lavarsi i capelli di frequente;
4. fulcro del posizionamento può essere la classe di appartenenza del prodotto. Danone, per esempio, ha scelto di posizionare Actimel nella categoria degli alimenti probiotici e non in quella degli yogurt;
5. i prodotti possono essere direttamente posizionati contro uno specifico concorrente. Valgano i casi esemplari di Pepsi Cola contro Coca Cola, o di Burger King contro McDonald's, o ancora di TIM contro Vodafone;
6. si può attuare un posizionamento sulla base di criteri quali il gusto o il prezzo. Un classico esempio di questo tipo di posizionamento è costituito dalla Seven Up, posizionata come un'alternativa alle bibite dominanti, a base di cola.

Le mappe di posizionamento

Mappa di posizionamento Raffigurazione della percezione dei clienti che traduce in forma visiva e sinottica le analisi svolte sulle preferenze dei consumatori rispetto a prodotti e marche di un certo mercato.

Per effettuare analisi sul posizionamento dei prodotti concorrenti si utilizza uno strumento denominato mappa di posizionamento. Si tratta di una raffigurazione delle percezioni dei clienti, che traduce in forma visiva e sinottica le analisi svolte sulle preferenze dei consumatori rispetto a prodotti e marche di un certo mercato. Le mappe vengono costruite a partire da indagini sui consumatori, attraverso cui si raccolgono giudizi sulle preferenze manifestate verso diverse caratteristiche dei prodotti in esame. Il risultato si traduce in un grafico che indica il posizionamento relativo dei concorrenti. Lo scopo delle mappe è quello di aiutare a prendere decisioni migliori visualizzando dove sono collocati i concorrenti all'interno dell'arena competitiva. Attraverso il posizionamento si cerca infatti di comprendere come i consumatori percepiscono le diverse proposte concorrenti in una certa categoria, così da scoprire i punti deboli della propria gamma ed eventuali "vuoti" d'offerta.

Le modalità di rappresentazione possono essere diverse: si va dal grafico a linee spezzate (Figura 7.6) al diagramma a "tela di ragno" (Figura 7.7), fino alle mappe di posizionamento (cosiddette *mappe percettive*) vere e proprie.[2]

Il grafico a linee spezzate viene costruito utilizzando una lista di attributi bipolari, chiaramente calati sulle caratteristiche dei prodotti che si stanno esaminando (per esempio: comodo/scomodo; lento/veloce ecc.); per ciascun attributo, i consumatori devono esprimere un giudizio sui diversi prodotti/marche, utilizzando una scala graduata ai cui estremi figurano appunto gli aggettivi di significato opposto. Unendo con una linea spezzata i punteggi assegnati a ogni concorrente e per ogni attributo, si può ricavare una prima informazione sintetica sulla competitività dei vari prodotti/marche (di solito si evidenzia anche la spezzata che descrive l'andamento medio dei giudizi ottenuti da tutti i prodotti, in modo da verificare immediatamente l'entità degli scostamenti).

Con il grafico a tela di ragno, invece, gli attributi dei prodotti/marche vengono rappresentati come assi disposti a raggiera, a partire da un punto centrale che ne costituisce l'origine. Anche in questo caso, i giudizi per attributo che i consumatori esprimono vengono

Figura 7.6
Immagine comparata di due tipi di maionese.

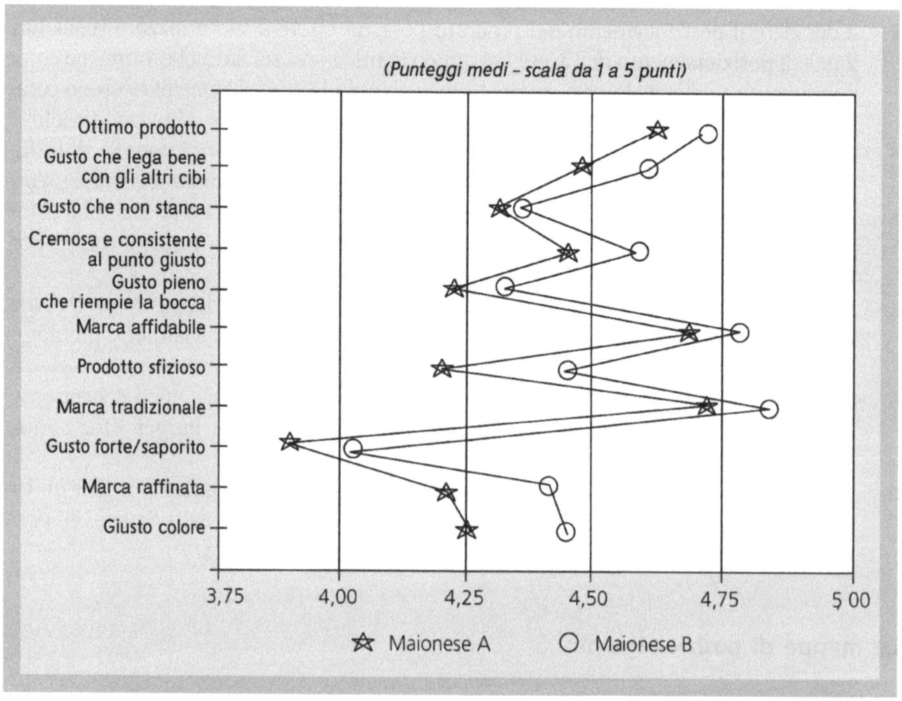

---

[2] I prodotti/marche concorrenti vengono posizionati in relazione alle valutazioni di specifici segmenti di consumatori: la costruzione di una mappa di posizionamento serve a consentire valutazioni solo in relazione ai segmenti individuati e deve pertanto essere ripetuta tante volte quanti sono i segmenti stessi.

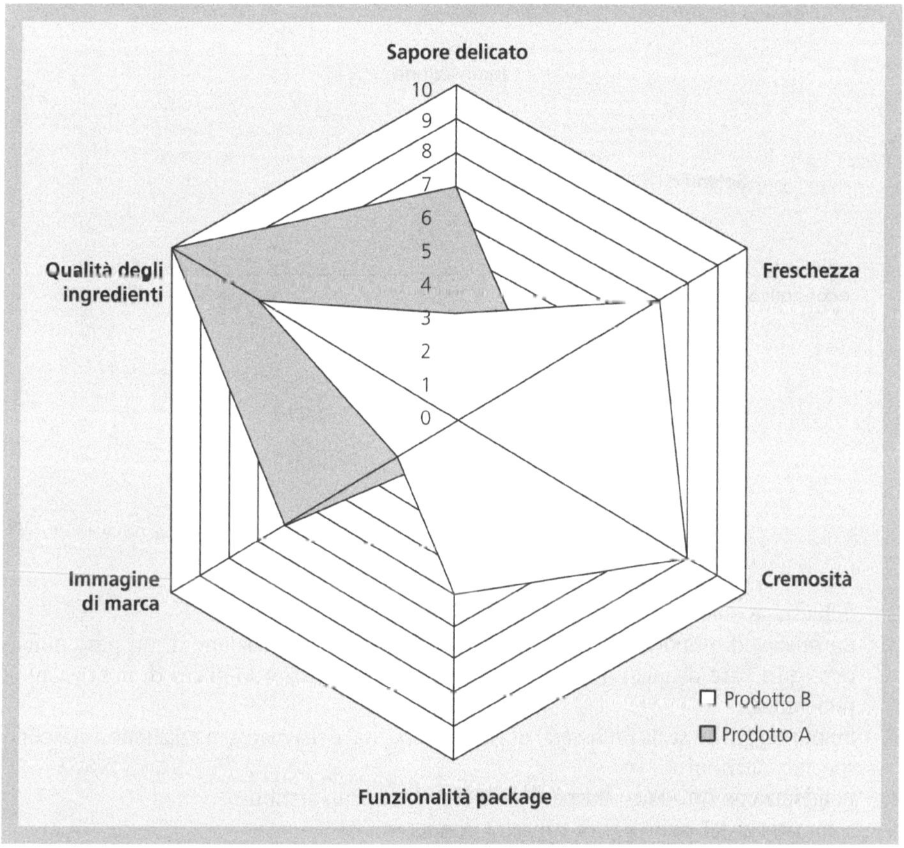

Figura 7.7
Esempio di grafico a tela di ragno.

uniti da una linea spezzata, fino a creare una superficie che offre un'idea visiva della competitività di quel prodotto/marca. Ripetendo l'operazione per tutti i concorrenti, si ottiene una serie di superfici che si sovrappongono e di cui si può apprezzare lo scostamento.

Si possono poi costruire mappe percettive vere e proprie: si tratta in questo caso di diagrammi i cui assi sono definiti dalle variabili che impattano in modo significativo sulle decisioni d'acquisto. La Figura 7.8 presenta una mappa di posizionamento per le auto nel mercato americano.

Se la Chrysler o la Buick intendono posizionarsi nella mente dei consumatori come credibili rivali della Lexus, per esempio, allora dovranno modificare le loro strategie al fine di risalire lungo l'asse verticale.

Il modo di posizionare le diverse offerte concorrenti è il risultato di due approcci differenti: ci si può avvalere di apposite tecniche statistiche di analisi dei dati - come l'analisi discriminante, l'analisi fattoriale, la *cluster analysis* o il *multidimensional scaling*[3] - oppure si può far ricorso a una metodologia cosiddetta *multi-attribute attitude model*,[4] strutturata in sei fasi principali:

1. individuazione degli attributi qualificanti del prodotto (fattori rilevanti d'acquisto);

---

[3] Il *multidimensional scaling* è una tecnica di analisi statistica usata spesso per mostrare graficamente le differenze o somiglianze tra elementi di un insieme.

[4] Fishbein M.A., Ajzen I., *Belief, attitude, intention and behaviour*, Addison Wesley, 1975.

Figura 7.8 Mappa di posizionamento per il settore del caffè.

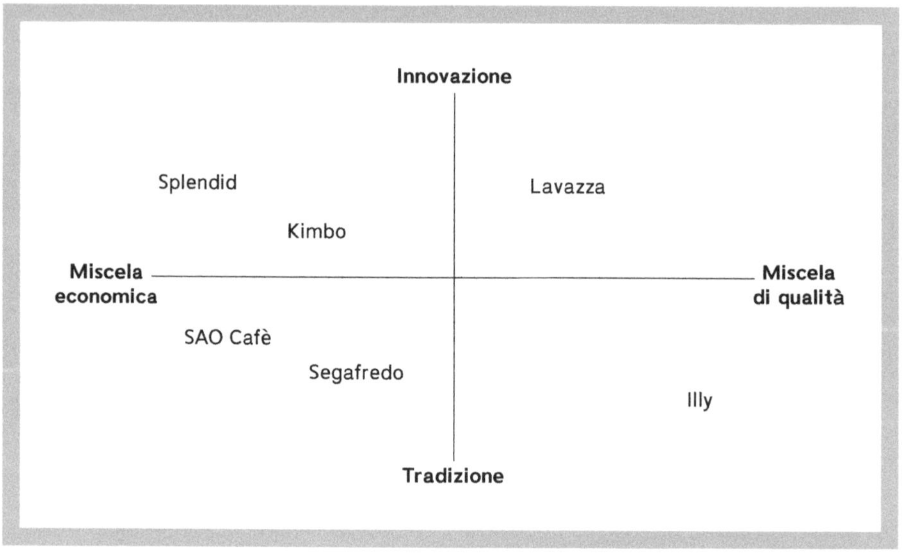

2. richiesta ai consumatori di due ordini di valutazioni:
3. un *ranking* di importanza degli attributi, attraverso l'assegnazione di un peso numerico, sulla base di quanto la presenza di ciascuno di essi è in grado di indirizzare la preferenza;
4. un punteggio (in scala prefissata) di valore (capacità) della marca in relazione a ciascuno specifico attributo;
5. ponderazione (prodotto fra peso e valore) di ciascun attributo;
6. sommatoria dei punteggi di capacità ponderati;
7. determinazione del giudizio complessivo di immagine della marca;
8. confronto con marche concorrenti utilizzando la medesima modalità precedente.

Un risultato dell'applicazione di questa tecnica è riportato nella Tabella 7.2.

Per passare a una mappa percettiva (bidimensionale), comunemente vengono selezionati i due fattori rilevanti d'acquisto con il peso maggiore, oppure un'altra coppia ritenuta significativa dagli analisti: la collocazione dei concorrenti all'interno della mappa sarà determinata incrociando la performance ottenuta su ciascuno di tali fattori.

Tabella 7.2 Analisi di posizionamento

	Peso (a) (scala 0-1)	Valutazione (scala 1-9)			Giudizio ponderato		
		Marca X (b)	Marca Y (c)	Marca Z (d)	$a \times b$	$a \times c$	$a \times d$
Affidabile	0,2	7	3	8	1,4	0,6	1,6
Innovativo	0,3	6	7	8	1,8	2,1	2,4
Prestigioso	0,4	4	9	3	1,6	3,6	1.2
Di qualità	0,1	9	5	4	0,9	0,5	0,4
TOTALE	1,0	26	24	23	5,7	6,8	5,6

Fonte: tratto da Pratesi C.A., Mattia G., *Branding*, McGraw-Hill, Milano, 2006.

Una volta verificata la posizione dei prodotti concorrenti, si attuerà la strategia di posizionamento che l'azienda ritiene più consona. Alcuni esperti sostengono che dovrebbero essere utilizzate delle strategie di posizionamento diverse, a seconda che l'impresa detenga o meno la leadership di mercato; argomentano inoltre che un'azienda che non detiene una tale posizione di forza non dovrebbe cercare di competere direttamente contro l'azienda leader di settore.[5] Il punto importante da rimarcare è che in un dato momento, in un dato mercato, vi possono essere segmenti, apparentemente abbordabili, che in realtà sarebbe meglio trascurare in quanto i prodotti della concorrenza hanno già un posizionamento dominante sia come vendite, sia nella mente dei consumatori. Pertanto, sarebbe consigliabile selezionare un mercato target più piccolo, o meno ambito, poiché la competizione con i leader del settore è dispendiosa e di rado vincente.

Da una mappa percettiva nella quale il fattore prezzo non viene considerato, si può quindi passare a una *mappa* cosiddetta *del valore* (Approfondimento 7.3), che invece ne tiene conto per misurare le distanze competitive fra prodotti concorrenti.[6] La logica su cui si basa la mappa del valore è che i consumatori non acquistano soltanto la combinazione di attributi di un prodotto ritenuta più favorevole, ma effettuano valutazioni combinate di prezzo e benefici attesi. Per stabilire il posizionamento dei concorrenti, si divide il giudizio espresso sugli attributi di performance per il prezzo calcolato sull'unità di volume di prodotto. In tal modo, viene ottenuta una nuova mappa che rappresenta i diversi posizionamenti in termini di rapporto qualità/prezzo.

7.6 Progettare e realizzare il marketing mix

Esaurite le fasi precedenti di formulazione e attuazione della strategia, l'azienda è adesso in grado di disegnare il marketing mix o i diversi marketing mix per ciascuno dei vari segmenti cui ha deciso di rivolgersi.

Il marketing mix è l'insieme delle variabili controllabili dai responsabili marketing, che devono essere gestite per soddisfare il target e per conseguire gli obiettivi aziendali. Queste sono solitamente classificate in base alle quattro maggiori aree decisionali cui fanno riferimento: prodotto, prezzo, promozione e distribuzione.

Chiaramente, la selezione del mercato target, il posizionamento e la determinazione del marketing mix vanno di pari passo; pertanto molte decisioni relative al marketing mix saranno in realtà già state considerate attentamente, anche se preliminarmente, dal management. Se, per esempio, è stato selezionato un segmento di mercato in base a criteri di prezzo, saranno già state avanzate molte valutazioni sul livello dei prezzi vigenti.

In questo senso il posizionamento del prodotto posto come obiettivo avrà molte conseguenze sulle decisioni relative alla promozione e ai canali di distribuzione. Benché il marketing mix venga situato alla fine di questo modello, dunque, molte delle decisioni a esso inerenti vengono prese, nella prassi, contemporaneamente alla selezione del mercato target e al posizionamento.

Il marketing mix rappresenta il perno centrale del processo di gestione del marketing. Data la considerevole importanza rivestita da ciascuna di queste aree e dalla loro combinazione sinergica, nei prossimi capitoli discuteremo in dettaglio le decisioni relative al marketing mix.

---

[5] Vedi Ries A. e Trout J., *Poisoning: The Batle for Your Mind*, Warner Books, New York, NY, 1981; Ries A. e Trout J., *Marketing Warfare*, McGraw-Hill, New York, NY, 1986.

[6] Urban G.L., Hauser J.R., *Design e marketing dei nuovi prodotti*, Isedi, Milano, 1997.

APPROFONDIMENTO 7.3

ALCUNE MARCHE DI YOGURT A CONFRONTO (POSIZIONAMENTO PERCETTIVO E SUL VALORE)

Vogliamo costruire una mappa del valore per quattro marche di yogurt (A, B, C, D). Abbiamo rilevato che i due attributi di performance maggiormente rilevanti risultano essere la cremosità e la delicatezza del gusto. Nella Tabella 7.3 vengono riportati i giudizi medi espressi dai consumatori su questi due attributi per singola marca e inoltre il prezzo per unità di prodotto praticato dalle marche concorrenti.

Tabella 7.3 Giudizi medi dei consumatori

	Marca A	Marca B	Marca C	Marca D
Cremosità (1-9)	6	8	7	6
Delicatezza (1-9)	7	7	7	8
Prezzo (Euro/hg)	0,45	0,60	0,70	0,55
Cremosità/Prezzo	13	13	10	11
Delicatezza/Prezzo	16	12	10	15

Rappresentiamo nella Figura 7.9 il posizionamento delle quattro marche, a sinistra in una mappa percettiva, a destra in una mappa del valore (grandezze normalizzate).

Il posizionamento delle marche concorrenti si è modificato in modo sensibile a causa dell'impatto della variabile prezzo.

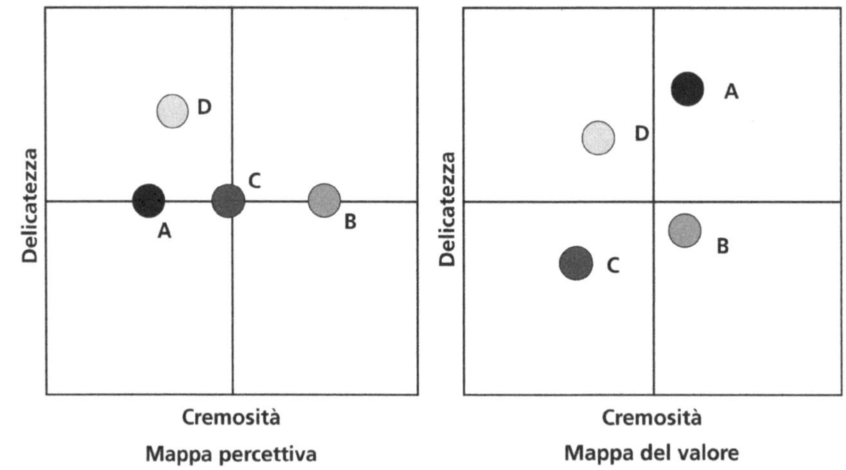

Figura 7.9 Mappa di posizionamento delle quattro marche.

7.7 L'implementazione e il controllo della strategia di marketing

Il controllo è parte fondamentale di qualunque tipo di piano. Un piano non è tale se non include dei criteri di controllo per monitorarne l'implementazione. Un piano senza controllo è solo un bel documento senza alcuna utilità.

Infatti, è piuttosto evidente che una volta individuati degli obiettivi e definito un piano per raggiungerli è fondamentale vedere se e come ci stiamo avvicinando al risultato. Solo così si può verificare se siamo sulla strada giusta o se invece dobbiamo mettere in atto dei correttivi.

I piani di marketing, per quanto precisi e basati su analisi e statistiche accurate, si basano largamente su previsioni (per esempio circa i bisogni e le attitudini dei consumatori o circa le caratteristiche dei concorrenti) che possono rivelarsi fallaci o possono modificarsi anche in modo significativo. In questo contesto i meccanismi di controllo sono ancora più importanti perché ci informano se il piano è corretto e ancora attuale.

Ovviamente va considerato che controllare costa (sia in termini economici che in termini di impegno e di organizzazione) ed è quindi fondamentale trovare una giusta misura che ci assicuri una corretta percezione di come vanno le cose, senza gravare eccessivamente sui dipendenti e sull'organizzazione con un'estenuante attività di rilevazione. In sostanza, bisogna sempre tener presente che il costo del sistema di controllo deve essere proporzionale al valore del processo che si intende monitorare. In alcuni casi va anche considerato l'impatto sui clienti, che possono essere infastiditi da eccessive pratiche di monitoraggio (a tutti è capitato di essere tormentati al telefono da richieste di informazioni sulla nostra soddisfazione relativamente all'uso di un determinato servizio). Insomma un'ossessione per il controllo, ancorché mirata a migliorare le proprie attività e i propri prodotti, può sortire effetti contrari a quelli desiderati peggiorando l'efficienza dei processi e generando irritazione nei clienti (anziché migliorarne il grado di soddisfazione).

Stabilire il giusto criterio di controllo dipenderà da tantissimi fattori, il tipo di mercato in cui operiamo, gli obiettivi che ci siamo posti, le risorse che abbiamo a disposizione, le caratteristiche della nostra azienda e, non ultimo, la cultura aziendale.

Il processo di controllo

Un corretto sistema di controllo è articolato in quattro punti principali (Figura 7.10) che descriviamo di seguito.

- **Definizione di standard**. Prima di iniziare i controlli dobbiamo ovviamente decidere cosa misurare e fissare dei criteri precisi su come effettuare le rilevazioni. Scegliere le metriche corrette non è banale. Le metriche devono essere legate agli obiettivi del piano e comprendere tutti gli aspetti che costituiscono il piano stesso. Prendiamo per esempio un elemento apparentemente semplice come le vendite; posso analizzarle in tanti modi. Posso misurare la quantità di pezzi, oppure il fatturato, oppure il prezzo medio, oppure la distribuzione sul territorio, oppure ancora a quanti clienti ho venduto. La scelta dipende dagli obiettivi del piano, volevo aumentare le vendite in modo generico o aumentare i clienti? Volevo aumentare il fatturato o conquistare nuovi clienti? Avevo anche obiettivi di profitto? Voglio essere sicuro che i volumi non sono aumentati a scapito del profitto (ovvero praticando sconti eccessivi)? Queste scelte dipendono da tanti fattori. Per esempio, in certi settori la gran parte dei profitti viene fatto con i servizi post vendita o con i pezzi di ricambio. È il caso per esempio delle stampati il cui costo prevalente, e quindi il

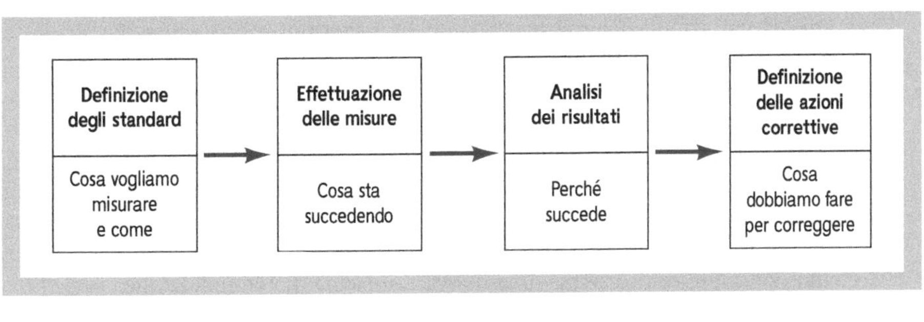

Figura 7.10 Rappresentazione schematica di un sistema di controllo.

margine per le aziende che le producono, è determinato dalle cartucce del toner. In questo caso è importante misurare i pezzi venduti (ovvero il numero di stampanti vendute), e meno importante il fatturato. In alcuni casi le apparecchiature possono essere addirittura regalate, per esempio il decoder per la paytv, perché il vero profitto viene creato con le successive rate mensili di abbonamento. Potrebbe essere importante analizzare la distribuzione geografica dei pezzi venduti o il numero di clienti (ovvero se ho venduto tanti pezzi a un solo cliente o un solo pezzo per ciascun cliente). Sostanzialmente le metriche di misurazione riguardano tre grosse aree.

- Quantità - Quanto è stato fatto.
- Qualità - Come è stato fatto (per esempio a quali prezzi o con quale soddisfazione del cliente).
- Costo - Quanto è costato ottenere i risultati.

- **Misura delle prestazioni**. È l'effettiva fase di misurazione. Ovviamente bisogna definire dei processi di monitoraggio che assicurino la correttezza e l'omogeneità dei controlli. Per esempio, se effettuiamo delle rilevazioni della soddisfazione del cliente dobbiamo assicurarci che queste siano effettivamente compilate dai clienti. In molti casi oggi è possibile attuare la misurazione in modo automatico, pensiamo ai contatori dell'Enel o ai monitor che trasmettono all'Auditel i dati di ascolto televisivo direttamente dalle famiglie.
- **Analisi dei risultati**. Una volta rilevati degli scostamenti rispetto al piano (o agli obiettivi) è fondamentale capire perché questo è successo. Spesso però non è così semplice. Per esempio, una volta rilevato che abbiamo venduto meno pezzi del previsto è importante capire perché. Il prodotto non è buono? Il prezzo è sbagliato? È stato venduto in modi o luoghi sbagliati? È stato posizionato male? Non è stato adeguatamente pubblicizzato? Abbiamo cercato di venderlo alle persone non in target? Il prodotto era venduto correttamente, ma sono intervenute cause esterne, come un'azione forte di un concorrente o una crisi di mercato? Ovviamente le cause di uno scostamento dal piano possono anche essere più d'una. Capite bene che l'interpretazione dei risultati non è banale e una corretta definizione delle metriche (vedi punto precedente) può aiutare ad avere informazioni più complete e corrette. Qualunque esse siano le ragioni dello scostamento possono essere ricondotte a tre grandi gruppi:
  - Fattori esogeni. Possono essere una crisi di mercato, un evento catastrofico, una crisi di immagine (pensate alle campagne che si scatenano improvvisamente contro un prodotto come successo recentemente con l'olio di palma) o una mossa di un concorrente.
  - Fattori endogeni. Ci possono essere tanti motivi perché un piano non è stato implementato come previsto. Mancanza di competenze, mancanza di risorse, fornitori sbagliati, e via discorrendo.
  - Stime errate. Le assunzioni del piano erano errate; il mercato non ha la dimensione prevista, il prezzo non è corretto, la crescita del reddito è rallentata e tante altre.

  Nel caso di rilevazioni automatiche, come per esempio il traffico sul nostro sito web o gli scontrini alla casse di una grande catena di distribuzione, i dati a disposizione possono essere talmente tanti da far rientrare il fenomeno nella categoria cosiddetta Big Data la cui elaborazione richiede tecniche (algoritmi e procedure di calcolo) e strumentazioni informatiche ad hoc.
- **Individuazione delle eventuali azioni correttive**. Una volta individuate le ragioni dello scostamento dal piano bisogna prendere le opportune decisioni correttive. Se l'analisi è stata fatta correttamente, individuare le azioni è relativamente semplice, anche se potrebbe essere non così facile implementarle. Per esempio, se il prezzo era troppo alto, potremmo non avere la capacità finanziaria o la struttura dei costi adeguata per ridurlo a sufficienza. Se il prodotto non è stato comunicato correttamente, potremmo non avere le risorse per una nuova campagna di comunicazione.

Caratteristiche di un sistema di controllo

Secondo Michael Baker (autore del libro *The marketing Book*) un corretto sistema di controllo deve avere alcune caratteristiche che lo rendano efficacie e applicabile, elencate di seguito.

- **Formalità**. I controlli devono essere codificati e devono essere applicati secondo criteri e tempistiche standard.
- **Necessità**. Devono essere necessari ed essere percepiti come tali dall'organizzazione. Non devono essere dei rituali fini a se stessi.
- **Priorità**. I controlli devono concentrarsi sugli elementi principali non essere applicati pedissequamente a tutto quello che è controllabile.
- **Misurabilità**. Devono essere oggettivi e quindi basati su dati e misurazioni quantitative; non su opinioni o impressioni rilevate in modo soggettivo.
- **Regolarità**. I controlli devono essere applicati regolarmente secondo un calendario codificato in base alle caratteristiche dell'oggetto che si vuole controllare, della situazione aziendale e della dinamicità del mercato.

L'applicazione di un sistema di controllo

Sostanzialmente possiamo collocare le attività di controllo in due grandi categorie logiche:

- controllo sull'efficacia delle singole azioni previste nell'ambito del piano,
- controllo sull'efficacia del nostro piano e sul nostro avvicinamento agli obiettivi.

Dei meccanismi di controllo possono essere implementati in tutte le fasi del piano. Per esempio, se nella fase di definizione della strategia abbiamo deciso di posizionarci in un certo modo, sarebbe saggio controllare se i clienti, attuali o potenziali, hanno una percezione del nostro prodotto in linea con quella da noi auspicata. Oppure possiamo verificare l'efficacia di alcune azioni specifiche del nostro piano: per esempio, misurare l'efficacia di una campagna promozionale o di una variazione di prezzo, o ancora di un canale distributivo.

In aggiunta ai controlli sull'efficacia delle azioni che abbiamo messo in campo, dobbiamo anche misurare l'andamento del piano nel suo complesso. Stiamo raggiungendo i nostri obiettivi? I risultati stanno procedendo con una tempistica che è compatibile con l'obiettivo che ci siamo dati?

L'attuazione di un *piano di marketing* può essere controllata in tantissimi modi, possiamo dire che non ci sono limiti alla fantasia dei manager nel concepire nuovi e sofisticati sistemi di rilevazione. Tuttavia sono quattro gli strumenti principali per controllare l'efficacia di un piano di marketing. Proviamo ad analizzarli uno per uno.

Piano di marketing
Documento formale e strutturato che, relativamente a un determinato progetto, illustra l'idea di business, l'analisi del contesto di riferimento e le ricerche effettuate, opportunità e minacce, punti di forza e debolezza, prodotto e/o servizio offerto, prezzo, canali distributivi, piano di comunicazione e relativa implementazione, previsione delle vendite, costi e ricavi nonché i tempi stimati per il rientro dell'investimento.

Analisi delle vendite

Ci sono molti modi per controllare le vendite; il più semplice è misurarne l'entità. Possiamo rilevarla in due modi, numero di pezzi o valore del fatturato. Altro sistema è quantificare lo scostamento rispetto al piano. Se avevamo in programma di vendere in un anno 1 200 000 pezzi, ci dobbiamo aspettare di vendere circa 100 000 pezzi al mese (cioè 1 200 000 diviso 12, supponendo che il prodotto non presenti stagionalità particolari). Quindi se a fine giugno abbiamo venduto 550 000 pezzi, siamo sotto al piano di 50 000 pezzi, il ché vuol dire che, se non facciamo azioni correttive, chiuderemo l'anno con 1 150 000 pezzi venduti. A questo punto è importante analizzare il perché di questa prestazione carente (in gergo si chiamano "carotaggi" o "drill-down"). Saranno opportune altre analisi per capire se il problema è generale (per esempio prezzo sbagliato o mercato meno vasto del previsto) oppure è localizzato in certe aree geografiche o in certi canali di vendita. Le azioni correttive saranno conseguenti all'analisi effettuata (per esempio il lancio di una campagna promozionale o la sostituzione di un venditore poco performante).

Un'altra analisi che può essere utile è per esempio il confronto anno su anno. Se quest'anno a giugno siamo a 550 000 pezzi, a quanto eravamo a giugno dell'anno passato? Stiamo migliorando o peggiorando? Nell'anno precedente, visto il risultato di giugno, come si era concluso l'anno?

Analisi della quota di mercato

Le informazioni sull'andamento delle vendite rispetto al piano vanno ponderate con un'analisi della quota di mercato. Infatti questa analisi ci fornisce un'interpretazione dei risultati di vendita che potrebbero essere stati condizionati, in positivo o in negativo, dall'andamento generale del mercato (che alla fine è risultato più vasto o meno vasto di quanto previsto dal piano).

Inoltre, l'andamento della quota di mercato ci fornisce un'indicazione di come la nostra azienda è posizionata rispetto ai concorrenti. Supponiamo che la quantità delle vendite è diminuita, ma la nostra quota di mercato è aumentata, questo vuol dire che in un mercato che si è contratto, noi siamo stati molto più bravi dei nostri concorrenti e abbiamo contenuto i danni. Vuol dire che molti clienti hanno abbandonato i prodotti della concorrenza per comprare i nostri.

Tutte le imprese cercano solitamente di ampliare la propria fetta di mercato, ma vale la pena di notare che una riduzione della quota di mercato potrebbe essere anche conseguenza di un obiettivo. Può essere il caso per esempio, di un'azienda che ha deciso di far crescere i propri margini ottimizzando la propria rete di distribuzione e abbandonando alcune aree geografiche. Oppure il caso di un'azienda che ha deciso di concentrarsi su una parte dei propri clienti abbandonando quelli meno profittevoli (capita spesso nel settore delle assicurazioni, dove le compagnie rinunciano volentieri ai clienti RCA meno virtuosi).

Misurare la quota di mercato non è semplice soprattutto perché non è sempre chiaro come definire il mercato. Se siamo una compagnia aerea nazionale e operiamo nel mercato del trasporto, dobbiamo includere nel totale anche i trasporti ferroviari? Una compagnia aerea potrebbe guadagnare mercato rispetto ai suoi concorrenti diretti, ma perdere mercato a favore dei treni ad alta velocità.

Vediamo di seguito due scelte diverse per rilevare la quota di mercato.

- **Quota del mercato globale**. È il totale delle vendite espresse in percentuale delle vendite totali del settore.
- **Quota del mercato servito**. È il totale delle vendite espresse in percentuale del mercato che l'azienda è in grado di raggiungere. Per esempio il mercato dove territorialmente l'azienda opera. Un'impresa potrebbe avere una quota minimale del mercato totale, ma avere la maggioranza del mercato nella regione in cui opera.

Come scritto sopra a proposito dell'analisi delle vendite, anche la quota di mercato può essere misurata sul valore (ovvero il fatturato espresso in percentuale del valore complessivo delle vendite del mercato) oppure sulle quantità (ovvero il totale dei pezzi venduti espresso in percentuale dei pezzi complessivamente venduti nel mercato). In alcuni settori industriali si usa quasi esclusivamente la quota a quantità; è questo il caso del settore automobilistico, dove le quote di mercato sono calcolate sulla base delle immatricolazioni (piuttosto che sul fatturato).

Analisi dei costi di marketing

Il rapporto fra costi di marketing e vendite ci fornisce un'indicazione di quante risorse abbiamo impiegato per raggiungere i nostri obiettivi di vendita. Normalmente si esprime calcolando le spese di marketing in percentuale del fatturato. Oltre al valore assoluto è importante vedere come si discosta da quanto previsto nel piano. Infatti mentre alcune voci sono abbastanza controllabili (per esempio la pubblicità) altre lo sono meno (come le spese per i venditori, che dipendono dall'andamento delle vendite o quelle per le promozioni, che dipendono dal successo avuto dalla stessa).

Altro elemento importante per questo indice (come per altri) è la sua dinamica nel tempo. L'indice è più o meno costante o varia nel tempo?

Ovviamente anche in questo caso si possono fare delle analisi più approfondite calcolando l'incidenza delle singole voci delle spese di marketing (per esempio le spese per le forze di vendita, per la pubblicità, per le promozioni ecc.).

Per esempio in una grande impresa italiana di prodotti consumer le spese di marketing arrivavano a circa il 30% del fatturato così ripartito: forze di vendita e vendite 15%, pubblicità 5%, promozione vendite 6%, ricerche di marketing 1% e amministrazione delle vendite 3%.

Analisi dell'orientamento e del comportamento del cliente

Molte imprese tendono a tenere sotto controllo i comportamenti dei clienti e degli altri partecipanti al sistema di marketing (per esempio i distributori) in modo di individuare modifiche nei comportamenti dei clienti prima che questi abbiano un impatto significativo sulle vendite.

Vediamo di seguito alcuni metodi per rilevare gli atteggiamenti della clientela.

Analisi dei reclami

L'analisi dei reclami consente di individuare alcune pecche dell'organizzazione e dei prodotti ponendo ove possibile dei rimedi. Siccome sui grandi volumi è fisiologico avere un certo numero di reclami, è molto importante analizzare non solo i contenuti dei reclami; ma anche misurarne la quantità e il loro andamento nel tempo. Quanti sono mediamente i reclami in un dato lasso di tempo? Stanno aumentando o stanno diminuendo? Se i reclami stanno aumentando, vuol dire che qualcosa non va. Potrebbe essere vitale scoprire cosa.

Analogamente agli altri casi si possono, se opportuno, fare analisi più specifiche. Per esempio possiamo analizzare a cosa si riferiscono i reclami: al prodotto, ai venditori, al servizio di assistenza, alla documentazione. Alcuni clienti possono reclamare sulla qualità del prodotto e altri possono contestare non tanto la qualità del prodotto in sé, ma la sua rispondenza a quanto promesso durante il processo di vendita.

Analogamente possiamo analizzare come i reclami sono distribuiti geograficamente (riguardano una particolare zona seguita da una specifica struttura di vendita) o nel tempo (si concentrano in certi periodi dell'anno o del mese).

Panel di clienti o focus group

Una formula ancora usata anche se piuttosto costosa, è quella di radunare un campione di clienti rappresentativo del target di mercato e farli discutere, con l'aiuto di un moderatore, su un prodotto, su un servizio o sui loro bisogni. Ovviamente è fondamentale una selezione corretta di un campione che, anche se non significativo in termini statistici, sia comunque sufficientemente rappresentativo del target di mercato.

Indagini presso la clientela

Si tratta di indagini a campione o a tappeto effettuate tramite moduli, o intervistatori. Le interviste possono essere fatte sia con incontri, sia telefonicamente o via web e possono riguardare sia i prodotti che gli altri aspetti del marketing quali i venditori, il servizio post vendita, la manutenzione e via dicendo. Anche in questo caso, l'accuratezza nel selezionare gli intervistati è fondamentale per avere delle informazioni che siano utili.

È evidente che il web ha semplificato molto la raccolta dei dati e ne ha tagliato enormemente i costi. Tuttavia in alcuni settori (che vanno riducendosi ogni giorno) i clienti sono ancora restii a utilizzare la rete e preferiscono un approccio più tradizionale basato su interviste (questo atteggiamento è diffuso non solo fra le persone anziane, ma anche in alcune fasce ristrette di manager apicali che a tutt'oggi sono restie a svolgere attività operative come la compilazione dei questionari).

Incontri "one-to-one".

Si tratta di incontri con clienti effettuati direttamente dal management dell'azienda che mirano ad apprezzare non solo lo stato d'animo del cliente e il suo grado di soddisfazione; ma soprattutto le sue principali aree di focalizzazione o di preoccupazione. È in queste aree dove si concentreranno in futuro gli sforzi del cliente e probabilmente anche i suoi investimenti. Un elemento critico di questa pratica è la condivisione all'interno dell'azienda dei risultati dell'incontro; sta alla capacità e alla sensibilità del manager di informare opportunamente i suoi colleghi e i suoi collaboratori sulle informazioni raccolte nell'incontro.

In conclusione è bene sottolineare che controllare l'esecuzione di un piano è parte integrante del piano stesso. Può essere molto costosa, soprattutto quando non si usano sistemi automatici e digitali, e se condotta in modo esasperato può distrarre i membri di un'organizzazione dai loro veri obiettivi. Inoltre esiste anche una componente emotiva da non sottovalutare; il personale sul campo tende a percepire il controllo come un'attività inutile e noiosa, se non addirittura come una prova di scarsa fiducia da parte del vertice aziendale. È quindi essenziale applicare pratiche di controllo con buon senso e soprattutto spiegare e condividere con i propri collaboratori l'importanza e l'utilità di ogni pratica di misurazione che si intende applicare. Infine perché i controlli siano utili è fondamentale tenere a mente due cose: a) le informazioni raccolte vanno interpretate correttamente, contestualizzandole con quello che succede nel mercato e nell'azienda; b) il costo del controllo deve essere proporzionale al valore del fenomeno che si intende monitorare: non ha senso spendere cento per misurare un processo o un'azione che genera un valore di novanta.

Il marketing e le sue applicazioni

Applicazione 7.1 Il lancio di BuddyBank: la banca "mobile-only"[7]

Il ruolo che lo smartphone ha assunto nella vita di tutti i giorni è indiscutibile e questo utilizzo sta iniziando a influenzare anche il settore finanziario. Questo trend si può notare osservando la nascita di diverse applicazioni di banking "digital-only", cioè aziende che offrono servizi bancari direttamente dal cellulare o da computer, senza mai dover accedere a una filiale. Generalmente, grazie a queste applicazioni, è possibile svolgere attività come la consultazione del saldo movimenti, disporre bonifici, effettuare giroconti, ricaricare il cellulare e pagare bollettini postali. Oggigiorno il Digital Banking è sempre più utilizzato, con circa 17,3 milioni di utenti e circa 10,7 milioni di conti correnti online nel 2018[8]. La crescente pressione competitiva nel settore fintech ha spinto le banche a spostare la concorrenza dal prezzo all'offerta di un servizio. Con lo scopo di offrire un'esperienza di banca sicura, facile e divertente, le banche tradizionali stanno facendo grandi passi avanti sulla digitalizzazione.

[7] Questa applicazione è a cura di Alessio Di Leo.

[8] *Fonte*: 7° rapporto su "La multicanalità delle banche" del Consorzio Bancomat - Associazione Bancari Italiani (ABI).

Questo dato è confermato dalla ricerca European Digital Banking 2019 di Mastercard, condotta su 11 mercati, che rivela che 6 persone su 10 utilizzano soluzioni bancarie digitali almeno una volta al mese, mentre il 38% lo usa su base settimanale o giornaliera. Infine, il 63% sceglie le app di mobile banking fornite dalle banche tradizionali, mentre solo il 20% si affida esclusivamente a banche online. L'Italia risulta essere tra i Paesi nei quali i consumatori usano più frequentemente le soluzioni digitali bancarie, con il 59% che le usa almeno una volta ogni due settimane. Lo studio evidenzia inoltre che più di 9 europei su 10 ritengono che la collaborazione e le partnership siano essenziali per stimolare l'innovazione nel settore finanziario.

Fra questi nuovi operatori sul mercato si sta affermando BuddyBank, un nuovo servizio Unicredit lanciato nel 2018. BuddyBank è una nuova tipologia di banca progettata esclusivamente per smartphone, con un servizio di supporto attivo 24/7. In particolare, il servizio è disponibile solamente per possessori di dispositivi Apple, anche grazie all'integrazione con il servizio di pagamento digitale Apple Pay. La scelta di adottare la tecnologia Apple è stata determinata anche per poter garantire un servizio di sicurezza integrato a un dispositivo che presenta protocolli di protezione molto sicuri e affidabili.

La BuddyBank è pensata per offrire diversi servizi di supporto ai clienti sia come puro servizio bancario sia fornendo un'assistenza personalizzata su semplici attività quotidiane. È stata tra le prime banche a introdurre un servizio di *concierge* personalizzato, disponibile via chat e telefono e gestito da operatori umani (senza usare sistemi di risposta automatica), con cui si possono per esempio prenotare il tavolo al ristorante o i biglietti per il teatro.

Un aspetto interessante del caso BuddyBank è che questa nuova banca è nata all'interno di una banca tradizionale ma con caratteristiche completamente differenti: è pensata per essere "mobile-only", ha uno staff limitato ed è stata lanciata con un investimento iniziale relativamente basso. Focalizzandosi su un solo canale mobile, l'esperienza di BuddyBank è stata pensata per essere il più semplice possibile per il cliente (tramite l'utilizzo di un chatbot con emoji incluse), e, grazie alle partnership con varie startup e aziende, consente al cliente di usufruire di tutti i servizi finanziari e di lifestyle con estrema comodità.

Il caso aziendale Abercrombie & Fitch

Per comprendere la teoria del marketing è necessario applicarla alla realtà delle imprese internazionali e nazionali: solo in questo modo è possibile misurare con mano sia quali siano i ritorni in termini di efficenza, efficacia e economie di scala per le imprese sia quanto sia importante studiare soluzioni ad hoc per ogni singola azienda. Sul sito web dedicato al volume è disponibile il caso di studio dedicato agli argomenti del capitolo.

14 Capitolo

Lo sviluppo del piano di marketing[1]

Il proposito di queste pagine è quello di presentare uno schema utile per lo sviluppo di piani di marketing, facendo non solo un riassunto dei vari argomenti affrontati finora ma integrandoli in uno schema unitario dove ogni elemento si relaziona con tutti gli altri secondo un criterio logico e funzionale.

In altre parole, qui viene proposta una struttura logica organizzata, elaborata in base al materiale contenuto nel testo, che potrà essere utilizzata per guidarvi nella redazione di piani di marketing.

Va detto che non esiste un unico modello di piano di marketing che possa essere applicato a tutte le organizzazioni in quanto il piano si riferisce sempre a una precisa realtà e dipende da molti elementi quali i destinatari e gli obiettivi, il tipo di organizzazione e il suo livello di complessità e, infine, il settore di riferimento. In realtà, fermo restando le specifiche caratteristiche di ogni situazione, l'esame empirico svolto sui piani di marketing di svariate aziende ha dimostrato che la struttura che proporremo risulta sostanzialmente comune alla maggior parte delle imprese. Il problema vero, tuttavia, non è a nostro avviso l'esistenza o meno di un modello univoco di riferimento, quanto il fatto che in molti casi le aziende, in particolare le piccole e medie imprese che in Italia come in molti altri paesi europei rappresentano la maggioranza assoluta, spesso non riescono a predisporre piani di marketing efficaci sia per mancanza di competenze che delle informazioni e dei dati necessari.

Data l'importanza del tema, oltre a proporre di seguito una struttura di piano di marketing che può essere un modello di riferimento, riportiamo subito dopo un caso concreto, quello dell'azienda Dermabel, che sia pure in modo sintetico e semplificato, rappresenta un'applicazione pratica dello schema teorico illustrato.

---

[1] Si ringrazia Carmine D'Arconte per l'integrazione e la revisione critica del capitolo.

14.1 La struttura di un piano di marketing

Per comprendere cosa sia esattamente il piano di marketing è opportuno partire da due definizioni ricorrenti: *"Il piano di marketing è un documento che include tutti i metodi e le procedure necessarie alla determinazione delle azioni di marketing da intraprendere. Si articola in sezioni secondo un determinato schema"*.[2] Un'altra definizione è *"Il piano di marketing è la mappa delle attività di marketing che un'organizzazione deve seguire durante un determinato periodo di tempo"*.[3] Infine: *"Il piano di marketing è il documento che formalizza la strategia da seguire, ne spiega i presupposti, la traduce in programmi operativi"*.[4]

Tali definizioni, e in particolare la prima e la seconda, si focalizzano sugli aspetti operativi del piano di marketing che viene in tal modo a rappresentare:

- una registrazione tangibile delle analisi svolte;
- un riferimento costante per guidare le attività di sviluppo di un determinato prodotto o di una determinata marca.

La terza definizione aggiunge qualcosa di molto importante in quanto fa riferimento al piano di marketing come a un documento che formalizza la strategia da seguire e la traduce in programmi operativi.

A nostro avviso il piano di marketing è, prima di ogni altra cosa, un vero e proprio processo di analisi, di alto livello e complessità, atto a generare una o più idee di business e verificare se possano essere la base per avviare un'attività imprenditoriale profittevole.

Si badi come a tal fine non sono necessari solo dati e ricerche mirate ma occorre la capacità di formulare ipotesi ragionevoli sulla base di una rappresentazione attendibile di scenari futuri.

Per esempio, uno degli elementi più critici, è la formulazione di previsioni attendibili sui possibili volumi di vendita nel tempo, ipotizzando come i possibili acquirenti reagiranno di fronte a un prodotto con caratteristiche rispetto alla concorrenza e offerto a un certo prezzo in un determinato contesto socio economico.

Il piano, redatto nell'ottica che abbiamo esposto, sarà indispensabile per ottenere i finanziamenti necessari, siano essi interni nel caso del piano di marketing per un'azienda che lanci un nuovo prodotto, sia esterni nel caso di una startup che si rivolga a potenziali investitori.[5]

La Tabella 14.1 presenta una struttura logica di riferimento per la preparazione di un piano di marketing. Ognuno dei nove elementi che lo compongono sarà brevemente analizzato nelle pagine che seguono. Verranno inoltre presentate delle informazioni aggiuntive, per concentrarsi su particolari sezioni del piano e per sviluppare le analisi finanziarie connesse.

14.1.1 La pagina iniziale

La *pagina iniziale* dovrebbe contenere le seguenti informazioni: (1) il nome della marca o del prodotto per il quale il piano è stato preparato, per esempio: "Piano di marketing per il cibo per cani Little Friskies"; (2) il periodo di tempo cui si riferisce il piano, per esempio:

---

[2] Scott W.G., Sebastiani. R., *Dizionario di marketing*. Il Sole 24 ore 2001.

[3] Kerin R.A., Hartely D.W., Berkowitz E.N., Rudelius W., *Marketing*, McGraw-Hill, 2007.

[4] Cozzi G., *Ferrero Marketing, principi, metodi, tendenze evolutive*. Giappichelli Editore, Torino, 1996.

[5] Per approfondimenti vedere *Il Piano di Marketing*, dispensa a uso degli studenti, http://www.carminedarconte.it.

Tabella 14.1 Struttura del piano di marketing

- Pagina iniziale
- Sintesi per il management
- Indice del contenuto
- Introduzione
- Analisi del contesto
- Pianificazione del marketing
- Analisi economico-finanziaria
- Implementazione e controllo del piano di marketing
- Sintesi

anno 2020; (3) l'indicazione della persona che sta proponendo il piano e la sua qualifica, per esempio: proposto da Giorgio Gentili, responsabile della marca *Friskies*; (4) le persone, i gruppi o gli enti ai quali il piano è presentato, per esempio: all'attenzione del direttore marketing Francesco Maggi; (5) la data di presentazione del piano, per esempio, 20 novembre 2019.

Anche se la preparazione della pagina iniziale può sembrare un compito semplice e banale, bisogna ricordare che si tratta della prima cosa che verrà letta dalla persona alla quale viene presentato il piano. Pertanto, una pagina iniziale sciatta o mal presentata può indurre a pensare che il progetto sia stato sviluppato affrettatamente, prestando una scarsa attenzione ai dettagli. Come per la parte successiva del progetto, l'apparenza del piano, la sua veste grafica, è importante e influisce sull'impressione che il lettore ne trarrà.

14.1.2 La sintesi per il management

La *sintesi* (detta anche *executive summary*) riassume l'intero contenuto del documento in due o tre pagine di testo. Lo scopo di questa sintesi è di fornire, in breve, una panoramica esaustiva del piano di marketing per i manager che devono essere al corrente della proposta anche senza partecipare direttamente alla sua approvazione.

Executive summary (piano di marketing) Sintesi per il management, documento iniziale che riassume in poche pagine il contenuto dell'intero piano di marketing.

La sintesi dovrebbe comporsi di un'introduzione, di una breve esposizione dei principali aspetti del piano e di un succinto bilancio di previsione.

Non è questa la sede nella quale entrare nei minimi dettagli di ogni punto del piano. Questa sezione dovrebbe piuttosto mettere in evidenza le principali opportunità di mercato e gli elementi chiave del piano che permetteranno all'azienda di sfruttare tali opportunità.

È fondamentale specificare chiaramente l'entità dei fondi necessari alla realizzazione del piano. Molti costi possono essere stimati sulla base di dati storici, oppure possono essere forniti da altri dirigenti, responsabili di specifiche aree funzionali. Nella maggior parte dei casi, tuttavia, risulta molto difficile disporre di tutte le informazioni necessarie a dare l'esatta misura dei costi relativi a ogni aspetto della produzione, della promozione e della distribuzione. Tali difficoltà non dovranno certo essere una ragione per non considerare tali spese e sarà comunque indispensabile un forte impegno per cercare di formulare previsioni attendibili in tal senso. Un piano di marketing ben fatto deve infatti prevedere con adeguata precisione i risultati economico-finanziari nel tempo e questo è possibile solo se i costi saranno stati stimati con sufficiente precisione.

In molte aziende, i costi di marketing sono soprattutto concentrati nelle aree della comunicazione e della ricerca di marketing.

14.1.3 L'indice del contenuto

L'*indice* è costituito da un elenco completo di ciascuno degli argomenti trattati nel piano; oltre che per individuare specifiche informazioni, l'indice del contenuto può essere utilizzato dal lettore per valutare se le varie sezioni del progetto siano presentate secondo una sequenza logica corretta. L'analisi della situazione generale, per esempio, precede logicamente l'attività di pianificazione di marketing e questa sequenza deve essere riportata anche nella stesura del piano.

14.1.4 L'introduzione

Il tipo di informazioni e la quantità di dati riportati nell'*introduzione* variano a seconda che il piano sia concepito per un brand o un prodotto nuovi o per un brand o un prodotto già esistenti. Nel caso di un nuovo prodotto, l'introduzione dovrebbe illustrare il concetto del prodotto, enfatizzandone gli elementi di novità e le ragioni in base alle quali si ritiene che esso possa avere successo.

Questa parte del progetto dovrebbe sostanzialmente rispondere all'obiettivo di risvegliare l'interesse del management o degli investitori per la nuova idea. Sarà, inoltre, utile presentare una stima delle vendite previste, dei costi e della remunerazione dell'investimento desiderata.

Un piano che riguardi un brand esistente di un'azienda, generalmente comincia con alcuni cenni storici relativi alla marca stessa, volti a riassumere i principali risultati ottenuti negli ultimi tre o cinque anni. Sarà utile inserire anche dei grafici che illustrino la performance: i suoi volumi di vendita, i profitti e la quota di mercato registrati negli anni precedenti, per poi spiegare le ragioni che inducono a proporre determinati cambiamenti. I dati presentati potranno anche includere previsioni relative ai cambiamenti proposti, che evidenzino i probabili risultati che è lecito aspettarsi dai cambiamenti delle variabili di marketing del nuovo piano. Una breve esposizione della strategia adottata negli anni precedenti permetterà di valutare appieno la portata dei cambiamenti che vengono proposti nel nuovo piano di marketing.

14.1.5 L'analisi del contesto

L'*analisi del contesto* non differisce in maniera significativa da quella presentata nei primi cinque capitoli di questo libro. L'attenzione deve essere concentrata sulle più importanti condizioni ambientali (o sui maggiori cambiamenti intervenuti nelle stesse) che possono incidere sul successo o sul fallimento del piano proposto. Ogni aspetto della situazione ambientale generale, come per esempio quello economico, sociale, politico, legale, merita un'attenzione particolare nel piano di marketing, tuttavia l'aspetto fondamentale è solitamente l'ambiente competitivo; per questo motivo, spesso, la sua analisi viene presentata in una sezione a parte, chiamata *analisi del settore*.

I punti di forza e i punti di debolezza dei principali concorrenti, le loro rispettive quote di mercato e il successo delle varie strategie competitive implementate nel passato dai competitori saranno elementi fondamentali di tale analisi.

Informazioni utili in proposito possono provenire da fonti quali Prometeia, Nomisma, A.C. Nielsen, GFK-Eurisko, Databank. Altre informazioni inerenti alla strategia competitiva sono contenute nelle pubblicazioni edite dalle associazioni di categoria (Confindustria, Federfarma ecc.) e in pubblicazioni come "Largo Consumo", "Mark Up", "Il Sole 24 Ore" e gli inserti economici di molti quotidiani. Anche i rapporti annuali di bilancio delle imprese possono rappresentare un utile strumento in tal senso.

14.1.6 La pianificazione del marketing

La *pianificazione del marketing* è sicuramente una parte estremamente importante del piano. Comprende alcuni elementi principali: l'enunciazione degli obiettivi di marketing, il targeting, il posizionamento e le linee di gestione strategico-operativa del marketing mix.

Ognuno di questi aspetti che ora andremo ad esaminare, può richiedere il supporto conoscitivo offerto da specifiche *ricerche di marketing*.

In tal caso, è necessario spiegare perché si ritiene opportuno lo svolgimento di tali attività, illustrandone, inoltre, i costi e i benefici che ne deriveranno.

Se nel corso della stesura del piano sono già state svolte ricerche di marketing, è bene che queste vengano in esso richiamate quali supporti informativi necessari a giustificare le varie decisioni assunte. Per esempio, se la ricerca ha dimostrato che due consumatori su tre apprezzano il gusto del nuovo Magnum Double, questa informazione andrebbe inclusa nella sezione contenente le osservazioni relative al prodotto. Informazioni più dettagliate,tuttavia, possono essere riportate in una sezione specificamente dedicata all'attività di ricerca.

Gli obiettivi di marketing

Spesso gli *obiettivi di marketing* vengono presentati sotto forma di percentuali, che rappresentano particolari risultati da raggiungere, come per esempio: l'80% di conoscenza della marca in particolari mercati, un incremento nel tasso di prova del 30%, una copertura distributiva del 60%, un aumento della quota di mercato complessiva del 3% nel corso del periodo coperto dal progetto. Altri obiettivi vengono espressi in modo diverso, come per esempio i volumi di vendita, i relativi ricavi e le possibili variazioni nel tempo. Quello che è fondamentale

APPROFONDIMENTO 14.1

ALCUNI ASPETTI DA CONSIDERARE NELL'ANALISI DELL'AMBIENTE COMPETITIVO

Per riuscire a sviluppare piani di marketing di successo è importante avere un'approfondita conoscenza del proprio settore di attività e delle aziende concorrenti.

Viene presentata, di seguito, una lista degli aspetti utili da considerare. Un'approfondita riflessione su questi temi potrà aiutare il responsabile della pianificazione a sviluppare le migliori strategie di marketing.

1. Quali aziende operano in questo settore? Qual è la loro situazione finanziaria e quali sono le loro capacità di marketing?
2. Quali sono le rispettive quote di mercato delle varie marche?
3. Quante marche e quanti modelli vengono offerti da ogni azienda?
4. Quali strategie di marketing sono state utilizzate dai leader di mercato?
5. Quali marche hanno conquistato (e quali marche hanno perso) quote di mercato negli ultimi anni? Quali fattori hanno portato a questi cambiamenti?
6. Vi sono probabilità che nuove aziende concorrenti entrino nel mercato?
7. Con che velocità le aziende concorrenti reagiscono ai cambiamenti di mercato?
8. A quali aziende (o marche) potrebbero essere sottratte quote di mercato?
9. Quali sono le particolari capacità e quali i punti deboli delle aziende concorrenti del settore?
10. Qual è la nostra posizione rispetto alle aziende concorrenti in termini di forza finanziaria e capacità di marketing?

è che gli obiettivi vengano ben formulati e, in tal senso, si rimanda all'Approfondimento 14.2. Ovviamente, sarà poi importante specificare le ragioni che hanno indotto a scegliere determinati obiettivi e i loro fondamenti logici (si veda a questo proposito anche il Paragrafo 7.2).

Il mercato target e il posizionamento

Come illustrato nel Capitolo 7, l'enunciazione e la descrizione del *mercato target* illustrano il tipo di cliente a cui ci si vuole rivolgere e le motivazioni che hanno condotto a tale scelta. In tale sede verranno spiegati i criteri seguiti per effettuare la segmentazione del mercato e la scelta dei segmenti cui rivolgersi (targeting).

Questa sezione del piano, oltre a una descrizione del target, dovrà anche illustrare il posizionamento che si desidera avere motivandolo in dettaglio. Per esempio, che tipo di benefici si aspettano di ricevere i consumatori di questa classe di prodotti? Che tipo di benefici sono offerti dalla propria marca? Quali tendenze di acquisto caratterizzano il mercato di questo tipo di prodotto? Inoltre si si descriverà anche il posizionamento del prodotto rispetto a quello dei concorrenti, facendo in modo che sia ben differenziato e riconosciuto.

Il marketing mix

L'esposizione del *marketing mix* descrive le azioni da portare avanti nell'utilizzo delle variabili di prodotto, promozione, distribuzione e prezzo, e tutte le motivazioni logiche connesse.

Il prodotto Bisogna fornire una dettagliata descrizione del *prodotto* (o della marca), della confezione e delle altre sue caratteristiche. Verranno anche citate tutte le eventuali considerazioni relative al ciclo di vita, qualora esse siano rilevanti per il piano proposto.

In quest'esposizione è di estrema importanza che si ponga nella giusta luce il vantaggio differenziale offerto dal prodotto o dalla marca. Bisognerebbe valutare se effettivamente la marca offra qualcosa di meglio rispetto alle marche concorrenti o se verrà acquistata, per esempio, essenzialmente sulla base della propria immagine. Per fare un esempio, benché molte marche di dentifricio contengano fluoruro di sodio, negli Stati Uniti la marca AZ ha ottenuto la maggior quota di mercato basando la sua promozione proprio su questa componente del dentifricio. Dunque, il fatto che AZ in quel mercato venda più di tutte le altre marche di dentifricio è dovuto a un'effettiva migliore qualità del prodotto o è piuttosto da attribuire alla sua immagine?

La promozione L'analisi della *promozione* descrive i componenti del mix di attività promozionali prescelto e delle ragioni che giustificano tale opzione. Sarebbe utile presentare l'argomento includendo alcuni esempi di possibili messaggi pubblicitari e, nel caso se ne preveda l'utilizzo, dovrebbe anche essere illustrato il tipo di personale di vendita da utilizzare. Per la commercializzazione di massa di beni di largo consumo, i costi della promozione saranno ovviamente ingenti e, pertanto, dovranno essere stimati con molta cura. Dovrebbe inoltre essere illustrato come verrà impiegato il budget pubblicitario sui diversi media, con quali tempi e con quale intensità di utilizzo. Un esempio di piano *media* è quello riportato nella Figura 14.1.

La distribuzione La sezione dedicata alla *distribuzione* descrive e fornisce la motivazione dell'utilizzo di uno o più canali di distribuzione ritenuti più idonei al particolare tipo di prodotto oggetto del piano; tale descrizione deve includere l'indicazione del tipo d'intermediari da usare. Altre importanti considerazioni da fare in questa parte riguardano il

PIANO MEDIA STRUTTURATO SU FLIGHTS
GENNAIO - APRILE 2013 PRODOTTO ALFA

	Gennaio				Febbraio				Marzo				Aprile			
	1	2	3	4	1	2	3	4	1	2	3	4	1	2	3	4
Mezzo																
TV																
Prodotto ALFA																
Costo('000 euro)		350						250						150		
GRP's		500						400						300		
		50	100	200	100	50		70	120	200	70			80	120	100
Reach		95%-12						90%-8						85%-5		
Effectivereach/ frequency		65%-8+						60%-6+						55%-3+		
STAMPA Costo('000 euro)				100							80					50
CINEMA Costo ('000 euro)				20												
RADIO Costo ('000 euro)				50							30					

Flight

Figura 14.1
Esempio di piano media per una campagna pubblicitaria.

livello di copertura distributiva desiderato, i costi e il sistema di controllo dell'intero processo. Spesso i canali di distribuzione utilizzati dall'azienda sono già ben definiti e pertanto le possibilità di scelta sono molto limitate. Per esempio, General Motors e FCA distribuiscono le loro auto tramite una rete di concessionari indipendenti. Dunque, a meno che non vi siano necessità impellenti che impongono un cambiamento, il canale tradizionalmente utilizzato sarà in genere l'opzione più appropriata. Dato lo stato odierno dei rapporti fra l'industria e la distribuzione, sarà opportuno includere nel piano anche un'esposizione relativa alle iniziative di relazione con il canale che s'intendono portare avanti nel periodo di validità dello stesso, come il raggiungimento di accordi con i dettaglianti affinché riservino ai prodotti dell'azienda i migliori spazi espositivi.

Il prezzo In tale sede dovranno essere descritti in modo molto dettagliato i criteri seguiti per proporre un determinato prezzo, illustrando le analisi effettuate sui possibili effetti sulla domanda di vari livelli di prezzo in considerazione della concorrenza e della situazione generale di mercato. Per quanto riguarda la distribuzione, a seconda del tipo di canale utilizzato, dovranno essere elencati e motivati i prezzi di fabbrica, e quelli proposti all'ingrosso e al dettaglio e i relativi margini. Inoltre, dovrà essere preso in esame l'effetto esercitato sul prezzo finale di vendita dagli accordi particolari o dagli sconti commerciali ai quali si è ritenuto opportuno fare ricorso.

14.1.7 L'analisi economico-finanziaria

Premessa

Come accennavamo nell'introduzione, la chiave di volta per costruire un valido piano di marketing risiede in una previsione quanto più possibile accurata e dettagliata delle vendite; come afferma molto correttamente Antonio Ferrandina: "la parte quantitativa del piano omissis, costituisce le fondamenta per ogni possibile speculazione o deduzione analitica e strategica"[6] l'analisi previsionale dovrà inoltre estendersi a un periodo consistente (di norma da un minimo di un anno a un massimo di tre o cinque).

Solo sulla base di tali previsioni sarà possibile pianificare l'impiego e il costo di tutte le risorse necessarie per la realizzazione del piano; sempre sulla base delle ipotesi di vendita si potranno definire altri obiettivi fondamentali quali, per esempio, il tempo stimato per il raggiungimento del punto di pareggio o di un determinato profitto, aspetti fondamentali per poter effettuare anche le opportune analisi di tipo finanziario in merito ai possibili ritorni degli investimenti e, in definitiva, per valutare l'opportunità e la convenienza per l'impresa di realizzare il piano previsto.

Si sottolinea che, a prescindere da organizzazioni non profit o casi particolari che costituiscono l'eccezione alla regola, tutte le imprese effettuano investimenti con l'obiettivo di conseguire un profitto nel medio-lungo periodo e, di conseguenza, non possono esimersi dal formulare ipotesi attendibili in merito alla redditività attesa degli investimenti effettuati o da effettuare.

Si noti inoltre che una volta deciso di realizzare un determinato piano, sarà indispensabile un monitoraggio continuo per controllare che non si verifichino significativi scostamenti rispetto alle ipotesi formulate (vedi oltre la voce "controlli"); la costante attenzione al raggiungimento dei vari obiettivi, tra cui quelli reddituali, consentirà di effettuare tempestivi interventi per fronteggiare eventuali criticità e porre in essere i necessari correttivi.

Visto il ruolo chiave della previsione delle vendite per la costruzione del piano di marketing, ci sembra opportuno iniziare con un approfondimento sulle relative metodologie di previsione, in aggiunta e a completamento di quanto già indicato nel capitolo sulle vendite, per affrontare poi il tema del conto economico previsionale e dell'analisi finanziaria.

Le previsioni delle vendite

Come già osservato nel Capitolo 13, esistono vari metodi per sviluppare le previsioni di vendita relative a un prodotto. Indipendentemente dal metodo tali attività cercano sempre di prevedere gli eventi di mercato futuri nella maniera più accurata possibile. Ovviamente, è necessario fornire una giustificazione dei dati di previsione e, pertanto, sarà indispensabile corredare tali dati delle analisi effettuate e della metodologia seguita per la loro determinazione. Un sistema di base, elementare ma efficace, per eseguire una previsione delle vendite è presentato nella Tabella 14.2. Questo tipo di previsione comincia con una stima del

Tabella 14.2 Un approccio di base all'attività di previsione delle vendite

Numero complessivo di persone nel mercato obiettivo (*a*)	*a* ×
Numero annuo di acquisti per persona (*b*)	*b* =
Totale mercato potenziale (*c*)	*c*
Totale mercato potenziale (*c*)	*c* ×
Percentuale di copertura del mercato totale (*d*)	*d* =
Totale mercato disponibile (*e*)	*e*
Totale mercato disponibile (*e*)	*e* ×
Quota di mercato prevista (*f*)	*f* =
Vendite previste (in unità) (*g*)	*g*
Vendite previste (in unità)	*g* ×
Prezzo di vendita (*h*)	*h* =
Vendite previste (in valore monetario) (*i*)	*i*

[6] Ferrandina A., *Il Marketing Plan*, Edizioni FAG. Milano, 2007.

numero di persone che compongono il mercato target individuato a seguito della segmentazione del mercato e della successiva operazione di targeting, e può includere informazioni derivanti da test di marketing e da fonti secondarie. Si supponga per esempio che un'azienda voglia commercializzare un orologio a energia solare che rileva anche le pulsazioni di chi lo indossa. Il prodotto è studiato per appassionati di jogging o comunque per chi pratica degli sport aerobici. Rivedendo la letteratura esistente su questo genere di attività, il responsabile della pianificazione, Sergio Benassi, rileva che in Europa la composizione media stimata per questo mercato ammonta a 60 milioni di persone e aumenta di 4 milioni di persone all'anno.

Sergio potrebbe pertanto concludere che l'anno prossimo il mercato target sarà composto da 64 milioni di persone. In mancanza di altre limitazioni e di ulteriori informazioni da considerare per il mercato target di quel particolare prodotto, si potrà utilizzare questo dato come base per l'attività previsionale.

La seconda stima di cui Sergio avrà bisogno è costituita dal numero di acquisti effettuati annualmente da ogni persona compresa nel mercato target. Gli acquisti medi pro capite possono essere relativamente elevati, per prodotti come i cereali per la prima colazione, o possono essere molto bassi, addirittura inferiori a uno per anno, per prodotti come le automobili. Per gli orologi è probabile che la stima sia un valore inferiore a uno, in quanto le persone acquistano generalmente un orologio nuovo a intervalli superiori a un anno. Si potrebbe quindi prevedere che il numero di acquisti annui per ogni persona compresa nel mercato target sia di 0,25. Naturalmente, in qualità di esperto pianificatore, Sergio svolgerà ulteriori ricerche sul mercato in questione, per raffinare questo dato.

Comunque, anche utilizzando questi due dati approssimativi, egli può ottenere una stima del *mercato potenziale complessivo*, vale a dire: 64 000 000 × 0,25 = 16 000 000. In altre parole, se l'anno successivo esistesse solo la società di Sergio, per fornire un orologio a ogni sportivo che desidera acquistarne uno, la sua stima del mercato complessiva disponibile sarebbe uguale a 16 milioni di unità.

Naturalmente, però, la società non può realisticamente aspettarsi di vendere un orologio a ogni sportivo che lo desidera, e questo per vari motivi. In primo luogo, è praticamente impossibile ottenere una copertura del 100% del mercato e questo a maggior ragione nel corso del primo anno. Perfino le grandi aziende che vendono beni di largo consumo riescono raramente a raggiungere la totalità del mercato nel primo anno e molte non raggiungono mai nemmeno il 90% di copertura distributiva. Considerati la natura del prodotto e i canali a disposizione per la distribuzione, la società per la quale lavora Sergio dovrebbe ritenersi estremamente soddisfatta di realizzare una copertura media del mercato intorno al 50%, nel primo anno. Se il piano elaborato da Sergio si pone come obiettivo realistico quello di raggiungere tale livello di copertura, la sua stima del mercato complessivo disponibile sarà uguale a: 16 milioni × 0,5 = 8 milioni.

Un secondo motivo per il quale Sergio non potrebbe sperare di dominare il mercato è costituito dal fatto che la sua impresa non è l'unica a vendere il solo prodotto per il mercato target prescelto. Molte delle persone che acquisteranno un orologio di questo tipo potranno orientarsi infatti verso una marca concorrente. Sergio, pertanto, dovrà stimare la probabile quota di mercato della sua impresa. Fra tutte le stime effettuate nello sviluppo di una previsione delle vendite, questa è la più difficile, poiché riflette, nella sostanza, l'intero piano di marketing. Nell'effettuazione di questa stima, i più importanti fattori da tenere in considerazione sono: (1) le quote di mercato e le strategie di marketing probabili delle aziende concorrenti; (2) le contromisure della concorrenza nel caso che il proprio prodotto abbia successo; (3) i vantaggi distintivi del prodotto, come un minor prezzo di vendita; (4) il mix di attività promozionali e il relativo budget delle aziende concorrenti; (5) le quote di mercato conquistate da prodotti simili nel primo anno di vendita.

Supponiamo che, nel complesso, Sergio abbia stimato per il proprio prodotto una quota di mercato del 5%, a causa del fatto che i prodotti della concorrenza sono già affermati sul mercato e i vantaggi distintivi del suo prodotto consistono solo in uno stile leggermente più all'avanguardia degli altri. In questo caso, la previsione delle vendite per il primo anno sarebbe: 8 milioni × 0,5 = 4 milioni di unità. Se il prezzo di fabbrica dell'orologio fosse € 50, la previsione delle vendite in euro sarebbe pari a 400 000 × € 50 = € 20 000 000.

Tale approccio può anche essere utilizzato per estendere la previsione delle vendite a un maggior numero di anni. Generalmente, la stima dei vari dati cambia di anno in anno, a seconda dei cambiamenti che si verificano nella dimensione del mercato, nella copertura distributiva e nelle quote di mercato previste. Il pregio di questo tipo di approccio è costituito dal fatto che esso obbliga l'analista a considerare attentamente e a giustificare ogni dato proposto e gli impedisce di fornire dati non suffragati da un adeguato lavoro di previsione.

Accanto al sistema appena descritto, esistono appositi modelli predittivi della quota di mercato basati sulle variabili *awareness* (percentuale dei consumatori target che conosce il prodotto), *trial* (percentuale di consumatori che effettua la prova d'acquisto), *repeat* (percentuale di consumatori che ripete l'acquisto più volte), *availability* (reperibilità del prodotto nei punti vendita, ossia copertura distributiva del prodotto). L'acronimo di questi quattro termini (ATAR, di cui si è fatto cenno nel Capitolo 8) dà il nome al modello di previsione della quota di mercato, essendo basato sulla loro utilizzazione combinata.

I modelli ATAR sono in grado di fornire previsioni di fatturato (o di volumi di vendita), sia nel breve periodo (un anno dal lancio), sia nel medio (tre anni). Il calcolo della quota di mercato, una volta che si disponga dei valori delle quattro variabili precedenti, è estremamente semplice: si supponga di voler calcolare la quota di mercato che si stima potrà raggiungere un certo prodotto a un anno dal lancio. Se si stabilisce, grazie ad apposite ricerche, che l'*awareness* sarà pari al 70%, il *trial* al 30%, il *repeat* al 20% e l'*availability* (espressa come livello di copertura ponderata) pari all'80%, la quota di mercato stimata sarà pari a: 0,70 × 0,30 × 0,20 × 0,80 = 3,4%.

I modelli ATAR si basano sull'analisi di serie storiche relative ai risultati conseguiti da numerosi prodotti che sono stati lanciati nelle diverse categorie merceologiche. Essendo uno strumento messo a punto da società di consulenza specializzate, quando le aziende intendono introdurre sul mercato un nuovo prodotto, spesso richiedono (a pagamento) a queste società che vengano effettuati appositi test per simulare i risultati di vendita previsionali.

BASES test Ricerca quantitativa: è uno dei modelli per stimare la quota di mercato che un nuovo prodotto potrà raggiungere nei 3 anni successivi al lancio.

Tra i modelli predittivi della quota di mercato, va menzionato il *BASES test* (Booz Allen Sales Estimation System) che prende il nome dalla società di consulenza che lo ha messo a punto alla fine degli anni '70. Il BASES test ha la capacità di stimare le vendite potenziali di un nuovo prodotto e la sua forza relativa rispetto a quelli concorrenti. Esso considera una serie di parametri che sono correlati al volume potenziale di vendita (intenzione d'acquisto, ammontare dell'acquisto medio nella categoria, frequenza d'acquisto, rapporto qualità/prezzo, pressione pubblicitaria prevista) e che vengono misurati mediante apposite ricerche di marketing. Tutti questi parametri vengono condensati in un unico giudizio di potenziale, confrontabile con il database di prodotti simili precedentemente lanciati, per determinarne il volume di vendita. L'attendibilità della previsione è considerata soddisfacente dagli esperti: normalmente, a un anno dal lancio, l'errore è di circa il 10% nel 60% dei casi considerati.

Al termine della simulazione, i consulenti sono in grado di indicare all'azienda se valga la pena effettuare il lancio, o se al contrario debbano essere modificati degli aspetti del prodotto (per esempio, il package), oppure se convenga aumentare gli investimenti per sperare in una maggiore affermazione del prodotto. È inoltre possibile effettuare le simulazioni ipotizzando diversi scenari di lancio (aggressivo, intermedio, conservativo) in termini di costi di marketing – per esempio, aumentando o diminuendo la spesa pubblicitaria – verificando come si modificherebbero di conseguenza i risultati di vendita.

Il conto economico

Conto economico Tavola di sintesi dove si evidenziano i componenti positivi e negativi di reddito (rispettivamente ricavi e costi) riferendosi a un periodo di tempo determinato.

Il piano di marketing deve contenere una stima dettagliata di tutti i costi necessari per la sua realizzazione come, per esempio, le spese pubblicitarie, le spese per la formazione e la remunerazione del personale di vendita, i costi per lo sviluppo del canale di distribuzione e per la ricerca di marketing. Devono anche essere incluse le stime dei costi da sostenere per la progettazione e lo sviluppo del prodotto e delle sue componenti, come per esempio l'allestimento di un prototipo, la progettazione della confezione, ecc.

Dovranno inoltre essere compresi ogni altro tipo di costo come il personale, i materiali, le attrezzature, i fornitori, ecc., si tratta in sostanza di predisporre con la massima accuratezza possibile un'ipotesi attendibile dei costi totali e dei possibili ricavi relativamente a periodi ben definiti, in modo da poter predisporre il conto economico che, a sua volta, avrà un ruolo chiave sulle decisioni del management. Se il prodotto o servizio che si intende lanciare non evidenzia significative possibilità di generare flussi positivi di reddito nel medio lungo periodo è ovvio che occorrerà abbandonare il progetto, per quanto interessante potesse apparire nelle fasi iniziali, e orientarsi verso prodotti alternativi.

La stima dei costi da sostenere in considerazione delle variabili in gioco, numerose e spesso imprevedibili, è tutt'altro che semplice soprattutto in un contesto socio-economico particolarmente instabile come quello attuale.

L'entità dei costi da sostenere, come per esempio quello per effettuare ricerche di marketing, potrebbe essere stimata chiedendo a esperti una stima dell'investimento necessario. Altri tipi di costi potrebbero essere stimati sulla base dei dati di bilancio di altre aziende del settore o da indicazioni prodotte e offerte da associazioni di imprese, come Centromarca (associazione delle imprese di marca) e UPA.

Ovviamente le imprese che hanno alle spalle un cospicuo consolidato storico e che magari, per motivi vari, operano in un contesto relativamente stabile, hanno di fronte a sé un compito meno difficile nell'effettuare le loro previsioni. In ogni caso è evidente come la stima dei costi totali sarà legata in modo imprescindibile a una corretta previsione dei volumi di vendita. Per quanto riguarda l'entità del budget di marketing, questo ovviamente dipenderà da diversi fattori quali:

- il cosiddetto *appeal* del nuovo prodotto, espresso principalmente dall'intenzione di acquisto, che i consumatori hanno manifestato in sede di test, e l'attrattività del mercato nel quale il prodotto dovrà confluire;
- la strategia dell'azienda: alcune aziende decidono il lancio e gli investimenti connessi in base al grado di innovazione del prodotto, altre, che invece decidono di puntare su prodotti più "sicuri", si affidano a ingenti investimenti di marketing per acquisire quota di mercato.

Un esempio di conto economico previsionale per il lancio di un nuovo prodotto è quello riportato nella Tabella 14.3.

Un altro aspetto di grande rilievo sarà quello di stimare un tempo per ottenere il cosiddetto punto di pareggio (vedi break even point nel capitolo del *pricing*) e cioè quando i ricavi previsti consentiranno di recuperare i costi sostenuti, prescindendo da oneri (ed eventuali proventi) finanziari, atipici e straordinari e dai costi opportunità del capitale investito (vedi oltre nell'analisi finanziaria).

Sarà anche opportuno formulare ipotesi su due indicatori di grande importanza largamente utilizzati e cioè il ROI[7] o *Return On Investments*, dato dal totale dal risultato

[7] Esempio di ROI: l'impresa investe complessivamente 15 292 euro (tra capitale proprio e di credito) ed evidenzia un risultato operativo (utile esclusi oneri finanziari, atipici e straordinari nonché le tasse) pari 1182 euro. Il ROI sarà 1182 : 15 292 = 0,08.

Tabella 14.3 Conto economico della birra Miller High Life

Voci di ricavo/costo	Incidenza percentuale	Metodo di calcolo
Fatturato lordo	100%	A
Sconto al trade	25%	B
Fatturato netto	75%	C = A - B
Costo del prodotto	28%	D
Altri costi di distribuzione	17%	E
Margine lordo	30%	F = C - D - E
Pubblicità, promozione e altri costi di mktg	11%	G
Margine di contribuzione	19%	H = F - G
Totale spese fisse	9%	I
Utile lordo (prima delle tasse)	10%	L = H - I

Fonte: Pratesi C. A., *Il marketing dei prodotti alimentari di marca*, Sperling & Kupfer, Milano, 1995.

operativo lordo diviso il totale degli impieghi e il ROE[8] o *Return On Equity* e cioè il risultato netto diviso il capitale proprio investito.

Per una valutazione più approfondita occorre tuttavia effettuare ulteriori valutazioni dal punto di vista finanziario come di seguito indicato.

Analisi finanziaria Analisi che, al di là degli aspetti economico-reddituali propriamente detti, prende in considerazione l'aspetto temporale del valore del capitale in funzione della sua disponibilità e impiego nel tempo. Oltre agli oneri finanziari connessi all'utilizzo di capitale di terzi, analizza il costo opportunità, considera i flussi di cassa o *cash flows* attualizzati e, più in generale, affronta il tema complesso della valutazione della remunerazione degli investimenti e, su tale base, della scelta tra progetti alternativi.

L'analisi finanziaria

L'*analisi finanziaria* rappresenta un aspetto importantissimo della pianificazione strategica di marketing e dovrebbe esserne considerata parte integrante: ai nostri fini, di seguito verrà illustrata l'analisi del valore attuale netto (*net present value*), che costituisce uno strumento abbastanza sofisticato per l'analisi delle opportunità di marketing.

L'uomo di marketing deve rendersi conto che il capitale investito nello sviluppo di nuovi prodotti ha un costo. Chiunque desideri utilizzare un certo capitale deve pagare un prezzo per ottenerne la disponibilità: questo è un principio fondamentale di qualunque attività economica. Inoltre, vige anche il principio che il proprio denaro (capitale proprio) investito nello sviluppo di un nuovo prodotto avrebbe potuto essere utilizzato in altri modi, per esempio per estinguere i debiti pregressi dell'impresa, per distribuire dei dividendi agli azionisti, per acquistare dei titoli mobiliari a tassi vantaggiosi di remunerazione. Se, invece, il denaro utilizzato per finanziare un nuovo prodotto deve essere preso in prestito da terzi (capitale di credito), sarà necessario corrispondere ai finanziatori i relativi interessi, quale remunerazione del capitale messo a disposizione.

Per analizzare gli aspetti finanziari di una scelta di marketing si utilizza spesso un metodo denominato, appunto, analisi del *valore attuale netto.*

Questo metodo utilizza un indicatore - il "flusso di cassa (o *cash flow*) scontato" - che prende in considerazione l'aspetto temporale del valore del denaro e il costo per l'impresa che lo prende a prestito. L'esempio che segue illustra tale metodo.

Per calcolare il valore attuale netto deve essere stimato innanzitutto il costo opportunità del capitale, definibile come il minimo tasso di remunerazione del capitale richiesto,

---

[8] Esempio di ROE: risultato netto 172 euro, capitale proprio investito 4660; il ROE sarà 172 : 4660 = 0,04; il ROE tiene conto di oneri finanziari, atipici e straordinari nonché delle tasse ma non del costo opportunità.

APPROFONDIMENTO 14.2

LA FORMULAZIONE DEGLI OBIETTIVI: COME DISTINGUERE UNO "BUONO" DA UNO "CATTIVO"

1. Ogni obiettivo dovrebbe riferirsi a un unico e specifico tema. (Non dovrebbe essere formulato in forma vaga e astratta, né dovrebbe essere banale, come "Vogliamo essere l'azienda leader del settore". Oppure:" Il nostro obiettivo è quello di essere i venditori più aggressivi").
2. Ogni obiettivo dovrebbe essere collegato a un risultato, non a un'attività da svolgere. (L'obiettivo è il risultato dell'attività, non lo svolgimento dell'attività).
3. Ogni obiettivo dovrebbe essere misurabile (formulato in termini quantitativi, quando possibile).
4. Ogni obiettivo dovrebbe contenere il termine di tempo entro il quale dovrebbe essere realizzato.
5. Ogni obiettivo dovrebbe rappresentare una sfida, ma essere realizzabile.

Si considerino gli esempi seguenti.

6. Mal definito: Il nostro obiettivo è la massimizzazione dei profitti. Osservazioni: Quanto è il "massimo"? L'obiettivo non è misurabile. Quale criterio o parametro potrà essere utilizzato dal management per determinare se, e quando, i profitti conseguiti abbiano raggiunto il massimo livello? Non è specificata una data. Ben definito: Il nostro obiettivo è quello di conseguire un profitto totale di un milione di euro nell'anno.
7. Mal definito: Il nostro obiettivo è far aumentare le vendite, in termini di ricavi e di unità vendute. Osservazioni: Quanto? Poiché questa formulazione si riferisce a due obiettivi, essa può inoltre risultare incoerente e contraddittoria. Far aumentare il numero di unità vendute può richiedere una riduzione di prezzo e, se la domanda non è sensibile al prezzo, cioè se l'elasticità della domanda al prezzo non è superiore a 1, gli incassi decresceranno a fronte di un aumento delle unità vendute. Non è indicato un periodo di tempo in cui l'obiettivo dovrebbe essere realizzato. Ben definito: Il nostro obiettivo per quest'anno è far aumentare i ricavi da 30 a 35 milioni di euro: prevediamo che quest'obiettivo potrà essere raggiunto vendendo un milione di unità a un prezzo medio di 35 euro.
8. Mal definito: Il nostro obiettivo è aumentare gli investimenti pubblicitari del 15%. Osservazioni: La pubblicità è un'attività, non un risultato. L'obiettivo della pubblicità dovrebbe essere formulato specificando quali risultati il maggior impegno pubblicitario si prefigge di ottenere. Ben definito: il nostro obiettivo è aumentare la nostra quota di mercato dall'8 al 10% nel 2003, grazie a un aumento degli investimenti pubblicitari del 15%.
9. Mal definito: Il nostro obiettivo è quello di essere dei pionieri nei campi della ricerca e dello sviluppo e di essere il leader tecnologico del settore. Osservazioni: Molto vasto e forse troppo ambizioso, comporta il tentativo di muoversi in troppe direzioni alla volta se il settore è uno solo, ma con un'ampia varietà di frontiere tecnologiche. Detto così, sa più di banalità e dichiarazione di intenti che di uno stimolo all'azione per il raggiungimento di un risultato specifico. Ben definito: nel corso del decennio 2000-2010, il nostro obiettivo sarà quello di continuare a essere l'azienda leader nell'introduzione di nuove tecnologie e di nuovi strumenti, che permettano agli acquirenti di attrezzature elettriche di risparmiare sull'utilizzo di energia.
10. Mal definito: Il nostro obiettivo è essere l'impresa con il maggiore livello di redditività del settore. Osservazioni: Non è abbastanza specifico per quanto riguarda la misurabilità della redditività: s'intendono i profitti totali, i dividendi per azione, i margini di profitto unitari, la remunerazione degli investimenti od ognuno di essi? Inoltre, poiché l'obiettivo coinvolge le prestazioni delle altre aziende, esso, più che difficile, può essere non realizzabile. Ben definito: lotteremo accanitamente per rimanere i primi del settore per quanto riguarda la remunerazione degli investimenti (ROI), ottenendo, nel 2003, un ROI del 25% al netto delle tasse.

Fonte: adattato da Thompson A. A., Jr., e Strickland A., *Strategic Management: Concepts and Cases*, V e., Irwin/McGraw-Hill, Burr Ridge, IL, 1990, pp. 23-34.

cioè il tasso da conseguire affinché i proprietari dell'impresa rimangano nelle stesse condizioni economiche in cui si troverebbero se non avessero effettuato l'investimento. Si supponga per esempio che un'impresa possa effettuare un investimento in titoli di Stato che garantisca un rendimento annuo praticamente certo del 3%. Se dovesse decidere di investire la stessa somma nel lancio di un nuovo prodotto è ovvio che, per giustificare da un punto di vista finanziario la realizzazione del progetto, il rendimento dovrà essere superiore al 3%, anche in considerazione dell'impegno e del rischio connesso a ogni attività imprenditoriale.

Vi sono molti modi di stimare il costo del capitale, tuttavia, poiché la loro disamina esula dagli scopi del presente volume, ci limiteremo a presumere che il costo del capitale per la società Alfa ammonti al 10% e vediamo un esempio pratico.[9]

La società Alfa sta considerando la proposta di commercializzare una pellicola a sviluppo istantaneo. Dopo aver svolto un'approfondita attività di ricerca, è stato stimato un volume di vendita annuo di € 1 000 000. Inoltre, la funzione finanza ha fornito le seguenti informazioni relative al progetto.

Nuove attrezzature necessarie: € 700 000.
Durata della vita utile delle attrezzature: 10 anni.
Ammortamento: 10% annuo.
Valore residuo: € 100 000.
Costi per beni e servizi: € 700 000 annui.
Costo opportunità del capitale: 10%.
Imposte: 50%.

Per calcolare il valore attuale netto di questo progetto, deve essere determinato il flusso di cassa netto prodotto ogni anno dalle vendite. Tale calcolo può essere effettuato in quattro fasi successive.

1. Vendite previste - Costi per beni e servizi = Reddito lordo, cioè € 1 000 000 - 700 000 = € 300 000.
2. Reddito lordo - Ammortamento = Reddito imponibile, cioè € 300 000 - (10% × 600 000) = € 240 000.
3. Reddito imponibile - Imposte = Reddito netto, cioè € 240 000 - (50% × 240 000) = € 120 000.
4. Reddito netto + Ammortamento = Flusso di cassa netto, cioè € 120 000 + 60 000 = € 180 000 annui.

Poiché il costo opportunità del capitale è stato fissato al 10%, tale percentuale è utilizzata per attualizzare il flusso di cassa netto per ogni anno. Per esempio, i 180 000 euro ricevuti alla fine del primo anno sarebbero scontati mediante il coefficiente $1/(1 + 0{,}10)$, quindi 180 000 × 0,9091 = € 163 638; i 180 000 euro ricevuti alla fine del secondo anno sarebbero poi scontati con il coefficiente $1/(1 + 0{,}10)^2$, quindi 180 000 × 0,8264 = € 148 752 e così via.[10]

Si veda la Tabella 14.4 per un prospetto completo del piano decennale di attualizzazione in esame. Si osservi che il flusso di cassa netto relativo al decimo anno è di € 280 000, poiché tiene conto dell'ulteriore entrata di € 100 000 rappresentata dal valore residuo del macchinario.

Pertanto, al tasso di sconto del 10%, il valore attuale del flusso di cassa netto dell'investimento per il nuovo prodotto risulta superiore alla spesa di € 700 000 richiesta: l'investimento può dunque essere considerato redditizio per l'azienda.

Il *valore attuale netto* è infatti di € 444 560, vale a dire la differenza fra l'ammontare dell'investimento, pari a € 700 000, e l'ammontare del flusso di cassa scontato, pari a

[9] Per i metodi di stima del costo del capitale, vedi: Jone C. P., *Introduction to Financial Management*, Irwin/McGraw-Hill, Burr Ridge, IL, 1992, cap. 14.
[10] Vedi: Brigham E. F., *Fundamentals of Financial Management*, Dryden Press, Hinsdale, IL, 1986.

Tabella 14.4 Prospetto completo del piano decennale

Anno	Flusso di cassa netto	Fattore di sconto 0,10	Valore
1	€ 180 000	0,9091	€ 163 638
2	180 000	0,8264	148 752
3	180 000	0,7513	135 234
4	180 000	0,6830	122 940
5	180 000	0,6209	111 762
6	180 000	0,5645	101 610
7	180 000	0,5132	92 376
8	180 000	0,4665	83 970
0	180 000	0,4241	76 338
10	280 000	0,3855	107 940
Totale	1 900 000		1 144 560

€ 1 144 560. Il *coefficiente del valore attuale* è dunque calcolabile dividendo il valore attuale totale del *cash flow* netto per l'ammontare previsto dell'investimento. Se il coefficiente è maggiore di 1, per l'azienda sarà conveniente investire sul progetto in quanto garantirà un ritorno dell'investimento superiore a quanto ottenibile con la migliore alternativa possibile.

Vi sono ovviamente molti altri sistemi per valutare la redditività di un investimento che in questa sede non affronteremo; quanto esposto dovrebbe comunque far capire quanto sia difficile valutare un investimento dal punto di vista economico finanziario. La principale difficoltà è costituita dall'effettuazione di un'accurata previsione del *cash flow*, in quanto

APPROFONDIMENTO 14.3

ALCUNI ASPETTI DA CONSIDERARE NELL'ANALISI DEL PROFILO DEL CONSUMATORE

La conoscenza del consumatore è della massima importanza per poter sviluppare con successo un piano di marketing. Di seguito riportiamo un'elencazione degli aspetti che è utile prendere in considerazione nell'analisi del profilo del consumatore. Per alcuni di essi possono essere utilizzate a sostegno dell'attività decisionale fonti di informazioni secondarie o la ricerca di marketing. Molti di essi, tuttavia, richiedono all'analista, al fine di sviluppare una migliore comprensione del mercato, un'approfondita riflessione sulle relazioni esistenti fra marche e vari gruppi di consumatori.

1. Quante persone acquistano e utilizzano questo prodotto in generale?
2. Quante persone acquistano e utilizzano ciascuna marca di prodotto presente sul mercato?
3. Vi è la possibilità di raggiungere le persone che non utilizzano il prodotto tramite un'unica strategia di marketing?
4. Che benefici offre il prodotto al consumatore da un punto di vista funzionale e in che modo si differenziano le varie marche da questo punto di vista?
5. Che benefici offre il prodotto al consumatore in senso sociale e psicologico, e come viene realizzato quest'obiettivo dalle varie marche concorrenti?
6. Dove vengono effettuati normalmente gli acquisti delle varie marche di prodotto?
7. I consumatori, quanto sono disposti a spendere per certe marche specifiche? Il prezzo è un fattore determinante per l'acquisto?
8. Qual è il profilo dei grandi utilizzatori (*heavy user*) del prodotto? Che percentuale del mercato complessivo è rappresentata da questo tipo di utilizzatore?
9. Quale veicolo pubblicitario raggiunge i consumatori del mercato target?
10. Con che frequenza viene acquistato in media il prodotto?
11. Quanto è importante l'immagine della marca per i consumatori?
12. Perché i consumatori acquistano delle marche particolari?
13. Quanto sono fedeli a una marca i consumatori?

è necessario prendere in considerazione un gran numero di variabili, come il prezzo del prodotto sostenibile dal mercato o le scelte relative ai canali di distribuzione, ecc. Le conseguenze economiche di ogni possibilità devono essere previste in termini di volumi di vendita, di costi di vendita e di altri tipi di costi. Anche se la valutazione è molto complessa, il management deve valutare la redditività delle scelte legate ai nuovi prodotti, non solo per ridurre le congetture e le ambiguità legate a ogni processo decisionale di marketing, ma anche per essere certi di prendere le decisioni più proficue.

14.1.8 L'implementazione e il controllo del piano di marketing

Questa sezione comprende l'esame e la giustificazione delle modalità in base alle quali il piano sarà realizzato e controllato. Vengono in genere fornite indicazioni su chi verrà incaricato di controllare la realizzazione del piano e di apportarvi le eventuali, opportune, variazioni nel caso in cui si verifichino eventi imprevisti; vengono inoltre proposte le linee guida relative alle modalità di misurazione del grado di successo o d'insuccesso conseguito.

Nella formulazione di un piano di marketing relativo a un'impresa, è necessario che la sua definizione risulti abbastanza dettagliata, poiché le procedure da seguire per l'implementazione del piano dovranno essere chiaramente delineate.

14.1.9 Conclusioni e commenti finali

A conclusione di una dettagliata illustrazione di ognuno degli aspetti già specificati, può essere utile un commento finale che ricollegandosi a quanto già indicato nell' Executive Summary, sottolinei ancora la bontà del progetto e la sua validità dal punto di vista economico-finanziario.

14.2 Le differenze fra piano di marketing e business plan

Business plan Piano d'impresa, documento formale e strutturato in cui vengono ufficializzate, sintetizzate e razionalizzate un'idea di business e la sua realizzazione con una descrizione dettagliata della struttura organizzativa e delle risorse previste. È un documento più completo del piano di marketing che si può considerare parte del *business plan*.

Nelle pagine che seguono presenteremo un esempio schematico, ma realistico e completo, di un piano di marketing. Prima di procedere, tuttavia, riteniamo utile evidenziare le differenze tra piano di marketing e business plan, termini che spesso si usano indifferentemente.

I termini business plan e piano di marketing si usano indifferentemente per descrivere un documento nel quale l'azienda esplicita i propri programmi d'azione futuri. A ben vedere, tuttavia, nel caso del business plan si affrontano di norma tutti gli aspetti connessi alla realizzazione del progetto, includendo la Ricerca e Sviluppo, la tecnologia, la struttura organizzativa, le modalità di finanziamento ecc., mentre il piano di marketing si focalizza principalmente sugli aspetti che attengono al modo in cui l'azienda ha deciso di relazionarsi con il mercato. Per alcuni autori, di cui condividiamo l'impostazione, il piano di marketing è parte integrante di un documento più completo che è appunto il business plan.

Il marketing e le sue applicazioni

Applicazione 14.1 Esempio di piano di marketing dell'azienda Dermabel Pro per il lancio di una nuova linea di creme antietà

PERIODO 2016-2018

Indice del piano

Executive summary
L'azienda
- Descrizione
- Missione
- L'idea di marketing

Analisi del contesto
- Aspetti strutturali del mercato
- Trend
- Fattori critici di successo
- Comportamento d'acquisto e caratteristiche del consumatore tipo
- Concorrenti

SWOT Analysis
Obiettivi di marketing
Strategia di marketing
- Scelta del vantaggio competitivo
- Target market
- Posizionamento

Marketing mix
- Prodotto
- Prezzo
- Comunicazione
- Distribuzione

Previsione delle vendite, budget di marketing, analisi di break even point
Controllo

Executive summary

Lo scopo del presente piano di marketing è quello di illustrare il lancio della nuova linea di creme, antietà e antirughe per il viso, della Dermabel Pro.

Il target prescelto è quello di consumatori premium con particolare sensibilità alla qualità e all'innovazione dei prodotti. Si è deciso di lanciare tale linea su tutto il mercato nazionale utilizzando i canali distributivi del dettaglio specializzato (farmacie e profumerie).

È previsto di ottenere una quota di mercato, nell'ambito della categoria, del 7% in tre anni, con un fatturato complessivo in tre anni di 8,75 milioni di euro e una contribuzione totale di circa 2,6 milioni di euro.

Gli investimenti di marketing verranno concentrati soprattutto sulle incentivazioni al trade e al consumatore, sulla riqualificazione della rete vendita e su campagne stampa su magazine con audience in target, per un investimento complessivo in tre anni di circa 4,5 milioni di euro.

L'azienda

Descrizione

Dermabel Pro è una azienda di cosmetici italiana di dimensione medio piccola. Operante nel mercato nazionale da circa 20 anni, si è specializzata nei prodotti di alta qualità nella categoria delle creme viso e corpo, caratterizzandosi per la forte attenzione all'innovazione.

Ha una quota di mercato contenuta (circa il 4%) ma un'immagine di qualità eccellente, ed è conosciuta fra i consumatori più esperti ed esigenti per la sua capacità di trovare nuove soluzioni ai problemi estetici.

Nel tempo, ha lanciato sul mercato numerosi prodotti che hanno acquisito una certa notorietà, soprattutto grazie all'utilizzo di nuove molecole a elevata efficacia e all'attenzione alla naturalità delle materie prime impiegate (per esempio, oli e grassi naturali). Tutti i prodotti sviluppati non vengono sottoposti a test sugli animali.

L'azienda ha una diffusione non capillare: il suo raggio d'azione si concentra nel centro nord Italia; la distribuzione è molto selettiva ed è focalizzata su punti vendita esclusivi del dettaglio specializzato (profumerie e farma.

Missione

La missione di Dermabel Pro è quella di affermare il concetto di qualità, innovazione e naturalezza delle proprie creme per il viso e il corpo.

L'azienda si impegna a creare e produrre i propri prodotti esclusivamente nei propri stabilimenti italiani, utilizzando personale qualificato e tecnologie avanzate.

Inoltre, con il proprio centro di Ricerca & Sviluppo, essa promuove la realizzazione di prodotti all'avanguardia in grado di soddisfare al meglio i bisogni dei clienti più esigenti.

Infine, l'azienda vuole continuare a contraddistinguersi per il contenuto etico della propria condotta: non effettuando sperimentazioni su animali, creando condizioni di lavoro ispirate alla massima tutela e benessere dei propri collaboratori, minimizzando l'impatto ambientale delle lavorazioni.

L'idea di marketing

Dermabel Pro intende lanciare sul mercato italiano una nuova linea di creme antietà e antirughe.

Il *consumer insight* da cui è nato il prodotto è che le marche esistenti, che pure offrono soluzioni efficaci, non sono in grado di assicurare risultati positivi di lunga durata.

Il *benefit* è costituito dalla capacità del prodotto di provocare una riduzione del 50% della profondità delle rughe dopo otto settimane continuative di impiego e al tempo stesso di mantenere questo risultato nel tempo.

La *reason why* nasce dall'impiego di una molecola brevettata di estrema efficacia a base di collagene, che in fase di test ha offerto risultati sorprendenti nel ringiovanimento dell'epidermide: ha infatti la capacità di penetrare in profondità e di favorire il meccanismo rigenerante delle cellule.

La base del prodotto è costituita da oli essenziali di origine esclusivamente naturale, ipoallergenici. Anche le fragranze profumanti del prodotto derivano da estratti naturali di piante e fiori, non alcoliche e quindi non irritanti.

Analisi del contesto

Aspetti strutturali del mercato

Il fatturato complessivo del comparto ammontava nel 2015 a 8,4 miliardi di euro, con una crescita del 2% rispetto all'anno precedente. L'andamento complessivo della domanda è stato condizionato dalla congiuntura negativa del Paese, che ha rallentato lo sviluppo. Tuttavia, la crescita si è conservata positiva e al di sopra della media nazionale dei prodotti di consumo.

La commercializzazione avviene in prevalenza attraverso la Grande Distribuzione Organizzata (GDO) e i canali specializzati (farmacie e profumerie), che assorbono rispettivamente il 42% e il 43% dei consumi totali. Nel primo transitano prodotti di uso quotidiano, prezzo e qualità medio bassa. Nel secondo, prodotti di qualità elevata e prezzi superiori.

Per quanto concerne le singole tipologie merceologiche, i prodotti per il viso incidono per il 15% del totale (+ 5%) e vengono prevalentemente commercializzati nei canali specializzati. In particolare, le creme antietà e antirughe assorbono circa il 10% della domanda di prodotti per il viso.

Gli investimenti pubblicitari, dopo un anno di flessione, sono nuovamente cresciuti, attestandosi a quota 450 milioni di euro. La televisione rappresenta il media di elezione, assorbendo una quota del fatturato totale pari a circa il 50%. Le linee cosmetiche per il viso antietà e antirughe coprono circa il 5% dell'investimento totale: tra i media maggiormente utilizzati ricorre la carta stampata, in particolare riviste femminili e di costume.

Trend

La dinamica della domanda fa prevedere una accentuazione della competizione fra imprese e un maggiore impegno dei brand leader nel consolidare le proprie quote di mercato.

Sulla base dei dati passati, è ragionevole attendersi una crescita del mass market (+ 8%), mentre si conserverà stabile il trend di vendita dei canali specializzati. La ragione va ricercata nella maggiore dinamicità del canale nel sottrarsi a rischi di banalizzazione dei prodotti: per esempio, con l'introduzione di appositi "angoli profumeria", dove potranno essere commercializzati anche i prodotti alti di gamma, che i consumatori più difficilmente accetterebbero nei normali scaffali.

Ciò obbligherà molte imprese ad adottare una logica distributiva multicanale, ma con l'accortezza di rendere coerenti le proprie scelte di posizionamento. Pertanto, almeno nel medio periodo, nel mass market continueranno a essere collocati prodotti di prezzo e qualità medio-bassa (price index 80-100), mentre i punti vendita specializzati saranno terreno delle marche caratterizzate da immagine, qualità e livelli di prezzo superiori (price index 120-150).

Per quanto riguarda i prodotti antietà e antirughe, numerose ricerche internazionali confermano una domanda crescente, non soltanto fra le donne, ma anche fra gli uomini (+ 12% annuo in questo ultimo segmento).

Comportamento del consumatore e sue caratteristiche

Dai risultati dei focus group emerge un'attenzione crescente da parte dei consumatori verso creme per il viso capaci di sostenere concetti quali il benessere e la salute.

Nella scelta del punto vendita, la (tuttora) forte incidenza dei canali distributivi specializzati dipende da due ordini di motivi: da un lato, la percezione di "non banalità" di questi prodotti. Dall'altra, l'apprezzamento per il contenuto di servizio fornito da profumerie e farmacie. Un fattore che rafforza questi canali e che costituisce per essi un vantaggio competitivo solo in minima parte attaccabile dalla GDO attraverso le store promotion.

I prodotti cosmetici antietà e antirughe, a dispetto delle apparenze, non sono acquistati esclusivamente da persone in età avanzata, ma anche, a scopo preventivo, da soggetti più giovani (inferiori a 45 anni). Si tratta in genere di persone con un livello di scolarità medio alto, una buona capacità di spesa, che conducono una vita sociale attiva. I valori di riferimento non sono esclusivamente riferibili all'apparire, quindi al modo di essere percepiti dagli altri, ma anche al sentirsi bene, al prendersi cura di se stessi.

In genere, questi consumatori sono attenti nel raccogliere informazioni e nel valutare le alternative d'acquisto. La marca è un fattore importante nell'indirizzare la decisione, al pari dei benefici del prodotto. Con riferimento a questo ultimo aspetto, vengono presi in considerazione elementi quali la naturalità degli ingredienti o l'assenza di sperimentazioni su animali nella fase della ricerca e sviluppo dei prodotti.

Gli acquirenti non sono particolarmente sensibili ai media, se non per acquisire consapevolezza dell'esistenza del prodotto: l'acquisto, infatti, avviene in prevalenza nei negozi specializzati e richiede il supporto informativo di un addetto alla vendita qualificato.

Concorrenti

I principali concorrenti di Dermabel Pro sono:

- **Revigen**: grandi dimensioni; market share del 21%; fatturato stabile; capacità finanziarie elevate; immagine e notorietà elevate; prodotti di media qualità venduti sia nel dettaglio specializzato che nel mass market, con prevalenza di quest'ultimo; non particolarmente innovativa; target di riferimento costituito da consumatori tradizionali; pressione pubblicitaria elevata; elevata copertura distributiva;
- **SkinSoft**: medie dimensioni; market share del 12%; fatturato in crescita; qualità dei prodotti medio elevata; capacità finanziarie medie; buona notorietà, immagine non eccellente; agisce soprattutto nel centro nord Italia; utilizza esclusivamente il dettaglio specializzato; non particolarmente dinamica, ha eccellenti capacità di ottimizzazione dei costi, che si traduco-

no in prezzi competitivi; target di riferimento costituito da: consumatori esigenti ma sensibili al prezzo; modesta attività di comunicazione sui media tradizionali, agisce soprattutto con le incentivazioni al trade e le promozioni;

- **Floreal**: piccole dimensioni; market share del 7%; fatturato in forte crescita; ha recentemente registrato alcuni brevetti nelle creme per il corpo che intende utilizzare anche per le creme viso; la qualità dei prodotti è elevata, ma non paragonabile a quelle di Dermabel Pro; modeste capacità finanziarie, ma si è recentemente quotata in borsa con notevole successo; adotta una strategia di focalizzazione puntando al segmento degli innovatori.

SWOT analysis

Forze	**Debolezze**
Immagine di serietà e credibilità presso clienti finali e trade Efficacia sperimentata della nuova molecola	Ridotta presenza sul territorio Rete vendita poco qualificata e incisiva
Rischi	**Opportunità**
Intensità competitiva Ridotta fedeltà alla marca dei consumatori Potere contrattuale della distribuzione	Domanda in crescita Ridotta sensibilità al prezzo degli acquirenti

Obiettivi di marketing

1. Fatturato della nuova linea di prodotti:
   - 2016: 2,50 milioni di euro;
   - 2017: 2,88 milioni di euro;
   - 2018: 3,37 milioni di euro.
2. Quota di mercato nella categoria merceologica:
   - 7% in tre anni.
3. Distribuzione del fatturato per canale:
   - 60% farmacie;
   - 40% profumerie.
4. Margine di contribuzione:
   - Farmacie:
     - 2016: 0,54 milioni di euro;
     - 2017: 0,59 milioni di euro;
     - 2018: 0,65 milioni di euro.
   - Profumerie:
     - 2016: 0,24 milioni di euro;
     - 2017: 0,27 milioni di euro;
     - 2018: 0,30 milioni di euro.
5. Penetrazione del mercato geografico sud Italia:
   - contribuzione al fatturato totale nella misura del 30% entro i primi dodici mesi dal lancio.
6. Copertura distributiva entro i primi 12 mesi dal lancio:
   - numerica: 60%;
   - ponderata: 80%.
7. Ampliamento del 30% della rete vendita con agenti esclusivi; introduzione di parametri di valutazione della performance più stringenti.

Strategia di marketing

Scelta del vantaggio competitivo

Dermabel Pro è intenzionata a conseguire i propri obiettivi di marketing agendo sulle prerogative che l'hanno fatta apprezzare dai consumatori e resa riconoscibile rispetto ai suoi concorrenti: attributi quali efficacia, innovazione e qualità dei prodotti, nonché la positiva reputazione della marca continueranno quindi a costituire i plus competitivi dell'azienda anche per questo lancio.

Target market

L'azienda intende rivolgersi al segmento di consumatori cosiddetti "premium", con alta capacità di spesa e attenzione alla qualità e all'innovazione dei prodotti. Si tratta di un segmento in crescita (+ 10% negli ultimi 5 anni), che assorbe il 12% della domanda totale di creme per il viso.

Pertanto, si continuerà privilegiare il canale del dettaglio specializzato, che costituisce il luogo d'acquisto di elezione per tale tipologia di consumatori.

Posizionamento

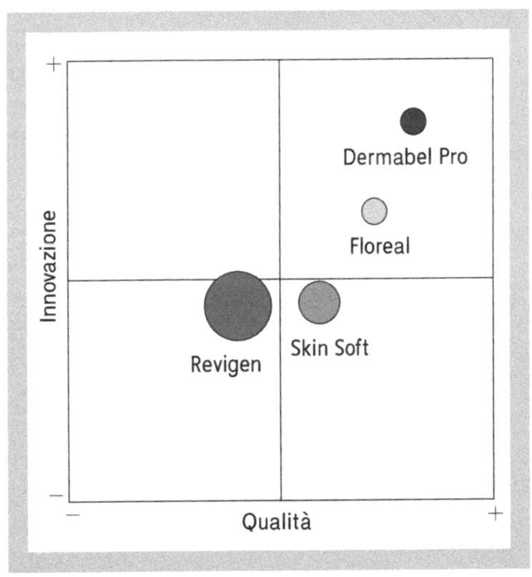

Marketing mix

Prodotto e package

Pur mantenendo la medesima composizione di base, a seconda che la nuova linea sia destinata al canale profumerie o farmacie verranno modificati: nome (Active in profumeria e Youth in farmacia), colorazione (rosa in profumeria e bianco in farmacia) e fragranze (alla frutta in profumeria e all'olio d'oliva in farmacia); inoltre, a partire dai due benefici di base (qualità e innovazione) nei due canali verranno enfatizzati benefici aggiuntivi, in maniera da rendere distinto il posizionamento.

Anche i package verranno modificati di conseguenza; in entrambi i canali è comunque previsto un unico formato da 40 ml.

Prezzo

Si prevedono due prezzi differenziati per canale (per unità di prodotto, base 40 ml): 36 euro in profumeria e 42 euro in farmacia.

Il livello di prezzo è elevato (index rispettivamente 147 e 143 nei due canali), ma inferiore al price leader (Floreal), che si posiziona su un indice di 158.

Non si prevede di operare aumenti di prezzo nel triennio.

Distribuzione

Si utilizzerà una distribuzione selettiva, portando a scaffale i nuovi prodotti dopo una selezione dei punti vendita sul volume venduto di prodotti Dermabel Pro nei tre anni precedenti e uno screening di nuovi punti vendita, in base alla localizzazione (verranno privilegiati i negozi dei grandi centri urbani) e al fatturato prodotto.

Nell'arco di dodici mesi dal lancio, si intende comunque raggiungere:

- distribuzione numerica: 60%;
- distribuzione ponderata: 80%.

Promozione

Il budget promozionale sarà destinato alla realizzazione di iniziative di incentivazione sul consumatore e al trade (sono previsti investimenti per circa 2,0 milioni di euro in tre anni).

Verranno allestiti corner dedicati e, nei primi sei mesi dal lancio, in circa 300 punti vendita dislocati nei grandi centri, una addetta alla vendita sarà appositamente dedicata a spiegare e far provare il prodotto.

Inoltre, verranno predisposti materiali pubblicitari sul punto vendita (volantini, leaflet ecc.) e si attuerà una massiccia campagna di prova con campioni omaggio e buoni sconto per favorire il trial del prodotto.

A questa, si affiancherà una campagna di incentivazione a premi, accompagnata da sconti sul secondo acquisto, per incentivare il re-trial.

Al trade saranno dedicate apposite iniziative di incentivazione, basate su scale sconto, premi obiettivo e allestimento gratuito dei corner sul punto vendita.

Verrà infine realizzata una campagna stampa su magazine con audience in target (investimento previsto in tre anni: 2,5 milioni di euro). Il claim previsto sarà "Demabel Pro, giovinezza... sempre".

Budget di marketing, previsione delle vendite, risultati

Previsione delle vendite (milioni di euro)

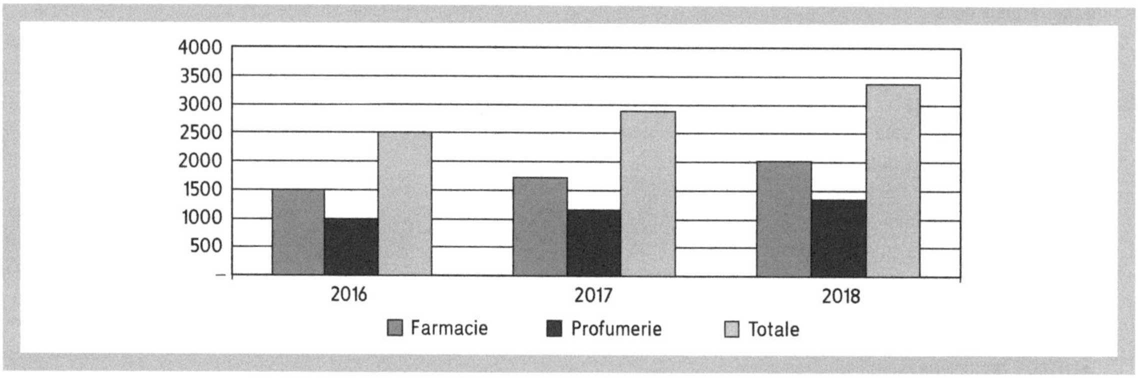

Previsione delle vendite (numero di confezioni)

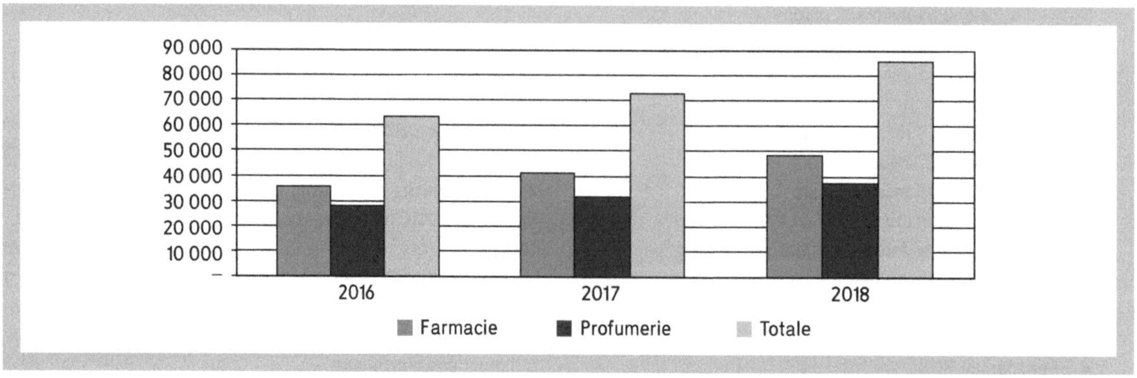

Budget di marketing (K€)

		Farmacie		
		2016	2017	2018
Ricavi totali	a	1500,00	1725,00	2025,00
Costi variabili	b = (c + d + e + f + g)	964,29	1133,04	1374,11
Costo del prodotto	c	535,71	636,61	771,43
Promozioni al consumatore	d	160,71	164,29	241,07
Incentivazioni al trade	e	142,86	184,82	192,86
Costi di vendita	f	107,14	123,21	144,64
Trasporti e logistica	g	17,86	24,11	24,11
Margine di contribuzione	h = (a - b)	535,71	591,96	650,89
Costi fissi	i	350,00	375,00	412,50
Utile lordo	l = (h - i)	185,71	216,96	238,39

		Profumerie		
		2016	2017	2018
Ricavi totali	a	1000,00	1150,00	1350,00
Costi variabili	b = (c + d + e + f + g)	755,56	881,67	1053,75
Costo del prodotto	c	408,33	482,36	585,00
Promozioni al consumatore	d	138,89	143,75	187,50
Incentivazioni al trade	e	111,11	143,75	150,00
Costi di vendita	f	83,33	95,83	112,50
Trasporti e logistica	g	13,89	15,97	18,75
Margine di contribuzione	h = (a - b)	244,44	268,33	296,25
Costi fissi	i	87,50	100,00	137,50
Utile lordo	l = (h - i)	156,94	168,33	158,75

Analisi di break point (ricavi e costi variabili unitari, costi fissi totali, quantità di pareggio)

		Farmacie		
		2016	2017	2018
Ricavi unitari	a	42,00	42,00	42,00
Costi variabili unitari	b	27,00	27,59	28,50
Costi fissi totali	c	350,00	591,96	412,50
Quantità di pareggio	d = c/(a - b)	23 333	26 018	30 556
Quantità di budget	e	35 714	41 071	48 214

		Profumerie		
		2016	2017	2018
Ricavi unitari	a	36,00	36,00	36,00
Costi variabili unitari	b	27,20	27,60	28,10
Costi fissi totali	c	87,50	100,00	137,50
Quantità di pareggio	d = c/(a - b)	9943	11 905	17 405
Quantità di budget	e	27 778	31 944	37 500

Controlli

Verranno effettuati dei controlli trimestrali sull'allineamento fra dati effettivi e di budget. Qualora dovessero verificarsi degli scostamenti superiori al 20%, si analizzeranno le cause e, eventualmente, verranno effettuate nuove stime previsionali tenendo conto delle mutate condizioni di scenario.

Il caso aziendale McDonald's

Per comprendere la teoria del marketing è necessario applicarla alla realtà delle imprese internazionali e nazionali: solo in questo modo è possibile misurare con mano sia quali siano i ritorni in termini di efficenza, efficacia e economie di scala per le imprese sia quanto sia importante studiare soluzioni ad hoc per ogni singola azienda. Sul sito web dedicato al volume è disponibile il caso di studio dedicato agli argomenti del capitolo.